AF890006

**Grundlinien
des ökonomischen Denkens
in Deutschland**

AKADEMIE DER WISSENSCHAFTEN DER DDR

Schriften des Zentralinstituts für Wirtschaftswissenschaften

Nr. 3

Autorenkollektiv

Grundlinien des ökonomischen Denkens in Deutschland

Von den Anfängen bis zur Mitte des 19. Jahrhunderts

AKADEMIE-VERLAG · BERLIN
1977

Autorenkollektiv
Hermann Lehmann, Leitung und Gesamtbearbeitung

Autoren:
Werner Krause
Hermann Lehmann
Günther Rudolph
Erich Sommerfeld

Erschienen im Akademie-Verlag, 108 Berlin, Leipziger Str. 3–4
© Akademie-Verlag, Berlin 1977
Lizenz-Nr. 202 · 100/48/77
Einband und Schutzumschlag: Nina Striewski
Gesamtherstellung: IV/2/14 VEB Druckerei »Gottfried Wilhelm Leibniz«,
445 Gräfenhainichen · 4873
Bestell-Nr. 752 084 7 (2158/3) · LSV 0305
Printed in GDR
DDR 34,– M

Inhaltsverzeichnis

5. Kapitel

Zur Entwicklung der klassischen politischen Ökonomie des Bürgertums in England und Frankreich 195

6. Kapitel

Die Aufnahme der klassischen politischen Ökonomie in Deutschland (18. Jh.) 273

Vorwort

In unserer Epoche des Übergangs vom Kapitalismus zum Sozialismus übt der Sozialismus, der bereits auf mehreren Kontinenten festen Fuß gefaßt hat, einen immer entscheidenderen Einfluß auf die weltweite Entwicklung aus. Die sozialistische Gesellschaftsordnung beweist vor aller Welt ihre Lebenskraft und Überlegenheit.

Auch in unserem Land haben die Arbeiterklasse und alle Werktätigen eine leistungsfähige stabile sozialistische Planwirtschaft geschaffen, die unablässig gefestigt und vervollkommnet wird. In dem auf dem IX. Parteitag der Sozialistischen Einheitspartei Deutschlands angenommenen Programm heißt es: „In der Deutschen Demokratischen Republik errichten die Werktätigen unter Führung der Sozialistischen Einheitspartei Deutschlands die entwickelte sozialistische Gesellschaft. Mit der Lösung dieser Aufgabe wird zugleich ein historischer Schritt auf dem Wege zum Kommunismus vollzogen, der mit dem kommunistischen Aufbau in der Union der Sozialistischen Sowjetrepubliken und der Entwicklung des Sozialismus in den anderen Staaten der sozialistischen Gemeinschaft in Übereinstimmung steht.“[1]

Bei der Lösung der gestellten Aufgabe spielt die marxistisch-leninistische politische Ökonomie eine große Rolle.

Vor einem Jahrhundert, als Karl Marx und Friedrich Engels aus den damaligen Entwicklungstendenzen entscheidende Erkenntnisse über den Weg zum Sozialismus und Kommunismus ableiteten, schrieb Engels: „Die materialistische Anschauung der Geschichte geht von dem Satz aus, daß die Produktion, und nächst der Produktion der Austausch ihrer Produkte, die Grundlage aller Gesellschaftsordnung ist; daß in jeder geschichtlich auftretenden Gesellschaft die Verteilung der Produkte, und mit ihr die soziale Gliederung in Klassen oder Stände, sich danach richtet, was und wie produziert und wie das Produzierte ausgetauscht wird. Hiernach sind die letzten Ursachen aller gesellschaftlichen Veränderungen und politischen Umwälzungen zu suchen nicht in den Köpfen der Menschen, in ihrer zunehmenden Einsicht in die ewige Wahrheit und Gerechtigkeit, sondern in Veränderungen der Produktions- und Austauschweise; sie sind zu suchen nicht in der *Philosophie*, sondern in der *Ökonomie* der betreffenden Epoche. Die erwachende Einsicht, daß die bestehenden gesellschaft-

[1] IX. Parteitag der SED, Berlin, 18. bis 22. Mai 1976. Programm der Sozialistischen Einheitspartei Deutschlands, Berlin 1976, S. 73.

lichen Einrichtungen unvernünftig und ungerecht sind, daß Vernunft Unsinn, Wohltat Plage geworden, ist nur ein Anzeichen davon, daß in den Produktionsmethoden und Austauschformen in aller Stille Veränderungen vor sich gegangen sind, zu denen die auf frühere ökonomische Bedingungen zugeschnittene gesellschaftliche Ordnung nicht mehr stimmt. Damit ist zugleich gesagt, daß die Mittel zur Beseitigung der entdeckten Mißstände ebenfalls in den veränderten Produktionsverhältnissen selbst – mehr oder minder entwickelt – vorhanden sein müssen. Diese Mittel sind nicht etwa aus dem Kopf zu *erfinden*, sondern vermittelst des Kopfes in den vorliegenden materiellen Tatsachen der Produktion zu *entdecken*.“[2]

Als ENGELS damals diese Feststellungen gegen EUGEN DÜHRING niederschrieb, hatte die marxistische politische Ökonomie die Mittel zur Beseitigung des Kapitalismus entdeckt; heute hat sie den bereits beschrittenen Weg zum Sozialismus und Kommunismus zu analysieren und „in den vorliegenden materiellen Verhältnissen der Produktion“ die Mittel zur weiteren Gestaltung der entwickelten sozialistischen Gesellschaft zu finden. Die Ökonomen werden dieser Aufgabe nur gerecht, wenn sie sich ständig den ganzen geistigen Reichtum des Marxismus-Leninismus aneignen und vor allem studieren, wie MARX, ENGELS und LENIN die wirtschaftlichen und sozialen Verhältnisse untersuchten und Schlußfolgerungen für deren Veränderung formulierten.

Für das tiefere Verständnis der Werke von KARL MARX und FRIEDRICH ENGELS, deren gesamtes literarisches Erbe nun erstmals das Institut für Marxismus-Leninismus beim Zentralkomitee der Kommunistischen Partei der Sowjetunion und das Institut für Marxismus-Leninismus beim Zentralkomitee der Sozialistischen Einheitspartei Deutschlands veröffentlichen, ist ein von LENIN wiederholt hervorgehobener Gedanke wichtig: „Alles, was von der menschlichen Gesellschaft geschaffen worden war, hat Marx kritisch verarbeitet und nicht einen Punkt unbeachtet gelassen. Alles, was das menschliche Denken hervorgebracht hatte, hat er umgearbeitet, der Kritik unterworfen, an der Arbeiterbewegung überprüft und dann jene Schlußfolgerungen gezogen, die die in den bürgerlichen Rahmen eingezwängten oder an bürgerliche Vorurteile gefesselten Menschen nicht zu ziehen vermochten.“[3]

Um MARX’ Kritik der politischen Ökonomie voll zu begreifen, muß man die kritisierte politische Ökonomie kennen. Bei letzterer handelt es sich vor allem um die *bürgerliche* politische Ökonomie. ENGELS sagt in diesem Zusammenhang: „Was wir von ökonomischer Wissenschaft bis jetzt besitzen, beschränkt sich fast ausschließlich auf die Genesis und Entwicklung der kapitalistischen Produktionsweise: es beginnt mit der Kritik der Reste der feudalen Produktions- und Aus-

2 Friedrich Engels, Herrn Eugen Dührings Umwälzung der Wissenschaft, in: Karl Marx/Friedrich Engels, Werke, Berlin 1956–1968 (im folgenden MEW), Bd. 20, Berlin 1962, S. 248/249.

3 W. I. Lenin, Die Aufgaben der Jugendverbände, in: Werke, Bd. 31, Berlin 1959, S. 276.

tauschformen, weist die Notwendigkeit ihrer Ersetzung durch kapitalistische Formen nach, entwickelt dann die Gesetze der kapitalistischen Produktionsweise und ihrer entsprechenden Austauschformen nach der positiven Seite hin, d. h. nach der Seite, wonach sie die allgemeinen Gesellschaftszwecke fördern, und schließt ab mit der sozialistischen Kritik der kapitalistischen Produktionsweise, d. h. mit der Darstellung ihrer Gesetze nach der negativen Seite hin, mit dem Nachweis, daß diese Produktionsweise durch ihre eigne Entwicklung dem Punkt zutreibt, wo sie sich selbst unmöglich macht."[4]

Aber die Kenntnis nur der *bürgerlichen* politischen Ökonomie wäre unzureichend. Daher fährt ENGELS fort: „Um diese Kritik der bürgerlichen Ökonomie vollständig durchzuführen, genügte nicht die Bekanntschaft mit der kapitalistischen Form der Produktion, des Austausches und der Verteilung. Die ihr vorhergegangenen oder die noch neben ihr, in weniger entwickelten Ländern bestehenden Formen mußten ebenfalls, wenigsten in den Hauptzügen, untersucht und zur Vergleichung gezogen werden. Eine solche Untersuchung und Vergleichung ist bis jetzt im ganzen und großen nur von Marx angestellt worden, und seinen Forschungen verdanken wir daher auch fast ausschließlich das, was über die vorbürgerliche theoretische Ökonomie bisher festgestellt ist."[5]

Diese „vorbürgerliche theoretische Ökonomie" hat MARX bis auf die „theoretischen Ausgangspunkte der modernen Wissenschaft" zurückverfolgt. MARX schreibt: „Da die politische Ökonomie, wie sie geschichtlich aufgetreten, in der Tat nichts ist als die wissenschaftliche Einsicht in die Ökonomie der kapitalistischen Produktionsperiode, so können darauf bezügliche Sätze und Theoreme, z. B. bei den Schriftstellern der alten griechischen Gesellschaft, nur soweit vorkommen, wie gewisse Erscheinungen: Warenproduktion, Handel, Geld, zinstragendes Kapital usw., beiden Gesellschaften gemeinsam sind. Soweit die Griechen gelegentliche Streifzüge in dies Gebiet machen, zeigen sie dieselbe Genialität und Originalität wie auf allen andern Gebieten. Ihre Anschauungen bilden daher geschichtlich die theoretischen Ausgangspunkte der modernen Wissenschaft."[6]

Das Verständnis der MARXschen Kritik der politischen Ökonomie erfordert mithin die Kenntnis jener Grundlinien des ökonomischen Denkens, deren Ursprung die „theoretischen Ausgangspunkte der modernen Wissenschaft" bilden und die sich weiterhin als „vorbürgerliche theoretische Ökonomie" und als bürgerliche politische Ökonomie herausgebildet haben.

Selbstverständlich umfaßt der Begriff des *ökonomischen Denkens* einen viel breiteren Bereich. Im ökonomischen Denken wird sich die Gesellschaft ihrer wirklichen Grundlage bewußt. Es entwickelt sich in dem Maße, wie diese Grund-

[4] Friedrich Engels, Herrn Eugen Dührings Umwälzung der Wissenschaft, in: MEW, Bd. 20, Berlin 1962, S. 139.

[5] Ebenda, S. 140.

[6] Karl Marx, Aus der „Kritischen Geschichte", in: ebenda, S. 213.

lage als eine Gesamtheit wirtschaftlicher Beziehungen zwischen den Menschen und zwischen Gesellschaft und Natur erkennbar und erkannt wird. Dieses breiter verstandene ökonomische Denken von sozialen Klassen, Schichten und Gruppen über ökonomische Grundprozesse, wirtschaftliche Erscheinungen und wirtschaftspolitische Erfordernisse muß zum Beispiel herangezogen werden, wenn man den Bewußtseinsgrad geschichtlichen Handelns von Volksmassen, Klassen, Gruppierungen in bestimmten historischen Perioden untersucht. Vom Zweck einer solchen Untersuchung wird es immer abhängen, welche Züge des ökonomischen Denkens herausgearbeitet werden sollen.

Die für die vorliegende Untersuchung relevanten Grundlinien des ökonomischen Denkens, die zur MARXschen Kritik der politischen Ökonomie führen, sind wohl für die kapitalistische Produktionsweise, nicht aber für die vorkapitalistischen Produktionsweisen charakteristisch, denn sie erfassen nur „gewisse Erscheinungen: Warenproduktion, Handel, Geld, zinstragendes Kapital usw.". In den vorkapitalistischen Produktionsweisen herrschte jedoch die Naturalwirtschaft vor; die Warenwirtschaft spielte über Jahrtausende nur eine geringe Rolle.

Die Naturalwirtschaft ist dadurch gekennzeichnet, „daß die Wirtschaftsbedingungen ganz oder doch zum allergrößten Teil auf der Wirtschaft selbst erzeugt, aus dem Bruttoprodukt derselben unmittelbar ersetzt und reproduziert werden"[7], schreibt MARX. Diese ihrem Wesen nach austauschlose Wirtschaft darf man sich jedoch keineswegs als so unkompliziert vorstellen, daß das ihr entsprechende ökonomische Denken für den historischen Forscher überhaupt uninteressant wäre. MARX stellt nämlich fest: „Bei der eigentlichen Naturalwirtschaft, wo gar kein oder nur ein sehr unbedeutender Teil des agrikolen Produkts in den Zirkulationsprozeß eintritt, und selbst nur ein relativ unbedeutender Teil des Teils des Produkts, der die Revenue des Grundeigentümers darstellt, wie z. B. auf vielen altrömischen Latifundien, wie auf den Villen Karls des Großen, und wie . . . mehr oder weniger während des ganzen Mittelalters, besteht das Produkt und das Mehrprodukt der großen Güter keineswegs bloß aus den Produkten der agrikolen Arbeit. Es umfaßt ebensowohl die Produkte der industriellen Arbeit. Häusliche Handwerks- und Manufakturarbeit, als Nebenbetrieb des Ackerbaus, der die Basis bildet, ist die Bedingung der Produktionsweise, worauf diese Naturalwirtschaft beruht, im europäischen Altertum und Mittelalter sowohl wie noch heutzutage in der indischen Gemeinde, wo deren traditionelle Organisation noch nicht zerstört ist."[8]

Das die naturalwirtschaftlichen Beziehungen der Menschen widerspiegelnde Denken in der vorkapitalistischen Produktionsweise wird in unserem Zusammenhang nur soweit berücksichtigt, als es für das Verständnis der Vorstellungen über die Warenwirtschaft erforderlich ist. Der äußerst langsame Erkenntnisfortschritt in der vorbürgerlichen theoretischen Ökonomie ist einerseits wohl auf den

[7] Karl Marx, Das Kapital, Dritter Band, in: MEW, Bd. 25, Berlin 1964, S. 803.
[8] Ebenda, S. 794/795.

geringen Entfaltungsgrad der damaligen Warenwirtschaft zurückzuführen, andererseits aber auch auf die Erkenntnisgrenzen, die dem ökonomischen Denken durch die vorherrschende Naturalwirtschaft gezogen waren. Deshalb muß eine geschichtliche Untersuchung über die Vorstellungen von der Warenwirtschaft die Beziehungen zur naturalwirtschaftlichen Gedankenwelt deutlich machen.

Aus der Tatsache, daß sich die Warenwirtschaft in den vorkapitalistischen Produktionsweisen nur sehr langsam entfaltete und die vorherrschende Naturalwirtschaft die Untersuchung der Gesetze der Warenwirtschaft erheblich behinderte, darf jedoch nicht geschlossen werden, daß die vorbürgerliche theoretische Ökonomie im wesentlichen stagnierte und deswegen vom theoriegeschichtlichen Standpunkt eigentlich kein besonderes Interesse verdiente. „Tausende Jahre hindurch beobachtete die Menschheit eine Gesetzmäßigkeit in der Erscheinung des Austauschs, strengt sie sich an, sie zu verstehen und genauer zu formulieren, überprüft sie ihre Erklärungen an Hand von Millionen und Milliarden tagtäglicher Beobachtungen des Wirtschaftslebens"[9], schreibt LENIN. Von ARISTOTELES bis zur klassischen politischen Ökonomie und schließlich bis zur marxistischen politischen Ökonomie finde man „das Bestreben, das *Gesetz* der Bildung und der Veränderung der Preise zu finden"[10].

Dieses Bestreben, die Gesetze der Warenwirtschaft zu finden, steht im Mittelpunkt der folgenden theoriegeschichtlichen Darstellung. Sie ist angelegt als ein Beitrag zur tieferen Erforschung der Geschichte der vormarxistischen politischen Ökonomie. Dabei geht es vor allem darum, die inneren *theorie*geschichtlichen Gesetzmäßigkeiten in der Entwicklung von den theoretischen Ausgangspunkten bis zum Höhepunkt und Verfall der klassischen politischen Ökonomie des Bürgertums herauszuarbeiten, soweit sich diese Gesetzmäßigkeiten auch in der ökonomischen Literatur Deutschlands widerspiegeln. Aus dieser Literatur werden jene Auffassungen über Ware, Wert, Mehrwert und seine Formen, Kapital, Reproduktion und Preisbildung ausgewählt, die geeignet sind, den jeweiligen – klassenmäßig bedingten – erforderlichen und möglichen Erkenntnisfortschritt zu verdeutlichen.

Die den sozialen und wissenschaftlichen Fortschritt behindernde, gegnerische Seite wird soweit erfaßt, daß der ideologische und wissenschaftliche Streit als ein Bestandteil der ökonomisch bedingten Klassenkämpfe verständlich wird.

Das Anliegen, innere theoriegeschichtliche Gesetzmäßigkeiten der vormarxistischen politischen Ökonomie im Spiegel ihrer deutschen Resonanz zu betrachten, erscheint nur dann als unmöglich, wenn man in der Geschichte der politischen Ökonomie einen Prozeß sieht, der sich bis zum Beginn des 19. Jahrhunderts fast ausschließlich in England und Frankreich abgespielt habe. Aber

[9] W. I. Lenin, Noch eine Vernichtung des Sozialismus, in: Werke, Bd. 20, Berlin 1962, S. 196.

[10] Ebenda, S. 198.

eine solche Sicht würde die theoriegeschichtlichen Vorgänge zu sehr vereinfachen. *Erstens* fand das ganze Mittelalter hindurch die europäische ökonomische Diskussion in Deutschland ebenso ihren Niederschlag wie in England, Frankreich oder Italien. *Zweitens* sind die späteren Frontstellungen während der Durchsetzung der kapitalistischen Produktionsweise mit wenigen Ausnahmen (Merkantilismus) auch in der deutschen Literatur zu finden. Wollte man eine solche Resonanz, nur weil sie vorwiegend Resonanz und nicht originärer Beitrag zur Wissenschaftsentwicklung war, nicht erforschen, so würde sich die Geschichte der politischen Ökonomie von ihrer weltgeschichtlichen Basis lösen.

Dieses theoriegeschichtliche Problem berührt sich eng mit MARX' Revolutionsauffassung. MARX sagt über das Verhältnis von nationaler und internationaler Bedeutung der beiden entscheidenden bürgerlichen Revolutionen: „Die Revolutionen von 1648 und 1789 waren keine *englischen* und *französischen* Revolutionen, sie waren Revolutionen *europäischen* Stils. Sie waren nicht der Sieg einer *bestimmten* Klasse der Gesellschaft über die *alte politische Ordnung;* sie waren die *Proklamation der politischen Ordnung für die neue europäische Gesellschaft.* Die Bourgeoisie siegte in ihnen; aber der *Sieg der Bourgeoisie* war damals *der Sieg einer neuen Gesellschaftsordnung*, der Sieg des bürgerlichen Eigentums über das feudale, der Nationalität über den Provinzialismus, der Konkurrenz über die Zunft, der Teilung über das Majorat, der Herrschaft des Eigentümers des Bodens über die Beherrschung des Eigentümers durch den Boden, der Aufklärung über den Aberglauben, der Familie über den Familiennamen, der Industrie über die heroische Faulheit, des bürgerlichen Rechts über die mittelaltrigen Privilegien. Die Revolution von 1648 war der Sieg des 17. Jahrhunderts über das 16. Jahrhundert, die Revolution von 1789 der Sieg des 18. Jahrhunderts über das 17. Jahrhundert. Diese Revolutionen drückten mehr noch die Bedürfnisse der damaligen Welt als der Weltausschnitte aus, in denen sie vorfielen, Englands und Frankreichs."[11]

Wie die englische Revolution von 1648 eine Revolution europäischen Stils war, so wurde auch ihr bedeutendes ideologisches Ergebnis, die sich herausbildende klassische politische Ökonomie, eine neue Wissenschaft, die mehr noch die Bedürfnisse der damaligen Welt als des Weltausschnitts, aus der sie erwuchs, ausdrückte. Man müßte die Internationalität der großen geschichtlichen Auseinandersetzung zwischen Feudalismus und Kapitalismus leugnen, wollte man den konsequentesten ideologischen Ausdruck der Überlegenheit des Kapitalismus über den Feudalismus, die bürgerliche politische Ökonomie, als eine Theorie auffassen, die nur von der bereits siegreichen Bourgeoisie verstanden werden könnte.

Wie heute die Stärkung einer Abteilung des internationalen Proletariats dem gesamten Proletariat und einer Abteilung der revolutionären Hauptströmungen

11 Karl Marx, Die Bourgeoisie und die Konterrevolution, in: MEW, Bd. 6, Berlin 1959, S. 107/108.

dem antiimperialistischen Kampf überhaupt nützt, so haben auch die fortgeschrittensten Denker der progressiven Bourgeoisie in den geringer entwickelten Ländern die von den siegenden Abteilungen der Bourgeoisie geschmiedeten ideologischen Waffen in ihrem eigenen Kampf gegen den Feudalismus angewendet. Bürgerliche ökonomische Theorien wie der Monetarismus oder die klassische politische Ökonomie können deshalb nicht voll in ihrer Bedeutung für den Klassenkampf zwischen Kapitalismus und Feudalismus verstanden werden, wenn nur ihre erkenntnismäßige Beziehung zwischen dem nationalen Bereich der weltgeschichtlichen Auseinandersetzung und den theoretischen Kategorien, nicht aber diese weltgeschichtliche Dimension selbst reflektiert wird.

Das große klassische Werk des Schotten ADAM SMITH ist zum Beispiel nur insofern ein englisches Werk, als es die bis dahin präziseste ökonomische Analyse der bürgerlichen Gesellschaft nicht ohne die Erforschung des damaligen kapitalistischen Höchststandes, des entfalteten Manufakturkapitalismus in England, hätte liefern können. Aber das Werk von ADAM SMITH nahm die Kampferfahrungen der europäischen Bourgeoisie in sich auf, und es wurde von den besten Denkern der Bourgeoisie in verschiedenen kontinentaleuropäischen Ländern deshalb auch gelesen, propagiert und für die ideologische Stärkung des antifeudalen Lagers ausgewertet.

Aus diesem Blickwinkel der Internationalität der Wissenschaftsgeschichte ist es gerechtfertigt zu untersuchen, wie sich die Gesetzmäßigkeiten der Herausbildung und Entwicklung der vormarxistischen politischen Ökonomie in den Grundlinien des ökonomischen Denkens in Deutschland widerspiegeln. Dabei ist zu berücksichtigen, daß die Geschichte der politischen Ökonomie, soweit sie Geschichte der Resonanz einer außerhalb Deutschlands entwickelten politischen Ökonomie ist, Besonderheiten aufweist.

Der Charakter solcher Besonderheiten wird später im Buch z. B. bei der Behandlung des deutschen Physiokratismus (SCHLETTWEIN) oder der eigenartigen Vermischung klassischer und vulgärökonomischer Ideen (RAU) verdeutlicht. Im Vorwort wird nur eine von mehreren interessanten theoriegeschichtlichen Erscheinungen erwähnt, weil von vornherein auf die Kompliziertheit ideologischer Beziehungen überhaupt aufmerksam gemacht und vor einer zu einfachen Vorstellung theoriegeschichtlicher Resonanzbeziehungen gewarnt werden soll.

Über die Resonanz der politischen Ökonomie des Industriekapitalismus um die Mitte des 19. Jahrhunderts in Deutschland sagt zum Beispiel MARX: „Es fehlte also der lebendige Boden der politischen Ökonomie. Sie ward als fertige Ware importiert aus England und Frankreich; ihre deutschen Professoren blieben Schüler. Der theoretische Ausdruck einer fremden Wirklichkeit verwandelte sich unter ihrer Hand in eine Dogmensammlung, von ihnen gedeutet im Sinn der sie umgebenden kleinbürgerlichen Welt, also mißdeutet. Das nicht ganz unterdrückbare Gefühl wissenschaftlicher Ohnmacht und das unheimliche Gewissen, auf einem in der Tat fremdartigen Gebiet schulmeistern zu müssen, suchte man zu verstecken unter dem Prunk literarhistorischer Gelehrsamkeit oder durch Beimischung fremden Stoffes, entlehnt den sog. Kameralwissenschaften, einem Mischmasch von Kenntnissen, deren Fegfeuer der hoffnungsvolle Kandidat deutscher Bürokratie zu bestehn hat." [12]

Neben dieser vorherrschenden Form der Resonanz einer fremden Wissenschaft um die Jahrhundertmitte in Deutschland gab es jedoch unter anderem auch eine Erscheinung, die MARX „beinahe als eine Ausnahme unter den deutschen Ökonomen betrachtet, da es unter ihnen nur äußerst selten selbständige, objektive Forscher gibt" [13]. Diese Ausnahme war JOHANN HEINRICH VON THÜNEN. „Ein Mecklenburger Junker (übrigens mit *deutscher* Denk-Distinktion), der sein Gut Tellow als *das Land* und Mecklenburg-*Schwerin* als *die Stadt* behandelt und von diesen Voraussetzungen aus, mit Hilfe von Beobachtungen, Differentialkalkül, praktischer Rechnungsführung etc. sich die Ricardosche Theorie der Grundrente selbst konstruiert. Es ist dies respektabel und zugleich ridicul." [14]

DAVID RICARDO, dessen Werk den Höhepunkt der klassischen politischen Ökonomie bildet, untersuchte anhand der Grundrente die Verteilung des Surplusprofits in der kapitalistischen Landwirtschaft. RICARDOs Wert- und Rententheorie ist der bedeutendste bürgerliche Versuch, das Verhältnis von Wert und Produktionspreis, von Durchschnittsprofit und Surplusprofit zu erfassen und zum Gesetz des tendenziellen Falls der Profitrate vorzudringen. MARX stellt fest: „Bei der großen Wichtigkeit aber, die dies Gesetz für die kapitalistische Produktion hat, kann man sagen, daß es das Mysterium bildet, um dessen Lösung sich die ganze politische Ökonomie seit Adam Smith dreht, und daß der Unterschied zwischen den verschiednen Schulen seit A. Smith in den verschiednen Versuchen zu seiner Lösung besteht. Erwägt man aber andrerseits, daß die bisherige politische Ökonomie um den Unterschied von konstantem und variablem Kapital zwar herumtappte, ihn aber nie bestimmt zu formulieren verstand; daß sie den Mehrwert nie getrennt vom Profit und den Profit überhaupt nie rein, im Unterschied von seinen verschiednen gegeneinander verselbständigten Bestandteilen – wie industrieller Profit, kommerzieller Profit, Zins, Grundrente – darstellte; daß sie nie gründlich die Verschiedenheit in der organischen Zusammensetzung des Kapitals, daher ebensowenig die Bildung der allgemeinen Profitrate analysiert hat – so hört es auf, rätselhaft zu sein, daß ihr die Lösung dieses Rätsels nie gelang." [15]

Man muß diese für den bürgerlichen Ökonomen unüberschreitbare erkenntnismäßige Barriere bei der Erforschung des Gesetzes vom tendenziellen Fall der Profitrate in die Betrachtung einbeziehen, wenn man RICARDOs große Leistung

[12] Karl Marx, Das Kapital, Erster Band, in: MEW, Bd. 23, Berlin 1962, S. 19.

[13] Karl Marx, Brief an Hermann Schumacher vom 21. 9. 1875, in: MEW, Bd. 34, Berlin 1966, S. 151.

[14] Karl Marx, Brief an Ludwig Kugelmann vom 6. 3. 1868, in: MEW, Bd. 32, Berlin 1965, S. 538.

[15] Karl Marx, Das Kapital, Dritter Band, in: MEW, Bd. 25, Berlin 1964, S. 223/224.

ermessen will. Und RICARDO konnte immerhin von den entwickelten kapitalistischen Verhältnissen in England ausgehen, wo bereits ein halbes Jahrhundert zuvor die industrielle Revolution eingesetzt hatte. In Deutschland dagegen fehlte für eine breite Resonanz der RICARDOschen Erkenntnisse „der lebendige Boden der politischen Ökonomie". Dennoch konnte ein Mecklenburger Junker „mit *deutscher* Denk-Distinktion", zunächst ohne von RICARDOs Theorie Kenntnis zu haben, allein „mit Hilfe von Beobachtungen" der deutschen Wirklichkeit, „Differentialkalkül, praktischer Rechnungsführung etc." so weit bei der Untersuchung des Gesetzes vom tendenziellen Fall der Profitrate vorstoßen, wie es außer der RICARDOschen Richtung keiner bürgerlichen Schule der politischen Ökonomie seit ADAM SMITH gelang.

Aus den Vergleichen zwischen RICARDO und THÜNEN und zwischen THÜNEN und den deutschen Vulgärökonomen um die Mitte des 19. Jahrhunderts wird das Besondere einer Geschichte der politischen Ökonomie als Geschichte der Resonanz der politischen Ökonomie ersichtlich. Das ökonomische Denken in Deutschland stand eigentlich fast nie außerhalb der internationalen Entwicklungslinien. Aber die inneren Gesetzmäßigkeiten der Entwicklung der politischen Ökonomie erscheinen vielfältig gebrochen durch die besonderen wirtschaftlichen, sozialen und politischen Verhältnisse in Deutschland. Die Vorstellungen von einem pauschalen Unverständnis bzw. einer generellen Mißdeutung in bestimmten Perioden oder von einer länger währenden beträchtlichen zeitlichen Verzögerung der Resonanz wären zu einfach, um die Beziehungen zwischen internationalen Entwicklungslinien und ihren nationalen Erscheinungsformen ausreichend zu erfassen.

Die folgende Untersuchung soll die Grundlinien des ökonomischen Denkens in Deutschland darstellen und ihre Besonderheiten gegenüber dem wissenschaftsgeschichtlichen Verlauf überhaupt, als Produkt der weltgeschichtlichen Auseinandersetzung um den sozialen Fortschritt, herausarbeiten. Deshalb werden – je nach Wichtigkeit mehr oder minder ausführliche – Darlegungen über den ausländischen Entwicklungsstand einbezogen, ohne daß der Anspruch erhoben wird, auch die europäische Geschichte des ökonomischen Denkens zu erfassen.

Im folgenden wird kurz auf die angewendeten Methoden der Kritik und Geschichtsschreibung der ökonomischen Auffassungen und Theorien eingegangen. Die Autoren legen in ihrer Untersuchung insbesondere auf zwei fundamentale methodologische Erwägungen der Klassiker des Marxismus-Leninismus großen Wert.

Erstens ist das vorliegende Werk durch das Bemühen gekennzeichnet, das Verhältnis zwischen der objektiv gegebenen sozialökonomischen Basis und der ökonomisch-theoretischen Widerspiegelung im Sinn des historischen und dialektischen Materialismus zu erfassen. MARX schreibt, daß selbst alle Religionsgeschichte, die von der materiellen Basis abstrahiere, unkritisch sei. „Es ist in der Tat viel leichter, durch Analyse den irdischen Kern der religiösen Nebelbildungen zu finden, als umgekehrt, aus den jedesmaligen wirklichen Lebensverhältnissen ihre verhimmelten Formen zu entwickeln. Die letztre ist die einzig materialistische und daher wissenschaftliche Methode."[16]

Dementsprechend kann es nicht genügen, durch Analyse den sozialökonomischen Kern der ökonomischen Auffassungen, Vorstellungen und Theorien zu finden, sondern es ist notwendig, diese in ihren historisch wirksamen Äußerungen aus den ökonomisch bedingten Verhältnissen der sozialen Klassenauseinandersetzung zu *entwickeln*. Die schriftlich überlieferte Geschichte aller bisherigen Gesellschaft ist die Geschichte von Klassenkämpfen; diese wurden auf vielen Gebieten in unterschiedlichem Grade ausgetragen, stets aber auch, und zwar mit der historischen Entwicklung in zunehmendem Maße, auf ideologisch-*ökonomischem* Gebiet. Bürgerliche Geschichtsdarstellungen erwähnen den Klassenkampf entweder gar nicht oder nur gelegentlich zur Erklärung dieser oder jener Seite einer Theorie. Die Autoren dieses Buchs haben dagegen angestrebt, die hier berücksichtigten ökonomisch-theoretischen Erscheinungen aus den wirklichen Lebensverhältnissen zu entwickeln.

Ein solches Vorgehen gehört zum Grundbestand marxistisch-leninistischer Theoriekritik und ist daher an sich nicht neu. Indem die Autoren aber zunächst und vor allem die ökonomischen Theorien auf ihr Verhältnis zur sozialökonomischen Basis überprüfen, gelangen sie zu einigen Fragestellungen, die nach ihrer Meinung bislang zu wenig diskutiert wurden:

– So sind ihres Erachtens in den verbreiteten marxistischen Darstellungen zur Geschichte der politischen Ökonomie die Rezeption antiker ökonomischer Ideen im Feudalismus und überhaupt das feudale ökonomische Denken noch nicht ausreichend in ihren Beziehungen zu den realen Klassenauseinandersetzungen erörtert worden, damit ein Gesamtbild von den entscheidenden Strömungen entworfen werden kann.

– In marxistischen Darlegungen ist es selbstverständlich, den Klassencharakter einer ökonomischen Theorie herauszustellen. Die Autoren sind bemüht, die Klassenauseinandersetzung in ihrer historischen Konkretheit als einen *wechselseitigen* Kampf für und gegen den sozialen Fortschritt zu erfassen. So betrachten sie, wie auch andere Verfasser, den Kameralismus als eine reaktionäre ökonomische Theorie feudalabsolutistischer Kräfte; sie fragen darüber hinaus auch nach der entsprechenden ökonomischen Theorie der bürgerlichen Gegner dieser Kräfte beispielsweise im 17. Jahrhundert.

– In marxistischen Untersuchungen wird zu Recht auf die Schwäche der deutschen Bourgeoisie im Vergleich zur englischen und französischen Bourgeoisie am Ende des 18. und während der ersten Hälfte des 19. Jahrhunderts hingewiesen, es wird jedoch z. B. aus ihr gelegentlich abgeleitet, daß der geringe Grad manufakturkapitalistischer Entwicklung in Deutschland kein theoretisches Verständnis für Adam Smith, den zusammenfassenden Ökonomen der Manufakturperiode,

[16] Karl Marx, Das Kapital, Erster Band, in: MEW, Bd. 23, Berlin 1962, S. 393.

erlaubt habe. Die Autoren vertreten dagegen die Auffassung, daß die wirtschaftliche Schwäche der deutschen Bourgeoisie einerseits und die Belebung der ideologischen Auseinandersetzung seit der französischen Revolution von 1789 anderseits bei den aufgeschlossensten ihrer ökonomischen Theoretiker auch das *Bedürfnis* erweckte, sich die ökonomisch-theoretischen Erfahrungen der fortgeschritteneren Abteilungen der europäischen Bourgeoisie geistig zu erschließen. Wenn man diesen Beziehungen in den ideologischen Kämpfen jener Zeit nachspürt, dann kann man nach Überzeugung der Autoren nicht uneingeschränkt die These von einem generellen theoretischen Unverständnis für die englische klassische politische Ökonomie in Deutschland vertreten.

Zweitens ist das vorliegende Buch durch das Bestreben charakterisiert, vergangene ökonomische Auffassungen, Vorstellungen und Theorien nicht wegen ihrer historischen Beschränktheit zu verwerfen, sondern in ihrer historischen Berechtigung verständlich zu machen. Zu einer einseitigen Kritik philosophischer Richtungen schreibt Lenin: „Plechanow kritisiert den Kantianismus (und den Agnostizismus überhaupt) mehr vom vulgär-materialistischen als vom dialektisch-materialistischen Standpunkt, *insofern* er ihre Gedankengänge nur a limine *verwirft*, sie aber nicht *richtigstellt* (wie Hegel Kant richtigstellte), indem er sie vertieft, verallgemeinert, erweitert und den *Zusammenhang* und die *Übergänge* aller und jeder Begriffe aufzeigt.“[17]

Lenins Hinweis ist auch für die Geschichtsschreibung der politischen Ökonomie von grundsätzlicher Bedeutung. Die Autoren haben deshalb versucht, durchgängig den Zusammenhang und die Übergänge im historischen Mit-, Gegen- und Nacheinander der ökonomisch-theoretischen Erscheinungen hervorzuheben. Da dieses Buch den ersten marxistischen Entwurf bietet, die Grundlinien des ökonomischen Denkens in Deutschland in einer Gesamtanalyse zu erfassen, ergeben sich naturgemäß einige bisher kaum diskutierte Fragen nach dem Erkenntnisfortschritt, wie er sich in den sozialen Auseinandersetzungen und als Erfahrung aus ihnen Bahn bricht:

– So war zum Beispiel von marxistischer Seite noch nicht im Detail untersucht worden, wie der Erkenntnisfortschritt seit den theoretischen Ausgangspunkten in der Antike verlief, bis schließlich im 16. Jahrhundert das erste ökonomisch-theoretische System des Bürgertums, der Monetarismus, auftrat. Die Autoren stellen in diesem Buch dar, wie die feudalen Denker die von Marx angeführten Erkenntnisschranken der antiken ökonomischen Vorstellungen teilweise überwanden und tiefer in die Zusammenhänge der Warenproduktion ihrer Zeit einzudringen vermochten. Sie verdeutlichen an einzelnen Beispielen, wie sich später feudale Erkenntnisschranken bemerkbar machten und den theoretischen Fortschritt derart hemmten, daß nun bürgerliche Denker diese Schranken nach und nach überwinden mußten, um die dem Kapitalismus adäquate politische

[17] W. I. Lenin, Konspekt zu Hegels „Wissenschaft der Logik“, in: Werke, Bd. 38, Berlin 1964, S. 169.

Ökonomie zu formieren. Die Autoren hoffen, auf diese Weise das Verständnis für den *Entwicklungs*gang der Geschichte der politischen Ökonomie zu vertiefen.

– Die Autoren untersuchen den Entwicklungsgang vom ökonomischen Denken der Sklavenhalterordnung über das feudale ökonomische Denken bis zur politischen Ökonomie des Bürgertums; sie sind aber auch bemüht, die Ansammlung und Vertiefung der Erkenntnisse *innerhalb* eines Systems darzustellen. Meist wird z. B. der Monetarismus als das erste bürgerliche ökonomische *System* charakterisiert und dann der Fortschritt vom Monetarismus zum Merkantilismus angeführt. Die Autoren zeigen an einzelnen Beispielen zeitlich auseinanderliegender bedeutender monetaristischer Werke, wie sich das monetaristische Denken mit dem Verlauf der sogenannten ursprünglichen Akkumulation des Kapitals vertieft und schließlich an bestimmte Grenzen stößt, die nur von einem höheren theoretischen Standpunkt zu überspringen waren.

Die genannten und andere Probleme ergeben sich aus dem Anliegen des Buches, eine historische *Gesamt*betrachtung ökonomisch-theoretischer Grundlinien für Deutschland bis zur Mitte des 19. Jahrhunderts zu bieten. Wie bereits festgestellt, gab es bislang noch keine marxistischen Unternehmungen in dieser Richtung; das Buch stellt somit in der marxistischen Literatur einen *ersten Versuch* dazu dar. Dieser Umstand veranlaßte die Autoren, eine ihm angemessene Darstellungsweise zu wählen:

– Die Autoren gehen stets von den Einschätzungen und Hinweisen der Klassiker des Marxismus-Leninismus aus und zitieren diese ausführlich. Ihres Erachtens können zahlreiche Darlegungen besonders von MARX und ENGELS für die Erforschung der theoriegeschichtlichen Grundlinien noch erschöpfender ausgewertet werden.

– Die Verfasser fußen weiterhin auf den Erkenntnissen der marxistischen Theoriehistoriker der politischen Ökonomie, deren Schriften, soweit sie benutzt wurden, im Text angegeben sind. In diesem Zusammenhang sei ausgesprochen, daß sie sich beim Herangehen vielfach von JÜRGEN KUCZYNSKIs wirtschafts- und ideologiegeschichtlichen Analysen anregen ließen. Für erwähnenswert halten sie auch KURT BRAUNREUTHERs Einfluß auf ihre theoriegeschichtliche Betrachtungsweise.

– An mehreren Stellen gelangen die Autoren zu Auffassungen, die sich von bisherigen marxistischen Interpretationen unterscheiden. Dort waren sie bemüht, ihre Position eingehender zu begründen, um einen fruchtbaren wissenschaftlichen Meinungsstreit zu ermöglichen.

Der Charakter der Gesamtdarstellung machte ausführliche Diskussionen des Manuskripts bereits vor seiner Drucklegung unter Fachkollegen erforderlich. Durch sie wurden die Autoren in den Stand gesetzt, die Darlegung zu verbessern. Auf kritische Punkte wurden sie vor allem von den Professoren Dr. sc. GÜNTER FABIUNKE, Dr. habil. HERBERT MEISSNER und Dr. sc. PETER THAL hingewiesen, denen hiermit Dank gesagt wird.

Es sei noch bemerkt, daß das vorliegende Buch zwar das Ergebnis einer gemeinsamen Forschung des Autorenkollektivs ist, aber auch unterschiedliche Auffassungen zu speziellen Punkten (insbesondere im 3. Kapitel) nicht ausschließt. Die Autoren betrachten es als einen Beitrag zum wissenschaftlichen Meinungsstreit auf dem Gebiet der marxistischen Theoriegeschichtsschreibung der politischen Ökonomie und zur ideologischen Auseinandersetzung mit der bürgerlichen politischen Ökonomie. Sie haben selbst im Text wiederholt auf jene Probleme hingewiesen, die ihres Erachtens weiter und tiefer untersucht werden sollten.

Das vorliegende Buch entstand als Kollektivwerk aus einer mehrjährigen engen Zusammenarbeit und intensiven Diskussion der einzelnen Beiträge seiner Verfasser. Neben der konzeptionellen Arbeit und den thematischen Beiträgen des Leiters des Autorenkollektivs haben sich die Mitautoren gemäß ihrer fachlichen Spezialisierung und ihrem wissenschaftlichen Interesse auf bestimmte Schwerpunkte konzentriert. Es sind Forschungen von Werner Krause und Günther Rudolph in die Darlegungen über die ersten Ansätze zur Überwindung des feudalen ökonomischen Denkens eingegangen. Werner Krause analysierte die Literatur des ökonomischen Liberalismus in Deutschland. Mit Günther Rudolph zusammen verfaßte er das Kapitel über die sozialistische ökonomische Kritik am Kapitalismus in Deutschland. Erich Sommerfeld untersuchte die ökonomischen Auffassungen über die Warenwirtschaft während der Herausbildung und Entfaltung der feudalen Gesellschaftsordnung und die Entwicklung der vorbürgerlichen theoretischen Ökonomie unter den Bedingungen intensivierter Ware-Geld-Beziehungen. Von ihm stammen auch Darlegungen über die ersten Ansätze zur Überwindung des feudalen ökonomischen Denkens, die Untersuchungen über den frühen Monetarismus in Deutschland, über die Herausbildung des Kameralismus sowie über dessen Gegner.

1. KAPITEL

Die Entwicklung des feudalen ökonomischen Denkens über die Warenwirtschaft (von den Anfängen bis zum 15. Jh.)

1. Die theoretischen Ausgangspunkte der politischen Ökonomie in der Sklavenhaltergesellschaft (4. Jh. v. u. Z.)

In diesem Buch werden jene Grundlinien des ökonomischen Denkens in Deutschland untersucht, die in ihrer historischen Entwicklung in die politische Ökonomie einmünden und von dieser zur Analyse der kapitalistischen Warenproduktion weitergeführt werden. MARX schreibt: „Da die politische Ökonomie, wie sie geschichtlich aufgetreten, in der Tat nichts ist als die wissenschaftliche Einsicht in die Ökonomie der kapitalistischen Produktionsperiode, so können darauf bezügliche Sätze und Theoreme ... nur soweit vorkommen, wie gewisse Erscheinungen: Warenproduktion, Handel, Geld, zinstragendes Kapital usw., beiden Gesellschaften gemeinsam sind.“[1]

Die genannten Grundlinien werden in Deutschland zuerst in den frühen feudalen ökonomischen Vorstellungen über die Warenwirtschaft, vor allem über den Wucher, sichtbar. Mit der Entfaltung der feudalen Produktionsweise weitete sich diese Vorstellungswelt aus, erfaßte einen breiteren Kreis wirtschaftlicher Beziehungen der Menschen in der Warenwirtschaft und wuchs sich zu einem noch mit der theologischen Begründung verbundenen, aber zunehmend relativ selbständiger werdenden Gedankengebäude aus, das von ENGELS als „vorbürgerliche theoretische Ökonomie“[2] bezeichnet wird. Diese Entwicklung setzte in Deutschland ebenso wie in anderen europäischen Ländern etwa mit dem 10. Jahrhundert ein.

Die ökonomische Diskussion jener Zeit bezog ihre Argumente jedoch aus früheren Schriften. Vor allem sind es griechische Anschauungen aus der Sklavenhaltergesellschaft, die „geschichtlich die theoretischen Ausgangspunkte der modernen Wissenschaft“[3] der politischen Ökonomie bilden, und die Ideen früher christlicher Denker, der sogenannten Kirchenväter. Diese früheren ökonomischen Auffassungen wurden mit der Entfaltung des Feudalismus in verstärktem Maß den Bedürfnissen der ideologischen Verteidigung der feudalen Produktions- und Eigentumsverhältnisse angepaßt.

[1] Karl Marx, Aus der „Kritischen Geschichte“, in: Friedrich Engels, Herrn Eugen Dührings Umwälzung der Wissenschaft, MEW, Bd. 20, Berlin 1962, S. 213.

[2] Friedrich Engels, Herrn Eugen Dührings Umwälzung der Wissenschaft, in: ebenda, S. 140.

[3] Karl Marx, Aus der „Kritischen Geschichte“, in: ebenda, S. 213.

Damit die Aufnahme, Umwertung und Weiterführung der „theoretischen Ausgangspunkte" der politischen Ökonomie im feudalen Deutschland in ihrem sozialen Kern richtig verstanden werden, muß über die Ausgangspunkte selbst, deren Entstehungsbedingungen außerhalb Deutschlands liegen, etwas gesagt werden.

Sozialökonomische Voraussetzungen für die theoretischen Ausgangspunkte

Die frühesten Zeugnisse, die eine Vorstellung vom ökonomischen Denken vermitteln, entstanden in jener Zeit, als sich die Urgemeinschaft auflöste und das Privateigentum, die Klassen und der Staat herausbildeten. Das älteste aus der Literatur bekanntgewordene Dokument über die Wirtschaft entstammt der Zeit um 4500 v. u. Z.; es ist ein babylonischer Bericht über das bewegliche und unbewegliche Besitztum des Herrschers. Die ökonomischen Ideen jener Periode sind am umfassendsten in den Gesetzen des BILALAMA VON ESCHNUNNA (20. Jh. v. u. Z.) und des babylonischen Königs HAMMURABI (18. Jh. v. u. Z.) dargelegt. HAMMURABIS Gesetzeskodex war hauptsächlich für die königlichen Gerichte bestimmt; er schützte die Besitzinteressen des Staates, der Sklavenhalter, der Kleinproduzenten und der Dorfgemeinschaft. Aus ähnlichen alten assyrischen, indischen und chinesischen Überlieferungen läßt sich ein relativ entwickeltes ökonomisches Denken ablesen.[4]

Diese Entwicklung des ökonomischen Denkens entsprach den damaligen Verhältnissen. Das alte, traditionelle Wirtschaften im kleinen, übersichtlichen Sozialverband war durch die ersten Ausbeutergesellschaften in einen größeren Rahmen gestellt worden. Die Selbstverständlichkeit einer urgemeinschaftlich gerechten Verteilung der gemeinsam erarbeiteten Erträge war verlorengegangen; die engen produktions- und verbrauchswirtschaftlichen Vorstellungen in einer kleinen Gemeinschaft, deren Wirtschaften vor allem von der überlieferten Tradition bestimmt wurde, war unzureichend geworden. Die Organisation bei der Verteilung des Mehrprodukts unter die verschiedenen Ausbeuterschichten innerhalb eines Staates oder Imperiums machte bereits sehr detaillierte Vorschriften notwendig, die ihren Niederschlag in Gesetzestexten fanden.

Da urgemeinschaftliche Produktionsformen noch lange erhalten blieben, finden sich in der alten Literatur zahlreiche Vergleiche zwischen der alten Produktionsweise, in der die Bedürfnisse eine noch karge Befriedigung fanden, und der fortgeschritteneren Produktionsweise, die dagegen Ausbeutung, Elend, Leid und große Kriege mit sich brachte.

Zu Beginn der ersten Klassengesellschaften gab es also schon viele wirtschaftliche Überlegungen, Darstellungen wirtschaftlicher Tatbestände, Klagen über wirtschaftliche und soziale Mißstände; und es gab umfangreiche und detaillierte

[4] Vgl. Geschichte der ökonomischen Lehrmeinungen (Übersetzung aus dem Russischen), Berlin 1965.

Vorschriften und Gesetze über Wirtschaftsleistungen. Es fehlte aber noch die theoretische Erörterung, das Suchen nach inneren Zusammenhängen und Erklärungsgründen. Die Naturalproduktion, relativ übersichtlich und aus dem Zusammenwirken von Mensch und Natur erklärbar, vermehrte wohl die ökonomischen Kenntnisse; sie befruchtete aber nicht das theoretische ökonomische Denken.

Als jedoch die Warenproduktion im Gefolge der fortschreitenden gesellschaftlichen Arbeitsteilung in die Poren der urgemeinschaftlichen Naturalwirtschaft einzudringen und diese zu ergänzen begann, entwickelte sich damit auch im Laufe der Jahrhunderte die gesellschaftliche Form der Arbeit ständig weiter. Mit der Warenproduktion beginnt eigentlich die Geschichte des ökonomischen Denkens als der Suche nach theoretischer Erklärung und praktischer Lösung der Widersprüche in den wirtschaftlichen Beziehungen der Menschen zueinander. Denn mit der Warenproduktion wurde die Scheidung zwischen dem gesellschaftlichen Charakter der Arbeit und dem privaten Charakter der warenproduzierenden konkreten Arbeiten sowie der privaten Aneignung ihrer Produkte herbeigeführt; Produktion und Austausch wurden dabei durch die Einführung des Geldes zugleich getrennt und verbunden.

Die gesellschaftlichen Beziehungen der Menschen zueinander erschienen nunmehr in der Bewegung von Waren. Während der Austausch der überschüssigen Produkte, der anfangs nur zwischen verschiedenen Gemeinwesen stattfand, lange Zeit nach Maßgabe der zu ihrer Herstellung erforderlichen Arbeitszeiten erfolgen konnte, wurde dann das Geld, schreibt Engels, „für die praktische Auffassung der entscheidende Wertmesser, und dies um so mehr, je mannigfaltiger die in den Handel kommenden Waren wurden, je mehr sie entlegnen Ländern entstammten, je weniger also die zu ihrer Herstellung nötige Arbeitszeit sich kontrollieren ließ. Kam doch das Geld anfänglich selbst meist aus der Fremde; auch als Edelmetall im Lande gewonnen wurde, war der Bauer und Handwerker teils nicht imstande, die darauf verwandte Arbeit annähernd abzuschätzen, teils war ihm selbst schon das Bewußtsein von der wertmessenden Eigenschaft der Arbeit durch die Gewohnheit des Geldrechnens ziemlich verdunkelt; das Geld begann in der Volksvorstellung den absoluten Wert zu repräsentieren."[5]

Indem sich das Wertgesetz auf diese Weise während einer Periode von 5000 bis 7000 Jahren durchsetzte, so daß die Preise – bei gewissen Schwankungen – mit den Werten zusammenfielen, blieb seine Wirkungsweise und gar seine Existenz über einen viel längeren Zeitraum hinweg ein Geheimnis. Aber die undurchsichtig gewordenen Produktions- und Austauschbeziehungen der Menschen zueinander zwangen zu einer möglichst genauen Beobachtung der wirtschaftlichen Vorgänge. Eine solche Beobachtung lag auch im Interesse der herrschenden Klassen, die einerseits den Rückweg in das „goldene" Zeitalter einer urgemeinschaftlichen

[5] Friedrich Engels, Ergänzung und Nachtrag zum III. Buche des „Kapital", in: MEW, Bd. 25, Berlin 1964, S. 909.

Lebensweise verbauten und andererseits ein Überhandnehmen der die vorherrschende Naturalproduktion in Sklavenhaltergesellschaft und Feudalismus unterminierenden Warenproduktion zu verhüten versuchten. Je nach der spezifischen Klassenposition des antiken oder feudalen Denkers und der damit verbundenen individuellen Befähigung zur theoretischen Durchdringung der ökonomischen Erscheinungswelt konnten so partielle Einsichten in sozialökonomische Gesetzmäßigkeiten gewonnen werden.

Aber die vorkapitalistischen Produktionsweisen behinderten auf doppelte Weise die theoretische Erkenntnis, denn einerseits unterlag die Warenproduktion selbst vorkapitalistischer sozialer Regelung, und anderseits diente sie nur zur Ergänzung der vorherrschenden Naturalwirtschaft.

Der sozial gebundene einfache Warenproduzent arbeitete für einen umrissenen festgelegten Bedarf; das Ziel seiner Auftragsproduktion war ein gewünschter Gebrauchswert. Die Vermittlung durch das Geld erleichterte zwar den Austausch zwischen den Produzenten, komplizierte aber gleichzeitig die Struktur der wirtschaftlichen Beziehungen; sie ließ jedoch den dadurch geschaffenen latenten Gegensatz zwischen einfacher Warenwirtschaft und Naturalwirtschaft noch nicht aufbrechen. Aber die Gemeinsamkeit von einfacher Warenwirtschaft und Naturalwirtschaft erwies sich mit dem Aufkommen vor allem des Fernhandels als relativ. Es deutete sich an, daß der Erlös in Geldform im Unterschied zu einem konkret gewünschten Gebrauchswert eine unsichere, vielen unbekannten Einflüssen unterliegende Größe ist. Und es wurde augenscheinlich, daß die Warenproduktion nicht nur wesentlich komplizierter und unübersichtlicher ist, sondern nach anderen Gesetzmäßigkeiten verläuft als die Naturalwirtschaft und in sich die Tendenz birgt, über die gegebene historische Gesellschaftsformation hinauszuführen.

Doch dieser Unterschied war schwer theoretisch zu erfassen. Denn nach dem Wert der Ware zu fragen, war unmöglich für Theoretiker einer Zeit, in der die Naturalwirtschaft vorherrschte. Naturalwirtschaftliches Denken kennt nur die Frage nach dem Gebrauchswert des Produkts für einen bestimmten, in seiner Bedürfnisstruktur bekannten Verbraucher.

Die Naturalwirtschaft machte also nicht nur als solche die theoretische Überlegung überflüssig, weil sie selbst keine Rätsel aufgab, sondern sie behinderte auch die Problemfindung, wenn sich der Betrachter der Warenproduktion zuwendete. Als vorherrschende und typische Wirtschaftsweise erzwang sie den Vergleich der Warenwirtschaft mit der Naturalwirtschaft. Logisch geschulte Theoretiker vermochten, wenn sie ausschließlich die Warenproduktion untersuchten, Erkenntnisse über Ware, Tauschwert und Preis zu gewinnen; aber sie mußten ihre Erkenntnisse in Beziehung zur gesamten Produktionsweise setzen. Dabei wurden sie unsicher, denn die Einsichten in die Warenproduktion bestätigten sich nicht an den Gegebenheiten der Naturalwirtschaft. Deren erkenntnisbehindernde Rolle bewirkte, daß das theoretische ökonomische Denken seit den frühen Erkenntnissen über den Charakter der Ware eineinhalb Jahrtausend nur wenig vorankam.

Solange und insoweit die Naturalwirtschaft auf Sklavenarbeit beruhte, stellten sich dem ökonomischen Denken weitere Hindernisse in den Weg. So beeinflußte die soziale Wertung der Sklavenarbeit auch die Betrachtung der freien warenproduzierenden Tätigkeit. Selbst wo die Warenproduktion schon zur Ausbeutung von Lohnarbeitern übergegangen war, wurde deren Tätigkeit mit der Sklavenarbeit auf eine Stufe gesetzt. So nennt Cicero in seiner Abhandlung über die Pflichten nach dem verhaßten Gewerbe der Zolleinnehmer und der Wucherer das Geschäft des Lohnarbeiters. „Eine andre ganz niedrige Art, sich zu ernähren, und welche nur dem untersten Pöbel zukommt, ist die der Tagelöhner, – das heißt, solcher Arbeiter, denen bloß ihre Stärke, nicht ihre Kunst bezahlt wird. Der Lohn, den sie bekommen, ist nichts anders als ein Preis, um den sie sich andern auf eine Zeitlang zu Sklaven verkaufen."[6] Die verachtete Arbeit konnte daher keineswegs als eine Quelle des begehrten Reichtums angesehen werden.

Aber nicht nur das Vorhandensein von Erzeugnissen freier und unfreier oder abhängiger Arbeit erschwerte die Untersuchung. Neben den Waren freier Handwerker und ausgebeuteter Lohnarbeiter und auf dem Markt angebotenen Teilen des Mehrprodukts von Sklavenarbeit bildeten die Sklaven selbst ein grundlegendes Element der Warenzirkulation. In Delos, dem größten Sklavenmarkt der Alten Welt, wurden zeitweise tagtäglich 10000 Menschen verschachert. Die Produktionsweise der Sklavenhaltergesellschaft hing grundsätzlich von einer kontinuierlichen Zufuhr neuer Sklaven ab. Der Preis dieser wichtigen Ware ergab sich aus Angebot und Nachfrage. Während vielen Warenpreisen Kostenkalkulationen zugrunde lagen, spielten diese bei der Preisbildung auf dem Sklavenmarkt nahezu keine Rolle.

In der Warenzirkulation befanden sich also frei hergestellte Waren, vom Sklavenherrn auf dem Markt veräußerte Gegenstände, die Arbeitskraft des Lohnarbeiters und der Sklave. Für die Preise dieser unterschiedlichen Waren konnten neben den Faktoren Angebot und Nachfrage keine gemeinsamen Bildungsmomente gefunden werden.

Dazu kam der Umstand, daß selbst die Preise der Güter nicht immer eine notwendige Beziehung zu den Herstellungskosten erkennen ließen. So unterlagen die aus der Naturalwirtschaft ausgesonderten, vom Sklavenbesitzer als überflüssig erachteten und verkauften Erzeugnisse keiner genauen Kostenkalkulation. Und der Staat war häufig gezwungen, Getreide zu so geringen Preisen an die städtische Bevölkerung zu verteilen, daß der Preis zum Teil nur noch eine Zahlungsformalität war.

Die verwirrenden Umstände der auf Sklavenarbeit beruhenden Naturalwirtschaft mit ergänzender Warenwirtschaft erlaubten also dem Theoretiker über hauswirtschaftliche Einsichten hinausgehende ökonomische Erkenntnisse nur in der Untersuchung der einfachen, aber sozial gebundenen Warenproduktion. Deren Verwurzelung in den traditionell bestimmten Gemeinschaften ließ die

[6] Marcus Tullius Cicero, Abhandlung über die menschlichen Pflichten, übers. von Christian Garve, Breslau 1784, S. 115 (De officiis I, 42).

warenproduzierende Arbeit nur in ihrer konkreten, mit der spezifischen Individualität der Berufsart verwachsenden Form erscheinen.

Arbeit schlechthin lediglich als Verausgabung von Arbeitskraft war undenkbar angesichts der die Produzententätigkeit prägenden eingefahrenen Berufsbedingungen und des in der sozialen Hierarchie festgelegten Prestiges. Nach stabilem Bedarf und gleichbleibenden Kosten produzierte Waren ließen hinter ihrem Tauschwert das Verhältnis verschiedener konkreter Arbeitsarten ahnen. Das Vergleichen von Waren und das Feststellen wechselseitiger Abhängigkeiten der sie hervorbringenden Arbeiten war in der traditionell-hierarchischen Sklavenhalterordnung der kühnste Schritt auf dem Weg zu einer Theorie der Warenproduktion. Tiefere Einsichten wurden erst mit der Beseitigung dieser Gesellschaftsordnung möglich.

Ohne die Kenntnis der sozialökonomischen Grundlage für die Herausbildung der theoretischen Ausgangspunkte der politischen Ökonomie können die frühen Erkenntnisse über die Warenwirtschaft nicht richtig eingeschätzt werden. Dennoch wird in den meisten Darstellungen über die Geschichte der politischen Ökonomie auf die Mitteilung der sozialökonomischen Grundlage verzichtet. Dadurch wird dem Leser die Möglichkeit versagt, die antiken Texte aus ihrer Zeit heraus zu verstehen. Viele Autoren unterlegen ihnen Vorstellungen, die aus späteren Perioden der Warenproduktion stammen und den frühen Denkern noch fremd waren.

Die antike Stellung zu Gebrauchswert und Tauschwert (Xenophon)

Viele griechische und römische Denker der Sklavenhalterordnung wie Herodot, Xenophon, Platon, Cicero, Cato und Varro beschäftigten sich mit wirtschaftlichen Problemen. Soweit die Griechen gelegentliche Streifzüge in dieses Gebiet unternahmen, stellt Marx fest, „zeigen sie dieselbe Genialität und Originalität wie auf allen andern Gebieten“[7].

Ihren ökonomischen Auffassungen, wie unterschiedlich sie im einzelnen auch waren, lag eine bestimmte Stellung zum Gebrauchswert und zum Tauschwert der Ware zugrunde. Den grundlegenden Unterschied zwischen dem Verhältnis von Gebrauchswert und Tauschwert in der politischen Ökonomie des Manufakturkapitalismus und in den antiken Ausgangspunkten der politischen Ökonomie wird von Marx folgendermaßen charakterisiert: „Die politische Ökonomie, die als eigne Wissenschaft erst in der Manufakturperiode aufkommt, betrachtet die gesellschaftliche Teilung der Arbeit überhaupt nur vom Standpunkt der manufakturmäßigen Teilung der Arbeit, als Mittel, mit demselben Quantum Arbeit mehr Ware zu produzieren, daher die Waren zu verwohlfeilern und die Akku-

7 Karl Marx, Aus der „Kritischen Geschichte“, in: Friedrich Engels, Herrn Eugen Dührings Umwälzung der Wissenschaft, MEW, Bd. 20, Berlin 1962, S. 213.

mulation des Kapitals zu beschleunigen. Im strengsten Gegensatz zu dieser Akzentuierung der Quantität und des Tauschwerts halten sich die Schriftsteller des klassischen Altertums ausschließlich an Qualität und Gebrauchswert. Infolge der Scheidung der gesellschaftlichen Produktionszweige werden die Waren besser gemacht, die verschiedenen Triebe und Talente der Menschen wählen sich entsprechende Wirkungssphären, und ohne Beschränkung ist nirgendwo Bedeutendes zu leisten. Also Produkt und Produzent werden verbessert durch die Teilung der Arbeit. Wird gelegentlich auch das Wachstum der Produktenmasse erwähnt, so nur mit Bezug auf die größre Fülle des Gebrauchswerts. Es wird mit keiner Silbe des Tauschwerts, der Verwohlfeilerung der Waren gedacht."[8]

Die Betonung des Gebrauchswerts und die Vernachlässigung des Tauschwerts der Ware läßt sich bei XENOPHON nachweisen, der in seinem „Oikonomikos" die Organisationsprinzipien der Sklavenwirtschaft erläuterte. Dieses Werk war in Griechenland, im Römischen Reich und später auch noch im feudalen Westeuropa weit verbreitet. Die „oikonomia", die Wissenschaft von der Bereicherung aus der eigenen Wirtschaft, müsse den Sklavenhalter lehren, seine Wirtschaft richtig zu organisieren, um die nützlichen Dinge zu vermehren. Der Ackerbau war für XENOPHON ebenso wichtig wie die Kriegskunst. Den Getreidehandel der Landaristokratie und den die Landwirtschaft beliefernden Kleinhandel billigte er, Großhandel und Wucher lehnte er jedoch ab. Entsprechend betrachtete er das Geld als konzentrierten Reichtum und als Zirkulationsmittel; es sei als Sicherheitsfonds für den Fall einer Mißernte oder eines Krieges zu horten oder auch zur Erweiterung der Naturalwirtschaft zu verwenden. Der Mensch könnte nie so viel Geld besitzen, daß er nicht noch mehr haben wollte, meinte XENOPHON. Er rühmte die unbegrenzte Möglichkeit der Anhäufung und Verwendung des Geldes als Tauschmittel.

MARX weist darauf hin, daß XENOPHON die Arbeitsteilung hervorhob. Es sei nicht nur ehrenvoll, Speisen von der Tafel des Perserkönigs zu erhalten, hatte XENOPHON erzählt, diese Speisen seien auch viel schmackhafter als andere. „Und dies ist nichts Wunderbares, denn wie die übrigen Künste in den großen Städten besonders vervollkommnet sind, ebenso werden die königlichen Speisen ganz eigens zubereitet. Denn in den kleinen Städten macht derselbe Bettstelle, Türe, Pflug, Tisch; oft baut er obendrein noch Häuser und ist zufrieden, wenn er selbst so eine für seinen Unterhalt ausreichende Kundschaft findet. Es ist rein unmöglich, daß ein Mensch, der so vielerlei treibt, alles gut mache. In den großen Städten aber, wo jeder einzelne viele Käufer findet, genügt auch ein Handwerk, um seinen Mann zu nähren. Ja oft gehört dazu nicht einmal ein ganzes Handwerk, sondern der eine macht Mannsschuhe, der andre Weiberschuhe. Hier und da lebt einer bloß vom Nähen, der andre vom Zuschneiden der Schuhe; der eine schneidet bloß Kleider zu, der andre setzt die Stücke nur zusammen. Notwendig ist es nun, daß der Verrichter der einfachsten Arbeit sie unbedingt auch am besten macht.

[8] Karl Marx, Das Kapital, Erster Band, in: MEW, Bd. 23, Berlin 1962, S. 386/387.

Ebenso steht's mit der Kochkunst." MARX stellt dazu fest: „Die zu erzielende Güte des Gebrauchswerts wird hier ausschließlich fixiert, obgleich schon Xenophon die Stufenleiter der Arbeitsteilung vom Umfang des Markts abhängig weiß."[9]

Aus XENOPHONs Darlegungen wird die überragende Rolle des Gebrauchswerts der Ware in der naturalwirtschaftlich bestimmten Produktionsweise der Sklavenhaltergesellschaft ersichtlich. Die dem Gebrauchswert zugestandene Rolle muß auch im Blickfeld bleiben, wenn man die ökonomischen Erkenntnisse des ARISTOTELES erörtert. Der „universellste Kopf"[10] unter den griechischen Denkern, „der die Wertform, wie so viele Denkformen, Gesellschaftsformen und Naturformen zuerst analysiert hat"[11], unternahm einen entscheidenden theoretischen Vorstoß in der Analyse der Warenwirtschaft.

ARISTOTELES über Arbeit, Geld und Ware

ARISTOTELES teilte mit den Denkern seiner Gesellschaftsordnung die Auffassung über die Sklavenarbeit. Der Sklave als ein beseeltes Besitzstück galt gleichsam nur als ein Werkzeug vor allen anderen Werkzeugen. „Denn freilich, wenn jedes Werkzeug auf erhaltene Weisung, oder gar die Befehle im voraus erratend, seine Verrichtung wahrnehmen könnte, wie das die Statuen des Dädalus oder die Dreifüße des Hephästus getan haben sollen, von denen der Dichter sagt, daß sie 'von selbst zur Versammlung der Götter erschienen'; wenn so auch das Weberschiff von selber webte und der Zitherschlägel von selber spielte, dann brauchten allerdings die Meister keine Gesellen und die Herren keine Knechte."[12]

Hinter dieser Argumentation, welche den Mythos ad absurdum führt, steht die Einsicht, daß der niedrige Stand der Produktivkräfte eine Bereicherung nur über die Ausbeutung, und zwar freier wie unfreier Arbeit, möglich macht.

Zugleich wird mit dieser Auffassung von der Sklavenarbeit nach MARX' Worten ein Teil der Gesellschaft „von dem andren selbst als bloß *unorganische und natürliche* Bedingung seiner eignen Reproduktion behandelt. Der Sklave steht in gar keinem Verhältnis zu den objektiven Bedingungen seiner Arbeit; sondern die *Arbeit* selbst, sowohl in der Form des Sklaven, wie der des Leibeignen, wird *als unorganische Bedingung* der Produktion in die Reihe der andren Naturwesen gestellt, neben das Vieh oder als Anhängsel der Erde."[13]

Die produktive Arbeit ist in der gesellschaftlichen Wertschätzung so weit von

[9] Ebenda, S. 388.

[10] Friedrich Engels, Herrn Eugen Dührings Umwälzung der Wissenschaft, in: MEW, Bd. 20, Berlin 1962, S. 19.

[11] Karl Marx, Das Kapital, Erster Band, in: MEW, Bd. 23, Berlin 1962, S. 73.

[12] Aristoteles, Politik, Leipzig 1948, S. 7.

[13] Karl Marx, Grundrisse der Kritik der politischen Ökonomie (Rohentwurf) 1857–1858, Berlin 1974, S. 389.

der freien menschlichen Tätigkeit fortgerückt, daß ARISTOTELES auch die Leitung der Sklavenarbeit geringschätzt. „Denn was der Sklave zu tun wissen muß, das muß der Herr anzuordnen wissen. Wer also sich nicht selbst damit zu plagen braucht, überläßt diese Ehre dem Hausmeister und beschäftigt sich selbst mit den Staatsangelegenheiten oder der Philosophie.“ [14]

Auf der Grundlage der naturalwirtschaftlichen Sklavenausbeutung sieht ARISTOTELES die Aufgabe der natürlichen Erwerbskunst darin, „alle jene Dinge zu beschaffen und zu bewahren, die für die Gemeinschaft in Haus und Staat zum Leben nützlich und notwendig sind. In diesen Dingen besteht ja auch wohl einzig der wahre Reichtum. Denn was an derartigem Besitz erfordert wird, um für ein vollkommenes Leben zu genügen, ist nicht ohne jede Grenze, wie Solon in seinem Gedicht in den Worten behauptet: ‘Reichtum hat kein Maß, das greifbar den Menschen gesetzt ist.’ Das Maß ist wohl gesetzt, wie für die anderen Künste ja auch. Denn kein Werkzeug irgendeiner Kunst ist nach Menge oder Größe unbegrenzt. Der Reichtum aber ist nichts anderes als eine Menge von Werkzeugen für die Haus- oder Staatsverwaltung.“ [15]

Neben dieser naturalwirtschaftlich orientierten Erwerbskunst, schreibt ARISTOTELES, gibt es die „eine andere Gattung von Erwerbskunst, die man vorzugsweise und mit Recht als die Kunst des Gelderwerbes oder der Bereicherung bezeichnet. Sie ist schuld daran, daß man meint, es gebe für Reichtum und Besitz keinerlei Grenze. Manche halten sie wegen der nahen Verwandtschaft mit der eben besprochenen Kunst mit ihr eins und dasselbe; in Wirklichkeit ist sie es nicht, steht ihr aber freilich nicht sehr fern; die eine von ihnen ist eine natürliche Erwerbsweise, die andere ist es nicht, sondern vielmehr ein Produkt einer gewissen Erfahrung und Kunst.“ [16]

ARISTOTELES stellt damit fest, daß zwar sowohl die Naturalwirtschaft als auch die aus ihr hervorgegangene und ihrer Ergänzung dienende Warenwirtschaft auf die Herstellung und Aneignung von Gebrauchswerten gerichtet sind und sein sollten, daß dieser Normalzustand aber durch die Verwendung des Geldes in seiner Funktion als Schatz- und Wertaufbewahrungsmittel gestört, ja auf den Kopf gestellt erscheint.

Das Geld, schreibt MARX, „ist keine bloß vermittelnde Form des Warenaustauschs. Es ist eine aus dem Zirkulationsprozeß hervorwachsende Form des Tauschwerts, ein gesellschaftliches Produkt, das sich durch die Beziehungen, worein die Individuen in der Zirkulation treten, von selbst erzeugt. Sobald Gold und Silber (oder jede andre Ware) als Wertmaß und Zirkulationsmittel (sei es als letztres in ihrer leiblichen Form oder durch Symbol ersetzt) sich entwickelt haben, werden sie Geld, ohne Zutun und Wollen der Gesellschaft. Ihre Macht erscheint als ein Fatum, und das Bewußtsein der Menschen, besonders in gesell-

[14] Aristoteles, Politik, Leipzig 1948, S. 14.
[15] Ebenda, S. 17.
[16] Ebenda.

schaftlichen Zuständen, die an einer tiefern Entwicklung der Tauschverhältnisse untergehn, sträubt sich gegen die Macht, die ein Stoff, ein Ding ihnen gegenüber erhält, gegen die Herrschaft des verfluchten Metalls, die als reine Verrücktheit erscheint. Es ist im Geld zuerst, und zwar in der abstraktesten, daher sinnlosesten, unbegreiflichsten Form – eine Form, in der alle Vermittlung aufgehoben ist –, worin die Verwandlung der wechselseitigen gesellschaftlichen Beziehungen in ein festes, überwältigendes, die Individuen subsumierendes gesellschaftliches Verhältnis erscheint. Und zwar ist die Erscheinung um so härter, als sie hervorwächst aus der Voraussetzung der freien, willkürlichen, nur durch die wechselseitigen Bedürfnisse in der Produktion sich aufeinander beziehenden, atomistischen Privatpersonen. Das Geld selbst enthält die Negation seiner als bloßes Maß und Münze in sich ... Die alten Philosophen ... betrachten dies als Verkehrung, Mißbrauch des Geldes, das aus dem Knecht zum Herrn wird, den natürlichen Reichtum depreziiert, das Ebenmaß der Äquivalente aufhebt. Plato in seiner Republik will gewaltsam das Geld als bloßes Zirkulationsmittel und Maß festhalten, aber nicht zum Gelde als solchen werden lassen. Aristoteles betrachtet daher die Form der Zirkulation W-G-W, worin das Geld nur als Maß und Münze funktioniert, eine Bewegung, die er die ökonomische nennt, als die natürliche und vernünftige, während er die Form G-W-G, die chrematistische, als unnatürlich, zweckwidrig brandmarkt. Was hier bekämpft wird, ist nur der Tauschwert, der Inhalt und Selbstzweck der Zirkulation wird, die Verselbständigung des Tauschwerts als solchen; daß der Wert als solcher Zweck des Austauschs wird und selbständige Form erhält, zunächst noch in der einfachen, handgreiflichen Form des Geldes."[17]

Die MARXsche Einschätzung ist in dieser Ausführlichkeit wiedergegeben, weil sie eine Situation kennzeichnet, die nicht nur für die gesamte vorbürgerliche theoretische Ökonomie, sondern auch für die frühbürgerlichen Theoretiker und sogar für jene Schriftsteller charakteristisch ist, die wesentlich zur Herausbildung der klassischen politischen Ökonomie des Bürgertums beitrugen. Sie charakterisiert die ökonomischen Vorstellungen vieler Autoren im Verlauf von zwei Jahrtausenden; die Reihe reicht von ARISTOTELES über THOMAS VON AQUINO und LUTHER bis hin zu BOISGUILLEBERT. Solange das Geld, in der einfachen Warenwirtschaft vermittelnde Form des Warenaustauschs, aus dem Zirkulationsprozeß herauswächst, die Verhältnisse der einfachen Warenwirtschaft zu sprengen und die naturalwirtschaftlich festgefahrenen Produktionsformen zu lockern beginnt, kämpfen Denker, die den in Gang gesetzten Zerstörungsprozeß fürchten, nicht gegen den Tauschwert schlechthin, sondern gegen den Tauschwert als Selbstzweck.

Ausgehend vom freien Produzenten, dessen Arbeitsprodukt sich in eine Ware verwandelt, schreibt ARISTOTELES: „Von jedem Besitzstück gibt es einen zweifachen Gebrauch; jeder von beiden ist Gebrauch eines Dinges an sich oder als

[17] Karl Marx, Grundrisse der Kritik der Politischen Ökonomie, Berlin 1974, S. 928/929.

solchen, doch ist es nicht jeder auf gleiche Weise. Der erste Gebrauch ist dem Dinge eigentümlich, der andere ist es nicht; ein Beispiel für beide Weisen des Gebrauchs ist etwa bei einem Schuh einerseits das Anziehen, anderseits seine Verwendung als Tauschobjekt. Beides ist ein Gebrauch des Schuhes. Aber wer ihn an jemanden, der ihn nötig hat, für Geld oder Lebensmittel vertauscht, gebraucht den Schuh als Schuh, nur nicht nach dem ihm eigentümlichen Gebrauch, da er ja nicht des Tausches wegen gemacht worden ist. Ebenso ist es mit den anderen Besitzstücken. Der Tauschhandel kann bei allen Dingen stattfinden und hat zuerst mit dem, was naturgemäß ist, angefangen, indem die Menschen von der einen Art von Produkten mehr, von der anderen weniger hatten, als sie brauchten. Hieraus erhellt auch, daß das Krämergewerbe nicht von Natur zur Kunst des Gelderwerbs gehört; denn der Tauschhandel brauchte nur so weit zu gehen, als es für das Bedürfnis genug war." [18]

ARISTOTELES erkennt, daß sich das Arbeitsprodukt, wenn es zur Ware wird, „unter dem doppelten Gesichtspunkt von *Gebrauchswert* und *Tauschwert*" [19] darstellt. Den Tauschwert, schreibt MARX, faßt ARISTOTELES in dieser Bestimmtheit, auf: „Die Ware *ist* Gebrauchswert . . ., aber als Ware ist sie zugleich *nicht* Gebrauchswert. Wäre sie Gebrauchswert für ihren Besitzer, d. h. unmittelbar Mittel zur Befriedigung seiner eignen Bedürfnisse, so wäre sie nicht Ware. Für ihn ist sie vielmehr *Nicht-Gebrauchswert*, nämlich bloß stofflicher Träger des Tauschwerts, oder bloßes *Tauschmittel*; als aktiver Träger des Tauschwerts wird der Gebrauchswert Tauschmittel. Für ihn ist sie Gebrauchswert nur noch als Tauschwert." [20]

Dem ARISTOTELES erscheint also „die Ware als ein Zwieschlächtiges, Gebrauchswert und Tauschwert".[21] Diese Erkenntnis ist vom Vorhandensein vorkapitalistischer, in kleine, sich selbst genügende Gemeinschaften eingepaßter freier Warenproduzenten geprägt. Aber ARISTOTELES stellt auch fest, daß sich nicht alle wirtschaftlichen Erscheinungen, die sich aus Produktion und Austausch von Waren ergeben, in diesen engen Rahmen pressen lassen. Er erkennt, daß der Tauschwert aus dem einfachen Warenaustausch herauswächst. Je weiter die in der Warenwirtschaft Tätigen von den sozial gebundenen einfachen Warenproduzenten entfernt sind, desto mehr wird der Tauschwert zum Selbstzweck und bestimmt der Bereicherungstrieb das wirtschaftliche Handeln.

Der kleine Tauschhandel, sagt ARISTOTELES, „ist weder gegen die Natur, noch ist er eine Art des Gelderwerbs. Er diente zur Ergänzung und Vervollständigung des natürlichen Selbstgenügens. Es lag aber nahe, daß sich aus ihm jene Kunst des Gelderwerbes entwickelte. Als nämlich die durch Einfuhr des Bedarfs und Ausfuhr des Überflusses gewonnene Hilfe sich nach immer ferneren Ländern ausdehnte, mußte notwendig das Geld in Gebrauch kommen, da nicht alle Naturalbedürfnisse leicht zu transportieren waren." Weiter heißt es: „Nachdem nun

18 Aristoteles, Politik, Leipzig 1948, S. 18.

19 Karl Marx, Zur Kritik der Politischen Ökonomie, in: MEW, Bd. 13, Berlin 1961, S. 15.

20 Ebenda, S. 28.

21 Karl Marx, Das Kapital, Erster Band, in: MEW, Bd. 23, Berlin 1962, S. 56.

einmal die Notwendigkeit des Tauschhandels das Geld geschaffen hatte, kam die andere Erwerbsart auf, das Händler- oder Krämergewerbe, das zu Anfang wohl nur ganz einfach, später aber bei zunehmender Routine auch mit steigendem Raffinement betrieben wurde, indem man sorgfältig darauf achtete, woher man die Waren beziehen und wie man sie umsetzen müsse, damit sie einen möglichst großen Gewinn abwürfen."[22]

Dieser Umsatz, folgert ARISTOTELES, „scheint sich um das Geld zu drehen. Denn das Geld ist des Umsatzes Anfang und Ende. Daher hat denn auch dieser Reichtum, der aus dieser Art Erwerbskunst fließt, kein Ende und keine Schranke"[23]. Die dort tätigen Menschen machen aus allen Dingen einen „Gelderwerb, als wäre das das Ziel, worauf alles bezogen werden müßte".[24]

ARISTOTELES über die frühen Kapitalformen

Noch weiter als der Händler ist der Wucherer vom unmittelbaren Warenproduzenten entfernt, stellt ARISTOTELES fest. Wenn im Gegensatz zur Hauswirtschaft die gewinnorientierte Erwerbskunst im Handel „gerechten Tadel erfährt, weil sie nicht bei der Natur bleibt, sondern den einen Menschen vom anderen sich bereichern läßt, so ist ein drittes Gewerbe, das des Wucherers, mit vollstem Rechte eigentlich verhaßt, weil es aus dem Gelde selbst Gewinn zieht und nicht aus dem, wofür das Geld doch allein erfunden ist. Das Geld ist für den Umtausch aufgekommen, der Zins aber weist ihm die Bestimmung an, sich durch sich selbst zu vermehren. Daher hat er auch bei uns den Namen tókos [Junges]* bekommen; denn das Geborene [tiktómenon] ist seinen Erzeugern ähnlich, der Zins aber stammt als Geld vom Gelde. Daher widerstreitet auch diese Erwerbsweise unter allen am meisten dem Naturrecht . . ."[25]

Mit dieser Einschätzung der gewinnorientierten Geldwirtschaft hat ARISTOTELES die Schranke jener Vorstellung von der Warenwirtschaft erreicht, deren Ausgangspunkt die Bedürfnisse der Naturalwirtschaft sind. Konnte von diesen Bedürfnissen ausgehend die vorkapitalistische einfache Warenproduktion als zwischen naturalwirtschaftlichem Erwerb und warenwirtschaftlichem Geldstreben stehend aufgefaßt werden, so mußte dagegen das Wesen der vorkapitalistischen Formen des Handels- und Wucherkapitals, die nun nicht mehr eine solche Zwischenstellung einnehmen, im Dunkel bleiben. Geld, das sich gegen mehr Geld austauscht, diese Tatsache widersprach der Natur des Geldes als Tauschmittel und war vom Standpunkt des einfachen Warenaustauschs unerklärbar.

22 Aristoteles, Politik, Leipzig 1948, S. 18/19.
23 Ebenda, S. 20.
24 Ebenda, S. 21. 25 Ebenda, S. 22/23.
* Die in eckigen Klammern stehenden Hinweise innerhalb der Zitate wurden vom Autor hinzugefügt.

Marx spricht von einer anderen Art von „Zwitterformen, worin die Mehrarbeit weder durch direkten Zwang dem Produzenten ausgepumpt wird, noch auch dessen formelle Unterordnung unter das Kapital eingetreten ist. Das Kapital hat sich hier noch nicht unmittelbar des Arbeitsprozesses bemächtigt. Neben die selbständigen Produzenten, die in überlieferter, urväterlicher Betriebsweise handwerkern oder ackerbauen, tritt der Wucherer oder Kaufmann, das Wucherkapital oder das Handelskapital, das sie parasitenmäßig aussaugt. Vorherrschaft dieser Exploitationsform in einer Gesellschaft schließt die kapitalistische Produktionsweise aus, zu der sie andrerseits, wie im spätren Mittelalter, den Übergang bilden kann.“[26]

Durch das gesamte vorkapitalistische ökonomische Denken seit Aristoteles zieht sich das Bemühen, zum Wesen dieser Zwitterformen vorzudringen. Erst als die kapitalistische Produktionsweise die allgemeine, gesellschaftlich herrschende Form des Produktionsprozesses wurde, konnte die Aussaugung durch das Wucherkapital als eine besondere, nun aber in ihrer Bedeutung zurückgedrängte Form wirtschaftlicher Ausbeutung erkannt werden.

Aristoteles vermochte die Erkenntnis vom Doppelcharakter der Ware nur fortzuführen, wenn er sich von den vorkapitalistischen Zwitterformen des Handels- und Wucherkapitals nicht beirren ließ und richtig die damalige Rolle der Warenwirtschaft in ihrer Ergänzung zur Naturalwirtschaft betrachtete. Daher wählte er als Ausgangspunkt die einfache Warenproduktion, in der die ergänzende Funktion deutlich wurde. Das Handels- und Wucherkapital und die in größerem Umfang erfolgende Umwandlung von Produkten der Sklavenarbeit in Waren demonstrierten dagegen praktisch die Auflösung und Zerstörung der herrschenden Produktionsweise; sie erschienen als theoretisch widersinnig.

Aristoteles über das Verhältnis zwischen Warenwirtschaft und Naturalwirtschaft

Die Frage, wie sich die Warenproduktion in die naturalwirtschaftliche Produktionsweise einzupassen habe, wird von Aristoteles unter dem Gesichtspunkt der Gerechtigkeit untersucht.

Die Grundsätze für die Beziehungen, die sich aus der Sozialstruktur der Sklavenhalterordnung ergeben, mußten sich notwendig von den Warenbeziehungen unterscheiden. Dementsprechend sieht Aristoteles zwei Grundformen der Gerechtigkeit: „. . . die eine ist wirksam bei der Verteilung von öffentlichen Anerkennungen, von Geld und sonstigen Werten, die den Bürgern eines geordneten Gemeinwesens zustehen. Hier ist es nämlich möglich, daß der eine das gleiche wie der andere oder nicht das gleiche zugeteilt erhält. Eine zweite Grundform

[26] Karl Marx, Das Kapital, Erster Band, in: MEW, Bd. 23, Berlin 1962, S. 533.

ist die, welche dafür sorgt, daß die vertraglichen Beziehungen von Mensch zu Mensch rechtens sind."[27]

Während die erste, nach der sozialen Hierarchie verteilende Gerechtigkeit gleiche Anteile nur gleichen Personen, ungleiche Anteile aber ungleichen Personen zukommen läßt, bestimmt die zweite, regelnde Gerechtigkeit wie bei den Gesetzen des Warenaustauschs die Äquivalenz des zwischen zwei Personen Auszutauschenden, von denen keiner auf Kosten des anderen gewinnt.

ARISTOTELES spricht den Zusammenhang zwischen den Prinzipien der zweiten Grundform sozialer Beziehungen und jenen des Warenaustauschs deutlich aus. „Die Begriffe – sowohl 'Verlust' als auch 'Gewinn' – stammen aus dem freiwilligen Güteraustausch. Denn einen Zuwachs über den ursprünglichen Besitzstand hinaus nennt man 'Gewinn' und die Verminderung des ursprünglichen heißt 'Verlust erleiden'. Das kommt zum Beispiel vor bei Kauf und Verkauf und überall da, wo das Gesetz freie Hand läßt. Ist aber weder Zuwachs noch Einbuße herausgekommen, sondern genau das, was durch die Partner (in das Geschäft) eingebracht worden war, so sagt man 'sie haben das Ihre' – ohne Verlust und ohne Gewinn."[28]

Die Gleichheit im Austausch, die Mitte zwischen Verlust und Gewinn, vollzieht sich zwischen verschiedenartigen Partnern, schreibt ARISTOTELES, denn zwei Ärzte können keine Austauschgemeinschaft bilden, wohl aber ein Arzt und ein Bauer. „Deshalb muß alles, was ausgetauscht wird, irgendwie vergleichbar sein. Dafür nun ist das Geld auf den Plan getreten: es wird in gewissem Sinn zu einer Mittelinstanz, denn alles läßt sich an ihm messen, auch das Zuviel also und das Zuwenig, wie viel Schuhe denn etwa einem Haus oder Nahrungsmitteln gleichwertig sind. Dem Unterschied von Baumeister und Schuhmacher muß also der Unterschied zwischen einer bestimmten Anzahl von Schuhen und einem Haus entsprechen – auch an das Beispiel von den Nahrungsmitteln mag man denken. Denn wenn dies nicht so ist, kann es weder Austausch noch Gemeinschaft geben. Und diese proportionale Gleichwertigkeit kann es nicht geben, wenn die fraglichen Dinge nicht in irgendeiner Beziehung gleich sind."[29]

Für eine naturalwirtschaftliche Produktionsweise, in der die auf Sklavenarbeit beruhende Hauswirtschaft das Ideal einer sich selbst genügenden Gemeinschaft darstellt, ist die Herstellung eines Vergleichs zwischen verschiedenen Produzenten über die Gleichsetzung ihrer Produkte eine Besonderheit. Zu ihrer Erklärung mußte eine zweite Form der Gerechtigkeit angenommen werden.

Weil aber für das naturalwirtschaftlich bestimmte Denken die Gleichsetzung unterschiedlicher Produkte und gar ihrer Produzenten als theoretisch unvollziehbar erschien, durch die Alltagspraxis jedoch ständig vollzogen wurde, geht ARISTOTELES zur Beschreibung dieser alltäglichen Verfahrensweise über.

[27] Aristoteles, Werke in deutscher Sprache, Bd. 6, Nikomachische Ethik, übers. u. kommentiert von Franz Dirlmeier Berlin 1974, S. 100.

[28] Ebenda, S. 104.

[29] Ebenda, S. 106.

Ausgehend von der Tatsache, daß die Warenproduzenten (im Unterschied zu den keine Waren produzierenden Gesellschaftsmitgliedern) in wechselseitiger Abhängigkeit voneinander stehen, zieht der antike Denker den Schluß, daß es dieses Einander-Bedürfen sei, welches verschiedenartige Gebrauchswerte meßbar und vergleichbar mache. Die Maßeinheit, schreibt er, „ist in Wahrheit der Bedarf: er hält alles zusammen – hätten die Bürger überhaupt keinen Bedarf oder nicht in gleicher Weise, so könnte es einen Austausch nicht geben oder er liefe nicht auf Gleichheit hinaus – als eine Art austauschbarer Stellvertreter des Bedarfs aber ist das Geld geschaffen worden, auf Grund gegenseitiger Übereinkunft".[30]

Aus der Gegenüberstellung von vorherrschender austauschloser Naturalwirtschaft und einem besonderen Kreis über den Austausch voneinander abhängiger Warenproduzenten erklärt sich also ARISTOTELES' Feststellung: „Daß so sehr verschiedene Dinge in Wahrheit durch ein gleiches Maß meßbar werden, ist allerdings unmöglich, doch im Hinblick auf die Bedarfsfrage läßt es sich ausreichend verwirklichen."[31]

In bürgerlichen Darstellungen zur Geschichte der politischen Ökonomie wird diese Gegenüberstellung von Natural- und Warenwirtschaft, die für ARISTOTELES' ökonomisches Denken so charakteristisch ist, gar nicht erwähnt. Deren Autoren interpretieren die grundsätzliche wechselseitige Abhängigkeit der Warenproduzenten, ihr Einander-Bedürfen (MARX übersetzt „*χρεία*" in „das praktische Bedürfnis"[32]), das von den Übersetzern unzulänglich mit „Bedarf" wiedergegeben wird, als eine wirtschaftliche Größe, die über die Nachfrage die Höhe des Warenpreises bestimme. Sie verwandeln dadurch den antiken Denker in einen Ökonomen des 19. Jahrhunderts, der die sogenannte subjektive Werttheorie vertritt. Aber ARISTOTELES behandelte weder den Wert noch dessen quantitative Bestimmung. Voraussetzungen für die Herausbildung der Werttheorie gab es erst auf einer bestimmten Entwicklungsstufe der kapitalistischen Produktionsweise, nämlich seit dem 17. Jahrhundert.

ARISTOTELES' Rückführung des Äquivalentenaustauschs auf die Besonderheit der warenwirtschaftlichen Verhältnisse war eine bedeutende Leistung, die von bürgerlichen Theoriehistorikern nicht gewürdigt werden kann, weil diese für die antiken Verhältnisse keine die Naturalwirtschaft ergänzende Warenproduktion, sondern eine vorherrschende, also kapitalistische Warenproduktion annehmen.

ARISTOTELES blieb außerdem nicht dabei stehen, die Existenz der Wertform aus der Erscheinung des Geldes als Tauschmittel und als Maßstab der Preise zu erklären. Er spricht „klar aus, daß die Geldform der Ware nur die weiter entwickelte Gestalt der einfachen Wertform ist, d. h. des Ausdrucks des Werts einer Ware in irgendeiner beliebigen andren Ware"[33], stellt MARX fest. ARISTOTELES schreibt: „Es muß also eine bestimmte Meß-Einheit geben, und zwar muß sie auf

30 Ebenda.
31 Ebenda, S. 107.
32 Karl Marx, Das Kapital, Erster Band, in: MEW, Bd. 23, Berlin 1962, S. 74.
33 Ebenda, S. 73.

gültiger Übereinkunft beruhen. Daher der Name 'Geld' [nomisma – 'was nach Übereinkunft gilt'], denn es macht alle Dinge durch gleiches Maß meßbar, da alle Dinge durch das Geld gemessen werden. Nehmen wir folgendes an: A ist ein Haus, B zehn Minen, C ein Bett; dann ist A die Hälfte von B, wenn das Haus fünf Minen wert, d. h. '=5 Minen' ist. Das Bett, also C, ist ein Zehntel von B. Somit ist klar, wie viele Betten dem Haus gleich sind, nämlich 5. Daß der Austausch auf diese Weise vor sich ging, bevor es das Geld gab, ist klar, denn es ist kein Unterschied, ob 5 Betten für das Haus gegeben werden oder der Geldwert von 5 Betten"[34].

Die Leistung des Aristoteles als ökonomischer Denker ist bekanntlich erstmalig von Karl Marx gewürdigt worden, als er zwei Eigentümlichkeiten der Äquivalentform verdeutlichen wollte: daß die konkrete Arbeit zur Erscheinungsform ihres Gegenteils, abstrakt menschlicher Arbeit, und daß die Privatarbeit zur Form ihres Gegenteils wird, zu Arbeit in unmittelbar gesellschaftlicher Form. Er sagt: „Daß aber in der Form der Warenwerte alle Arbeiten als gleiche menschliche Arbeit und daher als gleichgeltend ausgedrückt sind, konnte Aristoteles nicht aus der Wertform selbst herauslesen, weil die griechische Gesellschaft auf der Sklavenarbeit beruhte, daher die Ungleichheit der Menschen und ihrer Arbeitskräfte zur Naturbasis hatte. Das Geheimnis des Wertausdrucks, die Gleichheit und gleiche Gültigkeit aller Arbeiten, weil und insofern sie menschliche Arbeit überhaupt sind, kann nur entziffert werden, sobald der Begriff der menschlichen Gleichheit bereits die Festigkeit eines Volksvorurteils besitzt. Das ist aber erst möglich in einer Gesellschaft, worin die Warenform die allgemeine Form des Arbeitsprodukts, also auch das Verhältnis der Menschen zueinander als Warenbesitzer das herrschende gesellschaftliche Verhältnis ist. Das Genie des Aristoteles glänzt grade darin, daß er im Wertausdruck der Waren ein Gleichheitsverhältnis entdeckt. Nur die historische Schranke der Gesellschaft, worin er lebte, verhindert ihn herauszufinden, worin denn 'in Wahrheit' das Gleichheitsverhältnis besteht . . ."[35]

2. Zur Überwindung der Erkenntnisschranken der antiken Auffassungen über die Warenwirtschaft (1. bis 5. Jh.)

Die neue Vorstellung von der Arbeit

Die Erkenntnisschranken der antiken Auffassungen über die Warenwirtschaft wurden von jenen Denkern überwunden, denen die Krise der Sklavenhaltergesellschaft zahlreiche soziale, unter anderem auch ökonomische, Probleme stellte. Dies geschah nicht auf deutschem Boden und braucht deshalb in der vor-

[34] Aristoteles, Werke in deutscher Sprache, Bd. 6, Nikomachische Ethik, Berlin 1974, S. 108.

[35] Karl Marx, Das Kapital, Erster Band, in: MEW, Bd. 23, Berlin 1962, S. 74.

liegenden Untersuchung auch nicht im Detail und anhand der Originalquellen nachgewiesen zu werden. Das Wesen dieses Umbruchs, dieses Übergangs von antiken auf frühfeudale Positionen in den ökonomischen Auffassungen über die Warenwirtschaft muß jedoch dargelegt werden, weil jene Denker, die den Umbruch vollzogen, später in Deutschland als Autoritäten ersten Ranges immer wieder zitiert und ausgelegt wurden.

ARISTOTELES hatte jene Erkenntnismöglichkeiten für die ökonomische Untersuchung, die die Entwicklung der Warenproduktion in der Sklavenhaltergesellschaft geboten hatte, voll ausgeschöpft. Die grundlegende Voraussetzung für weitere Fortschritte im ökonomischen Denken war die Überwindung seiner an die Sklavenausbeutung gebundenen Vorstellung von der produktiven Arbeit.

Eine neue Einstellung zur Arbeit und zum unmittelbaren Produzenten erwies sich in der Krise der Sklavenhaltergesellschaft als notwendig, als die großen Landbesitzer im Kolonat den einzigen Ausweg erblickten, um dem weiteren Rückgang der Arbeitsproduktivität in der Landwirtschaft Einhalt zu gebieten. Sie gaben verarmten Landbesitzern und anderen von ihnen abhängigen Menschen Bodenparzellen in Pacht und verlangten dafür einen Teil der Ernte. Diese Pächter, obwohl an den Boden gefesselt, waren keine Sklaven mehr; ihre Zahl nahm ständig zu. ENGELS nennt sie „die Vorläufer der mittelalterlichen Leibeignen".[36]

Diese wichtigen Änderungen in den Produktionsverhältnissen begannen sich im ersten Jahrhundert in der Literatur niederzuschlagen. So kam SENECA, der römische Philosoph und Dichter, in seiner Betrachtung „Vom glücklichen Leben" zu der damals noch ungewöhnlichen Auffassung, daß alle Menschen einschließlich der Sklaven vor dem Schicksal gleich seien. „Den Menschen als solchen mich nützlich zu erweisen befiehlt mir die Natur: ob sie Sklaven sind oder Freie, freigeboren oder freigelassen."[37] In einem seiner „Briefe an Lucius" schreibt er: „Es sind Sklaven. Aber doch Menschen. Es sind Sklaven. Aber doch Hausgenossen . . . Es sind Sklaven. Aber doch Mitsklaven; denn du mußt dir doch sagen, daß der Herr nicht weniger der Macht des Schicksals preisgegeben ist als der Sklave."[38]

Die neue Einstellung zum arbeitenden Menschen brachte auch das frühe Christentum, das bedeutendste ideologische Ergebnis der tiefgehenden sozialen Krise in Europa, zum Ausdruck. Als städtische Religiosität der Mühseligen und Beladenen nahm es Partei für die Sklaven, die kleinen Handwerker und die Armen, die von ihrer eigenen Arbeit lebten. Im Brief an die Philipper wird sogar die später nicht in die Evangelien übernommene Auffassung vertreten, daß JESUS „sich selbst entäußerte, indem er Knechtsgestalt annahm und den Menschen ähnlich wurde" (Philipperbrief 2, 7).

36 Friedrich Engels, Der Ursprung der Familie, des Privateigentums und des Staats, in: MEW, Bd. 21, Berlin 1962, S. 144.

37 Lucius Annaeus Seneca, Philosophische Schriften, II. Bd., Leipzig 1923, S. 37.

38 Ebenda, III. Bd., Leipzig 1924, S. 156.

In den sogenannten Paulusbriefen, die der ersten Hälfte des zweiten Jahrhunderts entstammen, wird immer wieder von der Bedeutung der Arbeit für den Menschen gesprochen. So heißt es in den Briefen an die Thessalonicher: „Wir ermahnen euch aber, ihr Brüder, daß ihr . . . eure Ehre darein setzt, ein stilles Leben zu führen und eure eignen Angelegenheiten zu besorgen und mit euren Händen zu arbeiten, wie wir euch geboten haben, damit ihr wohlanständig wandelt gegenüber jenen, die draußen sind, und nichts bedürft“ (1. Thessalonicherbrief 4, 10–12). An einer anderen Stelle wird gesagt: „Wenn jemand nicht arbeiten will, soll er auch nicht essen. Denn wir hören, daß etliche unter euch unordentlich wandeln, indem sie nichts arbeiten, sondern unnütze Dinge treiben. Den Betreffenden aber gebieten wir und ermahnen sie im Herrn Jesus Christus, daß sie still arbeiten und ihr eignes Brot essen“ (2. Thessalonicherbrief 3, 10–12).

Die Apostel selbst zählen sich zu den arbeitenden Menschen. Ihre Lage charakterisiert PAULUS so: „Bis zur jetzigen Stunde leiden wir Hunger und Durst und Blöße und werden geschlagen und haben keine bleibende Stätte und mühen uns ab in der Arbeit mit unsern eignen Händen“ (1. Korintherbrief 4, 11–12).

Solange die frühen christlichen Gemeinden sich vor allem aus Vertretern der unteren Schichten rekrutierten, war die Parteinahme für die Unterdrückten und Entrechteten mit einer Verurteilung der Reichen verbunden. So heißt es im Brief des JAKOBUS: „Nun wohlan, ihr Reichen, weinet und jammert über die Drangsale, die über euch hereinbrechen! Eurer Reichtum ist verfault und eure Kleider sind von Motten zerfressen. Euer Gold und Silber ist verrostet, und ihr Rost wird zum Zeugnis wider euch sein und euer Fleisch verzehren wie Feuer. Ihr habt Schätze gesammelt in den letzten Tagen. Siehe, der Lohn der Arbeiter, die eure Felder abgemäht haben, welcher von euch zurückbehalten worden ist, schreit laut, und das Rufen der Schnitter ist vor die Ohren des Herrn der Heerscharen gekommen“ (Jakobusbrief 5, 1–4).

Noch in den Evangelien, die in der zweiten Hälfte des zweiten Jahrhunderts entstanden, verheißt die Bergpredigt, wie sie LUKAS wiedergibt: „Selig seid ihr, die ihr jetzt hungert, denn ihr werdet gesättigt werden. Selig seid ihr, die ihr jetzt weint, denn ihr werdet lachen. . . . Doch wehe euch, ihr Reichen; denn ihr habt euren Trost dahin. Wehe euch, die ihr satt seid; denn ihr werdet hungern. Wehe euch, die ihr jetzt lacht; denn ihr werdet trauern und weinen“ (Lukas 6, 20–25).

ENGELS nennt die frühe christliche Entwicklung „eins der revolutionärsten Elemente in der Geschichte des menschlichen Geistes“.[39] In den christlichen Schriften aus dem zweiten Jahrhundert hatte sich der religiöse Grundgedanke von der Gleichheit aller Menschen vor Gott sehr deutlich in der Vorstellung von der Gleichheit der arbeitenden Menschen und vom Gegensatz zwischen den Arbeitenden und den Besitzenden verkörpert. Im zweiten Jahrhundert setzte wohl

39 Friedrich Engels, Zur Geschichte des Urchristentums, in: MEW, Bd. 22, Berlin 1963, S. 459.

auch schon mit der Aufnahme Wohlhabender in die christlichen Gemeinden die Tendenz zur sozialen Versöhnung und zur Vertröstung der diesseits Benachteiligten auf die Gleichheit aller im Jenseitigen ein. Aber solange sich die Gesellschaft in einem tiefgreifenden Umwandlungsprozeß, im Übergang zum Feudalismus, befand und die Denker im Bemühen um die Überwindung der auf Sklavenausbeutung beruhenden Produktionsverhältnisse über Prinzipien einer gerechteren Gesellschaftsordnung nachsannen, blieb die frühchristliche Arbeitsvorstellung der grundlegende Ausgangspunkt für die soziale Kritik.

Diese Kritik übten vor allem die sogenannten Kirchenväter. Sie lebten und wirkten vom dritten bis zum fünften Jahrhundert. Die bedeutendsten unter ihnen waren Clemens von Alexandrien, Laktanz, Tertullian, Cyprian, Gregor von Nyssa, Gregor von Naziantz, Johannes Chrysostomus und vor allem Augustinus. Ihr Verdienst für die Fortentwicklung des ökonomischen Denkens besteht darin, daß sie die antike soziale Abwertung der körperlichen Arbeit überwanden und – in moralisierender Form – den Gedanken der Gleichheit der Arbeitenden in die ökonomische Überlegung einbrachten. Sie stießen dabei auch auf die Frage nach der Herkunft des Reichtums in den Händen der nicht produktiv Tätigen. Reichtum erschien ihnen als Diebstahl an den Bedürftigen.

So fragt Rufinus von Aquileia, ein Freund des Hieronymus, den Reichen: „Sage mir, was ist dein? Woher hast du es bekommen und für das Leben gebraucht? Wie wenn einer, der im Schauspielhaus einen Platz eingenommen hat, alle später Eintretenden wegdrängt. in der Meinung, daß dasjenige, was allen zum Gebrauche gemeinsam offen steht, ihm besonders angehöre, so sind auch die Reichen beschaffen; denn sie nehmen das Gemeinsame im voraus in Besitz und maßen sich, weil sie es früher erhalten haben, dasselbe als Eigentum an. Denn wenn er das, was zur Befriedigung der Notdurft gehört, nähme und den Überfluß den Dürftigen überließe, so gäbe es keinen Reichen und keinen Armen. Kamst du nicht nackt aus der Mutter Leib? Wirst du nicht nackt wieder zur Erde zurückkehren? Woher hast du das Gegenwärtige? Wenn du sagst: durch Zufall, so bist du gottlos, da du den Schöpfer nicht erkennst und dem Geber nicht Dank weißt; wenn du aber bekennst, daß es von Gott sei, so sage uns die Ursache, warum du es erhieltest. Ist etwa Gott ungerecht, weil er den Lebensbedarf ungleich unter euch verteilt? Warum bist du reich, jener arm? Ganz gewiß, damit du den Lohn der Rechtschaffenheit und treuer Austeilung empfangest, und jener für seine Geduld mit herrlichen Preisen gekrönt werde. Du aber verschließest alles in den unersättlichen Schoß der Habsucht und glaubst niemandem Unrecht zu tun, obgleich du so viele beraubst. Wer ist habsüchtig? Derjenige, welcher nicht in der Genügsamkeit verharrt. Wer ist ein Räuber? Derjenige, welcher einem jeden das Seinige nimmt. Bist du nicht habsüchtig? Bist du nicht ein Räuber, da du, was du zur Austeilung empfingst, dir als Eigentum anmaßest? Wird der nicht ein Dieb genannt, welcher den Bekleideten auszieht, und verdient der, welcher den Nackten nicht bekleidet, obgleich er es tun kann, einen anderen Namen? Dem Hungrigen gehört das Brot, das du behältst, dem Nackten der Mantel, den du bewahrst, dem Unbeschuhten der Schuh, der bei dir modert, dem Dürftigen das Silber, das du vergraben hältst. Daher tust du so vielen Menschen Unrecht, so vielen du geben könntest . . ."[40]

RUFINUS beklagt nur die Vermögensungleichheit und leitet aus ihr die moralische Verpflichtung zum Geben ab. Er stellt die Vermögensungleichheit nicht in Frage und dringt auch nicht zu den Quellen des Reichtums vor. Da seine Arbeitsvorstellung aus der Erfahrungswelt der kleinen Warenproduzenten herkommt, bleibt ihm das Wesen ausgebeuteter, mehrwertproduzierender Arbeit im Dunkel.

RUFINUS versucht, die Reichtumsanhäufung mit Hilfe der vorkapitalistischen Arbeitsvorstellung zu erklären. Daher interpretiert er das Recht aller Armen auf einen angemessenen Anteil am gesellschaftlichen Gesamtprodukt aus dem Recht der Warenproduzenten auf das Ergebnis der eigenen Arbeit. Wie alle Warenproduzenten bei dem damaligen gleichartigen Entwicklungsgrad der produktiven Fähigkeiten eine gleiche Menge lebensnotwendiger Güter herzustellen vermögen, die ihnen gehören, so müßten nach seiner Meinung alle Armen das Recht auf eine entsprechende Zuteilung haben, die vorzunehmen jene verpflichtet seien, die durch ihre Reichtumsanhäufung den Armen die Arbeitsmöglichkeiten rauben. Das Recht auf das eigene Arbeitsprodukt des einfachen Warenproduzenten wird als Recht auf angemessenen Lohn bzw. angemessene Unterstützung gedeutet. Der Reichtum erscheint aus dieser Sicht nicht als Diebstahl am Arbeitsprodukt des Produzenten, weil letztlich der Reichtum von Gott komme und vor Gott alle gleich seien. Der Reichtum erscheint als Diebstahl des dem Armen grundsätzlich zustehenden Anteils am gesellschaftlichen Gesamtprodukt. Die vorkapitalistische Sozialkritik sieht im Reichtum das Ergebnis ungerechter Verteilung, nicht aber ein Ergebnis der auf Ausbeutung beruhenden Produktionsverhältnisse.

Einige Kirchenväter beschränkten sich nicht auf die moralische Verurteilung der wirtschaftlichen Ungleichheit. So wies zum Beispiel der Patriarch von Konstantinopel JOHANNES CHRYSOSTOMUS, einer der berühmtesten Kirchenväter, die Argumente der Besitzenden zurück, daß die wirtschaftliche Gleichstellung aller zu Not und Elend führen werde. Denn, so meint er, wie in den frühchristlichen Gemeinden kleiner Produzenten und in den an deren Gleichheit sich orientierenden Klöstern die Arbeit aller auch alle sättigt, so könnte auch in einem größeren Gemeinwesen durch die Abschaffung der wirtschaftlichen Ungleichheit kein Unheil entstehen.

JOHANNES CHRYSOSTOMUS schreibt: „Ich habe gesagt, alle möchten das Ihre verkaufen und in eins zusammenwerfen, und niemand verschlechtere sich, sei er reich oder arm. Wieviel Geld, glaubst du, würde zusammenkommen? Ich

[40] Vgl. Lujo Brentano, Die wirtschaftlichen Lehren des christlichen Altertums, in: ders., Der wirtschaftende Mensch in der Geschichte, Leipzig 1923, S. 91/92.

schätze (denn auch dies kann nicht mit Gewißheit gesagt werden), wenn jeglicher und jegliche all ihr Geld herausgäben, wenn sie ihre Ländereien, ihren Besitz, ihre Häuser – ich erwähne nicht ihre Sklaven, denn es gab damals keine, sondern die welche hatten, gaben ihnen die Freiheit – hergeben würden, so würde etwa eine Million Pfund Gold zusammenkommen, vielleicht aber auch das Doppelte oder Dreifache ... Wie groß aber ist die Zahl der Armen? Ich schätze sie auf mehr als 50000. Wieviel aber wäre nötig, um sie täglich zu nähren? Wenn man sie an gemeinsamem Tisch gemeinsam speiste, würde gewiß die Ausgabe keine allzu große sein. Was nun, fragst du, würden wir tun, nachdem wir diese Reichtümer verbraucht hätten? Du glaubst also, sie könnten jemals verbraucht werden? als ob die Gnade Gottes nicht tausendfach fruchtbringender wäre? als ob die Gnade Gottes nicht aufs reichlichste ausgegossen werden würde? Und wie? Würden wir nicht so die Erde in einen Himmel verwandeln? Wenn dies bei drei oder fünf Tausend der glänzende Erfolg war, und keiner unter ihnen sich über Armut beklagt hat, um wieviel glänzender wäre es, wenn es einer so großen Menge zuteil würde? Und wer von den draußen Stehenden, der nicht etwas beisteuerte? Damit ich aber zeige, daß der zerstreute Besitz mehr Kosten macht und die Ursache der Armut sei, wollen wir annehmen, da sei ein Haus, worin zehn Kinder und Frau und Mann; jene sei mit Wolleweben beschäftigt, dieser bringe Vorrat von draußen herbei: sage mir, werden die Genannten mehr brauchen, wenn sie in einem Hause gemeinsam oder wenn jedes für sich lebt? Es ist klar, daß sie mehr brauchen, wenn jedes für sich lebt. Denn wenn sie verstreut leben, sind für die zehn Kinder zehn Häuser, zehn Tische, zehn Diener nötig und in ähnlicher Weise das Zehnfache an dem, was sonst nötig ist. Wie ist es aber da, wo jemand eine große Zahl von Dienern hat? Haben da nicht alle nur einen Tisch, um an dem Aufwand zu sparen? Denn die Teilung hat stets eine Schmälerung zur Folge, die Eintracht und das Zusammenleben eine Mehrung. So lebt man heute in den Klöstern, wie ehemals die Gläubigen lebten. Wer ist dabei Hungers gestorben? Wem ist nicht reichliche Nahrung geworden? Jetzt aber fürchten sich die Menschen hiervor mehr wie davor, in ein unermeßliches Meer zu fallen. Hätten wir aber einmal einen Versuch in dieser Sache gemacht, so würden wir uns weit mutiger an sie machen."[41]

Die solchen Ausführungen zugrunde liegende Vorstellung von der Arbeit vermischt noch menschlichen und natürlichen Anteil an der Reichtumserschaffung; es handelt sich um konkrete, gebrauchswertproduzierende Arbeit. Trotz dieser Unschärfe bildete sie den Ausgangspunkt für eine Kritik an den Produktionsverhältnissen der Sklavenhalterordnung und für die Propagierung einer Gemeinschaft freier Produzenten. Es wäre allerdings falsch, hierin Keime kommunistischer Sozialvorstellungen zu sehen, denn angesichts der sozialen Zusammensetzung der damaligen christlichen Gemeinden konnte ihr Ausweg nur ein jenseitiger, religiöser Ausweg sein.

[41] Vgl. ebenda, S. 98–100.

ENGELS begründet, warum die Christen auf eine jenseitige Belohnung orientierten. „Aus was für Leuten rekrutierten sich die ersten Christen? Hauptsächlich aus den 'Mühseligen und Beladenen', den Angehörigen der untersten Volksschichten, wie es einem revolutionären Element geziemt. Und woraus bestanden diese? In den Städten aus heruntergekommenen Freien ..., ferner aus Freigelassenen und besonders aus Sklaven; auf den Latifundien Italiens, Siziliens, Afrikas aus Sklaven, in den Landdistrikten der Provinzen aus mehr und mehr der Schuldknechtschaft verfallenden Kleinbauern. Einen gemeinsamen Weg zur Emanzipation aller dieser Elemente gab es absolut nicht. Für sie alle lag das Paradies als verlorenes hinter ihnen; für den verkommenen Freien die ehemalige Polis, Stadt und Staat zugleich, deren freier Bürger seine Vorfahren dereinst gewesen; für den kriegsgefangenen Sklaven die Zeit der Freiheit vor der Unterjochung und Gefangenschaft; für den Kleinbauern die vernichtete Gentilgesellschaft und Bodengemeinschaft. Alles das hatte die gleichmachende eiserne Faust des erobernden Römers niedergeworfen."[42]

Wo sich christliche Schismatiker mit der Unzufriedenheit der Unterdrückten nicht nur im Geiste, sondern im Kampf solidarisierten wie im 4. Jahrhundert die Donastisten im sozialrevolutionären Aufstand der Punier, griff die katholische Kirche sofort ein. So wirft AUGUSTINUS dem MACROBIUS, einem donatistischen Bischof zu Hippo, vor: „Man flieht die Einheit, und infolge davon erheben sich die Kolonen mit Frechheit gegen ihre Gutherren, und die entflohenen Sklaven halten sich nicht nur wider die apostolische Lehre von ihren Herren fern, sondern sie drohen ihnen auch; ja, sie drohen ihnen nicht bloß, sondern plündern sie auch in gewaltsamem Überfall. Urheber, Anführer und Vorkämpfer bei der Verübung dieser Verbrechen aber sind eure Bekenner, dieselben, die beim Gottesdienste eure Zierde sind ..."[43]

Die Vorstellung vom Preis und von den Kosten bei den Kirchenvätern

Die frühchristliche Arbeitsauffassung erlaubte schon damals, noch unter den Bedingungen einer vorherrschenden Naturalwirtschaft, einen ersten Schritt, um die Schranken der antiken Preisvorstellung zu überwinden. Da ARISTOTELES das Besondere der Warenwirtschaft gegenüber der Naturalwirtschaft im Einander-Bedürfen der Warenproduzenten gesehen hatte, betrachtete er den Preis als ein Mittleres zwischen dem Gewinn und dem Verlust, die den Partnern beim Tausch ihrer Waren entstehen könnten. Viele Denker in der Spätphase der antiken Gesellschaft gingen dagegen schon von der Warenproduktion als einer Selbstverständlichkeit aus und empfanden sie nicht mehr als etwas Besonderes

[42] Friedrich Engels, Zur Geschichte des Urchristentums, in: MEW, Bd. 22, Berlin 1963, S. 463.

[43] Aurelius Augustinus, Ausgewählte Briefe, Leipzig 1966, S. 248.

gegenüber der Naturalwirtschaft. Da die Bedarfsstruktur als wesentlich gegeben und konstant angesehen werden mußte, war für sie der Gebrauchswert der Waren schon zur notwendigen Voraussetzung für den Austausch geworden. Der „gerechte Preis" (das „iustum pretium") sollte die noch nicht spezifizierten Aufwendungen für die Herstellung und Herbeischaffung der Ware wiedererstatten und darüber hinaus keine Bereicherung des einen oder anderen Marktteilnehmers zulassen. AUGUSTINUS schreibt: „Wer immer nur dieses ausreichende Auskommen und nicht mehr will, der will nichts Ungeziemendes; denn wenn er mehr will, dann begehrt er über sein Auskommen, und dann will er nichts Geziemendes. ... Du siehst ohne Zweifel, daß dieses ausreichende Auskommen nicht um seiner selbst willen, sondern wegen des leiblichen Wohlbefindens und des den persönlichen Verhältnissen entsprechenden Haushaltes anzustreben sei; denn dieser Haushalt soll jenen nicht ungeeignet erscheinen, mit denen man in ehrbarer und standesgemäßer Weise zu verkehren hat."[44]

Diese Auffassung trug wesentlich moralisierenden Charakter und wurde später, während des voll entfalteten Feudalismus, als es um die grundsätzliche Einordnung der sich stärker entwickelnden Warenwirtschaft in die feudale Produktionsweise ging, zu einem feudalen Gedankengebäude des Warenaustauschs ausgestaltet. Während des Übergangs zum Feudalismus jedoch interessierte eine solche Problematik noch nicht. Die Vorstellung vom gerechten Preis diente zu dieser Zeit vor allem der Verteidigung der einfachen Warenproduzenten gegen Wucher und Preisspekulationen.

Daher war mit der Preisvorstellung die Verurteilung des Gewinnstrebens verbunden. So sagt zum Beispiel der Bischof von Mailand AMBROSIUS in seiner Schrift über die Pflichten der Diener der Kirche: „Nichts ist so unwürdig, als wenn man keine Liebe zu ehrenhafter Gesinnung hat, und als wenn man durch gewohnheitsmäßiges Betreiben niedrigen Schachers von steter Gewinnsucht gequält wird. Oder ist es etwa der Menschen würdig, von Gewinnsucht gewissermaßen zu brennen, Tag und Nacht auf die Schmälerung fremden Vermögens zu eigenem Vorteil bedacht zu sein, den Geist gar nicht mehr zu dem Glanze ehrenhafter Gesinnung zu erheben und die sittliche Schönheit wahren Ruhms nicht mehr zu betrachten?"[45]

Nicht nur für die Diener der Kirche sollte das Gewinnstreben verboten sein. Auch die Produzenten und Händler sollten sich seiner enthalten. Es wurde ihnen untersagt, ihre Erzeugnisse zurückzuhalten. um sie bei größerer Knappheit zu Preisen, die über den entstandenen Aufwendungen liegen, zu verkaufen. Einem Bauern, der nichts Unrechtes darin sieht, sein Warenangebot den Preisverhältnissen anzupassen, antwortet AMBROSIUS: „Warum strebst du danach, den Völkern ihren Überfluß zu mindern? Warum willst du Not künstlich herbeiführen? Warum willst du bewirken, daß die Armen geradezu wünschen, es möge Mißernte

[44] Ebenda, S. 273.
[45] Vgl. Paul Mombert, Geschichte der Nationalökonomie, Jena 1927, S. 67.

und Unfruchtbarkeit eintreten? Wenn sie nämlich doch nichts von den Wohltaten der Fruchtbarkeit haben, da du den Preis dadurch, daß du Getreide vom Markt zurückhältst, in die Höhe treibst, so müssen sie ja wünschen, daß überhaupt nichts wachse, damit du nicht mit dem allgemeinen Hunger Geschäfte machst. Du gehst auf Mangel an Getreide aus, auf Knappheit der Lebensmittel, du seufzest über die Erträge reicherer Böden, du weinst über die allgemeine Fruchtbarkeit und siehst mit trübem, mißgünstigem Blick auf die gefüllten Lagerhäuser. Im voraus suchst du zu berechnen, wann der Ertrag geringer sein wird, und ergehst dich in Wünschen, daß der Fluch erfüllt sein werde, daß nirgendswo etwas wachse. Dann, jubelst du, sei deine Ernte gekommen; denn dann sammelst du aus dem Elend der anderen Schätze für dich, und das nennst du Fleiß, das Umsicht, während es doch nichts ist als verschlagene List und Pfiffigkeit des Unredlichen. Und das nennst du ein Heilmittel, während es nichts ist als Bosheit. Soll ich da von Gewinn oder nicht viel mehr von Raub sprechen? Solche Not erstrebst du wie ein beutereiches Kriegsjahr, um als harter Verfolger in die Eingeweide der Menschen dich einzuschleichen. Für dich bedeutet die Preissteigerung eine Steigerung deines Gewinns, für die Hungernden bedeutet sie eine größere Gefährdung ihres Lebens. Wie ein Wucherer hältst du Getreide dem Markte fern; als Verkäufer treibst du den Preis in die Höhe"[46].

Die Verurteilung des Gewinns im Interesse der Erhaltung der einfachen Warenproduktion bestimmte auch die Stellung zum Handel. Da der Warenaustausch naturgemäß zur einfachen Warenwirtschaft gehört, wurde von den meisten jener Handel nicht verurteilt, bei dem der Kaufmann nur seinen Aufwand wiedererstattet bekommt, also die Waren nach ihrem „gerechten Preis" verkauft.

Freilich war es schwierig, eindeutig zwischen jenem gerechten Handel und den Geschäften gewinnsüchtiger Kaufleute zu unterscheiden. Denn einerseits muß jeder Kaufmann die Marktverhältnisse ausnutzen, um seine Kosten zu ersetzen; und anderseits entzieht sich der Fernhandel, der für die entwickelte Warenwirtschaft ebenfalls nötig ist, der Kontrolle, um eine solche Unterscheidung zu treffen. Daher gab es verschiedene Schattierungen in der Stellung zum Handel. Zur radikalen Ablehnung gelangte zum Beispiel der bedeutende Kirchenlehrer Tertullian. Nach seiner Deutung wird das Wort „kaufen", also Handel treiben, in der Heiligen Schrift als Ausdruck für die Sünden gebraucht, die aus Gewinnsucht begangen werden. Laktanz dagegen anerkannte die große Bedeutung sogar des Seehandels für das Wohlergehen der Menschen.

Eindeutiger ließ sich das Zinsnehmen einschätzen. Schon Aristoteles hatte festgestellt, daß Geld als unfruchtbares Ding nicht *mehr* Geld hecken könne. Dieser naturalwirtschaftliche Vergleich wurde von den Denkern während des Übergangs zum Feudalismus übernommen. Die Auffassung vom Geld als un-

[46] Lujo Brentano, Die wirtschaftlichen Lehren des christlichen Altertums, in: ders., Der wirtschaftende Mensch in der Geschichte, Leipzig 1923, S. 129/130.

fruchtbares, unproduktives Ding wurde auch durch die Vorschriften des Alten Testaments gestützt. Nach ihnen ist das Zinsnehmen vom Nächsten eine Ausbeutung der Notlage und der Armut. Wer mehr zurückfordere, als er gegeben hat, erweise keine Wohltat. GREGOR VON NAZIANZ sagt daher: „Derjenige, der Zins nimmt, sammelt, wo er nicht ausgestreut hat, und erntet, wo er nicht gesät hat.“[47]

Im Vergleich zu den ökonomischen Erkenntnissen der Sklavenhaltergesellschaft, die in den Werken des ARISTOTELES ihren Niederschlag gefunden hatten, war das ökonomische Denken in den ersten fünf Jahrhunderten unserer Zeitrechnung einen wichtigen Schritt vorangekommen. Die neue Arbeitsvorstellung, die aus der Krise der auf Sklavenausbeutung beruhenden Produktionsverhältnisse und dem Kolonat erwachsen war und auch der Interessenlage der städtischen einfachen Warenproduzenten entsprach, hatte es ermöglicht, die Vorstellung vom gerechten Preis mit einer groben Vorstellung von den Kosten für die Erzeugung und Herbeischaffung der Ware in Verbindung zu bringen. Unter den Kosten wurde der konkrete Aufwand des Produzenten und des Händlers verstanden.

Durch dieses Verbinden von Preis und Kosten konnte die Stellung zu den frühen Formen des Handels- und Wucherkapitals neu formuliert werden. ARISTOTELES und andere hatten beide Kapitalformen abgelehnt, weil sich Handel und Wucher zu weit von den Formen der Naturalwirtschaft entfernt hatten und die naturalwirtschaftlichen Produktionsverhältnisse zu zersetzen begannen. Während des Übergangs zum Feudalismus wurden das Wucherkapital und zum Teil das Handelskapital jedoch deshalb verurteilt, weil sie die wirtschaftlichen Interessen der einfachen Warenproduzenten schädigten. Durch die Preis-Kosten-Vorstellung ist die Argumentation aus dem Bereich der allgemeinen sozialphilosophischen Betrachtung in jenen der ökonomischen Überlegung gerückt worden. Der Umstand, daß die Kirchenväter die Fähigkeit der menschlichen Arbeit, Reichtum zu schaffen, auf den göttlichen Schöpfer aller Dinge zurückführten, ändert nichts an dem grundlegenden Fortschritt im ökonomischen Denken.

Durch diesen Fortschritt haben die Denker während des Übergangs zum Feudalismus die Entwicklung von vereinzelten ökonomischen Erkenntnissen und Auffassungen zu einer in sich geschlossenen ökonomischen Theorie vorangetrieben. Allerdings bedurfte es noch einer längeren sozialökonomischen Entwicklung, bevor eine alle Erscheinungen der vorkapitalistischen Warenwirtschaft erfassende ökonomische Konzeption entstehen konnte.

47 Vgl. Paul Mombert, Geschichte der Nationalökonomie, Jena 1927, S. 69.

3. Die ökonomischen Auffassungen über die Warenwirtschaft während der Herausbildung und Entfaltung der feudalen Gesellschaftsordnung (6. bis 12. Jh.)

Der weitere Verlauf des ökonomischen Denkens über die Warenwirtschaft wurde von den Bedingungen bestimmt, unter denen sich die feudale Gesellschaftsordnung in Europa herausbildete und zu entfalten begann. Auf dieser Entwicklungsstufe der feudalen Produktionsweise und des feudalen ökonomischen Denkens hatten territoriale Besonderheiten noch keinen Einfluß auf die Grundlinien dieses Denkens. Die ideologische Vorherrschaft der römischen Kirche wahrte die Einheitlichkeit der ökonomischen Auffassungen über warenwirtschaftliche Erscheinungen, der Ausdeutungen von verbindlichen Texten, der festgelegten Sprachregelungen sowie der wirtschaftspraktischen Vorschriften. Das ökonomische Denken in Deutschland war in diese Entwicklung eingepaßt; die folgenden Darlegungen, die sich auf den römisch-kirchlichen Einflußbereich überhaupt beziehen, gelten ohne Einschränkungen auch für die Denker in jenen Territorien, auf denen sich später eine bürgerliche deutsche Nation herausbildete.

Da die Warenwirtschaft während der Herausbildung der feudalen Gesellschaftsordnung eine untergeordnete Rolle spielte, reichten die ökonomischen Vorstellungen aus den ersten fünf Jahrhunderten unserer Zeitrechnung aus. Soweit ökonomisches Denken neu entwickelt und schriftlich fixiert werden mußte, handelt es sich um Vorschriften für die Verwaltung von Krongütern, um die Gestaltung des Zoll- und Münzwesens sowie der Lehnsverhältnisse und um die Regelung der bäuerlichen Feudallasten.

So wurde es zum Beispiel mit der Entwicklung und Ausbreitung des Feudalismus notwendig, den entstandenen Feudalbesitz rechtlich zu sichern und die sozialen und wirtschaftlichen Beziehungen zwischen den feudalen Klassen normativ zu regeln. Das für diese Aufgabenstellung charakteristische ökonomische Denken fand vor allem in den damals aufgeschriebenen rechtlichen Vorstellungen seinen Niederschlag. Das bedeutendste der westgermanischen Stammesrechte der frühfeudalen Zeit war die Lex Salica, in der etwa 507–511 unter dem Einfluß der fränkischen Könige und des Adels die Normen des Gewohnheitsrechts der Salfranken und des fränkischen Königsrechts aufgezeichnet wurden; es sanktionierte und schützte vor allem das Privateigentum, die aus dem Zerfall der Gentilordnung entstandenen Klassenbeziehungen und die Organe des auf weströmischem Boden entstandenen Frankenstaates. Es verteidigte das Eigentum der freien Bauern, sah hohe Strafen für den Diebstahl an Vieh und Erntegut vor, anerkannte aber auch Sklaverei, Kolonat und Großgrundbesitz. Der Macht des Königtums wurde große Bedeutung beigemessen.[48]

Als ein weiteres Beispiel für das damalige ökonomische Denken sei hier die

[48] Vgl. Geschichte der ökonomischen Lehrmeinungen (Übersetzung aus dem Russischen), Berlin 1965, S. 26/27.

„Verordnung über die königlichen Höfe im fränkischen Reich" („Capitulare de villis vel curtis imperii") angeführt, die als Erlaß KARLS DES GROSSEN kurz vor 800 entstand. Es wurde gefordert, auf den königlichen Gütern die Äcker durch die Leibeigenen, vor allem durch die Fronarbeit der Hand- und Spanndienste gut zu bebauen, Weinberge anzulegen und Obstbäume zu pflanzen; weiterhin wurde der Anbau von Gemüse, Kräutern und Gewürzen empfohlen. In der Waldwirtschaft sollte auf sinnvolle Rodung und Aufforstung geachtet werden. Es werden Eisen-, Gold- und Silberschmiede, Schuster, Drechsler, Wagenbauer, Sattler, Schildmacher, Fischer und Bäcker erwähnt. Diese Hofgüterordnung sollte eine sorgfältige und geregelte Bewirtschaftung des karolingischen Reichgutes sichern. Es wurde eine genaue Rechnungsführung verlangt: „Wir wollen, daß die Amtleute alles, was sie an unsere Hofhaltung gegeben oder für diese verwaltet haben, auf einen Merkzettel schreiben. Was sie verteilt haben, soll ebenso aufgezeichnet werden. Über den verbleibenden Rest soll schriftlich Bericht erstattet werden."[49]

Würde sich das vorliegende Buch mit der Geschichte des gesamten ökonomischen Denkens in Deutschland beschäftigen, so müßte das Schwergewicht der Untersuchung auf der Charakterisierung solcher und anderer Vorstellungen liegen. Da die feudale Ausbeutung im führenden Wirtschaftszweig, in der Landwirtschaft, die ökonomischen Vorstellungen der Herrschenden und der Ausgebeuteten bestimmte, ist die Untersuchung dieses Denkens für die Erhellung sowohl wirtschaftsgeschichtlicher Prozesse als auch des sozialen Denkens überhaupt, d. h. der philosophischen, juristischen und anderen Auffassungen, unerläßlich.

Der Zweck dieses Buches liegt hingegen darin, jene Grundlinien des ökonomischen Denkens in Deutschland nachzuzeichnen, die in die Herausbildung der politischen Ökonomie einmünden und von dieser aufgenommen und weitergeführt werden. Die erwähnten Beispiele sollen deshalb nur andeuten, daß die hier behandelten Grundlinien des warenwirtschaftlichen Denkens nur einen Teilbereich, anfangs sogar nur einen sehr kleinen Bereich ausmachen.

Eine Belebung der ökonomischen Diskussion zu Problemen der Warenwirtschaft setzte in den europäischen Ländern ein, als sich seit dem 10. Jahrhundert die Ware-Geld-Beziehungen wieder stärker zu entwickeln begannen und die Herausbildung der feudalen Stadt vorbereitet wurde. Während der Entfaltung der feudalen Gesellschaftsordnung wurden die ökonomischen Vorstellungen der Kirchenväter erneut aufgegriffen, vor allem, um Argumente für die Beschränkung des Wuchers vorzubringen.

Das Wucherverbot spiegelt einerseits das Vorhandensein und die Notwendigkeit des Darlehenszinses und anderseits dessen objektive Schranken wider. Der Wucher war auf dem damaligen Stand der Warenproduktion ein zwangsläufiges Produkt der wirtschaftlichen Verhältnisse, zugleich war er objektiv be-

[49] Vgl. Siegfried Epperlein, Karl der Große, Eine Biographie, Berlin 1971, S. 80.

schränkt durch die unsichere Position des Wucherers gegenüber dem feudalen Grundeigentümer, in dessen Besitz das wichtigste Produktionsmittel der vorkapitalistischen Zeit war, und durch die noch fehlende Anlagemöglichkeit in der Produktion, also durch die fehlende Möglichkeit einer Weiterentwicklung zum Kapitalismus. Sein Verbot stellte einen ständigen Versuch dar, die Bereicherung durch den Wucherer so einzuschränken, daß die feudalen Machtpositionen nicht angegriffen wurden.

Hinter dem Wucherverbot stand nicht zuletzt auch die Absicht, Kreditbedürftige zu zwingen, durch den „Verkauf“ ihrer Produktionsgrundlage an einen Feudalen, vor allem an die Kirche, sich zwar von akuter Geldnot zu befreien, aber somit gleichzeitig in dauernde wirtschaftliche Abhängigkeit von dem Geldgeber zu gelangen, der sich als Gegenleistung für „Rückgabe“ dieser Produktionsgrundlage einen auf unbegrenzte Zeit zu entrichtenden Jahreszins ausbedang.

Die weitere Ausbreitung der Ware-Geld-Beziehungen und damit auch der Wuchergeschäfte rief einen stärkeren Widerstand der feudalen Mächte hervor. So wurde auf dem zweiten Laterankonzil 1139 den Zinsennehmern die Verweigerung des geistlichen Beistandes und des christlichen Begräbnisses angedroht. Auf dem Laterankonzil 1179 verschärfte Papst Alexander III. diese Bestimmungen und charakterisierte die Zinsleistung als ein Unrecht, als eine Sünde wider die Gerechtigkeit. Papst Gregor X. ordnete 1274 auf dem Konzil von Lyon die Vertreibung von Wucherern an und befahl Kirchenstrafen für alle, welche diesem Befehl den Gehorsam verweigern sollten. Ferner erklärte er die Testamente von Wucherern, die keine Rückzahlung vorgenommen hatten, für ungültig. Dadurch wurde die Wucherfrage definitiv unter die Rechtssprechung kirchlicher Gerichte gestellt.

Der letzte, bedeutendste Schritt wurde von Papst Clemens V. getan, der auf dem Konzil von Vienne 1311 alle weltliche Gesetzgebung zugunsten der Zinsnahme für null und nichtig und die Auffassung, Zinsen zu nehmen sei nicht sündhaft, für Ketzerei erklären ließ.

Selbst durch Almosengeben konnte sich der Wucherer nicht von dem Zorn der Kirche freikaufen, denn diese von ihm anzunehmen, hatte das Dekret von 1179 den Priestern untersagt.[50]

Die Kirche trat wohl energisch gegen die Geldgeschäfte auf, aber sie konnte das Wuchern nicht mit bleibendem Erfolg unterdrücken. Es wurde immer wieder notwendig, Verlautbarungen zu erlassen und Polemiken zu führen, weil es trotz drakonischer Strenge zu ständigen Überschreitungen der Wucherverbote kam.

Trotz aller Verdammungsurteile des Wuchers geriet die Kirche selbst in ein zweifelhaftes Licht, als sie sich der Notwendigkeit, Geldgeschäfte zu tätigen, nicht länger entziehen konnte. Urkundlich wird wiederholt bezeugt, daß Geistliche Kirchengerät verpfändeten und mit den dafür erhaltenen Geldbeträgen ge-

50 George O'Brien, An Essay on Medieval Economic Teaching, London 1920, S. 174.

winnbringende Geschäfte betrieben, daß gegen Ende des 12. Jahrhunderts nordfranzösische Priester Wucher betrieben, ebenso wie das die sogenannten Geschäftsführer der Römischen Bischöfe im 13. Jahrhundert in England gegenüber Geistlichen taten. Aber es gibt auch Nachrichten, daß Bischöfe und Äbte durch Verwicklung in weltliche Händel, durch großen Aufwand in ihrem Haushalt und bei öffentlichen Andachten in Geldnot gerieten und gegen hohe Zinsen Gelder von Christen und Juden liehen. Auch der Klerus war also ein „Opfer" des Wucherkapitals geworden, er trat als Zinsnehmer und auch als Zinszahler auf.

Diesem Umstand war durch Dekrete und Verbote nicht beizukommen. Da sich besonders seit den Kreuzzügen die Geldwirtschaft machtvoll Bahn gebrochen hatte, mußte sich auch die Kirche, wollte sie im Ringen um die Macht nicht vorzeitig unterliegen, wie ein weltlicher Geschäftsmann verhalten. Daher ließ die Kurie seit dem 13. Jahrhundert in Anlehnung an römisch-rechtliche Gepflogenheiten eine Reihe von Ausnahmen in ihrem strikten Verbot zu: die sogenannten Zinstitel.

Mit der Erörterung der Zinstitel während des Übergangs zum vollentfalteten Feudalismus deutete sich die Notwendigkeit an, die bisherigen, die Ware-Geld-Beziehungen betreffenden ökonomischen Auffassungen, die seit der Herausbildung und Entfaltung der feudalen Gesellschaftsordnung keine Bereicherung erfahren hatten, weiterzuführen. Das Charakteristische dieser Zinsdiskussion liegt darin, daß das Wucherproblem nun in die Ware-Geld-Beziehungen eingeordnet und nicht mehr wie bislang isoliert betrachtet wurde.

Entsprechend der gestärkten Warenwirtschaft wurde versucht, das Darlehen als Kaufakt zu interpretieren. Dieser Versuch mußte ohne theoretische Lösung bleiben, weil Zins und Kauf völlig verschiedene wirtschaftliche Beziehungen zum Ausdruck bringen. Die Verteilung des Zinses kann als Problem nicht in das Schema des einfachen Warenaustausches gepreßt werden. Eine wissenschaftliche Betrachtung des Wucherkapitals in dessen vorkapitalistischer Form war jedoch noch nicht möglich.

Die Zinstitel, die in krassem Widerspruch zu dem eisernen Gebot der Zinsfreiheit des Darlehens standen, bereiteten auf lange Sicht die Anerkennung eines allgemeinen Zinsfußes vor. Bei diesen Titeln wird der mannigfaltige „Schaden", der dem Geldverleiher durch die Weggabe seines Geldes angeblich erwachse, als ersatzpflichtig anerkannt. So durften nunmehr die verspätete Rückzahlung (mora), der eingetretene Schaden (damnum emergens), der entgehende Gewinn (lucrum cessans), das Risiko (periculum) und auch eine vorher festgelegte Konventionalstrafe in Rechnung gestellt werden.[51]

Diese Mehrleistungen werden nicht unter der verpönten Bezeichnung „usura" (Wucher) zusammengefaßt, sondern im Anschluß an das römische Recht mit dem Namen „interesse" belegt, um damit auszudrücken, daß der Anspruch darauf

[51] Karl Lessel, Die Entwicklungsgeschichte der kanonistisch-scholastischen Wucherlehre im 13. Jahrhundert, Luxemburg 1905, S. 21.

nicht von vornherein infolge der als Darlehen übergebenen Geldsumme, sondern erst durch Umstände entsteht, die *zwischen* dem Zeitpunkt des Entleihens und dem der Rückerstattung zuungunsten des Kreditgebers eintreten.

Es ist nie gelungen, die einzelnen Zinstitel voneinander scharf zu trennen, einwandfrei zu definieren und vom Makel des Wuchers frei zu halten. Denn wird beispielsweise der sogenannte eintretende (oder eingetretene) Schaden in der Minderung des nutzbaren Vermögens des Entleihers gesehen, so daß dieser etwas nicht habe kaufen können, wozu sich ihm die Gelegenheit bot, so hätte er ja die Möglichkeit einer derartigen „Schädigung" voraussehen und dementsprechend eine Kreditvergabe unterlassen können. Da er dies nicht tut, erblickt er eben in der Ursache seiner Schädigung eine legitime Quelle des Gewinns und seiner wirtschaftlichen Tätigkeit. Für ihn ist das Ausleihen neben dem Kauf usw. keine Ausnahmeerscheinung, sondern die Regel. Da der Geldbesitzer nicht gezwungen werden kann, sein Geld ohne Vergütung zu entleihen, da andererseits sowohl von seiner als auch von des Borgers Seite Interesse an diesem Geld zwecks lukrativer Anlage besonders im Handel besteht, sind sich Entleiher und Borger zweifellos über eine Gewinnbeteiligung einig gewesen. Es kam der Öffentlichkeit, d. h. der Kirche gegenüber lediglich darauf an, die jeweiligen Umstände einer Schädigung zu fingieren.

Ähnlich ist es mit dem entgehenden Gewinn (lucrum cessans), der im Grunde dasselbe bedeutet wie der entstehende Schaden, nur, daß hier in spitzfindiger Weise die mögliche wirtschaftliche Handlungsweise (des Kaufs beispielsweise) von ihrem Ergebnis her gesehen wird und nicht von ihrem Ausgangspunkt.

Ebenso steht es auch mit dem Zahlungsverzug (mora) und der Konventionalstrafe (poena conventionalis): letztere wurde für die verspätete Zahlung vorher verabredet, erstere erst nach wirklichem Eintritt der Verzögerung festgestellt. Auch hier wird also eine Schädigung angenommen, die genau die gleichen Auswirkungen wie bei den oben genannten Zinstiteln hat. Gerade diese Formen ermöglichten es den Beteiligten, um des gegenseitigen Interesses willen den Eintritt einer verspäteten Zahlung von vornherein vorzusehen.

Auch die Vergütung für das Risiko der Hingabe einer Geldsumme war recht fadenscheinig begründet. Man argumentierte, daß eine beispielsweise in Form eines Seedarlehens entliehene Summe durch Schiffbruch verlorengehen und der Borger Bankrott machen könne. Aber hingegebenes Kapital war meist ohnehin durch eine Bürgschaft von Dritten oder durch eine besondere Versicherung garantiert. Es liegt dagegen nahe, daß man sich wegen des beim Seehandel zu erwartenden hohen Gewinns auch eine entsprechend hohe Beteiligung sichern wollte und diese dann der Mitwelt gegenüber ebenfalls für risikobedingt ausgab.

So gab es im 13. Jahrhundert ein merkwürdiges Nebeneinander von immer schärfer formulierten Zinsverboten und einer Apologie der Zinstitel, die ausdrücklich als Ausnahmen von den Zinsverboten durch die Kirche sanktioniert wurden. Der Klerus hatte natürlich ein gewisses Interesse daran, die geldwirtschaftlichen Beziehungen, die Bewegungen des nicht mehr wegzudenkenden

Wucher- und Handelskapitals zum eigenen Besten möglichst unter Kontrolle zu behalten, dabei aber bei den breiten Massen der Bauern und übrigen unmittelbaren Produzenten den Glauben an den Kampf der Kirche um Erhaltung des kleinen Eigentums zu erhalten.

Seit dem zwölften Jahrhundert hatte sich eine weitere Kapitalanlageform durchgesetzt, die auch der Kirche ein für ewig gesichert erscheinendes arbeitsfreies Einkommen verschaffte: der sogenannte Rentenkauf. Die wesentlichste Form dieser Vertragsart bestand darin, daß ein Geldbesitzer durch Hingabe eines Betrages einen Teil des aus dem Grundstück des Geldempfängers erzielten jährlichen Ertrags, der „Rente“, in Geldform erhält.

Anfänglich wurde bei diesem Vertrag, bei dem der Grundstückseigentümer immer die „Rente“ (census) selber erarbeiten mußte, also im faktischen Besitz seines Bodens verblieb, die Fiktion eines Kaufes gewahrt, indem das betreffende Bodenstück gekauft und sofort wieder an den ursprünglichen Eigentümern übertragen wurde (census reservativus). Später ließ man diese Fiktion der Eigentumsübertragung fallen und kaufte direkt die schon bestehende oder eine völlig neu errichtete „Rente“ (dies ist der eigentliche Rentenkauf, der census constitutivus).

Aus der Tatsache, daß der ursprüngliche Eigentümer im Besitz seines Grundstückes verblieb, geht hervor, daß es sich bei dieser Vertragsart um nichts anderes als ein verkapptes Darlehen handelt, das besonders gern in den Städten von seiten des Handels aufgenommen wurde. Der Zins ist in diesem Fall ein Teil des Handelsgewinns. Ein solcher Vertrag wurde zunächst auf ewige Dauer geschlossen, seit Ende des 14. Jahrhunderts wurde diese „ewige Rente“ jedoch durch die Möglichkeit des Rückkaufs beschränkt.

Demzufolge war der Rentenkauf nach den geltenden juristischen Auffassungen vom Darlehen wenigstens anfänglich verschieden und somit scheinbar keine Sache des Wuchers: die dargeliehene Summe erschien als Kaufsumme und war somit nicht rückzahlbar. Erfolgte später doch eine Rückzahlung, so erschien diese eben auch wieder als ein Kauf. Und da der Zins scheinbar auf dem Grundstück ruhte, wurde er nicht als persönliche, sondern als dingliche Last angesehen, so daß die feudalen Theoretiker diesen Vertrag um so leichter verteidigen konnten.

Daß der Grund und Boden nur als Fiktion in diesem Vertrag figurierte und somit das Verfahren nach feudal-kirchlichen Begriffen als zulässig galt, geht aus der Tatsache hervor, daß dieser Vertrag mit wachsender öffentlicher Anerkennung direkt verzinslicher Darlehen aus der Diskussion verschwand und damit aus dem Wirtschaftsleben überhaupt.

Zusammenfassend kann gesagt werden, daß während der Entfaltung der feudalen Gesellschaftsordnung im ökonomischen Denken über die Warenwirtschaft ein gewisser Fortschritt eingetreten war. Mit der Anerkennung einiger Darlehensformen war die bisherige absolute Zurückweisung aller frühen Kapitalformen durchbrochen worden. Durch diesen Fortschritt wurde es möglich, den alten Standpunkt zu relativieren. Dadurch wurde die Voraussetzung geschaffen, neue Überlegungen in die ökonomische Betrachtung einzubeziehen.

Da die Naturalwirtschaft trotz der zunehmenden Entwicklung der Ware-Geld-Beziehungen weiterhin vorherrschte, stellte zwar der naturalwirtschaftliche Vergleich des Gelds mit einem unfruchtbaren Ding noch die Ausgangsthese für die Betrachtung des Wucherkapitals dar. Aber das Zinsproblem wurde jetzt im Zusammenhang mit anderen Erscheinungen der Warenwirtschaft erörtert. Dadurch wurde erstens das naturalwirtschaftliche Denken innerhalb der ökonomischen Vorstellungswelt weiter zurückgedrängt. Und zweitens zeigt der Umstand, daß wohl Zins und Kauf in engem Zusammenhang erörtert, aber keine befriedigenden Lösungen gefunden wurden, daß Voraussetzung und Notwendigkeit herangereift waren, die wirtschaftlichen Erscheinungen nicht mehr isoliert, sondern in einem größeren theoretischen Zusammenhang zu betrachten.

4. Die vorbürgerliche theoretische Ökonomie im vollentfalteten Feudalismus (13. Jh.)

Die sozialökonomischen Voraussetzungen

Im 13. Jahrhundert, als die volle Entfaltung der feudalen Gesellschaftsordnung auf der Grundlage einer weitgehenden Übereinstimmung der Produktionsverhältnisse mit dem Charakter der Produktivkräfte ihren Höhepunkt erreicht, sich das Städtebürgertum als neue Klasse herausgebildet hatte und bereits einem Prozeß der sozialen Differenzierung unterlag, waren die objektiven Bedingungen herangereift, damit nun die Erscheinungen der vorkapitalistischen Warenproduktion als eine Gesamtheit theoretisch zusammenhängend aus dem Blickwinkel des einfachen Warenaustauschs erfaßt werden konnten.

Die mit der Autorität der Kirchenväter versehenen ökonomischen Vorstellungen aus der Zeit des Übergangs zum Feudalismus waren unzureichend geworden; sie entsprachen nicht mehr der Entwicklung der städtischen Warenproduktion und der Ausweitung der Ware-Geld-Beziehungen auf dem Land. Vor allem erwies sich die alte, begriffslose Preis-Kosten-Vorstellung als ungeeignet. Sie mußte weiterentwickelt und präzisiert werden. Denn die Kosten, unter denen die früheren Denker den konkreten Aufwand des Produzenten und des Händlers für die Erzeugung und Herbeischaffung der Ware verstanden hatten, konnten nun in ihren Bestandteilen und von den Bestimmungsfaktoren her genauer untersucht werden. Es war jetzt möglich und notwendig geworden, zwischen dem sachlichen und dem Arbeitsaufwand für die Herstellung und Herbeischaffung der Ware zu unterscheiden.

Der sachliche Aufwand konnte als Preisgröße exakt ermittelt werden, weil auf diesem Stand der Arbeitsteilung und der Ware-Geld-Beziehungen in Stadt und Land und zwischen Stadt und Land die Rohstoffe und die Arbeitsmittel Warengestalt angenommen hatten und zu festen Preisen gehandelt wurden.

Der konkrete Arbeitsaufwand konnte ebenso hinreichend bewertet werden. Der hohe Grad der handwerklichen Spezialisierung hatte über die feudale Regelung des Wirtschaftslebens zu einer nun festgelegten Staffelung der Geldeinkommen der Produzenten nach Berufsgruppen entsprechend einer „standesgemäßen Nahrung“ und damit zu einer anerkannten sozialen Wertskala für alle Arbeiten geführt. Im mittelalterlichen Zunftwesen, schreibt MARX, „erscheint weder das Kapital noch die Arbeit ungebunden, sondern ihre Beziehungen durch das Korporationswesen und mit demselben zusammenhängende Verhältnisse und ihnen entsprechende Vorstellungen von Berufspflicht, Meisterschaft etc. bestimmt“.[52] Die konkreten Arbeitsaufwendungen der einzelnen Produzenten für bestimmte gebrauchswertmäßig festgelegte Waren wurden über die soziale Normierung in ein Verhältnis bekannter und erwarteter Aufwandsgrößen gesetzt.

Wie die Kosten genauer bestimmbar geworden waren, ließ sich auch die Preisbildung genauer darstellen. Die mittelalterliche Organisation des Marktes bestand aus einer von jedermann zu befolgenden Regelung der Preisbildung und -bindung.

Aus der früheren Vorstellung vom gerechten Preis, an den sich jeder hält, wenn er frei von der Sünde der Gewinnsucht ist, entstand auf Grund der feudalen Stadtwirtschaft die erste zusammenhängende theoretische Erfassung der Vorgänge im Warenaustausch. Während die alte Preisvorstellung eigentlich nur die *Forderung* nach einem den Kosten entsprechenden Preisangebot ohne Gewinnaufschlag zum Ausdruck gebracht hatte, untersuchte die feudale theoretische Ökonomie die produktions- und marktseitigen Faktoren für die Preisbildung. Diese Untersuchung war die eigentliche Grundlage für die Erfassung aller Erscheinungen der Warenwirtschaft und ihre einheitliche Deutung aus dem Blickwinkel des Warenaustausches.

Nach dieser Erörterung der erkenntnismäßigen *Möglichkeit* einer tieferen und zusammenhängenden Darstellung des Wirtschaftslebens muß daran erinnert werden, daß die Geschichte des ökonomischen Denkens keine Geschichte eines neutralen, klassenunabhängigen Erkenntnisfortschritts ist. Dieser grundlegende Umstand wird in bürgerlichen Untersuchungen über die Geschichte der politischen Ökonomie nicht berücksichtigt; deshalb bleibt dort das soziale Wesen der feudalen ökonomischen Erkenntnisse außerhalb der Betrachtung. Auf diese Weise gelingt es den bürgerlichen Autoren, aus den ökonomischen Schriften des Mittelalters Gedanken der späteren sogenannten subjektiven Werttheorie herauszulesen. Solche angeblichen Gemeinsamkeiten zwischen feudaler und bürgerlicher vulgärökonomischer Ökonomie gibt es jedoch nicht, weil das mittelalterliche Grundkonzept die feudale Regelung der Wirtschaftsprozesse, das bürgerliche Grundkonzept aber die kapitalistische Konkurrenz annimmt.

Wie die theoretischen Ausgangspunkte der politischen Ökonomie bei ARISTOTELES nur richtig aus dem Verhältnis zwischen Warenwirtschaft und Naturalwirtschaft unter den Bedingungen der Sklavenhaltergesellschaft zu erklären sind,

[52] Karl Marx, Das Kapital, Dritter Band, in: MEW, Bd. 25, Berlin 1964, S. 839.

so kann auch das soziale Wesen der feudalen theoretischen Ökonomie nur aus dem Verhältnis zwischen Warenwirtschaft und Naturalwirtschaft unter den Bedingungen der feudalen Produktionsweise verstanden werden. Der Springpunkt für dieses Verständnis liegt in dem Umstand, daß der Träger der sich entwickelnden Warenproduktion, das Städtebürgertum, auf Grund seiner wachsenden wirtschaftlichen Stärke selbstbewußter wurde und die klerikalen Verteidiger des Feudalsystems dem Rechnung tragen mußten.

Die früheren ökonomischen Vorstellungen waren nämlich nicht nur unzureichend geworden; sie wurden sogar zu einer ideologischen Gefahr. Da diese jedes Bereicherungsstreben verurteilenden Vorstellungen in den Evangelien verankert und von den Kirchenvätern bestätigt worden waren, konnten sie absolute Gültigkeit beanspruchen. Sie waren deshalb gut dafür geeignet, die Interessen sowohl der unteren Schichten der Armen und unmittelbaren Produzenten als auch der wirtschaftlich erstarkenden nichtpatrizischen Kaufleute und Zunfthandwerker in ihrem Kampf gegen Feudalherren und herrschende patrizisch-kaufmännische Familien ideologisch zu begründen.

Diese Situation erzwang die Formulierung eines apologetischen feudalen Konzepts, das sowohl den Interessen der herrschenden Feudalklasse als auch jenen der herrschenden städtebürgerlichen Schicht entsprechen mußte. Dieses Konzept hatte zwei wichtige Aufgaben zu erfüllen.

Erstens sollte es die wirtschaftlichen Errungenschaften der voll entfalteten Feudalgesellschaft analysieren und die früheren Vorstellungen zurückdrängen, in denen die einfachen Warenproduzenten noch nicht als in die Feudalgesellschaft integriert erscheinen. Es brachte seinen feudalen Charakter nun ein für allemal unmißverständlich zum Ausdruck, indem es die spätantiken und frühchristlichen Vorstellungen von der Gleichheit der Menschen und vom gemeinsamen Besitz zur Vorstellung von der Unausweichlichkeit des Privateigentums und von der Vergleichbarkeit der Arbeiten ständisch gebundener Produzenten um- und ausgestaltete und die Nachfrage ebenfalls als sozial geregelt und ständisch gegliedert interpretierte.

Zweitens sollte die feudale theoretische Ökonomie gemäß der überwiegend einfachen Warenwirtschaft die frühen Formen des Handels- und Geldkapitals in ihrer Beziehung zu dieser einfachen Warenwirtschaft deuten. Damit nahm sie einerseits das Vorhandensein des Handels- und des Geldkapitals zur Kenntnis und rechtfertigte diese gegenüber den Angriffen von Vertretern der unmittelbaren Produzenten, die sich der Argumente der Kirchenväter bedienten. Anderseits setzte sie der Entwicklung der frühen Kapitalformen durch deren Einordnung in die feudal reglementierte einfache Warenwirtschaft bestimmte Grenzen. Sie berücksichtigte somit die Interessen des patrizischen Bürgertums, soweit sich diese der feudalen Produktionsweise unterordneten.

Das feudale Denken über die Warenwirtschaft erhielt also theoretischen Charakter, weil es erstmals möglich und notwendig geworden war, alle wirtschaftlichen Erscheinungen umfassend und innerhalb einer einheitlichen Konzeption der einfachen Warenwirtschaft zu erklären. Dabei überschritten die theoretischen Erörterungen noch nicht die Grenzen einer nur zirkulationsbezogenen Betrachtungsweise.

Auf der Grundlage der feudalen Tauschwertvorstellung konnten die Kosten der Waren wohl im Geldausdruck verglichen, nicht aber als gleichartig betrachtet werden. Die ständische Berufsordnung verhinderte die Konkurrenz, durch die erst alle Ausgaben auf dem Niveau von Konkurrenzpreisen gleichgesetzt werden. Daher wurden die Warenpreise als Summe der Preise der Aufwände erfaßt; die Suche nach einer inneren Maßeinheit für den Tauschwert führte auf diesem Weg nicht weiter. So bot sich die Nachfrage dafür an, die durch die zahlreichen detaillierten und ständisch gesonderten Verbrauchsordnungen (Kleiderordnung usw.) eine stabile Größe darstellte und tatsächlich den Preisen der Waren, deren Produktionsbedingungen ebenfalls durch Zunftordnungen geregelt wurden, eine gewisse Konstanz verlieh. Indem die feudale Auffassung vom Tauschwert dessen Maß im Bedarf sah, verwies sie auf die feudale Sozialstruktur, deren Erklärung aus dem religiösen Bewußtsein erfolgte. Als Theorie der einfachen Warenwirtschaft, die alle Ware-Geld-Erscheinungen auf das Schema des einfachen Warenaustauschs zurückführte, konnte sie sich noch nicht zu einer selbständigen Disziplin herausbilden. Sie war auf ihrem theoretischen Niveau auf die Einordnung in eine umfassendere Sozialtheorie angewiesen, die zu dieser Zeit nur die Theologie sein konnte.

Die Begründung des feudalen Wirtschaftskonzepts (Albert von Bollstädt)

Zum Begründer des feudalen Wirtschaftskonzepts wurde Albert von Bollstädt (Albertus Magnus), ein vielseitig interessierter Dominikaner, der die „Politik" und die sogenannte „Nikomachische Ethik" des Aristoteles im Original gelesen und kommentiert hatte. Diese Schriften boten sich bei der Überwindung der frühchristlichen Wirtschaftsvorstellungen, die den Standpunkt der unmittelbaren Produzenten zum Ausdruck brachten, deshalb an, weil Aristoteles' wirtschaftliche Betrachtungen einem geringeren Entwicklungsstand des ökonomischen Denkens entsprachen und daher im Unterschied zu den pointierten Äußerungen der Kirchenväter eine unbekümmerte feudale Umdeutung zuließen. Darüber hinaus war es im Hinblick auf die Reinheit der Kirchenlehre überhaupt ein dringendes Anliegen geworden, einer materialistischen Ausdeutung der Lehren des Aristoteles durch klerikale, aber der Häresie verdächtige Zeitgenossen entgegenzutreten.

Seit dem 13. Jahrhundert begannen die Äußerungen der Scholastiker zu wirtschaftlichen Fragen regelmäßig mit dem in den antiken Schriften vorgefundenen Nachweis von der Notwendigkeit der Arbeitsteilung innerhalb der menschlichen Gesellschaft, die ja selbst infolge des sogenannten Sündenfalles entstanden sein sollte. Der Sündenfall war nach der Interpretation der Scholastiker in die Herausbildung des Privateigentums eingemündet, das folglich als die bestmögliche Alternative zum Stande der urgemeinschaftlichen Unschuld angesehen und verteidigt wurde. Auffällig ist dabei, daß von der Arbeitsteilung ganz unvermittelt zum Warenaustausch übergegangen wurde. Der Austausch stand im Mittelpunkt der scholastischen Wirtschaftsvorstellungen; er sollte in Übereinstimmung mit dem kirchlichen Dogma nach dem Prinzip der Gerechtigkeit erfolgen.

Die neben der „verteilenden Gerechtigkeit" bestehende, auf die Warenwirtschaft zutreffende Tauschgerechtigkeit (iustitia commutativa) mußte Albert von Bollstädt unter den Bedingungen des vollentfalteten Feudalismus anders als Aristoteles interpretieren.

Aristoteles hatte für diese Grundform der Gerechtigkeit, die dafür sorgt, daß die vertraglichen Beziehungen von Mensch zu Mensch rechtens sind, ein Proportionales, ein Mittleres zwischen dem Zuviel und dem Zuwenig auf seiten zweier gleicher Partner angenommen. Dem Mittleren oder Gleichen fehlte die Beziehung zu den Produktionskosten; es ergab sich erst aus dem Warenaustausch, der die Mitte zwischen den Vorteilen der Partner darstellte, und erwies sich damit als eine nur formale Bestimmung.

Albert von Bollstädt hingegen nimmt ein Gleichgewicht zwischen den verrichteten Arbeiten und gemachten Ausgaben (labores et expensae) beider Tauschpartner an. Dadurch nähert er sich einem dem Tauschverhältnis zugrunde liegenden Verhältnis der Produktion. Dieser Vorstellung von den „labores et expensae" weist er eine bestimmende Rolle im Gesamtsystem der feudalen Regelungen zu. Damit legt er den Grundstein für eine feudale Theorie der einfachen Warenwirtschaft.

An dieser Stelle muß darauf aufmerksam gemacht werden, daß verschiedene bürgerliche Autoren immer wieder versuchen, eine unmittelbare Verbindung zwischen der feudalen Kostenauffassung und der Werttheorie der klassischen politischen Ökonomie des Bürgertums herzustellen. Sie wollen auf diese Weise die klassische politische Ökonomie, die die inneren Zusammenhänge der bürgerlichen Gesellschaft aufdeckt, auf ein gleiches Niveau mit der feudalen Theorie stellen, die trotz ihrer Kostenvorstellung im Bereich der Zirkulation bleibt. Schon Lenin hatte solche Versuche energisch zurückgewiesen; es sei, schreibt er, „ganz unmöglich, eine Analogie zwischen dem Preisgesetz der Kanonisten und dem der Vertreter der klassischen politischen Ökonomie ernst zu nehmen"[53].

Wenn Albert von Bollstädt den Tauschwert auf ein Kostenverhältnis zurückführt, so ist dies ein großer Fortschritt gegenüber den antiken und frühchristlichen Vorstellungen und ein notwendiger Schritt auf dem weiteren Weg zur politischen Ökonomie. Aber seine Konzeption bleibt noch innerhalb der Darstellung der Wert*form*. Der scholastische Autor meint die *Preise* der verrichteten

[53] W. I. Lenin, Noch eine Vernichtung des Sozialismus, in: Werke, Bd. 20, Berlin 1962, S. 186.

Arbeiten und gemachten Ausgaben. Die objektiven Bedingungen waren noch nicht gegeben, um zum Wesen dieser Form, zum Wert, vorzudringen.

Beim Aufbau seines ökonomischen Gedankengebäudes geht der bedeutende Scholastiker vom Bedürfnis aus, für das er verschiedene alternative Ausdrücke benutzt (indigentia humana, opus, usus, utilitas). In diesem Bedürfnisbegriff sind noch drei Bedeutungen miteinander vermischt.

Erstens ist es das grundsätzliche Tauschbedürfnis, ohne das jede Warenwirtschaft unmöglich ist. Diese Vorstellung des ARISTOTELES benutzt er, wenn die Stellung des Bedürfnisbegriffs in der ökonomischen Argumentationsreihe begründet werden muß.

Zweitens ist es das allgemeine Bedürfnis der feudalen Tauschgemeinschaft nach Erhaltung ihrer sozialen Struktur und der sozialen Positionen ihrer Mitglieder. Diesem grundlegenden Bedürfnis aus Gewinnüberlegungen in momentanen wirtschaftlichen Lagen zuwiderzuhandeln ist keinem Teil der Gemeinschaft erlaubt. Deswegen müssen obrigkeitliche Preisfestlegungen und auch – bei Ungleichheit des Auszutauschenden – bestimmte Tauschverträge eingehalten werden.

Drittens bilden sich auf der Grundlage der traditionellen, sozial bestimmten Bedürfnisstruktur der Gemeinschaft individuelle Bedürfnisse heraus, deren Intensitäten sich im Verhältnis der Werte der auszutauschenden Waren widerspiegeln.

Unter „Wert“ (valor) versteht ALBERT VON BOLLSTÄDT die traditionelle und obrigkeitlich geregelte *Schätzung* der Waren im Bewußtsein einer stabilen und auf Konservierung bedachten Gemeinschaft. Die aus einer momentanen wirtschaftlichen Situation erwachsende individuelle Vorstellung von der Gleichwertigkeit zweier Waren steht daher in der scholastischen Überlegung dem sozialen Wertverständnis grundsätzlich nicht entgegen; beide ergänzen einander. Die Annahme einer Entgegensetzung von sozialer und individueller Wertschätzung der Waren widerspräche der feudalen Verfassung der Warenwirtschaft. Deshalb hat *dieser* „Wert“-Begriff mit den späteren, klassischen und vulgärökonomischen, Wertbegriffen absolut nichts gemeinsam. Der Erkenntnisfortschritt in der Geschichte des ökonomischen Denkens verläuft von der antiken und frühchristlichen Preisvorstellung über die feudale Kostenvorstellung im oben angeführten Sinn zur klassischen Werttheorie. Der Begriff des „valor“ liegt außerhalb dieser Entwicklungslinie; er orientiert sich am spezifisch feudalen Prinzip der Preisbildung.

Die gerechte Wiedervergeltung des empfangenen „Wertes“ im Tausch vollzieht sich somit nicht ausschließlich entweder nach gesetzlichen Vorschriften oder vereinbartem ungleichem Tausch oder individuellen Schätzungen gleichwertiger Waren, sondern jede dieser Formen der Wiedervergeltung ist nach der scholastischen Auffassung gerecht, wenn die Wirtschaftsgemeinschaft in ihrer Stabilität und das Verhältnis ihrer Glieder zueinander erhalten bleiben. Wenn im Tausch das Prinzip der proportionalen Gleichheit (aequalitas proportionis), also der Erhaltung der Proportionen innerhalb der Gemeinschaft und damit ihrer Bedürfnisstruktur, festgelegt ist, sagt ALBERT VON BOLLSTÄDT, „indem entweder Wertgleichheit oder vertragsmäßige Übereinkunft oder die gesetzliche Bestimmung beobachtet ist, und dann die Wiedervergeltung vor sich geht, dann ist, wie gesagt, das Wohl der Gemeinschaft gewahrt und ihr Bestand gesichert"[54].

Die soziale und damit auch die Bedürfnisproportion spiegelt sich also in verschiedenen Verhältnissen wider. Albert von Bollstädt stellt fest: „Der Wiedervergeltung liegt nun eine Proportionalität zugrunde; keineswegs jedoch immer eine Gleichwertigkeit der Sache. Und das deswegen, weil ein Vertrag nicht nach einem einzigen, sondern, wie Tullius [d. i. Cicero] sagt, nur nach drei Prinzipien beurteilt werden kann. Den Marktverkehr regelt nämlich zuweilen ein Herrscher in der Hinsicht zum gemeinen Besten, daß er festsetzt, wie teuer ein bestimmter Gegenstand verkauft werden soll, weil sonst bei der Notwendigkeit der betreffenden Sache die Bürger allzu sehr geschädigt würden. So wird zum Beispiel in Zeiten der Teuerung bestimmt, daß ein Scheffel Getreide zu dem und dem Preise und nicht teurer verkauft werden soll. Zuweilen finden derartige Tauschverträge statt auf Grund einer Vereinbarung ohne alle betrügerische Absicht: und dann wird für einen Gegenstand nicht das an Wert Gleiche, sondern das Vereinbarte gegeben. Zuweilen endlich werden solche Tauschverträge auf Gleichheit der Sache geschlossen, so daß Verkäufer und Käufer das Gleiche an Wert besitzen sollen. Man muß also hierbei darauf achten, daß das nach Wiedervergeltung Gerechte nicht immer nach demselben Prinzip bestimmt wird, sondern daß bald nach Gleichheit, bald gemäß dem geschlossenen Vertrage, bald gemäß dem Gesetze die Wiedervergeltung stattfindet."[55]

Indem Albert von Bollstädt die verschiedenen feudalen Preisbildungen nur als unterschiedliche Ausdrucksformen des einen Prinzips der proportionalen Gleichheit auffaßt, geht er über Aristoteles' formales Verständnis des Prinzips hinaus und leitet zu der Frage über, wie denn die Durchsetzung dieses Prinzips gesichert wird.

Aristoteles hatte den Widerspruch zwischen naturalwirtschaftlichem und warenwirtschaftlichem Denken nicht überwinden können. Für ihn war es ein unlösbares Problem, daß qualitativ so verschiedene Dinge in Wahrheit nicht durch ein gleiches Maß meßbar werden, obwohl es sich in der Warenwirtschaft ausreichend verwirklichen läßt. Albert von Bollstädt berührt diese Frage nicht mehr; ihm geht es darum, wie sich das Prinzip der proportionalen Gleichheit grundsätzlich und unabhängig von den verschiedenen Formen der Preisbildung und -bindung durchsetzen muß. Nicht die Ungleichheit der Gebrauchswerte, sondern das Tauschwertverhältnis der Arbeitsprodukte interessiert ihn.

In der warenwirtschaftlichen Gemeinschaft, schreibt Albert von Bollstädt, „kann leicht das Arbeitsprodukt des einen einen höheren Wert besitzen als das des andern und nach Arbeitsmenge und Aufwand sehr abweichen. Ein Tausch

[54] Albertus Magnus, Ethica, Liber V, Tract. II, caput IX; Übers. nach: Karl Diehl/Paul Mombert, Ausgewählte Lesestücke zum Studium der politischen Ökonomie, IV. Bd., Jena 1923, S. 34.

[55] Ebenda, S. 31/32.

aber vollzieht sich nur nach Gleichheit der Proportion. Es müssen also voneinander verschiedene Dinge gleichgemacht werden unter Zugrundelegung der Proportion. Das ist aber in allen Handwerken so. Alle nämlich würden nicht bestehen können, wenn derjenige, der einen Tauschvertrag nach bestimmter Quantität und Qualität abschließt, von seiten dessen, der ihm bezahlt, nicht ebensoviel an Quantität und Qualität erhielte."[56]

Albert von Bollstädt geht von der Erscheinung aus, daß das Geld die Waren mißt und ins Verhältnis setzt. „Und durch dasselbe wird gemessen, wieviele Schuhe dem Hause an Wert gleichkommen, das der Baumeister in den Tauschverkehr bringt und wieviele der Speise gleich sind, d. h. einem Scheffel Getreide oder irgend etwas anderm, das zum Bedürfnis nach Speise gerechnet wird. Die Proportion muß aber derart aufgestellt werden, daß, wie der Baumeister zum Schuster sich verhält hinsichtlich der Arbeiten und Aufwendungen für sein Produkt unter Berücksichtigung des Überschusses, soviele Schuhe der Zahl und Größe nach durch Hinzufügung von Geld gegen den Besitz des Hauses oder der Speise getauscht werden, und zwar gegen den Besitz des Hauses, wenn der Vergleich stattfindet im Verhältnis zum Baumeister, gegen den Besitz der Speise, wenn der Vergleich stattfindet im Verhältnis zum Landmann. Wenn dies nicht beobachtet wird, so wird kein Tausch stattfinden und keine Gemeinschaft zustande kommen zwischen Schuster und Baumeister oder Landmann. Ein Tausch wird aber nur stattfinden, wenn die Arbeitsprodukte auf irgendeine Weise zu einer Gleichheit der Proportion gebracht werden."[57] Und diesem Tauschverhältnis gemäß den Aufwendungen der Produzenten, fährt Albert von Bollstädt fort, muß das soziale und individuelle Bedürfnis entsprechen, das die warenproduzierende Gemeinschaft zusammenhält und seinen Ausdruck auf dem Markt in verschiedenartigen Preisbildungen findet.

Albert von Bollstädt hat damit das Fundament für die feudale theoretische Ökonomie gelegt. Er hat die frühchristliche Preisauffassung vertieft und festgestellt, daß den wirtschaftlichen Erscheinungen der Warenwirtschaft eine bestimmte Gesetzmäßigkeit zugrunde liegt: Die einfachen Warenproduzenten tauschen ihre Arbeitsprodukte entsprechend den zu deren Produktion verausgabten sachlichen und Arbeitsaufwendungen. Das Prinzip der proportionalen Gleichheit findet nach dieser Theorie seine Begründung im Austausch entsprechender Aufwendungen der Produzenten, daher könne die feudale Warenwirtschaft nur so lange bestehen, wie dieser äquivalente Austausch vonstatten gehe. Das in der Nachfrage zutage tretende soziale und individuelle, reglementierte und der freien Entscheidung unterliegende Bedürfnis müsse letztlich dieser Gesetzmäßigkeit immer Rechnung tragen, stellte Albert von Bollstädt fest.

56 Ebenda, S. 34/35.
57 Ebenda, S. 35/36.

Die Verteidigung der feudalen Eigentumsordnung (Thomas von Aquino)

Auf diesen Grundlagen baute Thomas von Aquino die feudale Wirtschaftstheorie aus. Er hatte in Köln bei Albert von Bollstädt und in Paris studiert; später lehrte er in Paris, Bologna, Pisa und Rom. Ein halbes Jahrhundert nach seinem Tod, im Jahr 1323, setzten die Dominikaner die Heiligsprechung ihres Ordensmitgliedes durch; 1567 wurde Thomas von Aquino schließlich zum Kirchenlehrer ernannt.[58] In seinen ausführlichen Stellungnahmen zu wirtschaftlichen Fragen der Zeit ist jene ausgebildete feudale theoretische Ökonomie niedergelegt, die auch den Denkern der Feudalklasse in Deutschland zur ökonomisch-theoretischen Verteidigung des Feudalsystems diente.

Da entsprechend dem Zweck dieses Buches nur die warenwirtschaftlichen Auffassungen des Thomas von Aquino besprochen werden, ist deren sozialphilosophischer Rahmen, vor allem die Eigentumskonzeption, anzudeuten. Diese ist ein charakteristisches Produkt der Epoche des vollentfalteten Feudalismus. In ihr spiegelt sich das feudale Produktionsverhältnis in der wichtigsten Produktionsgrundlage der Gesellschaft, das Verhältnis zwischen Feudalherrn und der abhängigen bäuerlichen Klasse. wider. Ebenso findet der bedeutende Aufschwung der Produktivkräfte durch die Herauslösung des Handwerks aus der Landwirtschaft, die Vertiefung der gesellschaftlichen Arbeitsteilung und die volle Ausbildung von Städten seinen Niederschlag. Geprägt wird die Eigentumskonzeption auch schon von dem beginnenden Kampf der Städtebürger gegen den Feudaladel, begleitet von größeren, noch lokalen Bauernaufständen und von theologisch verkleideten Oppositionen der Ketzersekten. Besonders fällt die polemische Schärfe gegen solche Oppositionen auf. Diese hatten eine Alternative zur feudalen Ausbeutung im Ideal kleiner Gemeinschaften mit Gemeinsamkeit des Besitzes, des Erwerbs und Verbrauchs der Lebensnotwendigkeiten gesucht, das sie mit Zitaten aus den Kirchenschriften begründeten und damit die reale Opposition auf die Ebene der ideologischen Auseinandersetzung hoben.

Thomas von Aquino führt zu Beginn seiner Eigentumsapologie die Grundzüge der oppositionellen Auffassungen an. Diese besagen, daß kein Mensch sich selbst aneignen solle, was das Eigentum Gottes sei, denn die Herrschaft über alles Geschaffene sei Gott zu eigen. „Alles, was gegen das Naturrecht ist, ist nicht erlaubt. Nach dem Naturrecht aber ist alles gemeinsamer Besitz, und dieser Gemeinsamkeit setzt sich das persönliche Eigentum des Besitzes entgegen. Es ist also jedem Menschen verboten, eine äußere Sache in Besitz zu haben.“[59]

Ohne dieses Naturrecht zu leugnen, bezieht Thomas von Aquino aus der

[58] Über die philosophischen Auffassungen des Thomas von Aquino vgl. Hermann Ley, Geschichte der Aufklärung und des Atheismus, Bd. 2/2, Berlin 1971, S. 188–217.

[59] Thomas von Aquino, Opera omnia, tomus III; Summa theologica II/II; quaestio 66, art. II; Übers. nach: Ausgewählte Schriften zur Staats- und Wirtschaftslehre des Thomas von Aquino, Jena 1923, S. 131.

damaligen Entwicklung der Produktivkräfte ein Argument zur Verteidigung des Privateigentums. Er schreibt: „Äußere Güter können doppelt betrachtet werden. Einmal mit Rücksicht auf ihre Natur, die nicht der Gewalt des Menschen, sondern allein der Macht Gottes, der alles bis aufs kleinste gehorcht, unterworfen ist, und zweitens mit Hinblick auf ihren Gebrauch. Wenn man es so versteht, hat der Mensch wohl eine Macht über die äußeren Güter, denn er kann sie, geleitet von Vernunft und Willen, zu seinem Nutzen gebrauchen, als wären sie seinetwillen erschaffen. Denn immer ist das Unvollkommenere um des Vollkommeneren willen da."[60]

Die Form der doppelten Betrachtungsweise enthält einen verborgenen Gegensatz. Denn die Feststellung, daß die äußeren Güter „mit Rücksicht auf ihre Natur" nicht in der Gewalt des Menschen stehen, widerspricht der Aussage, daß der Mensch sich ihrer bemächtigt, „als wären sie seinetwillen geschaffen". THOMAS VON AQUINO läßt diesen Gegensatz auf sich beruhen und ergänzt die allgemeine Herleitung des Privateigentums aus der produktiven menschlichen Tätigkeit durch eine weitere doppelte Betrachtungsweise, die der Notwendigkeit entspricht, einerseits das feudal-bürgerliche, anderseits das feudal-adlige Eigentum zu rechtfertigen.

Zur Verteidigung des feudal-bürgerlichen Eigentums führt THOMAS VON AQUINO typische Eigenschaften des damaligen besitzenden Städtebürgers an: Arbeitsamkeit, Ordnung, Zusammenhalt. Er sagt: „Der Mensch hat ein doppeltes Recht an den äußeren Dingen: das eine ist von ihnen die Befugnis, sie zu erwerben und zu verwalten; wenn es darauf beschränkt ist, ist es erlaubt, daß sie der Mensch als Eigentum besitzt. Das ist zum menschlichen Leben aus drei Gründen notwendig: erstens, weil jeder viel mehr für das, was ihm gehört, Sorge trägt, als für das, was allen oder was doch vielen gemeinsam ist. Denn da jeder von Natur aus lieber der Mühe aus dem Wege geht, überläßt er es immer dem Nächsten, für das Gemeinwohl zu sorgen, wie es sich ereignet, wenn viele Diener für eine Verrichtung da sind. Zweitens aber, weil sich die menschlichen Angelegenheiten viel ordentlicher abwickeln lassen, wenn dem einzelnen die Sorge für bestimmte Dinge als für sein Eigentum überlassen wird, und es eine große Verwirrung geben würde, wenn jeder wahllos, was ihm gerade unterkommt, besorgen würde. Drittens, weil dadurch die menschlichen Beziehungen mehr in Frieden gehalten werden können, wenn jeder mit seinem Eigentum zufrieden ist. Wir sehen ja, daß sich unter den Leuten, die etwas ungeteilt und gemeinsam besitzen, viel häufiger Streitigkeiten ergeben."[61]

Neben dieser feudal-bürgerlichen Form des Privateigentums nennt THOMAS VON AQUINO die aus dem feudal-adligen Grundbesitz abgeleitete, aber dem Privateigentum schlechthin zugesprochene Verpflichtung, für die Abhängigen, Leibeignen, überhaupt für die Armen aufzukommen. „Das zweite Recht der

[60] Ebenda, art. I, S. 130.
[61] Ebenda, art. I, S. 132/133.

Menschen an den äußeren Dingen ist ihr Gebrauch. In dieser Hinsicht darf sie der Mensch nicht als sein persönliches Eigentum, sondern er muß sie als allen gemeinsam ansehen, so daß er sie leicht mit der Not der anderen teilt."[62] Diese feudale Verpflichtung wird als Mahnung gegen das sich im Handelsbereich bildende große bürgerliche Eigentum ausgesprochen, das solche Verpflichtungen nicht kennt und an die Stelle der buntscheckigen Feudalbande das nackte Interesse setzt. So schreibt THOMAS VON AQUINO: „Nach der Ordnung der Natur aber, die nach der göttlichen Voraussicht errichtet worden ist, sind alle geringeren Dinge dazu bestimmt, daß der Not des Menschen durch sie abgeholfen werde. Deshalb kann durch keine Güterverteilung oder Eigentumsordnung, wie sie aus menschlichem Rechte erwächst, die Aufgabe verhindert werden, daß durch Dinge dieser Art der Not der Menschen zu helfen ist. Und deshalb gehören die Dinge, die andere im Überfluß haben, nach natürlichem Rechte zu dem Lebensunterhalt der Armen."[63]

Diese auf das Naturrecht bezogene Mahnung gegen die frühen Formen des Handels- und Geldkapitals schränkt THOMAS VON AQUINO jedoch ein, damit sie in ihrer naturrechtlichen absoluten Fassung nicht als Argument gegen das Privateigentum überhaupt verwendet werden kann. Deshalb schreibt er: „Weil aber viel Not leiden, ist es nicht möglich, aus einem Besitz allen zu helfen; die Verwaltung seines Eigentum ist dem Urteil jedes einzelnen überlassen, daß er daraus den Notleidenden Hilfe bringt."[64]

Die feudale Auffassung über die frühen Kapitalformen

Innerhalb dieses Rahmens knüpft THOMAS VON AQUINO an seinen Kölner Lehrer ALBERT VON BOLLSTÄDT an. Das für seine Eigentumskonzeption charakteristische Verhältnis von feudal-bürgerlichem und feudal-adligem Eigentum schlägt sich in der warenwirtschaftlichen Argumentation als Bemühung nieder, alle Ware-Geld-Beziehungen als Momente der zu sichernden feudalen Sozialstruktur zu interpretieren. Deshalb betrachtet THOMAS VON AQUINO die frühen Erscheinungen des Handels- und Geldkapitals, soweit sie die feudale Produktionsweise nicht untergraben, aus der Sicht des einfachen Warenaustauschs. Dadurch weitet er die von ALBERT VON BOLLSTÄDT geschaffene feudale Kostenvorstellung aus. Zum einen bringt er den Handelsgewinn mit Aufwendungen im Zirkulationsbereich in Beziehung. Zum anderen betrachtet er auch geliehenes Geldkapital als veräußerte Ware, deren Wert wie der Wert jeder einfachen Ware wiedererstattet werden müsse. Damit beschränkt sich das Wiedererstatten nicht mehr nur auf den einfachen Warenaustausch als Austausch von Produktionsaufwendungen.

62 Ebenda, S. 134.
63 Ebenda, art. VII; S. 136/137.
64 Ebenda, S. 137.

In diesem komme zwar das Wesen des Wiedererstattens vor allem zum Ausdruck; aber THOMAS VON AQUINO formuliert das Wiedererstatten allgemeiner.

Im Tauschhandel, sagt THOMAS VON AQUINO, „wird einer einzelnen Person etwas wegen der Sache erstattet, die man von ihr erhalten hat. Am meisten Beispiele bietet hier der Vorgang des Kaufs und Verkaufs, bei dem vor allem das Wesen des Tausches in Erscheinung tritt. Man muß hier Sache der Sache gegenüber ins Gleichgewicht bringen, damit einer das, was er mehr als ihm zukommt vom Eigentum des anderen besitzt, ihm als das Seine zurückerstattet. So entsteht Gleichheit nach einer arithmetischen Mitte, die nach dem gleichen mengenmäßigen Überschuß errechnet wird, wie zum Beispiel fünf die Mitte zwischen vier und sechs hält."[65] Wiedererstatten des empfangenen Wertes heißt daher nach THOMAS VON AQUINO, „jemanden wieder in den vollen Besitz seines Eigentums setzen, und so wird dabei das Gleichmaß der Gerechtigkeit nach einem Ausgleich von Sache zu Sache verfolgt, worin ja das Wesen der Tauschgerechtigkeit besteht".[66]

Dieses Wesen der Tauschgerechtigkeit sieht THOMAS VON AQUINO in allen wirtschaftlichen Handlungen von Warenproduzenten, d. h. nicht nur bei Kauf und Verkauf, bei dem jemand seine Sache als Entgelt für den Empfang einer anderen Sache übergibt. „Wenn jemand einem anderen seine Sache übergibt und ihm ihren Gebrauch unter der Bedingung, daß er sie wiederbekomme, einräumt. Geschieht das ohne Entgelt, so heißt es Nießbrauch, wenn die Sache Früchte trägt, oder einfach Leihe bei unfruchtbaren Dingen wie Geld, Gefäßen und anderem der Art. Wird aber der Gebrauch nicht ohne Entgelt eingeräumt, so heißt es Miete oder Pacht."[67]

Die aus naturalwirtschaftlicher Sicht konzipierte verteilende Gerechtigkeit, die die Aneignung des gesellschaftlichen Reichtums entsprechend der sozialen Ungleichheit regelt, „zieht so die Stellung der Person an sich in Betracht, die Tauschgerechtigkeit nur insoweit, als dadurch der Wert der Sache eine Veränderung erleidet"[68].

Gewinnorientierten Handel lehnt THOMAS VON AQUINO deshalb bei fehlender Wertveränderung ab. Gegen anders motivierte Handelsgeschäfte hat er nichts einzuwenden. „Wenn aber jemand eine Sache nicht um sie wieder zu verkaufen, sondern um sie zu behalten, einkauft, und nachher aus irgendeinem Grunde geneigt ist, sie zu verkaufen, so ist das, auch wenn er teurer verkauft, kein Handelsgeschäft. Denn er kann ganz erlaubt so handeln, entweder weil er die Sache in irgendeiner Hinsicht verbessert hat oder weil sich ihr Preis durch die Verschiedenheit des örtlichen Bedarfes, des Zeitumstandes oder durch die Gefahr, der er sich durch den Transport und dergleichen aussetzt, geändert hat."[69]

[65] Ebenda, quaestio 61, art. II, S. 215/216.
[66] Ebenda, quaestio 62, art. I, S. 226.
[67] Ebenda, quaestio 61, art. III, S. 220.
[68] Ebenda, quaestio 61, art. II, S. 217.
[69] Ebenda, quaestio 77, art. IV, S. 247.

Thomas von Aquino geht sogar so weit, den Handelsgewinn nicht zu verurteilen, wenn man ihn „nicht als letzten Zweck, sondern gleichsam als Entschädigung für seine Mühewaltung anstrebt“[70]. Der Argumentation liegt die Einsicht zugrunde, daß die auf die Herstellung einer Ware verwendete Arbeit den vorgegebenen Preis der dazu erforderlichen Rohstoffe erhöht. „Denn wenn er eine Sache, die er verbessert hat, teurer verkauft, scheint er nur den Lohn für seine Arbeit zu empfangen, wenngleich es auch nicht erlaubt ist, den Gewinn als letztes Ziel zu verfolgen, sondern, wie dargelegt wurde, aus einem anderen notwendigen oder ehrenhaften Grunde.“[71]

Da Thomas von Aquino unter dem Wert einer Sache deren gerechten Preis versteht, dessen Durchsetzung die Erhaltung der feudalen Warenwirtschaft mit ihrer ständischen Struktur zu gewährleisten hat, muß er den Stand der Person, deren Arbeit entgolten wird, berücksichtigen. Es müsse gesichert sein, schreibt er, daß das Leben „in angemessener Weise entsprechend den Lebensverhältnissen und dem Stand geführt werden kann“. Es wäre gegen die gewollte Ordnung, wenn jemand „sein Leben nicht in richtiger Entsprechung zu seinem Stande und den ihm darin erwachsenden Aufgaben führen könnte. Denn niemand soll anders leben, als ihm entspricht“[72]. Damit erweist sich, daß verteilende und Tauschgerechtigkeit nur zwei Teile einer Gerechtigkeit darstellen, die die feudale Klassenstruktur in Natural- und Warenwirtschaft zu erhalten hat. Während im Bereich der verteilenden Gerechtigkeit die soziale Ungleichheit offen zutage tritt, wird sie im Bereich der Tauschgerechtigkeit bei äquivalentem Austausch durch Berücksichtigung der standesgemäßen Lebensführung in der Entgeltung der Arbeiten aufrechterhalten.

Indem Thomas von Aquino in seiner ökonomischen Theorie des feudalbürgerlichen Warenproduzenten den Handel als Betätigungsfeld warenproduzierender Arbeit auffaßt, ist er in die Lage versetzt, das Verbot des Gewinnstrebens im Handel zu relativieren und den Gewinn als Entgelt für kaufmännische Tätigkeit zu betrachten. Damit hat er eine vieldiskutierte Form der Mehrwertaneignung durch das frühe Handelskapital als Erscheinung des einfachen Warenaustauschs interpretiert.

Eine ähnliche Möglichkeit, wie das Handelskapital auch das Geldkapital vom Standpunkt des einfachen Warenproduzenten zu rechtfertigen, bietet sich Thomas von Aquino jedoch nicht bei der Beurteilung des Zinsnehmens, weil im Unterschied zur Handelstätigkeit der Geldverleih keine Momente produktiver Arbeit einschließt. Aus der Sicht der einfachen Warenwirtschaft ist Geld nur ein unfruchtbares Ding, das aber hervorragend zum Tauschmittel geeignet ist. In dieser Funktion, meint Thomas von Aquino, könne es wie eine einfache Ware betrachtet werden, die verkauft wird. Da der Gebrauch zum Beispiel des Weines

70 Ebenda, S. 245.
71 Ebenda, S. 246/247.
72 Ebenda, quaestio 32, Art. VI, S. 140/141.

zugleich sein Verbrauch sei, sagt er, so könne man nicht beides getrennt kaufen. „Wenn nun jemand Wein an sich verkaufen wollte und getrennt davon den Gebrauch des Weines, würde er dieselbe Sache zweimal oder etwas, was gar nicht besteht, verkaufen und so offensichtlich durch eine Ungerechtigkeit sündigen."[73]

Bei anderen Dingen wie zum Beispiel einem Haus bedeute dagegen ihr Gebrauch nicht zugleich ihren Verbrauch, ihre Zerstörung, sagt THOMAS VON AQUINO. Deshalb könne für dessen Gebrauch ein Preis begehrt werden und außerdem das benützte Haus zurückverlangt werden, wie es aus den Mietverträgen hervorgeht. Aber da zur damaligen Zeit Geldverleih an Feudal- oder Handelsherrn oder kleine Produzenten noch nicht zu Zwecken einer produktiven Kapitalanlage, also zur Produktion von Mehrwert durch Lohnarbeiter, erfolgte, war es THOMAS VON AQUINO unmöglich, Ähnlichkeiten zwischen der Nutzung eines Miethauses und der Nutzung einer geliehenen Geldsumme zu sehen. Geld, stellte er fest, sei nur ein Tauschmittel. Daraus folgt für THOMAS VON AQUINO: „Und so ist der eigentliche und tatsächliche Gebrauch des Geldes zugleich sein Verbrauch oder sein Ausgeben, soweit es zu Tauschgeschäften aufgewendet wird. Deshalb ist es an sich unerlaubt, für den Gebrauch geliehenen Geldes einen Preis, der Zins heißt, anzunehmen. Und wie der Mensch gehalten ist, anderes, was er gegen die Gerechtigkeit erworben hat, zurückzugeben, so ist er auch verpflichtet, das Geld, das er als Zins empfangen hat, wiederzuerstatten."[74]

Obwohl es damals noch nicht möglich war, die Verwandlung von Geld in Kapital zu erklären, weist THOMAS VON AQUINO doch darauf hin, daß das menschliche Gesetz den Zins zulasse, und zwar nicht etwa in der Annahme, daß das der Gerechtigkeit entspreche, sondern damit der Nutzen vieler nicht verhindert werde. Und den Einwand, daß doch freiwillig Zinsen gezahlt werden, beantwortet er mit dem Hinweis, daß, wer Zinsen zahle, dies nicht freiwillig, sondern aus einer gewissen Notlage tue, da er eben Geld brauche, das sein Besitzer nicht ohne Zins leihen will.

Die Fortschritte in der von ALBERT VON BOLLSTÄDT und seinem Schüler THOMAS VON AQUINO geschaffenen feudalen theoretischen Ökonomie bestehen im vertieften Verständnis des Tauschwerts und einer weitergehenden Einbeziehung der frühen Formen des Handels- und Geldkapitals in die ökonomische Erörterung. Die exaktere Erfassung der Kosten und die Annahme einer Vergleichbarkeit aller warenproduzierenden Arbeiten waren dabei die wichtigsten Voraussetzungen für die weitere Entwicklung des ökonomischen Denkens.

Für die spätere ökonomische Diskussion war es auch wichtig, daß THOMAS VON AQUINO den Handelsgewinn mit den Kosten im Zirkulationsbereich in Zusammenhang gebracht hatte. Damit sollte wohl das Handelskapital in die konservative feudale Sozialstruktur integriert werden, aber gleichzeitig wurde

[73] Ebenda, quaestio 78, art. I, S. 250.
[74] Ebenda, S. 251.

auf diese Weise im Ansatz die Möglichkeit geschaffen, das Handelskapital überhaupt zu rechtfertigen. Indem Thomas von Aquino die früher vorherrschende Ablehnung des gewinnorientierten Handels überwand, bezog er grundsätzlich diese wirtschaftliche Erscheinung in die theoretische Erörterung ein.

Als recht problematisch für die folgende Auseinandersetzung erwies sich die zwiespältige Stellung zum Geldkapital. Thomas von Aquino erkannte es wohl praktisch an, aber vom theologischen und feudal-apologetischen Standpunkte lehnte er es ab; dadurch erschwerte er die theoretische Untersuchung des Geldes. Denn da er das Geldkapital als eine Ware auffaßte, die einem kurzlebigen Konsumgut gleicht, übernahm und verschärfte er die alte naturalwirtschaftliche Vorstellung vom Geld als einem unfruchtbaren Ding und verhinderte auf diese Weise dessen tiefere Untersuchung als Zirkulationsmittel und somit auch eine Erörterung des Geldwerts.

5. *Die Entwicklung der vorbürgerlichen theoretischen Ökonomie unter den Bedingungen intensivierter Ware-Geld-Beziehungen (13. bis 15. Jh.)*

Die Entwicklung der feudalen theoretischen Ökonomie vom 13. Jahrhundert bis zur frühbürgerlichen Revolution in Deutschland wurde von der Entfaltung der sozialen Widersprüche im Feudalismus bestimmt. Mit dem wachsenden Einfluß der Städte und der sozialen Differenzierung der Stadtbevölkerung begannen die nicht am Stadtregiment beteiligten Kaufleute, Zunfthandwerker, Geldwechsler und Münzer aufzubegehren. Das Wucherkapital fing an, das feudale Eigentum zu zersetzen und die wirtschaftliche Stellung der ländlichen und städtischen Kleinproduzenten zu untergraben. Der Widerstand der Bauern gegen die feudale Ausbeutung nahm bedrohende Formen an.

Unter diesen Bedingungen setzte sich die feudal-ökonomische Apologetik der herrschenden Klasse und der patrizischen Schicht nicht überall durch. Die früheren ökonomischen Auffassungen der Kirchenväter, deren Autorität ja innerhalb der Theologie nicht angetastet war, boten noch immer wegen ihrer Ablehnung der Bereicherung die Grundlage für eine gewisse Interessenvertretung der unmittelbaren Produzenten und nichtpatrizischen Schichten. Vor allem die sich stärker an die Kirchenväter anlehnenden Denker versuchten einige den Interessen der Herrschenden entsprechende ökonomische Aussagen zu widerlegen. Diese Auseinandersetzung führte zu Fortschritten im ökonomischen Denken. Der Vergleich des Geldkapitals mit einem kurzlebigen Konsumgut wurde in Zweifel gezogen. Daraus ergab sich letztlich ein weiteres Zurückdrängen der naturalwirtschaftlichen Betrachtungsweise.

Aber auch jene klerikalen Denker, die die Interessen der Herrschenden vertraten, mußten mit dem zunehmenden Einfluß des Handels- und Geldkapitals und mit der wachsenden Verstrickung der Machthaber in frühkapitalistische

Geschäftspraktiken einige Auffassungen der von THOMAS VON AQUINO geschaffenen Wirtschaftskonzeption revidieren. Sei erörterten in stärkerem Maße die Probleme des Geldkapitals, entwickelten größeres Verständnis für das Geld als Zirkulationsmittel und trugen dazu bei, daß der von ARISTOTELES entdeckte Unterschied zwischen Gebrauchswert und Tauschwert noch schärfer herausgearbeitet wurde.

Diese Entwicklungen in der feudal-ökonomischen Diskussion über die Erscheinungen der intensivierten Ware-Geld-Beziehungen vollzogen sich in den europäischen Territorien etwa in gleichem Maße. Hier werden einige wichtige Wortführer genannt, auch wenn sie außerhalb des späteren Deutschlands wirkten. Deren Beiträge fanden Widerhall und Entgegnung ebenso in Deutschland wie in Frankreich, Italien, Spanien, Portugal und England. Die in lateinischer Sprache geführte Auseinandersetzung kannte noch keine nationalen Grenzen und keine nationalen Besonderheiten.

Zu den Denkern, die die Entwicklung der Wirtschaftstheorie durch ALBERT VON BOLLSTÄDT und THOMAS VON AQUINO nicht mitvollzogen, sondern weiterhin von den Auffassungen aus der Zeit des Übergangs zum Feudalismus ausgingen und auch deren Stellung vor allem gegen das Geldkapital beibehielten, gehören solche bedeutenden Denker wie BONAVENTURA, HEINRICH VON GENT und JOHANNES DUNS SCOTUS.

BONAVENTURA, der General des Franziskanerordens und Freund des THOMAS VON AQUINO, war zum Beispiel der Auffassung, der Darlehenszins bedeute den Verkauf der Zeit, die ja Gemeineigentum sei. Wie er betonte auch der in Paris lehrende Theologe HEINRICH VON GENT die Äquivalenz beim Tausch und erklärte den Handelsgewinn, den er verurteilte, aus Übervorteilung. Er wiederholte die alten Bedenken gegen die Bestellung einer Rente durch Darlehensvergabe, den sogenannten Rentenkauf, den er unverblümt als ein Darlehen bezeichnete. Er wendete sich vor allem gegen die Konstituierung einer neuen Geldrente da, wo bislang noch keine bestanden hatte, billigte jedoch die typisch feudale Form, ein Grundstück zu kaufen und auf Erbleihe auszutun. Gerade diese Form aber war der Ausgangspunkt des Rentenkaufs, bei dem anfänglich die Kauffiktion aufrechterhalten und später nach und nach fallengelassen wurde.

Die Zinslosigkeit des Darlehens erklärte der schottische Scholastiker JOHANNES DUNS SCOTUS zum Beispiel daraus, daß es sich beim Geldverleih um den Tausch zweier Geldsummen handle, die gleich groß sein müßten, wenn Gleichwertigkeit bestehen solle. In der Begründung wendet er sich gegen THOMAS VON AQUINO, nach dessen Auffassung der Gebrauch des Geldes in seinem Verbrauch bestehe, der jedoch mit einer Eigentumsübertragung verbunden sei, für die billigerweise keine Gebühr erhoben werden könne. Geldleihe, meint er, unterstelle keinesfalls Eigentumsübertragung. Trotz der Polemik, die bereits Zweifel in den Vergleich des Geldkapitals mit kurzlebigen Konsumgütern setzt, blieb jedoch auch JOHANNES DUNS SCOTUS noch grundsätzlich bei dieser naturalwirtschaftlichen Betrachtungsweise stehen.

Andere Denker, zum Teil direkte Schüler des THOMAS VON AQUINO, begannen, die Betrachtung des Gelds sowohl als Zirkulationsmittel als auch in seiner Form als Geldkapital aus der naturalwirtschaftlichen Betrachtungsweise herauszulösen. So versuchte der in Paris lehrende Dominikaner AEGIDIUS LESSINUS, der mit seiner Schrift über den Wucher (1278) vielleicht die erste ökonomische Monographie verfaßte, die unscharfe Gebrauchswert-Tauschwert-Vorstellung begrifflich zu trennen, um das Geld tiefgehender untersuchen zu können. Neben dem Gebrauchswert der Ware (ratio usus vel fructus), der den Marktpreis beeinflusse, nannte er einen Substanzwert des Geldes (ratio substantiae), der auf dem von der Staatsgewalt „auferlegten Wert" (valor impositus) beruhe und mit dem Metallwert nichts zu tun hat. Damit trennte AEGIDIUS LESSINUS das Geld von den übrigen Waren und behandelte das Darlehen als eine besondere Wirtschaftsform. Ähnlich versuchte er die Bestellung einer Rente durch Darlehensvergabe zu einem Kauf — dem Rentenkauf — umzumünzen, der nun in der ökonomischen Theorie unter dem Gesichtspunkt des gerechten Preises erfaßt werden konnte und daher nicht mehr dem Wucherverbot unterworfen war.

Auch HEINRICH VON MIDDLETOWN (RICARDUS DE MEDIAVILLA) erklärte den Zins aus dem Kaufakt, dem sogenannten Rentenkauf. Auf den Einwand, daß der Bezieher einer ewigen Rente mehr erhalte als er durch seine einmalige Geldleistung hingegeben habe, antwortete er, daß nicht der Nutzen der Rente für die Nachkommen, sondern für den Begründer der Rente maßgeblich und für diesen geringer sei als der ewige Nutzen aus der Kapitalanlage. Somit bestehe Äquivalenz zwischen den Partnern.

Schließlich brach FRANCISCUS DE MAYRONIS mit der naturalwirtschaftlichen Betrachtung des Geldes. Das von einem Geldmann an einen Kaufmann ausgereichte Darlehen erkannte er an, weil beide einen Gewinn aus ihm erzielen und damit dem Bedürfnis beider entsprochen werde. Somit sei das Geld wegen seiner heilsamen und nützlichen Rolle im Staate auch nicht mehr als unfruchtbar anzusehen. Man solle ebenfalls, meint er, auf das Argument von der Unverkäuflichkeit der Zeit verzichten, nach dem es eigentlich auch keinen Mietvertrag geben dürfte.

Ähnlich wies JOHANNES ANDREAE, ein weltlicher Lehrer des Kirchenrechts an der Universität von Bologna, die naturalwirtschaftliche Betrachtung des Geldes zurück. Denn wer Unfruchtbarkeit des Geldes annehme, dürfe auch von einer anderen künstlichen Sache wie einem Haus keine Miete verlangen. Aber auch die gern behauptete Nichtabnutzung des Geldes im Unterschied zu einer vermieteten Sache, deren Abnutzung angeblich in der Miete vergolten werde, ließ er nicht gelten; ein Miethaus könne zum Beispiel durch das Bewohnen verbessert werden, und doch sei die Miete gerechtfertigt. Das Verbot, die Zeit zu verkaufen, charakterisiert er kurzerhand als frivol, da „viele erlaubte Verträge geschlossen werden, bei denen der zeitliche Ablauf eine Rolle spielt; und dennoch wird in solchen Fällen nicht gesagt, es werde die Zeit verkauft".[75] Hier nutzt er die sogenannten Zinstitel gegen das Verbot der Zinsnahme beim Darlehen aus.

[75] Vgl. J. T. Noonan, Scholastic Analysis of Usury, Cambridge, Mass., 1957, S. 66.

Andreae verwarf ebenfalls die Auffassung von der Eigentumsübertragung. Einerseits deutete er an, daß unter bestimmten Umständen Gebrauch und Eigentum an der Substanz einer Sache durchaus trennbar seien, anderseits stellte er die These auf, daß dem Geldverleiher zwar nicht das Eigentum an den konkreten Münzen, aber am Wert der Münzen verbleibe. Alle nach Anzahl, Gewicht oder Maßgröße bestimmbaren Güter einschließlich des Geldes, meinte er, verfügten über einen „inneren Wert“ (valor intrinsecus), der jeweils in einer bestimmten Menge zum Ausdruck kommt. Somit dürfe wegen der Beständigkeit dieses Werts kein Aufschlag bei einem Darlehen gefordert werden, weil dann die Austauschgerechtigkeit, die Gleichwertigkeit von Hingegebenem und Empfangenem, verletzt würde.

Aus dieser Argumentation wird ersichtlich, daß der Bruch mit der naturalwirtschaftlichen Betrachtung des Geldes nicht ausreichte, um die frühen Kapitalformen besser zu verstehen. Im Gegenteil, die feudalen Denker, die nun dieser theoretischen Stütze im Kampf gegen das Geldkapital und für die Konservierung der feudalen Eigentumsverhältnisse beraubt waren, fühlten sich verpflichtet, unbedingt alle neuen wirtschaftlichen Erscheinungen auf ihre Übereinstimmung mit den ökonomischen Grundlagen des Feudalismus hin zu überprüfen. Heinrich Heimbüche von Langenstein (Heinrich von Hessen oder Henricus de Hassia), einer der bedeutendsten deutschen Kleriker seiner Zeit, zum Beispiel grenzte den herkömmlich als Wucher verurteilten verzinslichen Geldkredit von dem auf feudaler Fiktion beruhenden Rentenkauf ab und erklärte letzteren für voll gerechtfertigt, sofern er zu einer ewig zahlbaren jährlichen Rentensumme führe. Damit verfocht er ohne Einschränkung die feudale Form der Kreditvergabe und stellte sich strikt gegen die Kreditnehmer aus Handel und Gewerbe, deren Interesse in der Schaffung eines echten, mobilen Kreditmarktes bestand. Die Bestellung einer ewigen Rente durch Überlassung einer nichtrückzahlbaren Geldsumme wies er als Kauf aus, während er bei allen kurz- und mittelfristigen Darlehen, die auf die absonderlichste Weise zwecks Umgehung des kanonischen Wucherverbots als Kauf- und Wiederkaufgeschäft getarnt wurden, einen unerlaubten Kredit vermutete und Nichtäquivalenz des Austauschs behauptete.

Ein solcher von den Interessen der herrschenden Feudalklasse herrührender Widerspruch in der Behandlung des Geldkapitals war jedoch nicht zu verbergen. Deshalb nahm Heinrich Totting von Oyta einfach eine Äquivalenz zwischen den Nutzen von Rentenkäufer und -verkäufer an und hielt auch Rentenkredite mit kürzerer als ewiger Laufzeit für unbedenklich, denn es werde mit dem Rentenkauf das Recht auf einen jährlichen Geldbezug erstanden. Damit war der Weg gebahnt, jedes verzinsliche Gelddarlehen als rechtmäßig anzuerkennen.

Mit der weiteren Entwicklung der Ware-Geld-Beziehungen wurde es unumgänglich, jede Art von Geldgeschäften zu akzeptieren, d. h. vom Standpunkt der feudalen theoretischen Ökonomie als eine dem einfachen Warenaustausch analoge Form darzustellen. So erklärt der Dominikaner Johannes Nider das Geldwechselgeschäft zu einer normalen kaufmännischen Transaktion: „Der Geldwechsler kann, genauso wie der Kaufmann, zu Recht aus den verschiedensten Ursachen und Leistungen einen Gewinn ziehen; denn ebenso wie die preisliche Bewertung der Waren ändert sich auch der Wert der Münzen, wenn auch nicht so allgemein und in geringerem Ausmaß."[76] Der Geldwechsler könne somit seine Mühe und Arbeit sowie sein Risiko in Anschlag bringen und sogar einen Zins zum Ausgleich für erlittene Verluste berechnen.

Vom formalen Standpunkt betrachtet, hatte NIDER nur eine bislang anders gedeutete Tätigkeit in das Schema der Tauschgerechtigkeit aufgenommen. Tatsächlich bezog er in den Bereich der traditionell von der feudalen Theorie vertretenen Interessen nun auch jene des Geldwechslers ein. Diese Anerkennung des Gewinns, der hier noch als Entgelt für Arbeit, Mühe und Risiko verstanden wird, führte zwangsläufig zu einer Änderung in der feudalen Tauschwertauffassung. NIDER verzichtete auf ein Grundprinzip der feudalen Theorie, die Forderung nach dem festen, unverrückbaren Preis, und lehnte sogar die Annahme einer wenn auch kurzfristigen „allgemeinen Schätzung" (communis aestimatio) eines Warenpreises ab. Damit billigte er den Produzenten und den Kaufleuten das Recht zu, den Warenpreis selber nach den Kosten zu bestimmen und ihn sogar entsprechend der Kaufkraft gegen die allgemeine Vorstellung festzusetzen. Er gab also den alten Grundsatz, eine Sache dürfe nur zum erlaubten Preis abgegeben werden, ausdrücklich zugunsten des Rechts auf, zu dem möglichen Preis zu verkaufen.

Die feudale theoretische Ökonomie hatte also vor allem im 15. Jahrhundert beträchtliche Änderungen erfahren. In dem Maße, wie sie die Interessen einiger mit der Intensivierung der Ware-Geld-Beziehungen wirtschaftlich erstarkender Berufsgruppen berücksichtigen mußte, hatte sie schließlich auch auf die naturalwirtschaftliche Betrachtung des Geldes verzichtet. Es wurde nun notwendig, Probleme der Münzgeldwirtschaft zu untersuchen. Schon JOHANNES BURIDANUS und NIKOLAUS ORESMIUS waren gegen die Währungswillkür des Münzherren aufgetreten und hatten festgestellt, daß der Geldwert im wesentlichen auf dem Metallwert des Münzgeldes beruhe. Der in Tübingen lehrende, von seinen Zeitgenossen als „letzter Scholastiker" bezeichnete GABRIEL BIEL äußert nun, „. . . daß die Münze ihrem Gewicht nach ebenso viel wert sein muß, wie ihr Stoff im ungemünzten Zustand wert wäre und nicht mehr, natürlich unter Abzug der Prägekosten"[77]. Diese Einsicht war in der Geschäftspraxis so alt wie das Geld selber, für die feudale Theorie jedoch war die Forderung nach Übereinstimmung von Real- und Nominalwert neu. Bislang hatte die Mehrzahl der feudalen Denker an der Meinung festgehalten, Geld sei nur ein konventionelles Zeichen, ein willkürlich und durch Übereinkunft gesetzter Maßstab wie beispielsweise eine Elle.

Für die Entwicklung der Geldauffassung wurde die Beobachtung wichtig,

[76] Ebenda.

[77] Gabriel Biel, Collectorium sive epitome in magistri sententiarum libros, Tübingen 1501, IV, 15, qu. 9, § C.

daß der Münzherr durch periodische Verschlechterung der Metallegierung der Münze (speziell der Silbermünze) seine Landeskinder immer wieder indirekt besteuern und vor allem die Geldbesitzer durch die Minderung nicht nur der Realvermögen, sondern auch der Geldbezüge (Rente, Grundzins, Darlehenszins und Erlöse von auf Kreditbasis getätigten Kaufgeschäften) empfindlich schädigen konnte. BIEL stellte fest, das Geld gehöre nicht einem allein, d. h. dem Herrscher, sondern allen Mitgliedern der staatlichen Gemeinschaft: „Denn die Münze ist ein Mittel, um die natürlichen Reichtümer auszutauschen und ist diesen gleichwertig. Deshalb kommt das Eigentum an Geld denjenigen zu, die die natürlichen Reichtümer innehaben. Denn wenn jemand sein Brot oder die Arbeit seines eigenen Körpers für Geld hergibt, dann ist dies Geld nach Empfang sein Eigentum, so wie das Brot und die Arbeit sein waren; und er hat freie Verfügungsgewalt darüber"[78].

Aus der Fixierung des Eigentumsrechts am Geld ergibt sich unmittelbar die Frage nach der Befugnis, den Geldwert oder das Verhältnis einer Münzsorte zur anderen festzulegen. Auch dieses Recht, meinte BIEL, komme grundsätzlich der Gemeinschaft zu, wobei die Instanz, die eine solche Entscheidung treffen solle, zwar meist aus den Vornehmsten (den „Magnaten") bestehe, im Grunde aber sämtliche Untertanen umfasse. Der Landesherr dürfe den Geldwert verändern, um unvorhergesehene Verteidigungsaufgaben zu bestreiten. Daneben könne auch eine Gemeinschaft durch Münzwertsenkung die Mittel aufbringen, um einen in Gefangenschaft geratenen Fürsten auszulösen. Dies alles diene dem Nutzen des Staates, demzuliebe eine vorübergehende Geldwertänderung erlaubt sei.

Zum Abschluß dieses Kapitels kann gesagt werden, daß die Entwicklung der vorbürgerlichen theoretischen Ökonomie im vollentfalteten Feudalismus unter den Bedingungen intensivierter Ware-Geld-Beziehungen seit ihrer Begründung durch ALBERT VON BOLLSTÄDT und THOMAS VON AQUINO vorangekommen war. Am Vorabend der ersten bürgerlichen Revolution hatte die feudale Theorie die naturalwirtschaftliche Betrachtung des Geldes überwunden, und sie war zu einer schärferen Unterscheidung zwischen dem Gebrauchswert und dem Tauschwert der Ware gelangt. Sie hatte die Probleme des Geldkapitals nun auch in die ökonomische Erörterung einbezogen, wie THOMAS VON AQUINO zuvor die ökonomische Darlegung auf die Fragen des Handelskapitals ausgeweitet hatte. Sie war schließlich dazu übergegangen, erste Gedanken über den Wert des Münzgeldes zu äußern.

Mit diesen Fortschritten hatte die feudale Theorie jedoch auch ihre Grenzen erreicht. Ihre grundsätzliche Annahme einer feudal reglementierten Wirtschaft war wohl von einzelnen Denkern in Zweifel gezogen, aber es war keinem Verteidiger der feudalen Produktionsweise möglich, eine neue Theorie auszuarbeiten, die von der freien Konkurrenz in den wirtschaftlichen Beziehungen ausgeht. Nur solche Denker, die vom Standpunkt der zunehmenden kapitalistischen Wirtschaftsverhältnisse außerhalb der feudalen Regelungen ausgingen, konnten die Einsicht gewinnen, daß bürgerliche Arbeit gleiche Arbeit ist, deren vermittelnde

[78] Ebenda.

Vergleichung über den Aufwand für standesgemäße Lebensführung nur der spezifischen Form feudal-bürgerlicher Arbeit geschuldet ist. Wem sich diese Einsicht verschloß, der konnte den Preis der Arbeitserzeugnisse nur auf die Preise der sachlichen und Arbeitsaufwendungen beziehen.

Die Erklärung des Preises aus dem Preis hatte zu der Annahme des Bedürfnisses oder Bedarfs als Maßeinheit geführt. Einer endgültigen begrifflichen Trennung zwischen Tauschwert- und Gebrauchswertvorstellungen hatten die Voraussetzungen gefehlt. Beide Vorstellungen lagen unter den Bedingungen feudaler Verhältnisse zu eng beieinander, weil Gebrauchswert und Tauschwert als über längere Zeit konstante Größen in der gesellschaftlichen Einschätzung der Ware betrachtet wurden. Da die Gebrauchswert-Tauschwert-Vorstellung mit dem reglementierten Bedarf verbunden war, wurde bei der Betrachtung der Austauscherscheinungen die Aufmerksamkeit mehr auf den Umstand der sozialen Regelung und weniger auf die objektiven Prozesse gelenkt, die dieser Regelung zugrunde liegen.

Die objektiven wirtschaftlichen Prozesse stellten jedoch nicht so sehr im Zirkulationsbereich der einfachen Warenwirtschaft ein Problem dar, sondern vor allem in den frühen Formen des Handels- und Geldkapitals, auf die daher stärker das theoretische Augenmerk konzentriert worden war. Aber gerade diese waren aus dem Gesichtswinkel der Tauschgerechtigkeit nicht wirklich zu begreifen. Indem die feudale Theorie sie in die ökonomische Erörterung einbezogen hatte, war sie an ihre Erkenntnisgrenzen gelangt. Die feudalen Denker hatten eine geistige Voraussetzung geschaffen, an die spätere Theoretiker, die von neuen Ansätzen ausgingen und die feudalen Schranken durchbrachen, anknüpfen konnten.

2. KAPITEL

Erste Ansätze zur Überwindung des feudalen ökonomischen Denkens (Anfang des 16. Jh.)

1. Die Kritik am Eigentum und die neuen Sozialvorstellungen

Im vorangegangenen Kapitel wurde gezeigt, bis zu welchem Grade die Erkenntnisse über die Ware und ihren Preis im Rahmen des feudalen ökonomischen Denkens vertieft werden konnten. Jeder weitere Fortschritt auf dem Weg zur Herausbildung der politischen Ökonomie hing nun vom Aufbrechen der sozialen Widersprüche im Feudalismus und von dessen Reflexion im ökonomischen Denken ab. Erst eine allgemeine Kritik an den ideologischen Grundlagen des feudalen ökonomischen Denkens schuf die geistigen Voraussetzungen für neue Denkansätze.

Eine solche Kritik wurde von den Gegnern des Feudalismus vorgetragen, die in ihrer Mehrheit zugleich auch die frühen Kapitalformen bekämpften. Die konsequentesten unter ihnen, die bereits proletarische Interessen antizipierten, gingen über die Kritik des Feudalismus sowie des Handels- und Geldkapitals hinaus und verwarfen das Privateigentum überhaupt.

Das vorliegende Kapitel deutet die Breite der antifeudalen Kritik an, die die ideologischen Positionen des feudalen ökonomischen Denkens untergrub. Es bringt damit zum Ausdruck, daß sowohl bürgerliche als auch bäuerliche und plebejische Denker zur Überwindung der feudal-ökonomischen Erkenntnisschranken beitrugen, obwohl die unmittelbar folgende Entwicklung zunächst nur zur *bürgerlichen* politischen Ökonomie führte. Über diese hinausweisende Ideen der antifeudalen Kritik fanden erst Jahrhunderte später, während der Vorbereitung des historischen Materialismus und der marxistischen politischen Ökonomie, ihre Ausformung und Fortentwicklung. Ihre Erfassung im vorliegenden Kapitel sprengt daher die Konzeption dieses Buches, das sich auf die Entwicklung zur politischen Ökonomie des Bürgertums konzentriert. Dennoch werden solche Ideen kurz dargestellt, um die ideologische Ausgangsposition für die Überwindung des feudalen ökonomischen Denkens und für die Herausbildung der bürgerlichen politischen Ökonomie verständlich zu machen.

Der soziale Hintergrund

FRIEDRICH ENGELS weist darauf hin, „wie sehr die Gold- und Silberproduktion Deutschlands (und Ungarns, dessen Edelmetall dem ganzen Westen via Deutschland vermittelt wurde) das letzte treibende Moment war, das Deutschland

1470–1530 ökonomisch an die Spitze Europas stellte und damit zum Mittelpunkt der ersten bürgerlichen Revolution, in religiöser Verkleidung der sog. Reformation, machte"[1]. Die frühkapitalistischen Wirtschaftsbedingungen für die „Revolution Nr. 1 der Bourgeoisie, worin Bauernkrieg die kritische Episode"[2] war, waren ein entscheidender Ausgangspunkt für die Überwindung der Erkenntnisschranken der vorbürgerlichen Ökonomie; denn wie die Revolutionen „Lokomotiven der Geschichte"[3] sind, so bringen auch die in revolutionären Situationen besonders intensiven geistigen Kämpfe die soziale Erfahrung und Erkenntnis beträchtlich voran. Die sozialen Auseinandersetzungen zu Beginn des 16. Jahrhunderts lösten eine bedeutende theoriegeschichtliche Entwicklung aus, deren Verständnis wesentlich dazu beiträgt, die spätere Herausbildung der politischen Ökonomie als einer selbständigen Wissenschaft und ihren weiteren Fortschritt tiefer zu erfassen. Diesem Umstand ist bisher viel zu wenig Aufmerksamkeit gewidmet worden.

Eine solche theoriegeschichtliche Betrachtung hat zudem einen aktuellen Bezug; denn in der gegenwärtigen ideologischen Auseinandersetzung richtet sie sich, obwohl sie auf relativ weit zurückliegende Vorgänge verweist, letztlich auch gegen bürgerliche Verfälschungen der wissenschaftlichen politischen Ökonomie und ihrer historischen Wurzeln. Mit der zunehmenden Erstarkung der sozialistischen Staatengemeinschaft und mit der wachsenden Offensive des Marxismus-Leninismus mehren sich die bürgerlichen Versuche, die sozialistische Ideologie und insbesondere auch die marxistische politische Ökonomie zu diskreditieren. Die Gegner des Marxismus-Leninismus bemühen sich unter anderem, dessen historische Verwurzelung zu entstellen und die Tatsache zu leugnen, daß er, der einerseits etwas grundsätzlich Neues in der Ideologiegeschichte, nämlich eine wissenschaftliche Grundlage für die Strategie des Proletariats zur revolutionären Beseitigung des Kapitalismus und zur Errichtung des Kommunismus ist, andererseits zugleich auch ein kritisches Endergebnis der gesamten vorangegangenen menschlichen Erkenntnis ist.

In diesem Kapitel soll dargestellt werden, welche Strecke das ökonomische Denken zur Zeit der frühbürgerlichen Revolution auf dem Weg zur wissenschaftlichen politischen Ökonomie zurücklegte, das heißt, wie tief tatsächlich die Wurzeln mancher heute gebräuchlichen Vorstellungen in den theoriegeschichtlichen Boden reichen. Es soll verdeutlicht werden, wie die Denker in den Anfängen der manufakturkapitalistischen Entwicklung das feudale ökonomische Denken zu überwinden begannen und einen ersten, entscheidenden Schritt zur Schaffung der ökonomischen Wissenschaft unternahmen. Die bedeutsame theoriegeschichtliche Phase der Umorientierung von dem bislang vorherrschenden

[1] Friedrich Engels, Brief an Karl Kautsky vom 15. 9. 1889, in: MEW, Bd. 37, Berlin 1967, S. 274.

[2] Friedrich Engels, Zum „Bauernkrieg", in: MEW, Bd. 21, Berlin 1962, S. 402.

[3] Karl Marx, Die Klassenkämpfe in Frankreich 1848 bis 1850, in: MEW, Bd. 7, Berlin 1960, S. 85.

feudalen Denken zur Begründung eines neuen, nichtfeudalen Denkens ist in diesem Kapitel natürlich nicht in ihrer ganzen Kompliziertheit zu behandeln. Deshalb wird vor allem hervorgehoben, wie in der Zeit der frühbürgerlichen Revolution die Kritik am Eigentum einsetzte, das Verständnis für die neuen wirtschaftlichen Erfordernisse und schließlich auch für das Wirken des Wertgesetzes wuchs.

Mit der Verschärfung der sozialen Widersprüche und der Einbeziehung immer breiterer Massen in die antifeudale Auseinandersetzung wuchs ein neues sozialökonomisches Denken, das auch die sozialen und wirtschaftlichen Ziele in der frühbürgerlichen Revolution, eine von feudaler Bevormundung und Fesselung freie Entwicklung der Produktion, zum Ausdruck brachte. Die Überwindung der Erkenntnisschranken der vorbürgerlichen theoretischen Ökonomie hat für die Geschichte der politischen Ökonomie grundsätzlich eine doppelte Bedeutung.

Erstens bildete das damalige ökonomische und darüber hinaus überhaupt das soziale Denken, wie sehr es auch noch in religiösen Vorstellungen befangen war, die ideologische Grundlage für die Herausbildung der bürgerlichen Wirtschaftstheorie und bestimmte im wesentlichen bis zur bürgerlichen Revolution in England von 1642 bis 1649 den Rahmen, in dem sich diese bürgerliche Theorie entwickelte. Indem es die feudalen Grenzen der bisherigen Wirtschafts- und Gesellschaftsvorstellungen überwand, konnte es die weiterhin gültigen Erkenntnisse der früheren Denker aufgreifen, vertiefen und einen Weg eröffnen, der schließlich im Verlauf von drei Jahrhunderten zu einer tiefschürfenden Analyse der bürgerlichen Gesellschaft führte.

Zweitens schufen damalige Denker im Keim schon Vorstellungen, die über die kapitalistische Produktionsweise hinauswiesen und deshalb nicht in die Entwicklung der bürgerlichen politischen Ökonomie einflossen. Über Jahrhunderte wachgehalten, gingen diese Vorstellungen zu Beginn des 19. Jahrhunderts in den utopischen Sozialismus ein, der zu einer Quelle des Marxismus wurde. Über die historische Grundlage für die kühne Antizipation sozialistischen Gedankenguts gibt ENGELS im „Anti-Dühring“ eine treffende Charakteristik, die an dieser Stelle auszugsweise anzuführen ist.

ENGELS schreibt: „In der Warenproduktion, wie sie sich im Mittelalter entwickelt hatte, konnte die Frage gar nicht entstehn, wem das Erzeugnis der Arbeit gehören solle. Der einzelne Produzent hatte es, in der Regel aus ihm gehörenden, oft selbst erzeugtem Rohstoff, mit eignen Arbeitsmitteln und mit eigner Handarbeit oder der seiner Familie hergestellt. Es brauchte gar nicht erst von ihm angeeignet zu werden, es gehörte ihm ganz von selbst. Das Eigentum der Produkte beruhte also *auf eigner Arbeit.* Selbst wo fremde Hülfe gebraucht ward, blieb diese in der Regel Nebensache und erhielt häufig außer dem Lohn noch andre Vergütung: der zünftige Lehrling und Geselle arbeiteten weniger wegen der Kost und des Lohns, als wegen ihrer eignen Ausbildung zur Meisterschaft. Da kam die Konzentration der Produktionsmittel in großen Werkstätten und Manufakturen, ihre Verwandlung in tatsächlich gesellschaftliche Produktionsmittel. Aber die gesellschaftlichen Produktionsmittel und Produkte wurden behandelt, als wären sie nach wie vor die Produktionsmittel und Produkte einzelner. Hatte bisher der Besitzer der Arbeitsmittel sich das Produkt angeeignet, weil es in der Regel sein eignes Produkt und fremde Hülfsarbeit die Ausnahme war, so fuhr jetzt der Besitzer der Arbeitsmittel fort, sich das Produkt anzueignen, obwohl es nicht mehr *sein* Produkt war, sondern ausschließlich Produkt *fremder Arbeit.* So wurden also die nunmehr gesellschaftlich erzeugten Produkte angeeignet nicht von denen, die die Produktionsmittel wirklich in Bewegung gesetzt und die Produkte wirklich erzeugt hatten, sondern vom *Kapitalisten.* Produktionsmittel und Produktion sind wesentlich gesellschaftlich geworden. Aber sie werden unterworfen einer Aneignungsform, die die Privatproduktion einzelner zur Voraussetzung hat, wobei also jeder sein eignes Produkt besitzt und zu Markte bringt. Die Produktionsweise wird dieser Aneignungsweise unterworfen, obwohl sie deren Voraussetzung aufhebt. In diesem Widerspruch, der der neuen Produktionsweise ihren kapitalistischen Charakter verleiht, *liegt die ganze Kollision der Gegenwart bereits im Keim.* Je mehr die neue Produktionsweise auf allen entscheidenden Produktionsfeldern und in allen ökonomisch entscheidenden Ländern zur Herrschaft kam und damit die Einzelproduktion bis auf unbedeutende Reste verdrängte, *desto greller mußte auch an den Tag treten die Unverträglichkeit von gesellschaftlicher Produktion und kapitalistischer Aneignung.*" In einer Fußnote ergänzt ENGELS: „. . . die Lohnarbeit, in der die ganze kapitalistische Produktionsweise bereits im Keim steckt, ist sehr alt; vereinzelt und zerstreut ging sie jahrhundertelang her neben der Sklaverei. Aber zur kapitalistischen Produktionsweise entfalten konnte sich der Keim erst, als die geschichtlichen Vorbedingungen hergestellt waren."[4]

Die Denker der frühbürgerlichen Revolution, die im wesentlichen den Feudalismus bekämpften bzw. zurückdrängen wollten, sahen bereits den Widerspruch der beginnenden manufakturkapitalistischen Entwicklung, in dem „die ganze Kollision der Gegenwart bereits im Keim" lag. Je nach ihrem sozialen Standort bezogen sie eine unterschiedliche Stellung gegen die frühkapitalistische Entwicklung. Die bürgerlichen Kräfte verurteilten meist das große Handelskapital, deren Vertreter mit dem Feudaladel liiert waren und die angesammelten Reichtümer vorrangig der unproduktiven feudalen Konsumtion, nicht aber der Entfaltung der Warenproduktion zugute kommen ließen. Die plebejischen Kräfte verurteilten dagegen das – feudale und kapitalistische – Privateigentum überhaupt.

Von grundlegender Bedeutung für die Weiterentwicklung des ökonomischen Denkens wurde die Überwindung der in den feudalen ökonomischen Abhandlungen vorherrschenden Auffassung von der ständisch geprägten, d. h. den feudalen Produktions-, Distributions-, Zirkulations- und Konsumtionsbedingungen untergeordneten Arbeit der einfachen Warenproduzenten. Die Überwindung wurde von jenen vorbereitet, die in ihren Schriften, Vorstellungen und Forde-

[4] Friedrich Engels, Herrn Eugen Dührings Umwälzung der Wissenschaft, in: MEW, Bd. 20, Berlin 1962, S. 251/252.

rungen die Interessen der Unterdrückten vertraten und bewußt an die Auffassung von der freien, nicht dem Sklavenbesitzer unterworfenen Arbeit aus der Zeit des Übergangs zum Feudalismus anknüpften. Diese Vorstellung von der Gleichheit der unmittelbaren Produzenten hatte noch keine feudalständische Ausprägung erfahren; sie erhielt nun eine antifeudale Stoßrichtung. So lag zum Beispiel den revolutionären Forderungen des JOHN BALL, eines Volkspredigers im englischen Bauernaufstand von 1381, eine solche Arbeitsauffassung zugrunde: „Ihr guten Leute, es wird in England nie gut werden, solange es keine Gütergemeinschaft und solange es leibeigene Bauern und Herren gibt . . . Wenn wir alle von demselben Vater und derselben Mutter, Adam und Eva, abstammen, wie können sie sagen oder beweisen, daß sie besser sind als wir, wenn nicht dadurch, daß sie uns mit unserer Arbeit verdienen lassen, was sie in ihrem Stolze ausgeben? Sie sind in Samt gekleidet und in warme Pelze und Hermeline gehüllt, während wir mit Lumpen bedeckt sind. Sie haben Wein und Gewürze und gutes Brot; und wir Haferkuchen, Stroh und Wasser. Sie haben freie Zeit und schöne Häuser; wir haben Mühe und Arbeit, sind den Unbilden der Witterung auf dem Felde ausgesetzt. Und doch verdanken diese Menschen uns und unserer Arbeit ihren Aufwand."[5]

Mit der Besinnung auf frühere Formen sozialer Auseinandersetzung gehorchte die frühbürgerliche Revolution dem Gesetz aller vorsozialistischen Revolutionen. Diesen historischen Zusammenhang hat MARX unübertroffen formuliert: „Die Menschen machen ihre eigene Geschichte, aber sie machen sie nicht aus freien Stücken, nicht unter selbstgewählten, sondern unter unmittelbar vorgefundenen, gegebenen und überlieferten Umständen. Die Tradition aller toten Geschlechter lastet wie ein Alp auf dem Gehirne der Lebendigen. Und wenn sie eben damit beschäftigt scheinen, sich und die Dinge umzuwälzen, noch nicht Dagewesenes zu schaffen, gerade in solchen Epochen revolutionärer Krise beschwören sie ängstlich die Geister der Vergangenheit zu ihrem Dienste herauf, entlehnen ihnen Namen, Schlachtparole, Kostüm, um in dieser altehrwürdigen Verkleidung und mit dieser erborgten Sprache die neue Weltgeschichtsszene aufzuführen. So maskierte sich Luther als Apostel Paulus . . . So übersetzt der Anfänger, der eine neue Sprache erlernt hat, sie immer zurück in seine Muttersprache, aber den Geist der neuen Sprache hat er sich nur angeeignet, und frei in ihr zu produzieren vermag er nur, sobald er sich ohne Rückerinnerung in ihr bewegt und die ihm angestammte Sprache in ihr vergißt."[6]

[5] Vgl. Lujo Brentano, Eine Geschichte der wirtschaftlichen Entwicklung Englands, Bd. 1, Jena 1927, S. 335.

[6] Karl Marx, Der achtzehnte Brumaire des Louis Bonaparte, in: MEW, Bd. 8, Berlin 1960, S. 115.

Die radikale Kritik am Feudalismus (THOMAS MÜNTZER)

Die antifeudale Ausrichtung der alten Auffassung von der Arbeit der unmittelbaren Produzenten fand schließlich im deutschen Bauernkrieg, nach MARX „die radikalste Tatsache der deutschen Geschichte“[7], ihre revolutionäre Äußerung.

„Es ist der allergrößte Greuel auf Erden, daß niemand der Bedürftigen Not sich annehmen will. Die Großen machen's wie sie wollen, wie Hiob 41 beschreibt“, stellt THOMAS MÜNTZER, der führende Ideologe der Volksreformation, fest.[8] In jener Zeit, die voll revolutionärer Ungeduld, aber auch nicht ohne den gefährlichen Glauben an die Einsicht und das Mitgefühl der Herrschenden für das Elend der Unterdrückten war, drang MÜNTZER als einer von wenigen zur Grundfrage der Revolution, zur Machtfrage, vor. „Dran, dran, dran, solange das Feuer heiß ist. Lasset euer Schwert nicht kalt werden, lasset [es] nicht lahm werden!“.[9] – so ruft er zum offenen Aufstand im Mansfelder Land auf.[10]

Diese radikale Haltung schlägt sich auch in den wenigen Passagen seiner politischen Schriften nieder, die ökonomische Fragen berühren. Im Gegensatz zu städtebürgerlichen Sprechern, die im Kampf gegen das ideologische Bollwerk des Feudalismus, die katholische Kirche, kühn die alte Gesellschaftsordnung erschütterten, aber die wirtschaftliche Grundfrage, die feudale Ausbeutung, umgingen und nur die Bereicherung der Kirche und der großen Kaufleute und Wucherer brandmarkten, fühlte MÜNTZER, daß die Ideologie eng mit wirtschaftlichen Verhältnissen verbunden ist. Zur wirklichen Befreiung von der feudalen Ideologie gehöre auch die Befreiung von der feudalen Ausbeutung, deutet er in der religiösen Ausdrucksweise seiner Zeit an. Es kann, sagt er, „vor dem Wucher, der Abgabe und dem Zinsen [nehmen] niemand zum [rechten] Glauben kommen. Je länger der Schade der Welt [d. h. die Herrschaft der Gottlosen] dauert, um so breiter und weiter wird er, so daß dem menschlichen Glauben auch der Weg verschlossen ist ...“[11] Darum genüge die Kritik an den Kaufleuten nicht. Man solle die „Fürsten auch an der Nase ziehen, sie haben's wohl viel mehr als vielleicht die andern verdient. Was ermäßigen sie ihre Zinsen und Schinderei usw.?“[12]

[7] Karl Marx, Zur Kritik der Hegelschen Rechtsphilosophie, in: MEW, Bd. 1, Berlin 1956, S. 386.

[8] Thomas Müntzer, Hochverursachte Schutzrede (nach dem Druck von Nürnberg 1524), in: Thomas Müntzer, Politische Schriften, Manifeste, Briefe 1524/25, Leipzig 1973, S. 148. Hier und im folgenden werden die Zitate aus dem 16. Jahrhundert dem heutigen Sprachgebrauch angepaßt.

[9] Thomas Müntzer an den Allstedter Bund. Mühlhausen 1525, in: ebenda, S. 528.

[10] Vgl. auch Günther Rudolph, Thomas Müntzers sozialökonomische Konzeption und das Traditionsbewußtsein der sozialistischen Arbeiterbewegung, in: Deutsche Zeitschrift für Philosophie, 4/1975, S. 558–569.

[11] Thomas Müntzer, Ausgedrückte Entblößung des falschen Glaubens (nach dem Druck von Nürnberg 1524), in: ebenda, S. 121.

Die Grundursache aller kleinen und großen einschließlich der frühkapitalistischen Bereicherung liege in der feudalen Ausbeutung und – so läßt sich folgende Stelle deuten – überhaupt im Eigentum weniger und der Eigentumslosigkeit der Mehrheit der Menschen. „Sieh zu, die Grundsuppe [d. h. Grundursache] des Wuchers, der Dieberei und Räuberei sind unsere Herrn und Fürsten, [sie] nehmen alle Kreaturen zum Eigentum. Die Fische im Wasser, die Vögel in der Luft, das Gewächs auf Erden muß alles ihr [Eigentum] sein (Jes. 5,8). Darüber lassen sie dann Gottes Gebot ausgehen unter die Armen und sprechen: 'Gott hat geboten, du sollst nicht stehlen.' Es dienet ihnen aber nichts. So nötigen sie nun alle Menschen, den armen Ackermann, Handwerksmann, und schinden und plagen alles, das da lebet (Micha 3,2f), sowie er sich dann vergreift am allergeringsten, so muß er hängen ... Die Herren machen das selber, daß ihnen der arme Mann feind wird. Die Ursache des Aufruhrs wollen sie nicht beseitigen, wie kann es auf die Dauer gut werden? So ich das sage, muß ich aufrührerisch sein, wohlan!"[13] MÜNTZER fordert, „daß die Gewalt soll gegeben werden dem gemeinen Volk"[14]. „Das Volk wird frei werden, und Gott will allein der Herr darüber sein."[15]

Den biblischen Deckmantel für seine erzketzerischen Gedanken, schreibt ENGELS, nahm MÜNTZER nicht so ernst. „Seine politische Doktrin schloß sich genau an diese revolutionäre religiöse Anschauungsweise an und griff ebensoweit über die unmittelbar vorliegenden gesellschaftlichen und politischen Verhältnisse hinaus wie seine Theologie über die geltenden Vorstellungen seiner Zeit. Wie Münzers Religionsphilosophie an den Atheismus, so streifte sein politisches Programm an den Kommunismus ... Dies Programm, weniger die Zusammenfassung der Forderungen der damaligen Plebejer als die geniale Antizipation der Emanzipationsbedingungen der kaum sich entwickelnden proletarischen Elemente unter diesen Plebejern – dies Programm forderte die sofortige Herstellung des Reiches Gottes, des prophezeiten Tausendjährigen Reichs auf Erden, durch Zurückführung der Kirche auf ihren Ursprung und Beseitigung aller Institutionen, die mit dieser angeblich urchristlichen, in Wirklichkeit aber sehr neuen Kirche in Widerspruch standen. Unter dem Reich Gottes verstand Münzer aber nichts anderes als einen Gesellschaftszustand, in dem keine Klassenunterschiede, kein Privateigentum und keine den Gesellschaftsmitgliedern gegenüber selbständige, fremde Staatsgewalt mehr bestehen. Sämtliche bestehende Gewalten, sofern sie nicht sich fügen und der Revolution anschließen wollten, sollten gestürzt, alle Arbeiten und alle Güter gemeinsam und die vollständigste Gleichheit durchgeführt werden. Ein Bund sollte gestiftet werden, um dies durchzusetzen, nicht

[12] Thomas Müntzer, Hochverursachte Schutzrede, in: ebenda, S. 156.

[13] Ebenda, S. 149.

[14] Thomas Müntzer an die Gemeinde zu Eisenach. Mühlhausen Mai 1525, in: ebenda, S. 260.

[15] Thomas Müntzer, Hochverursachte Schutzrede, in: ebenda, S. 162.

nur über ganz Deutschland, sondern über die ganze Christenheit; Fürsten und Herren sollten eingeladen werden, sich anzuschließen; wo nicht, sollte der Bund sie bei der ersten Gelegenheit mit den Waffen in der Hand stürzen oder töten."[16]

Die neuen Sozialvorstellungen der radikalen Kritiker (Michel Gaismair, Hans Hergot)

Innerhalb der radikalen Richtung wurde die alte Forderung der unmittelbaren Produzenten nach einem gerechten Preis für ihre Waren zu einer fester umrissenen Vorstellung von einer sozialen Garantie für die Durchsetzung eines solchen Preises ausgestaltet. Diese Vorstellung hat noch Berührungspunkte mit feudalen Auffassungen, weil auch sie eine soziale Regelung vorsieht. Der grundlegende Unterschied zwischen feudaler und plebejisch-bäuerlicher Forderung besteht jedoch darin, daß der Handelsgewinn als Aufwand für standesgemäße Lebensführung ausdrücklich nicht unter die Kosten gerechnet wird und diese also tatsächlich als Produktionskosten verstanden werden. So schreibt der Tiroler Revolutionär Michel Gaismair: „Es soll im Land niemand Kaufmannschaft treiben, auf daß sich mit der Sünd des Wuchers niemand befleck. Aber damit in solchem [Herstellen und Austauschen der Waren] nicht Mangel erschein und gut Ordnung gehalten werd, auch niemand überschätzt und betrogen, sondern alle Ding in einem rechten Kauf[preis] und guter War[enqualität] gefunden werden mögen, so soll anfänglich ein Ort im Land angenommen werden . . ., dahin man alle Handwerk einrichten und vom Land verlegen solle, um seiden Tuch, Hüte, Messingzeug, Samt, Schuhe und anderes zu machen, und [es] soll etwa ein Generalamtmann, der alle Ding verrechnet, darüber gesetzt werden; und was im Land, wie Gewürz und anderes, nicht erlangt werden kann, das soll außerhalb bestellt werden. Darauf [sollen] an etlichen Orten der Gelegenheit nach im Land Laden gehalten [werden], in denen allerlei angeboten wird, und [man] soll auf nichts einen Gewinn aufschlagen, sondern allen die Kosten, die dabei entstehen, berücksichtigen; damit würde aller Betrug und Falsch verhütet werden, und man könnte alle Ding im rechten Wert haben, und das Geld bleibt im Land und käme dem gemeinen Mann zu gar großem Nutzen. Diesem Amtmann über den Handel und seinen Dienern gebe man bestimmte Besoldung."[17]

Die Niederlage des Bauernkrieges rief nicht nur die grausame Verfolgung der Revolutionäre und Resignation in einigen bürgerlichen Kreisen hervor. Radikale Theoretiker überprüften die Erfahrungen der revolutionären Kämpfe und wendeten sich gegen jene, die die Ursachen für die Erhebungen nicht in den Widersprüchen der feudalen Produktionsweise, sondern im Aufbegehren der Bauern

[16] Friedrich Engels, Der deutsche Bauernkrieg, in: MEW, Bd. 7, Berlin 1960, S. 353/354.
[17] Michel Gaismairs Tiroler Landesordnung, in: Flugschriften der Bauernkriegszeit, Berlin 1975, S. 142.

suchten. So stellt der Nürnberger Buchdrucker HANS HERGOT fest, daß nur Blinde meinten, der Mord an den Aufständischen würde die Lage ändern. Im Gleichnis gesehen, sagt er, gebe es in der Welt drei Tische, der erste biete Überfluß, der zweite genüge den normalen Ansprüchen, der dritte sei nur ganz notdürftig gedeckt. „Da sind die von dem überflüssigen Tisch gekommen und wollten von dem wenigeren Tische das Brot nehmen. Hieraus erhebt sich der Kampf, und [es wird geschehen,] daß Gott den überflüssigen Tisch und den geringen Tisch umstoßen wird und den mittleren Tisch bestätigen wird."[18] Die Beseitigung des Gegensatzes von Arm und Reich müsse zu einer Gesellschaft mit gemeinschaftlichem Eigentum führen. „Und es werden die Leute alle arbeiten, ein jeder, wozu er geschickt ist und was er kann, und alle Ding werden in gemeinen Gebrauch kommen, so daß es keiner besser haben wird als der andere."[19] Aus der gemeinschaftlichen Produktion ergebe sich auch ein gerechter Austausch. „Sie werden um Gottes Willen den allgemeinen Nutzen vor den eigenen stellen. Sie werden ein Kleid tragen, wie sie das auf der Flur erzeugen können, weiß, grau, schwarz, blau. Und was man auf der Flur erzeugen kann, wird ihr Speis und Trank sein. Alles, das da liegt in der Flur, wird ihr [Eigentum] sein, wie Holz, Wasser und anderes, [es] wird zu gemeinem Gebrauch kommen. Wer dann was erzeuget hat auf seiner Flur, der wird dasselbe einem andern überlassen für andere Ware."[20]

Viele Denker aus der Zeit der frühbürgerlichen Revolution gingen auf die frühchristlichen Gemeinden zurück, die sie idealisierten. Die Auffassung der Kirchenväter vom Gemeineigentum wurde der Ausgangspunkt der bedeutendsten revolutionären Losung für die große Klassenauseinandersetzung. Aber sie blieb nur der ideologische Ausgangspunkt, denn die frühbürgerliche Revolution vollzog sich auf einer höheren Ebene der sozialen Beziehungen und der menschlichen Produktivkräfte als der Übergang zum Feudalismus ein Jahrtausend zuvor.

Die Tiefe der Krise, der Entwicklungsstand der wirtschaftlichen Verhältnisse und der Reifegrad der ersten großen Revolution des europäischen Bürgertums bewirkten, daß sich die utopische Vorstellungswelt der arbeitenden Menschen auf ein neues Niveau erhob. An die Stelle der bisherigen prophetisch-utopischen Zukunftsbilder, die vor allem aus dem Religiösen gespeist wurden und durch ein relativ gering entwickeltes ökonomisches Denken untermauert waren, trat um die Wende vom 15. zum 16. Jahrhundert in zunehmendem Maße ein sozialutopisches Denken, das ein bis in Einzelheiten durchdachtes Modell für ein soziales Zusammenleben ohne Ausbeutung der Mehrheit der Produzenten durch eine Klasse von Nichtproduzenten entwarf.

Die Warenproduktion zu Beginn des 16. Jahrhunderts stellte in einigen europäischen Zentren die bisher höchste Entfaltung der menschlichen Arbeit dar.

[18] Hans Hergot, Von der neuen Wandlung eines christlichen Lebens (1526/27), in: ebenda, S. 557.

[19] Ebenda, S. 548.

[20] Ebenda, S. 549.

Ausgehend von der Feststellung, daß die menschliche Arbeit der Schöpfer allen Reichtums ist, eröffneten sich einerseits dem Selbstbewußtsein der arbeitenden Menschen Denkmöglichkeiten, die in ihrer perspektivischen Ausgestaltung weit über die Grenzen der bürgerlichen gesellschaftlichen Verhältnisse hinausweisen. Der einsetzende Prozeß der ursprünglichen Akkumulation machte aber andererseits deutlich, daß jede auf Privateigentum an Produktionsmitteln beruhende Ordnung die Entfaltung des arbeitenden Menschen behindern mußte. Die Zerstörung vor allem der kleinbürgerlichen Existenzgrundlagen durch die frühkapitalistische Entwicklung führte dazu, daß die kritischen Denker Grenzen der bürgerlichen Eigentumsordnung erkannten und deshalb bewußt die Beseitigung dieser Ordnung forderten.

Das Verlangen nach einer auf Gemeineigentum begründeten Gesellschaftsordnung war noch nicht zu verwirklichen, weil die kapitalistischen Produktionsverhältnisse den Produktivkräften größere Entwicklungsmöglichkeiten boten. Allerdings rückte diese Seite des Kapitalismus noch nicht so sehr ins Blickfeld, dagegen beunruhigte schon das unermeßliche Elend verarmter und davongejagter kleiner Produzenten das Gewissen progressiver Denker.

Da das Produktivitätsniveau der handwerksmäßigen Arbeitsteilung durch die kapitalistische Ausbeutung nicht sprunghaft erhöht wurde, konnten die frühen Sozialisten das Utopische ihres Vorhabens, dessen fehlende Chance für eine reale Alternative zur kapitalistischen Produktionsweise in der damaligen Zeit, nicht erkennen. Sie meinten es mit ihren Vorschlägen durchaus ernst und wurden bestärkt durch die Nachrichten aus den entdeckten überseeischen Ländern. So hatte Amerigo Vespucci schon 1501 von der neuen Welt berichtet, in der die Menschen kein Privateigentum kennen und alles gemeinsam haben. Der italienische Historiker Peter Martyr d' Anghierra hatte diesen Zustand ohne den Fluch des Geldes gepriesen. Die aufgeklärtesten Spanier, die als erste nach Peru gekommen waren, hatten einen tiefen Eindruck von dem vorgefundenen Überfluß und Wohlstand gewonnen.

Wenn die utopischen Sozialisten die schon von der Antike bekannte Form des Reiseberichts übernahmen und in der Erzählung eines Seefahrers eine Gesellschaftsordnung ohne Privateigentum schilderten, so rechneten sie wohl mit dem Leserinteresse für Exotisches; aber sie knüpften auch an reale Verhältnisse an, die ohne Geld und kapitalistische Ausbeutung die Gesellschaft mit dem Notwendigen versorgten.

Die konsequente Annahme des gesellschaftlichen Eigentums an Produktionsmitteln bestimmt das Wesen des utopischen Sozialismus. Im Unterschied zu allen bisherigen sozialutopischen Vorstellungen der Antike und des frühen Christentums wurde nicht die gerechte Verteilung, sondern die gemeinsame, freie Arbeit in einer auf Gemeineigentum beruhenden Gesellschaftsordnung als grundlegende Voraussetzung für ein besseres und gerechteres menschliches Zusammenleben erkannt. Da alle arbeiten, meinen die utopischen Sozialisten, falle der Zwang fort, die Müßigen zu ernähren. Deshalb müsse sich die Versorgung aller so verbessern, daß bei vernunftgemäßer Lebensweise ein Überfluß an Konsumgütern bestehe. Die Möglichkeit, die Arbeitszeit auf wenige Stunden am Tag zu beschränken, schaffe die Bedingungen für eine Entfaltung der menschlichen Fähigkeiten. Die utopischen Sozialisten erkannten damit wichtige Grundprinzipien für den Aufbau des Kommunismus.

Die damalige Arbeitsauffassung bestimmt auch die Grenzen dieses utopischen Sozialismus. Wie die handwerksmäßige Produktion über Jahrtausende und während einiger Gesellschaftsordnungen kaum eine Entwicklung kennt, so daß das historische Davor und Danach aus dem Blickfeld entschwindet, so muß auch die Sozialutopie in doppelter Hinsicht entwicklungslos sein.

Erstens ist sie ein statisches Ideal, in dem sich der absolute Glückszustand der Menschen vollendet hat, wenn die Gesellschaftsmitglieder die wahren Prinzipien des menschlichen Zusammenlebens erkannt haben. Die zunehmende Erleichterung und Verkürzung der Arbeit durch Erfindungen und Verbesserungen führen nach Ansicht der utopischen Sozialisten wohl zu einer stetigen Hebung des Versorgungsniveaus, aber soziale Entwicklungsgesetze können zu jener Zeit noch nicht formuliert werden.

Zweitens ist die Sozialutopie ein aus der Einsicht in die Fehlerhaftigkeit aller bisherigen Ausbeutungsordnungen gewonnenes Ideal, zu dem allerdings keine objektive Gesetzmäßigkeit hinführt. Es kann eigentlich nur als kleines Gemeinwesen von einsichtigen Kolonisten verwirklicht werden. Das Ideal wendet sich an keine besondere soziale Klasse, die aus ihrer Interessenlage heraus zu seiner Verwirklichung gezwungen wäre. Trotz vieler historisch bedeutsamer Versuche, Gemeinschaften ohne Privateigentum einzurichten, fehlt ihm die massenmobilisierende Triebkraft für die Umgestaltung einer ganzen Gesellschaft.

Diese Wesenszüge charakterisieren alle progressiven Sozialutopien vor dem Entstehen des wissenschaftlichen Sozialismus. Der utopische Sozialismus des frühen Industriekapitalismus drei Jahrhunderte danach, der die Entwicklung progressiver vormarxistischer sozialistischer Theorien abschließt, konnte wohl dank der Erfahrungen aus dem Übergang zur Maschinenproduktion tiefere Einsichten in den Arbeitsprozeß formulieren; in seinem Wesen blieb er aber eine Weiterführung des großartigen utopischen Sozialismus von Thomas More (Morus), Thomas Campanella und seiner Wegbereiter aus dem plebejischen und humanistischen Lager während der Zeit der frühbürgerlichen Revolution.

Zu diesen Wegbereitern und Vorläufern des frühen utopischen Sozialismus gehörte auch der überaus einflußreiche deutsch-niederländische Humanist Erasmus von Rotterdam, den eine enge Freundschaft mit dem acht Jahre jüngeren Thomas More verband und der, obwohl nicht selbst ausgesprochener Verfechter einer utopisch-sozialistischen Konzeption, wirksame Anregungen in dieser Richtung vermittelte. Wegen seiner unabhängig-kritischen Haltung sowohl von protestantischer wie auch von katholischer Seite attackiert (seine Schriften wurden vom Tridentiner Konzil 1546 sogar auf den „Index der verbotenen Bücher" gesetzt), erhielt er Zustimmung aus den Kreisen der Wiedertäufer und von SEBASTIAN FRANCK, denen die frühe christliche Unterströmung besonders in den erasmischen Friedensideen und in der Eigentumslehre willkommene Anknüpfungspunkte bot.[21]

Die geschlossenste und ausführlichste Darlegung seiner sozialökonomischen Ansichten gab ERASMUS in seiner „Institutio Principis Christiani". Sie erschien fast gleichzeitig mit der „Utopia" des THOMAS MORE im März 1516 in Basel, ein Jahr vor LUTHERs Thesenanschlag, 16 Jahre vor MACHIAVELLIs Traktat „Il Principe".

Die 'Institutio Principis Christiani', der äußeren Form nach ein KARL DEM FÜNFTEN gewidmeter Fürstenspiegel, war ihrem wesentlichen Inhalt nach eine naturrechtliche Staats- und Gesellschaftsutopie mit für diese Zeit bemerkenswerten sozialen und eigentumskritischen Zielvorstellungen: Daß „die Natur alle Menschen frei geboren hat und die Dienstbarkeit und *Leibeigenschaft* wider die Natur aufgebracht und eingeführt"[22] wurde, war einer der grundlegenden antifeudalen Kernsätze dieser Schrift. Die Sprengkraft solcher unmittelbar gegen ein primäres feudales Produktionsverhältnis gerichteten naturrechtlichen Argumentation kann daraus ermessen werden, daß noch 250 Jahre später in der ideologischen Vorbereitung der Französischen Revolution JEAN JACQUES ROUSSEAU fast gleichlautende Formulierungen prägte.[23]

Diese naturrechtlich motivierte Kritik an der Leibeigenschaft verband ERASMUS einerseits mit einer Verurteilung fürstlicher Machtausübung (der Fürst als Räuber), anderseits mit einer Kritik spätfeudaler und frühbürgerlicher Müßiggängerei und einem Lob der werteschaffenden Arbeit der Handwerker und Bauern. Er trat hierbei für progressive Besteuerung zuungunsten der Reichen und für Gesetze gegen den Mißbrauch des Eigentums durch diese Reichen ein. Seine Kritik am Eigentumsbegriff des römischen Rechts, welches gerade in dieser Zeit eine umfassende Rezeption zum spätfeudalen und frühbürgerlichen Gebrauch erlebte, verdichtete sich zu scharfen sozialen Anklagen einerseits und zu allerdings vereinzelt bleibenden Aussagen über die Höherwertigkeit gemeinschaftlicher Eigentumsformen andererseits. Er proklamierte ferner eine Art Klassenjustiz zugunsten des Volkes und zuungunsten des Reichen und ein staatlich verbürgtes Recht auf Arbeit für die Bürger seines Vernunftstaates.

ERASMUS war schließlich – wie der ihm eng verbundene THOMAS MORE in seiner „Utopia" – alles andere als ein Lobredner der Repräsentanten des sich entwickelnden Kaufmannskapitals. Auch die Schicht der Kaufleute, diese personifizierte Frühform des Kapitals, wurde von ihm zusammen mit den feudalen Müßiggängern aufs schärfste verurteilt: Er zählte sie in den „Institutiones

21 Vgl. R. Kommiß, Sebastian Franck und Erasmus von Rotterdam, Diss. Berlin 1934, S. 18ff.

22 Institutio Principis Christiani, deutsch von Georg Spalatin, Augsburg 1521, Fol. Ka.

23 Der erste Satz des ersten Kapitels im „Gesellschaftsvertrag" lautet: „Der Mensch ist von Natur aus frei, und doch überall in Ketten." (Jean Jacques Rousseau, Der Gesellschaftsvertrag, hg. von F. Roepke, Rudolstadt o. J., S. 11).

Principis Christiani" zu den unerwünschten, da müßiggehenden Personen seines Vernunftsstaates. Im „Lob der Torheit" kam er bei der Geißelung der verschiedenen Gesellschaftsschichten im Hinblick auf die Kaufleute zu dem vernichtenden Ergebnis, daß sie „die Törichsten und Verächtlichsten von allen" seien. „Gibt es doch nichts niedrigeres als ihren Beruf, den sie dazu noch auf gemeine Weise ausüben; denn in der Regel sind sie Lügner, Meineidige, Diebe, Betrüger und Schwindler". Erasmus akzentuierte das „unrecht erworbene Geld" dieser „ehrlosen Reichen".[24] Kaufmann sein, hieß ihm skrupellos sein: „Gedenkt ein Kaufmann sich Reichtümer zu erwerben, wird er da wohl große Geschäfte machen können, wenn er sich nach den Vorschriften der Weisheit vor dem Meineide scheut, wenn er bei einer Lüge errötet, wenn er alle jene ängstlichen Bedenken der Philosophen wegen Diebstahl und Wucher auch nur im geringsten achtet?"[25] Erasmus stellte die auf den Diebstahl einer Münze gesetzte Todesstrafe der Straflosigkeit der durch Zinsen und Monopole bewirkten Aneignungspraxis gegenüber: „Wer eine Münze wegnimmt, wird gehängt, wer aber öffentlich Gelder unterschlägt, wer mit Monopolen, Zinsen und tausend Künsten und Schlichen so viele hintergeht, gilt als hochgestellt."[26]

Die bürgerlichen Dogmenhistoriker der Ökonomie pflegen diesen für sie suspekten und unerklärbaren frühbürgerlichen „Antikapitalismus" der Humanisten dadurch abzuwerten, daß sie ihn als Restbestand scholastischen Denkens qualifizieren, als angebliche Verhaftung im traditionellen Denken des „Mittelalters" im Gegensatz zur nunmehr angebrochenen „Neuzeit", oder auch dadurch, daß sie die Humanisten in dieser Hinsicht einfach für unmündig erklären: „Nur wenige Humanisten", heißt es z. B. bei Mombert, „verstehen die volkswirtschaftlich wichtige Bedeutung des Handels und seiner neuen Organisationsformen zu würdigen."[27]

Die marxistische Theoriegeschichtsschreibung hingegen wird in dieser scharfen Kritik an Kaufmannschaft und Kaufmannskapital von seiten des Humanismus nicht eine Verhaftung im Alten, sondern einen Vorgriff auf Künftiges sehen, sie also auf den aufkeimenden utopischen Sozialismus dieser Zeitenwende beziehen, gleichsam als Vorform und Nährboden expliziter utopisch-sozialistischer Konzeptionen, wie sie in chiliastisch-plebejischer Form bei Thomas Müntzer und seinesgleichen, in mehr rationaler frühbürgerlicher Form bei Thomas More und anderen in Erscheinung traten. Auch für diesen Aspekt der erasmischen Wirksamkeit gilt das innerhalb der marxistischen Gesellschaftswissenschaft von Claus Träger formulierte Gesamturteil: „Erasmus focht in der ersten Reihe im historischen Kampf um die menschliche Souveränität, Thomas Müntzer darin

24 Erasmus von Rotterdam, Lob der Torheit, hg. von Claus Träger, Leipzig 1961, S. 88.

25 Ebenda.

26 Erasmus von Rotterdam, Das Fischgericht, in: Erasmus von Rotterdam, Auswahl seiner Schriften, hg. von Anton Gail, Düsseldorf 1948, S. 406.

27 Paul Mombert, Geschichte der Nationalökonomie, Jena 1927, S. 89.

verwandter als Luther, ohne es zu wollen". Sein Werk hat „einen gesicherten Platz in der Befreiungsgeschichte der Menschheit".[28]

Obwohl der utopische Sozialismus als solcher in einer Geschichte des sozialen Denkens abzuhandeln wäre, wird hier auf seine ökonomischen Vorstellungen eingegangen, weil sie *erstens* zur Überwindung der Erkenntnisschranken des feudalen ökonomischen Denkens auch in Deutschland beitrugen und *zweitens* in ihrer entschiedenen Kritik des Privateigentums Ideen der späteren politischen Ökonomie des Sozialismus/Kommunismus vorwegnahmen.

Die Begründung des utopischen Sozialismus (Thomas More)

Das philosophisch, ökonomisch und literarisch bedeutsamste Dokument des utopischen Sozialismus aus der Zeit der frühbürgerlichen Revolution entstammt der Feder des englischen Humanisten Thomas More (Morus). Sein Werk „Ein wahrhaft goldenes und ebenso heilsames wie erheiterndes Büchlein über den besten Staatszustand und über die neue Insel Utopia" (veröffentlicht 1516 in Leuwen) gehört zu den Betrachtungen von Rang in der Geschichte des sozialen Denkens.

Über den sozialökonomischen Hintergrund für Mores Gesellschaftskritik schreibt Marx: „Das Vorspiel der Umwälzung, welche die Grundlage der kapitalistischen Produktionsweise schuf, ereignet sich im letzten Drittel des 15. und den ersten Dezennien des 16. Jahrhunderts. Eine Masse vogelfreier Proletarier ward auf den Arbeitsmarkt geschleudert durch die Auflösung der feudalen Gefolgschaften, die, wie Sir James Steuart richtig bemerkt, ‘überall nutzlos Haus und Hof füllten’. Obgleich die königliche Macht, selbst ein Produkt der bürgerlichen Entwicklung, in ihrem Streben nach absoluter Souveränität die Auflösung dieser Gefolgschaften gewaltsam beschleunigte, war sie keineswegs deren einzige Ursache. Vielmehr im trotzigsten Gegensatz zu Königtum und Parlament, schuf der große Feudalherr ein ungleich größeres Proletariat durch gewaltsame Verjagung der Bauernschaft von dem Grund und Boden, worauf sie denselben feudalen Rechtstitel besaß wie er selbst, und durch Usurpation ihres Gemeindelandes. Den unmittelbaren Anstoß dazu gab in England namentlich das Aufblühn der flandrischen Wollmanufaktur und das entsprechende Steigen der Wollpreise. Den alten Feudaladel hatten die großen Feudalkriege verschlungen, der neue war ein Kind seiner Zeit, für welche Geld die Macht aller Mächte. Verwandlung von Ackerland in Schafweide ward also sein Losungswort . . . Die Wohnungen der Bauern und die Cottages der Arbeiter wurden gewaltsam niedergerissen oder dem Verfall geweiht." Die Klagen alter Chroniken seien immer übertrieben, schreibt Marx, „aber sie zeichnen genau den Eindruck der Revolution in den Produktions-

[28] Vgl. Erasmus von Rotterdam, Lob der Torheit, hg. von Claus Träger, Leipzig 1961, S. 7 und 14; vgl. auch Günter Rudolph, Die sozialökonomischen Anschauungen des Erasmus von Rotterdam, in: Deutsche Zeitschrift für Philosophie, H. 9/1969, S. 1076 bis 1092.

verhältnissen auf die Zeitgenossen selbst. Ein Vergleich zwischen den Schriften der Kanzler Fortescue und Thomas Morus veranschaulicht die Kluft zwischen dem 15. und 16. Jahrhundert. Aus ihrem goldnen Zeitalter, wie Thornton richtig sagt, stürzte die englische Arbeiterklasse ohne alle Zwischenübergänge in das eiserne."[29]

Ein literarisches Ergebnis dieses Sturzes ist MOREs Schrift über das gesellschaftliche Leben auf der Insel Utopia („Nirgendwo"), die dem utopischen Sozialismus seinen Namen gab. MORE entwirft durchaus kein idyllisches Bild. Der Vorschlag für eine bessere Gesellschaftsordnung ist für ihn die Konsequenz aus seiner Kritik am Feudalismus und an der frühkapitalistischen Entwicklung. Er verurteilt die feudale Aneignung und Verwendung des Mehrprodukts. Das Interesse der Feudalherrn, stellt er fest, stimme nicht mit den Erfordernissen der Produktion und der Produzenten überein. „Selber müßig, leben sie wie die Drohnen von der Arbeit anderer, nämlich von der der Bauern auf ihren Gütern, die sie bis aufs Blut aussaugen, um ihre persönlichen Einkünfte zu erhöhen. Das ist nämlich die einzige Art von Wirtschaftlichkeit, die jene Menschen kennen; im übrigen sind sie Verschwender, und sollten sie auch bettelarm dadurch werden. Außerdem aber scharen sie einen gewaltigen Schwarm von Tagedieben um sich, die niemals ein Handwerk gelernt haben, mit dem sie sich ihr Brot verdienen könnten."[30]

Besonders beeindruckend ist die Darstellung der ursprünglichen Akkumulation, die auf dem Lande vor allem in Gestalt der Einhegungen vor sich ging und die Existenzgrundlage für viele Bauern zerstörte. Zu einem Kardinal spricht der Verfasser über dessen Schafe: „Sie, die gewöhnlich so zahm und genügsam sind, sollen jetzt so gefräßig und wild geworden sein, daß sie sogar Menschen verschlingen sowie Felder, Häuser und Städte verwüsten und entvölkern. In all den Gegenden eures Reiches nämlich, wo die feinere und deshalb teurere Wolle gewonnen wird, genügen dem Adel und den Edelleuten und sogar bisweilen Äbten, heiligen Männern, die jährlichen Einkünfte und Erträgnisse nicht mehr, die ihre Vorgänger aus ihren Gütern erzielten. Nicht zufrieden damit, daß sie mit ihrem faulen und üppigen Leben der Allgemeinheit nichts nützen, sondern eher schaden, lassen sie kein Ackerland übrig, zäunen alles als Viehweiden ein, reißen die Häuser nieder, zerstören die Städte, lassen nur die Kirchen als Schafställe stehen und, gerade als ob bei euch die Wildgehege und Parkanlagen nicht schon genug Grund und Boden der Nutzbarmachung entzögen, verwandeln diese braven Leute alle bewohnten Plätze und alles sonst irgendwo angebaute Land in Einöden."[31]

Damit ein einziger Verschwender einige tausend Morgen zusammenhängenden Ackerlandes mit einem einzigen Zaun umgeben könne, stellt MORE fest, vertreibe man die Pächter von Haus und Hof. „Entweder umgarnt man sie durch Lug und Trug oder überwältigt sie mit Gewalt; man plündert sie aus oder treibt sie, durch

[29] Karl Marx, Das Kapital, Erster Band, in: MEW, Bd. 23, Berlin 1962, S. 745/746.
[30] Thomas Morus, Utopia, Leipzig 1974, S. 20.
[31] Ebenda, S. 23.

Gewalttätigkeiten bis zur Erschöpfung gequält, zum Verkauf ihrer Habe. So oder so wandern die Unglücklichen aus, Männer und Weiber, Ehemänner und Ehefrauen, Waisen, Witwen, Eltern mit kleinen Kindern oder mit einer Familie, weniger reich an Besitz als an Zahl der Personen, wie ja die Landwirtschaft vieler Hände bedarf."[32]

Von einer solchen dem einfachen Menschen feindlichen Ordnung erwartet MORE keine Besserung der sozialen Zustände. Er spricht es offen aus: „. . . überall, wo es noch Privateigentum gibt, wo alle an alles das Geld als Maßstab anlegen, wird kaum jemals eine gerechte und glückliche Politik möglich sein, es sei denn, man will dort von Gerechtigkeit sprechen, wo gerade das Beste immer den Schlechtesten zufällt, oder von Glück, wo alles unter ganz wenige verteilt wird und wo es auch diesen nicht in jeder Beziehung gut geht, der Rest aber ein elendes Dasein führt"[33].

Daher, schreibt MORE, gebe es nur einen Weg zum Wohl des Staates, „. . . die Einführung der Gleichheit des Besitzes. Diese aber ist wohl niemals dort möglich, wo die einzelnen ihr Hab und Gut noch als Privateigentum besitzen. Denn, wo jeder auf Grund gewisser Rechtsansprüche an sich bringt, soviel er nur kann, teilen nur einige wenige die gesamte Menge der Güter unter sich, mag sie auch noch so groß sein, und lassen den anderen nur Mangel und Not übrig."[34]

MORE wendet ein, daß man für den Besitz des einzelnen an Grund und Boden und für das Barvermögen eine bestimmte Grenze festsetzen und ebenso durch Gesetze zu großer Machtanhäufung vorbeugen könnte. Gegen diesen Einwand bringt er vor: „Durch solche Gesetze kann man die erwähnten Übelstände wohl mildern und abschwächen, ebenso wie man kranke Körper in hoffnungslosem Zustande durch unablässige warme Umschläge zu stärken pflegt. Aber auf eine vollständige Behebung der Übelstände und auf den Eintritt eines erfreulichen Zustandes darf man ganz und gar nicht hoffen, solange jeder noch Privateigentum besitzt"[35].

Der Radikalität seiner Auffassung war sich MORE durchaus bewußt. Er grenzt sich scharf ab von solchen Weltverbesserern, die in sogenannten Fürstenspiegeln die herrschende Klasse vom Nutzen einer utopisch-gerechten Gesellschaftsverfassung überzeugen wollen. Sein Vorhaben mache ihn nicht tauglich zum Fürstenberater, meint er; die Menschen am Hofe werden von anderen Interessen beherrscht. „Der Umgang mit diesen verdorbenen Menschen wird dich entweder auch verderben, oder wenn du auch selbst unbescholten und ohne Schuld bleibst, so wirst du doch fremder Bosheit und Torheit zum Deckmantel dienen. So viel fehlt also daran, daß du mit jenem deinen Umwege etwas zum Besseren wenden könntest."[36] Dieses Urteil ist diktiert von den Erfahrungen, die MORE in hohen Ämtern am Hofe HEINRICHS VIII. gesammelt hatte.

[32] Ebenda, S. 23/24. [33] Ebenda, S. 48.
[34] Ebenda, S. 49.
[35] Ebenda, S. 50.
[36] Ebenda, S. 48.

MORE schildert in seiner Sozialutopie ein konsequent demokratisches Staatswesen, in dem alle Ämter durch Wahlen besetzt werden. Die Volksvertreter werden jährlich gewählt; sie müssen alle wichtigen Entscheidungen vorher mit ihren Wählern beraten und in der Volksvertretung dem Wählerauftrag entsprechend wirksam werden. Die von ihnen jährlich gewählten Vertreter bilden mit dem von diesen auf Vorschlag der Wähler ernannten Bürgermeister, der sein Amt bei demokratischer Führung auf Lebenszeit verliehen erhalte, den Senat, der die Stadtangelegenheiten entscheide. Außerhalb von Senat und Volksvertretung über allgemeine Angelegenheiten zu beraten, sei bei Todesstrafe verboten. Diese Bestimmung solle eine tyrannische Unterdrückung des Volkes und eine Verfassungsänderung durch eine Verschwörung von Senatsmitgliedern erschweren. Die Abgeordneten aller Landesteile entscheiden im Rat der Insel über die Staatsangelegenheiten.

Die Verbindung von konsequenter Demokratie und Gemeineigentum macht deutlich, welches Maß an Realismus in MOREs Sozialutopie enthalten ist. MORE hatte offensichtlich erkannt, daß sich Gemeineigentum nur als solches verwirklichen kann, wenn die Gemeinschaft selbst über seine Gestaltung zu entscheiden imstande ist. Denn in jeder Gemeinschaft gleichberechtigter Mitglieder mit einem beträchtlichen Mehrprodukt besteht immer die Möglichkeit einer Entartung, wenn die Herausbildung einer neuen bevorrechteten sozialen Schicht und die Einsetzung eines Tyrannen nicht von vornherein ausgeschlossen werden. Einerseits mußte jedem in einer Feudalherrschaft lebenden Denker die Tyrannei als eine bedrohliche Gefahr vor Augen stehen. Anderseits enthält die nur auf der Einsicht begründete und nur von den Einsichtigen zu errichtende Sozialutopie selbst die Möglichkeit, daß sich die geistige Schicht von den Handarbeitern isoliert, über das Volk erhebt und eine Einzelherrschaft anstrebt. Viele progressive Denker haben in der Folgezeit empfunden, welches unsichere Fundament für eine neue Gesellschaftsordnung lediglich die gute Absicht ist, eine gerechtere Lebensordnung aufzubauen. MOREs kompromißloses Bekenntnis zur Demokratie kennzeichnet ihn als einen der bedeutendsten vormarxistischen Sozialisten.

MORE versteht die Demokratie nicht als eine lediglich politisch zu sichernde Form des gesellschaftlichen Lebens. Ohne deren Verwurzelung im wirtschaftlichen Leben hält er sie offensichtlich nicht für existenzfähig. Deshalb sieht er die Regelung der Arbeitsverhältnisse so vor, daß jede soziale Absonderung einzelner Schichten unmöglich sein sollte. Alle Männer und Frauen müßten sich auf den Ackerbau und einen besonderen handwerklichen Beruf verstehen. „Das ist in der Regel entweder die Tuchmacherei oder die Leineweberei oder das Maurer- oder Zimmermanns- oder das Schmiedehandwerk. In keinem anderen Berufe nämlich ist dort eine nennenswerte Anzahl Menschen beschäftigt.“[37] Das Ackerland sei den Städten planmäßig zugeteilt und werde jeweils abwechselnd von einem Teil der städtischen Bevölkerung bearbeitet. Jährlich komme eine bestimmte Anzahl

[37] Ebenda, S. 62.

Personen in die Stadt zurück, nachdem sie zwei Jahre auf dem Lande zugebracht habe, und werde durch die gleiche Zahl aus der Stadt ersetzt. Die neu auf das Land Kommenden werden von denen, die schon ein Jahr dort gewesen seien und deshalb größere Erfahrung in der Landwirtschaft besitzen, angelernt, um ihrerseits wiederum im folgenden Jahr andere zu unterweisen. Die tägliche Arbeit dauere sechs Stunden und werde von den gewählten Volksvertretern beaufsichtigt, sagt MORE. Die Arbeitspausen und die übrige Zeit werden zur beruflichen Weiterbildung, zu wissenschaftlicher Betrachtung oder literarischen Studien genutzt.

Die sechsstündige Arbeitsdauer, schreibt MORE, habe keineswegs einen Mangel an den notwendigen Gütern zur Folge. „Diese Arbeitszeit genügt nicht nur, sondern wird nicht einmal ganz gebraucht zur Produktion eines Vorrats an allem, was zu den Bedürfnissen oder Annehmlichkeiten des Lebens gehört. Das werdet auch ihr einsehen, wenn ihr euch überlegt, ein wie großer Teil des Volkes in anderen Ländern untätig dahinlebt: erstens fast alle Frauen, also die Hälfte der Gesamtheit, oder wenn irgendwo die Frauen arbeiten, schnarchen dort meistens an ihrer Stelle die Männer; außerdem dann die Priester und die sogenannten frommen Männer, was für eine große und faule Schar ist das! Nimm doch all die Reichen und besonders die Grundbesitzer dazu, die man allgemein als Standespersonen und Edelleute bezeichnet! Zu ihnen rechne noch ihre Dienerschaft, jenen ganzen zusammengespülten Haufen von Raufbolden und Windbeuteln! Vergiß schließlich auch die kräftigen und gesunden Bettler nicht, die ihren Müßiggang mit irgendeinem Gebrechen bemänteln, und die Zahl der Leute, die durch ihre Tätigkeit für die gesamten Bedürfnisse der Sterblichen sorgen, wirst du dann viel geringer finden, als du angenommen hast."[38]

MORE meint, daß selbst von den arbeitenden Menschen in der Gesellschaft seiner Zeit viele völlig unnütze und überflüssige Gewerbe betreiben, die bloß der Verschwendung und Genußsucht dienen. Würde man allein die jetzt Tätigen auf die wenigen Gewerbe verteilen, die ein angemessener natürlicher Bedarf erfordere, so würde schon ein großer Güterüberfluß entstehen. Bei der Beschäftigung aller Arbeitsfähiger in Utopia sei trotz der Arbeitszeitverkürzung ein solcher Überfluß gewährleistet, daß ein Teil zur Durchführung ihrer wissenschaftlichen Studien völlig von der Handarbeit befreit werden könne.

Wegen des Überflusses fällt nach MOREs Vorstellung jeder Warenhandel fort. Die Güter werden auf den Markt gebracht, und jeder verlange dort, „was er selbst und die Seinen brauchen, und nimmt alles, was er haben will, mit, und zwar ohne Bezahlung und überhaupt ohne jede Gegenleistung. Warum sollte man ihm nämlich auch etwas verweigern? Alles ist ja im Überfluß vorhanden, und man braucht nicht zu befürchten, daß jemand die Absicht hat, mehr zu verlangen, als er braucht. Denn warum sollte man annehmen, es werde jemand über seinen Bedarf hinaus fordern, wenn er sicher ist, daß es ihm niemals an etwas fehlen wird?"[39]

[38] Ebenda, S. 65.
[39] Ebenda, S. 70.

Durch örtliche Bedingungen verursachte Mangelsituationen, schreibt MORE, werden durch Belieferung aus anderen Landesteilen ohne Gegenleistung beseitigt. So bilde die ganze Insel gleichsam eine einzige Familie. Den Überschuß verkaufe man zu mäßigen Preisen ins Ausland. Das erhaltene Geld, soweit es nicht wieder für benötigte Güter aus dem Ausland gezahlt werde, verleihen die Einwohner Utopias ins Ausland und verlangen es erst dann zurück, wenn sie einen Krieg führen müssen, für den sie fremde Söldner anwerben, um die eigenen Bürger zu schonen.

In Utopia selbst, stellt MORE fest, werden Gold und Silber auf andere Weise genutzt. „Da die Utopier nämlich selber kein Geld verwenden, sondern es nur für einen Fall aufsparen, der ebensogut eintreten wie nicht eintreten kann, so schätzt niemand von ihnen Gold und Silber, woraus das Geld gemacht wird, höher, als es ihrem natürlichen Werte angemessen ist. Wer sieht da nicht, wie weit dort Gold und Silber unter dem Eisen stehen!“[40]

Da die Edelmetalle im benötigten Fall schnell eingeschmolzen werden müssen, um für Soldbezahlungen verfügbar zu sein, dürfen sie nach MOREs Auffassung im Inland nicht für kostbare Gegenstände verwendet werden, die von den Bürgern ungern geopfert würden. Deshalb sorgen die Utopier dafür, daß diese Metalle in Verruf kommen. „Während sie nämlich zum Essen und Trinken nur Gefäße aus Ton und Glas benutzen, die zwar sehr hübsch aussehen, aber trotzdem billig sind, fertigen sie aus Gold und Silber nicht bloß für die Gemeinschaftshallen, sondern auch für die Privathäuser allenthalben Nachtgeschirre und sonstige zu ganz gewöhnlichem Gebrauch bestimmte Gefäße an. Außerdem stellen sie aus denselben Metallen Ketten und starke Fußfesseln zur Befestigung der Sklaven her, und schließlich hängen von den Ohren derer, die durch irgendein Verbrechen ihre Ehre verloren haben, goldene Ringe herab; man steckt ihnen goldene Ringe an die Finger, hängt ihnen eine goldene Halskette um und legt einen goldenen Reif um ihren Kopf.“[41]

Am Rande der gemeinschaftlichen Produktionsweise gäbe es also noch Formen vorsozialistischen Lebens, daher könnte das Gold im Verkehr mit dem nichtsozialistischen Ausland als Zirkulationsmittel und Kapital verwendet werden. Auch kriegerische Auseinandersetzungen dürfen nicht ausgeschlossen werden. MOREs Überlegungen ergeben sich aus dem Charakter der Sozialutopie als eines Ideals einiger Kolonisten inmitten einer feindlichen Umwelt. Auch das Vorhandensein von einigen Sklaven erklärt sich aus dem Charakter der Utopie. Da MORE bewußt auf jede Form der Einzelherrschaft zur Absicherung des Ideals und zum Schutz vor Entartungserscheinungen verzichtet, muß eine moralische Maßnahme die Aufgabe erfüllen. MORE gibt dem wegen Verbrechen Verurteilten den Status eines Sklaven und hält die Erinnerung an die schändliche Sklaverei auch dadurch wach, daß er eine geringe Zahl von Sklaven aus dem Ausland in

[40] Ebenda, S. 77/78.
[41] Ebenda, S. 78/79.

Utopia arbeiten läßt, die wohl als Sklaven verachtet werden, aber dennoch günstigere Lebensbedingungen haben als in der Ausbeutungsordnung, aus der sie kommen. Wer sich gegen Utopias Sozialordnung vergehe, werde nicht nur eingesperrt und so von der Gesellschaft abgesondert; er müsse stets das Schandmal des Sklaven tragen.

Die sozialen Zustände in Utopia auf der Grundlage des Gemeineigentums stehen nach MOREs Meinung weit über allen anderen bekannten Gesellschaftsverfassungen. Selbst die Ausbeuter, die alle möglichen Mittel benutzen, „um ihren unrechtmäßig erworbenen Besitz zu behalten, ohne fürchten zu müssen, ihn zu verlieren, und sodann, um sich die angestrengte Arbeit aller Armen so billig wie möglich zu erkaufen und zu ihrem Vorteil zu mißbrauchen“[42], seien schlechter daran als die einfachen Einwohner Utopias. Denn „selbst wenn diese so schlechten Menschen alle diese Güter, die für alle gereicht hätten, in unersättlicher Habgier untereinander aufteilen, wieviel fehlt ihnen trotzdem noch an dem Glück des utopischen Staates! Hier ist mit dem Gebrauch des Geldes selbst zugleich jede Geldgier aus der Welt geschafft. Welch schwere Last von Verdrießlichkeiten ist dadurch abgewälzt, welch reiche Saat von Verbrechen mitsamt der Wurzel ausgerissen! Wer weiß nämlich nicht, daß Betrug, Diebstahl, Raub, Streit, Unruhe, Zank, Aufstand, Mord, Verrat und Giftmischerei, die jetzt durch tägliche Bestrafungen mehr geahndet als eingeschränkt werden, mit der Beseitigung des Geldes absterben müssen und daß außerdem Furcht, Unruhe, Sorge, Anstrengungen und durchwachte Nächte in demselben Augenblick wie das Geld verschwinden werden?“[43]

MOREs Sozialutopie ist das bedeutendste Werk des frühen utopischen Sozialismus. In ihr sind alle vorangehenden sozialutopischen Vorstellungen zu einer einheitlichen progressiven Auffassung von der künftigen kommunistischen Gesellschaftsordnung verschmolzen.

Eine weitere Sozialutopie (GIOVANNI DOMENICO [TOMMASO] CAMPANELLA)

Die zweite große Sozialutopie, die ebenfalls noch der Zeit der frühen bürgerlichen Revolution angehört, ist der „Sonnenstaat“ (geschrieben nach 1602, zuerst veröffentlicht in Frankfurt am Main 1623) des italienischen Philosophen und Dominikanermönchs GIOVANNI DOMENICO (TOMMASO) CAMPANELLA, der für seine Teilnahme am kalabrischen Volksaufstand gegen die spanische Fremdherrschaft siebenundzwanzig Jahre eingekerkert wurde. Sie stellt ebenfalls eine Gesellschaft ohne Privateigentum dar.

CAMPANELLAs Dialog mit einem Seemann, der von dem kommunistischen Staat berichtet, erreicht nicht die Höhe von MOREs Werk. Die früheren sozial-

42 Ebenda, S. 138.
43 Ebenda, S. 139.

utopischen Vorstellungen der Antike und der Kirchenväter sind noch deutlich als solche erkennbar. CAMPANELLA ist es nicht gelungen, sie völlig mit den fortgeschrittensten ökonomischen Erkenntnissen in Übereinstimmung zu bringen.

Wenn CAMPANELLA auch keine isolierte führende Kaste mit besonderer Lebensordnung und elitärem Erziehungssystem annimmt, wie sie PLATON in seinem „Staat" als reaktionäres Ideal gegen die atheniensische Demokratie entworfen hatte, so legt er doch die soziale Führung in die Hände einer Intelligenzschicht, die mit Hilfe einer nicht aus Wahlen hervorgegangenen und nicht absetzbaren Oligarchie herrscht. Die Demokratie als die einzige Möglichkeit, das Ideal einer kommunistischen Produktionsweise rein zu erhalten und vor Entartungen zu bewahren, bleibt daher für CAMPANELLAs Sonnenstaat ausgeschaltet; die Macht der Oligarchie durchdringt das gesamte Leben.

Ähnlich ist seine Vorstellung von Gemeineigentum stark von den frühchristlichen Auffassungen beeinflußt. Der asketische Grundzug, der literarisch einer früheren Zeit mit einer wesentlich geringeren Produktivität der menschlichen Arbeit angehört, jedoch in dem unter den schlechtesten Bedingungen lebenden Volksmassen noch außerordentlich lebendig war, kehrt bei CAMPANELLA in der Idealisierung der frühchristlichen Gemeinde wieder. In einer wahren Gemeinschaft „sind alle arm und reich zugleich: reich, weil sie alle das haben, was sie brauchen, arm, weil keiner etwas besitzt; zugleich dienen sie nicht den Sachen, sondern die Sachen ihnen. Aus diesem Grunde rühmen sie die frommen Mönche des Christentums, vor allem aber die Apostel."[44] Diese den frühchristlichen Vorstellungen verpflichteten Züge taten der Wirkung unter den Volksmassen durchaus keinen Abbruch. Sie kamen sogar dem Geist der Bauern näher, deren Sehnen nach einer ausbeutungslosen Gesellschaft auch nach den Niederlagen der revolutionären Erhebungen nicht aufgehört hatte. Der „Sonnenstaat" erschien in Deutschland im Original und in deutscher Übersetzung. Einige württembergische Protestanten planten die Errichtung einer freien Gemeinde, die „Sonnenstaat" heißen sollte; der Dreißigjährige Krieg verhinderte jedoch diesen Versuch.

In CAMPANELLAs utopischem Staat herrscht in allen weltlichen und geistigen Dingen ein oberster Machthaber, der zugleich oberster Priester ist. Für militärische, wissenschaftliche und wirtschaftliche Angelegenheiten hat er drei Mitregenten. Auf Vorschlag dieser obersten Führung werden die ihr unterstellten Amtspersonen vom Volk gewählt. „Die Amtspersonen können nach dem Willen des Volkes durch andere ersetzt werden, mit Ausnahme der vier höchsten, die nur nach vorheriger Beratung unter sich zugunsten eines anderen, den sie für weiser, befähigter und würdiger halten, abdanken. Und so groß ist ihre Klugheit und Redlichkeit, daß sie vor einem Weiseren unverzüglich zurücktreten und sich von ihm unterweisen lassen. Ein derartiger Wechsel kommt aber nur äußerst selten vor."[45]

[44] Thomas Campanella, Der Sonnenstaat, Berlin 1955, S. 60.
[45] Ebenda, S. 82/83.

Im Sonnenstaat gehören alle Güter allen. „Wohn- und Schlafräume, Betten und andere notwendige Dinge sind allen gemeinsam. Jeweils nach sechs Monaten wird von der Obrigkeit bestimmt, welche Personen in dieser oder jener Halle, im ersten oder zweiten Schlafraum schlafen sollen.“[46] Wahl der nach Jahreszeiten wechselnden Kleidung, die bis ins einzelne vorgeschrieben und zentral ausgegeben werde, der Geschlechtspartner und sogar die Bestimmung der Zeit für deren Zusammenkommen werde von Amtspersonen festgelegt und überwacht. Die Arbeiten werden nach CAMPANELLAS Vorstellung unter alle verteilt, so daß auf den einzelnen kaum vier Stunden täglicher Arbeit entfallen. Die übrige Zeit könne jeder nach Belieben mit angenehmen Studien, Disputieren, Lesen, Erzählen, Schreiben, Spazierengehen oder mit geistigen oder körperlichen Übungen zubringen. Militärischer Dienst und landwirtschaftliche Arbeiten werden gemeinsam ausgeführt; jeder müsse sich in ihnen auskennen. „Wer sich daher in mehreren Berufen auskennt, ist angesehener als die anderen, und wer in einem Beruf besonders tüchtig ist, wird zum Lehrer in dem betreffenden Fach bestimmt. Die mühsamsten Arbeiten stehen bei ihnen in besonders hoher Achtung, wie etwa das Schmiede- und Maurerhandwerk. Keiner verschmäht es, eine solche Tätigkeit auszuüben, weil seine beruflichen Neigungen schon von Kindheit an gefördert worden sind.“[47]

Wie MORE nimmt auch CAMPANELLA eine reichliche Versorgung an. „Im Sonnenstaat ist alles im Überfluß vorhanden, denn jeder will in seiner Arbeit, die leicht und einträglich ist, der erste sein; jedermann ist gelehrig, und wer bei einer solchen Tätigkeit den anderen an Wissen und Können voraus ist, wird ‘König’ (rex) genannt. Dieser Titel, behaupten sie nämlich, gebührt nur dem Kundigen und Wissenden, nicht aber dem Unwissenden. Es ist ein erhebender Anblick, wie die Frauen und Männer, truppweise eingeteilt, an die Arbeit gehen, ohne jemals die Gebote ihres ‘Königs’ zu übertreten oder jemals die Lust am Arbeiten und Gehorchen zu verlieren, wie dies bei uns der Fall wäre; denn sie sehen in ihrem ‘König’ gleichsam ihren Vater oder älteren Bruder.“[48]

Die zentrale Verteilung der Güter, meint CAMPANELLA, mache den innerstaatlichen Handel überflüssig. „Der Handel bringt ihnen zwar nur geringen Nutzen, doch kennen sie den Wert des Geldes und prägen selbst Münzen, damit ihre Gesandten und Kundschafter das, was sie zum Leben brauchen, mit Geld beschaffen können. Aus allen Weltgegenden kommen Kaufleute nach der Sonnenstadt, um ihren Bewohnern die überflüssigen Güter abzukaufen. Diese weigern sich, Geld dafür anzunehmen, und nehmen statt dessen im Austausch solche Waren an, an denen sie Mangel haben, oder kaufen sie auch oft mit Geld.“[49]

Die Zukunft des ganzen Menschengeschlechts weissagt CAMPANELLA nach Art der Propheten aus den Gestirnen. „Sobald aber die Apsiden des Saturn in das

[46] Ebenda, S. 47.
[47] Ebenda, S. 72.
[48] Ebenda, S. 75.
[49] Ebenda, S. 72/73.

Zeichen des Steinbocks, die des Merkur in den Schützen und die des Mars in die Jungfrau eintreten, und zwar nach den ersten großen Synoden und nach dem Erscheinen eines neuen Sterns in der Kassiopeia, dann wird eine neue Monarchie entstehen, es werden Gesetze und Wissenschaften umgestaltet und erneuert werden, und neue Propheten werden auftreten; dies alles . . . kündigt den großen Siegeszug des Christentums an. Bevor es aber ans Umpflanzen und Bauen geht, muß viel, sehr viel umgestürzt und ausgerottet werden."[50] Mit dieser Erinnerung an frühchristliche Ansprüche und mit der Aufforderung zum Umsturz der bestehenden Gesellschaftsordnung stellt CAMPANELLA sichtbar die Beziehung her zwischen der theoretischen Konstruktion einer Sozialutopie und dem antifeudalen Kampf der Massen, der eine notwendige Voraussetzung ist für die Errichtung einer besseren und gerechteren Ordnung.

Die sozialutopischen Vorstellungen der Volksmassen und die ersten Schriften des utopischen Sozialismus in der Zeit der frühbürgerlichen Revolution wirkten in breitem Maße bewußtseinsbildend auf die Zeitgenossen und auf viele spätere Generationen. Ihre besondere Bedeutung für die Überwindung der feudalen Erkenntnisschranken besteht vor allem darin, daß die feudale Auffassung vom Privateigentum und von der ständisch organisierten und durch Feudalherren und Patrizier reglementierten Wirtschaft kompromißlos zurückgewiesen wurde. Mit der konsequenten Ablehnung der feudalen Produktionsweise verschwand auch der für das vorkapitalistische ökonomische Denken grundlegende Unterschied zwischen verteilender und Tauschgerechtigkeit; und damit schwand überhaupt die Notwendigkeit, einen außerökonomischen Gesichtspunkt der Gerechtigkeit anzunehmen. So wurde die Bahn eröffnet für die selbständige, von der Theologie befreite ökonomische Theorie.

2. Erste bürgerliche Betrachtungen zu Fragen der Warenwirtschaft

Wollte man nur die Volksreformation und den Bauernkrieg berücksichtigen, die die Interessen vor allem der Bauern und bestimmter plebejischer Kräfte zum Ausdruck brachten, so erfaßte man nur einen Teil der von der frühbürgerlichen Revolution ausgehenden und für die Geschichte des ökonomischen Denkens bedeutsamen geistigen Strömungen. Die gesamte reformatorische Bewegung entsprach den Interessen breiterer Kreise. Reformation und Bauernkrieg machen in ihrer Einheit die frühbürgerliche Revolution aus. „Diese war objektiv darauf gerichtet, durch den revolutionären Kampf der Volksmassen gegen das Feudalsystem den Weg für den weiteren kapitalistischen Fortschritt frei zu machen und Bedingungen für die Konstituierung eines bürgerlichen Nationalstaates zu schaf-

50 Ebenda, S. 103/104.

fen."[51] Die städtebürgerlichen Auffassungen, die mit dem objektiven Charakter der frühbürgerlichen Revolution in Einklang stehen und vorwärtsweisende Aspekte besitzen, sollen im folgenden dargelegt werden.

Die Kritik der nationalen Ausplünderung und die beginnende Erfassung volkswirtschaftlicher Größen (Ulrich von Hutten, Martin Luther)

In der ideologischen Vorbereitung der frühbürgerlichen Revolution spielte die detaillierte ökonomische Kritik feudaler Verschwendung vom Standpunkt des Städtebürgertums, das an einer Entfaltung der Produktion interessiert war, eine hervorragende Rolle. Die Kritik richtete sich besonders an die weltlichen und an die geistlichen Grundbesitzer, an den Päpstlichen Stuhl in Rom und an die großen Geld- und Handelskapitalisten. Durch deren Anhäufung und unproduktive Verwendung der Reichtümer wurden den aufstrebenden Handwerksmeistern und ländlichen Pächtern sowie den Manufakturunternehmern Mittel entzogen, die den wirtschaftlichen Aufschwung des Bürgertums hätten beschleunigen können.

Die Vertreter des Städtebürgertums verurteilten nicht das Feudaleigentum als Grundlage der feudalen Ausbeutung, sondern brandmarkten vor allem den Abgang von Reichtümern an die Römische Kirche. Diese betrieb eine Ausplünderung, der das schwache Deutschland im Unterschied zu den geeinten und stärkeren europäischen Nationalstaaten keine Hindernisse entgegensetzen konnte. Das Ausmaß des abgeschöpften und der nationalen Verwertung entgehenden Mehrprodukts wurde in wichtigen Einzelheiten wie den Preisen für Bischofsämter, die in Rom gekauft werden mußten, bekannt. Die Art, wie solche zum Teil von den Fuggern vorgestreckten Ausgaben beim Volk wieder eingetrieben wurden, gereichte zum Anlaß der Reformation in Deutschland. Im Verlauf der Auseinandersetzung gaben viele Schriften der Öffentlichkeit Kenntnis über Quellen, Ausmaß und Verwendung des nach Rom fließenden Reichtums.

Die vom bürgerlichen Fortschrittsdenken durchdrungenen Darlegungen Ulrich von Huttens sind zum Beispiel in dieser Beziehung eine Fundgrube für jeden, der das ökonomische Denken aus der Zeit der frühbürgerlichen Revolution einschätzt.[52] Hutten nennt Rom „die weithin berüchtigte Scheuer der Welt, in die man fährt und zusammenträgt, was man von jedermann geraubt und genommen hat, [und] in deren Mitte der unersättliche Geizwurm sitzt, der viel verschlingt und stets einen großen Haufen guter Früchte verzehret. [Er ist] umgeben

[51] Klassenkampf—Tradition—Sozialismus. Von den Anfängen der Geschichte des deutschen Volkes bis zur Gestaltung der entwickelten sozialistischen Gesellschaft in der Deutschen Demokratischen Republik. Grundriß, Berlin 1974, S. 145.

[52] Vgl. Günther Rudolph, Ulrich von Huttens sozialökonomische Anschauungen, in: Deutsche Zeitschrift für Philosophie H. 12/1972, S. 1474–1492.

von seinen Mitfressern, die uns zunächst unser Blut ausgesogen, danach vom Fleisch gefressen [haben], bis sie uns jetzt ... an das Mark gekommen [sind], uns die innersten Knochen zerbrechen und was noch übrig ist auch verzehren wollen. Suchen hier [die] Deutschen nicht Waffen hervor? Greifen sie nicht mit Eisen und Flammen an? Das sind Räuber dieser Nation, die in vergangener Zeit und bisweilen aus Begierde, jetzt aber mit Kühnheit und Grimm rupfen und rauben, [sie sind] ein Volk der Weltregierer, [sie] saufen den Schweiß und [das] Blut der armen Deutschen aus, stillen ihren geizigen Hunger, erhalten ihr unreines Leben mit dem Eingeweide unserer Armut. Denen geben wir Geld."[53]

Auch der Grundbesitz der Römischen Kirche sei Raub an der Nation, sagt HUTTEN. „So hat die Beraubung Deutschlands kein Ende, kein Ziel noch Maß. Und die Unsrigen wissen das Beispiel, das ihnen die Römer geben, gar geschickt an uns nachzuahmen. Bereits sind sie durch Trügen und Rauben so stark geworden, daß sie die gesegnetsten Striche Deutschlands, die fruchtbarsten Fluren in Besitz genommen, die einträglichsten Zölle sich angeeignet haben. Denn wie halten sie den Rhein auf beiden Ufern besetzt?"[54] HUTTEN schätzte den Anteil der Kirche am Grundbesitz in Deutschland auf weit über 50%.[55]

HUTTEN beschreibt, wie die Vertreter der Römischen Kirche das deutsche Volk ausplündern. „Sie haben auch [eine] Konstitution und Stiftung, mit der sie alle unsere Freiheit unterdrückt, unsere Macht und Gewalt sich selbst unterworfen und gefesselt [haben], verfaßt und zu ihrem eigenen Nutzen und Gewinn entsprechend allen ihren Absichten aufgesetzt. [Sie haben alles,] was unsere Alten aus christlicher Barmherzigkeit den Kirchen hier gegeben haben, mit grimmigem, unersättlichem Geiz uns genommen und sich angeeignet. [Sie] wollen in Deutschland keinen Bischof sein lassen, der nicht für viel Geld ein Pallium [d. h. Bischofsmantel] von ihnen gekauft habe. Alle geistlichen Prälaturen in den deutschen Landen [haben sie] zu unserem großen Nachteil und Schaden sich selbst angeeignet. Zu all dem haben auch dieselben geistlichen Väter, zunächst für einen längeren Zeitraum, bald danach jährlich und jetzt schließlich fast täglich, einen neuen Ablaßmarkt hier errichtet, Absolution, Dispensation, Remissorien, Relaxation und dergleichen unzählige Bullen verkauft, das gemeine Volk durch Betrug und schalkhafte Lügen dahin gebracht, daß es solche diebische Räuberei und böse Stücke für rechtmäßig erachtet und oft sich selbst geplündert und belastet hat, um die Torheiten kaufen zu können. Durch diese und andere unzählige Wege (denn ihre tückischen Finten und ausplündernde Listen sind ohne Zahl und noch nicht mit Namen versehen worden) haben sie uns leider eine lange Zeit irregeführt

[53] Ulrich von Hutten, Vadiscus oder die Römische Dreyfaltigkeit, in: Ulrich von Hutten, Deutsche Schriften, Bd. 1, Leipzig 1972, S. 143/144.

[54] Ulrich von Hutten, Gespräche, übers. und hg. von David Friedrich Strauß, Leipzig 1861, S. 383.

[55] Ebenda, S. 204.

und so geblendet, daß sie währenddes ungehindert eine gewaltige Geldmenge fort nach Rom geführt [haben]."[56]

Hutten ist nicht schlechthin über die nationale Ausplünderung erbost. Als Zeitgenosse der frühbürgerlichen Revolution, in der sich mit dem Aufbegehren der produktiv tätigen Massen und entsprechend ihrer objektiven Zielstellung, dem Kapitalismus den Weg zu bahnen, die Verurteilung des Müßiggangs und der Gedanke von der produktiven Verwendung der Reichtümer zur weiteren Entfaltung der Warenproduktion durchsetzten, weist er auf die konsumtive, unproduktive Vergeudung der nach Rom fließenden Mittel hin. Die Frage, was das Geld aus Deutschland in Rom tue, wird von ihm immer wieder aufgeworfen. „Es tut wohl etwas. Denn einen Teil zerstreuet Papst Leo unter seine neuen Vettern und Freunde, deren er so viel hat ... Einen Teil verzehren nämlich viele Hochwürdigste [d. h. Kardinäle], von denen Leo an einem Tag einunddreißig ernannt hat, ebenso viele Refendare, Auditores, Protonotare [d. h. Oberschreiber], Abbreviatoren [d. h. Ausfertiger päpstlicher Breven], päpstliche Kanzler und Schreiber, des Papstes Kämmerer, Offiziale [d. h. Beamte] und dergleichen andere, die Vornehmsten der römischen Kirche. Welche danach weiter noch Ämter innehaben und Dienste, die auch mit viel Geld erhalten werden müssen, das sind Kopisten, Pedelle, Läufer, Köche, Einkäufer, Auskehrer, Eselstriegler, Stallbuben, eine unzählige Schar Huren und Buben und ein großes Heer der Ruffianer [d. h. Kuppler]. Solche halten Hunde, Pferde, Meerkatzen, Affen und anderes Getier aus Vergnügen. Etliche bauen Häuser von eitel Marmor, essen und trinken reichlich und gut, kleiden sich kostbar, und ohne auf das zu verzichten, was nicht allein zur leiblichen Notdurft, sondern auch zum Vergnügen gehört, leben sie im Müßiggang. Man findet also allezeit eine unaussprechliche große Zahl böser, unflätiger, untauglicher Leute in Rom durch unser Geld müßiggehen."[57]

Vor dem Hintergrund der asketischen Ideale der Massen mußte diese Aufzählung besonders aufreizend wirken. Seit es in der Geschichte der Menschheit die Ausbeuterordnung gab, wurden Arme und Reiche, Tätige und Müßige gegenübergestellt. Hutten trug wesentlich dazu bei, dieser sozialkritischen Auffassung Zielrichtung, Massenwirksamkeit und Schlagkraft zu verleihen. Die Verurteilung des Müßiggangs, die bis zum Beginn des industriellen Kapitalismus in den politischen Programmen eine zentrale Rolle spielen soll, hat in Hutten einen ihrer bedeutenden Streiter gefunden.

Deutschland solle die „unglaublich große Menge an Gold und Silber" behalten, meint Hutten. „Da würden viele arme Gesellen, von denen sonst ein Teil aus Armut rauben und stehlen würde, von einer redlichen Belohnung zu leben haben. Man könnte auch sonst vielen armen Leuten mit Unterstützung und Almosen der Gemeinde zu Hilfe kommen; einen Teil könnten wir zur Ernährung und Be-

[56] Ulrich von Hutten, Klagschriften. An Kaiser Karl, in: Ulrich von Hutten, Deutsche Schriften, Bd. 2, Leipzig 1974, S. 89/90.

[57] Ulrich von Hutten, Klagschriften. An den Kurfürsten Friedrich von Sachsen, in: ebenda, S. 106.

soldung gelehrter Leute verwenden, die schreiben und die schönen Künste pflegen würden. Zusammenfassend wäre zu sagen, wenn solches Geld bei uns bliebe, könnten wir hier die Tüchtigkeit, durch die man zur Wohltat veranlaßt wird, belohnen und die heimische Armut unterstützen. Dann gäbe es auch keine trägen und unnützen Müßiggänger, und viel Betrügerei würde beseitigt werden."[58]

In der 1520 erschienenen Schrift „An den christlichen Adel deutscher Nation von des christlichen Standes Besserung" charakterisiert auch MARTIN LUTHER, der bürgerliche Reformator und erbitterte Gegner der bäuerlichen und plebejischen Volksbewegungen, die nationale Ausplünderung durch die römische Kirche. Wie seine Zeitgenossen fragt LUTHER: „Wie kommen wir Deutschen dazu, daß wir solche Räuberei, Schinderei unserer Güter von dem Papst leiden müssen? Hat das Königreich zu Frankreich sich's erwehret, warum lassen wir Deutschen uns also narren und äffen?"[59] Ließe man dem päpstlichen Hof nur den hundertsten Teil des Geraubten, so wäre dieser noch groß genug, um Roms führende Stellung in Glaubenssachen zu erhalten. Das deutsche Land gebe jetzt weit mehr dem Papst als vorzeiten den Kaisern. „Ja, es meinen etliche, daß jährlich mehr als dreimal hunderttausend Gulden aus Deutschland gen Rom kommen, völlig vergebens und umsonst, dafür wir nichts als Spott und Schmach erlangen. Und wir verwundern uns noch, daß Fürsten, Adel, Städte, Stifte, Land und Leute arm werden? Wir sollten uns verwundern, daß wir noch zu essen haben."[60]

Die vielen von ihm aufgeführten Formen der Ausbeutung, meint LUTHER, wären im einzelnen nur eine Kleinigkeit; aber die gewaltigen Geldströme, die alljährlich nach Rom fließen, fänden nicht ihresgleichen. „Denn was sie mit Ablaß, Bullen, Beichtbriefen, Butterbriefen und anderen Confessionalibus [d. h. Beichtbriefen, die besonders das Fasten erlassen] haben in allen Landen gestohlen, noch stehlen und erschinden, achte ich als Flickwerk und gleich, als wenn man mit einem Teufel in die Hölle würfe. Nicht, daß sie wenig tragen (denn sich wohl davon erhalten könnte ein mächtiger König), sondern daß ihrer gegen die obengesagten Schätzflüsse keinesgleichen hat. . . . Wollen wir wider die Türken streiten, so lasset uns hier anheben, da sie am allerärgsten sind. Henken wir mit Recht die Diebe und köpfen die Räuber, warum sollten wir freilassen den römischen Geiz, der der größte Dieb und Räuber ist, der auf Erden gekommen ist oder kommen mag, und das alles in Christus' und Sankt Peters heiligen Namen?"[61]

Wie seine Zeitgenossen betonte LUTHER immer wieder in Schriften, Predigten und Unterhaltungen seine Stellung gegen das große Fuggersche Kapital. So teilt er mit, „daß der Fugger dem Rat zu Augsburg einmal hätte sollen die Schätzung geben, da hätte er die Antwort gegeben, er wüßte nicht, wieviel er hätte oder wie

[58] Ebenda, S. 109/110.

[59] Martin Luther. An den christlichen Adel deutscher Nation von des christlichen Standes Besserung (1520), in: Hutten/Müntzer/Luther, Werke in zwei Bänden, 2. Bd., Berlin 1970, S. 32/33.

[60] Ebenda, S. 33.

[61] Ebenda, S. 44.

reich er wäre, darum könnte er die Schätzung nicht geben. Denn er hätte sein Geld in der ganzen Welt, in Türkei, Griechenland, zu Alexandria, in Frankreich, Portugal, England, in Polen und allenthalben, jedoch wollte er die Schätzung geben von dem, das er zu Augsburg hätte."[62]

Dieses in den Augen des Reformators gewaltige Kapital wurde an den päpstlichen Geschäften beteiligt. Da der unermeßliche römische Geiz an allen seinen Schätzen, die für drei mächtige Könige genügt hätten, nicht genug habe, stellt LUTHER fest, „hebt er nun an, solche seine Händel zu versetzen und zu verkaufen dem Fugger zu Augsburg, so daß nun Bistum und Lehen zu verleihen, tauschen, kaufen sind und das liebe Handeltreiben mit geistlichen Gütern auf den rechten Ort ist gekommen und aus geistlichen und weltlichen Gütern ein Handel geworden. Nun möchte ich gerne eine so hohe Vernunft hören, die erdenken könnte, was nun hinfort könnte geschehen durch den römischen Geiz, das nicht geschehen sei, es wäre denn, daß der Fugger seine beiden und nun vereinigten Handelsgeschäfte auch jemand versetzt oder verkauft. Ich meine, es sei ans Ende gekommen."[63]

Die Kritik an der Römischen Kirche und an den diese unterstützenden Handels- und Geldkapitalisten ist eine unmittelbare frühbürgerliche Resonanz auf die nationale Ausplünderung und bringt die bürgerliche Frage nach der Verwendung der Reichtümer zum ersten Mal mit einem solchen Nachdruck zur Kenntnis. Für die Geschichte des ökonomischen Denkens ist diese Kritik von großer Bedeutung. Sie charakterisiert die erste Bemühung um die Erfassung volkswirtschaftlicher Ströme.

Im feudalen ökonomischen Denken hatte es dagegen die Frage nach gesamtgesellschaftlichen Größen und Strömen noch nicht gegeben. Die feudale Tauschwertauffassung hatte alle Vorgänge im Zirkulationsbereich unter dem Gesichtswinkel des Austauschs von Gleichwertigem gesehen und selbst die Übertragung von Mehrprodukt als einen Tauschakt interpretiert. Auch den Fernhandel hatten die feudalen Theoretiker als äquivalenten Tausch betrachtet, obwohl der sich verstärkende Prozeß der sogenannten ursprünglichen Akkumulation des Kapitals zunehmend auf die Nichtäquivalenz solcher internationaler Aktivitäten verwies.

Neue Denkansätze bei der Kritik der frühen Kapitalformen (MARTIN LUTHER)

Die Auseinandersetzung um die Bereicherung der Großen blieb keineswegs bei der Frage nach dem Verbleib und der Verwendung der Reichtümer stehen. Es gab weitergehende Überlegungen, die auf eine Überwindung der feudalen Tauschwertauffassung hinausliefen.

[62] Johannes Aurifaber, Tischreden oder Colloquia Doct. Mart. Luthers, Eisleben 1566 (Reprint Leipzig 1967), S. 83.

[63] Martin Luther, An den christlichen Adel deutscher Nation von des christlichen Standes Besserung (1520), in: Hutten/Müntzer/Luther, Werke in zwei Bänden, 2 Bd., Berlin 1970, S. 43/44.

Solange die städtische Produktion ihre Rohstoffe und Lebensmittel aus einer Landwirtschaft bezog, in der Verhältnisse der vorkapitalistischen, einfachen Warenproduktion noch genügten, fehlten die Voraussetzungen für die Untersuchung volkswirtschaftlicher Wertverhältnisse, weil die Sprecher der sich entfaltenden städtischen Gewerke nur die Preise, nicht aber die Verteilung der für eine erweiterte Reproduktion notwendigen Mittel sowohl im Gewerbe als auch in der Landwirtschaft interessierten.

Solche Voraussetzungen für die Diskussion der Probleme der erweiterten Reproduktion gab es erst im 17. Jahrhundert in England und Frankreich. Es wäre jedoch vereinfacht, für das 16. Jahrhundert das Fehlen jeglicher Vorstellungen über den Wert der Ware anzunehmen. Gerade das Studium der Schriften aus der Zeit der frühbürgerlichen Revolution zeigt, daß erstens mit der Auffassung von der Arbeit als Ursache des Reichtums und mit der beginnenden Erfassung volkswirtschaftlicher Größen schon bestimmte Überlegungen vorhanden waren, um im Preisverhältnis nicht nur ein auf bestimmten Kosten beruhendes Tauschwertverhältnis zu sehen, sondern ein Verhältnis vergleichbarer Arbeiten. Zweitens erzwang die soziale Auseinandersetzung die Frage, ob die durch feudale Reglementierung und frühkapitalistische Handelsmonopole festgelegten Preise das tatsächliche Verhältnis der Arbeiten zueinander widerspiegelten. Das erste, noch tastende Fragen nach dem Wert der Ware war ein Bestandteil des Kampfes gegen die feudalen Kräfte einschließlich der mit ihnen verbundenen patrizischen Schichten.

Um diese Problematik noch besser zu verstehen, muß man eingehender als bisher die Äußerungen Martin Luthers untersuchen. Luther besaß noch keine ökonomische Theorie, aber er hatte an der Überprüfung und Umwertung der von den feudalen Theoretikern überkommenen ökonomischen Auffassungen einen wesentlichen Anteil. Wie die Zeit der frühbürgerlichen Revolution eine Zeit des Umbruchs und der Widersprüche im Denken und Handeln vieler Beteiligter war, so liegen auch in Luthers Denken und Handeln Konservatives und Vorwärtsweisendes eng beieinander. In seinen Stellungnahmen zu wirtschaftlichen Verhältnissen steht zum Beispiel das Ideal, die einfache Warenproduktion zu entfalten und gleichzeitig eben als einfache Warenproduktion zu erhalten, neben der Bemühung, mehr wirtschaftliche Freiheit durch das Zurückdrängen der monopolistischen Macht der großen Handels- und Geldkapitalisten zu erwirken und damit – objektiv und unbewußt – Voraussetzungen für eine freie Konkurrenz zu schaffen. Er war oder zeigte sich blind gegenüber manchen zentralen wirtschaftlichen Fragen, wenn er sich zum Beispiel nie theoretisch zu den Preissteigerungen äußerte und die einjahrtausendalte Verurteilung des Bereicherungsstrebens durch die Kirchenväter als Argumentation gegen die damals beschleunigte Durchsetzung kapitalistischer Verhaltensweisen in den Preisforderungen für ausreichend hielt. Gleichzeitig zeigen seine Schriften eine erstaunliche Sachkenntnis und einen klaren Blick für andere wichtige wirtschaftliche Probleme. Marx bezeichnet ihn in seinen Vorarbeiten zum

„Kapital" einmal als den ältesten deutschen Ökonomen.[64] ENGELS rechnet ihn zu den „Riesen an Denkkraft, Leidenschaft und Charakter, an Vielseitigkeit und Gelehrsamkeit", zu den Männern, „die die moderne Herrschaft der Bourgeoisie begründeten"[65].

Im folgenden geht es nicht um eine Einschätzung der ökonomischen Auffassungen LUTHERs in ihrer Gesamtheit, sondern um einige seiner vorwärtsweisenden Erkenntnisse, die für die frühbürgerliche Revolution mit ihrem Höhepunkt, dem Bauernkrieg und den gleichzeitigen städtischen Volksbewegungen, charakteristisch sind.

Aus den Äußerungen LUTHERs, der bis in Details die Entwicklung der wirtschaftlichen Verhältnisse aufmerksam verfolgte, läßt sich zum Beispiel ersehen, wie die überkommenen Vorstellungen des feudalen ökonomischen Denkens geprüft, zum Teil ausgesondert und zum Teil aus bürgerlicher Sicht umgeformt und angepaßt wurden. Das Besondere in den frühbürgerlichen Überlegungen zum Tauschwert der Ware besteht nicht in völlig neuen Ideen, wie ja meist in der Wissenschaftsgeschichte das Neue zuerst im Prüfen und Umformen alter Vorstellungen zutage tritt. Das Neue zu Beginn des 16. Jahrhunderts besteht darin, daß die förderlichen Ansätze in den bisherigen Auffassungen an den bürgerlichen Forderungen nach dem Zurückdrängen der feudalen Reglementierung gemessen wurden. Wegen des verbreiteten Ideals einer entwicklungsfähigen und zugleich stabilen einfachen Warenproduktion waren sich die städtebürgerlichen Denker nicht bewußt, daß ihre Ablehnung der feudalen Reglementierung – historisch betrachtet – ein frühes, noch inkonsequentes Eintreten für freie Konkurrenz bedeutete. Dennoch durchzieht die Orientierung auf gleiche Entwicklungsmöglichkeiten für alle in Produktion und Zirkulation Tätigen LUTHERs bedeutsame Schrift „Von Kaufshandlung und Wucher" (1524).

Der Umstand, daß LUTHER das Kaufmannskapital zu einem Gegenstand seiner Schrift nahm, ergab sich zum einen aus der Stellung der großen Kaufleute in der sozialen Auseinandersetzung. Zum anderen bot sich das Kaufmannskapital zum Studium an, da das produktive Manufakturkapital noch nicht die typische Kapitalform war. Im Kaufmannskapital, sagt MARX, „ist wenigstens die allgemeine Form der kapitalistischen Bewegung vorhanden, obgleich sie sich nur in der Zirkulationssphäre hält, der Profit daher als bloßer Veräußerungsprofit erscheint; aber immerhin stellt er sich dar als ein Produkt eines gesellschaftlichen *Verhältnisses*, nicht als Produkt eines bloßen *Dings*"[66]. Diese Tatsache charakterisiert LUTHERs Vordringen zu einem kapitalistischen *Verhältnis* und setzt zugleich die Schranken; sie zwingt ihn, innerhalb der Zirkulationssphäre zu bleiben.

LUTHER verurteilt den monopolistischen Kaufmann, der keine Konkurrenz zu fürchten hat. Der Kaufmann, fordert er, solle die Preise seiner Waren nach dem Wert richten. „Es soll nicht so heißen: Ich mag meine Ware so teuer geben, als ich

[64] Vgl. Karl Marx, Grundrisse der Kritik der politischen Ökonomie, Berlin 1974, S. 891.
[65] Friedrich Engels, Dialektik der Natur, in: MEW, Bd. 20, Berlin 1962, S. 312.
[66] Karl Marx, Das Kapital, Dritter Band, in: MEW, Bd. 25, Berlin 1964, S. 404.

kann oder will, sondern also: Ich mag meine Ware so teuer geben, als ich soll oder als recht und billig ist. Denn dein Verkaufen soll nicht ein Werk sein, das frei in deiner Macht und [deinem] Willen ohne alles Gesetz und Maß stehe."[67] Dieser Preis, meint LUTHER, sei jedoch nicht behördlich festzusetzen. Er begründet: „Die Ware ist nicht alle gleich. So holet man eine von ferner als die andere, erfordert die eine mehr Kosten als die andere, so daß es hier alles ungenau ist und bleiben muß und nichts Genaues festgelegt werden kann, so wenig als man eine einzige gewisse Stadt festsetzen kann, aus der man sie alle herholet oder in der man die genauen Kosten bestimmt, die entstehen, weil es geschehen mag, daß einerlei Ware aus einerlei Stadt auf einerlei Straße heute mehr koste als vor einem Jahr, daß vielleicht der Weg und das Wetter böser sind oder sonst ein Zufall kommt, der höhere Unkosten verursacht als zu einer anderen Zeit."[68] Aus diesen Gründen, meint LUTHER, solle man die Waren mit einem solchen Preis gelten lassen, „wie sie der gemeine Markt gibt und nimmt oder wie [es] des Landes Gewohnheit ist zu geben und zu nehmen".[69]

Wo es eine solche Preisgewohnheit nicht gebe, stellt LUTHER fest, müsse der Kaufmann „Kosten, Mühe, Arbeit und Gefahr berechnen und überschlagen und so dann die Ware [in ihrem Preis] selbst festsetzen, steigern oder senken, daß du von solcher Arbeit und Mühe Lohn habest"[70]. Eine genaue Kostenbestimmung, heißt es bei LUTHER, könne es im Handel nicht geben. Kleinere Mehrgewinne aus zu hoch angesetzten Preisen werden von LUTHER nicht verurteilt. „Wie hoch aber dein Lohn zu schätzen sei, den du an solchem Handel und [solcher] Arbeit gewinnen sollst, kannst du nicht besser berechnen und abnehmen, als daß du die Zeit und Größe der Arbeit überschlägst und vergleichst mit einem gemeinen Taglöhner, der sonst etwa arbeitet, und siehst, was derselbe einen Tag verdienet. Danach berechne, wieviel Tage du an der Ware zu holen und zu erwerben dich gemühct habest und wie groß die Arbeit und Gefahr gewesen ist, denn große Arbeit und viel Zeit soll auch desto größeren und mehr Lohn haben. Näher und besser und genauer kann man in diesen Sachen nicht reden noch lehren."[71]

LUTHER übernimmt von der feudalen Theorie die Unterteilung der Kosten in sachliche und Arbeitsaufwendungen; er präzisiert sie aber, um ein Gegengewicht gegen die von JOHANNES NIDER im Anschluß an die italienischen klerikalen Theoretiker des 15. Jahrhunderts BERNHARDINUS VON SIENA und ANTONIUS VON FLORENZ aufgestellte These zu schaffen, dahingehend, daß der Kaufmann seine Ware zu dem Preis verkaufen könne, den er erzielen *kann*. Neu an LUTHERS Argumentation ist der Versuch, den „gerechten Preis" einer Ware, deren Produktionskosten er unerörtert läßt, wie er sich überhaupt noch nicht mit der –

67 Martin Luther, Von Kaufshandlung und Wucher, in: Hutten/Müntzer/Luther, Werke in zwei Bänden, Bd. 2, Berlin 1970, S. 185.

68 Ebenda, S. 185/186.

69 Ebenda, S. 186.

70 Ebenda, S. 187.

71 Ebenda, S. 188.

gewerblichen – Produktion befaßt, wenigstens zu einem Teil, nämlich bezüglich des Handelsgewinns, zum Arbeitslohn in eine bestimmte Beziehung zu setzen. Daß der Handelsgewinn als Lohn angesehen wurde, war nicht neu, doch sein Vergleich mit dem Tagelohn und die Frage nach der Höhe waren neu. Der aus der Handelstätigkeit erwachsene „Neuwert" soll nun offenbar als ein Mehrfaches der einfachsten Arbeit ermittelt werden, doch „näher und besser" kann LUTHER das Problem nicht fassen, weil er schließlich die Tatsache der „standesgemäßen Nahrung", also des berufsständischen Einkommens, als einer gegebenen Größe noch respektieren muß. Außerdem gelingt es LUTHER, der traditionsgemäß noch bei der Betrachtung der Zirkulationssphäre verharrt, nicht, in seinem Vergleich der Tagelöhnerarbeit mit der Handelstätigkeit mehr als nur den Aufwand an lebendiger Arbeit zu berücksichtigen. Den Wert der vergegenständlichten Arbeit bezieht er noch nicht ein, da er, noch in naturalwirtschaftlicher Denkweise befangen, von landwirtschaftlichen Produkten ausgeht, die für ihn substantiell eine Gottesgabe sind. Folglich besteht ihre Gewinnung nicht in einer erzeugenden, sondern lediglich in einer sammelnden, erntenden Tätigkeit, als die er die bäuerliche, aber auch die bergmännische Arbeit auffaßt.

Dennoch bleibt es sein unbestreitbares Verdienst, zum erstenmal in der Geschichte des ökonomischen Denkens in dem neuartigen Vergleich wirtschaftlicher Tätigkeit mit der einfachen Tagelöhnerarbeit Zeit und Intensität als Dimensionen der aufgewendeten Arbeit angesprochen zu haben. Zusammen mit den in die gleiche Richtung gehenden theoretischen Erkenntnissen seiner unmittelbaren Vorläufer ist dies ein entscheidender Schritt in Richtung auf das Verständnis des Warenwerts.

Für die Untersuchung theoriegeschichtlicher Zusammenhänge ist ein weiterer Umstand von Interesse. Wie LUTHER in der erwähnten Schrift vom Kaufmann erwartet, daß sich dieser in die Entfaltung der Warenproduktion einfüge und seinem Profitstreben eine Schranke setze, so verlangt er auch vom Geldkapitalisten eine entsprechende Einordnung. Er sah mit Schrecken, wie schnell kapitalistisches Verhalten in die Schichten der kleinen Warenproduzenten eindrang und in der damaligen Zeit voller revolutionärer Sprengstoffe die soziale Unsicherheit dieser Schichten vergrößerte.

So äußert LUTHER in einer Unterhaltung bei Tisch: „Ein jeglicher denkt und sieht nur darauf, daß er nur viel Geld sammle und zusammenscharre; Getreide und was zur Leibesnotdurft gehöret, das achten die Geizhälse nicht so gar sehr als Geld, das sie doch nicht können fressen. Dennoch ist es der Welt alles um Geld zu tun, als hinge Leib und Seele daran; Gott und der Nächste wird verachtet und dem Mammon gedienet."[72] In seinen Unterhaltungen gibt LUTHER viele Beispiele für die Ausbreitung der Geldgier. Um ihr entgegenzuwirken, propagiert er eifrig die christlichen Gebote der Nächstenliebe als wirtschaftliche

[72] Johannes Aurifaber, Tischreden oder Colloquia Doct. Mart. Luthers, Eisleben 1566 (Reprint Leipzig 1967), S. 84.

Normen für die wahren Christen in der engeren Gemeinschaft kleinerer Produzenten, die die Not des Nächsten durch unentgeltliche Unterstützung und zinsloses Leihen lindern und nicht durch kapitalistische Geschäftspraktiken verschlimmern. Daß diese Gebote für das tatsächliche wirtschaftliche Geschehen nahezu ohne Bedeutung waren, wußte LUTHER selbst: So teilt JOHANNES AURIFABER mit: „Und sprach Doktor Luther: ich wollte gerne dem Geiz und dem Wucher wehren und sie gar ausrotten, ich vermags aber nicht zu tun; aber das wollte ich gerne wehren, daß der Geiz und Wucher nicht überhand nehmen.“ [73] In seinem letzten großen Bemühen, der zunehmenden sozialen Unsicherheit Halt zu gebieten, wendet er sich an alle Pfarrer: „Ich habe vor fünfzehn Jahren wider den Wucher geschrieben, da er bereits so gewaltig eingerissen war, daß ich keiner Besserung zu hoffen wußte; seit der Zeit hat er sich also erhoben, daß er nun auch kein Laster, Sünde oder Schande sein will, sondern läßt sich rühmen als eitel Tugend und Ehre, als tu er den Leuten große Liebe und christlichen Dienst.“ [74]

Über eine unverhüllte Form des Geldkapitals, die kleinen Produzenten auszupressen, spricht LUTHER sehr klar: „Aber da hinten in Sachsen um Lüneburg und Holstein, da macht man's recht grob, daß nicht wunder ist, ob einer den anderen fresse. Da nimmt man aufs Hundert nicht alleine neun, zehn oder wieviel man immer mag, sondern [sie] haben ein besonderes Stücklein daran gehänget, nämlich: Soll mir einer tausend Gulden tun auf Zins, so muß ich anstatt baren Geldes soviele Pferde, Kühe, Speck, Korn usw. nehmen, die er sonst vielleicht nicht mag loswerden oder nicht so teuer verkaufen, so daß ich kaum die Hälfte der Summe, fünfhundert Gulden, baren Geldes bekomme und muß doch für tausend Gulden zinsen, obschon mir die Ware und das Vieh nichts nutze sind oder kaum auf ein oder zweihundert Gulden mögen kommen. Ei, das sind freilich weder Straßenräuber noch Thronräuber, sondern Hausräuber und Hofräuber. Was soll man dazu sagen? Es sind nicht Leute, sondern Wölfe und unvernünftige Tiere, die nicht glauben, daß ein Gott sei.“ [75] Es sei nicht seine Aufgabe anzuzeigen, wo man fünf, vier oder sechs Prozent Zinsen nehmen solle, meint LUTHER. Ihm geht es darum, daß sich die Ausbeutung in Grenzen halte und die Arbeitskraft der produktiv Tätigen nicht zerstöre. Feudale und frühkapitalistische Ausbeutung vernichtete häufig deren Existenzgrundlage.

Indem LUTHER die von den Spätscholastikern zur Rechtfertigung gewisser kapitalistischer, mit dem Schein feudaler Gewohnheit umkleideter Transaktionen, deren sich auch die Feudalmacht Kirche bediente, vorgebrachten theoretischen Deduktionen zu entkräften trachtete, gelang es ihm, gelegentlich den ausbeute-

[73] Ebenda, S. 75.

[74] Martin Luther, An die Pfarrherrn, wider den Wucher zu predigen (1540), in: Martin Luther, Sämtliche Werke, hg. von Johann Konrad Irmischer, 23. Bd., Erlangen 1838, S. 282/283; Wiederabdruck in: Günter Fabiunke, Martin Luther als Nationalökonom, Berlin 1963, S. 193.

[75] Martin Luther, Von Kaufshandlung und Wucher, in: Hutten/Müntzer/Luther, Werke in zwei Bänden, Bd. 2, Berlin 1970, S. 240.

rischen Charakter solcher Transaktionen klarer als bisher herauszustellen. So analysiert er eine bestimmte Form des Wuchers, „nämlich den Zinskauf, darum, weil im selben ein hübscher Schein und [ein] Gleißen ist, wie man ohne Sünde andere Leute beschweren und ohne Sorge oder Mühe reich werden möge“ [76]. Dieser Zinskauf (d. i. Rentenkauf) tue jedoch „eben dasselbe Werk, das der Wucher tut, das ist, daß er alle Land, Städte, Herrn, Volk beschweret, aussaugt und in Verderben bringt, wie wir das sehen öffentlich in vielen Städten und Fürstentümern, welches kein [normaler] Wucher hätte können vollbringen“.[77]

Zuerst stellt LUTHER den Unterschied von Rentenkaufgewinn und Handelsgewinn plastisch heraus: „Wenn ich hundert Gulden habe, möchte ich mit ihnen im Handel durch meine Mühe und Sorge ein Jahr lang fünf, sechs oder mehr Gulden erwerben. Die tue ich von mir zu einem anderen auf ein fruchtbares Gut, daß nicht ich, sondern er mag damit handeln auf demselben. Drum nehme ich von ihm fünf Gulden, die ich hätte erwerben können, und also verkauft er mir die Zinse, fünf Gulden für hundert, und ich bin Käufer und er Verkäufer. Hier spricht man nun, der Zinskauf sei billig, dieweil ich hätte vielleicht mehr können gewinnen jährlich mit denselben Gulden, und das Interesse sei recht und angemessen.“ [78] Aber der Schein trüge, stellt LUTHER fest, denn tatsächlich sei das beim Handel vorhandene Risiko beim Rentenkauf nicht zu finden. „Wenn ich hundert Gulden habe und damit gewerben soll, mag mir hunderterlei Gefahr begegnen, so daß ich nichts gewinne, ja, noch viermal soviel verliere dazu, eben um desselben Geldes willen, oder aus Krankheit nicht beschaffen kann oder weder Ware noch Gut vorhanden ist und der Fälle unzählig viele, wie wir sehen, so daß der Verderben, Verlust, Schaden mehr sind als des Gewinnens.“ Die Rentenkäufer „gewinnen eben damit, damit andere Leute verlieren“ [79]. Gewinn aus Geldkapital und Gewinn aus Handelskapital seien somit verschiedene Dinge.

Danach zerstört LUTHER gründlich die Fiktion des Rentenkaufs, bei dem mit der Verleihung einer Geldsumme ein Kauf von Grund und Boden unterstellt wird, welcher dann nach feudal-naturalwirtschaftlicher Auffassung sozusagen von selber Gewinn abwirft. Er legt das Wesen dieser in die Form feudaler Ausbeutung gekleideten geldkapitalistischen Bereicherung so klar dar, daß er im Ergebnis dieser Untersuchung die Ahnung ausspricht, daß das Mehrprodukt das Erzeugnis der Mehrarbeit des unmittelbaren Produzenten ist.

Zunächst erklärt LUTHER, daß die vom feudalen Standpunkt selbstverständliche Annahme, Zins auf Geldkapital könne nur aus Grund und Boden erwachsen, überhaupt nicht selbstverständlich ist. „Es ist nicht die Natur des Gelds, daß es einen Grund kaufe, sondern es mag zufällig ein Grund feil werden auf Zins, wenn etliches Geld verfügbar sei, das geschieht aber nicht allem Grund, auch nicht allem Geld. Darum soll man den Grund nennen und genau bestimmen. Wenn das

[76] Ebenda, S. 228.
[77] Ebenda, S. 230.
[78] Ebenda, S. 231/232.
[79] Ebenda, S. 232.

geschähe, so würde wohl offenbar werden, wieviel Geld zinslos in dem Handel oder Kasten bleiben müßte, das jetzt Zinsen treibt . . ."[80] Ein solcher Kauf wäre nur unter der Bedingung wucherfrei, „daß der Zinsjunker seine Zinsen habe in aller Gefahr und ihrer ungewiß sei ebenso wie aller seiner anderen Güter. Denn der Zinsmann mit seinem Gut ist unterworfen Gottes Gewalt, dem Sterben, Erkranken, Wasser, Feuer, Luft, Hagel, Donner, Regen, Wölfen, Tieren und böser Menschen mannigfaltiger Beschädigung. Diese Gefahren allesamt sollen den Zinsherrn betreffen, denn auf solchen und nicht auf anderen Gründen stehen seine Zinsen."[81]

Luther spricht damit, ohne sich freilich der Konsequenzen seiner Feststellung bewußt zu sein, die Tatsache aus, daß der Zinsherr, also der Geldkapitalist, die Arbeit(skraft) des Zinsmannes kauft, daß also sein Zins aus der Mehrarbeit dieses Zinsmannes entsteht. „Also wo ich Zinsen auf einem benannten Grund kaufe, so kaufe ich nicht den Grund, sondern die Arbeit und Mühe des Zinsmanns auf dem Grund, damit er mir meine Zinsen bringe."[82] Wenn diese Arbeit aus nicht dem Arbeiter geschuldeten Umständen kein Mehrprodukt schaffe, meint Luther, dann solle der Geldkapitalist auch keinen Zins bekommen. „Also, wenn ihm nach getanem Fleiß seine Arbeit nicht gelinget, soll er und mag sagen zu seinem Zinsherrn frei: Dies Jahr bin ich dir nichts schuldig, denn ich habe dir meine Arbeit und Mühe, Zins zu bringen, auf dem und dem Gut verkauft, das ist mir nicht geraten, der Schaden ist dein und nicht mein, denn willst du ein Interesse mit haben zu gewinnen, muß du auch ein Interesse mit haben zu verlieren, wie das fordert die Art eines jeglichen Kaufs. Und welche Zinsherrn das nicht leiden wollen, die sind so fromm wie Räuber und Mörder und reißen aus dem Armen sein Gut und Nahrung. Weh ihnen!"[83]

Von dem Standpunkt, daß die Arbeit – nach Marx bekanntlich die Arbeitskraft – verkauft wird und jede Ausbeutung die Reproduktion dieser Arbeitskraft gewährleisten müsse, kommt Luther auf die im Feudalismus übliche Abgabe des Zehnten zu sprechen. Man könne alle Zinse dadurch in Ordnung bringen, „daß man den Zehnten oder wie es die Not erfordert, den Neunten oder Achten oder Sechsten nehme, verkaufe, stifte oder gebe. So bliebe alles fein gleich und stünde alles in Gottes Gnaden und Segen. Denn wenn der Zehnte ein Jahr wohl geriete, so trüge er viel dem Zinsherrn, geriete er übel, so trüge er wenig und es müßte also der Zinsherr die Gefahr und das Glück ebensowohl tragen wie der Zinsmann . . . Darum ist der Zehnte der allerfeinste Zins und von Anbeginn der Welt in Übung gewesen . . ." Luther schreibt weiter: „Nun aber der Zinskauf auf bestimmten gewissen Summen stehet, alle Jahr gleich zu reichen, es gerate oder gerate nicht, so müssen wohl Land und Leute verderben, denn er nimmt und kauft ungleiche Jahre für gleiche Jahre und arme Jahre für reiche Jahre."[84]

[80] Ebenda, S. 234. [81] Ebenda, S. 236.
[82] Ebenda.
[83] Ebenda.
[84] Ebenda, S. 241.

Da die Ausbeutung des Lohnarbeiters durch das produktive Kapital noch nicht zum vorherrschenden Produktionsverhältnis geworden war, konnte LUTHER auf diese Form der Mehrwertaneignung, die dem Arbeiter normalerweise das Existenzminimum beläßt, nicht verweisen. Auf der Suche nach der seines Erachtens zulässigen Ausbeutung wählt LUTHER eine tatsächlich über Jahrhunderte normale Form. Der Feudalismus in seinem aufsteigenden Stadium, bevor das Abgabensystem anwuchs, hatte das abzuschöpfende Mehrprodukt als einen den jeweiligen Bedingungen entsprechenden Anteil am Gesamtprodukt betrachtet. Dadurch war es möglich, sowohl die Mehrproduktaneignung als auch die Existenzerhaltung des Produzenten, also die feudale Ausbeutung überhaupt zu sichern. Indem LUTHER auf diese Form zurückkommt, verteidigt er weder ausdrücklich die feudale Produktionsweise noch rechtfertigt er das vielfältige System feudaler Abgaben; aber im Unterschied zu MÜNTZER verurteilt er es auch nicht. Seine Argumentation zeigt, wie sehr noch feudale Gedankenbahnen die bürgerliche Überlegung behindern. Dennoch spricht LUTHER das erste Mal im bürgerlichen ökonomischen Denken die Ahnung aus, daß das Mehrprodukt ein Teil des vom Arbeiter geschaffenen Gesamtprodukts ist.

Die Verteidigung des frühen Handelskapitals (KONRAD PEUTINGER)

Im folgenden soll die von vielen Seiten bekämpfte Gruppe der großen Handels- und Geldkapitalisten erwähnt werden, deren privilegierte, monopolistische Existenz mehr als die aller übrigen bürgerlichen Schichten von der Interessengemeinschaft mit Hochadel und Reichsgewalt abhing. Zielscheibe einer breiten und unwiderleglichen Kritik geworden, suchten die FUGGER, WELSER usw. nach Rückendeckung bei den Großen, die bei ihnen oft genug in der Kreide standen und die ihnen die Bewegungsfreiheit auf dem mitteleuropäischen Territorium sichern sollten. Deshalb nahmen die großen Handelshäuser in der anfangs unter religiösem Vorwand ausgetragenen Auseinandersetzung der Territorialfürsten untereinander und mit der Reichsgewalt eine abwartende, ja beschwichtigende Haltung ein, um ihr Streben nach Schaffung und Erhaltung eines nationalen (Monopol-)Marktes nicht zu gefährden. Als sich jedoch die Klassenfronten polarisiert hatten und die Bauern und Plebejer auf den Plan getreten waren, sahen sie sich genötigt, unter Führung der FUGGER bedingungslos an der Unterdrückung der revolutionären Kräfte teilzunehmen, deren Sieg ihren Untergang bedeutet hätte.

Als propagandistischer Wortführer, Apologet und Ideologe diente ihnen der Augsburger Ratsschreiber auf Lebenszeit KONRAD PEUTINGER, Neffe eines Großkaufmanns und mit den WELSER verschwägert. Er trat wiederholt in den zwanziger Jahren als Anwalt der Reichsstädte, d. h. der patrizischen Oberschicht, in der Antimonopoldebatte auf und formulierte dabei aus einer defensiven Position heraus einige bemerkenswerte ökonomische Einsichten, die ihrem Wesen nach gegen die feudale Produktionsweise gerichtet waren und unter entwickelten kapitalistischen Verhältnissen im 19. und 20. Jahrhundert zum ideologischen Gemeingut der Kapitalistenklasse und ihrer monopolistischen Spitze werden sollten.

Eine unheilschwangere Hauptleistung seiner handelsmonopolistischen Wirtschaftsideologie bestand darin, die begrifflichen Merkmale des Handelsmonopols in Abwehr seiner Gegner so eng zu fassen und zuzuspitzen, daß es demnach so etwas wie ein Monopol gar nicht geben könne. Neben das Kriterium des auf Absprachen beruhenden Preisdiktats und der Gemeinwohlschädigung, die freilich erst von Fall zu Fall erwiesen werden müsse, sowie neben die Lebensnotwendigkeit des monopolisierten Gutes tritt bei ihm als wichtigstes Charakteristikum die Konzentration aller verkäuflichen Waren in einer Hand.[85]

Indem PEUTINGER seinerseits den Vorwurf des Monopolismus gegen andere Berufsgruppen erhebt, stellt er damit den Feudalismus selbst implizit in Frage. Er schreibt: „Wir haben tagtäglich Beispiele dafür vor Augen, wie wegen der Absprachen zwischen Zunfthandwerkern, wonach jeder nur so und soviele Gesellen beschäftigen und nur eine bestimmte Arbeitsmenge verrichten dürfe, dem besseren Handwerker, der sein Gewerbe mit Fleiß ausübt, der die Verschwendung meidet und die Sparsamkeit liebt, stets der Bedürftige, Arme und Verschwender im Wege steht, der in der Arbeit lässig ist und sein Hab und Gut vergeudet."[86] Die uns Heutigen aus der staatsmonopolistischen Alltagsideologie vertraute Behauptung, daß „auch die Arbeiter und Werkleute um ihren Lohn und in anderer Weise ein Monopolium gebrauchen", fehlt ebenfalls bei ihm nicht.

Auch die positive Rechtfertigung der Tätigkeit von kaufmännischen Großunternehmen monopolistischer Prägung mutet fast modern an. So sei die Ausfuhr von Edelmetallen zumindest in bezug auf das in den deutschen Bergwerken geförderte Silber lebensnotwendig, während dagegen Goldmünzen vorwiegend nur von Kleinkaufleuten ins Ausland verbracht würden, die sich des Wechselgeschäfts nicht bedienen könnten. Im übrigen könne der internationale Warenaustausch über Ausfuhr und Einfuhr (d. h. mit ausgeglichener Bilanz) keine Schädigung des Gemeinwohls verursachen. Überhaupt ermögliche der Transithandel nicht nur den kleinen Kaufleuten und Bediensteten, die mit den großen Gesellschaften zusammenarbeiten und ihren Kapitalmangel dadurch ausgleichen, ein gutes Auskommen, sondern erbringe auch staatliche Einkünfte in Form von Zöllen, Steuern und Geleitgeldern. Die auf den Reichstagen vorgeschlagene Erhebung eines allgemeinen fünfprozentigen Zolls auf alle ein- oder auszuführenden Waren würde nicht nur die Rohstoffe verteuern, deren das Handwerk bedürfe, sondern auch den Export erschweren, von dem die Deutschen lebten, und müßte

[85] Vgl. Fritz Blaich, Die Reichsmonopolgesetzgebung im Zeitalter Karls V., Stuttgart 1967, S. 26.

[86] Aus dem Lateinischen nach: Clemens Bauer, Conrad Peutingers Gutachten zur Monopolfrage, in: Archiv für Reformationsgeschichte, Gütersloh 45 (1954) N. R. 1/2, S. 4, Peutinger-Denkschrift von 1523.

zu einer Umleitung der internationalen Handelswege zum Nachteil Deutschlands führen. Ein gänzliches Verbot des Fernhandels könne nur dazu führen, daß anstelle der deutschen dann ausländische Kaufleute das Geschäft mit den Waren machten, auf deren Einfuhr nicht verzichtet werden könne. Wollte man wegen der Gefahr von Verlusten durch Schiffbruch usw. (was sich auffälligerweise nicht nachteilig auf die Handelsprofite auszuwirken pflegte) den Deutschen verbieten, ihre Waren selbst zu transportieren, so würde der ausländische Käufer seine Lieferanten anderswo suchen. Die Festlegung von Höchstpreisen wiederum würde die deutschen Kaufleute ebenfalls vom Weltmarkt verdrängen und die Warenpreise erst recht in die Höhe treiben, wie das unlängst in Polen zu beobachten gewesen sei. Eine Kontingentierung der Warenmenge, die ein Kaufmann beziehen oder absetzen dürfe, würde sein Interesse am Handel beseitigen. Eine Beschränkung des Gesellschaftskapitals sei besonders schädlich, denn jeder wisse, daß der kommerzielle Nutzen um so größer ist, je größer das in Handelsunternehmen eingesetzte Kapital sei. Will man eine Geldkapitalhäufung („accumulationes pecuniarium capitalium") vermeiden, so solle man zum Zwecke der Streuung der Kapitale die Anzahl der Niederlassungen eher vergrößern als einschränken. Eine Publizitätspflicht der Gesellschaften sei jedenfalls beispiellos und unerhört.[87]

Gegen ein Verbot der Kreditaufnahme durch die Handelshäuser bei Geldbesitzern, das gegen die Kapitalhäufung gerichtet war und theoretisch mit Hilfe des kirchlichen Wucherverbots begründet wurde, betonte Peutinger die soziale Funktion des Kredits: „Es finden sich auch viele ehrenhafte Männer aus vornehmen Ständen, sowie Städter, Waisen und andere, die weder ein Handwerk noch eine Wissenschaft betreiben, die nicht im (Staats-)Dienst stehen oder sich anderswie aufziehen oder ernähren können als durch Verzehr ihres Vermögens oder mit Renten oder Zinsen. Und wenn sie nun vielleicht nur über von ihren Eltern ererbtes Bargeld verfügen, das sie gern in Renten anlegen möchten, so können sie solche nicht zu einem angemessenen Preis erwerben, da die zum Kauf angebotenen Immobilien stets schon durch gewisse andere [d. h. Kleriker] und noch dazu zu solch einem hohen Preis aufgekauft werden, daß heutzutage kaum jemand solche Grundstücke zu einem annehmbaren Preis erhalten kann."[88] Diese Aussage muß als grundsätzlich antifeudal gewertet werden, weil sie dem parasitären Geldprivileg implizit die freie Konkurrenz auf dem Grundstücks- und Rentenmarkt ebenso entgegensetzt wie oben dem zünftlerischen Privileg der Einkommensgarantie den freien, auf Leistung beruhenden Wettbewerb der Produzenten.

Dieser Art zu argumentieren setzt dann Peutinger noch die Krone mit einer Gutheißung, ja Verklärung des Eigennutzes auf, wenn er sagt: „Außerdem werden in dem vorgelegten Ratschlag (gegen die Monopole) und in mehreren seiner Artikel die Worte 'aigennutzig handtierungen' gebraucht, womit die Sorge

87 Vgl. ebenda, S. 38.
88 Ebenda, S. 40 (im Original latein.).

um den eigenen Vorteil in diesen Handelsgeschäften bezeichnet zu werden pflegt. Und damit wird ungerechterweise der Gesellschaft der Eigennutz zur Last gelegt, obwohl er nach dem Recht nicht nur im Handel, sondern auch in allen anderen Tätigkeiten erlaubt und niemand verboten ist. Demzufolge kommt es auch allen Kaufleuten und ihren Gesellschaften zu, den eigenen Nutzen zu suchen und zu pflegen, solange sie dabei nicht gegen das Gesetz verstoßen und dies um so mehr, als sie nicht nur ihr Hab und Gut, sondern auch ihr Leben Mühen und Gefahren aussetzen, während andere sorglos und in Muße Einkommen gewinnen."[89] Und wenig später heißt es: „Und so haben alle – sowohl Kleriker als Laien jedes Standes und Lebensalters, seien es nun Fürsten, Lehnsherrn, Adlige, Bürger, Kaufleute, Krämer, Handwerker, Bauern und alle anderen – das Recht, sich zu bereichern oder mit ihrem Vermögen Gewinne zu erzielen und dem eigenen Nutzen zu dienen – freilich auf ehrenhafte Weise."[90] Nachdem PEUTINGER so die wirtschaftliche Gleichberechtigung des Handelsherrn gegenüber dem Rentenbezieher, dem in Zünften und Gilden organisierten Handwerker und Kaufmann und – nicht ohne unfreiwilligen Zynismus – dem Bauern gegenüber betont hat, verherrlicht er das kaufmännische Kapital als Triebfeder des gesellschaftlichen Wohlstandes: „Wo nämlich vermögende Kaufleute ansässig sind, dort wächst der Unterhalt und das Fortkommen fast aller Handwerker", je mehr aber die Handelstätigkeit beschränkt werde, desto mehr versiegten auch die aus ihr erwachsenden Annehmlichkeiten des Lebens.[91] Folglich sei der Angriff gegen die Handelsgesellschaften aus Neid und Haß geboren und ziele darauf ab, „dem gemeinen Nutzen der deutschen Nation Schaden zuzufügen"[92]. Und die geplanten Beschränkungen der Aktivitäten und Großkaufleute werden von PEUTINGER ausdrücklich als nicht nur gegen das private, sondern auch gegen das Gemeinwohl gerichtet bezeichnet, und dies würde zu einem weit schlimmeren Monopol führen, als man es vielleicht bisher jemals erlebt habe.[93]

Indem PEUTINGER seine Gegenargumentation auf die Spitze treibt, offenbart er das Dilemma der frühkapitalistischen Bewegung in Deutschland: Einerseits gelangen ihre entschiedensten Vertreter in konsequenter Aufdeckung und Fortführung der bereits weithin akzeptierten frühbürgerlichen ideologisch-wirtschaftlichen Normen zur gesellschaftstheoretischen Überwindung der Schranken, die durch das feudale Ständesystem mit seiner noch immer naturalwirtschaftlich interpretierten Grundlage gezogen sind. Anderseits können sie trotz der theoretischen Formulierung von Leitlinien einer kapitalistischen Wirtschaftspolitik, die ihre Rechtfertigung aus gesamtwirtschaftlichen Erwägungen abzuleiten trach-

[89] Ebenda, S. 37 (im Original latein.).
[90] Ebenda, S. 39 (im Original latein.).
[91] Ebenda, S. 6.
[92] Ebenda, S. 39.
[93] Ebenda, S. 38: „ille ergo sic constrictus negociandi modus, cum expresse sit contra non solum privatam, sed eciam contra omnem publicam utilitatem et ideo maius monopolium induceret quam forte hactenus est auditum".

tet, dabei aber das feudale Reservat der Landwirtschaft außerhalb der Betrachtung läßt und überhaupt noch nicht näher auf die Produktionsseite der Wirtschaft eingehen kann, einen für breite Schichten gangbaren Weg aus dem Feudalismus heraus nicht weisen, weil das Existenzinteresse des Handels- und Geldkapitals eine enge Bindung an die Feudalmacht nötig machte.

3. KAPITEL

Zur Herausbildung und Entwicklung des Monetarismus während der Entstehung des Manufakturkapitalismus (16. Jh. bis Mitte des 17. Jh.)

1. Zu den Bedingungen des Monetarismus

Im vorangegangenen Kapitel ist dargelegt, daß im Verlauf der sozialen Auseinandersetzungen während der ersten frühbürgerlichen Revolution in Europa Versuche unternommen wurden, die feudalen Erkenntnisschranken des ökonomischen Denkens zu überwinden. Damit wurden geistige Voraussetzungen geschaffen für die Herausbildung der vorklassischen bürgerlichen theoretischen Ökonomie während der Zeitspanne bis zur nächsten großen bürgerlichen Revolution, nämlich jener in England, die das europäische Kräfteverhältnis zwischen Feudalismus und entstehendem Manufakturkapitalismus entscheidend zugunsten des letzteren veränderte. Diese Feststellung wirft Fragen auf nach der sozialökonomischen Basis und den tragenden Klassenkräften der vorklassischen bürgerlichen theoretischen Ökonomie, nach ihren Grundzügen, nach den Etappen ihrer Herausbildung und Entwicklung und nach der feudalen Reaktion auf die Herausbildung einer bürgerlichen theoretischen Ökonomie, die ja vom klassenmäßigen Standpunkt eine qualitativ neue Erscheinung in die Geschichte des ökonomischen Denkens hineintrug.

Der fundamentale Ausgangspunkt aller Überlegungen zu diesem Problemkreis ist eine Charakteristik von MARX, die wegen ihrer grundsätzlichen Bedeutung vollständig wiedergegeben wird. MARX schreibt: „Wie eine allgemeine Goldgier Völker und Fürsten im 16. und 17. Jahrhundert, die Kindheitsperiode der modernen bürgerlichen Gesellschaft, in überseeische Kreuzzüge nach dem goldnen Gral jagte, so proklamierten die ersten Dolmetscher der modernen Welt, die Urheber des Monetarsystems, wovon das Merkantilsystem nur eine Variante ist, Gold und Silber, d. h. Geld, als den einzigen Reichtum. Richtig sprachen sie den Beruf der bürgerlichen Gesellschaft dahin aus, Geld zu machen, also, vom Standpunkt der einfachen Warenzirkulation, den ewigen Schatz zu bilden, den weder Motten noch Rost fressen. Es wird dem Monetarsystem nicht damit geantwortet, daß eine Tonne Eisen vom Preis von 3 Pfd. St. eine ebenso große Wertgröße als 3 Pfd. St. Gold ist. Es handelt sich hier nicht um die Größe des Tauschwerts, sondern um seine adäquate Form. Wenn das Monetar- und Merkantilsystem den Welthandel und die unmittelbar in den Welthandel mündenden besonderen Zweige der nationalen Arbeit als die einzig wahren Quellen von Reichtum oder Geld auszeichnet, ist zu erwägen, daß in jener Epoche der größte Teil der nationalen Produktion sich noch in feudalen Formen bewegte und als unmittelbare Subsistenzquelle den Produzenten selbst diente. Die Produkte verwandelten sich großenteils nicht in

Waren und daher nicht in Geld, gingen überhaupt nicht in den allgemeinen Stoffwechsel ein, erschienen daher nicht als Vergegenständlichung der allgemeinen abstrakten Arbeit und bildeten in der Tat keinen bürgerlichen Reichtum. Geld als Zweck der Zirkulation ist der Tauschwert oder der abstrakte Reichtum, nicht irgendein stoffliches Element des Reichtums, als bestimmender Zweck und treibendes Motiv der Produktion. Wie es der Vorstufe der bürgerlichen Produktion entsprach, hielten jene verkannten Propheten an der gediegenen, handgreiflichen und glänzenden Form des Tauschwerts fest, an seiner Form als allgemeine Ware im Gegensatz zu allen besonderen Waren. Die eigentlich bürgerlich ökonomische Sphäre der damaligen Zeit war die Sphäre der Warenzirkulation. Vom Gesichtspunkt dieser elementarischen Sphäre aus beurteilten sie daher den ganzen verwickelten Prozeß der bürgerlichen Produktion und verwechseln Geld mit Kapital. Der unauslöschliche Kampf der modernen Ökonomen gegen das Monetar- und Merkantilsystem rührt großenteils daher, daß dieses System in brutal-naiver Form das Geheimnis der bürgerlichen Produktion ausplaudert, ihr Beherrschtsein durch den Tauschwert. Ricardo, wenn auch zum Behuf falscher Nutzanwendung, bemerkt irgendwo, daß selbst in Zeiten der Hungersnot Getreide eingeführt wird, nicht weil die Nation hungert, sondern weil der Kornhändler Geld macht. In der Kritik des Monetar- und Merkantilsystems fehlt die politische Ökonomie also, indem sie dieses System als bloße Illusion, als nur falsche Theorie befeindet, nicht als barbarische Form ihrer eigenen Grundvoraussetzung wiedererkennt. Zudem behält dieses System nicht nur ein historisches Recht, sondern innerhalb bestimmter Sphären der modernen Ökonomie volles Bürgerrecht. Auf allen Stufen des bürgerlichen Produktionsprozesses, wo der Reichtum die elementarische Form der Ware annimmt, nimmt der Tauschwert die elementarische Form des Geldes an, und in allen Phasen des Produktionsprozesses fällt der Reichtum immer wieder für einen Augenblick in die allgemeine elementarische Form der Ware zurück. Selbst in der entwickeltsten bürgerlichen Ökonomie werden die spezifischen Funktionen des Goldes und Silbers als Geld im Unterschied von ihrer Funktion als Zirkulationsmittel und im Gegensatz zu allen übrigen Waren nicht aufgehoben, sondern nur beschränkt, behalten also Monetar- und Merkantilsystem ihr Recht."[1]

Klassencharakter und Entwicklungsetappen des Monetarismus

Bei einer näheren Betrachtung der Marxschen Einschätzung fällt zunächst auf, daß wiederholt der bürgerliche Klassencharakter des Monetarismus hervorgehoben wird. Marx stellt fest, daß die Monetaristen die „moderne", d. h. kapitalistische Welt „vom Standpunkt der einfachen Warenzirkulation" betrachten. Wenn sie auch diesen bürgerlichen Standpunkt einnehmen, betrachten

[1] Karl Marx, Zur Kritik der Politischen Ökonomie, in: MEW, Bd. 13, Berlin 1961, S. 133/134.

sie doch von dort aus nicht nur Zirkulationserscheinungen, nicht nur den Welthandel; sie zeichnen „die unmittelbar in den Welthandel mündenden besondern Zweige der nationalen Arbeit“ aus. Marx geht sogar so weit zu erklären, daß sie vom Zirkulationsstandpunkt „den ganzen verwickelten Prozeß der bürgerlichen Produktion“ beurteilen.

Im folgenden wird auf den Zusammenhang der grundsätzlichen sozialen Auseinandersetzung zwischen Bürgertum und Feudalismus mit der Herausbildung und Entwicklung des Monetarismus eingegangen, bevor die monetaristischen Theorien im einzelnen untersucht werden. Allgemein kann festgestellt werden, daß die vorklassische bürgerliche Ökonomie, die nicht nur den Monetarismus umfaßt, die Krise des Feudalismus zwischen zwei bürgerlichen Revolutionen, zwischen der frühbürgerlichen deutschen und der bürgerlichen englischen Revolution, widerspiegelt. In dem Ausmaß, wie das europäische Bürgertum nach der Niederlage der frühbürgerlichen Revolution in Deutschland wieder erstarkt, den antifeudalen Kampf führt und neue Formen der Klassenauseinandersetzung erprobt, entwickelt sich auch seine ökonomische Theorie. Die sozialökonomische Grundlage für diese wirtschaftliche Auseinandersetzung ist der Prozeß der sogenannten ursprünglichen Akkumulation des Kapitals, der der vorklassischen bürgerlichen Theorie bei aller Differenziertheit und Entwicklung einen einheitlichen Charakter verleiht. Auf dieser Grundlage entwickelt sich im Verlauf von eineinhalb Jahrhunderten der Monetarismus und die ihm folgende ökonomische Theorie, die in England als Merkantilismus erscheint.

Der Monetarismus entstand am Anfang der manufakturkapitalistischen Entwicklung, als sich die wirtschaftlichen Positionen des Kapitals im Zirkulationsbereich stärkten, die städtische und ländliche Produktion sich in breitem Maße auf den überregionalen und Fernhandel ausrichtete, als sich mit dem kapitalistischen Pachtsystem und den frühen Manufakturen keimweise kapitalistische Produktionsverhältnisse herauszubilden begannen und die Beseitigung schwerwiegender feudaler Hemmnisse in der Zirkulation eine Grundvoraussetzung für den weiteren bürgerlichen Fortschritt wurde. Er knüpfte an die frühbürgerlichen ökonomischen Auffassungen an und entwickelte vor allem deren Ansätze einer volkswirtschaftlichen Betrachtung zur ersten systematischen Untersuchung der Geld- und Güterströme unter den Bedingungen einer sich auf den entstehenden Weltmarkt orientierenden und vorwiegend extensiv erweiternden Warenproduktion. Marx bemerkt, „daß das Monetarsystem die Produktion für den Weltmarkt und die Verwandlung des Produkts in Ware, daher in Geld, richtig als Voraussetzung und Bedingung der kapitalistischen Produktion verkündet“[2]. Der Monetarismus forderte die Anpassung der Ein- und Ausfuhrbestimmungen sowie vor allem der Münzgeldwirtschaft an die Bedürfnisse der wirtschaftlichen Entwicklung und die Beseitigung feudaler Preisbindungen. Da dieser Weltmarkt bei noch relativ geringer Arbeitsteilung eine durch Ländergrenzen und Territorialgewalten

[2] Karl Marx, Das Kapital, Dritter Band, in: MEW, Bd. 25, Berlin 1964, S. 792/793.

nicht behinderte Zirkulation des Edelmetallgelds zu seinem Wert erforderte, untersuchte der Monetarismus das Wirken des Wertgesetzes besonders in der Münzgeldzirkulation. Er ist das erste selbständige ökonomische Gedankengebäude, das den Namen einer bürgerlichen ökonomischen Theorie verdient. Die monetaristische Theorie wurde bis zur herausgebildeten absolutistischen Herrschaftsform in den fortgeschrittensten europäischen Ländern vom breiten Bürgertum vertreten. Sie wendete sich gegen die feudale ökonomisch-theoretische Verteidigung der bestehenden Wirtschaftsverhältnisse.

Die Situation änderte sich mit der Herausbildung des Absolutismus. Die Autoren des historischen Grundrisses „Klassenkampf – Tradition – Sozialismus" schreiben: „Der Absolutismus war eine während der Übergangsepoche vom Feudalismus zum Kapitalismus auftretende Form feudaler Klassenherrschaft. Das Wachstum kapitalistischer Produktionsverhältnisse im Schoße der Feudalgesellschaft und das allmähliche Erstarken des Manufakturbürgertums schufen in fortgeschrittenen europäischen Feudalstaaten eine Klassenkonstellation, die es ermöglichte, die Interessen des Adels dem Gesamtinteresse des feudalen Staates unterzuordnen. So konnte die vom Monarchen repräsentierte Staatsmacht zeitweilig als 'scheinbare Vermittlerin' zwischen Bürgertum und Adel auftreten und 'momentan eine gewisse Selbständigkeit gegenüber beiden'[3] erhalten, wie zum Beispiel in Frankreich. Durch die Ausbildung dieser Staatsform wurde die Feudalherrschaft den Bedingungen des Übergangs vom Feudalismus zum Kapitalismus angepaßt. Die herrschende Klasse schuf sich neue Mittel, den wachsenden Widerstand der Volksmassen niederzuhalten und ihre Macht noch einmal zu stabilisieren."[4]

Unter diesen neuen Bedingungen des Absolutismus führten Sprecher der Handels- und Manufakturbourgeoisie die monetaristischen Erkenntnisse aus dem Zirkulationsbereich weiter und ergänzten sie durch Überlegungen zur Warenproduktion. Marx schreibt: „Das Monetarsystem z. B. setzt den Reichtum noch ganz objektiv, als Sache außer sich im Geld. Gegenüber diesem Standpunkt war es ein großer Fortschritt, wenn das Manufaktur- oder kommerzielle System aus dem Gegenstand in die subjektive Tätigkeit – die kommerzielle und Manufakturarbeit – die Quelle des Reichtums setzt, aber immer noch bloß diese Tätigkeit selbst in der Begrenztheit als geldmachend auffaßt."[5]

Dieses „kommerzielle oder Manufaktursystem" nahm in England die Gestalt des Merkantilismus an und begann mit jener Zeit, als sich am Anfang des 17. Jahrhunderts, vor dem Ausbruch der englischen Revolution, die Klassenauseinander-

[3] Friedrich Engels, Der Ursprung der Familie, des Privateigentums und des Staats, in: MEW, Bd. 21, Berlin 1962, S. 167.

[4] Klassenkampf – Tradition – Sozialismus. Von den Anfängen der Geschichte des deutschen Volkes bis zur Gestaltung der entwickelten sozialistischen Gesellschaft in der Deutschen Demokratischen Republik, Grundriß, Berlin 1974, S. 178.

[5] Karl Marx, Einleitung zur Kritik der Politischen Ökonomie, in: MEW, Bd. 13, Berlin 1961, S. 634.

setzungen verschärften und das englische Handelskapital als die stärkste Fraktion des Bürgertums die Verteidigung der wirtschaftlichen Interessen gegen den Feudalismus übernahm, freilich unter Voranstellung seiner Sonderinteressen. Die monetaristischen Erkenntnisse wurden so zum Merkantilismus, der ersten *kapitalistischen* theoretischen Ökonomie fortgeführt, die unmittelbar die klassische politische Ökonomie des Bürgertums vorbereitete.

Dem Monetarismus liegt ein bestimmtes Kräfteverhältnis zugrunde. Die feudale Position war durch das allmähliche Vordringen frühkapitalistischer Wirtschaftsformen so weit erschüttert worden, daß die großen Feudalherren ihre Machtstellung nur noch mit der Unterstützung einiger großer Geldkapitalisten behaupten konnten. Aber auch die Geldkapitalisten als die wirtschaftlich mächtigste Gruppe des Bürgertums waren in gewissem Maße auf diese Art der Verwertung angewiesen, denn die frühkapitalistischen Formen in der Produktion waren noch zu schwach, so daß dem Kapital größere produktive Anlagemöglichkeiten fehlten. Indem die Kapitalisten ihre Gelder den Feudalherren zur Verfügung stellten, begaben sie sich in eine doppelte Abhängigkeit. Sie konnten – erstens – keinen Einfluß auf die Verwendung ihrer verliehenen Gelder nehmen, und sie standen – zweitens – immer in der Gefahr, mit dem Ruin ihres Schuldners ebenfalls zu stürzen. Diese Abhängigkeit erklärt, warum der Monetarismus wohl gebieterisch die Anpassung der vorgefundenen Zirkulationsbedingungen an die allgemeinen bürgerlichen Interessen fordert, aber noch nicht aus kapitalistischer Sicht die Produktionsbedingungen in seine Untersuchung einbezieht. Er berücksichtigt nur die *Auswirkungen* der Zirkulation auf die *bürgerliche Produktion schlechthin.*

Das Kräfteverhältnis ändert sich in England früher als in Kontinentaleuropa. Aus der allgemeinen theoriegeschichtlichen Sicht findet es auf dem europäischen Kontinent sogar ein spektakuläres Ende. Als nämlich die FUGGER 1650 mit dem Staatsbankrott Spaniens ihr gesamtes Geldvermögen verloren, war nicht nur der Niedergang eines großen Handelshauses besiegelt, dessen Reichtum vor allem der sogenannten ursprünglichen Akkumulation des Kapitals *vor* der Verlagerung der Handelswege entstammte.[6] Es hatte eine bestimmte Form des Kräfteverhältnisses ebenfalls Bankrott gemacht. Der diesem Verhältnis entsprechende Klassenkompromiß zwischen Feudalherrn und großem Kapital auf der Grundlage einer wechselseitigen finanziellen Abhängigkeit hatte sein Ende gefunden; er zeigte damit auch an, daß der Monetarismus als Ausdruck dieses zu Ende gehenden Kräfteverhältnisses nicht mehr die bestmögliche theoretische Waffe zur Verteidigung bürgerlicher Wirtschaftsinteressen war. Zur Anpassung an die neuen Probleme unter absolutistischen Bedingungen mußten einige monetaristische Einseitigkeiten überwunden und einige Erkenntnisse vertieft werden, so daß sich schließlich das „kommerzielle oder Manufaktursystem“ bzw. der Merkantilismus in der vorklassischen theoretischen Ökonomie herausbildete.

[6] Vgl. Albert Norden, Herrscher ohne Krone, Berlin 1973.

In diesem Zeitraum zwischen der frühbürgerlichen Revolution und dem Bankrott der FUGGER vollzog sich die Entwicklung des Monetarismus entsprechend dem Verlauf der sogenannten ursprünglichen Kapitalakkumulation unter den Bedingungen des damaligen Kräfteverhältnisses zwischen Feudalismus und Bürgertum vor Herausbildung des Absolutismus in drei Abschnitten. Diese Abschnitte lassen sich generell wirtschaftsgeschichtlich begründen; ihre Ausprägung finden sie in den einzelnen europäischen Ländern in unterschiedlichem Maße, abhängig von der Dringlichkeit der Beschäftigung mit brennenden ökonomischen Problemen.

Der *erste* Abschnitt entspricht jenem Zeitraum im Prozeß der sogenannten ursprünglichen Akkumulation, in dem vor allem das im europäischen Handel tätige Kapital wesentlich dazu beiträgt, daß einerseits die feudalen Produktionsverhältnisse unterminiert werden und die Naturalwirtschaft verstärkt den Ware-Geld-Beziehungen weichen muß und anderseits die noch vorwiegend einfache Warenwirtschaft die Möglichkeit einer breiteren Entfaltung erhält. In diesem Abschnitt entsteht in den ersten Jahrzehnten des 16. Jahrhunderts der frühe Monetarismus, der vor allem die Interessen der einfachen Warenproduzenten und des Handelskapitals an einem geordneten Münzgeldsystem zum Ausdruck bringt. Er wendet sich gegen die feudalen Versuche, mit dem Argument, daß im Geld schlechthin der Reichtum zu sehen sei, die Stabilisierung des Münzgeldsystems zu vernachlässigen oder bewußt zu hintertreiben. Die bürgerlichen Schriftsteller mußten deshalb genauer untersuchen, *unter welchen Bedingungen* Geld Reichtum darstellt.

Der *zweite* Abschnitt kennzeichnet den Höhepunkt des Monetarismus um die Mitte des 16. Jahrhunderts. Der Prozeß der sogenannten ursprünglichen Akkumulation gewinnt vor allem dadurch an Tiefe, daß sich in England die kapitalistischen Produktionsverhältnisse in der Landwirtschaft beschleunigt durchsetzen. Die kapitalistische Warenproduktion erhält somit eine breitere Basis; die sozialen Voraussetzungen für die Herausbildung der kapitalistischen Produktionsweise werden durch die gewaltige Ausmaße erreichende Enteignung der unmittelbaren Produzenten von ihren Produktionsbedingungen erweitert. Der nun voll ausgebildete Monetarismus bringt nicht mehr nur die Interessen der einfachen Warenproduzenten und des Handelskapitals an einem geordneten Münzgeldsystem zum Ausdruck; er fordert darüber hinaus gleiche Entfaltungsmöglichkeiten für alle Zweige der landwirtschaftlichen und gewerblichen Produktion. In diesem Zusammenhang entwickelt sich die monetaristische Profitauffassung.

Der *dritte* Abschnitt beginnt in der zweiten Hälfte des 16. Jahrhunderts. Die durch die geographischen Entdeckungen ausgelöste Revolution im Welthandel führt zu einem wachsenden Angebot des aus dem großen Überseehandel gewonnenen Geldkapitals, das infolge der geringen produktiven Anlagemöglichkeiten zu einem größeren Teil im Zirkulationsbereich bleibt. Der Monetarismus beschreibt diese neuen Erscheinungen, aber er versagt letztlich bei der Interpretation der Kapitalbewegungen im Zirkulationsbereich, die er mit dem Umlauf des gemünzten Geldes in Zusammenhang bringt. Seine Unfähigkeit, die neuen Momente im Zirkulationsbereich durch eine tiefere Analyse zu erklären, machen die grundsätzlichen Grenzen der monetaristischen Betrachtungsweise deutlich.

Der wirtschaftliche Hintergrund

Dem heutigen Leser, soweit er über keine speziellen wirtschaftsgeschichtlichen Kenntnisse jener Zeit verfügt, fällt es naturgemäß schwer, die damalige Bedeutung der monetaristischen Wirtschaftsanalysen zu ermessen. Er erfaßt nicht den vollen Inhalt der MARXschen Feststellung, daß es sich um „die ersten Dolmetscher der modernen Welt" handelt. Deshalb muß hier in einigen Zügen angedeutet werden, wie sich der Übergang von der feudalen zur kapitalistischen Produktionsweise vollzog.[7]

MARX schildert, wie der verstärkte Welthandel die Ausrichtung auch jener Produktion änderte, die unter feudalen Bedingungen nur gelegentlich überschüssige Produkte als Waren auf den Markt brachte und nun dazu überging, regelmäßig Waren anzubieten: „... und so erhält die inländische Produktion selbst eine auf die Zirkulation, das Setzen von Tauschwerten gerichtete Tendenz. Zunächst ist die Wirkung mehr stofflich. Der Kreis der Bedürfnisse ist erweitert; der Zweck ist die Befriedigung der neuen Bedürfnisse, und daher größere Regelmäßigkeit und Vermehrung der Produktion. Die Organisation der inländischen Produktion selbst ist bereits modifiziert durch die Zirkulation und den Tauschwert; aber noch nicht, weder über ihre ganze Oberfläche noch in ihrer ganzen Tiefe von ihr ergriffen." Die Veränderungen in der Produktion hingen von der Wirksamkeit des Handels und von dem Entwicklungsstand in den Produktionsverhältnissen ab. Für England war zum Beispiel im 16. Jahrhundert die überschüssige Wolle für den Austausch gegen die niederländischen Waren ausschlaggebend. Um mehr Wolle zu produzieren, wurde Ackerland in Schafweide verwandelt, das feudale Pachtsystem aufgebrochen, Privat- und Gemeindeland von den Großgrundbesitzern angeeignet und eingezäunt. „Die Agrikultur verlor also den Charakter der Arbeit für den Gebrauchswert und den Austausch ihres Überschusses, den gegen sie in ihrer innern Konstruktion betrachtet gleichgültigen Charakter. Die Agrikultur ward an gewissen Punkten selbst rein durch die Zirkulation bestimmt, in Tauschwert setzende Produktion verwandelt. Damit wurde die Produktionsweise nicht nur verändert, sondern alle alten Populations- und Produktionsverhältnisse, ökonomische Verhältnisse, die ihr entsprachen, auf-

[7] Vgl. auch Jürgen Kuczynski, Die Geschichte der Lage der Arbeiter unter dem Kapitalismus, Bd. 26: Zur politökonomischen Ideologie in England und andere Studien, Berlin 1965, S. 5–25; ders., Studien zu einer Geschichte der Gesellschaftswissenschaften, Bd. 1, Berlin 1975, S. 116–127; Fritz Behrens, Grundriß der Geschichte der politischen Ökonomie, Bd. 1. Die politische Ökonomie bis zur bürgerlichen Klassik, Berlin 1962, S. 78–86.

gelöst. So war der Zirkulation hier vorausgesetzt eine Produktion, die nur als Überschuß Tauschwerte schuf; aber sie ging zurück in eine Produktion, die nur noch mit Beziehung auf die Zirkulation stattfand, in Tauschwerte als ihren ausschließlichen Inhalt setzende Produktion."[8]

Unter solchen Bedingungen entstand eine sich verstärkende Orientierung der Produzenten auf den Tauschwert; es bildete sich jene Auffassung heraus, die Geld als die Form des Reichtums schlechthin auffaßt. Diese stützt sich auf die Tatsache, daß Geld um so schwieriger zu haben war, je weniger die Warenform die allgemeine Form des Produktes war. MARX schreibt: „Je weniger der Charakter des Produkts als Ware sich entwickelt, je weniger sich der Tauschwert der Produktion in ihrer ganzen Breite und Tiefe bemächtigt hat, desto mehr erscheint Geld als der eigentliche Reichtum, als solcher, als der allgemeine Reichtum, gegenüber seiner beschränkten Darstellungsweise in Gebrauchswerten."[9]

Am Anfang manufakturkapitalistischer Produktion konnten zum Beispiel einzelne Länder allein vermöge ihrer Silberproduktion an die Spitze der wirtschaftlichen Mächte rücken. In ihren Händen war das Edelmetall nicht die verwandelte Form der Ware, sondern unmittelbares Produkt und Ware, die in jede beliebige Handelsware umgetauscht werden kann. Zudem waren viele Waren wegen der geringen Arbeitsteilung zwischen den Ländern überhaupt nicht im Austausch gegen andere Waren zu erhalten, sondern nur gegen Edelmetalle. So mußten zum Beispiel Holz, Teer, Pech, Hanf und andere Produkte in großem Umfang aus Rußland eingeführt werden, das aber wenig europäische Fertigwaren abnahm und sich mit Edelmetallen bezahlen ließ.[10]

Die Rolle des Geldes im Welthandel entsprach seiner Rolle in der inländischen Wirtschaft. Die unmittelbaren ländlichen Produzenten mußten die Feudalabgaben meist in Geld entrichten; soweit sie verschuldet waren, brauchten sie Geld für die Zinszahlungen. Die Landesherren benötigten Geld nicht nur wie alle Feudalherrn für persönliche konsumtive Zwecke und nicht nur für die Bezahlung der Söldnerheere. Auch die erforderliche Zentralisierung des gesamten Staatslebens schlug sich in Kosten für die Verwaltung nieder, deren Beamte meist nicht voll in Geld ausgezahlt werden konnten. So teilt zum Beispiel der schlesische Ritter HANS VON SCHWEINICHEN mit, ihm sei 1593 bei seiner Anstellung als fürstlich liegnitzischer Hofmarschall bewilligt, „zur Besoldung zu geben 150 Taler an Geld, 30 Taler für Kleidung, 2 Malter Korn, $1/2$ Schock Karpfen, 1 Schock Hechte, 2 Zuber Fische, 1 Spickschwein, 3 Viertel Goldbergisch Bier und 4 Haufen Holz, mit welcher ich denn auch zufrieden war".[11] Und nicht einmal die unmittelbar an der Münzproduktion Beteiligten erhielten ihren vollen Lohn in Geld. So betrug 1556 die Besoldung eines Wardeins und geschworenen Probierers

[8] Karl Marx, Grundrisse der Kritik der politischen Ökonomie, Berlin 1974, S. 168.

[9] Karl Marx, Das Kapital, Dritter Band, in: MEW, Bd. 25, Berlin 1964, S. 611.

[10] Vgl. Ernst Kaemmel, Finanzgeschichte, Berlin 1966, S. 227.

[11] Engelbert Hegaur (Hrsg.), Memorial-Buch der Fahrten und Taten des schlesischen Ritters Hans von Schweinichen, München o. J., S. 455/456.

der Münze zu Dresden, der also die Münzen und dazu verwendeten Legierungen auf ihren Gehalt zu untersuchen hat, „50 Gulden an jährlichem Dienstgeld, die Kost zu Hofe, gewöhnliche Sommer- und Winterkleidung und soviel Kohlen, als er zum Probieren bedürfe; es sind dies die damals allgemein üblichen Sätze der Entlohnung, die wir in fast allen Bestallungen finden"[12].

Angesichts dieser wirtschaftlichen Verhältnisse war es nicht verwunderlich, daß nicht nur von Dichtern die Macht des Goldes gepriesen oder verurteilt wurde. Christoph Kolumbus zum Beispiel schreibt 1503 aus Jamaika: „Gold ist ein wunderbares Ding! Wer dasselbe besitzt, ist Herr vor allem, was er wünscht. Durch Gold kann man Seelen in das Paradies gelangen lassen."[13]

Aus den Bedingungen, die das Geld als den eigentlichen Reichtum erscheinen lassen, ergibt sich auch die Vorstellung vom Schatz. Die Einsicht, daß das Geld eine Funktion als Schatzmittel auszuüben hat, spiegelt die historische Mission der sogenannten ursprünglichen Kapitalakkumulation wider. Sie zeigt das metallische Geld als unentwertbaren, stets verwendbaren Schatz, als die eigentliche Form potentiellen Reichtums, der jedoch während der Anfänge der manufakturkapitalistischen Entwicklung, unter den Bedingungen der geringen vorgefundenen Verwendungsmöglichkeiten, wohl unentwertbar, aber zum Teil auch unverwertbar war. Tatsächlich, schreibt Marx, ist „das Aufhäufen des Geldes um des Geldes willen die barbarische Form der Produktion um der Produktion willen, d. h. Entwicklung der Produktivkräfte der gesellschaftlichen Arbeit hinaus über die Schranken herkömmlicher Bedürfnisse. Je unentwickelter die Warenproduktion, um so wichtiger ist die erste Verselbständigung des Tauschwerts als Geld, die Schatzbildung . . ."[14]

Die Auffassung vom Geld als Reichtum schlechthin erfaßt also nur einen Zustand, wie er erscheint, und erklärt noch keine Vorgänge. Sie konnte daher, wie bereits erwähnt, leicht zur Verschleierung feudaler Wirtschaftspolitik gegen das Bürgertum gebraucht werden. Wenn die Münzherren unter Ausnutzung des unzulänglichen Geldwesens Münzverschlechterungen zur eigenen Bereicherung vornahmen, so mußten sie ihre Interessen ideologisch verhüllen. Geld, stellten sie fest, sei Reichtum schlechthin; vermehrte Geldausgabe helfe also einen Mangel an inländischen Zirkulationsmitteln beseitigen, bereichere das Land und befreie den Fürsten von der Notwendigkeit, zusätzliche Steuern zu erheben.

In der Auseinandersetzung zwischen Feudalismus und Bürgertum sahen sich die Vertreter des letzteren gezwungen, den oberflächlichen Charakter dieser Argumentation aufzudecken, die Vorstellungen über das Geld zu vertiefen und zu klären, unter welchen Bedingungen Geld Reichtum darstellt und wie der Geldreichtum im Interesse des Bürgertums vermehrt werden kann.

Die monetaristische Diskussion entzündete sich an zwei Erscheinungen: an den

[12] Arthur Suhle, Die Münze, Leipzig 1969, S. 149.

[13] Vgl. Karl Marx, Zur Kritik der Politischen Ökonomie, in: MEW, Bd. 13, Berlin 1961, S. 133.

[14] Ebenda, S. 111/112.

Preissteigerungen und an den *Münzverschlechterungen* in Europa. Da das Verständnis beider Erscheinungen für die Erklärung des Monetarismus unerläßlich ist, seien zunächst einige Ausführungen zu den Preissteigerungen gemacht.

Ernst Kaemmel schreibt, es bleibe dahingestellt, ob die Edelmetallversorgung Europas um die Mitte des 16. Jahrhunderts für die damaligen wirtschaftlichen Bedürfnisse Europas ausreichend war. In der Literatur werde die Frage verschieden beurteilt. „Der für die europäische Münzgeldwirtschaft in dieser Periode auffallendste, allgemein bekannte und verschieden beurteilte und kommentierte Tatbestand war die zwischen 1550 und 1560 einsetzende und sich ständig steigernde Einfuhr von Silber und Gold aus Amerika, aus Ostindien und aus Westafrika, und zwar gleichzeitig mit einer recht erheblichen Steigerung der Gold- und Silberproduktion in Europa selbst.

Etwa zu der gleichen Zeit begann in Europa – von Land zu Land mit geringen zeitlichen Unterschieden – eine kontinuierliche Preissteigerung fast aller Rohstoffe und Fertigprodukte mit ungleichmäßigen Auswirkungen auf Produktion, Vorratshaltung, Zirkulation, Umfang des Handels, Bevölkerungsentwicklung und Lebenshaltung in den davon betroffenen Ländern. Am stärksten wurde von der Preissteigerung Spanien betroffen; hier verfünffachten sich im Laufe eines Jahrhunderts die Preise. In geringerem Maße wurden von der Preissteigerung England, Frankreich, Italien und Deutschland betroffen; hier fand eine Verdoppelung oder Verdreifachung der Preise statt. Im Zartum Rußland waren wohl trotz starker Silbereinfuhr keine großen Preisveränderungen eingetreten.“[15]

David Hume und seine Schüler hatten diese Preissteigerungen aus der großen Zunahme der Einfuhr von in den neuentdeckten Gebieten billiger gewonnenen Edelmetallen erklärt. Marx schreibt dazu: „In der Tat aber wächst nur der Preis der exportieren Waren, die sich mit Gold und Silber als Ware und nicht als Zirkulationsmittel austauschen. So steigt der Preis dieser Waren, die in Gold und Silber von gesunkenem Wert geschätzt sind, gegenüber allen übrigen Waren, deren Tauschwert fortfährt, in Gold und Silber nach dem Maßstab ihrer alten Produktionskosten geschätzt zu werden. Diese doppelte Schätzung der Tauschwerte der Waren in demselben Land kann natürlich nur temporär sein, und die Gold- und Silberpreise müssen sich ausgleichen in den durch die Tauschwerte selbst bestimmten Proportionen, so daß schließlich die Tauschwerte aller Waren dem neuen Wert des Geldmaterials entsprechend geschätzt werden.“ Marx setzt hinzu, daß „aber diese Ausgleichung in minder entwickelten Epochen der bürgerlichen Produktion sehr allmählich ist und sich über lange Perioden verteilt, jedenfalls aber nicht gleichen Schritt hält mit der Vermehrung der umlaufenden Barschaften“[16].

Marx gibt an dieser Stelle keine erschöpfende Erklärung der Preissteigerungen; er stellt gewissermaßen nur Hume richtig, „der ganz im Widerspruch mit den

[15] Ernst Kaemmel, Finanzgeschichte, Berlin 1966, S. 228/229.

[16] Karl Marx, Zur Kritik der Politischen Ökonomie, in: MEW, Bd. 13, Berlin 1961, S. 136.

Grundsätzen seiner Philosophie einseitig beobachtete Tatsachen unkritisch in allgemeine Sätze verwandelt"[17]. ERNST KAEMMEL macht darüber hinaus auf folgende Umstände aufmerksam: „Die Auswirkungen des Importes riesiger Silbermassen in europäische Länder auf die dortigen Preisveränderungen ist doch wohl überschätzt worden, denn ein nicht unerheblicher Teil des Silbers ging in die Kirchen, ein anderer Teil wurde gehortet, und schließlich traten durch die passiven Handelsbilanzen während rund zweier Jahrhunderte gegenüber Ostasien und Rußland starke Silberverluste ein. Fast zwei Fünftel der Silberproduktion in Amerika und Europa sollen in der Zeit von 1550 bis 1800 nach Ostasien und Rußland abgeflossen sein, da beide Handelspartner – wie bereits erwähnt – keine europäischen Fertigfabrikate im größeren Ausmaße abnehmen konnten oder es an einem Angebot von Waren, die für die Verwendung in Rußland und Ostasien geeignet waren, fehlte." [18] KAEMMEL beschreibt dann näher, wie die Preiserhöhungen in Spanien – keineswegs als einfache Folge der hohen Edelmetalleinfuhr aus Übersee – zustande kamen.[19]

In Lehrbüchern zur Geschichte der politischen Ökonomie ist es üblich geworden, die Auswirkungen der vermehrten Edelmetalleinfuhr auf die Preissteigerungen als ein charakteristisches Merkmal zur Erklärung des Monetarismus über Gebühr hervorzuheben. Aber die Monetaristen standen seit der Mitte des 16. Jahrhunderts nicht nur vor der Erscheinung einer beginnenden, aus Übersee veranlaßten Edelmetallentwertung, sondern sie waren Augenzeuge eines viel komplexeren wirtschaftsgeschichtlichen Prozesses. Sie befanden sich am Anfang einer grundlegenden Umwandlung der Produktionsverhältnisse.

Durch die bereits erwähnte Umwandlung vieler bäuerlicher Subsistenzwirtschaften in warenproduzierende, tauschwertorientierte Wirtschaften, durch die zunehmende Ausrichtung einzelner Zweige auf den Weltmarkt sowie die stoffliche und umfangmäßige Erweiterung der Bedürfnisse nach Waren gerieten sowohl die bislang stabile Struktur der einfachen Warenproduktion als auch die traditionell verwurzelte Bedürfnisstruktur in Bewegung. Die Waren veränderten ihre Stellung zueinander; die gesamtgesellschaftlich notwendige Arbeit begann sich unter neuen Voraussetzungen auf die einzelnen Zweige der Warenwirtschaft aufzuteilen. Die von Vätern und Vorvätern bekannten und gewohnten Wert- und Preisverhältnisse selbst in den Dingen des täglichen Gebrauchs verloren ihre Gültigkeit.

Es begann sich also eine Veränderung der Wertbeziehungen Bahn zu brechen, in der sich die ständig steigenden Preise von ihren feudalen Festsetzungen befreiten. Über lange Zeit gab es für viele Waren die von MARX angeführten zwei Preisebenen. Die feudal festgesetzte Ebene erwies sich zunehmend als ruinös für die Produzenten; die vom Welthandel bestimmte Ebene bezog – auch infolge der Entwertung der importierten Edelmetalle – immer mehr Waren in ihren Einfluß-

[17] Ebenda, S. 138.

[18] Ernst Kaemmel, Finanzgeschichte, Berlin 1966, S. 321.

[19] Vgl. ebenda, S. 234–237.

bereich ein. Der Handel, schreibt MARX, „entwickelt das Produkt zur Ware, teils indem er ihm einen Markt schafft, teils indem er neue Warenäquivalente und der Produktion neue Roh- und Hilfsstoffe zuführt und damit Produktionszweige eröffnet, die von vornherein auf den Handel gegründet sind, sowohl auf Produktion für den Markt und Weltmarkt, wie auf Produktionsbedingungen, die aus dem Weltmarkt herstammen".[20]

Diese Veränderung der Wertbeziehungen ist Bestandteil des bereits im 15. Jahrhundert eingeleiteten Übergangs von der feudalen, die Naturalwirtschaft ergänzenden Warenproduktion zur entfalteten, bürgerlichen, die Naturalwirtschaft auflösenden Warenproduktion. Es handelt sich um einen ersten Abschnitt im Übergang von der feudalen einfachen zur kapitalistischen Warenproduktion. Am Beginn des Übergangs konnte LUTHER wohl, wie im vorigen Kapitel gezeigt wurde, den Gedanken eines Vergleichs der Arbeiten nach Zeit und Intensität aussprechen; aber er konnte nichts über den langfristigen Verlauf der Warenpreise voraussagen. Denn die Preise stiegen – schon vor der vermehrten Edelmetalleinfuhr aus Amerika – vor allem, weil sich das Wertgefüge änderte. Eine solche Änderung läßt sich aber nur in Zeiten einer stabilen wirtschaftlichen Entwicklung an den Änderungen in den technischen Produktionsbedingungen ablesen, nicht aber in dem damaligen Übergangsprozeß.

Die spätere Behandlung der monetaristischen Erklärungsversuche wird zeigen, daß die bürgerlichen Ökonomen jener Zeit alles unternahmen, um die damaligen Vorgänge aufzuhellen. Aber da sie am Anfang dieses Übergangsprozesses standen, konnten sie nur die *Erscheinungen* der einsetzenden Preissteigerungen konstatieren und deren Auswirkungen auf die einzelnen Klassen und Schichten darstellen.

Einfacher war dagegen die Erfassung eines speziellen Problems der Münzgeldwirtschaft, nämlich der damals die Gemüter besonders erhitzenden Münzverschlechterungen. Allerdings muß auch hier darauf verwiesen werden, daß diese nicht zu simpel *nur* unter dem Gesichtspunkt der *bewußten* Ausnutzung des Münzregals zur Bereicherung des Landesherrn zu betrachten sind. Daß das Problem wesentlich komplizierter war, zeigt sich einerseits an den häufigen Münzverschlechterungen in ganz Europa seit 1300 und andererseits an den ständigen Versuchen, das Münzgeldsystem zu reformieren. So wurden zum Beispiel im deutschen Reich in den Jahren 1559 und 1566 neue Reichsmünzordnungen erlassen; 1571 kam es zu einem Reichsmünzdeputationshauptschluß, dem dann in den Jahren 1576, 1582, 1594, 1596 und 1603 Reichsmünzabschiede gefolgt sind. Da ein geordnetes Geldwesen nicht nur für die weitere Stärkung der bürgerlichen Kräfte, sondern auch für die Macht des Landesherrn und letztlich als Grundlage für einen zeitweiligen Kompromiß zwischen Bürgertum und Herrscher unerläßlich war, gab es gar kein absolutes Interesse des letzteren an ständigen Münzverschlechterungen. Auf beiden Seiten mußte sich die Erkenntnis durchsetzen, daß die Ordnung des Geldwesens in beider Interesse lag. Aber diese Erkenntnis

[20] Karl Marx, Das Kapital; Dritter Band, in: MEW, Bd. 25, Berlin 1964, S. 349.

und der von einigen Herrschern frühzeitig verfolgte Vorsatz, nur vollwertige Münzen umlaufen zu lassen, führten keineswegs zur endgültigen Anpassung des Geldumlaufs an die Erfordernisse der sich ausweitenden Warenzirkulation. Jede Reform brachte nur eine vorübergehende Erleichterung.

Das Problem des Münzgeldsystems

In den späteren Abschnitten dieses Kapitels wird im einzelnen dargelegt, wie die Monetaristen im Verlauf eines Jahrhunderts ihre Kenntnisse über das komplizierte Problem vertieften und daß sie nicht etwa nur die seit der Antike ausgesprochenen Erkenntnisse über das Geld wiederholten. Um die objektiv bedingten Erkenntnismöglichkeiten und -grenzen zu kennzeichnen, muß zunächst einiges zum Problem der Münzgeldwirtschaft selbst ausgeführt werden.

Der Springpunkt zum Verständnis der damaligen Geldfragen liegt darin, daß diese aus den objektiven Bedingungen des Übergangsprozesses von der einfachen zur kapitalistischen Warenproduktion, vom Feudalismus zum Kapitalismus und nicht aus abgeleiteten subjektiven Begleiterscheinungen erklärt werden müssen. Auf dem relativ niedrigen Entwicklungsstand der vorkapitalistischen Warenwirtschaft mußten die Edelmetalle als allgemeines Äquivalent die Warenzirkulation vermitteln. Aber unter den Bedingungen einer *metallischen* Zirkulation, schreibt Marx, „stellt die Münze nach ein paar Schritten in der Zirkulation mehr Metallgehalt vor als sie hat. Je länger die Münze umläuft bei gleichbleibender Zirkulationsgeschwindigkeit, oder je lebhafter ihre Zirkulation in demselben Zeitraum wird, um so mehr löst sich ihr Dasein als Münze von ihrem goldenen oder silbernen Dasein ab. Was übrig bleibt, ist magni nominis umbra. Der Leib der Münze ist nur noch ein Schatten. Während sie ursprünglich durch den Prozeß schwerer, wird sie jetzt leichter durch ihn, fährt aber fort, in jedem einzelnen Kauf oder Verkauf als das ursprüngliche Goldquantum zu gelten. Der Sovereign fährt fort, als *Schein*-Sovereign, als Schein-Gold, die Funktion des legitimen Goldstücks zu vollziehen. Während andre Wesen durch Reibung mit der Außenwelt ihren Idealismus einbüßen, wird die Münze durch die Praxis idealisiert, in bloßes Scheindasein ihres goldenen oder silbernen Leibes verwandelt. Diese zweite, durch den Zirkulationsprozeß selbst bewirkte Idealisierung des Metallgeldes, oder die Scheidung zwischen seinem Nominalgehalt und seinem Realgehalt, wird teils von Regierungen, teils von Privatabenteurern in Münzfälschungen buntester Art ausgebeutet.“[21]

Die Münzherren versuchen zwar wiederholt, die Verwandlung der Goldmünze in Scheingold zu verhindern, indem sie diese Münze bei einem bestimmten Grad von Substanzverlust aus dem Verkehr ziehen; aber der Prozeß ist nicht aufzuhalten. Da das Gold, sagt Marx, „zum Symbol seiner selbst wird, aber nicht als

[21] Karl Marx, Zur Kritik der Politischen Ökonomie, in: MEW, Bd. 13, Berlin 1961, S. 89.

Symbol seiner selbst dienen kann, erhält es in den Kreisen der Zirkulation, worin es sich am schnellsten abnutzt, d. h. in den Kreisen, wo Käufe und Verkäufe in den kleinsten Proportionen beständig erneuert werden, ein von seinem Golddasein getrenntes, symbolisches, silbernes oder kupfernes Dasein"[22].

Dieser Prozeß, der bei metallischer Zirkulation und schwächer entwickelter Warenwirtschaft ständig zu beobachten ist, findet seinen Abschluß erst auf einem höheren Entwicklungsniveau, von dem aus MARX rückblickend feststellt: „Die Goldmünze erzeugte indes nur ihre erst metallnen, dann papiernen Stellvertreter, weil sie trotz ihres Metallverlustes fortfuhr, als Münze zu funktionieren. Sie zirkulierte nicht, weil sie verschliß, sondern verschliß zum Symbol, weil sie fortzirkulierte. Nur soweit innerhalb des Prozesses das Goldgeld selbst bloßes Zeichen seines eigenen Werts wird, können bloße Wertzeichen es ersetzen."[23]

Die Monetaristen konnten die Entwicklung vom Metallgeld zum Wertzeichen noch nicht in ihrem zwangsläufigen Fortgang erkennen. Sie beobachteten zunächst nur die Abnutzung, die dazu führte, daß vollwertige Münzen aus der Binnenzirkulation in den Schatz oder auf den Weltmarkt verschwanden.

Ähnliche Erfahrungen wurden schon in der Antike gemacht. Als beispielsweise durch die Besetzung Dekeleias durch die Spartaner 413 v. u. Z. die Silberbergwerke von Laurion blockiert waren, verarbeiteten die Athener die goldenen Statuen der Siegesgöttin mit starkem Kupferzusatz zu Münzen. In den „Fröschen" läßt ARISTOPHANES den Chor in der dritten Szene mitteilen,

„Wie es mit der alten Münze und dem neuen Golde geht;
Denn auch jene, die doch wahrlich weder falsch ist noch zu leicht,
Ja, die unter allen Münzen, die ich kenn, die beste ist
Und allein ein gut Gepräge trägt und Klang und Geltung hat
Unter den Hellenen allen und im Ausland überall:
Jene braucht ihr nicht mehr, sondern dieses schlechte Kupfergeld,
Gestern oder auch vorgestern erst geprägt, von schlechtem Klang!"[24]

Die Erfahrung, daß schlechtes Geld gutes Geld verdrängt, nicht aber gutes Geld schlechtes Geld, wird immer wieder übermittelt. Feudale Theoretiker wie BURIDAN und ORESMIUS haben sie ebenso ausgesprochen wie später COPERNICUS. HENRY DUNNING MACLEOD schreibt sie schließlich dem Londoner Großkaufmann Sir THOMAS GRESHAM zu, der unter der Königin ELISABETH als Finanzratgeber eine Rolle spielte. Obwohl sich die Formulierung bei ihm nicht findet, ging sie doch als „Greshamsches Gesetz" in die Geschichte des ökonomischen Denkens ein.

Drei Umstände stellten sich den bürgerlichen Bemühungen entgegen, den Prozeß, der sich hinter diesem „Greshamschen Gesetz" verbirgt, mit einigem Erfolg aufzuhalten:

Erstens wuchs trotz der großen Ausbeute der europäischen und später der

[22] Ebenda, S. 91.
[23] Ebenda, S. 94.
[24] Aristophanes, Komödien in zwei Bänden, Weimar 1963, Bd. 2, S. 213.

amerikanischen Silbergruben der Bedarf an Edelmetallen für eine volle metallische Zirkulation. Zudem war der Münzherr weder in der Lage noch willens, ständig die Kosten für das Außerkurssetzen untergewichtiger und für das Neuherausgeben vollgewichtiger Münzen zu tragen.

Zweitens hatten sich noch keine nationale Produktion und kein nationaler Markt herausgebildet. Es gab daher noch keine Übereinstimmung zwischen dem Geltungsgebiet der Münzen und ihrem Umlaufgebiet. Vollgewichtige Münzen waren zugleich Weltgeld und dienten auf dem Weltmarkt als allgemeines Tauschmittel. Sie wurden jedoch auch in fremden Münzstätten in schlechteres Geld verwandelt, das wegen der großen Nachfrage zum alten Kurs laufen konnte, aber ein zusätzliches Moment des Währungsverfalls darstellte.

Drittens kam das Loslösen des Wertzeichens vom Metallgeld dem Bereicherungsstreben des Landesherrn entgegen; er benutzte das Münzregal zu Münzverschlechterungen. Der kurzfristige Münzverruf, d. h. die Ungültigkeitserklärung der Münze, schreibt Ernst Kaemmel, „wurde ein beliebtes Mittel zur Beschaffung von Geld für den Münzherrn. Die Münzverschlechterung bestand in der vom Münzherrn veranlaßten Herabsetzung des Feingehaltes bei gleichbleibendem Rauhgewicht und gleichbleibender Nominalbezeichnung, in vielen Fällen verbunden mit dem zwangsweisen Umtausch alter guter Münzen in neue Nominale mit schlechterem Feingehalt, so daß die bisherigen Geldbesitzer die Münzverschlechterung selbst zu finanzieren hatten.“ [25]

Durch diese Praktiken konnten die Münzherrn jedoch nicht willkürlich den objektiven Prozeß der Loslösung des Wertzeichens von der Metallsubstanz beschleunigen. Denn angesichts der noch immer relativ gering entwickelten Warenwirtschaft im Land und für den Weltmarkt sowie der engen Verbindung beider Märkte war die metallische Geldzirkulation notwendig. Der Widerspruch zwischen der objektiv vor sich gehenden und oft subjektiv geförderten Loslösung des Wertzeichens vom Geldmetall einerseits und der Notwendigkeit einer metallischen Zirkulation andererseits bewegte sich im 16. Jahrhundert zwischen den beiden Polen der Münzverschlechterung und der Münzreform.

Erst im 17. Jahrhundert begannen Bürgertum und Münzherr schließlich zu erkennen, daß dieser Widerspruch bei einem entwickelten inneren Markt auch in eine erträgliche Bewegungsform geleitet werden kann. Die wachsende Warenzirkulation forderte eine größere Menge umlaufender Münzen, die keineswegs in ihrer Gesamtheit vollgewichtige Kurantmünzen zu sein brauchten. So entstand die Scheidemünze, bei der auf die Übereinstimmung von Nennwert und Metallwert verzichtet wurde. Arthur Suhle schreibt: „In England ist man sehr früh zu Kupfermünzen als Scheidemünzen übergegangen, indem König Jacob I. 1613 dem Baron John Harrington gestattete, kupferne Farthings zu prägen. Diese Kupferstücke waren vor allem für den täglichen Verkehr und den Kramhandel da.“ [26]

[25] Ernst Kaemmel, Finanzgeschichte, Berlin 1966, S. 129.
[26] Arthur Suhle, Die Münze, Leipzig 1969, S. 165.

Im 16. Jahrhundert hatten die Warenzirkulation und die Bildung eines inneren Marktes jedoch noch nicht das Ausmaß erreicht, das die Einführung einer Scheidemünze erzwang. Binnenmarkt und Weltmarkt hingen noch so eng zusammen, daß eine nationale Scheidemünze gar nicht möglich war. Jede Münze wurde früher oder später durch den Weltmarkt auf ihren Realwert gesetzt. Zudem bestärkte die ständige Silberzufuhr die Vorstellung, daß die Zirkulationskanäle mit einer genügenden Menge vollwertiger Münzen angefüllt werden könnten. In dieser Situation setzte das Bürgertum seine wirtschaftliche Macht ein, mobilisierte die öffentliche Meinung, klärte über die landesherrliche Bereicherung und die Schädigung der Kapitalbesitzer auf, untersuchte die Auswirkungen des Währungsverfalls auf die wirtschaftliche Entwicklung, d. h. beurteilte vom Standpunkt der Zirkulation „den ganzen verwickelten Prozeß der bürgerlichen Produktion“.

2. *Der frühe Monetarismus in Deutschland (Anfang des 16. Jh.)*

Die frühbürgerliche Auffassung vom Geldwert (Nicolaus Copernikus)

Einen theoretischen Höhepunkt des Monetarsystems bildet die Anwendung der frühbürgerlichen Kostenauffassung auf den Geldwert durch den bedeutenden Astronomen Nicolaus Copernicus. Seine Geldlehre ist in den ihrem Inhalt nach wesentlich gleichartigen drei Fassungen eines Traktats enthalten, die er 1517 (lateinisch), 1519 (deutsch) und etwa 1526/27 in erweiterter und vertiefter Form wieder lateinisch niederschrieb.[27] Sein Anliegen war es, die theoretische Grundlage für eine Reform des durch ständige Geldwertverschlechterungen zerrütteten Währungssystems seiner preußischen – nordpolnischen – Heimat und gleichzeitig für die vom polnischen König angestrebte Währungseinheit mit Gesamtpolen zu liefern. Seiner streng wissenschaftlichen Denkweise gemäß gelangte er dabei, besonders in der historisch-analytischen Einleitung seiner Traktate, weit über die Erkenntnisse seiner spätscholastischen Vorläufer – Oresmius, Buridanus, Biel und Budeus – hinaus: ohne bereits die Wertsubstanz zu kennen, beschrieb er das Wirken des Wertgesetzes und formulierte dabei erstmals das frühbürgerliche Geldumlaufgesetz.

Bereits durch die Definition der Münze, mit der er seinen Traktat beginnt, wehrt er jeden Versuch ab, die Edelmetallbasis des Geldes als zweitrangig zu behandeln: „Münze nennt man gezeichnetes Gold oder Silber, womit man die Preise käuflicher oder verkäuflicher Dinge (berechnet und) zahlt.“[28]

Die äußere Festlegung des Geldes als Maßstab durch die Gemeinschaft oder

[27] Der folgenden Darstellung liegt die deutsche Textfassung zugrunde, die hier der Gegenwartssprache angenähert wurde. – Vgl. Erich Sommerfeld, Copernicus über das Geld, in: Wirtschaftswissenschaft, 6/1975, S. 868–877.

[28] Zitiert nach: Leopold Prowe, Nicolaus Coppernicus, 2. Bd., Berlin 1884, S. 21.

deren Repräsentanten wird bei Copernicus erst an zweiter Stelle – als Nebensächlichkeit – genannt. Denn trotz dieser amtlichen Bewertung werde die Maßgröße der Münze in Wirklichkeit durch die *Achtung*, ihre Wertschätzung im Verkehr, bestimmt. Über letztere sagt Copernicus folgendes: „Und obgleich die Achtung der Münze auf der Güte des Materials beruht, die man das Korn oder Gran nennt, so muß man doch einen Unterschied zwischen der Würde und der Achtung machen; denn eine Münze kann höher geachtet werden als das Material, das sie enthält, und umgekehrt.“ [29]

Hier wird erstmalig in der Geschichte des ökonomischen Denkens der in der Zirkulation zutage tretende wirkliche Wert des Geldstücks – seine *Achtung* (lat.: *aestimatio*) – als sein Wesensmerkmal erfaßt und in den Mittelpunkt der Untersuchung gestellt. Der zu lösende Widerspruch besteht für Copernicus nun darin, daß die *Achtung* zwar eine materielle, gleichsam feste Grundlage besitzt, dennoch aber schwankend ist.

In der bisherigen Geldlehre war dagegen stets die *Würde* (lat.: *valor*, soviel wie *Geltung*, *Wert*) der Münze der Zentralbegriff gewesen. Damit hatte man der Sache nach nichts anderes als eine bestimmte Edelmetallmenge bezeichnet, die das Äquivalent der in einer Münze enthaltenen Metallmenge ausdrückte, also faktisch den Wert auf eine Gewichtsgröße zurückgeführt. Weil nun der wirkliche Wert eines Geldstücks und der Wert seines metallischen Materials – ob legiert oder unlegiert, spielt hierbei nur eine untergeordnete Rolle – offenkundig nicht übereinstimmten, hat man später zwischen der *inneren* und der *äußeren* (oder: *auferlegten*) *Würde* der Münze unterschieden. Diese theoretische Aufspaltung des ursprünglich als eindeutig konzipierten Wertbegriffs mußte einem an der Begriffswelt der Naturalwirtschaft geschulten Denker als Ausflucht, als logischer Widersinn bewußt werden, vor allem deshalb, weil er von der nach damaliger Erkenntnismöglichkeit zutreffenden Feststellung auszugehen hatte, daß der Metallwert der Münze und ihr Zirkulationswert ihrer Herkunft nach nicht gleichzusetzen waren, folglich auch unterschiedlich zu bezeichnen seien. Copernicus setzt deshalb an die Stelle der herkömmlichen Benennungen die Begriffe *Würde* (*valor*) und *Achtung* (*aestimatio*) und bezieht damit den überlieferten Wertbegriff wieder streng auf den metallischen Geldstoff der Münze allein. Gleichzeitig behandelt er damit auch den vom Münzherrn willkürlich auferlegten Wert – den Nennwert der Münze – bereits durch die begriffliche Bereinigung als anfechtbar.

Durch einen geldgeschichtlichen Rückblick, der in geraffter Form die Übernahme der Rolle des allgemeinen Äquivalents durch das Münzgeld schildert, wird der Edelmetallgehalt der Münze als die sozusagen naturgegebene Grundlage des Geldwerts bekräftigt: „Zwar könnten alle Dinge ohne weiteres gegen die entsprechenden Gewichtsmengen an Gold und Silber getauscht werden, denn durch Übereinkunft der Menschen wird Gold und Silber allenthalben als teuer (d. i. wertvoll) angesehen. Weil es sich aber als undurchführbar herausgestellt hat,

[29] Ebenda.

ständig Prüfgewichte mit sich zu führen und auch den Reinheitsgrad des Silbers und Goldes augenblicklich zu erkennen, erachteten es die Menschen als das beste, eine Münze mit verbindlichem Zeichen prägen zu lassen. Aus ihm sollte ersichtlich sein, daß die Münze die richtigen Anteile an Gold und Silber enthält, und die Beglaubigung durch das Zeichen sollte Vertrauen zur Münze erwecken."[30]

In der letzten Fassung seines Traktats schließt COPERNICUS an diese Äußerung einen die Legierungstechnik betreffenden Passus an, um zu zeigen, daß dadurch an dem eben geschilderten Sachverhalt nichts geändert wird. Prägung und Legierung stellen somit bloße münztechnische Erfordernisse zur Sicherung des Edelmetallgehalts der Münze dar und dürfen folglich nicht dazu mißbraucht werden, den Münzwert willkürlich festzulegen oder den Edelmetallanteil zu vermindern.

Wenn sachfremde – außerökonomische – Ursachen ausscheiden, wie kommt es dann, daß sich die *Achtung* gegenüber der *Würde* als die eigentliche Wertgröße herausschälen und über den reinen Metallwert stellen konnte? Die Antwort auf diese Frage ist der Sache nach bereits in der eben angeführten Textstelle enthalten und wird durch folgende Aussage über die Größenbeziehung, die zwischen den Bestandteilen des Münzwerts besteht, verdeutlicht und vertieft: „Nun muß man wissen, daß die Achtung der Münze dann recht und billig ist, wenn die Münze nur etwas weniger Gold oder Silber enthält, als man mit ihr kaufen kann; und zwar soviel weniger, als man für die Kosten und den Lohn des Münzens abziehen muß; denn das Prägezeichen soll dem Material noch etwas Würde zufügen."[31]

Positiv ausgedrückt, ist die Achtung also eine objektiv bestimmte Größe, nämlich die Summe aus dem Metallwert und einem die Prägekosten widerspiegelnden Zusatzwert (*Achtung* = ***Würde*** + [zusätzlicher] *Würde*). Hätte COPERNICUS in den lateinischen Textfassungen für die *zusätzliche Würde* nicht einen besonderen Begriff – *dignitas* – verwendet, dessen Bedeutung sich aber kaum von *valor* (*Würde*) unterscheidet, so würde die obige Gleichung besagen, COPERNICUS sei zur Unterscheidung zwischen übertragenem Wert und Neuwert gelangt und habe in den wertmäßigen Bestandteilen der Geldware eine gemeinsame, gleiche Quelle entdeckt. Jedenfalls muß ihm die begriffliche Gleichsetzung, die er in der deutschsprachigen Fassung vorgenommen hat, als gar nicht so abwegig erschienen sein, wenn er auch noch außerstande war, eine wissenschaftliche Begründung für sein Vorgehen zu liefern.

Denn auf der damaligen Entwicklungsstufe der Warenwirtschaft, die noch nicht sämtliche Bereiche der produktiven Tätigkeit einbezogen hatte, geschweige denn zu ihrer kapitalistischen Form übergewechselt war, erschienen die Edelmetalle noch als eigentliche Wertsubstanz und als absolutes Wertmaß. Daher ist die Zerlegung der Münze in Geldstoff – das materielle Wertsubstrat – und Prägekosten ein theoretischer Fortschritt und die höchste Erkenntnis, zu der man vor

[30] Ebenda, S. 22.
[31] Ebenda.

Herausbildung der klassischen Arbeitswertlehre gelangen konnte. Dadurch wird nicht nur allen Spekulationen über die Bestimmungsgründe des Geldwerts der Garaus gemacht, sondern auch der terminologische Ausgangspunkt gewonnen, über den später der gesamte Herstellungspreis der Münze als Kostensumme, schließlich als Arbeitskostensumme erfaßt werden konnte. Dies wiederum ist die Voraussetzung, um das Geld – wie die Ware überhaupt – in der politischen Ökonomie als Verkörperung von abstrakter Arbeit, von Wert zu erkennen.

Für COPERNICUS bleiben die beiden Wertbestandteile der Münze sachlich letztlich getrennt und werden als Verschiedenartiges aufgefaßt, obwohl sie beide in den Rechnungslegungen der Münzprägeanstalten bereits lange zuvor in Geld ausgedrückt wurden, womit ihre Vergleichbarkeit gegeben und ihre Gleichartigkeit nahegelegt ist. Doch auch für COPERNICUS gilt noch, was MARX über das historisch bedingte Unvermögen des ARISTOTELES gesagt hat, von der Preisgleichheit zweier Waren auf ihre Wertgleichheit zu schließen: es fehlte noch die Vorstellung von der „Gleichheit und gleiche(n) Gültigkeit aller Arbeiten, weil und insofern sie menschliche Arbeit überhaupt sind"[32].

Wenn auch die Bewertung aller materiellen Güter und der Lohnarbeit durch einen Geldpreis bereits allgemein anerkannte Tatsache war, so bedurfte das sich der naturalen Vorstellungswelt nur langsam entwindende ökonomische Denken noch gut zweier Jahrhunderte, um aus der manufakturkapitalistischen Erscheinungswelt den Schluß zu ziehen, daß der Tauschwert der Güter einzig auf (gesellschaftlich notwendiger) Arbeit beruht. Solange die von der Weiterentwicklung der Warenwirtschaft abhängigen Erkenntnisse noch nicht gemacht werden konnten, solange also der Edelmetallwert als faszinierendster Ausdruck der Wertsubstanz sein mystisches, nicht zu definierendes Eigenleben weiterführte, vollzog sich die Annäherung an den Wertbegriff oftmals auf spekulativen Bahnen. So schlußfolgerte beispielsweise JOHANN JOACHIM BECHER, Geld habe nur einen eingebildeten Wert und sei durch die Arbeit, die wahre Wertsubstanz, zu ersetzen.

Durch sein streng analytisches Herangehen hatte COPERNICUS erstmals klar zum Ausdruck gebracht, daß und warum die Münze mehr Edelmetall kaufen kann, als sie selber enthält. Die Ursache für die von ihm genannte umgekehrte Erscheinung, daß das Geld an Wert einbüßen und sogar weniger wert sein kann als sein Edelmetallanteil, gibt COPERNICUS wie folgt an: „Diese Achtung der Münze kann auf dreierlei Weise verringert werden: erstens im Korn, wenn sie zu wenig Edelmetall enthält, das heißt, wenn – bei richtigem Gesamtgewicht der Münze – dem Silber zuviel Kupfer beigemischt wurde. Zweitens, wenn ihr Gewicht zu niedrig ist, obwohl das richtige Mischungsverhältnis der Metalle vorliegt. Und drittens als Ärgstes, wenn diese beiden Mängel zusammentreffen."[33]

Die hier beschriebenen Merkmale der Geldverschlechterung bestehen in einer

32 Karl Marx, Das Kapital, Erster Band, in: MEW, Bd. 23, Berlin 1962, S. 74.
33 Leopold Prowe, Nicolaus Coppernicus, 2. Bd., Berlin 1884, S. 22.

manipulierten Senkung des Edelmetallgehalts (der *Würde – valor* –, wie COPERNICUS in der letzten Fassung des Traktats präzisiert), wirken sich aber, wie auch der natürliche Verschleiß der Münze, von dem er kurz darauf spricht, über kurz oder lang selbstverständlich auch auf die *Achtung* des Geldes aus. Diese Wertminderung wird auf dem Umweg über den Austausch zwischen verschiedenen Währungsgebieten fühlbar, bei dem ja das Edelmetall selbst – als Weltgeld – den Wertmesser bildet. Gäbe es keinen Import, so könnte derart wertgemindertes Geld dennoch als vollwertig umlaufen, falls die Gesamtmenge des Geldes den Zirkulationsmittelbedarf nicht überschreitet.

Von der Verringerung des Edelmetallanteils setzt COPERNICUS deutlich die unmittelbare Beeinträchtigung der *Achtung* ab: „Es kann die Münze aber auch an Achtung einbüßen, wenn sie zu reichlich vorhanden ist, das heißt, wenn zuviel Silber vermünzt wird, so daß die Leute dann mehr Rohsilber als sonst in ihren Besitz bringen wollen. Denn die Achtung der Münze nimmt dadurch ab, daß ich mit ihr nicht mehr soviel Silber kaufen kann, wie sie selbst enthält, und es deshalb für einträglicher ansehe, die Münze einzuschmelzen und damit zu zerstören."[34]

Hier beschreibt er die damals bereits bekannte, auch von Leipziger Kaufleuten während des sogenannten „sächsischen Münzstreits" erwähnte Erscheinung des *Übermünzens*. Es wird dabei mehr als die gesellschaftlich notwendige Arbeit auf die Produktion von Geld verwandt, das ja nicht nur Zirkulationsmittel, sondern ursprünglich und eigentlich Ware ist. Im Unterschied zu den anderen Waren, die konsumiert werden, ist das Geld wesentlich umlaufgebunden. Ist nun die Quantität der Umlaufmittel im Verhältnis zu der zu zirkulierenden Warenmenge zu groß, so setzt sich über Angebot und Nachfrage das Wertgesetz durch: Bei gegebener Umlaufgeschwindigkeit verliert dic gesamte Geldmenge so viel an Wert – oder: die Preise steigen so lange –, bis das Gleichgewicht zur Gesamtheit der Warenwerte wiederhergestellt ist. Der Wert der einzelnen vollwichtigen Münze könnte dann grundsätzlich unter ihren Metallwert fallen, doch wird dieser in der Praxis nur um den Betrag unterschritten werden, der dem Gewinn entspricht, welchen der Aufkäufer solcher überschüssiger Münzen unter Abzug der Kosten für das Ausschmelzen macht.

COPERNICUS formuliert diese Gesetzmäßigkeit dem belehrenden Zweck seiner Abhandlung gemäß in ihrer theoretisch reinen Form, das heißt, er sieht hier von der ihm wohlbekannten Tatsache ab, daß in der Währungspraxis mit dem Übermünzen gewöhnlich eine manipulierte Verringerung des Edelmetallgehalts einherging.

Unter der stillschweigenden, weil fraglos realistischen, Annahme einer konstanten Umlaufgeschwindigkeit beschreibt COPERNICUS aber damit der Sache nach das für die frühbürgerliche Epoche geltende Umlaufgesetz, indem er erstmalig und für lange Zeit als einziger den Zusammenhang zwischen dem Geld als Wertträger und als quantitätsabhängigem Zirkulationsmittel formuliert.

[34] Ebenda, S. 23.

In den lateinischen Fassungen heißt es abweichend vom obigen deutschsprachigen Text: „Denn das Ansehen [*dignitas*] der Münze nimmt dadurch ab..." Wieder will COPERNICUS den eigentlichen, primären Angriffspunkt dieser Minderung des Münzwerts verdeutlichen. Diese von ihm vorgenommene genauere Kennzeichnung besagt, daß er den Gesamtwert der Münze als eine bei ihrer Herstellung zwar rechnerisch bestimmbare Größe betrachtet, sie aber für nachträglich – auf dem Markt – beeinflußbar hält.

Die Abhilfe, die er vorschlägt, entspricht der Ursache dieses Währungsverfalls: „Um dem beizukommen, darf man solange keine Münze schlagen, bis wieder Gleichheit mit der Würde des Silbers eingetreten ist."[35]

In der Spätfassung korrigiert er diesen Gedanken und stellt durch eine Ergänzung wieder die volle Übereinstimmung mit seiner Formel vom Geldwert her: „. . . bis die Münze wieder soviel wie früher gilt und damit wertvoller als ihr Silberanteil ist"[36].

Ebenso folgerichtig ist sein Rat, wie die durch den natürlichen Verschleiß der Geldstücke verursachte Entwertung und damit auch die manipulierte Verringerung des Edelmetallanteils zu beheben sei: „Um das zu ändern, soll die Münze erneuert werden. Will man nun aber neue Münzen prägen, so muß man die alten gänzlich verbieten und denen, welche die alten Geldstücke in die Münze einliefern, neue aushändigen, aber (wertmäßig) nicht nach der früheren Achtung der alten Münzen, sondern nach der Würde des in ihnen vorgefundenen Silbers."[37] Es bezeugt eine realistische Denkweise, wenn COPERNICUS alle Geldbesitzer – die großen wie die kleinen – an den Kosten einer Münzverbesserung und -erneuerung beteiligen will. Nur so hätten die Inhaber der Münzhoheit überhaupt für eine Währungsreform gewonnen werden können.

Wird der reale Silbergehalt der verdorbenen Münzen gegen den ökonomisch begründeten Wert der neuen eingewechselt, so wird der Umtauschverlust für den einzelnen so gering wie möglich gehalten; denn die Kosten für das Umprägen der eingelieferten Stücke würden in diesem Fall zum Teil vom Münzherrn getragen.

Nun sollte man meinen, der Hinweis auf die Notwendigkeit, die alte (schlechte) Münze zu verbieten, erübrige sich; denn welcher Münzproduzent würde zulassen, daß sein wertvolleres neues Geld durch nennwertmäßig gleiches, aber altes (schlechteres) Geld gleichsam aufgekauft wird? Doch geschah gerade dies oft genug, weil bei einem solchen Geldumtausch kaum jemals ausreichende Mengen an neuen Geldstücken bereitgestellt wurden. Folglich ließ man, wie COPERNICUS im währungspraktischen Teil seiner Denkschrift mit beredter Klage berichtet, nur allzugern die alten Münzen im Umlauf, setzte sie allenfalls – und vergeblich, da der dabei auftretende akute Geldmangel diese Maßnahme unwirksam machte – im Nennwert herab.

[35] Ebenda.
[36] Ebenda, S. 34.
[37] Ebenda, S. 23.

Andererseits wurde die umlaufende Münze aber hauptsächlich unter dem Vorwand, sie habe sich entwertet, gerade deshalb oft vom Landesherrn „verrufen", eingezogen und umgewechselt, um eine geringerwertige Prägung in Umlauf zu setzen und aus den eingelieferten besseren Stücken der alten Sorten einen Edelmetallgewinn zu ziehen. Überhaupt plante der Münzherr jedoch durchweg von vornherein einen Prägungsgewinn ein, der die Herstellungskosten erheblich überstieg, und verschlechterte außerdem das Korn der ständig erforderlichen Nachprägungen, „glich" sie damit an die umlaufende, abgegriffene Münze an, statt – wie gesetzlich festgelegt – eine generelle Neuprägung vorzunehmen. Die Folgen dieses Fehlverhaltens beschreibt Copernicus so: „Geschieht das nicht so [d. h., wird die alte Münze nicht aus dem Verkehr gezogen], dann wird die alte Münze die Achtbarkeit der neuen aus zwei Gründen vergiften. Denn wird die neue Münze mit der alten vermengt, dann vermindert sich das gebührende Gewicht der Summe; und nimmt dann außerdem die Münze an Menge zu stark zu, so folgt das vorhin Gesagte."[38]

In dieser sprachlich gedrängten Aussage wird erstens die effektive Gewichtsminderung an der für die Zirkulation erforderlichen Edelmetallmasse („das gebührende Gewicht der Summe"), zweitens die Zunahme an Zirkulationsmitteln über das die Stabilität ihres Wertes garantierende Maß hinaus genannt („das vorhin Gesagte", nämlich das Übermünzen.

Beide Erscheinungen, die vorher getrennt untersucht worden waren, werden hier zusammengefaßt und in ihrem wechselseitigen Zusammenhang dargestellt. Damit erreicht Copernicus den Höhepunkt seiner exakten Analyse der Geld- und Währungsproblematik und des vorklassischen ökonomischen Denkens überhaupt, indem er den qualitativen Aspekt des Wertes der Zirkulationsmittelmasse mit dem quantitativen verbindet und so das Wirken des Wertgesetzes präzise beschreibt.

Mit diesem erstmalig von ihm erarbeiteten theoretischen Apparat zieht Copernicus dann im folgenden währungsgeschichtlichen und -praktischen Teil die notwendigen münzpolitischen Schlußfolgerungen und formuliert seine Reformvorschläge. So brandmarkt er mit leidenschaftlichen Worten die Schädlichkeit und Sinnlosigkeit willkürlicher Geldwertverschlechterungen: „Das größte Gebrechen und der unleidlichste Irrtum ist es aber, wenn der Landesherr oder die Regenten von Landesteilen oder der Gemeinden aus der Münzprägung einen Gewinn zu ziehen suchen, indem sie nämlich der bisherigen, gängigen Münze eine neue zur Seite stellen, die im Korn oder Schrot mangelhaft ist und doch ihrer Achtung nach der früheren gleichgesetzt wird. Denn ein solcher betrügt nicht nur die Untertanen, sondern auch sich selbst, weil er sich eines nur vorübergehenden Nutzens erfreut, der zumal klein, ja überaus gering ist, – nicht anders als ein knauseriger Ackermann, der schlechtes Saatkorn aussät, um das gute zu sparen, und der dann aus diesem schlechten Samen mehr [Unkraut] erhält, als er

[38] Ebenda, S. 23/24.

ausgesät hatte. Ebenso nun wie das Getreide durch die Kornrade oder anderes Unkraut verwüstet wird, geht auch die Wertschätzung der Münze durch deren Verfälschung zugrunde. Wenn das überhand nimmt und zu spät entdeckt wird, kann der Herr den Schaden nicht mehr wettmachen oder ohne erneute Belastung der Untertanen abwenden und erst recht nicht ohne den Unglimpf, ihn selber verursacht zu haben."[39]

Der Hinweis auf die Kurzzeitigkeit von Münzgewinnen – feudale Abgaben werden in schlechterer Münze entrichtet und die Warenpreise ziehen entsprechend an – ist eine logische Folgerung aus seiner Geldlehre, ebenso wie das bereits von COPERNICUS formulierte sogenannte „Greshamsche Gesetz": „Allein die Goldschmiede ziehen einen Vorteil aus dem Schaden und Niedergang des Landes, indem sie die Güte des Geldes [d. h., seinen Edelmetallanteil] an sich bringen. Denn sie lesen die alte Münze aus dem Haufen aus, schmelzen das Silber aus, verkaufen es dann und erhalten so stets von den unwissenden Leuten mehr Silber mit der [vermischten] Münze. Sind dann solche alten Schillinge ganz verschwunden, dann lesen sie die nächstbesten aus – wie den Weizen aus den Trespen."[40] Das höherwertige Geld verschwindet also aus der Zirkulation. Daß die Goldschmiede daraus Gewinn ziehen, liegt daran, daß sie als erste die Minderwertigkeit der Landeswährung beim Einkauf von Edelmetall auf den internationalen Märkten zu spüren bekommen und sich schadlos zu halten suchen.

Besonders in der letzten Fassung seiner Denkschrift weist COPERNICUS mit eindringlichen Worten auf die wirtschaftlichen Schäden hin, die ein sinkender Geldwert verursacht. Sie manifestieren sich in steigenden Preisen (und nachhinkenden Löhnen): „Es steigen und sinken nämlich alle Dinge [im Preis] je nach der Beschaffenheit des Geldes, besonders aber Gold und Silber selbst, deren Preis wir ja nicht in Erz oder Kupfer messen, sondern eben in Gold und Silber. Denn Gold und Silber sehen wir ja sozusagen als die Grundlage des Geldes an, dessen Wert [Achtung] auf diesen beiden Metallen beruht."[41]

Dieses Zitat offenbart gleichzeitig die Erkenntnisschranke der frühbürgerlichen Theorie: Wegen noch fehlender Vorstellung über die Wertsubstanz gelangt sie stets zu der tautologischen Feststellung, der Preis von Gold und Silber, also auch von Geld, werde in Gold und Silber gemessen. Auch darin ist COPERNICUS der konsequenteste Vertreter der zeitgenössischen Wirtschaftslehre; wir kennen keinen anderen, der diesen Zirkelschluß so geradeheraus formuliert hätte. Und doch hat COPERNICUS dabei ein merkliches Unbehagen verspürt, was die abschwächende, fast entschuldigende Ausdrucksweise verrät: „Denn Gold und Silber *sehen wir ja sozusagen als* die Grundlage des Geldes *an.*"

Die praktischen Reformvorschläge, die COPERNICUS in der letzten Textfassung mit Rücksicht auf feudale Sonderinteressen unwesentlich modifiziert, sehen die

39 Ebenda, S. 24.
40 Ebenda, S. 27.
41 Ebenda, S. 38 (lateinisch).

Beschränkung der Zahl der Prägeanstalten, die Neuprägung der nunmehr nach festem Schrot und Korn herzustellenden Münzen nach etwa 25 Jahren und die Angleichung der preußischen an die polnische Währung vor.

Obwohl sich COPERNICUS auf Vorläufer stützt und die ihm objektiv gesetzte Erkenntnisgrenze nicht überschreiten konnte, ist es ihm vorbehalten geblieben, in der Erfassung der Wertproblematik den höchsten Erkenntnisstand zu erreichen, der vor dem Manufakturkapitalismus möglich war. Dabei befreite er die Geldtheorie, in der sich die Wertfrage verbirgt, von den ihr noch anhaftenden Mängeln und stellte sie in einem Guß, didaktisch meisterhaft, sprachlich eindrucksvoll und mit sachlicher Parteinahme dar. Die Wissenschaftlichkeit seiner Leistung läßt – nach Ansatz und Methode – deutlich den Schöpfer des heliozentrischen Systems wiedererkennen.

Weder der Engländer HALES und der Franzose BODIN nach ihm noch die fast gleichzeitigen sächsischen Münzautoren und auch nicht die Verfasser der Münzmeisterliteratur gegen Ende des Jahrhunderts erreichen die wissenschaftliche Gründlichkeit und theoretische Höhe des Domherrn von Frauenburg.

Der sächsische Münzstreit

Der Kampf des Bürgertums um ein der wirtschaftlichen Entwicklung entsprechendes Münzgeldsystem ging von den Erkenntnissen über den Geldwert aus, die COPERNICUS als einer der ersten formuliert hatte. Einen frühen theoretischen Ausdruck fand die Auseinandersetzung ferner im sogenannten sächsischen Münzstreit zwischen Herzog GEORG und Kurfürst JOHANN, deren Gebiete 1485 durch Erbteilung getrennt worden waren, während ein einheitliches Münzsystem erhalten bleiben sollte. Der in der literarischen Polemik nicht unbewanderte Herzog hatte 1530 eine anonyme Flugschrift mit dem Titel „Gemeyne stimmen von der Müntz" verfaßt. Die kurfürstliche Seite ließ daraufhin im gleichen Jahr ein – vielleicht auch von kurfürstlicher Hand stammendes – Traktat herausgeben. Den Abschluß dieser Kontroverse bildete ein wieder aus GEORGs Kanzlei stammendes Pamphlet[42], das im darauffolgenden Jahr erschien, kurz bevor die Wiederherstellung der durch Münzverschlechterungen gefährdeten Münzeinheit beider Sachsen in die Wege geleitet wurde. Die „gemeinen Stimmen von der Münze", d. h. die allgemeinen Vorstellungen, sozusagen die öffentliche Meinung zum Münzgeld, bringen in dieser Auseinandersetzung zwischen zwei Landesfürsten die Interessen der hinter Herzog GEORG stehenden Kaufmannschaft zum Ausdruck; sie sind eines der ersten Zeugnisse des Monetarismus. In der kurfürstlichen Erwiderung werden feudale Interessen unter Verwendung der oberflächlichen Auffassung vom Geld als Reichtum vertreten.

[42] Die Originaltitel lauten:
„Gemeyne stimmen von der Müntz / vnd ob es dem hause vnd Fürstentumb zu Sachsen

Georg, dessen Flugschriften sich durch eine größere gedankliche Klarheit auszeichnen, schildert die Wohlfahrt seines Landes unter der vorreformatorischen Obrigkeit, die „uns auch mit einer ehrlichen guten Münze versehen“ habe (eine Behauptung, die nicht uneingeschränkt zutrifft), und bringt die Münzverschlechterungsabsichten Johanns mit dem Religionswechsel in Verbindung, wenn er schreibt: „Nun geschieht es, daß in diesen bösen Zeiten jetzt alle guten Ordnungen und altes Herkommen Anfechtung haben müssen, daß man auch davon disputiert und redet, ob es gut sei, gute oder geringe Münze im Lande zu schlagen und zu haben.“

Es war aber keineswegs so, daß der reformatorisch gesinnte Kurfürst das überkommene Geldsystem umstürzen, während der gegenreformatorische Herzog bei der guten alten Ordnung bleiben wollte. Der Kurfürst hegte die Illusion, die Zufriedenheit aller Schichten und Stände erreichen zu können, wenn das Geldwesen durch ausreichendes Angebot an Zirkulationsmitteln wieder ein stabiles Preisgefüge gewährleisten würde und die Einkünfte des fürstlichen Münzherrn aus dem Silber- und Münzmonopol so ausreichend flössen, daß auf zusätzliche Besteuerung verzichtet werden könne. Der Herzog dagegen zerstört diese auf frommen Wünschen gegründete Illusion, die sich weder auf eine theoretische Argumentation stützte noch mit den wirklichen Prozessen übereinstimmte. Er deckt die inneren Widersprüche dieses Wunschdenkens auf. Dazu nimmt er offen die Position des Handelskapitals ein und vertritt die Grundauffassung des Monetarismus, daß sich das Wertgesetz unabhängig von allen Münzpraktiken durchsetze.

Der Kurfürst, meint Georg, glaube, mit einer leichteren Ausprägung den Münzbedarf zu decken und die so abgesicherte Binnenwährung vor äußeren Einflüssen kapitalistischer Spekulationen zu schützen. Er halte es für möglich, daß die gewöhnlich aus einmaligen Münzverschlechterungen gezogenen Einkünfte flössen, „solange man Bergwerke abbaute“, und daß zusätzliche Gewinne aus einem monopolistisch hochgesetzten Silberbarrenpreis auf dem Außenmarkt gezogen werden könnten, „wie man auch in anderen Ländern, die mit einer besonderen Ware begnadet sind, siehet, daß man sich immer befleißiget, dieselbe aufs teuerste zu bewerten“.

Diese von Georg angeführten kurfürstlichen Vorstellungen bekunden ein völliges Unverständnis des Wertgesetzes. Bei metallischer Zirkulation muß die

Ehrlicher vnd zutreglicher sey / die alte gute Müntz zubehalten / odder geringere anzunehmen.“

„Die Müntz Belangende Antwort vnd bericht: der furnemsten punct vnd Artikel / auff das Büchlein / so der Müntz halben / in der Chur / vnd Fursten zu Sachsen / Landen / mit dem Titel / der Gemeinen stymmen / jdoch sunder namen / kürtzlich im druck ausgangen ist / von denen so dagegen die wolfart der Lande / aus vnterthenickeit auch wol meinen. Anno Dominj M.D.X.X.X.“

„Apologia vnd verantwortung / des / was wider das Büchlein der gemeinen stimmen / im druck ausgangen“

Preissteigerung des Geldes und Geldmaterials über den Realwert zu einer Preissteigerung aller übrigen Waren führen; es sei denn, aller Handel mit dem Weltmarkt würde abgebrochen und die Zirkulationsmittel einer echten Binnenwährung trügen nur noch Symbolcharakter ohne Beziehung zu deren Realwert. Aber die Einführung von Scheidemünzen wäre ein Jahrhundert, bevor König Jacob I. 1613 dem Baron John Harrington gestattete, kupferne Farthings für den täglichen Verkehr und den Kramhandel zu prägen, und angesichts des völlig unzulänglich entwickelten inneren Markts unmöglich gewesen. Georg erkennt sehr klar, daß sich eine solche Entscheidung nicht nur gegen das Kaufmanns- und Geldkapital wenden würde; sie würde das gesamte wirtschaftliche Leben und damit auch die Quellen der landesfürstlichen Einkünfte verstopfen. Er geht davon aus, daß alles Edelmetall nach seinem Wert gehandelt werde und erst recht das metallische Geld, das ja Wertmaßstab für alle anderen Waren sei. Preise über dem Wert zu verlangen, sei bewußte Täuschung, auf die sich keiner einlassen werde; und Geld, das nur einen Nennwert, aber keinen Realwert besitze, könne nicht länger Wertmaßstab sein. Man müsse daran denken, „daß die Münze wie alles andere, das aus Metall gemacht, und doch mehr als anderes, dieweil man damit alles vergleicht und sie danach bewertet, was sie an sich selbst von Silber und Metall in sich hat und enthält . . . Denn wenn man auf den Schlag, oder wie sie unter den Leuten gilt und geachtet wird, allein will achtgeben und nach demselben prüfen, so ist sie ganz ungewiß und bald vergänglich wie alle anderen Sachen, die aus unbedachter Willkür und Brauch der Leute sich verursachen und doch der Natur an sich selbst entgegen sind, die von Gott gepflanzt ist, ewig und in aller Welt beliebt, wie ein Gran oder Lot Silber sich gleich bleibt."

Der Herzog weist die Illusion zurück, daß eine abgesicherte Binnenwährung, deren Münze nur noch Wertzeichen ohne Beziehung zum Realwert darstelle, keinen Einfluß auf die Warenpreise habe. Er geht von dem Händler aus, der auf dem Weltmarkt die Münzen nur zum Realwert gegen Waren tauschen kann. „Brot, Bier und alle andere Ware wird gegeben werden, wie man Münze hat, [denn] man täuscht den Händler nicht. So erzeugt man auch sonst mit der geringen Münze keine Wohlfeilheit beim Händler. Denn gibt man ihm gute Münze, so gibt er guten Kauf[preis]. Gibt man ihm geringe Münze, so gibt er teuer, damit er seinen Schaden ersetze. Denn er pfleget sich immer nach der natürlichen Bewertung der Münze entsprechend dem Silbergehalt und nicht nach der zufälligen, die aus der Achtung kommet, zu richten." Falle der Realwert der Münze, schreibt Georg, so müsse die Ware im Preis steigen und der Handel zurückgehen. Der Händler, der auf dem Weltmarkt für seine Ware mehr Silber erhalte als im Lande, achte darauf, daß ihm ebenfalls „in dem Lande, wo geringe Münze ist, auch so viel Silber in der Münze gegeben werden muß, daß die Menge der Münze desto größer sein muß, je weniger sie an Silber enthält, woraus auch offensichtlich zu spüren ist, daß der Silberpreis weder erhöht werden kann noch mag". Es sei denn, fügt Georg hinzu, der Nennwert würde weltweit erhöht werden; aber das sei ebensowenig anzunehmen wie ein Bekenntnis zum Christentum in aller Welt.

Münzverschlechterungen würden nicht nur den Händler vertreiben, schreibt der Herzog, sondern auch den Silberbergbau ruinieren, dessen Kosten nicht gedeckt würden, wenn sein Erzeugnis nach dem alten Zechenpreis mit geringwertigerer Münze bezahlt werde. „Wenn man den Gewerken das Silber der Anzahl nach [d. h. im Preis] nicht anders als bisher bezahlen und zugleich viel höher [im Preis] in die Münze und Kauf bringen wollte, dann wäre das gegen alle göttliche und natürliche Billigkeit, denn die Gewerke bauen es mit größerem Aufwand ab. Sollte nun das Silber nicht auch zu ihrem statt allein der Herren Nutzen im Kauf[preis] steigen, da sie ja zu allererst die geringe Münze und in voriger Anzahl [d. h. zum alten Zechenpreis] nehmen, so würden sie es [d. h. den Abbau] bald aufgeben, so daß man gar kein Silber mehr haben würde."

In dieser Frage zeigt sich das Dilemma einer Münzverschlechterung in einem silberproduzierenden Lande. Sofern der Landesfürst nicht die Macht hat, gleichzeitig auch den Zechenpreis des Silbers zu drücken, würde der erhoffte Gewinn bei einer Münzveränderung schon bei der Übernahme des Silbers von den Gewerken zunichte gemacht werden. Eine Geldverschlechterung durch den Münzherrn eines Territoriums ohne eigene Edelmetallproduktion wirkt sich dagegen allmählicher, über die Steigerung in den Preisen der übrigen Waren, aus. Der Nutzen, den ein Münzherr aus der Geldwertverschlechterung zieht und gegen den GEORG hier und auch in seinem zweiten Traktat, der „Apologia", zu Felde zieht, ist also in jedem Falle nur kurzfristiger Natur.

GEORG nennt abschließend jene Gruppen, die sich für eine Geldwertverringerung aussprechen. Neben den einen, die es aus Dummheit nicht besser wüßten, und den anderen, die ihrem Landesherren bedingungslos ergeben seien und ihm den Geldbeutel füllen helfen wollten, seien es auch gewisse Kaufmannsgruppen, die einen Umtauschgewinn aus dem Unterschied zwischen Nennwert und Kurswert der Münze zögen, ferner Gegner der Händler und Wucherer und schließlich wirtschaftlich ruinierte Existenzen, die anderen gern ein Gleiches wünschen.

In diesem Zusammenhang warnt GEORG noch einmal vor der Handelsschädigung, dem damit verbundenen Rückgang der Einnahmen an Zöllen und Geleitgeldern und der Beeinträchtigung des auf fremde Kapitale angewiesenen und stetig investitionsaufwendiger werdenden Bergbaus. Er nennt also Gefahren, die auftreten können, wenn es der Staatsgewalt gelänge, die Warenpreise gewaltsam auf dem bisherigen Stand festzuhalten und so ihre Angleichung an den Grad der Geldwertverschlechterung zu verhindern.

GEORG geht auch auf die Frage ein, ob bei der Rückzahlung von ausgeliehenen Geldern und Kapitalen der alte oder der neue Geldwert zugrunde gelegt werden solle. „Es sind für viele hunderttausend Gulden Schulden und Wiederkäufe im Lande, die alle mit guter Münze erkauft und ebenso zu zahlen versprochen wurden. Sollte nun die geringe Münze einwachsen, so würde ein vernehmbarer Zank entstehen, aus dem Unfriede und Aufruhr erwüchse. Denn es ist an sich selbst billig und wird auch in allen Verträgen ausbedungen, daß, wenn die Zahlung in gültiger Münze vorgesehen ist, ein jeder die Münze nach ihrer natürlichen Bewertung entsprechend dem Silbergehalt zurückgebe, wie er oder seine Vorfahren dieselbe empfangen, und nicht, wie man sie achtet, selbst wenn sie im Lande damit [d. h. im Realwert] gefallen ist."

Die ein Jahr später ebenfalls in der Kanzlei GEORGs entstandene Gegenschrift „Apologia" stellt im wesentlichen eine stark konkretisierte, durch die kurfürstliche Münzkatastrophe des vergangenen Jahres an Polemik bereicherte, im Ausdruck aggressiver und persönlich gefärbte Version der ersten Schrift dar, ohne das Repertoire der Argumente merklich zu erweitern. GEORG erklärt sich darin als unwiderlegt, unterstellt seinem Gegner nicht ohne Grund die Absicht, unter dem Deckmantel reformatorischer Ideen eine Enteignung der feudalen Zinsberechtigten zu betreiben, wirft ihm persönliche Bereicherungsabsichten vor und widerlegt im einzelnen theoretisch schlüssig und mit Tatsachenkenntnis die Behauptungen des Kurfürsten.

Die Entgegnung des Kurfürsten auf die „Gemeynen stimmen", die fast ebensoviele Druckseiten umfaßt wie beide Pamphlete GEORGs zusammen und die im Vergleich zu deren gestraffter Gedankenführung das gleiche Thema weitschweifig immer von neuen Seiten zu beleuchten sucht, beginnt mit der Brandmarkung der „Gemeynen stimmen" als einer „deutschen Kaufmanns- oder Heroldspredigt". Der Autor bekundet mehrfach seine Erbitterung über das agitatorische Zurschaustellen und populäre Offenlegen eines Fragenkomplexes, der nach seiner Meinung nur in kompetenten Zirkeln verhandelt werden sollte. Dies „klapperhaftige Geschwätz" wäre besser unterblieben, „denn wenn der gemeine Mann und die Bauern das Ihrige auch so beginnen, dann würden sie allerlei und sehr viel an den Regimenten der Obrigkeit nach [ihrem] Sinne und Willen zu tadeln und ein allgemeines Begreifen [zu ermöglichen] und ruchbares Geschrei zu machen wissen". Auch das von GEORG angeführte Recht der Gewerke auf Entschädigung ihres Aufwands bei der Silberförderung wird vom Kurfürsten verurteilt, denn „solche unbedachte Erwähnung ist in dem Fall wohl dem Geschrei der aufrührerischen Bauern zu vergleichen: 'Wir wollen frei sein und keine Verpflichtung auf uns nehmen'".

Die kurfürstliche Schrift gibt den Kaufleuten die Schuld an der Münzmisere. Die „Gemeynen stimmen" seien darauf bedacht, die Preissteigerungspraxis der Händler, der eigentlich durch fürstliches Eingreifen gesteuert werden müsse, sogar behördlich zu sanktionieren. Es sei wirtschaftspolitisch nicht zu verantworten, fünfzig oder sechzig reiche Kaufleute in einer Stadt zu haben, die zwar eine finanzielle Rückendeckung des Fürsten darstellten, dafür aber den Klein- und Binnenhandel durch ihre Aufkaufmethoden und Absatzpraktiken lahmlegten, den Käufer übervorteilten und den Produzenten ruinierten. JOHANNs Argumentation richtet sich unausgesprochen gegen das ruinöse Leipziger Handelsmonopol, das beständig ausgeweitet wurde. Ihm scheint ein landesfürstlich reglementierter Außenhandel vorzuschweben; denn er tritt für die Beibehaltung des Transithandels ein und erkennt die Notwendigkeit des Ausfuhrhandels durchaus an.

Auf dieses Argument, das zu jener Zeit breitenwirksam war, aber letztlich auf die Abschöpfung der Kaufmannsgewinne durch die fürstliche Kammer hinauslief, geht GEORG in seiner zweiten Schrift wohlweislich befürwortend ein und gesteht sogar zu, „daß eine gute Ordnung und Polizei im Lande gemacht [werde], damit man der [zu importierenden] Ware nicht bedürfe. Wenn das nämlich durchgesetzt werden könnte, so würde sich der Schaden, der dem Lande von der ausländischen Ware entstehet, wohl selbst abtun." Georg erkennt jedoch, daß eine Wirtschaftspolitik gegen das Kaufmannskapital nicht durchzusetzen ist. „Wir sehen aber vor Augen, daß sich Herren und Untertanen nämlich anschicken, daß sie selbst beide zu wucherischen Verkäufen und zu überflüssiger Pracht Ursache geben und der Dinge gar nicht entraten noch entbehren wollen." Besonders der Handel mit Gewürzen sei unentbehrlich geworden. Daher sei es besser, den Handel in seinem Rechte zu belassen; neben der Versorgung mit unerläßlichen Fernhandelswaren verschaffe er allen möglichen Gewerben im Lande Einkommen.

Im Unterschied zu GEORG hat der Verfasser der kurfürstlichen Schrift keine theoretische Vorstellung vom objektiven Wirken wirtschaftlicher Vorgänge. Er bleibt bei der Feststellung stehen, daß Gold und Silber den allgemeinen Repräsentanten des Reichtums darstellen, und fragt nicht nach den Gesetzen ihrer Bewegung. Die monetaristische Theorie ist ihm ein Buch mit sieben Siegeln. Er teilt mit ihr nur die Anerkennung der Tatsache, daß zu jener Zeit das Geld Ausdruck des Reichtums sei. „In summa, die fremden und reichen Länder wie Italien, Frankreich, die Niederburgundischen Lande, auch England usw., die richten das Verständnis und [den] Grund ihrer Handlung darauf, daß sie die Ware aus ihren Ländern in fremde abführen und dagegen den Reichtum, das ist Geld, empfangen und suchen." Das eigene Land verhalte sich jedoch anders als die angeführten entwickelten Länder mit beträchtlicher Geldakkumulation, stellt der kurfürstliche Verfasser fest. „So sind unsere Landgewerbe darauf gerichtet, daß wir den Reichtum, also das Geld, von uns fortschieben und abführen lassen und dagegen die Ware annehmen, damit ungefähr hundert sich bereichern, dagegen die Fürsten und der gemeine Landmann verderben."

Der Verfasser der kurfürstlichen Schrift findet keine Erklärung für die Tatsache, wie denn den sächsischen Münzen ständig schlechte fremde Münzen unterschoben werden konnten. Er vermag seine Behauptung von der Überwertigkeit der sächsischen Prägung nicht zu begründen; er beteuert sogar wiederholt, daß der Kurswert der sächsischen Währung gegenüber den fremden Währungen stetig gefallen sei.

GEORG bagatellisiert in seiner „Apologia" die Tatsache der Ausfuhr und des Einschmelzens vollwertiger sächsischer Geldstücke als für beide sächsischen Staaten belanglos. Er meint, das auswärtige Ummünzen sei weniger schädlich als die beabsichtigte Münzverschlechterung. Das Ummünzen in leichtere Prägungen, sagt GEORG, sei überhaupt unvorteilhaft und unprofitabel für den, der sie anwendet. Es sei bestenfalls für solche auswärtigen Münzherren von Interesse, die selber über kein eigenes Silber für ihre Münzprägungen verfügten, und für offenkundige „Münzfälscher, die daraus ganz falsche Münze machen". Der Herzog rechnet dem Kurfürsten vor, daß er in den Teufelskreis einer ständigen Geldabwertung hineingeraten würde, wollte er bei jeder – scheinbaren – Erhöhung des in Silbergeld ausgedrückten Preises des Silbers die Münze im Korn verschlechtern. Es würde dadurch das Silber so oft und so hoch im Nennwert gesteigert, daß zuletzt die Münze eitel Kupfer würde. „Die Steigerung des Goldguldens und des Silbertalers, davon du meldest, kommet auch aus keiner anderen Ursache her als von der bösen und geringen Münze; je geringwertiger sie am Korne und Gehalt des Silbers ist, desto mehr muß man davon für einen Goldgulden oder Silbertaler geben." GEORG stellt fest: „Und in summa hängt der Kauf[preis] des Silbers an der Münze. Ist die Münze gut, dann bleibt das Silber in seinem rechten Werte. Ist aber die Münze böse, dann muß notwendig das Silber steigen."

Der Kurfürst beschließt seinen Traktat mit einer wortreichen Denunziation des Handels, dessen Endzweck es sei, das Geld anderer an sich zu ziehen. „Was doch deutlich bei uns in der Welt Reichtum heiße, darauf ist der allgemeine Bescheid: Geld als die wahre Losung, denn wo viel Geld ist, da ist Reichtum gepriesen." Die Produktion dieses Reichtums besitze Sachsen in seinen Silberbergwerken. „Nun haben wir gottlob den Reichtum, daraus man Geld macht, schon in diesen Landen", stellt JOHANN fest. Nach einem Lob der göttlichen Begnadung der sächsischen Lande beantwortet der Kurfürst auf seine Weise die brennende Frage, warum viele andere Territorien, die doch bezüglich der Edelmetallförderung nicht so gut daran sind, dennoch reicher sind und sogar in den vornehmen Haushaltungen über mehr Silbergerät verfügen als alle sächsischen Fürsten, Bischöfe, Grafen und Herren: „Dieselben Königreiche, Länder und Inseln alle haben ihr Gewerbe, Handel, Ordnung, Polizei und Nahrung auf viele Weisen darauf gerichtet, daß sie die Ware aus ihren und anderen Ländern zu uns Deutschen, Ungarn und Böhmen in großer Menge einführen und das Geld zu sich hineinbringen, wodurch sie sich bereichern und erhöhen."

Die Überschätzung der Geldware und Verkennung ihrer Rolle als allgemeines Äquivalent durch den Kurfürsten relativiert GEORG vom Standpunkt des Monetarismus. Denn wenn dieser einerseits das Geld als allgemeinen Repräsentanten des Reichtums betrachtet, so betont er andererseits auch den Austausch nach dem Wertgesetz. Wenn ein silberproduzierendes Land seine Silberware, die zugleich Geld ist, gegen andere Waren austauscht, handelt es nach seinen Bedürfnissen. Deshalb weist der Herzog darauf hin, daß Sachsen außer transportaufwendigem Bier aus Torgau und Belgern keine mit den Erzeugnissen aus Nürnberg, Augsburg und Frankfurt am Main konkurrenzfähigen Produkte aufzuweisen habe, und daß die Länder, die ohne Edelmetallproduktion reich sind, „Gold, zum Teil auch Ware haben, der wir und andere Länder nicht entraten können noch wollen".

GEORG geht sogar so weit, daß er das landesfürstliche Interesse ausspricht, das sich hinter JOHANNs Formel vom Reichtum, der in Geld bestehe, verbirgt. Denn wenn der Kurfürst diese Formel mit der Münzverschlechterung in Verbindung bringe, so meine er lediglich seinen eigenen Reichtum, der sich in diesem Fall aus der Schädigung anderer ergebe. „Du sagest, Geld heiße Reichtum, und folgerst daraus: Wenn man geringe Münze schlüge, dann bliebe der Reichtum im Lande und die Kaufmannsware draußen. Du mußt aber auch dazu sagen:

wenn die Münze geringer geschlagen würde, bei wem der Reichtum, den man mit der geringen Münze gewinnt, im Lande bliebe. Nämlich bei niemand als bei den Fürsten und Münzherren, denn die würden ihr Silber teuer verkaufen und vermünzen und den eignen Gewinn in ihre Kammer nehmen. Die Untertanen aber werden geringe Münze haben und, wie angezeigt, alle Dinge teuer und für zehn Gulden gerade so viel, wie sie bedürfen, kaufen können wie zuvor für acht Gulden der guten Münze . . ."

Der in den „Gemeynen stimmen" und in der „Apologia" zum Ausdruck gebrachte Monetarismus läßt einen großen Fortschritt im ökonomischen Denken erkennen. Die frühbürgerliche Kostenauffassung ist mit der Vorstellung von der Objektivität ökonomischer Gesetze verschmolzen und zu einer ersten volkswirtschaftlichen Betrachtung geführt worden, die das Wirken des Wertgesetzes in einem wichtigen Bereich, in der Münzgeldwirtschaft, untersucht. Indem die Monetaristen beim Edelmetallgeld zwischen Nominal- und Realwert unterschieden und auf wirtschaftliche Konsequenzen aus einer durch feudale Praktiken und Hemmnisse verursachten Behinderung des Wertgesetzes hinwiesen, vertieften sie das Verständnis für objektive volkswirtschaftliche Vorgänge und taten einen bedeutenden Schritt in eine Richtung, in der später zwischen Wert- und Preisbewegungen aller Waren unterschieden und damit die Voraussetzung für die volkswirtschaftliche Analyse der klassischen politischen Ökonomie geschaffen wurde.

3. Zum ausgebildeten Monetarismus in England (1549)

Zwei Jahrzehnte nach dem Erscheinen der „Gemeynen stimmen" entstand 1549 eine Darlegung, die unter den entwickelteren Bedingungen in England die in vielen europäischen Ländern verbreiteten monetaristischen Auffassungen zu einem theoretischen System ausbildet und alle damals wichtigen wirtschaftlichen Fragen in die Erörterung einbezieht. Sie entstammt wie die sächsische Schrift der Periode vor der gewaltigen Geldakkumulation aus dem großen Überseehandel.

Da das vorliegende Buch Grundlinien des ökonomischen Denkens in Deutschland behandelt, fehlen Ausführungen über die Entwicklung der monetaristischen Auffassungen in den anderen europäischen Ländern. Ausnahmsweise werden jedoch – als Exkurs – einige Grundzüge des in England ausgebildeten Monetarismus skizziert, obwohl dessen Resonanz in der damaligen deutschen Literatur nicht nachgewiesen ist. Ein solcher Exkurs bietet die Möglichkeit, die deutschen Vorstellungen in die internationale Entwicklungslinie einzuordnen.

Es soll vor allem verdeutlicht werden, wie sehr die monetaristische Betrachtungsweise in jener Zeit geeignet war, das bürgerliche ökonomische Denken voranzubringen, und welchen wirksamen Anteil sie an der ideologischen Auseinandersetzung mit dem Feudalismus hatte. In der detaillierten wissenschaftlichen Erschließung der monetaristischen Literatur steht die marxistische Theoriegeschichtsschreibung unseres Erachtens noch am Anfang.

Die ausgebildete monetaristische Wirtschaftstheorie findet ihren Niederschlag vornehmlich in JOHN HALES' drei Gesprächen über die in der Bevölkerung verbreiteten Klagen, für deren Druck der Herausgeber W. S. (vermutlich WILLIAM STAFFORD) den Titel gewählt hat: „Eine kurzgefaßte Prüfung von gewissen alltäglichen Beschwerden verschiedener unserer Landsleute in diesen unsern Tagen: welche, obwohl zum Teil ungerecht und leichtfertig, dennoch alle in Dialogform gründlich erörtert und besprochen sind."

Die höhere Entwicklung von Handel und Gewerbe und das beginnende Eindringen der kapitalistischen Produktionsverhältnisse in die Landwirtschaft erlaubten es dem englischen Verfasser, ein detaillierteres Bild von den Wirtschaftsabläufen zu entwerfen. Diese Abläufe interessieren vor allem in ihrer Beziehung zum Zirkulationsbereich. Der Hauptangriff wird – ähnlich wie in den „Gemeynen stimmen" – gegen die Geldverschlechterungen geführt, die in England seit 1543 von HEINRICH VIII. vorgenommen waren und die Silbermünzen auf ein Drittel ihrer früheren Feinheit heruntergesetzt hatten.

Während sich GEORG vor allem mit der Münzverschlechterung und ihren Auswirkungen auf die Preise auseinanderzusetzen hatte, muß sich HALES – wie schon früher sein Zeitgenosse und Landsmann THOMAS MORE – mit einer weiteren Auswirkung der ursprünglichen Kapitalakkumulation beschäftigen. Die Einhegungen von Bauern- und Gemeindeland durch die Grundherrn am Ende des 15. und in der ersten Hälfte des 16. Jahrhunderts schufen die Voraussetzung für eine kapitalistische Landwirtschaft.[43] Durch das Freisetzen von Arbeitskräften, die Verwandlung von Ackerland in Weideland für die profitträchtige Schafzucht wurde das Angebot an Getreide für die Grundnahrung vermindert. Weder die Gesetze zur Einschränkung der Einhegungen (1488) noch das Verbot, die Schafhaltung auszudehnen (1533), behinderten diesen Prozeß ernstlich. HALES, Sekretär der Staatskasse unter HEINRICH VIII. und EDUARD VI. gehörte einem Ausschuß an, den die Krone zur Abhilfe der sozialen Notstände eingesetzt hatte. Er betrieb die ihm übertragene Aufgabe mit einem solchen Eifer, daß er dadurch in Ungelegenheiten geriet.[44]

Während der sächsische Münzstreit zwischen zwei Landesfürsten ausgetragen wurde, bezieht HALES alle wirtschaftlichen Interessengruppen ein. In den Gesprächen bringen der Grundbesitzer, der Pächter, der Kaufmann und der Handwerker die wirtschaftlichen Probleme aus ihrer Sicht zur Geltung. Der eigentliche Träger der Erörterung ist ein Gelehrter, der die aufgeworfenen Fragen autoritativ beantwortet. Hatte der sächsische Kurfürst vor einer öffentlichen Diskussion gewarnt, so fordert dagegen HALES „Kaufleute, Landwirte und Handwerker, welche in ihrem Beruf für weise gelten", auf, „ihre Ratschläge in dieser Angelegen-

[43] Vgl. Karl Marx, Das Kapital, Erster Band, in: MEW, Bd. 23, Berlin 1962, S. 745–748, 770–772.

[44] William Stafford, Drei Gespräche über die in der Bevölkerung verbreiteten Klagen (1581) Frankfurt a. M. 1948; vgl. das Vorwort von August Skalweit.

heit zu geben. Denn sie können über manche Punkte in ihren Gewerben Aufschluß geben, welche die weisesten Männer in einem Königreich nicht enthüllen können".[45]

In den Gesprächen werden vier Probleme untersucht: „Erstens, diese allgemeine Teuerung im Vergleich mit früherer Zeit ist der Hauptübelstand, über den sich alle Leute am meisten beklagen. Dann kommen zweitens die Einhegungen und die Verwandlung des Ackergrundes in Weideland; drittens der Verfall der Städte, der Flecken und Dörfer; und endlich die Spaltung und Verschiedenheit der Meinungen in religiösen Fragen."[46]

Die drei wirtschaftlichen Fragen betrachtet HALES in engem Zusammenhang; als deren eigentlichen Hintergrund schildert er die allgemeine feudale Behinderung der Produktion und Zirkulation von Waren.

HALES über Preissteigerung und Münzverschlechterung

Gegen die breite Entfaltung der gewerblichen Produktion tritt in den Gesprächen der Grundbesitzer auf, der mit ökonomischen und sozialen Argumenten seinen Interessenstandpunkt verficht. Er verteidigt seine vom Herrscher geschützte Sonderstellung, die ihm höchste Gewinne aus der Wollproduktion zufließen läßt, gegenüber allen anderen wirtschaftlichen Gruppierungen. Seinen Herrscher, der aus den Münzverschlechterungen Gewinne zieht, rechtfertigt der Grundbesitzer mit der Auffassung, daß Geld unabhängig vom Realwert seine Rolle als Zirkulationsmittel spiele. Es sei nicht zu begreifen, „was für ein Nachteil es für das Reich wäre, wenn wir dieses Metall statt des andern als unsere Münze hätten, wo doch die Münze nur ein Zeichen ist, das von Hand zu Hand geht. Und wenn sie nur mit der Fürstin Siegel geprägt und dadurch für gangbar erklärt ist, was macht es dann für einen Unterschied, aus welchem Metall sie verfertigt ist, und wäre es auch nur Leder oder Papier?"[47]

Aus Münzverschlechterungen dürften die Kaufleute keine Preiserhöhung ableiten, sagt der Grundbesitzer. „Wenn sie nur wegen unsrer Waren hierher kämen, was machte es dann für sie aus, von welcher Quantität und von welchem Werte unser Geld sei, wenn sie nur ebensoviel von unsern Waren wie früher dafür haben könnten? Wenn sie aber unsers Silbers und Goldes wegen kämen, so sei es niemals gesetzlich erlaubt gewesen, noch sei es vorteilhaft, daß sie irgendwelches von uns haben sollten. Deshalb sollte ich meinen, dies sei keine Ursache, weshalb sie ihre Waren teurer verkaufen als früher."[48]

Um Gold ins Land zu bringen, findet der Grundbesitzer, reiche der Export einheimischer Wolle aus. Eine breit entfaltete gewerbliche Produktion führe nur zu Unruhen, wie sich zeige, wenn man die Wolle im Lande weiter zu verarbeiten

[45] Ebenda, S. 12.
[46] Ebenda, S. 86.
[47] Ebenda, S. 62.
[48] Ebenda, S. 90.

beabsichtige. So gingen zum Beispiel die meisten Aufstände und Unruhen von den Tuchmachern aus. „Denn wenn die Tuchmacher des Absatzes an das Ausland entbehren, dann ist eine große Menge derselben müßig. Und wenn sie müßig sind, dann sammeln sie sich in Scharen und murren aus Mangel an Lebensunterhalt und greifen den einen oder den andern Streit auf, um die armen Bürger, die ebenso müßig sind wie sie selbst, zum Aufruhr zu reizen. Und, bisweilen infolge von Krieg, muß notwendig einmal eine Stockung im Tuchhandel eintreten, so daß sie nicht immer den gleichen Verkauf und Absatz haben können. Wenn besagte Tuchmacher dann jedesmal einen Aufruhr erregen, so halten jene Männer [d. h. die Grundbesitzer] es für besser, daß es überhaupt keine im Lande gebe, und daß die Wolle infolgedessen unverarbeitet ans Ausland verkauft würde, statt sie hier verarbeiten zu lassen."[49] Man könne doch, stellt der Grundbesitzer fest, „aus fremden Ländern Geld genug für unsre Wolle beziehen, und wenn auch gar keine im Reiche selbst verarbeitet würde. Und was einen Beruf betrifft, der unsern Tuchmachern Arbeit geben würde, so könnten sie hinter den Pflug und in die Landwirtschaft gestellt werden, und dadurch würde auch die Landwirtschaft stärker betrieben werden und die Viehzucht weniger, wenn alle diese Leute, die sich jetzt mit Tuchmachen beschäftigen, sich der Landwirtschaft zuwendeten."[50]

Gegen den Protest der anderen Gesprächsteilnehmer bekundet der Grundbesitzer seine Meinung, daß gegen soziale Unsicherheit nur Militär helfe. „In Frankreich hat man auch zahlreiche Scharen Bewaffneter in verschiedenen Plätzen des Reichs, um solche Unruhen rasch zu unterdrücken, wenn irgendwelche entstehen sollten. Wenn wir dasselbe hier hätten, so könnten wir dreist ebensoviele Gewerbtreibende haben wie sie."[51]

HALES wendet sich gegen diese reaktionären Argumente der herrschenden Klasse, die sich an der ursprünglichen Akkumulation in der Landwirtschaft maßlos bereichert. Er weist die Auffassung von der Bedeutungslosigkeit des Realwerts des Geldes zurück, die nicht einmal dem Herrscher nütze. Auf des Grundbesitzers drohenden Hinweis, daß nach HALES' Darlegung der wirtschaftliche Verfall also die Schuld des Königs sei, der die Münzverschlechterung befahl, antwortet er geschickt: „Vielleicht liegt sie doch noch weiter zurück, nämlich bei denen, welche zuerst den Rat zu dieser Maßregel gaben, indem sie behaupteten, sie würde für Seine Königliche Hoheit ein großer und wesentlicher Vorteil sein. Wenn Seine Gnaden bemerkt hätte, daß sie nur einen vorübergehenden Gewinn und einen andauernden Verlust für Seine Hoheit wie für sein ganzes Reich bedeutete, so hätte er mitsamt seinem Volke leicht von der Verwirklichung dieses einfältigen Planes abgebracht werden können."[52]

Gegen die Hervorhebung des Nominalwerts des Geldes gegenüber dessen Realwert, die mit einer reaktionären sozialen Einstellung verbunden ist, entwickelt

[49] Ebenda, S. 78.
[50] Ebenda, S. 79.
[51] Ebenda, S. 83.
[52] Ebenda, S. 91.

HALES vom bürgerlichen Standpunkt seine monetaristische Theorie, die alle Erkenntnismöglichkeiten der ersten Hälfte des 16. Jahrhunderts ausschöpft.

Die Grundursache für die Preissteigerungen und den wirtschaftlichen Verfall der kleinen Produzenten und ländlichen Gebiete sieht HALES in den Münzverschlechterungen. „Und obgleich der Grund der Sache schon an und für sich klar genug ist, so wird er doch durch die Erfahrung und die Probe noch klarer. Denn zugleich mit der Veränderung des Geldes begann die Teuerung, und in demselben Maße, wie das Geld sich verschlechterte, stiegen auch die Preise der Dinge durchweg. Und daß dies wahr ist, bewiesen die wenigen Stücke alten Geldes, die später noch übrig blieben. Denn Ihr konntet für jedes Stück dieses Geldes ebensoviel von irgendeiner Ware sowohl im Auslande wie im Inlande erhalten, wie jemals früher dafür zu haben war. Und wenn das Maß geringer gemacht wird, so bedarf es einer größeren Anzahl, um das gleiche Ergebnis zu bewirken. Und weil die Veränderung nicht gleichzeitig alle einzelnen berührte, deshalb hatten einige große Verluste und andere großen Gewinn dabei, und das erzeugte in der ersten Zeit ein so allgemeines Murren über diese Sache."[53]

Weder die Gleichzeitigkeit von Münzverschlechterungen und Preissteigerungen noch die Wertbeständigkeit der alten Münzen weisen jedoch die Münzverschlechterungen als die Grundursache für alle jene Erscheinungen aus, die den Prozeß der sogenannten ursprünglichen Kapitalakkumulation kennzeichnen. Denn auch die Münzverschlechterung selbst ist nur eine Erscheinung dieses Prozesses. Aber indem HALES nach dem Zusammenhang zwischen Münzverschlechterung, Preissteigerung und deren unterschiedlichen Auswirkungen auf die Produktion und die Lage der Produzenten fragt, stößt er auf das Wirken objektiver ökonomischer Gesetze und erkennt wichtige Zusammenhänge im Zirkulationsbereich.

Die Kaufleute, stellt HALES fest, könnten nicht gezwungen werden, nach einer Geldwertsenkung die importierten Waren zu den alten Preisen abzugeben. „Es sind Fremde, die solche Waren wie Eisen, Teer, Flachs u. a. verkaufen, und sie stehen nicht unter der Botmäßigkeit unserer königlichen Herrin."[54] Da der Handel kein einfacher Warenaustausch sei wie vor der Herausbildung des Geldes, sondern aus Gewinnstreben die Waren aus den Ländern, in denen sie am billigsten sind, in die Länder bringe, in denen die höchsten Preise zu erzielen sind, sagt HALES, stimme es nicht, daß Geld nur ein Zirkulationsmittel ohne Realwert sei. Die Kaufleute „kommen nicht immer unserer Waren wegen, sondern bisweilen, um ihre hier zu verkaufen, weil sie wissen, daß sie hier am besten verkäuflich sind, und dann andere Waren in andern Ländern zu kaufen, wo dieselben am billigsten sind; und mitunter verkaufen sie auch in einem Teile des Reiches ihre Waren, die dort am meisten gesucht sind, und gehen dann in einen andern Teil des Reiches, um daselbst die Waren zu kaufen, die dort in größter Menge und am billigsten zu haben sind, oder sie tun dies teilweise in unserm Lande und

[53] Ebenda, S. 92.
[54] Ebenda, S. 37.

teilweise in einem andern. Und zu diesem Zwecke ist eine überall gangbare Münze am vorteilhaftesten, besonders wenn sie sie in irgendeinem anderen Platze auszugeben beabsichtigen, als wo sie ihre Waren abgesetzt haben."[55]

Hales bringt klar zum Ausdruck, daß der Kaufmann die Edelmetalle als allgemeines, wertbeständiges Tauschmittel braucht unter den Bedingungen einer sehr unterschiedlich entwickelten Warenproduktion sowohl innerhalb eines Landes als auch in der vom Handel erschlossenen Welt. Er müsse die lokalen Zirkulationsmittel entsprechend ihrer wertmäßigen Stellung zum Gold in Kauf nehmen. Auf Münzverschlechterungen reagiere er folgerichtig mit Preiserhöhungen.

Die Kaufleute, schreibt Hales, können aber auch Münzverschlechterungen ausnutzen. Sie importieren Münzen aus Messing, „die in überseeischen Ländern gemacht werden, in jeder Hinsicht unsern Münzen gleich, und die sie in Menge herüberbringen. Und wenn sie sehen, daß diese dem Silber gleich geachtet werden, so zahlen sie dieselben für unsere Waren, d. h. für unsere Wolle, Felle, Käse, Butter, Tuch, Zinn und Blei, die jedermann natürlich gern so teuer, wie er kann, verkauft. Und wenn ihm von Fremden eine größere Summe unseres Geldes angeboten wird, als er im Lande selbst bekommen kann, so wird er sie an Fremde lieber verkaufen als an uns, bei denen der Preis durch staatliche Taxe festgesetzt wäre. Die Fremden können das Geld billig liefern; denn sie machen es selbst, und der Stoff, aus dem sie es machen, ist billig; und deshalb zahlen sie davon für unsere genannten Waren so viel, wie Ihr verlangt."[56]

Aber selbst wenn die Einfuhr schlechter Münzen verhindert würde, stellt Hales fest, komme es zu Preissteigerungen. Denn die Kaufleute überbieten die staatlich festgesetzten Preise für inländische Waren und erhöhen in dem Maße auch ihre Preise für importierte Waren. Wenn Angebot und Nachfrage die Preise für Importwaren bestimmen, so müßten sie auch die Preise aller einheimischen Waren regulieren, fordert Hales. Denn bei der vorhandenen feudalen Preisbindung „würden wir doch dabei Schaden haben und sie uns gegenüber im Vorteil sein, indem sie teuer verkaufen und billig einkaufen und infolgedessen sich selbst bereichern und uns arm machen. Lieber wollte ich noch unsere Waren ebenso im Preise erhöhen wie sie die ihrigen (wie wir es jetzt machen), wenn auch einige dabei verlieren; denn jedenfalls sind dies nicht so viele, wie es im umgekehrten Falle sein würden. Und was für eine Mühe würde es sein, die Preise für jede Kleinigkeit festzusetzen! Denn das müßte geschehen, wenn der Preis jedes einzelnen Gegenstandes auf Befehl herabgesetzt würde."[57]

Hales setzt damit zu einer Überlegung an, die im Rahmen der monetaristischen Theorie nicht weitergeführt werden kann. Er zeigt, wie die durch den Welthandel bewirkten Verhältnisse von Angebot und Nachfrage neue Preisverhältnisse

[55] Ebenda, S. 40.
[56] Ebenda, S. 41/42.
[57] Ebenda, S. 43.

herstellen, die sich von den alten, festgesetzten Beziehungen unterscheiden. HALES benutzt die Beobachtung, daß die Preiserhöhung eine objektive Folge tauschwertorientierter Verhaltensweisen ist, um die Forderung nach freier Entfaltung der bürgerlichen Produktion und Zirkulation zu stellen. Erst wenn dem Produzenten ein unabhängiges Preisverhalten ermöglicht würde, stellt er fest, dann würde das Preisgefüge entsprechend den neuen, von Behinderungen freien Bedingungen wieder stabil werden.

Die Meinung, die Münzverschlechterung sei die Grundursache für die Preissteigerung, und die Feststellung, die Preissteigerung sei ein objektiver Prozeß, dem sich die inländische Produktion anpassen müsse, stellen einen inneren Widerspruch dar, den es im frühen Monetarismus noch nicht gab. Er zeigt den höheren Entwicklungsstand der englischen Verhältnisse um die Mitte des 16. Jahrhunderts.

HALES' Auffassung vom Gewinn

Die Preissteigerungen würden den Handel nicht schädigen, sagt HALES. Gewinnen würden „alle diejenigen, die Erb- und Pachtgüter zu dem alten Zinse in ihrer eignen Bewirtschaftung haben; denn während sie nach dem alten Münzfuß bezahlen, verkaufen sie nach dem neuen, d. h. sie zahlen billig für ihr Land und verkaufen alles, was darauf wächst, teuer".[58] Verlust dagegen habe „der ganze höhere und niedere Adel und alle andern, die entweder von einer festen Rente oder einem Gehalt leben oder den Boden nicht bebauen oder keinen Kauf und Verkauf betreiben"[59]. Die Verteuerung veranlasse daher die adligen Grundbesitzer, „ihre Pachtgelder zu erhöhen und Pachtgüter zu ihrem besseren Auskommen in ihre eigene Bewirtschaftung zu nehmen und infolgedessen auch mehr Ackergrund einzuhegen"[60].

Wenn die Einhegungen in dem bisherigen Maße fortschreiten, meint HALES, so könnten sie das Land veröden und dessen Macht mehr schwächen, als es die Preissteigerungen vermögen. Er nennt sie die wichtigste Ursache „für jene wilden, unglücklichen Aufstände, die unter uns stattgefunden haben; denn infolge dieser Einhegungen haben viele Untertanen keinen Grundbesitz, von dem sie leben könnten, wie sie ihn früher hatten, und die Gewerbe haben nicht immer alle gleichmäßig zu tun; und deshalb muß es, wenn die Bevölkerung weiter zunimmt und ihr Einkommen sich vermindert, notwendig dahin kommen, daß ein großer Teil des Volkes müßig geht und ohne Lebensunterhalt ist. Und Hungerleiden ist bitter. Deshalb müssen sie, wenn sie Mangel leiden, notgedrungen wider jene, die Überfluß haben, murren und so diese Unruhen erregen."[61]

Da die Viehzucht hohe Gewinne abwerfe, stellt HALES fest, werde sehr viel

[58] Ebenda, S. 72.
[59] Ebenda.
[60] Ebenda, S. 92.
[61] Ebenda, S. 44.

Ackerland in eingehegtes Weideland verwandelt. Man könne die Einhegungen einschränken, indem man die Gewinn- und Ausfuhrmöglichkeiten für Ackerbau und Viehhaltung angleiche. Dieser Vorschlag widerspricht der feudalen Tradition, das Korn als die allgemeine Nahrungsgrundlage im Preis niedrig zu halten. Der Preis, räumt HALES ein, würde im Anfang steigen. Aber „je notwendiger das Korn ist, desto mehr müssen eben die Männer geachtet werden, die es bauen. Denn wenn sie sehen, daß der Ackerbau ihnen nicht so viel Gewinn bietet als andere Berufsarten, glaubt Ihr nicht, daß sie dann dieses Handwerk aufgeben und ein anderes anfangen werden, das sie als vorteilhafter erkennen?"[62]

HALES spricht die antifeudal-bürgerliche Grundhaltung des Monetarismus unverhohlen aus. „Wir müssen auch verstehen, daß nicht alle Dinge, die in einem Staate geschehen müssen, durch die unmittelbaren Strafen des Gesetzes zu erzwingen oder zu unterdrücken sind, sondern die einen so und die andern mehr durch Anreiz und Belohnungen. Denn welches Gesetz kann die Menschen zwingen, fleißig in den Mühen und Anstrengungen des Körpers oder fleißig in der Erlernung einer Wissenschaft oder Kenntnis des Geistes zu sein?"[63]

Das feudale Mißtrauen gegenüber dem bürgerlichen Gewinnstreben beschwichtigt HALES mit dem Hinweis, daß auch die Gewinnhöhe objektiven Gesetzen unterliege und nicht beliebig anwachsen könne. Seine Argumentation ist kennzeichnend für die monetaristische Auffassung der ökonomischen Gesetze. Es sei bewiesen, sagt HALES, daß jedermann naturgemäß nur das ergreift, worin er Aussicht auf Gewinn erblickt. Bei größeren Gewinnchancen im Ackerbau „werden sich die Menschen um so bereitwilliger auf die Landwirtschaft werfen; und je mehr sich der Landwirtschaft widmen, desto größer muß notwendigerweise die Menge des Kornes sein. Und je mehr Korn vorhanden ist, desto niedriger ist der Preis desselben, und desto größer ist der Überschuß über das, was für das Land selbst genügt. Und was dann in einem guten Jahr übrig ist, wird uns entweder wieder Korn liefern oder aber die Waren fremder Länder, die wir nötig haben. Und je lebhafter die Landwirtschaft betrieben wird, desto allgemeiner würde die Produktion aller Lebensmittel, von Rindern, Schafen, Schweinen, Gänsen, Hennen, Kapaunen und Küken sein; denn alle diese werden größtenteils mit Korn erzeugt."[64]

Die Anfangsphase der manufakturkapitalistischen Entwicklung setzte der monetaristischen Auffassung vom Gewinn doppelte Schranken. Einmal ließen die Änderungen in den gesellschaftlichen Bedingungen für die Wertbildung nur die Möglichkeit zu, den Gewinn aus dem Wirken von Angebot und Nachfrage zu erklären, weil hinter deren Mechanismus noch keine tiefere Verursachung erkannt werden konnte. Und zum anderen konnte sich eine Warenproduktion, die bereits auf Gewinnstreben orientiert war, jedoch noch in kleinem handwerks-

[62] Ebenda, S. 51.
[63] Ebenda, S. 52.
[64] Ebenda, S. 54.

mäßigem Rahmen betrieben wurde, nur extensiv, nicht aber intensiv erweitern. Vermehrter Gewinn kann sich daher bei gleichbleibenden Kosten nur aus erhöhten Preisen und vermehrtem Absatz ergeben. Die monetaristische Auffassung fordert freie Konkurrenz und erklärt, daß unter deren Bedingungen Gewinne nur bei Ausnutzung der objektiven Tauschwertverhältnisse erzielt werden können. Die Verletzung dieser Verhältnisse etwa durch Wertminderung des Geldes könne nur vorübergehend zu Gewinnen führen, bis sich die realen Tauschwertbeziehungen wieder hergestellt haben.

Hales' wirtschaftspolitische Vorstellungen

Wenn der Gewinnzuwachs aus dem vermehrten Absatz unter gegebenen Tauschwertverhältnissen herrührt, so ist die Grundbedingung für die weitere Entfaltung der gewinnorientierten Warenproduktion die ständige absolute Vergrößerung der Nachfrage. Aus dieser Annahme folgen verschiedene monetaristische Vorschriften für die Wirtschaftspolitik. So sollen alle inländischen Produktionsmöglichkeiten für die Deckung der inländischen Nachfrage genutzt werden. „Welch eine Menge Flitterkram wird aus dem Auslande hierher gebracht, den wir entweder ganz entbehren oder doch im Lande selbst machen könnten, während wir entweder alljährlich eine unberechenbare Menge Geld dafür ausgeben oder aber sie gegen wertvolle und notwendige Waren eintauschen, für die wir viel Geld bekommen könnten.“[65]

Ebenso sollte die Weiterverarbeitung der inländischen Produktion vorbehalten bleiben. „Und manche Sachen bereiten sie [d. h. die Ausländer] aus unsern Waren und schicken sie uns dann wieder, wodurch sie ihren Leuten zu arbeiten geben und diesem Reiche viel Geld entziehen.“[66] Man zahle dann „für den Zoll der Ausländer, für ihre Arbeit, ihre Farben und endlich für den zweiten Zoll bei der Rückkehr der Waren in unser Land. Wenn wir sie hingegen im Lande selbst verarbeiteten, so würden umgekehrt unsere eignen Leute auf Kosten der Fremden beschäftigt, der Zoll der Königin würde ganz durch Fremde eingebracht werden und die Reingewinne im Lande bleiben.“[67]

Für das der ausländischen Produktion unterlegene verarbeitende Gewerbe, stellt Hales fest, müsse man Einfuhrbeschränkungen fordern, damit es sich den einheimischen Markt sichern könne. „Ob es von unsrer Langsamkeit oder von unserm teuern Unterhalt oder von unsrer Trägheit herrührt, wodurch wir Engländer uns vielleicht mehr als andre Völker auszeichnen, das weiß ich nicht. Doch wäre es besser, wir zahlten unsern eignen Landsleuten mehr für diese Waren als den Fremden weniger. Denn so gering auch immer der Gewinn ist,

[65] Ebenda, S. 56/57.
[66] Ebenda, S. 57.
[67] Ebenda, S. 58.

der ins Ausland geht, er ist für uns gänzlich verloren. Aber so groß auch immer der Gewinn ist, der von einem unter uns auf den andern übergeht, er bleibt doch stets innerhalb des Reiches."[68]

Aber von der unentwickelten inländischen Nachfrage nach Waren war noch kein großer Anreiz zu erwarten. Trotz der zunehmenden Enteignung der unmittelbaren Produzenten von ihren Arbeitsbedingungen im Prozeß der sogenannten ursprünglichen Kapitalakkumulation war doch der Übergang von den Subsistenzwirtschaften zur Warenproduktion und Geldwirtschaft zu langsam, um den Markt für die einheimische Produktion und vor allem für die Beschäftigung der vielen freigesetzten Arbeitskräfte merklich zu erweitern. Die grundlegende Voraussetzung für die Entfaltung der bürgerlichen Warenproduktion war der sich herausbildende Weltmarkt.

Hales unterscheidet innerhalb der bürgerlichen Klasse Warenimporteure, Produzenten für den einheimischen Verbrauch und Produzenten für den Weltmarkt. Vor allem letztere solle man „begünstigen, und das sind Tuchmacher, Gerber, Mützenmacher und Kammgarnspinner, soviel ich weiß, die einzigen, die durch ihre Geschäfte und Betriebe Geld ins Land bringen"[69]. Die Produktion für den einheimischen Verbrauch würde die vorhandenen Arbeitskräfte nicht voll beschäftigen. „Was unsre Wolle, Felle, Zinn, Blei, Butter, Käse betrifft, so sind sie Waren, die der Boden hervorbringt, und die nur die Tätigkeit weniger Leute in Anspruch nehmen; und wenn wir uns nur auf diese verlassen wollten und nichts anderes ausfindig machten, womit wir uns beschäftigen könnten, so würden einige wenige Leute ausreichen, um diese Dinge zu erzeugen, und auch nur wenigen würde dadurch der Unterhalt verschafft. Und so würde unser Reich nur einem Meierhof gleichen, der besser mit Vieh als mit Menschen versehen ist."[70]

Mit den auf eine freie Entfaltung der Produktion und Zirkulation orientierten wirtschaftspolitischen Vorschlägen hat Hales seine Auffassung unterstrichen, daß stabile wirtschaftliche Verhältnisse nicht durch die Rückkehr zum Feudalismus, sondern nur durch die Überwindung der feudalen Fesseln zu gewinnen seien. Wie der Stabilisierungsprozeß im einzelnen vor sich gehen werde, war damals noch nicht vorauszusagen. Dieser Prozeß konnte erst im Nachhinein vom Standpunkt des entfalteten Manufakturkapitalismus verstanden werden.

[68] Ebenda, S. 58/59.
[69] Ebenda, S. 81.
[70] Ebenda.

Die Schranken der monetaristischen Erklärung

Als HALES' Schrift nach dessen Tod (1571) für den Druck (1581) überarbeitet wurde, war die Unzulänglichkeit des Monetarismus bereits offensichtlich geworden. Trotz der indes erfolgten englischen Münzreform fand der Prozeß der Preissteigerung kein Ende. In den hinzugesetzten Passagen wird das Problem als schwierig bezeichnet. Deren Verfasser nennt die Erhöhung der Grundrente und die Vermehrung der Geldmenge als zwei besondere Ursachen für die weiteren Preissteigerungen, denen nach seiner Meinung wegen der Unmöglichkeit, die Ursachen zu beeinflussen, nicht gesteuert werden könne. Der Verfasser der Zusätze bestätigt damit indirekt HALES' Auffassung, daß die wirtschaftliche Entwicklung eine Beseitigung aller feudalen Hemmnisse erfordere und nicht nur von einer Münzreform abhänge. Er sagt aber auch, daß HALES der Münzreform eine zu große Bedeutung beigemessen hat.

Die Ergänzungen sind für das Schicksal der vorklassischen bürgerlichen Wirtschaftstheorie aufschlußreich. Als erste Ursache für die weiteren Preissteigerungen wird der Umstand genannt, daß die Grundbesitzer wegen der bisherigen Preissteigerungen ihre Rente erhöht haben. Diese Überlegung wird jedoch nicht fortgesetzt. Denn wenn nun, wie HALES fordert, alle gewerblichen Zweige die gleichen günstigen Bedingungen wie die Viehwirtschaft erhielten und wenn deren Waren infolge der größeren Nachfrage weiter im Preis steigen würden, sähe sich der Grundbesitzer wiederum zur Erhöhung seiner Rente veranlaßt, die er auch bei späteren Preissenkungen nicht zu senken willens wäre. Diese Erwägung zeigt, daß die Preisbewegungen Ursachen in den Produktions- und Distributionsbedingungen haben. Jede weitere Analyse müßte daher über den Gegenstandsbereich der monetaristischen Theorie, die Zirkulationssphäre, hinausgehen und die Produktionsbedingungen untersuchen. Wesentliche Grenzen der Leistungsfähigkeit sind somit in der zweiten Hälfte des 16. Jahrhunderts erreicht.

In den Ergänzungen wird als zweite Ursache die Vermehrung der Geldmenge vor allem durch die Gewinne aus dem Überseehandel genannt, die an Höhe alle bisher üblichen Gewinne übertreffen. Diese Einkommen fanden unter den damaligen Bedingungen nur zu einem geringen Teil eine produktive Anlage. Wenn sie zur Erweiterung des kaufmännischen Kapitals im Zirkulationsbereich verbleiben, können sie im Exporthandel die Nachfrage nach einheimischen Waren erhöhen und damit preissteigernd wirken. Aber sie bildeten auch Rücklagen und vergrößerten das den feudalen Herrschern zur Verfügung stehende Leihkapital, das kaum unmittelbaren Einfluß auf die Warenpreise ausübt. Eine genauere Untersuchung der Beziehungen zwischen Edelmetallzufuhr und Preisbewegungen war also nur möglich, wenn das Geld nicht nur aus dem Blickwinkel der Nachfrage betrachtet wird. Aber auch diese Frage führt über die Grenzen der monetaristischen Theorie hinaus.

HALES' Darstellung der wirtschaftlichen Verhältnisse in England um die Mitte des 16. Jahrhunderts ist die tiefstschürfende Analyse, die zur damaligen

Zeit möglich war. Vergleicht man diesen Höhenpunkt des Monetarismus mit dem sächsischen Münzstreit, so sind wichtige Fortschritte zu erkennen. HALES hat nicht nur die Erkenntnisse über den Geldwert übernommen und im Kampf gegen die Münzverschlechterungen verwendet; er vertiefte zugleich beträchtlich das Verständnis vom objektiven Charakter des Wertgesetzes. Er verfolgte frühere Erfahrungen weiter, wenn er feststellte, daß die Ursachen für Preissteigerungen nicht nur in den Praktiken des Münzherrn, sondern auch in wirtschaftlichen Verhaltensweisen der Produzenten und Händler zu suchen seien.

Während die frühen Monetaristen das Gewinnmotiv vor allem beim Münzherrn und bei den Handels- und Geldkapitalisten annahmen, setzte HALES das gewinnorientierte Handeln auch bei allen Produzenten voraus. Dadurch konnte er die Zusammenhänge zwischen Produktion und Markt genauer erfassen. Er machte deutlich, wie der einzelne Produzent jener Zeit, der auf gleichbleibender handwerksmäßiger Grundlage seinen Absatz nicht durch technische Produktivitätsvorteile auf Kosten der inländischen oder ausländischen Konkurrenten erweitern konnte, darauf angewiesen war, daß der hergestellten Warenmenge durch Absicherung gegen die ausländische Konkurrenz und Ausrichtung der inländischen Nachfrage auf die inländische Produktion der entsprechende Absatzmarkt geschaffen werden müsse. Geringstmöglicher Geldexport und höchstmöglicher Geldimport zeigen unter solchen Bedingungen an, daß die höchstmögliche Nachfrage im Land und auf dem Weltmarkt für die eigenen Produkte genutzt werden konnte. Zusätzliches Geld bedeutete zusätzliche Nachfrage und damit eine Möglichkeit für zahlreiche kleine Produzenten, mehr Waren herzustellen und die Einnahmen zu erhöhen. Auf eine knappe Formel gebracht, hieß viel Geld im Lande – viele Verdienstmöglichkeiten. Damit sprach der Monetarismus die große Bedeutung der Nachfrage für die bürgerliche Warenproduktion aus.

4. Der Monetarismus während der weiteren Beschleunigung der sogenannten ursprünglichen Akkumulation des Kapitals (Mitte des 16. Jh. bis Mitte des 17. Jh.)

Mit dem Voranschreiten der sogenannten ursprünglichen Akkumulation des Kapitals, der Entwicklung der kapitalistischen Manufakturen und der Zersetzung der feudalen Produktionsweise mußten schließlich die Landesfürsten – zunächst in England, später in anderen europäischen Ländern – zur absolutistischen Herrschaftsform übergehen, die Interessen des Adels dem Gesamtinteresse des feudalen Staates unterordnen, den wirtschaftlichen Bedürfnissen des Bürgertums entgegenkommen und damit auch zu einem geordneten Münzgeldsystem zurückkehren. Als zunächst Königin ELISABETH von England 1558 zur Regierung kam und infolge ihrer Maßnahmen statt der schlechten wieder vollwertige Münzen umliefen, gingen jedoch die Preissteigerungen weiter. Damit zerrann die monetaristische Illusion, daß vor allem eine Münzgeldreform Stabilität in die wirtschaftlichen Verhältnisse bringen könnte.

Zu diesen ersten Erfahrungen aus einem bereits absolutistisch regierten Land kamen weitere Beobachtungen über wirtschaftsgeschichtliche Vorgänge, die das gesamte europäische Wirtschaftsleben grundlegend beeinflußten und deshalb für englische, französische, deutsche und andere Ökonomen von Interesse waren. Mit der um die Mitte des 16. Jahrhunderts einsetzenden „Revolution des Weltmarktes"[71] hatte nämlich der große Überseehandel neue, ergiebigere Quellen für die Akkumulation von Geldkapital erschlossen. MARX stellt fest, daß „die großen Revolutionen, die mit den geographischen Entdeckungen im Handel vorgingen und die Entwicklung des Kaufmannskapitals rasch steigerten, ein Hauptmoment bilden in der Förderung des Übergangs der feudalen Produktionsweise in die kapitalistische"[72].

Nach der Eroberung von Mexiko (1512–1527) und Peru (1532–1541) und der Entdeckung der ungewöhnlich reichen Silbererze vor allem in Cerro de Potosi, die im Amalgamationsverfahren abgebaut wurden, wuchsen im 16. Jahrhundert in Europa die Goldmengen ungefähr auf das Doppelte und die Silbermengen auf das Dreifache. Ein nicht unerheblicher Teil der nach Europa fließenden Silbermengen ging in die Kirchen; ein weiterer Teil mußte angesichts der geringen Arbeitsteilung zwischen den Ländern als allgemeines Tauschmittel abgegeben werden. Kleinere Mengen flossen auf den sich bildenden Markt für Geldkapital oder fanden produktive Anlagemöglichkeiten in den sich entwickelnden Manufakturen. Zum Teil wurden die Profite aus dem Überseehandel auch selbst wieder im Handel angelegt, der jedoch auf dem europäischen Kontinent wegen der starken feudalen Fesseln nicht unbegrenzt auszudehnen war.

Infolge der Edelmetallzufuhr trat das Silber nicht nur im Großverkehr stärker hervor, auch die Silberprägung nahm in Europa zu. Aber diesem Teil des eingeflossenen Silbers, der die inländische und fremde umlaufende Münze vermehrte, stand auch ein wachsender Bedarf an Zirkulationsmitteln gegenüber. Europäische Silbergruben, deren Ausbeute sich erschöpfte, wurden wohl in der zweiten Hälfte des 16. Jahrhunderts geschlossen; die Silbergewinnung war jedoch trotz der im Vergleich zu den amerikanischen Bedingungen höheren Produktionskosten nicht eingestellt worden. Im braunschweigisch-wolfenbüttelschen Teil des Oberharzes wurden zum Beispiel 1554 alte Bergwerke wieder in Betrieb genommen, deren Ertrag so ergiebig war, daß eine Silberhütte errichtet wurde, die noch im 19. Jahrhundert tätig war.

Die Monetaristen in der zweiten Hälfte des 16. Jahrhunderts waren vom Standpunkt der beschleunigten sogenannten ursprünglichen Akkumulation des Kapitals in der Lage, die Erfahrungen aus der ersten Hälfte des 16. Jahrhunderts zusammenzufassen und für die Preissteigerungen weitere Ursachen anzuführen.

[71] Karl Marx, Das Kapital; Erster Band, in: MEW, Bd. 23, Berlin 1962, S. 744.
[72] Karl Marx, Das Kapital; Dritter Band, in: MEW, Bd. 25, Berlin 1964, S. 345.

Da die manufakturkapitalistische Entwicklung noch nicht so weit vorangeschritten war, um in breiterem Maße Änderungen der Produktionsverhältnisse sichtbar zu machen, galten für die Erklärung weiterhin die Grenzen der monetaristischen Theorie, also die Betrachtung aus der Sicht der elementaren Zirkulationssphäre. Die Monetaristen interpretierten daher die wachsende wirtschaftliche Aktivität in Handel, Gewerbe und Landwirtschaft sowie die zunehmende Befreiung der unmittelbaren Produzenten aus den feudalen Bindungen so, wie sie im Zirkulationsbereich erscheinen und direkt auf die Preisentwicklung wirken, nämlich als gestiegene Nachfrage nach Waren.

Die auch in Deutschland geführte monetaristische Diskussion ging in der zweiten Hälfte des 16. Jahrhunderts von Frankreich aus. Dort hatte der Königliche Rat und Rechnungspräsident de Malestroit eine Regierungsuntersuchung über die Preissteigerungen zu führen. Er suchte den Feingehalt der Münzen zu ermitteln und behauptete, daß man nach dem Metallgehalt der Münzen für die Waren nicht mehr bezahle als vor 300 Jahren. Er spitzte seine Darlegung 1566 absichtlich auf zwei sich scheinbar widersprechende Aussagen zu: Erstes Paradoxon: Die Klage über allgemeine Teuerung in Frankreich ist unberechtigt; die Preise sind heute nicht höher als vor 300 Jahren. Zweites Paradoxon: An einem Krontaler, wie an jeder Gold- und Silbermünze, kann ein großer Verlust haften, selbst wenn man ihn zu derselben Bewertung los wird, wie man ihn empfangen hat.[73] Indem er die Preissteigerungen nur aus den Münzverschlechterungen ableitete, gelangte Malestroit nicht über den frühmonetaristischen Standpunkt hinaus und wurde den tatsächlichen Ursachen zu seiner Zeit während der beschleunigten sogenannten ursprünglichen Akkumulation des Kapitals nicht gerecht.

Die Wirtschaftsvorstellungen von Jean Bodin

Der fortschrittliche, den Hugenotten nahestehende Rechtsphilosoph Jean Bodin deckte 1568 in einer Erwiderung, die von einer großen Kenntnis der wirtschaftlichen Zustände seiner Zeit und der Geschichte des französischen Münzgeldsystems zeugt, Malestroits Fehler bei der Geldwertbestimmung auf; er verurteilte die einseitige Erklärung der Preissteigerungen aus der Münzverschlechterung und gab die damals umfassendste Darstellung aller im Zirkulationsbereich erfaßbaren Momente, die auf die Preisbewegungen einen Einfluß ausüben.[74]

73 Vgl. J. Jastrow (Hrsg.), Textbücher zu Studien über Wirtschaft und Staat, Bd. 4, Geld und Kredit, Berlin 1914.

74 La Response aux Paradoxes de M. de Malestroit touch. l'enchérissement de toutes choses et des monnayes, Paris 1568; hier benutzte deutsche Übersetzung: Discurs Deß Berühmbten Politici Johannis Bodini. Welchen er ohngefehr vor 50. Jahren / Von den Vrsachen der Thewrung / wie auch dem Auf- vnd Abschlag der Müntz / vnd wie diesem allgemeinen Vbel abzuhelffen sey / hat geschrieben vnd außgehen lassen:

Diese bedeutende ökonomische Abhandlung wurde später auch ins Deutsche übertragen, weil man sich aus ihr Aufklärung über die Preissteigerungen während des Dreißigjährigen Krieges erhoffte. In der Vorrede an den deutschen Leser heißt es, Bodin habe „nicht allein alle Ursachen, von welchen selbige herrühren mag, ausführlich erzählet, sondern auch die Mittel angezeiget, wodurch solchem schweren Unheil könne und möge gesteuret und gewehret werden. Weil denn gedachtes Traktätlein nicht allein allerhand denkwürdige, auch viele nutzbare Sachen in sich begreifet, deretwegen es vorlängst in fremde Sprachen übersetzet worden, sondern sich auch zu diesen jetzt laufenden Zeiten, da jedermänniglich über die große Teurung heftig klaget und karmet, sehr wohl schicket", werde es dem deutschen Publikum vorgelegt.

Bodin hebt in dieser Schrift hervor, daß es ihm nicht darum geht, einzelne und besondere Ursachen für Preissteigerungen anzugeben; er will grundsätzlich „beweisen, daß man heutzutage mehr Silber und Gold, ungeachtet der Veränderung der Münze, für alle Dinge geben muß, als man vor etlichen Jahren getan hat"[75]. Obwohl er unter anderen Ursachen für die Preissteigerungen auch die Münzverschlechterung annehme, könne man nicht aus ihr die „gegenwärtige Teuerung, welche in unserm Reich sich spüren lässet, einzig und allein derivieren und ermessen wollen, wie [es] denn Malestroit tut"[76], der sich nicht gründlich mit der Münzgeschichte der letzten 300 Jahre beschäftigt habe. Dessen Fehler bestehe vor allem darin, daß „er ein Jahr nimmt, in welchem die Münze am stärksten und besten gewesen, und nach derselben die Güter estimieret und die anderen [Jahre] vorbeigehet, in welchen sie am geringsten und schwächsten gewesen, welcher Jahre ungleich viel mehr als jener sind, eben als wenn einer nach dem guten Kauf[preis], in welchem die Schwefelspäne zu Paris sind, auch alle anderen Güter und Waren schätzen und taxieren wollte"[77].

Als wichtigste Ursache nimmt Bodin die vermehrten Edelmetallmengen an. „Die erste und fast einzige [Ursache], welche niemand vor diesem berühret hat, ist der Überfluß und die Menge des Golds und Silbers, dessen heutzutage in diesem Königreich mehr ist als in 400 Jahren gewesen. Denn weiter will ich nicht [zurück]-gehen, weil auch die Kanzlei und Kammerregister nicht über 400 Jahre alt sind."[78]

Bodin untersucht zunächst die Wege, auf denen das Geld nach Frankreich kommt. So müssen andere Länder zum Beispiel angesichts des eigenen Warenmangels Edelmetalle exportieren. „Nun ist es so beschaffen, daß die Spanier, welche ihres Leibs Notdurft aus Frankreich haben müssen, nicht umgehen können, von dort allerlei Getreide, Leinwand, Waid [d. i. Farbstoffpflanze], Papier,

Deß Herrn Johan Bodin Antwort Schreiben / auff das Paradoxum oder den eigensinnigen Discurs / deß Herrn von Maletroit / belangend die verthewrung aller dingen / vnd das mittel selbiger zu begegnen, Hamburg 1624.

75 Jean Bodin, Ebenda, S. 51.

76 Ebenda, S. 42.

77 Ebenda, S. 44.

78 Ebenda, S. 11.

Bücher, ja auch allerlei Schreiner- und Schmiedewerk und was sonst mit der Hand verfertigt wird zu holen und hiergegen Gold und Silber und die Spezereien, die sie von allen Enden der Welt zusammensuchen, zu bringen. Auf der andern Seite graben die Engländer, Schotten und alle Nordmänner, aus Norwegen, Schweden und Dänemark und die an dem Belt und an der Ostsee wohnen, welche vielerlei Bergwerke in großer Menge haben, die Metalle aus dem Zentrum und Grund der Erde heraus, damit sie für dieselben unsere Weine, unsere Zwetschen, unsern Waid und vor allen Dingen unser Salz, welches gleichsam ein Manna ist, welches uns Gott vom Himmel herab aus besonderer Gnade mit unserer geringen Mühe geben und schenken tut, einkaufen und ausführen können."[79]

Weiterhin führt BODIN französische Arbeiter an, die ihre Einkommen jenseits der Grenze erwerben und zu Haus ausgeben. Aus der Auvergne und dem Limousin gingen sie haufenweise nach Spanien, „so daß fast alle Weingärtner, Tagelöhner, Zimmerleute, Maurer, Schnitzer, Steinhauer, Drechsler, Wagner, Fuhrleute, Seiler, Stuhlmacher, Gürtler, Türhüter, Schuster und Schneider Franzosen sind. Denn die Spanier sind, ausgenommen in Kriegs- und Handelssachen, sehr faul und träg, und deswegen halten sie die Franzosen, welche sich dienstwillig und unverdrossen bezeigen, lieb und wert . . ."[80]

Edelmetall, stellt BODIN fest, kommt auch durch den Levantehandel nach Frankreich. Schließlich finde zudem ausländisches Geldkapital günstige Verwertung im Lande. „Es hat auch die Bank zu Lyon das Gold und Silber nicht wenig bei uns zu vermehren geholfen, welche . . . erst zehn, bald sechzehn und endlich auch zwanzig Prozent, von der hohen Not gedrängt, gegeben hat. Deswegen [haben] alsbald die Florentiner, Lucceser, Genueser, Schweizer und Deutschen, von dem großen Gewinn gelocket, ihre Gelder in großer Menge nach Frankreich gebracht, deren sich auch viel daselbst zu wohnen, sowohl wegen der lieblichen, gesunden Luft als [auch] der angeborenen Freundlichkeit selbigen Volks und dann der Fruchtbarkeit des Landes, niedergelassen haben. Fast gleichermaßen haben die bei der Stadt Paris angelegten Gelder, deren Renten auf 3350000 Livres jährlich anlaufen, die Ausländer gelocket, so daß sie erstlich ihre Gelder dahingebracht, um davon ihre sicheren Zinsen jährlich abzuheben, danach aber sich auch selbst gänzlich allda niedergelassen haben, wodurch selbige Stadt zu großem Aufschwung und Vermögen gelangte."[81] Paris könnte jedoch noch reicher sein, meint BODIN, wenn man im Kapitalverleih niedrige Zinsen nähme wie in Genua, „wo das Haus Sankt Georg alles Geld, das gebracht wird, von jedermann annimmt und nicht mehr als 1 von 20 gibt und danach den Handelsleuten und Handwerkern wiederum für 1 von 12 oder von 15, um ihren Handel und Wandel desto mehr zu treiben, ausgibt, durch welches Mittel diese Stadt zu einem solchen großen Aufschwung und Vermögen kam"[82].

[79] Ebenda, S. 20.
[80] Ebenda, S. 22.
[81] Ebenda, S. 23.
[82] Ebenda, S. 24.

Von diesem Edelmetallzufluß, dessen Einwirken auf die Entwicklung von Handel, Gewerbe und Landwirtschaft BODIN hervorhebt, unterscheidet er zweitrangige, nur dem Zirkulationsbereich zugehörende Einflußgrößen der Preissteigerung. Er erwähnt die bereits seit dem Beginn des 16. Jahrhunderts immer wieder verurteilten „Monopolgesellschaften und sonstige öffentliche und heimliche Bündnisse der Kaufleute, Krämer, Handwerker und Arbeitsleute, die ihre eigenen Versammlungen halten und sich untereinander wegen eines sicheren Kaufpreises und Lohns absprechen und verbünden, um ihre Waren, Güter oder Werke nicht wohlfeiler zu geben oder auch ihren Dienst nicht geringer zu vermieten als sie vereinbart haben".[83] BODIN nennt weiterhin die durch Ausfuhr- oder Einfuhrverbote verursachte Warenknappheit, unvernünftige Verschwendung der Reichen und die Bereitschaft der Feudalherrn, für begehrte Waren hohe Preise zu zahlen.

An letzter Stelle behandelt BODIN die Münzverschlechterung, deren Anteil an den Preissteigerungen er nicht überbewertet wissen will. So seien zum Beispiel auch Arbeitslöhne gestiegen, die mit Münzen von unverändertem Wert entgolten werden. „So ist nach unserer Reichsordnung, wie sie ungefähr vor 60 Jahren geändert und verbessert wurde, der Tagelohn eines Mannes im Sommer 6, im Winter 4, und eines Kärrners, der mit Ochsen fährt, 12 Deniers oder einen Sou. Die schwarze oder halbkupferne kleine Münze ist weder vor 60 Jahren noch später in ihrem Wert gestiegen oder gefallen; und dennoch siehet man, daß der Weingärtner, Ackersmann, Schäfer, Handwerker und Kriegsmann mit 5 Sous nicht zufrieden ist, sondern [er] fordert auch wohl in dieser Provinz 8 oder 10 und wendet ein, daß er sich anders nicht erhalten könne. Die Tagfahrt mit Ochsen ist auf mindestens 20 Sous angesetzt, welches zwanzigmal mehr ist, als sie vor 60 Jahren gekostet" hat.[84]

Da MALESTROIT nur eine Steigerung der Warenpreise, bezogen auf den Nominalwert des Münzgelds, aber gleichbleibende Warenpreise, bezogen auf den Realwert des Münzgelds, angenommen hatte, fragte er, wie BODIN bemerkt, nicht nach möglichen Mitteln gegen weitere Preissteigerungen. BODIN, der zwischen den Ursachen, die aus einem wirtschaftlichen Aufschwung herrühren, und jenen unterscheidet, die durch feudale Umstände bedingt sind, empfiehlt im Interesse des Bürgertums nur Maßnahmen gegen letztere. Da der Edelmetallzufluß zu Reichtum und wirtschaftlichem Aufschwung führe, könne dieser die Preissteigerungen entschuldigen und erträglicher machen. Wenn auch der Export zur Knappheit einiger inländischer Waren führen könne, wäre es doch am besten, meint BODIN, wenn die Herrscher „allen Handel und Wandel hätten frei und unbehindert gelassen"[85]. Selbst lebensnotwendige Güter dürften keinem Exportverbot unterliegen. „Denn die Zufuhr jener Dinge, welche anstatt der ausgeführten Güter wiederkommen, macht sie, die sonst wegen Mangel und Knappheit sehr

[83] Ebenda, S. 25/26.
[84] Ebenda, S. 47.
[85] Ebenda, S. 55.

teuer sein würden, wohlfeiler und leichter erhältlich."[86] Von einigen Ausnahmen abgesehen, solle man kapitalkräftigen Ausländern nicht nur den Aufenthalt erleichtern, sondern auch beim Erwerb der Bürgerrechte behilflich sein. Für den Export einiger wichtiger Waren wie Korn sieht BODIN jedoch Beschränkungen vor.

BODIN schließt mit einer ausführlichen Erörterung von Maßnahmen gegen Münzverschlechterungen. Das Grundübel, meint er, sei die Mischung des Goldes und Silbers mit anderen Metallen. Da sich der Wert des Münzgeldes auf dem Weltmarkt bestimme, seien Metalle wie Kupfer, deren Wert nicht beständig sei, eigentlich für den Münzverkehr ungeeignet. „Denn weil der Preis und Kauf des Kupfers unbeständig und in allen Ländern und zu allen Zeiten nicht einerlei ist, dienet es auch nicht wohl zur Münze, welche soviel [wie] möglich in ihrem valor und Preis stetig und unwandelbar sein soll, [ganz davon] zu schweigen, daß kein Metall dem Rost mehr als dasselbe unterworfen ist, welcher dann das Mark mit der Materie verzehret und wegfrißt, während dagegen das Gold und Silber nimmer rosten oder vergehen können."[87] BODIN warnt: „Wo man die Mixtur oder [den] Zusatz auch nur in der allerkleinsten Münze zugeben wird, so wird es bei derselben nicht bleiben, sondern man wird von den Deniers auf die Louisdors und von diesen auf die Sous und immer weiter mit dem Mixen und Zusetzen fortgehen, bis endlich die gröbste Münze schlimmer werde als die kleinste."[88]

Im 16. Jahrhundert konnte BODIN noch nicht sehen, daß mit der weiteren manufakturkapitalistischen Entwicklung, der Herausbildung eines inneren Markts und dem zunehmenden Bedarf an Zirkulationsmitteln die Scheidemünze als Stellvertreter der Gold- und Silbermünzen eingeführt werden mußte, durch die der Prozeß der Lösung des Geldwertzeichens von der Metallsubstanz vorangetrieben wurde. Spätere Theoretiker übersahen den Stellvertretercharakter der Scheidemünze und schließlich des Papiergeldes und erklärten in der sogenannten Quantitätstheorie des Geldes die Höhe der Warenpreise aus der zirkulierenden Geldmenge, *die nach ihrer Meinung keinen Wert repräsentiere.*

In bürgerlichen Lehrbüchern zur Geschichte der politischen Ökonomie ist es jedoch üblich geworden, BODIN als Begründer der sogenannten Quantitätstheorie des Geldes anzuführen. Auch einige marxistische Autoren sind dieser Auffassung. MARX dagegen kennzeichnet die Quantitätstheorie als eine „eingebildete mechanische Gleichsetzung zwischen der Gewichtmasse der in einem Land befindlichen edeln Metalle und der gleichzeitig vorhandenen Warenmasse"[89]; sie begnügt sich „mit der begriffslos dumpfen Vorstellung, daß jede Ware als aliquoter Teil der gesamten Warenmasse sich gegen einen entsprechend aliquoten Teil der Gold-

[86] Ebenda.
[87] Ebenda, S. 81.
[88] Ebenda, S. 94.
[89] Karl Marx, Zur Kritik der Politischen Ökonomie, in: MEW, Bd. 13, Berlin 1961, S. 140.

masse austauscht"[90]. Ihr liegt die Vorstellung zugrunde: „Gold und Silber sind also wertlose Dinge, aber innerhalb des Zirkulationsprozesses erhalten sie eine fiktive Wertgröße als *Repräsentanten der Waren.* Sie werden durch den Prozeß nicht in Geld, sondern in Wert verwandelt. Dieser Wert wird bestimmt durch die Proportion zwischen ihrer eignen Masse und der Warenmasse, indem sich beide Massen decken müssen."[91] BODIN nahm aber wie alle Monetaristen an, daß der Geldwert vom Metallwert bestimmt werde und daher das Geld nicht erst im Zirkulationsprozeß einen Wert erhalte.

Daß es unzulässig ist, BODIN eine Quantitätstheorie des Geldes zuzuschreiben, ergibt sich aus einer Darlegung über die Urheber dieser Theorie. MARX stellt fest: „Im Gegensatz zum Monetar- und Merkantilsystem, die das Geld nur in seiner Formbestimmtheit als kristallisches Produkt der Zirkulation kennen, war es ganz in der Ordnung, daß die klassische Ökonomie es zunächst in seiner flüssigen Form auffaßte, als innerhalb der Warenmetamorphose selbst erzeugte und wieder verschwindende Form des Tauschwerts. Wie daher die Warenzirkulation ausschließlich in der Form W-G-W und diese wieder ausschließlich in der Bestimmtheit der prozessierenden Einheit von Verkauf und Kauf aufgefaßt wird, wird das Geld in seiner Formbestimmtheit als Zirkulationsmittel gegen seine Formbestimmtheit als Geld behauptet. Wird das Zirkulationsmittel selbst in seiner Funktion als Münze isoliert, so verwandelt es sich, wie wir sahen, in Wertzeichen. Da aber der klassischen Ökonomie zunächst die metallische Zirkulation als herrschende Form der Zirkulation gegenüberstand, faßt sie das metallische Geld als Münze, die metallische Münze als bloßes Wertzeichen. Dem Gesetz der Zirkulation der Wertzeichen entsprechend, wird so der Satz aufgestellt, daß die Preise der Waren abhängen von der Masse des zirkulierenden Geldes, nicht umgekehrt die Masse des zirkulierenden Geldes von den Preisen der Waren. Wir finden diese Ansicht bei italienischen Ökonomen des 17. Jahrhunderts mehr oder minder angedeutet, bald bejaht, bald verneint bei Locke, bestimmt entwickelt vom 'Spectator' (in Nummer vom 19. Oktober 1711), von Montesquieu und Hume."[92]

MARX spricht die Tatsache, daß die Quantitätstheorie nicht von den Monetaristen entwickelt wurde, nicht entwickelt werden *konnte*, noch einmal ganz deutlich aus: „Schon Locke hatte gesagt, Gold und Silber hätten einen bloß eingebildeten oder konventionellen Wert; die erste brutale Form des Gegensatzes zur Behauptung des Monetarsystems, daß Gold und Silber allein wahren Wert haben."[93]

BODIN konnte also keine Quantitätstheorie des Geldes entwickeln. Als Monetarist hielt er konsequent an der Auffassung vom Geldwert fest. Zugleich bezog er Erscheinungen des Prozesses der sogenannten ursprünglichen Akkumulation des Kapitals sowie den Aufschwung der einfachen und beginnenden kapitalisti-

[90] Ebenda, S. 139.

[91] Ebenda.

[92] Ebenda, S. 134/135.

[93] Ebenda, S. 139.

schen Warenproduktion in die theoretische Erörterung ein, deshalb konnte er einen wichtigen Schritt in der ökonomischen Analyse vorankommen. Während die monetaristischen Theoretiker vor ihm insbesondere die Münzverschlechterungen als Ursache der Preissteigerungen ansahen und damit vor allem nominelle Preiserhöhungen für die Waren annahmen, unterschied BODIN durch Einbeziehung weiterer Ursachen für Preiserhöhungen der Sache nach zwischen Nominal- und Realpreis der Ware, d. h. zwischen einem auf den Nominalgeldwert bezogenen und einem auf den Realgeldwert bezogenen Warenpreis. Diese zunächst noch nicht begrifflich gefaßte, Unterscheidung ist eine Voraussetzung für die später von der klassischen politischen Ökonomie getroffene Unterscheidung zwischen den volkswirtschaftlichen Preisbewegungen und den Wertbewegungen.

Ein Verdienst BODINS ist es, daß er die von den Nominalpreisänderungen unterschiedene Realpreisbewegung mit grundlegenden Veränderungen in den wirtschaftlichen Verhältnissen einschließlich jener in der Produktion in Verbindung brachte. Damit äußerte er eine Erkenntnis, die im 16. Jahrhundert nicht weiter vertieft werden konnte. Den Theoretikern des 17. Jahrhunderts während der verstärkten manufakturkapitalistischen Entwicklung war sie ein Ausgangspunkt für die genauere Beobachtung der Vorgänge in der kapitalistischen Produktion.

Die Grenzen der monetaristischen Betrachtungsweise zeigen sich vor allem darin, daß die Auswirkungen der beginnenden manufakturkapitalistischen Entwicklung nur unter dem Gesichtspunkt einer verstärkten Nachfrage nach Waren erfaßt werden konnten und die tiefer liegenden Ursachen im Dunkel blieben.

Über den deutschen Monetarismus bis zum Dreißigjährigen Krieg

Nach BODINS Diskurs über das Geld klang die monetaristische Theorie in der ersten Hälfte des 17. Jahrhunderts aus. Unter zwei Gesichtspunkten spielte sie noch eine gewisse Rolle. Einzelne Schriftsteller, die die gemeinsamen wirtschaftspolitischen Interessen von Herrscher und Bürgertum bei der Geldwertstabilisierung, Handels- und Gewerbeförderung erkannten, bedienten sich der monetaristischen Einsicht in den Zusammenhang zwischen Geldwert, Handel und Produktion. Und eine Vielzahl kleinbürgerlicher Pamphletisten, vor allem in den ersten Jahrzehnten des 17. Jahrhunderts, wiederholten einige Erkenntnisse des Monetarismus, um die wachsenden Münzverschlechterungen und -verfälschungen anzuprangern.

Ein Beispiel für den monetaristisch begründeten Hinweis auf gemeinsame landesfürstlich-bürgerliche Interessen ist das sogenannte „Politische Testament“, eine Denkschrift, die der sächsische Jurist und Staatsbeamte MELCHIOR VON OSSE (aus Ossa, nahe Geithain) auf Ersuchen des Kurfürsten AUGUST 1555/56 verfaßte. Als adliger Rechtsgelehrter war er ein begehrter Berater der sächsischen und thüringischen Höfe und zeitweise Kanzler im Kurfürstentum Sachsen. Mit seinen Reformvorschlägen zur Rationalisierung der Regierungstätigkeit, des Justizwesens, der höheren Bildung sowie zur Aufrechterhaltung einer guten „Polizei", d. h. der Staats-, Gesellschafts- und Wirtschaftsordnung überhaupt, trat er für ein aus mehreren, sich gegenseitig kontrollierenden Personen bestehendes Regierungsgremium (Kammerkollegium) ein, für die Bilanzierung von Einnahmen und Ausgaben durch die Rentkammer, die das fürstliche Einkommen zu verwalten hatte, für die Bildung eines fürstlichen Schatzes zu Verteidigungszwecken und für die Wahrung und Erweiterung des Besitzstandes an fürstlichen Ländereien – den Domänen – als der hauptsächlichen Einkommensgrundlage.

Die monetaristische Erkenntnis vom Zusammenhang zwischen Geldwert, Handel und bürgerlicher Produktion benutzt OSSE, um dem Fürsten den für den späteren Absolutismus charakteristischen Kompromiß mit dem Bürgertum nahezulegen, der einerseits das Bürgertum stärkt, aber auch die fürstlichen Einkommen erhöht und somit die Machtposition des Herrschers ausbaut. „So wird hierzulande auch eine vollwertige Münze geprägt und beibehalten, wodurch die Leute ermutigt werden, alle lebensnotwendigen Güter nach hier einzuführen. Dadurch steigen die fürstlichen Einnahmen an Zöllen und Geleitgeldern, und jeder kann so seinen Lebensunterhalt erhöhen. Auch können dadurch die einheimischen landwirtschaftlichen Produkte besser abgesetzt werden. Denn, wo gute Münze ist, da ist auch viel Handel; wo viel Handel und viele Menschen sind, da können landwirtschaftliche und gewerbliche Erzeugnisse abgesetzt werden, was nicht nur den Landwirten und Händlern, sondern auch den Handwerkern zugute kommt."[94]

Der Rückgriff auf einige Erkenntnisse der monetaristischen Theorie war eng mit dem Münzverfall im Dreißigjährigen Krieg verbunden, als die sogenannten Kipper und Wipper die schweren Münzen mit schlechtem Kleingeld aufkauften, das immer kupferner wurde. In SAMUEL MÜLLERS Chronik von Sangerhausen heißt es: „Das neue Geld war fast lauter Kupfer, nur gesotten und weiß gemacht, das hielt aber etwa 8 Tage, dann wurde es zunderrot. Da wurden die Blasen, Kessel, Röhren, Rinnen und was sonst von Kupfer war, ausgehoben, in die Münzen getragen und zu Gelde gemacht. Ein ehrlicher Mann durfte sich nicht mehr getrauen, jemanden zu beherbergen, denn er mußte Sorge tragen, der Gast breche ihm in der Nacht die Ofenblase auf und laufe ihm davon. Wo eine Kirche ein altes kupfernes Taufbecken hatte, das mußte fort zur Münze, und half ihm keine Heiligkeit, es verkauften es, die darin getauft waren."[95]

Die großen wirtschaftlichen und politischen Schäden der Münzmanipulation zwangen schließlich die Münzherrn im Verlauf des Krieges, die von ihnen geförderten Kippermünzstätten, die ihnen gewaltige Summen eingebracht hatten, zu schließen und vollwertige Münzen zu prägen. Außerdem besaßen sie über Steuern und Kontributionen weitere Möglichkeiten, die Volksmassen auszuplündern.

[94] Oswald Artur Hecker, Schriften Dr. Melchiors von Osse, Leipzig 1922, S. 382.

[95] Nachdruck von August Schneider, Sangerhausen 1880; zitiert bei Arthur Suhle, Die Münze, Leipzig 1969, S. 156.

Die Polemik gegen die Währungspraktiken war teils populär und satirisch-sarkastisch gehalten, teils wissenschaftlich aufgeputzt und wurde – soweit sie nicht anonym blieb – vorwiegend von protestantischen Geistlichen geführt, welche schon seit Lebzeiten Luthers als Gehaltsempfänger selber zu den am stärksten betroffenen Schichten gehörten. Diese Verfasser besaßen wenig ökonomische Kenntnisse; sie verurteilten in scharfen Worten den landesherrlichen Mißbrauch des Münzregals und verglichen ihn zum Teil mit den hohen Steuern, mit Zwangsanleihen, übermäßigen Staatsausgaben und ausbeuterischer Ausschöpfung der fürstlichen Finanzquellen (Staatsmonopole, Kronleistungen, Geldstrafen usw.).[96]

So heißt es zum Beispiel zugespitzt in einer Paradoxiensammlung von 1622: „Daß heutigen Tages ehrliche Leute, wenn sie nicht zu Schelmen werden wollen, Schelmen sein müssen. Denn wer nicht wechselt, muß bankrottieren. ... Daß einer, der vor fünf Jahren 1000 fl. geliehen hat, mit gutem Gewissen 7000 fl. wiederfordern kann; und er wird doch nicht reicher, sondern leidet Schaden. ... Daß heutigen Tages die Leute viel ärmer werden, je mehr Geld sie bekommen. Daß Thomas Münzer im Bauernkriege mit Waffen weniger Schaden getan hat, als unsere Münzer mit Gelde. ... Daß die besten Reichstaler die allerschlechteste Münze geben. ... Daß es bei den Geldhändlern stehet, Land und Leute zu schatzen, und nicht bei den Fürsten. ... Daß der Geldhandel, wenn unrecht Gut gedeihet, mehr zu Land einträgt als die Schiffahrt nach Indien."[97]

In einer Flugschrift aus dem Jahr 1621 stellt ein Pfarrer die Meinung, daß die neuen Groschen so viel wie die alten wert seien, als Lüge heraus; „denn obwohl die neuen leichtfertigen Groschen sowohl wie die alten guten und vollgewichtigen Groschen für zwölf Pfennige ausgegeben und genommen werden, so wird die Ware [im Preis] gegen solches Lumpengeld höher gesteigert; denn was man [zuvor für] 5, 6, 7, 8, 10 oder 12 Groschen einkaufen und an sich bringen konnte, das kann man jetzt kaum und mit genauer Not für 12, 14, 16, 20, 24 oder 30 Groschen haben. Ja man kann im Einkauf für 2, 3 oder 4 ganze Groschen kaum so viel bekommen, wie man zuvor mit einem Groschen oder mit 12 guten Pfennigen bekommen konnte. Und es müssen sich alle diejenigen kärglich genug behelfen, die in einem Pfarr-, Schul- oder anderen Dienste sitzen und eine geringe Besoldung, sonst aber nichts einzunehmen haben, als was vor 30, 40 oder 50 Jahren

[96] So bei dem Theologen Cyriakus Spangenberg, „Nützlicher Tractat vom rechten Brauch und Mißbrauch der Müntzen", in: F. Tilemannus, Müntz Spiegel, Frankfurt am Main 1592, S. 242.

[97] Paradoxa Monetaria; im Anhang zu: Expurgatio oder Ehrenrettung der armen Kipper und Wipper ... Wider die ... Bußvermahnung Andreae Lampii ... Gestellet durch Cniphardum Wipperium, Kiphusanum, jetzo bestelten special-Wechsler in Thewringen. Fragfurt 1622. Auszugsweise abgedruckt in: J. Jastrow (Hrsg.), Textbücher zu Studien über Wirtschaft und Staat, Bd. 4, Geld und Kredit, Berlin 1914, S. 28–30.

geordnet worden war, als alles gegen diese geschwinden Zeiten gerechnet wohlfeil gewesen war."[98]

Der Verfasser dieser Flugschrift, ANDREAS LAMPE, schildert die Tätigkeit der Geldhändler: „Sie haben, ehe man es innegeworden ist, das gute Geld aufgewechselt, eingesammelt und ohne Aufgeld an sich gebracht, haben es in die Münze getragen und haben für die Mark schweren und guten Geldes, das sind ungefähr 7 Gulden gewesen, 4 Gulden Überschuß und Aufgeld bekommen. Und sie haben also beinahe in einer Stunde oder im Hui mit 100 Gulden 57 Gulden 3 Groschen, mit 1000 Gulden 571 Gulden 9 Groschen, mit 5000 Gulden 2857 Gulden 3 Groschen erwerben können, und zwar auf einen Zug. Das wäre etwa von einem Gulden, nicht in einer Woche, sondern an einem Tage 12 Groschen Zins, welches über das Jahr viel ausmachen würde."

LAMPE nennt die Kipper „die letzte Brut, Grundsuppe und Frucht des Teufels, um den Menschen und besonders der Christenheit dadurch wehe zu tun; und er hätte wahrhaftig keinen ärgern Rank ausdenken können als diesen, um die Leute dadurch auszusaugen und um das Ihre zu bringen." Er fragt: „Wo siehet man einen auf dem Schindacker oder unter dem Galgen begraben, wohin solche Gesellen gehören? . . . Ja sie werden noch zu großen Herren und geachteten Leuten dabei, vor denen man den Hut in der Hand haben und ihnen große Ehre antun muß. Und solches geschiehet um so viel mehr, als auch diejenigen weidlich und tapfer mitwuchern, welche es verbieten und andere bestrafen sollten."

Die Verfasser vieler solcher Schriften kannten LUTHERs Predigten und wohl manche anderen frühbürgerlichen Darlegungen zu wirtschaftlichen Fragen. Ganz sicher war ihnen HALES unbekannt; und BODIN erschien erst 1624 in deutscher Übersetzung. Aus ihrem eigenen Erfahrungsbereich konnten sie nicht zur Einsicht in volkswirtschaftliche Zusammenhänge kommen; dennoch nahmen sie den Kampf gegen die verderblichen Folgen der Münzverschlechterungen auf und vertraten die Auffassung, daß der Geldwert vom Wert des Geldmetalls abhänge. Ihre Schriften gehören – wenn auch nur am Rande und das Bild ergänzend – zur bürgerlichen monetaristischen Wirtschaftsliteratur.

5. Zur Begründung des Merkantilismus in England (erste Hälfte des 17. Jh.)

MARX nennt öfter Monetar- und Merkantilsystem in engem Zusammenhang; letzteres sei nur eine Variante oder eine Fortsetzung des ersteren[99], ersteres sei

[98] De ultimo diaboli foetu, das ist Von der letzten Bruth und Frucht des Teuffels, den Kippern u. Wippern etc. etc. Durch M Andream Lampium, Pfarrherrn der Kirchen genandt bey S. Lorentz zu Hall in Sachsen. Leipzig 1621. Auszugsweise abgedruckt in: Ebenda, S. 23–28.

[99] Vgl. Karl Marx, Zur Kritik der Politischen Ökonomie, in: MEW, Bd. 13, Berlin 1961, S. 133; ders., Das Kapital; Dritter Band, in: MEW, Bd. 25, Berlin 1964, S. 793.

das Muttersystem des letzteren[100]. Gleichzeitig spricht er vom „Manufaktur- oder kommerziellen System“, das gegenüber dem Monetarsystem einen großen Fortschritt darstelle.[101] In diesem Abschnitt sollen einige Zusammenhänge zwischen den sozialökonomischen Bedingungen für die Weiterführung des Monetarismus zum Merkantilismus und den Grundzügen des letzteren angedeutet werden. Da der Merkantilismus ein Ergebnis der kapitalistischen Entwicklung in England ist und nur über die Resonanz einiger seiner Vorstellungen in Deutschland wirksam wurde, gehört eine Übersicht über die geschichtliche Entwicklung des Merkantilismus und über seine Hauptvertreter nicht in dieses Buch.[102]

Der sozialökonomische Hintergrund

Die Situation in der ersten Hälfte des 17. Jahrhunderts, als der Merkantilismus entstand, ist durch den Aufschwung der Produktion und des Handels, die wirtschaftliche Erstarkung der kapitalistischen Grundbesitzer, der verlegenden Kaufleute und handelnden Produzenten, aber auch durch eine zunehmende Reaktion gekennzeichnet. Nur beide Seiten der Situation, Fortschritt *und* Reaktion, erklären die spezifischen Bedingungen, unter denen der Monetarismus zum Merkantilismus weiterentwickelt wurde.

Einerseits hatte England 1588 die spanische Armada besiegt und 1598 den hanseatischen Stalhof geschlossen. Die englischen Kaufleute, schreibt KUCZYNSKI, „begannen sich jetzt mit besonderer Wut auf die Reichtümer der Welt zu stürzen. Raubten sie vorher insbesondere spanische und portugiesische Schiffe, die Schätze aus der Ferne nach Europa brachten, so durchfahren die englischen Kaufleute jetzt mehr und mehr selbst die fernen Meere – nicht zum wenigsten die, die nach Indien führen –, seit 1601 als Mitglieder der neugegründeten East India Company. Gerade diese East India Company gehört zu den erfolgreichsten Handelsunternehmen. 1617 zum Beispiel betrug ihr Profit eine Million Pfund auf ein Kapital von 200000 Pfund, was nicht verwundert, wenn man hört, daß zum Beispiel 1609 Gewürznelken, die die Gesellschaft 2048 Pfund Sterling gekostet hatten, für 36287 Pfund verkauft worden waren.“[103]

Andererseits kam es, wie MARX schreibt, zu „direkten Eingriffen Karls I. in die freie Konkurrenz, die den Handel und die Industrie mehr und mehr unmöglich machten“, und gleichzeitig zur „Abhängigkeit vom Parlament, in die Karl I.

[100] Vgl. Karl Marx, Aus der „Kritischen Geschichte“, in: Friedrich Engels, Herrn Eugen Dührings Umwälzung der Wissenschaft, MEW, Bd. 20, Berlin 1962, S. 216.

[101] Karl Marx, Einleitung zur Kritik der Politischen Ökonomie, S. 634.

[102] Vgl. Jürgen Kuczynski, Die Geschichte der Lage der Arbeiter unter dem Kapitalismus, Bd. 26, Zur Geschichte der Politischen Ökonomie in England 1650 bis 1900 und andere Studien, Berlin 1965, S. 26–80.

[103] Jürgen Kuczynski, Die Geschichte der Lage der Arbeiter unter dem Kapitalismus, Bd. 22, Wirtschafts- und Sozialgeschichte Englands 1500 bis 1760, Berlin 1964, S. 132.

durch seine fortwährende Finanznot um so tiefer geriet, je mehr er dem Parlament zu trotzen versuchte"[104]. Durch die Schaffung von Monopolen wurden ganze Wirtschaftszweige geschädigt, so die Wollindustrie durch das Seifenmonopol, die gesamte Wirtschaft in Südengland durch das Kohleverschiffungsmonopol zwischen London und Newcastle, das den Kohlepreis in London um 40% in die Höhe getrieben hat, und viele Glaswerke durch das Glasproduktionsmonopol. Dieser wirtschaftlichen Reaktion entsprach eine politische Reaktion.

Die wirtschaftliche und politische Reaktion führte fast zum Ruin der großen Handelsgesellschaften, die für ihre notwendigerweise relativ gewaltigen Kapitalanlagen größtmögliche Sicherheit brauchten. Nicht nur die einheimischen Produktionsbedingungen erschwerten den Handel mit solcherweise verteuerten Waren. Auch der geringe politische und militärische Schutz zum Beispiel gegenüber den militärisch gerüsteten Holländern brachte große Verluste. So ließ der holländische Gouverneur 1621 auf Amboina (Molukken) zwölf von achtzehn Engländern töten, die, so behauptete er, eine Verschwörung angezettelt haben sollten. Der Protest der Kaufleute half nichts, weil sich England keinen Konflikt mit Holland leisten konnte.

Als Ursachen für den Niedergang der Ostindischen Kompanie im dritten und vierten Jahrzehnt ihres Bestehens nennt BRENTANO: „Die Katastrophe in Amboina, große Verluste infolge der Feindschaft der Holländer, ihr Ausschluß vom Handel mit China, Japan und Siam, Schulden im Betrag von £ 200000 zu Haus, Störung des Handels infolge der Kriege des Großmoguls mit den Königen von Bijapur und Golconda. Das schlimmste aber war, daß Karl I. in steter Geldnot einerseits ihre Geldunterstützung verlangte, andererseits ohne Innehaltung der in ihren Freibriefen festgesetzten dreijährigen Kündigungsfrist des ihr erteilten Monopols Sir William Courten und der von diesem gegründeten neuen Gesellschaft gleichfalls einen Freibrief und zahlreichen Bönhasen Lizenzen erteilte. Die Ostindische Gesellschaft hat den Schutz des Parlaments gegen diesen Treubruch des Königs vergeblich angerufen, denn die Abneigung des Parlaments gegen jede Art von Monopol war zu groß. Der Kampf der alten Gesellschaft mit der Courten-Gesellschaft hatte beide dem Bankrott nahegebracht, bis er 1649 mit der Verschmelzung endete."[105]

In dieser bedrohlichen Situation mußten sich Angestellte der Ostindischen Gesellschaft auch publizistisch für die Belange des Handelskapitals einsetzen. Im Auftrage der stärksten bürgerlichen Gruppe in England kämpften sie vorrangig für ein monopolistisches Interesse, das sie aber nur verteidigen konnten, wenn sie überhaupt für eine beschleunigte kapitalistische Entwicklung eintraten.

Diese Bedingungen für die Begründung des Merkantilismus wurden hier nicht nur angemerkt, um die Weiterführung und Überwindung des Monetarismus

[104] Karl Marx, Rezensionen aus der „Neuen Rheinischen Zeitung. Politisch-ökonomische Revue", in: MEW, Bd. 7, Berlin 1960, S. 209/210.

[105] Lujo Brentano. Eine Geschichte der wirtschaftlichen Entwicklung Englands, Bd. 2, S. 201/202.

speziell in England verständlich zu machen. Sie gestatten zugleich allgemeinere Schlußfolgerungen, die für theoriegeschichtliche Analysen von großer Wichtigkeit sind. Gerade weil es üblich geworden ist, den beträchtlichen Abstand zwischen der englischen und auch französischen Bourgeoisie einerseits und der deutschen Bourgeoisie anderseits anzuführen, um zu erklären, daß sich in Deutschland angeblich keine progressive ökonomische Theorie herausbilden konnte, muß gesagt werden, daß objektive Bedingungen für theoriegeschichtliche Sachverhalte immer komplex erfaßt werden müssen. In der Regel sind es Stärke *und* Schwäche gleicherweise, die in ganz konkreten Situationen nachgerade dazu zwingen, die alten Auffassungen zu überwinden und neue Schlußfolgerungen vorzulegen. Wie so oft in der Geschichte, gilt auch gewissermaßen in der Geschichte des ökonomischen Denkens: „Umwälzungen finden in Sackgassen statt.“[106] Insofern gibt es bei aller grundsätzlichen Verschiedenheit zwischen dem hier zu behandelnden Merkantilismus und den später darzulegenden bürgerlichen ökonomischen Auffassungen in Deutschland eine Gemeinsamkeit: Die englische Handelsbourgeoisie und die deutsche Manufakturbourgeoisie befanden sich in einer Zwangslage, die sie dazu veranlaßte, die alten monetaristischen Vorstellungen zu überprüfen und zum Teil zu überwinden.

Die Begründung des Merkantilismus durch Thomas Mun

Der Beginn der das Handelskapital verteidigenden merkantilistischen Wirtschaftstheorie kann datiert werden mit dem Erscheinen von Thomas Muns Schrift „A Discourse of Trade from England into the East Indies“ (Eine Erörterung über den Handel Englands mit Ostindien, 1609, 2. Aufl. 1621). In ihr kritisiert der Verfasser die Gegner der Ostindischen Gesellschaft, die vom monetaristischen Standpunkt die Silberausfuhr gegen indische Waren als schädlich bezeichneten. Anhand von Tatsachen beweist Mun, daß dieses Silber für England nicht verloren gehe, sondern in größerer Menge in das Land zurückkehre. Die von der Ostindischen Gesellschaft eingeführten Waren müßten sonst von den Türken und Levantinern zu dreifachen Preisen gekauft werden. Außerdem würde ein Teil dieser Waren gegen Gold und Silber an europäische Länder weiterverkauft.

Das Hauptwerk des Merkantilismus im England vor der bürgerlichen Revolution von 1642 bis 1649 ist Muns Buch „England's Treasure by Forraign Trade or The Ballance of our Forraign Trade is the Rule of our Treasure“ (Englands Schatz durch den Außenhandel oder der Ausgleich unseres Außenhandels ist die Richtschnur für unseren Schatz).[107] Es entstand zwischen 1625 und 1630 und wurde erst 1664, dreiundzwanzig Jahre nach Muns Tod, von dessen Sohn

[106] Bertolt Brecht, Me-ti. Buch der Wendungen, in: Prosa, Bd. 4, Berlin und Weimar 1975, S. 143.

[107] Deutsche Übersetzung der Kapitel 2–6, 17, 18 in: Karl Diehl/Paul Mombert, Ausgewählte Lesestücke zum Studium der politischen Ökonomie, Bd. I und IX, Jena 1923, Bd. XVI, Karlsruhe 1923.

JOHN MUN herausgegeben. Es blieb, wie MARX feststellt, „für weitere hundert Jahre merkantilistisches Evangelium"[108].

MUN geht von der monetaristischen Erkenntnis aus, daß in Ländern ohne Edelmetallförderung ein regelmäßiger Zuwachs an Geldreichtum nur durch den Außenhandel gewährleistet wird. „Das gewöhnliche Mittel zur Vermehrung unseres Reichtums und unseres Besitzes an edlen Metallen besteht daher im auswärtigen Handel, wobei wir stets die Regel beobachten müssen, alljährlich einen größeren Wert an das Ausland zu verkaufen, als der ist, den wir verbrauchen. Denn angenommen, unser Vaterland sei reichlich versehen mit Tuch, Blei, Eisen, Fischen und anderen einheimischen Waren, dann führen wir jährlich den Überschuß an fremde Länder bis zum Werte von z. B. 2200000 Pfund aus. Hierdurch wird es uns ermöglicht, in fernen Meeren ausländische Waren zu unserem Gebrauch und Verbrauch bis zum Werte von vielleicht 2000000 Pfund zu kaufen und heimzubringen. Machen wir dies zu einer Regel unseres Handels, dann können wir sicher sein, daß unser Königreich jährlich um 200000 Pfund bereichert wird und daß wir diese Summe in Edelmetallen einnehmen müssen. Denn derjenige Teil unseres Kapitales, der nicht in Form von Waren zu uns zurückkommt, muß notwendigerweise in Gestalt von Edelmetallen heimgebracht werden."[109]

Im Vergleich zum Monetarismus verlagert sich der theoretische Schwerpunkt von der Betrachtung des Geldes und seines Wertes auf die Betrachtung des Warenaustauschs und der Warenproduktion. MUN erinnert an das Sprichwort: „Wer Waren hat, der hat Geld das ganze Jahr." Er stellt fest, „daß es einen regen Handel durch Übertragung oder Austausch gegeben hat zu Zeiten, in denen wenig Geld in der Welt in Umlauf war. Die Italiener und einige andere Völker helfen diesem Mangel so erfolgreich ab, daß ihr Handel weder zerstört noch gehemmt werden kann, denn sie übertragen Schuldscheine und sind im Besitz öffentlicher und privater Banken, in denen sie täglich ihre Guthaben auf sehr große Summen mit Leichtigkeit und zur Zufriedenheit, nur durch gegenseitige Überschreibung übertragen, während unterdessen die Masse des Geldbesitzes, welcher die Grundlage zu diesen Guthaben bildet, im ausländischen Handel als Ware angelegt ist; und so haben jene Länder auf diese Weise wenig anderen Bedarf an Geld als zu ihren gewöhnlichen Ausgaben. Deshalb ist es nicht etwa die Tatsache, daß unser Geld im Lande bleibt, sondern die Notwendigkeit und der Bedarf, der im Auslande nach unseren Waren besteht, und ebenso wie unser Bedürfnis nach ihren Waren, welche den allseitigen Verkauf und Verbrauch veranlassen und somit die Grundlage zu einem lebhaften und ausgedehnten Handel bilden."[110]

108 Karl Marx, Aus der „Kritischen Geschichte", in: Friedrich Engels, Herrn Eugen Dührings Umwälzung der Wissenschaft, MEW, Bd. 20, Berlin 1962, S. 216.

109 Thomas Mun, England's Treasure, 2. Kapitel, in: Karl Diehl/Paul Mombert, Ausgewählte Lesestücke zum Studium der politischen Ökonomie, Bd. IX, Jena 1923, S. 33/34.

110 Thomas Mun, England's Treasure, 4. Kapitel, ebenda, S. 44/45.

Da durch den erfolgreichen Außenhandel, der Geld ins Land bringt, durch die Herausbildung eines inneren Marktes, der die Ausgabe von Scheidemünzen ermöglicht, und durch die Entwicklung des bargeldlosen Verkehrs die von den Monetaristen gehegte Sorge um eine ausreichende Menge wertbeständiger Zirkulationsmittel an Bedeutung verlor, wurde das weiterhin aufrechterhaltene Verbot des Geldexports sinnlos und behinderte den Handel. MUN betont, daß Geldabfluß durch den Handel keinen Reichtumsverlust bedeute. „Denn wenn wir annehmen, daß England durch seinen Handel mit Spanien 500000 Ryals of Eight niederländischer Taler jährlich verdienen und heimbringen kann, so sind es, wenn wir ebenso viel durch unseren Handel in der Türkei verlieren und daher unser Geld dorthin tragen, nicht die Engländer, sondern die Türken, die den Reichtum besitzen, obgleich sie keinen Handel mit Spanien treiben, woher das Geld ursprünglich stammt. Und wiederum, wenn England auf diese Weise Verluste an die Türkei gehabt hat, trotzdem es zweimal so viel an Frankreich, Italien und anderen Teilnehmern seines Handels gewinnt, dann werden 500000 Ryals of Eight Reingewinn durch die Handelsbilanz entstehen; und dieser Vergleich trifft für alle anderen Nationen zu, sowohl für die Art der Erlangung als auch für das Verhältnis, in dem es jährlich gewonnen wird."[111]

MUN weist nachdrücklich die monetaristische Auffassung zurück, daß der Geldgewinn des einen Reichtumsverlust des anderen darstelle. „Wenn aber die Frage gestellt würde, ob alle Länder nur Geld erhalten und Spanien allein das Seine verliert? Dann antworte ich mit nein, denn andere Länder verlieren, ebenso gut wie Spanien durch Kriege und Warenmangel sein Eigentum verloren hat, durch Kriege oder Verschwendung alles, was sie besessen haben."[112]

An mehreren Beispielen legt MUN dar, daß Geldausfuhr durch den Handel diesen erweitere, so daß es zu größerer Warenausfuhr, also Geldeinfuhr komme. „Denn obgleich wir auf diese Weise alljährlich unsere Einfuhr an Waren vergrößern und dadurch unsern Bestand an Schiffen und Seeleuten vermehren, die Zölle Ihrer Majestät und andere Abgaben heben, so ist doch unser Verbrauch an diesen ausländischen Waren keineswegs größer als vordem, so daß die ganze erwähnte Warenvermehrung, welche durch unser . . . ausgeführtes Geld in das Land gebracht wurde, sich schließlich für uns zu einer Ausfuhr gestaltet, die von viel größerer Bedeutung ist wie die besagten Gelder."[113]

Ein grundsätzlicher Unterschied zwischen Monetarismus und Merkantilismus liegt darin, daß ersterer im Geldzuwachs eine Nachfragevergrößerung und die Möglichkeit einer Produktionserweiterung sieht, während letzterer das Geld vom Standpunkt des Kapitals als sich verwertenden Wert betrachtet. Diesen Unterschied verdeutlicht MUN. Wenn zusätzliches Geld nur die Nachfrage vergrößere und damit die Preise anhebe, so ziehen einzelne Produzenten daraus ihren Vorteil,

[111] Thomas Mun, England's Treasure, 6. Kapitel, ebenda, Bd. I, S. 45/46.
[112] Ebenda, S. 46.
[113] Thomas Mun, England's Treasure, 4. Kapitel, ebenda, Bd. IX, S. 43.

aber das Kapital im Lande werde dadurch nicht vergrößert. „Denn darüber sind alle sich einig, daß eine reichliche Geldmenge die einheimischen Waren eines Landes verteuert, was zwar einigen Privatleuten ein vergrößertes Einkommen verschafft, dem Nutzen des Staates jedoch in bezug auf die Ausdehnung seines Handels geradezu entgegenarbeitet, denn ebenso wie der größere Geldvorrat die Waren verteuert, so wird durch die Verteuerung der Waren ihre Verwendung und ihr Absatz eingeschränkt . . . Und wenn dies auch für manche Großgrundbesitzer eine harte Lehre sein mag, so glaube ich doch, daß es das richtige für unser Land wäre, wenn es diesen Grundsatz befolgte, damit wir das Geld, das wir im Handel gewonnen haben, nicht dadurch verlieren, daß wir es nicht in den Handel bringen."[114] Wer sein Geld als Handelskapital anlege, sagt MUN, könne überzeugt sein, daß es mit einer Ente im Maul (duck in the mouth) wieder zurückkehre. „Und so sehen wir, daß die Wellen des Handelsgetriebes, die ihren Geldvorrat hinwegtragen, zu einem breiten Strome anwachsen, der ihnen immer neue Geldmengen zuführt."[115]

MUN betont, daß die Interessen des Handelskapitals mit jenen der Produktion übereinstimmen. „Und in Anbetracht dessen, daß viel mehr Menschen vom Gewerbe leben als von den Früchten des Feldes, sollten wir um so sorgfältiger jene Bestrebungen der großen Menge unterstützen, in denen die Hauptstärke und der größte Reichtum von König und Reich liegt; denn wo eine große Bevölkerung mit gut entwickeltem Handwerk lebt, muß der Handel groß und das Volk reich sein."[116]

Den Unterschied zwischen Kosten und Profit, den MUN bei der Betrachtung der Handelstätigkeit an vielen Beispielen klarmacht, sieht er in der gewerblichen Produktion noch nicht. Er spricht davon, daß die Verarbeitung von Rohstoffen mehr Gewinn einbringe als deren Erzeugung, aber am Beispiel erklärt er nur den Wertzuwachs durch zusätzliche Arbeit. „Wenn wir einen Vergleich ziehen zwischen unserer Schafwolle und unserem Tuch, welches geschoren, gewaschen, gekrempelt, gesponnen, gewalkt, gefärbt, verarbeitet und zurechtgemacht werden muß, dann sehen wir, daß diese Gewerbe weit einträglicher sind als der Besitz des Rohmaterials."[117]

Die Vergrößerung des Handelskapitals nütze auch den großen Grundbesitzern, stellt MUN fest. „Da der Geldbesitz, der durch unsere Handelsbilanz ins Land gebracht wird, dasjenige Geld ist, welches allein bei uns bleibt und uns bereichert, so wird unser Grundbesitz nur durch den auf diese (und keine andere) Weise gewonnenen Geldreichtum gehoben werden können. Denn wenn der Kaufmann für sein Tuch und seine anderen Waren in überseeischen Ländern guten Absatz gefunden hat, dann kehrt er sogleich heim, um noch größere Vorräte einzukaufen, wodurch der Preis für unsere Wolle und andere Waren steigt und infolgedessen

[114] Ebenda, S. 45.
[115] Ebenda, S. 46.
[116] Thomas Mun, England's Treasure, 3. Kapitel, ebenda, S. 40.
[117] Ebenda, S. 41.

der Pachtzins der Grundbesitzer verbessert wird, da täglich Verträge ablaufen. Und da ferner auf diese Weise Geld verdient wird und reichlich in das Land gebracht wird, sind viele in der Lage, Land anzukaufen, wodurch die Bodenpreise steigen. Wenn aber unser ausländischer Handel durch Vernachlässigung im Inland oder Benachteiligung im Ausland unterbrochen oder eingeschränkt wird, wodurch die Kaufleute verarmen und die Waren des Reiches nicht mehr so viel ausgeführt werden, dann haben alle die genannten Vorteile ein Ende, und unsere Bodenpreise sinken täglich.“ [118]

Diese drohende Argumentation soll den großen Grundbesitzern vor Augen führen, daß die alte monetaristische Theorie nur scheinbar in deren Interesse zu gebrauchen ist. Tatsächlich würden sie gegen ihren Vorteil handeln, wenn sie die merkantilistische Betrachtungsweise und ihre Forderungen ablehnten. Wenn nun die handelskapitalistischen Interessen auch den Grundbesitz stärken, so müsse der sich auf ihn stützende Monarch das Handelskapital fördern. MUN untersucht, wieviel der König nur zurücklegen dürfe, ohne seine Untertanen zu benachteiligen. Ein Teil seiner Ausgaben müsse dem Handel zugute kommen. „Der König, der ein großes Vermögen zusammenbringen will, muß zunächst mit allen Kräften seinen Außenhandel stützen und vergrößern, weil einzig dieses Vorgehen ihn nicht allein an sein Ziel führen wird, sondern auch seine Untertanen zu seinem Vorteil bereichern muß. Ein Fürst wird nicht weniger angesehen sein, wenn seine Untertanen wohlhabend und ihm treu ergeben sind, als wenn er selber reich an Schätzen ist.“ [119]

MUNs handelspolitische Grundsätze orientieren auf die Schaffung günstiger Voraussetzungen für die Erzielung hoher Handelsprofite. Da die Rohstoff- und Fertigwareneinfuhr keine großen Gewinne abwirft, schlägt MUN für sie eine Beschränkung vor. Der Handel müsse sich vor allem auf die Ausfuhr kostengünstiger Waren konzentrieren. „Wir müssen bei unserer Ausfuhr nicht nur in Betracht ziehen, woran wir im Überfluß haben, sondern müssen auch den Bedürfnissen unserer Nachbarn Rechnung tragen, damit wir bei den Waren, deren sie nicht entraten oder die sie nicht anderswoher beschaffen können (abgesehen von dem Verkauf des Materials), so viel wie möglich bei der Herstellung verdienen; wir dürfen auch versuchen, sie möglichst teuer zu verkaufen, solange der hohe Preis keinen geringeren Absatz zur Folge hat. Unser Überschuß jedoch an solchen Waren, welche vom Ausland benutzt werden, die aber auch von anderen Völkern geliefert werden können oder deren Absatz durch den Gebrauch ähnlicher Waren, die sich ohne Unbequemlichkeit von anderen Orten beschaffen lassen, herabgesetzt werden kann, muß in diesem Falle so billig wie möglich verkauft werden, damit uns der Absatz dieser Waren nicht verloren geht. Denn wir haben in den letzten Jahren die Erfahrung gemacht, daß wir dadurch, daß wir in der Lage waren, unser Tuch billig an die Türkei abzugeben, seinen Absatz sehr gesteigert und den

[118] Thomas Mun, England's Treasure, 5. Kapitel, ebenda, Bd. I, S. 42/43.
[119] Thomas Mun, England's Treasure, 28. Kapitel, ebenda, Bd. XVI, S. 27.

der Venetianer in demselben Maße beeinträchtigt haben, weil der Bezug ihrer Ware teurer zu stehen kam."[120]

MUN hebt hervor, daß die Höhe des Handelsprofits von objektiven Gegebenheiten abhängt. „Denn wenn Tuch teuer ist, verlegen sich andere Völker sogleich darauf, es ebenfalls herzustellen, und wir wissen, daß es ihnen weder an der dazugehörigen Geschicklichkeit noch an dem nötigen Rohmaterial fehlt. Wenn wir sie aber durch unsere Billigkeit aus diesem Handelszweig vertreiben und so im Laufe der Zeit wieder teure Preise erzielen können, dann werden auch sie wieder ihr altes Heilmittel anwenden. So lehren uns diese Schwankungen, daß wir keinen größeren Gewinn aus unseren Waren erwarten dürfen, als ihrer Natur entspricht, daß wir vielmehr besser daran tun, unsere Bemühungen mit Sorgfalt und Eifer den Zeiten anzupassen, damit wir uns selbst so viel wie möglich dadurch nützen, daß wir unser Tuch und andere Manufakturen ohne Betrug herstellen, wodurch wir ihre Wertschätzung und ihren Absatz vergrößern."[121]

Vor allem, stellt MUN fest, müsse die Ausfuhr auf eigenen Schiffen erfolgen. „Dann erhalten wir nicht nur den Preis, den unsere Waren bei uns haben, sondern auch den Gewinn der Kaufleute, die Kosten der Versicherung und der Seefracht."[122]

MUN geht auf die große Bedeutung des Zwischenhandels ein, durch den Venedig, Genua und die Niederlande reich geworden sind, und hebt anschließend die Einträglichkeit des ostindischen Handels hervor, dessen hohe Kosten durch den Zwischenhandel von den ausländischen Käufern getragen werden. MUN feiert geradezu in großen Worten den Profit aus dem Handel mit anderen Ländern. „Es würde sich wahrlich lohnen, alle unsere Kräfte anzuspannen, um die große und edle Betätigung aufrechtzuerhalten und zu fördern, da sie eine so große Bedeutung für das Wohl des Staats, seine Stärke und sein Glück hat. Auch ist es nicht weniger ehrenvoll und zeugt von keiner geringeren Urteilskraft, [auf diese Weise] durch das Kapital [d. h. die Ausgaben] anderer Völker [ebenso] reich zu werden wie durch eine emsige Vermehrung unserer eigenen Mittel, besonders wenn diese letzteren durch den Nutzen der ersteren gefördert werden, wie wir dies in Ostindien durch den Verkauf von Tuch, Blei, Zink und anderen Waren gesehen haben, deren Absatz sich in jenen Ländern, welche früher keinen Gebrauch von unseren Waren gemacht haben, täglich vermehrt."[123]

Solcher Handel, führt MUN aus, könne gefördert werden durch Geldexport, Zollfreiheit für auszuführende Manufakturwaren aus ausländischen Rohstoffen, Zollvergünstigungen für Waren des Zwischenhandels und auszuführende Waren der einheimischen Produktion. Dafür könnten alle für den einheimischen Verbrauch eingeführten Waren „um so mehr besteuert werden, als sich dadurch in der Handelsbilanz ein Gewinn zugunsten des Reiches ergibt und dadurch auch

120 Thomas Mun, England's Treasure, 3. Kapitel, ebenda, Bd. IX, S. 35/36.
121 Ebenda, S. 36.
122 Ebenda.
123 Ebenda, S. 39.

der König instandgesetzt wird, mehr Geld von seinen Jahreseinkünften zurückzulegen".[124]

THOMAS MUNs Schrift „England's Treasure by Forraign Trade", entstanden in den für die Existenz der Ostindischen Gesellschaft kritischen Jahren, war das Hauptwerk des vorrevolutionären Merkantilismus. Bis zur Erstarkung der Manufakturbourgeoisie infolge der siegreichen englischen Revolution wurden mehr als ein Jahrhundert die kapitalistischen Interessen von Vertretern des Handelskapitals, darunter mehreren Funktionären der Ostindischen Gesellschaft, verfochten. Zu den bedeutendsten Merkantilisten zählen DUDLEY NORTH, CHARLES DAVENANT und JOSIAH CHILD.

Gegenüber dem Monetarismus waren die merkantilistischen Theoretiker in der ökonomischen Erkenntnis einen wichtigen Schritt vorangekommen. Neben dem Geldreichtum betrachteten sie auch den Warenreichtum und erfaßten, wie MARX feststellt, die volkswirtschaftlichen Zusammenhänge in einer Form, in der „nicht nur Warenzirkulation, sondern auch Warenproduktion als notwendiges Element erscheint"[125]. Hatte der Monetarismus die Produktion nur als Arbeitsprozeß gesehen und aus vermehrter Nachfrage extensive Produktionsausweitung und zusätzliche Beschäftigung abgeleitet, so bezog der Merkantilismus eine Seite der Wertbildung ein, indem er den Zusammenhang zwischen Produktivitätssteigerung und Wertsenkung berücksichtigte.

Ein bedeutendes Verdienst des Merkantilismus liegt darin, daß er die einseitige monetaristische Auffassung vom Geld als einer Nachfragegröße überwand und bei der Betrachtung der Geldzirkulation nach der Realisierung des Mehrwerts fragte. MARX schreibt: „... im Merkantilsystem entscheidet nicht mehr die Verwandlung des Warenwerts in Geld, sondern die Erzeugung von Mehrwert, aber vom begriffslosen Standpunkt der Zirkulationssphäre aus, und zugleich so, daß dieser Mehrwert sich darstellt in Surplusgeld, im Überschuß der Handelsbilanz. Es ist aber zugleich das die interessierten Kaufleute und Fabrikanten von damals richtig Charakterisierende und das der Periode der kapitalistischen Entwicklung, die sie darstellen, Adäquate darin, daß es bei der Verwandlung der feudalen Ackerbaugesellschaften in industrielle, und bei dem entsprechenden industriellen Kampf der Nationen auf dem Weltmarkt, auf eine beschleunigte Entwicklung des Kapitals ankommt, die nicht auf dem sog. naturgemäßen Weg, sondern durch Zwangsmittel zu erreichen ist."[126]

Diese erste theoretische Behandlung des Kapitals blieb noch in der Betrachtung des Geldkapitals befangen; aber sie ist eine Voraussetzung für die spätere, tiefere Analyse der kapitalistischen Produktionsverhältnisse. MARX schätzt ein: „Die erste theoretische Behandlung der modernen Produktionsweise – das Merkantilsystem – ging notwendig aus von den oberflächlichen Phänomenen des Zirku-

[124] Ebenda, S. 40.
[125] Karl Marx, Das Kapital, Zweiter Band, in: MEW, Bd. 24, Berlin 1963, S. 66.
[126] Karl Marx, Das Kapital, Dritter Band, in: MEW, Bd. 25, Berlin 1964, S. 793.

lationsprozesses, wie sie in der Bewegung des Handelskapitals verselbständigt sind, und griff daher nur den Schein auf. Teils weil das Handelskapital die erste freie Existenzweise des Kapitals überhaupt ist. Teils wegen des überwiegenden Einflusses, den es in der ersten Umwälzungsperiode der feudalen Produktion, der Entstehungsperiode der modernen Produktion ausübt. Die wirkliche Wissenschaft der modernen Ökonomie beginnt erst, wo die theoretische Betrachtung vom Zirkulationsprozeß zum Produktionsprozeß übergeht."[127]

127 Ebenda, S. 349.

4. KAPITEL

Der deutsche Kameralismus und seine Gegner (17. Jh. bis Mitte des 18. Jh.)

1. Die Herausbildung des Kameralismus (erste Hälfte des 17. Jh.)

In den beiden vorangegangenen Kapiteln wurden die bürgerlichen ökonomischen Auffassungen in den Mittelpunkt der Betrachtung gestellt, und die feudalen Gegner wurden nur so weit behandelt, daß die Rolle der bürgerlichen ökonomischen Theorie in der ideologischen Auseinandersetzung als eine Waffe für den Klassenkampf verstanden werden konnte. Dieses Kapitel verkehrt nun das Verhältnis: es stellt den feudalen Kameralismus und dessen bürgerliche Gegner dar. Die Verkehrung ergibt sich daraus, daß das deutsche Bürgertum nach seiner Niederlage in der frühbürgerlichen Revolution für lange Zeit nicht mehr in die Offensive ging und daher auch in der ökonomischen Theorie die feudale Seite dominierte.

Der Kameralismus als eine systematische Erörterung aller erdenklichen Bereicherungsmöglichkeiten für die landesfürstliche Klasse entwickelte sich aus den alten ständisch-feudalen und einfachen monetaristischen Wirtschaftsvorstellungen. Er entfaltete sich seit dem Beginn des 17. Jahrhunderts auf zwei Gebieten – in der Staatslehre und in der Finanz- und Steuerlehre. Er wuchs sich schließlich zum Lehrgebäude der sogenannten Kameralwissenschaften aus.

Eine Quelle der Staatslehre waren Werke italienischer und französischer Autoren des 15. und 16. Jahrhunderts, die im Zusammenhang mit dem Kampf um die Schaffung von Einheitsstaaten entstanden waren und sich mit dem Problem der sich herausbildenden absolutistischen Gewalt auseinandersetzten. Auf dem Boden des deutschen Reiches erschien eine Reihe lateinisch geschriebener, auf späthumanistischer Bildungsbasis stehender Staatsschriften aus der Feder von Juristen, Universitätslehrern, hohen Staatsbeamten und Theologen, die bei allen Vorbehalten gegenüber den Gefahren uneingeschränkter landesfürstlicher Macht dem zur Tatsache gewordenen territorialen Absolutismus Rechnung tragen mußten. Soweit sie wirtschaftliche Fragen berührten, behandelten sie diese vorwiegend als ethisch zu interpretierende Verhaltensregeln.

So beeinflußte zum Beispiel BODIN durch seine staatsrechtlichen Erörterungen über die Einkommensquellen des französischen Fiskus die nach 1600 für das habsburgische Kaisertum verfaßten „Diskurse" von GEORG OBRECHT.[1] In ihnen sucht der Autor ausschließlich neue Mittel und Wege zur Erhöhung der Menge

[1] Fünff underschiedliche Secreta politica von Anstellung, Erhaltung und Vermehrung guter Policey und von billicher rechtmäßiger und nothwendiger Erhöhung eines jeden Regenten jährlichen Gefällen und Einkommen . . ., Straßburg 1617.

des den Untertanen abgepreßten Geldes. Er deckt solche Finanzquellen auf, die außerhalb des ständischen Bewilligungsrechts für Steuern im herkömmlichen Sinne lagen oder zumindest als verwaltungstechnische Verbesserungen oder gerechtere Abschöpfungsmodi passieren konnten. So verlangt OBRECHT im ersten noch lateinisch geschriebenen Diskurs über die Mittel zur Führung des Türkenkrieges (1604), die Steuern nicht pro Kopf, sondern entsprechend dem Einkommen zu erheben, wie das schon BODIN und andere romanische Rechtslehrer getan hatten. Eine eventuell erforderliche Erhöhung von Steuern und sonstigen Abgaben müsse aber, meint OBRECHT, so erfolgen, daß nicht die lebensnotwendigen, sondern dem Luxus dienenden Produkte betroffen würden und daß „das Geld nicht aus dem Blut der Untertanen zusammenkommt“[2]. Er empfiehlt Abgaben bei Hochzeiten, Bußgelder bei Gotteslästerungen und bei deren Nichtanzeige sowie Geldstrafen im weitesten Sinne, Güterkonfiskationen bei einer Unzahl von rechtlichen Gelegenheiten, Erbschaftssteuer, finanzielle Nutzung vakanter Lehen, halbfreiwillige Spenden von Zünften und Gemeinden, Verkauf von Adelstiteln und Ämtern und eventuelle Münzverschlechterungen. Er schlägt eine verbindliche Lebensversicherung für Kinder vor, bei der die Eltern für jedes Kind einen verzinslichen Betrag einzuzahlen hätten, der aber beim Tode des Kindes bestenfalls zur Hälfte rückzahlbar sein solle. Diesen Vorschlag erweitert und vertieft OBRECHT in seinem letzten Diskurs und rechtfertigt den für die Obrigkeiten erhofften Gewinn aus dieser Versicherung mit dem Hinweis, die Eltern hätten ja in keinem Falle einen Schaden, „dieweil sie durch Absterben ihres Kindes von allen ferneren Unkosten und Beschwerden, die sie auf solch Kind, wäre es am Leben geblieben, anwenden müssen, allerdings erledigt“ wären.[3]

Im zweiten Diskurs geht OBRECHT ausführlicher auf seine Vorschläge zur Vermehrung des Schatzes ein.[4] Für die finanzielle Ausnutzung aller positiven und negativen Verhaltensweisen und Lebenssituationen sieht er Institutionen vor, die sowohl die steuerliche Veranlagung der Untertanen vorzunehmen haben (Zensus) als auch das sittenrichterliche Buß- und Strafamt ausüben (Zensur), sich vor allem aber über alle fiskalisch interessanten Wechselfälle des Lebens unterrichtet halten. Eine der Säulen des Gemeinwesens bestehe in „eines jeden Magistrats gewisser Nachrichtung und satter Wissenschaft, wie seine ganze Polizei und derselben Glieder beschaffen seien“. Später entwickelt OBRECHT ein von der Wiege bis zur Bahre sich erstreckendes gebührenpflichtes Personenstands- und Meldewesen, bei dem der Beamte nicht nur auf den einzelnen

[2] Ebenda, S. 14/15.

[3] Constitutio und Ordnung von einem Hochnützlichen Aerario Liberorum, in welches von den Eltern allerhand Summen Gelts, fürnemblich ihren Neugebornen Kindern und in eventum [d. h. gegebenenfalls] ihnen selbs, auch der Obrigkeit und Gemeiner Wohlfahrt zu besten angelegt werden.

[4] Politisch Bedencken und Discurs von Verbesserung Land und Leut, Anrichtung guter Policey und fürnemblich von nutzlicher Erledigung großer Aussgaben und billicher Vermehrung eines jeden Regenten und Oberherren jährlichen Gefällen (1606).

Stationen – erwachsene Männer müssen sich alle drei Jahre einschreiben lassen, – die Bevölkerungsbewegung registriert, sondern auch über die moralische Qualifikation des betreffenden Untertanen befindet.[5]

Im dritten Diskurs[6] plädiert OBRECHT für die Bildung eines besonderen, „heiligen" (d. h. unantastbaren) Staatsschatzes (Ärar) für außerordentliche Ausgaben, der eine Sonderstellung neben den bereits bestehenden „ordentlichen" Kammereinkünften einnehmen soll. OBRECHT will damit dem Landesherrn ein neues, von ständischer Mitbestimmung befreites Finanzinstrument in die Hand geben.

Den absolutistischen Entwicklungstendenzen entsprach auch HERMANN LATHERUS, der, OBRECHTs regalistische Vorschläge ablehnend, reiche und loyale Staatsbürger für den besten Schatz erklärt und für die eingehende Beratung von neuen Steuern durch die Stände eintritt, aber die neuartigen Einnahmequellen schon nicht mehr zu verwerfen wagt. Er plädiert lediglich dafür, diese in stark abgeschwächter Form zu nutzen. Dagegen tritt er – nach französischem Vorbild (HEINRICHs IV.) – für die Förderung von Exportgewerben und die Verhinderung der Rohstoffausfuhr ein. Die Ausfuhr von Fertigprodukten, stellt er fest, vermehre das fürstliche Einkommen und das der Bevölkerung: „Reichtum an Rohstoffen schafft auch Reichtum an Einwohnern und an Gewinn"[7]; und der Reichtum, der aus gewerblicher Arbeit zu ziehen sei, übertreffe bei weitem den der amerikanischen Edelmetalle.

In der ersten Hälfte des 17. Jahrhunderts gelang es jedoch noch nicht allen feudalen Theoretikern, ihre Vorstellung von einem Bürgertum im ständisch-feudalen Rahmen aufzugeben, um eine Förderung und Ausnutzung von Handel und Gewerbe im Interesse der Territorialfürsten zu vertreten. Diese Übergangsschwierigkeit zeigt sich bei JAKOB BORNITZ, kaiserlichem Rat in Schweidnitz (Schlesien), der sich mit dem Geldwesen, der Finanzlehre und – als Neuerung – mit dem Versuch einer Systematisierung der wirtschaftlichen Aktivitäten eines Territoriums befaßte.[8] Indem er diese Aktivitäten als Arbeiten zur Erlangung von Rohstoffen und Fertigprodukten und zur Verteilung der Güter (Handel) charakterisiert und klassifiziert, wobei die besonders abgehandelten Dienstleistungen naturgemäß noch als persönliche Leistungen erscheinen (Hirten, Jäger, Gärtner usw.), überträgt er die Vorstellungen der traditionellen Lehre vom Einzelhaushalt auf die Ebene der politischen Gemeinschaft. BORNITZ verteidigt die Zünfte und empfiehlt Zurückhaltung bei der Schaffung feudaler Manufakturen.

[5] Eine sondere Policey Ordnung und Constitution, durch welche ein jeder Magistratus vermittels besonderen angestellten Deputaten jederzeit in seiner Regierung eine gewisse Nachrichtung haben mag.

[6] Constitutio von notwendiger und nützlicher Anstellung eines Aerarii Sancti (1610).

[7] Hermann Latherus, De censu Tractatus nomico-politicus, Frankfurt a. M. 1618, S. 979.

[8] De nummis in republica percutiendis et conservandis, Hanau 1608; Aerarium sive tractatus politicus etc., Frankfurt a. M. 1612; Tractatus politicus de rerum sufficientia etc., Frankfurt a. M. 1625.

Er erklärt schon die materiellen Güter für das (wirtschaftliche) „Blut" des Gemeinwesens und plädiert deshalb für Einhaltung der richtigen Proportion zwischen staatlich und privat genutzter Wirtschaftskraft, unterstützt aber noch eine größtmögliche fürstliche Schatzbildung durch Geldprägung und Geldeinfuhr. Denn Überfluß an materiellen Gütern bei Mangel an verfügbarem Geld mache den Staat ohnmächtig, meint BORNITZ. Einerseits befürwortet er den Gelderwerb durch Ausfuhr von Fertigprodukten, anderseits rät er zu einem maßvollen, die ständischen Vorrechte berücksichtigenden Steuergebaren. Überhaupt müsse „der Regierung der Wohlstand der Untertanen mehr am Herzen liegen als die Einkünfte", denn „wenn die Hühner gar geschlachtet werden, so legen sie nimmer Eier"[9]. In BORNITZ' Geldauffassung zeigt sich die Wende von der alten monetaristischen Orientierung auf den Weltmarkt mit entsprechender metallischer Geldzirkulation zur Berücksichtigung des sich herausbildenden Binnenmarktes, der auch die Zirkulation von Scheidemünzen mit sich bringt. Er billigt kupferne Scheidemünzen für den Binnenmarkt, weil, so meint er, das Geld seinen Wert durch Satzung erhalte. Ihn beschäftigt aber noch immer die schon von den monetaristischen Autoren diskutierte Frage, ob Geld aus Papier oder Leder, wie es in Einzelfällen (Notgeld) vorübergehend ausgegeben worden war, als zeitweiliger Ersatz für metallische Münze möglich sei.

Ähnlich wie BORNITZ verteidigte auch CHRISTOPH BESOLD[10] entschieden das Steuerbewilligungsrecht der Landstände und deren Kontrollbefugnis über die Verwendung der erhobenen Abgaben, was auf eine im kaiserlichen Sinne liegende Beschränkung der partikularfürstlichen Gewalt hinausläuft; denn Landstände und Kaisertum waren ja gegenüber dem Landesfürstentum in mancher Beziehung Verbündete gewesen.[11] Folgerichtig tritt er für Mäßigung bei der Nutzung von Regalien und Monopolen ein und kritisiert fiskalische Praktiken der Geldbeschaffung sowie die Ausdehnung der Territorialgewalt der Fürsten.[12] Der Gewerbefleiß (die „Industrie") der Bevölkerung, meint BESOLD, sei für den Wohlstand eines Landes wichtiger als die natürliche „Fruchtbarkeit" des Bodens, einschließlich der Bergwerke.

Am Ausgang des Dreißigjährigen Krieges war in den absolutistischen Wirtschaftsvorstellungen Deutschlands der Übergang zur kameralistischen Finanztheorie abgeschlossen. Mit der Machterhöhung der partikularstaatlichen Gewalt gegenüber dem Reichsherrn trat die entschiedene Parteinahme für die Mitsprache der Stände an der steuerlichen Ausbeutung der Untertanen im juristisch-ökonomischen Schrifttum zurück. In den nun erscheinenden Schriften ist die kameralistische Finanztheorie in ihren Grundzügen voll herausgebildet. Alle

9 Aerarium sive tractatus politicus etc., Frankfurt a. M. 1612, IV, 3.

10 Synopsis doctrinae politicae, Tübingen 1623, 4. Aufl. Ingolstadt 1637. – Vitae et mortis consideratio politica, 1623. – De iure et divisione rerum, 1624. – Principium et finis politicae doctrinae, Straßburg 1625.

11 Discursus de aerario politico, 3. Aufl., Tübingen 1639, S. 69ff.

12 Ebenda, S. 68ff.; Discursi politici, Straßburg 1623, S. 29.

wirtschaftlichen Entscheidungen wurden unter dem Gesichtspunkt betrachtet, welchen Beitrag sie zur Vermehrung der landesherrlichen Einkünfte leisten. Gegenüber den früheren feudalen Auffassungen stellen sie einen gewissen Fortschritt dar, denn neben dem Geld als der eigentlichen Form des Reichtums wurde der Gewerbefleiß der Untertanen als Quelle des Reichtums angesehen. Die monetaristische Schatzauffassung blieb weiterhin erhalten.

Charakteristisch für die kameralistische Finanztheorie und ihre sozialpolitische Verklärung in der Zeit zwischen der Mitte des 17. Jahrhunderts und der Mitte des 18. Jahrhunderts sind einige Schriften von KASPAR KLOCK, einem kaiserlichen Pfalzgrafen und Kanzler mehrerer geistlicher und weltlicher Territorialfürstentümer, der in seiner „Rechtlich-politischen Abhandlung über die Steuern"[13] noch nachdrücklich das Recht der nicht-fürstlichen Oberschichten auf eine Beschränkung der landesherrlichen Macht in Steuersachen verfocht, aber später im „Juristisch-politisch-polemisch-historischen Traktat über den Staatsschatz oder die steuerliche Veranlagung"[14] auf die absolutistische Linie einschwenkte. Er systematisiert dort die Finanzlehre unter dem Gesichtspunkt des regalistischen Prinzips, nach dem allein der Fürst über die Erhebung von Steuern zu entscheiden habe. Er betrachtet die wirtschaftlichen Aktivitäten fast ausschließlich unter fiskalischem Aspekt und vertritt das fürstliche Privileg auf Geldabschöpfung über Strafgelder, Preiserhöhungen und Akzisen, die – als indirekte Verbrauchssteuern – von Holland kommend auch in Deutschland Fuß zu fassen begannen. Die Steuer behandelt KLOCK als staatliche Haupteinnahmequelle; und es entspricht völlig dieser Tendenz, wenn er nur den Armen Steuerfreiheit zubilligt, nicht jedoch den Adligen, Geistlichen und Fremden.[15] Dies ist ein Angriff gegen die überkommene ständische Feudalstruktur und eine Parteinahme für den Absolutismus. Unter dem Eindruck der noch nicht überwundenen Kriegsfolgen hebt KLOCK die Bedeutung des Feldbaus hervor und befürwortet Frondienste und Naturallieferungen wieder stärker als Geldabgaben. In der gleichen Linie liegt die Begünstigung des Kinderreichtums auf dem Umweg über eine Junggesellensteuer: „. . . niemand dürfte sich um den Staat verdienter machen, als wer viele Kinder hat"[16].

Wenig später erschien ein Werk, das über ein Jahrhundert als der Inbegriff kameralistischer Gesinnung angesehen und von den deutschen Obrigkeiten und ihren Ideologen gefeiert wurde: der „Teutsche Fürsten-Stat" (Frankfurt am Main 1655), der bis zur Jahrhundertwende mindestens fünfmal, später noch 1720, 1737 und 1754 aufgelegt wurde und mehrere Kommentierungen und verarbeitende Darstellungen erlebte. VEIT LUDWIG VON SECKENDORFF, langjähriger hoher Justiz- und Verwaltungsbeamter und Berater des Herzogs ERNST I. (DES FROM-

[13] Tractatus nomico-politico de contributionibus, Bremen, 1634.

[14] Tractatus iuridico-politico-polemico-historicus de aerario sive censu etc., Nürnberg 1651.

[15] Tractatus de aerario, Kap. 56.

[16] Ebenda, II, 141.

MEN) von Sachsen-Gotha-Altenburg und später Kanzler des Herzogs MORITZ von Sachsen-Naumburg-Zeitz, schrieb dieses Werk auf Geheiß seines Landesherrn und stellte darin die dem absolutistischen deutschen Kleinstaat vom Range Gothas angemessen erscheinende Verwaltung („Polizei") als mustergültig für andere Duodezfürstentümer dar, die ihre Administration zur Festigung ihrer partikularistischen Machtansprüche effektiver gestalten mußten. Schon im Titel des Buches, das in der 3. Auflage (1664) durch umfangreiche Zusätze („Additiones") Bezug auf die Manufakturentwicklung nimmt, kommt die gewandelte Stellung der Klassen zueinander zum Ausdruck: das Wort „Staat" – von Seckendorff mit kritischem Seitenblick auf die um sich greifende absolutistische Willkür nur ungern verwendet[17] – bezeichnet nunmehr die Allmacht des Landesherrn gegenüber Adel und Bürgertum.

Das Ansehen dieses Werkes bei der staatsbewußten deutschen Intelligenz seiner Zeit ergab sich aus der Betonung der Gemeinsamkeit aller entscheidenden politischen und wirtschaftlichen Gruppierungen. SECKENDORFF setzte nach dem Dreißigjährigen Krieg, als ein solcher Grundgedanke für die Konsolidierung der landesfürstlichen Herrschaft nützlich war, dieser Landesherrschaft hohe ethische Normen, die einerseits die zeitgenössischen fürstlichen Persönlichkeiten zu verherrlichen geeignet sind, anderseits aber auch das Auge des Untertanen für den Gegensatz zwischen Ideal und Wirklichkeit schärfen können. Es geht SECKENDORFF vor allem um die ideologische Postulierung einer Interessengemeinschaft zwischen Fürst und Volk, die in der Verwirklichung der „wahren und ewigen Glückseligkeit" aller Stände bestehe, wie er dreißig Jahre später in seinem, den „Fürsten-Stat" gewissermaßen religiös zementierenden Alterswerk, dem „Christen-Stat" (Jena 1685), formuliert. Sowohl in den durch seine verwaltungspraktischen Erfahrungen veranlaßten Zusätzen zum „Fürsten-Stat" als auch in der genannten Spätschrift wendet sich SECKENDORFF gegen Tendenzen, die das von ihm beschworene, theokratisch interpretierte politisch-wirtschaftliche Gleichgewicht stören könnten.

SECKENDORFFs Werk setzt den Schlußpunkt unter eine Entwicklung, die mit OSSE begonnen hatte und über OBRECHT bis zu KLOCK verlaufen war, von der noch stark ständebezogenen Fürstenlehre zur absolutismusfreundlichen Staatstheorie, von der theologisch und universell angelegten, auf das Reich als Ganzes bezogenen Gesellschaftsauffassung zu einer territorial bezogenen Soziallehre, bei der die Partien über den Staat, die Finanzen und die Wirtschaft schon stark verselbständigt sind und die Religion zur Rechtfertigung und Verklärung des fürstlichen Absolutismus und gleichzeitig als Disziplinierungswerkzeug der partikularistischen Staatsgewalt dient.

[17] Vgl. Teutscher Fürsten-Stat (1665), Vorrede: „Gleichwohl will ich mit solchem Wort Staat dasjenige keineswegs gemeinet haben, was darunter heute zutage öfters begriffen und fast keine Untreu, Schandtat und Leichtfertigkeit zu nennen sein wird, die nicht an etlichen verkehrten Orten mit dem Staat, 'ratione status' [Staatsraison] oder Staatssachen entschuldigt werden will."

Das Hauptmittel zur Erhaltung der fürstlichen Macht sieht SECKENDORFF im Aufschwung und in der „Wohlfahrt" der Bevölkerung, die „in guter Nahrung und Vermehrung der Leute und ihres Vermögens"[18] bestehe. Vor allem fordert er, „daß der Leute und Untertanen viel und dieselben auch gesund und also zu ihrer Verrichtung tauglich und geschickt sein mögen"[19]. Seine Soziallehre ist also vorwiegend eine Bevölkerungslehre, der eine entsprechende Lehre von der Disziplinierung und Reglementierung der produktiven Gesellschaftsschichten übergeordnet ist. Die Lösung dieser sozialpolitischen Hauptaufgabe ist dann eben Sache der – relativ – unumschränkt auftretenden Staatsgewalt. Dabei bleibt SECKENDORFF noch in den Vorstellungen des feudalen Ständestaates befangen; unter „guter Nahrung" versteht er standesgemäßes Auskommen und Erhaltung der zünftisch-ständischen Sozialstruktur. Folgerichtig tritt er auch für die Beibehaltung von Vorschriften über den zulässigen Aufwand bei Kleidung und Ernährung ein und warnt vor dem gesellschaftsgefährdenden monopolistischen Handel, ohne darauf einzugehen, daß dieser nunmehr mit landesfürstlicher statt kaiserlicher Privilegierung und Protektion, ja sogar vom Staat selber betrieben wurde.

In den Zusätzen zum „Fürsten-Stat" präzisiert und modifiziert SECKENDORFF seine Auffassung über den Zweck der fürstlichen Macht. Zwar betont er erneut, der Regent sei zum Nutzen der Untertanen eingesetzt, doch hat er dabei in erster Linie den fürstlichen Nutzen im Auge. Nichts sei wichtiger, meint SECKENDORFF, als daß der Fürst „willige, wahrhafte Untertanen und Geld habe . . ., denn der nervus rerum gerendarum [d. h. das Hauptmittel zum Vollbringen von Taten] ist und bleibet Geld, und das Geld kann ein deutscher Fürst und Stand nicht beständiger erlangen als aus vielen Händen; unsere Bergwerke, Kaufmannschaft und Zölle sind zu gering, Gold und Silber in ansehnlicher Menge zu erlangen, und [es] müssen also große Summen mit einzelnen Hellern und Pfennigen zusammen getragen werden"[20]. Deshalb müßten die Untertanen ihre ausreichende Nahrung haben, also eine Arbeitsmöglichkeit als Quelle des Lebensunterhalts, und der Abgaben, wie man hinzusetzen muß. Es sei ja bekannt, „daß an der Menge der Untertanen das größte Glück des Regenten gelegen sei und daß solche [Menge] der rechte Schatz der Lande sei"[21].

Für die Kameralisten ist folgende Argumentationsreihe charakteristisch: Fürstliche Macht durch Geldreichtum – Geld durch Abgabenerhebung – Abgaben durch prosperierende Produzenten – Vermehrung der Abgaben durch Vermehrung der arbeitsfähigen Bevölkerung. Die Bevölkerungslehre besitzt eine rein kameralistische Ausprägung; um sie kreisen alle weiteren wirtschaftspolitischen Erwägungen der absolutistischen Autoren. In den Zusätzen zum „Teutschen Fürsten-Stat" (1664) macht SECKENDORFF gegen die dem feudalen Ständesystem entsprechende Abgeschlossenheit und Monopolstellung der Zünfte Front.

18 Ebenda, S. 89/90.

19 Ebenda, S. 95.

20 Teutscher Fürsten-Stat, 3. Aufl., 1695, Additiones, S. 60, 135.

21 Ebenda, S. 164/165, Additiones 147.

Er leugnet den von Verteidigern der Zünfte oft angeführten sittlichen Nutzen, verwirft die langen Lehrzeiten, die Notwendigkeit der Gesellenwanderung und die hohen Bürgerrechtsgelder. Er will nicht gelten lassen, daß alles dies eine bessere Arbeitsqualität verbürge. Wenn durch Aufhebung des Zunftwesens der städtische Gewerbefleiß aufblühe, so werden sich auch ohne juristisches Festhalten der Bannmeile Dorfhandwerker schon von selbst nicht behaupten können. Vor allem, sagt Seckendorff, komme es auf Geldkapital und Absatz an, auf gute Verkehrsmittel, Ströme, Kanäle usw. und auf die Gewerbefreiheit, wie man in Holland sehe. Wo reichlicher Verdienst sei, da kommen die Menschen von selbst. Die Obrigkeit müsse aber so gut regieren, daß ihre Untertanen nicht bloß gern im Lande bleiben, sondern daß auch Fremde angelockt werden, so daß die Bevölkerung immer zunehme.[22]

Als in einzelnen deutschen Territorien, vor allem in Österreich, der Gedanke an staatliche Förderung des Exporthandels und der den Import entlastenden Eigenerzeugung von Luxuswaren in Manufakturen zu verwirklichen begonnen wurde, ist sich auch Seckendorff der Bedeutung dieser Neuerung für die gesellschaftliche Weiterentwicklung bewußt geworden. Allein er kennt auch die Grenzen, die der wirtschaftlichen Weiterentwicklung im Feudalismus gesteckt sind, wenn er sagt: „Diesem allen nach ist meines Erachtens dieser Punkt – die Kommerzien und Nahrung der Länder zu befördern – zum wenigsten [d. h. zumindest] in Deutschland, da noch über alle andere Diffikultäten die Vielheit der Herrschaften und [die] Vermengung der hohen obrigkeitlichen Macht oder Territorii [d. h. des Territoriums] mit im Wege stehet, der allerschwereste und am wenigsten praktizierlichste.“[23] Die Förderung von Handel und Gewerbe und die Gründung von Manufakturen würden außerdem noch durch Mangel an Geldkapital und an Fachleuten erschwert und durch eigensüchtige Gruppeninteressen ihrem staatswirtschaftlichen Zweck entfremdet. Folglich sollten die Fürsten die Finanzierung solcher Vorhaben in die eigene Hand nehmen.

Vergleicht man die bürgerliche Theorie des Monetarismus und die feudalabsolutistische Theorie des Kameralismus in ihren Beziehungen zur vorbürgerlichen theoretischen Ökonomie, so wird ein gegensätzliches Verhalten zu den bisherigen ökonomischen Erkenntnissen und zu den wirtschaftlichen Verhältnissen sichtbar. Während der Monetarismus die Erkenntnisschranken der feudalen Theorie durchbrach, den berufsständischen Gedanken überwand und die tieferen Einsichten der alten Theorie weiterführte, gelang es den feudalabsolutistischen Autoren nicht, die alte Konzeption endgültig aufzugeben. Sie behielten den feudalhierarchischen Gedanken bei und mußten doch zur Kenntnis nehmen, daß nur eine Lockerung der feudalen Bindungen einen wirtschaftlichen Aufschwung erlaubt. Dadurch wurden sie gehindert, das Wirken des Wertgesetzes tiefer zu erforschen. Der alles bestimmende Gedanke feudalabsolutistischer Reglementierung versperrte den Weg, um überhaupt nach objektiven Gesetzen zu fragen.

22 Christen-Stat, S. 439.
23 Ebenda, S. 434.

2. *Zu den Bedingungen für eine bürgerliche Gegnerschaft zum Kameralismus*

Die Dominanz der feudalabsolutistischen Theorie des Kameralismus in Deutschland während des 17. Jahrhunderts veranlaßt viele Theoriehistoriker, eine bürgerliche Gegnerschaft zum Kameralismus nicht in Betracht zu ziehen. Einige nehmen an, die Weiterentwicklung vom Monetarismus zum Merkantilismus sei auch im Rahmen des Kameralismus zu beobachten, der daher dem englischen Merkantilismus ähnlich sei, dessen Niveau aber nicht erreiche.[24] Andere lehnen unter dem Gesichtspunkt des gegensätzlichen Klassencharakters die Annahme einer Gleichartigkeit zwischen Kameralismus und Merkantilismus ab.[25] In diesem Buch wird an letztere Auffassung angeknüpft, über sie hinaus aber zu überlegen gegeben, ob nicht bestimmte, bisher zum Kameralismus gezählte Schriften diesem entgegengesetzte, bürgerliche Vorstellungen enthalten, die unter den Bedingungen eines intakten, noch nicht in der Krise befindlichen Absolutismus den Monetarismus weiterentwickeln, einige seiner Einseitigkeiten überwinden, jedoch nicht die theoretische Höhe des englischen Merkantilismus erreichen und sich auch von dessen wirtschaftspolitischer Orientierung unterscheiden.

Dieser Deutung könnte mit dem Hinweis widersprochen werden, daß sich die wirtschaftliche Position einer Bourgeoisie, falls man überhaupt von einer solchen im 17. Jahrhundert in Deutschland sprechen könnte, zu schwach gewesen wäre, um die Grundlage für eine selbständige, antifeudal-bürgerliche Weiterentwicklung des Monetarismus über dessen Grenzen hinaus abzugeben. Im vorliegenden Abschnitt werden deshalb Überlegungen zu den Bedingungen für eine bürgerliche Gegnerschaft zum Kameralismus angestellt.

In einer Betrachtung über die ersten Anfänge einer kapitalistischen Mehrwertbildung schreibt Engels, daß bereits im Mittelalter Ansätze zur kapitalistischen Manufaktur vorhanden waren. „Die Gewerken der Erzgruben, ursprünglich genossenschaftliche Arbeiter, hatten sich in fast allen Fällen bereits in Aktiengesellschaften zur Ausbeutung des Betriebs vermittelst Lohnarbeiter verwandelt. Und in der Textilindustrie hatte der Kaufmann angefangen, die kleinen Webermeister direkt in seinen Dienst zu stellen, indem er ihnen das Garn lieferte und gegen fixen Lohn für seine Rechnung in Gewebe verwandeln ließ, kurz, indem er aus einem bloßen Käufer ein sogenannter *Verleger* wurde.“[26]

Obwohl die Niederlage der frühbürgerlichen Revolution die Festigung der Fürstenmacht und die Stabilisierung der feudalen Produktionsverhältnisse be-

[24] Vgl. Fritz Behrens, Grundriß der Geschichte der politischen Ökonomie, Bd. 1, Die politische Ökonomie bis zur bürgerlichen Klassik, Berlin 1962, S. 105–127.

[25] Vgl. Jürgen Kuczynski, Die Geschichte der Lage der Arbeiter unter dem Kapitalismus, Bd. 10, Zur politökonomischen Ideologie in Deutschland vor 1850 und andere Studien, Berlin 1960, S. 4–18.

[26] Friedrich Engels, Ergänzung und Nachtrag zum III. Buche des „Kapital“, in: MEW, Bd. 25, Berlin 1964, S. 914.

wirkte, war jedoch auch in Deutschland die in Ansätzen vorhandene manufakturkapitalistische Entwicklung nicht vollständig rückgängig zu machen. Die Autoren des historischen Grundrisses schreiben: „Das noch immer bedeutsame Wirtschaftsleben der großen oberdeutschen Handelszentren wie Augsburg und Nürnberg gründete sich zum Teil auf die gewerbliche Produktion in einigen süd- und mitteldeutschen Territorien, aber auch auf den verstärkten Handel nach Ost- und Südosteuropa über Zentren wie Leipzig, Breslau, Linz oder Wien. Nach der Mitte des 16. Jh. folgte dem allmählichen Nachlassen der Finanzkraft der Zusammenbruch verschiedener großer Handelshäuser, die ihr Geldkapital vor allem der spanischen Feudalmonarchie, aber auch deutschen Fürsten zur Verfügung gestellt hatten. Nicht mehr die traditionellen oberdeutschen Handelshäuser, sondern Kaufleute, die über kleinere Vermögen verfügten, förderten die Entwicklung der gewerblichen Produktion und des Verlagswesens."[27]

Für das 17. Jahrhundert stellt ENGELS eine langsame Erholung von den Folgen des Dreißigjährigen Krieges und ein „Wiederemporkriechen des Bürgertums"[28] fest. Er bemerkt: „Beiläufig ist die allgemeine Wiedereinführung der Leibeigenschaft einer *der* Gründe, warum in Deutschland keine Industrie im 17. und 18. Jahrhundert aufkommen konnte. Erstens die *umgekehrte* Arbeitsteilung bei den Zünften, das Gegenteil der bei der Manufaktur: statt innerhalb der Werkstatt, wird die Arbeit *zwischen den Zünften* geteilt. Hier fand in England Auswanderung aufs unzünftige Land statt. Das verhinderte in Deutschland die Verwandlung der Landleute und Bewohner der ackerbautreibenden Marktflecken in Leibeigene. Daran aber ging dann auch schließlich die Zunft kaputt, sobald die Konkurrenz der auswärtigen Manufaktur auftrat."[29]

Es bestand also eine eigenartige Lage. Vertreter des schwachen, „emporkriechenden" Bürgertums mußten, gedrängt von der Erfahrung, daß die absolutistische Politik nur eine beschränkte, im landesherrlichen Interesse liegende Gewerbeförderung betrieb, und gefährdet durch die zunehmende ausländische Manufakturkonkurrenz, eine wirtschaftspolitische Gegenkonzeption zum Kameralismus entwerfen und möglichst vernehmlich propagieren. Wortführer einer solchen Position hatten aber keinen stabilen klassenmäßigen Rückhalt, um ihre Vorstellungen ähnlich dem Merkantilismus zu einem selbständigen theoretischen System auszubauen. Sie bleiben einzelne Gegner des Kameralismus, die für eine äußerst schwache Manufakturbourgeoisie sprachen.

Bevor diese Lage näher gekennzeichnet wird, ist auf die allgemeinen Bedingungen außerhalb Englands einzugehen, die eine Weiterführung des Monetarismus gestatteten, aber eine Höherentwicklung bis zum Merkantilismus verhinderten.

[27] Klassenkampf–Tradition–Sozialismus. Von den Anfängen der Geschichte des deutschen Volkes bis zur Gestaltung der entwickelten sozialistischen Gesellschaft in der Deutschen Demokratischen Republik. Grundriß, Berlin 1974, S. 164.

[28] Friedrich Engels, [Varia über Deutschland], in: MEW, Bd. 18, Berlin 1962, S. 591.

[29] Friedrich Engels, Brief an Karl Marx vom 15. 12. 1882, in: MEW, Bd. 35, Berlin 1967, S. 128/129.

Wie im vorigen Kapitel gezeigt wurde, hatte der Monetarismus im Verlaufe des 16. Jahrhunderts seine Aufgabe erfüllt, die damaligen wirtschaftlichen Verhältnisse zu erklären. Seine Forderungen, der Produktion für den Weltmarkt günstigere Voraussetzungen zu schaffen und dementsprechend die Geldwirtschaft den bürgerlichen Bedürfnissen anzupassen, genügten nicht mehr.

Da die feudalen Stände nicht in der Lage waren, die soziale und politische Stabilität des sich angesichts der fortschreitenden sogenannten ursprünglichen Akkumulation des Kapitals immer stärker zersetzenden Feudalismus zu erhalten, nahm der Feudalstaat die Form des Absolutismus an. Die absolute Monarchie, schreibt Marx, erscheint in Übergangsperioden, „wo die alten Feudalstände untergehen und der mittelalterliche Bürgerstand zur modernen Bourgeoisklasse sich heranbildet, ohne daß noch eine der streitenden Parteien mit der andern fertig geworden wäre. Die Elemente, auf denen sich die absolute Monarchie aufbaut, sind also keineswegs ihr Produkt; sie bilden vielmehr ihre soziale Voraussetzung . . .“ [30]

In dieser Übergangsperiode vom Feudalismus zum Kapitalismus gibt es eine historische Situation, in der die Interessen des Landesherrn nach Stärkung der eigenen wirtschaftlichen und territorialen Macht mit jenen der sich heranbildenden Bourgeoisklasse nach breiteren wirtschaftlichen Entfaltungsmöglichkeiten in einigen wichtigen Punkten übereinstimmen. Diese neuen wirtschaftlichen Möglichkeiten führen zu einer Änderung des Monetarismus. Durch die Herausbildung eines Binnenmarkts werden die innerwirtschaftlichen Beziehungen komplizierter; die bürgerliche Produktion kann nicht mehr einfach als Produktion von Waren für den Austausch gegen Gold und Silber betrachtet werden.

Unter den Bedingungen für die Weiterentwicklung des Monetarismus müssen vier Momente hervorgehoben werden.

Die *erste* grundlegende sozialökonomische Voraussetzung ist eine langsam verlaufende ursprüngliche Kapitalakkumulation in der Landwirtschaft, die einerseits den feudalen Grundbesitzern die bisherige Ausbeutungsform als wirtschaftliche Existenzgrundlage beläßt und anderseits dem Landesherrn den erforderlichen Spielraum schafft, um für längere Zeit die eigne staatlich-feudale und die feudal-privilegierte, aber auch die kapitalistische Manufaktur auf Kosten der Landwirtschaft zu unterstützen. Die Landwirtschaft muß über die staatlich festgesetzten niedrigen Preise für ihre Erzeugnisse, durch die der Lohn der gewerblichen Arbeiter und die Rohstoffpreise niedrig gehalten werden können, die Errichtung und den Betrieb feudaler und kapitalistischer Manufakturen mitfinanzieren. Diese Voraussetzung schwindet, als die landwirtschaftliche Produktion nicht mehr unter den zum großen Teil noch feudalen Bedingungen dahinvegetieren kann und ihr Niedergang den ganzen absolutistischen Staat in den Grundfesten erschüttert.

[30] Karl Marx, Die moralisierende Kritik oder die kritische Moral, in: MEW, Bd. 4, Berlin 1959, S. 346.

Die *zweite* sozialökonomische Voraussetzung ist eine langsame Entwicklung der kapitalistischen Manufakturen, die auf die Unterstützung durch den absoluten Monarchen angewiesen sind und weder für den Arbeitskräftebedarf noch für den Absatz ihrer Waren, die noch keine Massenerzeugnisse sind, die Durchsetzung kapitalistischer Verhältnisse in der Landwirtschaft benötigen. Unter diesen Bedingungen erscheint das Sonderinteresse der Manufakturbourgeoisie als Ausdruck einer normalen Entwicklung zum Kapitalismus.

Die *dritte* Voraussetzung ist die relative Schwäche des Handelskapitals gegenüber der Manufakturbourgeoisie. MARX schreibt: „Der Übergang aus der feudalen Produktionsweise macht sich doppelt. Der Produzent wird Kaufmann und Kapitalist, im Gegensatz zur agrikolen Naturalwirtschaft und zum zünftig gebundnen Handwerk der mittelalterlichen städtischen Industrie. Dies ist der wirklich revolutionierende Weg. Oder aber, der Kaufmann bemächtigt sich der Produktion unmittelbar. Sosehr der letztre Weg historisch als Übergang wirkt – wie z. B. der englische Clothier des 17. Jahrhunderts, der die Weber, die aber selbständig sind, unter seine Kontrolle bringt, ihnen ihre Wolle verkauft und ihr Tuch abkauft –, sowenig bringt er es an und für sich zur Umwälzung der alten Produktionsweise, die er vielmehr konserviert und als seine Voraussetzung beibehält."[31]

Während die kaufmännische Vorherrschaft in England dort ihren Niederschlag im Merkantilismus findet, erfährt dieser auf dem europäischen Kontinent wegen der schwächeren Position des Handelskapitals keine allgemeine Verbreitung. Die hier über den Monetarismus hinausführenden Vorstellungen sind das Produkt einer gewissen Stärke der kleinen Manufakturgruppe gegenüber der kleinen kaufmännischen Gruppe, die innerhalb der sich herausbildenden Bourgeoisklasse nicht absolut vorherrscht. Sie resultieren zugleich aus einer gewissen Schwäche gegenüber dem Landesherrn, auf dessen Unterstützung die Manufakturunternehmer angewiesen sind, weil die sozialökonomische Grundlage für den „wirklich revolutionierenden Weg", eine kapitalistische Landwirtschaft, noch nicht gegeben ist.

Die *vierte* Voraussetzung ist schließlich eine bestimmte politisch geschwächte Stellung des absoluten Monarchen, der es sich gefallen lassen muß, daß die Manufakturbourgeoisie ihre Forderungen nachdrücklich vorträgt und theoretisch begründet. Wo die Stellung des Monarchen gesichert und die Herausbildung der Bourgeoisklasse noch nicht weit gediehen ist, bleibt deren politische Äußerung servil; ihr fehlt der Boden zur theoretischen Profilierung.

Bevor diese Bedingungen im einzelnen anhand deutscher Verhältnisse untersucht werden, sei auf ähnliche Voraussetzungen außerhalb Deutschlands verwiesen. So gab es z. B. das erforderliche Verhältnis der verschiedenen angeführten Momente zueinander unter den Bedingungen einer im wesentlichen intakten absoluten Monarchie mit einer bestimmten manufakturkapitalistischen Entwicklung, aber noch vor einem entfalteten Manufakturkapitalismus; es war aber nicht vorhanden in den entwickeltsten Staaten Holland und England.

[31] Karl Marx, Das Kapital, Dritter Band, in: MEW, Bd. 25, Berlin 1964, S. 347

In England fehlten die Voraussetzungen, weil dort die sich vom Handwerkerstand zur Manufakturbourgeoisie entwickelnde Gruppe – vor allem in London – vom Handelskapital abhängig war und die agrar- und handelskapitalistischen Verhältnisse so weit vorangeschritten waren, daß es keine gesonderte manufakturkapitalistische Entwicklung auf Kosten anderer wirtschaftlicher Zweige gab. Die kapitalistische Akkumulation in der gewerblichen Produktion für die entlegenen Märkte vollzog sich unter der Vorherrschaft des Kaufmannskapitals. LUJO BRENTANO beschreibt, wie sich in England die Zünfte aus Handwerkergilden in kapitalistische Gesellschaften verwandelten. In diesen neuen „uniformierten" Gesellschaften (livery companies, deren Mitglieder zu bestimmten Anlässen Zunftuniformen trugen) überwog das kaufmännische Element. „Die herrschende Oligarchie der Kaufleute war hier allzeit bereit, reich gewordene Handwerker in ihren Kreis aufzunehmen; damit wurden den Unzufriedenen die Führer entzogen und der Konflikt weniger scharf. Aber die Interessen der Handwerker und der Kaufleute lagen auch hier im Kampf miteinander. Es war ein Kampf nicht zwischen Kapital und Arbeit, sondern zwischen zwei Arten von Kapital. Der Handel verlangte nach Freiheit, das Handwerk nach Schutz."[32]

Anders war die Situation in Frankreich, dessen sich heranbildende Bourgeoisklasse von der durch den Überseehandel eingeleiteten neuen Phase im Prozeß der sogenannten ursprünglichen Akkumulation des Kapitals in geringerem Umfang profitierte. Um die Wunden der schweren inneren Auseinandersetzungen, die den Feudalismus zutiefst erschütterten, zu heilen, mußte der Herrscher die Manufakturbourgeoisie im Kampf gegen die feudalen Stände wirtschaftlich unterstützen. HEINRICH IV., der den Absolutismus in Frankreich einleitete, sagt in einem seiner Edikte: „Eines der hauptsächlichsten Mittel, unsere Untertanen aus der Verwirrung und der Zerrüttung des Bürgerkrieges zu ziehen, ist die Einrichtung von Gewerben und Manufakturen, sowohl wegen der Hoffnung, die sie geben, dieses Reich zu bereichern und zu verschönern, sowie daß wir nicht mehr wie Bettler, arm an Erfindung, zu unseren Nachbarn unsere Zuflucht nehmen müssen, um weit zu suchen, was wir bei uns besitzen . . ."[33]

Unter diesen Bedingungen entstand ein Werk, das wir vielleicht – nach detaillierteren theoriegeschichtlichen Untersuchungen – als den ersten Ausdruck der Weiterführung des Monetarismus im Interesse nicht der Handels-, sondern der Manufakturbourgeoisie bezeichnen können. Sein Verfasser ist ANTOINE DE MONTCHRÉTIEN, Sieur de Vatteville, ein Anhänger der Hugenotten, der von seinen Reisen nach Holland und England viele Anregungen mitbrachte und Handels- und Manufakturbetriebe gründete. In seinem „Traicté de l'oeconomie politique" (1615), der der ökonomischen Wissenschaft ihren Namen gab, behandelt er die Manufakturen (arts mecaniques), den Handel, die Schiffahrt und die Aufgaben

[32] Lujo Brentano, Eine Geschichte der wirtschaftlichen Entwicklung Englands, Bd. 2, Jena 1927, S. 110.

[33] Vgl. Paul Mombert, Geschichte der Nationalökonomie, Jena 1927, S. 149.

der Fürsten.[34] Die höheren Stände, stellt er fest, fußen alle auf dem dritten Stand, der das Fundament des politischen und wirtschaftlichen Lebens bilde, nämlich auf den Arbeitern (laboureurs), den Handwerkern und den Kaufleuten. Der Staat müsse deshalb die Handwerker und Manufakturen fördern, die Schiffahrt unterstützen und den Handel wiederherstellen. Vor allem sei die Produktivität zu heben, und der Staat müsse die produktiven Kräfte organisieren. Das ewige Streben des Menschen nach Gewinn, meint Montchrétien, sei die Erfüllung der in der menschlichen Natur liegenden Pflicht zur Arbeit für die Befriedigung der Bedürfnisse. „Folglich sind das Leben und die Arbeit untrennbar miteinander verbunden.“[35] Der Staat habe die Pflicht, jedem seiner Untertanen im Vaterland seine Beschäftigung zu gewähren. Sein Grundsatz bestehe in der „Erhaltung des Staates und der Bürger; das Wohl des Volkes ist das höchste Gesetz“[36].

Montchrétien bekämpft die Auffassung, daß der Besitz an Edelmetall für ein Land gleichbleibend mit Reichtum sei. Der Kaufmann habe ein Anrecht auf besondere Berücksichtigung, denn er schaffe, indem er Risiko im Geschäft auf sich nehme, Reichtum ins Land. Seine Gewinnlust, sagt Montchrétien, sei der Antrieb seiner Tätigkeit, deswegen sei sie auch gerechtfertigt. Der Gewinn des gesamten Handels eines Landes nütze dem Staat, der für die Regierung bereitstehe, wenn sie ihn brauche. Aber nicht die Fülle an Edelmetallen oder Edelsteinen sei echter Reichtum, sondern die Menge der Waren für die Bedürfnisbefriedigung mache den Menschen reich. Der Staat müsse dafür sorgen, daß den stabilen Werten auch stabile Preise entsprechen. Vor allem solle er, meint Montchrétien im Unternehmerinteresse an niedrigen Löhnen, beim Getreidehandel energisch in den Verkauf und in die Ausfuhr eingreifen, denn die Getreidehändler hätten geradezu eine Monopolstellung im Land. Ausfuhrbeschränkungen befürwortet er jedoch nur für Korn, Leinwand und Salz.

An solche und ähnliche Auffassungen mag Marx gedacht haben, als er die bereits angeführte Feststellung traf: „Das Monetarsystem z. B. setzt den Reichtum noch ganz objektiv, als Sache außer sich im Geld. Gegenüber diesem Standpunkt war es ein großer Fortschritt, wenn das Manufaktur- oder kommerzielle System aus dem Gegenstand in die subjektive Tätigkeit – die kommerzielle und Manufakturarbeit – die Quelle des Reichtums setzt, aber immer noch bloß diese Tätigkeit selbst in der Begrenztheit als geldmachend auffaßt.“[37] Montchrétiens Fortschritt gegenüber dem Monetarismus ist offensichtlich; ebenso ist augenscheinlich, daß seine Auffassungen weder feudalabsolutistisch noch merkantilistisch sind.

Den gegenüber dem Monetarismus neuen Gesichtspunkt der Manufaktur-

[34] Vgl. Georg Herzog zu Mecklenburg Graf von Carlow, Richelieu als merkantilistischer Wirtschaftspolitiker und der Begriff des Staatsmerkantilismus, Jena 1929, S. 9–17.

[35] Antoine de Montchrétien, Traité de l'eoconomie politique, 2. Aufl., Paris 1889, S. 40.

[36] Ebenda, S. 120.

[37] Karl Marx, Einleitung zur Kritik der Politischen Ökonomie, in: MEW, Bd. 13, Berlin 1961, S. 634.

bourgeoisie von der Rolle der manufakturkapitalistischen Warenproduktion brachte auch Antonio Serra in seinem „Breve trattato delle cause che possono far abbondare li regni d'oro e d'argento, dove non sono miniere" (Kurzer Traktat über die Ursachen, die einen Überfluß an Gold und Silber in solchen Reichen schaffen können, die über keine Bergwerke verfügen) aus dem Jahre 1613 zum Ausdruck, indem er darauf verweist, daß der Export gewerblicher Produkte gegenüber dem von landwirtschaftlichen Erzeugnissen einen höheren und sicheren Gewinn erbringe, weil die gewerbliche Produktion ausschließlich von menschlicher Arbeit abhänge, deren Erzeugnisse beliebig vermehrt werden können, und die Erhöhung der Arbeitsproduktivität sogar zu einer Kostensenkung führe.

Daß Marx nichts weiter über solche ökonomischen Vorstellungen der sich heranbildenden Manufakturbourgeoisie schreibt, liegt an der überragenden Bedeutung des Merkantilismus, der in England etwa eineinhalb Jahrhundert vorherrschte, während die Bedingungen für die angeführten Auffassungen viel kürzere Zeit währten. Das Edikt von Nantes (13. April 1598) zum Beispiel, das den französischen Kalvinisten, den Hugenotten, volle Religionsfreiheit, Erhaltung der politischen und religiösen Organisationen sowie der Sicherheitsplätze und den Zutritt zu allen Staatsämtern und -würden zusichert, schien Frankreich nach den Hugenottenkriegen eine ruhige Periode des Absolutismus mit guten Entwicklungsmöglichkeiten für die Manufakturbourgeoisie zu eröffnen. Aber der Boden für einen relativ soliden Kompromiß zwischen absolutem Herrscher und der sich heranbildenden Bourgeoisklasse erwies sich sehr bald als nicht fest genug. Er wurde untergraben durch den fortschreitenden Prozeß der sogenannten ursprünglichen Akkumulation des Kapitals auf dem Lande, den die kostenaufwendigen Kriege noch beschleunigten. Die Aufstände im Lande 1635, 1636, 1639, 1643 bis 1645, 1664/65, 1666 bis 1669, 1670 und 1674/75 zeigen, daß sich die bäuerlichen Produzenten ständig gegen die feudalen Verhältnisse und auch gegen die absolutistische Politik wehrten, die die gewerbliche Produktion auf Kosten der niedergehenden Landwirtschaft unterstützte. Diese Unsicherheit mußte jede durchdachte Konzeption einer besonderen manufakturkapitalistischen Entwicklung unter den Bedingungen einer zurückgebliebenen Landwirtschaft als Illusion enthüllen. So kam es, daß sich im Anschluß an Montchrétien bis zur Aufhebung des Edikts von Nantes (17. Oktober 1685), dem Endpunkt des absolutistisch-bürgerlichen Kompromisses, keine nennenswerte ökonomische Theorie der Manufakturbourgeoisie herausbildete.

Noch schlechter waren die Bedingungen in dem schwachen, zersplitterten Deutschland. Dennoch gab es teilweise in der zweiten Hälfte des 17. Jahrhunderts gewisse Voraussetzungen für die Entwicklung ökonomischer Vorstellungen der Manufakturbourgeoisie. Das durch die Verlagerung der Handelswege benachteiligte deutsche Kaufmannskapital konnte keine großen Akkumulationsquellen erschließen. Der mit der Geldwirtschaft anwachsende feudale und bürgerliche Bedarf an Waren wurde zunehmend von den entwickelteren Manufakturen der Niederlande, Englands, Frankreichs und Italiens befriedigt. Dadurch gingen die

Edelmetalle außer Landes. Den deutschen Manufakturen fehlten sowohl Kapitalangebote als auch günstige Absatzbedingungen. Die Landesfürsten als auch die sich heranbildende Bourgeoisklasse wurden so zu Maßnahmen zur Herbeiführung eines wirtschaftlichen Aufschwungs gezwungen.

Die durch den Ausgang des Dreißigjährigen Krieges erstarkte Reaktion hatte, wie bereits eingangs angedeutet, in vielen Gebieten die feudale Abhängigkeit der Bauern verschärft, die vom Adel bereits seit Jahrzehnten als Gewohnheitsrecht beanspruchte zweite Leibeigenschaft als öffentliches Recht fixiert und damit legalisiert. Die stärkere Fesselung des Bauern an die Scholle und die Vermehrung der Frondienste, die Unterbindung der Freizügigkeit und freien Berufswahl schufen für die gewerbliche Produktion schlechtere Entwicklungsbedingungen, weil zu wenig Arbeitskräfte freigesetzt wurden und die verringerten Einkommen der Bauern und des Gesindes den Markt für Manufakturwaren beschränkten. Diese Verhältnisse erschwerten auch die Austragung der Klassenkämpfe auf dem Lande und verlängerten damit die Existenzbedingungen für den Absolutismus. Jene Bedingungen also, die einerseits die Entwicklung kapitalistischer Manufakturen verlangsamten und anderseits den Absolutismus länger am Leben erhielten, erzeugten den Eindruck, daß die im absolutistisch-bürgerlichen Kompromiß – mehr oder minder – geförderten Manufakturen das einzig mögliche Mittel für einen wirtschaftlichen Aufschwung darstelle.

Aus diesen Darlegungen über den sozialökonomischen Hintergrund für die auf den Monetarismus folgenden bürgerlichen ökonomischen Vorstellungen ist ersichtlich, daß eine pauschale Beschreibung der deutschen Zurückgebliebenheit die theoriegeschichtliche Analyse nicht fördert, sie führt eher zu fatalistischen, der Realität nicht entsprechenden Konstruktionen. Denn es muß auch berücksichtigt werden, daß fortschrittliche Theorien des einen Landes in der Regel von der schwächeren aufstrebenden Klasse eines anderen Landes aufgegriffen werden. Deshalb unterstützten zwei Ereignisse von Weltbedeutung auch die zeitweilig in Deutschland und Österreich vertretenen ökonomischen Vorstellungen der Manufakturbourgeoisie. Sie versprachen eine günstige Resonanz für die theoretische Darlegung manufakturkapitalistischer Forderungen.

Erstens zeigte die bürgerliche Revolution in England, wie sich die Verhältnisse entwickeln, wenn sich der Monarch den Ansprüchen der Bourgeoisie nicht beugt. Immer wieder weisen deutsche Ökonomen auf die englische Königin Elisabeth hin, zu deren Regierungszeit die Manufakturentwicklung vorangetrieben wurde, während die nachfolgende feudale Reaktion das Land in den Bürgerkrieg trieb. Die englischen Ereignisse bilden den realen politischen Hintergrund für das selbstbewußte Auftreten deutscher Theoretiker.

Zweitens waren Deutschland und vor allem Österreich, von dem sich die bürgerlichen Wortführer in erster Linie eine wirksame Förderung der kapitalistischen Produktion versprachen, von den Angriffen der Türken bedroht, die nur mit Mühe abgewendet werden konnten. 1664 hatte der kaiserliche Feldherr Montecuccoli zwar einen Sieg bei St. Gotthard an der Raab errungen, aber zu Beginn der achtziger Jahre rüsteten die Türken im Einverständnis mit Frankreich von neuem zu einem Angriff auf Österreich. Wien war mehrere Wochen belagert. Erst im September 1683 rückte ein großes Heer, bestehend aus Soldaten der Habsburger Monarchie, des deutschen Reiches und Polens unter dem Oberbefehl des polnischen Königs JOHANN SOBIESKI heran und bereitete den Türken eine vernichtende Niederlage. Unter diesem äußeren Druck mußten sich die Habsburger nicht zuletzt in eigenem Interesse zu wirtschaftlichen Reformen bequemen.

In dem folgenden Abschnitt werden BECHER, SCHRÖDER und HÖRNIGK behandelt, die sich selbst als Gegner des Kameralismus empfanden und von dessen zeitgenössischen Anhängern auch als solche betrachtet wurden.[38] Da aber spätere Kameralisten angesichts der theoretischen Substanzlosigkeit ihrer feudalabsolutistischen Konzeption, für die an den Universitäten Lehrstühle geschaffen wurden, auf die Schriften der genannten bürgerlichen Theoretiker zurückgriffen und letztere nun in ihre Ahnenreihe aufnahmen, ist es in bürgerlichen und marxistischen Lehrbüchern üblich geworden, sie als Kameralisten zu bezeichnen. Auf diese Weise ergibt sich dann der Eindruck, als ob der Kameralismus in der Geschichte des ökonomischen Denkens in Deutschland zwei Jahrhunderte unumschränkt geherrscht habe.

3. Die bürgerlichen Gegner des Kameralismus (zweite Hälfte des 17. Jh.)

Die bürgerliche Kritik des Kameralismus

Die Auseinandersetzung zwischen den Vertretern der bürgerlichen und der feudalabsolutistischen Wirtschaftstheorie in Deutschland ist vor allem für die erste Hälfte des 17. Jahrhunderts noch nicht ausreichend erforscht. Sie verschärfte sich jedenfalls offensichtlich während der zweiten Hälfte des 17. Jahrhunderts, als der wachsende Warenbedarf zunehmend von den entwickelteren Manufakturen der Niederlande, Englands, Frankreichs und Italiens befriedigt wurde und die deutsche Manufakturbourgeoisie dringend größerer wirtschaftlicher Freiheit, wirksamer Schutzmaßnahmen gegen die ausländische Konkurrenz und direkter Förderung durch den absoluten Herrscher bedurfte. Das bürgerliche Interesse wendete sich besonders Österreich zu, das von den Türken bedroht war und nur durch wirtschaftliche Reformen zur Stärkung der eigenen Position gelangen konnte.

Aufgeschlossene, erfahrene und unternehmungsbereite Sprecher der Manufakturbourgeoisie unterwarfen das landesfürstliche Bereicherungsstreben und die kameralistische Theorie und Praxis einer scharfen Kritik. Sie forderten einen

[38] Vgl. auch Eduard Winter, Frühaufklärung, Berlin 1966, s. 114–116.

bestimmenden Einfluß auf die Wirtschaftsentscheidungen des Herrschers, die Beseitigung feudaler Hemmnisse und die Sicherung von Entfaltungsmöglichkeiten für eine breitere Schicht kapitalistischer Manufakturunternehmer. Sie propagierten die neuesten Vorstellungen und Wirtschaftsgesetze der fortgeschrittenen Länder und unterbreiteten zahlreiche Vorschläge und Projekte zur Verstärkung der manufakturkapitalistischen Entwicklung. Zur theoretischen Begründung schrieben sie Abhandlungen, in denen sie merkantilistische Erkenntnisse aufgriffen. Im Unterschied zum Merkantilismus jedoch setzten sie die handelskapitalistischen Interessen nicht mit den allgemeinen bürgerlich-kapitalistischen Interessen gleich: Sie orientierten vor allem auf die Entfaltung der kapitalistischen Manufakturproduktion.

Der vielseitig begabte Mathematiker, Mediziner und wirtschaftspraktisch und -theoretisch äußerst wirksame JOHANN JOACHIM BECHER verteidigte seine Projekte und kritisierte die sich ihnen entgegenstellenden Schwierigkeiten in seinem Hauptwerk „Politischer Discurs".[39] Er ist der erste bedeutendere deutsche Theoretiker der Manufakturbourgeoisie, der grundsätzlich von ökonomischen Gesichtspunkten ausgeht und die wechselseitigen Beziehungen zwischen der Rohstoff- und Nahrungsmittelerzeugung, dem verarbeitenden Gewerbe und dem Handel seinen Überlegungen zugrunde gelegt hat. Gegenüber der auch von den Kameralisten benutzten Einteilung der Bevölkerung in feudale Stände nennt er drei Gruppen neben der Obrigkeit als „Dienerin der Gemein", die im Vergleich zur Bevölkerung zahlenmäßig als unwesentlich zurücktritt: „Der erste Stand ist der größte, nämlich der Bauernstand, der andere [ist] der Handwerksstand und der dritte der Kaufmannsstand: dieser ist der kleinste, gleichwie der Bauernstand der größte ist; dieweil ein einziger Kaufmann verhandeln kann, was hundert Handwerksleute verarbeiten, und ein Handwerksmann verarbeiten [kann], was hundert Bauern ihm an rohen Materien zum Verarbeiten geben können, ist also der Bauernstand der erste, größte, auch nötigste . . . der nötigste ist er zur Gemeinde in der Nahrung [d. h. zum Unterhalt der Gemeinschaft]; denn ohne des Bauern Arbeit hätte der Handwerksmann kein subjectum zur Manufaktur, und ohne diese beide hätte der Kaufmann nichts zu verhandeln."[40]

Den Handel heißt BECHER nur gut, soweit er einer breiten Entfaltung der Produktion dient. Er unterscheidet daher zwischen dem großen monopolistischen, meist feudal privilegierten Handelskapital und jenem Kapital, das sich in die allgemeine kapitalistische Entwicklung einordnet. Einerseits seien die Kaufherren, besonders die Verleger, die die Steigerung der gewerblichen Marktproduktion durch Kreditvergabe und garantierte Abnahme der Erzeugnisse ermöglichen, „Grundsäulen der Gemeinde", anderseits könnten sie durch die Aus-

[39] Johann Joachim Becher, Politischer Discurs von den eigentlichen Ursachen des Aufnehmens der Städt, Länder und Republicken, Frankfurt a. M. 1668; von der in der Polemik abgemilderten, stark erweiterten 2. Auflage (1673) an steht der Titel in der Mehrzahl: Politische Discurs . . .

[40] Johann Joachim Becher, Politischer Discurs . . ., 2. Aufl., 1673, S. 5/6.

fuhr von Rohstoffen die Erwerbstätigkeit im Lande lahmlegen. „Warum schlägt man einem Mörder den Kopf herab und henket einen Dieb? Allein darum, weil der erste die Populosität, der andere die Nahrung der Gemeinde mindert. Und diese losen Menschen, die vorige Art von Kaufleuten, welche beides begehen, ... veneriert [d. h. verehrt], privilegiert und nobilitiert man bisweilen; eine Menschenart, die um so viel böser ist." Es sei ersichtlich, „daß ein Kaufmann ein Land aufbringen oder verderben könne, wiewohl es unsere Statisten [d. h. Verwaltungsfachleute] teils nicht merken wollen"[41]. Denn diese füllen mit Ausfuhrzöllen auf Rohstoffe die landesfürstliche Kasse.

Demgegenüber ist es BECHERS Ziel, den inneren Markt zu entwickeln und den Absatz („Konsumtion") zu steigern: „Die Konsumtion erhält die drei Stände; die Konsumtion ist ihre Seele ..., der Konsumtion wegen ist der Kaufmannsstand so nötig in der Gemeinde, so groß darinnen der Bauernstand [ist]; denn dieser vermehrt zwar die Populosität, jener aber ernährt sie." Wo der Kaufmann Absatz habe, da „nimmt er dem Handwerksmann die Waren ab, und wo der Handwerksmann seinen Manufakturen [d. h. Waren] einen gewissen [d. h. sicheren] Verschleiß [d. h. Absatz] weiß, da arbeitet er nicht allein Tag und Nacht ... und da kann der Landmann alles ... was ihm die Erde gibt, zu Geld machen ... und seiner Obrigkeit [Abgaben] entrichten".[42]

Um ökonomisch gerechtfertigte Proportionen zwischen Rohstoff- und Nahrungsmittelerzeugung, verarbeitendem Gewerbe und Handel herzustellen, müßten nach BECHERS Meinung monopolistische Wirtschaftsformen beseitigt werden. Die drei produktiven Stände hätten, „drei gefährliche und höchstschädliche, verderbliche Feinde, derer erste die Populosität verhindert, und der ist das Monopolium; der andere verhindert die Nahrung, und der ist das Polypolium; der dritte zertrennet die Gemeinschaft, und der ist das Propolium"[43].

Ein Monopol besteht, schreibt BECHER, „wenn ein Glied in der Gemeinde das allein hat in der Nahrung, wovon sonst in der Gemeinde viel andere leben könnten"[44]. Da ein Handelsmonopol die Erwerbsmöglichkeiten (die „Nahrung") und damit die Erweiterung der Existenzgrundlage für die Bevölkerung beeinträchtigt, so sei es für die Entwicklung des Gewerbefleißes besser, es gäbe „viel mittelmäßig reiche Leute als nur etliche wenige hauptreiche Monopolisten".

Dem Monopol stellt BECHER das Polypol gegenüber, die zahlenmäßig zu große Beschäftigung von Arbeitskräften für einen begrenzten Absatz; „denn gleichwie in dem Monopolio einer hat, wovon viele leben können, also gibt das Polypolium allen dieses, wovon nur etliche leben können"[45]. Während das Monopol die Preise steigert, würden die Preise durch ein Überangebot an Handwerkern zwar gedrückt, aber damit würde auch der Lebensstandard der handwerklichen Produ-

[41] Ebenda, S. 101–105.
[42] Ebenda, S. 101/102.
[43] Ebenda, S. 109.
[44] Ebenda, S. 110.
[45] Ebenda, S. 111.

zenten sinken. Eine von Zunftbindungen freie Konkurrenz, wie sie sich in Holland angebahnt hatte, lehnt er ab, weil dadurch nur die Vormacht der verlegenden Kaufleute zum Nachteil der Produzenten gestärkt würde.

Wie Monopol und Polypol eng mit den feudalen Verhältnissen verbunden sind, ist auch das Propol ein Ausfluß der mittelalterlich-ständischen Wirtschaftsweise. Vom Wort her lehnt sich BECHER an das für die spätmittelalterliche Stadtwirtschaft charakteristische Aufkaufen ländlicher Produkte vor der Stadt (Vorkauf oder Fürkauf) an. Er meint darüber hinaus jede die Konkurrenz beeinträchtigende Absprache weniger Anbieter oder Nachfrager zur Steigerung oder Senkung des Preises einer Ware.

BECHERs Vorschläge zur Beseitigung der monopolistischen Marktformen, die er als schädlich für die produktiven Schichten erkennt, bestehen einmal in der Gründung von staatlich privilegierten und reglementierten Handels- und Verlagsgesellschaften, die nach Art von Aktiengesellschaften organisiert sein müßten, deren Tätigkeit je nach den gesamtwirtschaftlichen Erfordernissen gelenkt werden könne und die Aufgabe habe, „die Nahrung nach den Leuten und die Leute nach der Nahrung zu proportionieren“[46]. BECHER schlägt sogenannte Provianthäuser auf dem Lande vor, an die der Bauer seine Marktprodukte verkaufen könne, die ihm bei Mißernten durch Ausreichung erträglich verzinster Konsumtionskredite helfen und territorial einheitliche Aufkaufpreise garantieren sollten. Bezüglich des Handels sollte dieser Einrichtung zum anderen das Kaufhaus in der Stadt entsprechen, wo sämtliche gewerblichen Produkte zu festgesetzten Preisen angeboten werden sollten. Dies zielt auf die Umformung des mittelalterlichen Stapelrechts bevorrechteter Städte zu einem halbstaatlichen Handelsmonopol ab. Gleichzeitig sollten auch für die einzelnen Handelszweige Gesellschaften geschaffen werden, deren Aktivitäten nach seiner Vorstellung staatlich, und zwar durch klassenmäßig breiter angelegte Verwaltungsgremien, kontrolliert werden sollten.

Dem handwerklichen Propol in der Preis- und Lohnbeeinflussung will BECHER durch die Schaffung eines „Werkhauses“ begegnen, dessen Hauptaufgabe darin bestünde, arbeitslosen Gesellen Beschäftigung zu bieten. Anfänglich sollte das Werkhaus gleichzeitig Zuchthaus sein, „denn was nutzet ein Dieb, der um fünfzig Gulden ist gehenkt worden, sich oder diesem, dem er gestohlen [hat], da er doch in einem Werkhaus in einem Jahr wohl viermal so viel wieder verdienen kann?“[47] Später beschreibt er es als „Schulhaus oder Seminarium zur Introduktion der Manufakturen“.

Weiter schlägt BECHER die Gründung einer „allgemeinen Landbank“ zur Gewährung von Produktivkrediten an Kaufleute vor. Die Mittel hierzu möchte er am liebsten durch den erzwungenen Luxuskonsum der Reichen, also vor allem der Feudalherren, bereitstellen, deren Geldvermögen nutzlos in den Kisten liege.

[46] Ebenda, S. 115.
[47] Ebenda, S. 244/245.

Zu diesem Zweck müsse man den Gebrauch seidener Kleider allgemein gestatten, deren Haltbarkeit im Vergleich zu anderen Materialien ja begrenzt sei. Daß die Vorbedingung dafür die Errichtung von Manufakturen ist, die den Import ausländischer, besonders französischer Gewerbeprodukte überflüssig machen müßten, bringt Becher in seinem Hauptwerk mehrfach mit polemischer Schärfe und brillantem Sarkasmus zum Ausdruck.

Die Aufgabe, das bürgerliche Interesse an der Entfaltung der Produktion mit dem fürstlichen Interesse an der Steigerung der staatlichen Einkünfte abzustimmen, durfte nach Bechers Vorstellung keineswegs dem Fürsten und seinen Beamten zufallen. Deshalb verlangt er die Bildung eines Kommerzienkollegs, das seine Vorschläge verwirklichen und alle wirtschaftspolitischen Maßnahmen zu koordinieren habe. Bestehen müsse es aus Juristen und Kaufleuten, unter eventueller Hinzuziehung von Verwaltungsfachleuten, weil ja die traditionellen Einkünfte des Landesherrn auch betroffen seien.[48] Über die gesellschaftspolitische Brisanz seines Programms einer solchen zentralen vom Bürgertum mitbestimmten Wirtschaftslenkung ist sich Becher durchaus im klaren.

Becher fragt nach der Ursache, „warum die Republiken und Reichsstädte allzeit besser florieren als .... solche Städte, welche monarchischer Regierung unterworfen und einem Herrn zugehören?“ Und er antwortet: „Eine Republik hat nur ein Interesse, aber ein Land hat zwei, nämlich ihr eigenes und [das] ihres Herren.“[49] Und das Landesinteresse stimme nicht mit dem Herrscherinteresse überein, für dessen Durchsetzung eine gefügige Beamtenschaft wirke. Hat man nicht, „an etlicher großer Herren Höfe wohl viel Kameralisten, die auf neue Larven [d. h. Vorwände] von Kontributionen spekulieren, wahrgenommen? Aber unter so vielen Ämtern habe ich keines gesehen, das auf der Untertanen Aufnehmen [d. h. Aufschwung] zielte“, und es „können solche Kameralisten und Bauernschinder den armen Leuten das Bett unter dem Leib hinweg nehmen“.[50] Becher meint: „Seither die Politik ist aufgekommen, ist die rechte Politik, nämlich das Aufnehmen einer Stadt, [der] Bürger und Untertanen abgekommen.“[51]

Bechers „Moral-Discurs“, ein Jahr nach dem „Politischen Discurs“ veröffentlicht und an eine breitere Leserschaft gerichtet, untermauert in philosophisch-ethischer Hinsicht seine sozialökonomischen Auffassungen und läßt diese als Kernstück seiner Soziallehre erscheinen. Im Unterschied zu utopischen Schrift-

[48] Johann Joachim Becher, Referat, wie die Commercien ... beschaffen seye ... handschriftlich, Wien 1674; zitiert nach: Kurt Zielenziger, Die alten deutschen Kameralisten, Jena 1914, S. 258/259.

[49] Johann Joachim Becher, Politische Discurs, Frankfurt a. M. 1673, S. 256/257.

[50] Johann Joachim Becher, Moral-Discurs von den eigentlichen Ursachen des Glücks und Unglücks, Frankfurt a. M. 1669, S. 47ff.; vgl. auch Politische Discurs, Frankfurt a. M. 1673, S. 37/38 und S. 1119.

[51] Ebenda, S. 55.

stellern vor ihm beschreibt BECHER darin nicht nur den wünschenswerten, idealen Gesellschaftszustand, sondern versucht vielmehr, den Weg zur „Glückseligkeit“ aller Menschen zu weisen, die zu erreichen in jedem Menschen von Anfang an angelegt sei. So müsse eine richtige Erziehung verhindern, daß Religion, Wissenschaft, Anspruch auf soziale Geltung und Streben nach materiellem und körperlichem Wohlergehen zur Schädigung des Nebenmenschen und damit zur Schaffung von Armut, dem Hauptübel der Gesellschaft, benutzt würden. Die damit angedeutete Spaltung der Gesellschaft in Arm und Reich will BECHER vor allem durch die Herstellung der Gleichheit aller Gesellschaftsmitglieder überwinden: „Wollte Gott, daß – gleich wie wir alle Menschen sind – also auch alle füreinander sorgten, daß unsere Güter gemein und gleich wären, ja, daß wir alsdann so geschäftig und emsig sowohl für andere als [auch für] unsere eigene Wohlfahrt wären . . . Dieses ist nun der Grund [d. h. die Voraussetzung], unter den Tieren und Menschen eine glückselige Regierung anzufangen, daß nämlich die Ungleichheit der Würden aufgehoben und daß die Güter mit gleicher Arbeit erworben [und] auch [allen] gemein[sam gehören] würden.“[52]

Das Haupthindernis für die Herstellung der sozialen Gleichheit sei das Geld; BECHER nennt es „die größte Larve, die die ganze Welt mit süßer Pein betrüget“. Die knappen Edelmetalle seien nur als Geldmaterial gewählt worden, um die armen Menschen auszubeuten. Die Regierung brauche das Geld, „denn wer wollte sonst die Obrigkeiten, die von Adel und die Patritios [d. h. Patrizier] ernähren?“ BECHER sagt: „Die viel Geld haben, die wollen mit Fleiß, daß ihr arm und daher untertan seid. Darum haben sie eine Materie zum Geld aufgesetzt, die wenig zu bekommen ist. Schafft dasjenige ab, wodurch ihr wolltet reich werden und wahrhaftig arm werdet, so seid ihr im ersten Stand, so seid ihr Bürger der Welt.“ Statt des Geldes müsse man dasjenige einsetzen, was „alle Menschen haben können, nämlich die Arbeit, denn diese ist eine Münze, die allen Menschen gegeben und bei der Natur [d. h. von Natur] gangbar ist.“[53]

Wie BECHER setzt sich auch WILHELM VON SCHRÖDER in seinem ökonomischen Werk „Fürstliche Schatz- und Rent-Cammer“[54] mit den Kameralisten auseinander. An allen europäischen Höfen begehe man den Fehler, daß man allein die landesfürstliche Finanzverwaltung die Finanzpolitik bestimmen lasse, „daß sie sowohl die Ausgaben als auch die Vermehrung und die Verbesserung der Einkommen [des Fürsten] unter ihrer Direktion gehabt, welches dann die Ursache ist, daß es bei allen Kammern nicht nach Wunsch und Verlangen des Fürsten bestellt [ist und] auch die Einkommen nirgends hinlangen wollen; und sobald man dieselbigen vermehren und dem alten Herkommen nach verfahren will, es mit lauter Blutangst und Schweiß der armen Untertanen zu geschehen pfleget,

[52] Ebenda, S. 202 und 207.

[53] Ebenda, S. 148–158.

[54] Wilhelm von Schröder, Fürstliche Schatz- und Rent-Cammer, Leipzig 1686. (Die 8. Aufl. erschien 1752)

weil kein anderer Weg ist, die Kasse zu verbessern, als daß man darüber deliberieret [d. h. berät], ob etwa noch was auszufinden sei, worauf eine Impost [d. h. Steuer] könne gesetzet werden, oder ob es noch wohl möglich sei, etwa durch Aufrichtung eines neuen Monopols einen merklichen Profit zu machen, wodurch doch dem gemeinen Mann seine Nahrung [d. h. Erwerbsmöglichkeit] entzogen wird ... Durch solche und dergleichen Dinge pflegen die Kameralisten bei dem Land so verhaßt und so suspekt zu sein, daß auch dieselbigen von den Zusammenkünften und Versammlungen der Landesstände an etlichen Orten ausgeschlossen werden."[55] Es scheine höchst nötig zu sein, schreibt SCHRÖDER, der Kammer nur die unmittelbare Finanzverwaltung zu überlassen. Die Grundlinien der Finanzpolitik solle jedoch ein Kollegium bestimmen, das aus angesehenen und erfahrenen Personen bestehe, „welche das Land kennen und dessen [An]Gelegenheit wohl verstehen". Dieses Kollegium müsse die entsprechenden Machtbefugnisse haben und von sich aus anordnen können, wie die Finanzeinnahmen zu vermehren seien „und nicht erst mit den Kanzleien darüber disputieren dürfen [d. h. müssen]".[56]

Nach einer ausführlichen Kritik der kameralistischen Praxis entwirft SCHRÖDER Grundvorstellungen für eine Wirtschaftspolitik, die vor allem dem manufakturkapitalistischen Aufschwung zu dienen habe. Der Fürst dürfe nur Teile des Gewinns abschöpfen; er müsse die Verhältnisse seines Landes und der wirtschaftlich Tätigen genau kennen, um sie zu fördern und nicht durch schädliche Auflagen und Abgaben zu zerstören. Eine detaillierte Übersicht über die Manufakturen und ihre Rentabilität sei „eine von den vornehmsten Grundfesten des Staats"[57], denn nur durch sie sei es möglich, eine manufakturfreundliche Zollpolitik zu betreiben. Die Manufakturübersicht werde für den Fürsten „die einzige Richtschnur sein, wie die Mauten sollen eingerichtet, gesteigert oder [her]abgesetzt werden. Denn aus dem Ertrag der Gewerbe wird er wissen, wieviel auf dieses oder jenes ohne Ruinierung des Gewerbes kann [auf]geschlagen werden und wo er mehr Nutzen zu hoffen hat, wenn er davon wenig oder gar keine Maut nimmt, oder wo es ihm und dem Lande nutze, wenn er etwas mit großen Mauten beschwere, wenn er vielleicht die Einbringung oder Ausführung derselben Güter gerne verhindern wolle, aber selbige zu verbieten es sich nicht wohl schicken will."[58] Soweit das Handelskapital nicht den Manufakturinteressen schadet, meint SCHRÖDER, solle „ein Fürst dem Kaufmann durch die Finger sehen", denn der Handelsprofit sei nicht genau zu taxieren. Durchgreifende Maßnahmen verlangt SCHRÖDER gegen alle potentiellen Arbeitskräfte, die untätig sind oder das Heer der unproduktiv Beschäftigten vergrößern, so daß unter anderem „auf alle herrenlosen Personen, welche kein eigenes Gewerbe haben, wöchentlich eine konsiderable [d. h. beträchtliche] Taxe durchgehend gesetzet werde, welche ohne Nachsehen zu bezahlen und

[55] Ebenda, S. 14f.
[56] Ebenda, S. 22.
[57] Ebenda, S. 83.
[58] Ebenda, S. 105.

einzufordern [sei]; wer aber solche nicht bezahlen könnte, auch keine Dienste annehme, der sollte ad opera publica applizieret [d. h. zu öffentlichen Arbeiten verwendet] werden, wo er gegen gewisse Bezahlung arbeiten müßte".[59]

Schröder untersucht dann im einzelnen den Zirkulationsbereich, dessen Reichtum vor allem aus den Gold- und Silberbergwerken komme. Aber auch Scheidemünzen stellen Reichtum dar, schreibt er, während er die Münzverschlechterung zurückweist. Schröder verurteilt die Kameralisten, die meinen, „daß die Steigerung des Werts der Münze, sie sei in- oder ausländisch, das Geld im Lande behalte und fremdes Geld ins Land bringe und dadurch der Schatz des Landes vermehret werde".[60] „Denn es ist bekannt und bereits erwiesen, daß die Ein- und Ausfuhr des Geldes in einem Lande mit den Kommerzien müsse bilanzieret werden, dergestalt, daß ein Land, welches mehr verkauft als kauft, soviel Geld einzunehmen habe, als die verkauften Waren mehr wert sind als die, welche es gekauft hat. Wenn aber ein Land mehr einkauft als es wieder verkauft, so muß es den Überfluß mit barem Geld ersetzen und gutmachen"; gegen die monetaristische Vorstellung der Kameralisten, daß der Außenhandel unbedingt aktiv sein und Geld ins Land bringen müsse, meint Schröder, es sei ebenfalls erwiesen, „daß ein Land nicht mehr verkaufen könne, als andere Länder von ihm zu kaufen bedürftig seien".[61]

Schröder wendet sich scharf gegen die Auffassung, daß nur im Geld der Reichtum des Landes liege. „Es ist ein gewisser Wahn fast bei allen Leuten in der Welt wider die Vernunft und die tägliche Erfahrung behauptet [worden], daß die freie Ausfuhr des Geldes aus einem Lande ein Mittel wäre, wodurch ein Land um seine Barschaft gebracht und arm wird."[62] Jedes Verbot der Geldausfuhr sei umsonst; im Gegenteil könne sich Geldkapital im auswärtigen Handel verwerten und bei der Freigabe der Geldausfuhr mehr Geld zurückbringen. Aber ob dieser Gewinn in Geld oder Waren zurückbliebe, hänge von den inländischen und ausländischen Marktbedingungen für die Export- und Importwaren ab. Wenn die Kameralisten nach Mitteln und Wegen für den Geldimport suchen, so „ist doch all ihre Bemühung umsonst und all ihr Studieren vergebens, wenn sie es anders als in der Bilanzierung unserer Ausfuhr gegen die Einfuhr der Kommerzien suchen".[63]

Nachdem Schröder die Bewegungen im Zirkulationsbereich auf die Gesetze des Wertaustauschs zurückgeführt hat, geht er dazu über, die Quellen des Reichtums zu betrachten. Er hebt die grundsätzliche Bedeutung einer die kapitalistische Entwicklung unterstützenden Wirtschaftspolitik hervor. Danach behandelt er die Gold- und Silberbergwerke und weist auf zahlreiche Edelmetallvorkommen hin, die noch nicht abgebaut würden und den Reichtum des Landes vergrößern könnten.

59 Ebenda, S. 157.
60 Ebenda, S. 205.
61 Ebenda, S. 206.
62 Ebenda, S. 215.
63 Ebenda, S. 211.

Vor allem aber, schreibt SCHRÖDER, werde der Reichtum in den Manufakturen geschaffen. Man sehe es daran, „daß die unfruchtbaren Länder, wo Manufakturen excolieret [d. h. betrieben] werden und die Kommerzien florieren, weit reicher sind als die fruchtbaren Länder, die keine Manufakturen haben. Die Sache ist an sich selbst sonnenklar; denn man estimiere ein Pfund Eisen in seiner Minera [d. h. Ader], wo es wächset, so wird solches gar einen schlechten [d. h. geringen] Wert gelten. Wenn aber ein Uhrmacher oder dergleichen Künstler dieses Pfund Eisen in seine Hand nimmt und [be]arbeitet es nach seiner Kunst, so ist das Pfund Eisen wohl hundertmal so viel wert als es vorher gewesen [ist], denn die Manufaktur[arbeit], die daran ist, und nicht das Eisen wird so hoch estimieret. Ebenso ist es auch bei der Wolle, wenn daraus ein Tuch gemacht wird, so wird das Spinnen, Färben, Zurichten und dergleichen viel mehr wert sein als die Wolle an sich selbst kostet."[64]

Aus der in England von PETTY und LOCKE bereits formulierten Erkenntnis, daß die Arbeit den Wert der Waren bestimmt, und der Erfahrung, daß die Manufakturarbeit den Rohstoffen einen besonders hohen Wert hinzufügt, leitet SCHRÖDER ab, daß die Rohstoff- und Lohnkosten gering gehalten werden müssen, damit der Unternehmer einen Gewinn erhält. Deshalb solle die ländliche Produktion für den Markt gefördert werden. SCHRÖDER empfiehlt sogar die Ausnutzung von Sklavenarbeit. „Ich sehe auch keine Ursache, warum wir solche Barbaren und Ungläubige und die gefangenen Türken als abgesagte Feinde der Christenheit nicht sollten, ebensowohl wie sie uns, zu Sklaven machen und dieselben wie das Vieh zum Markt treiben und verkaufen, damit ein jeder, der solche kaufen wollte, sich ihrer Dienste gebrauchen könnte, durch welches Mittel die grobe Arbeit und der Ackerbau durch die Sklaven verrichtet werden, die Christen aber sich zu Manufakturen mehr applizieren könnten. Wodurch dann gewiß alle Dinge wohlfeiler und leichter würden können erzielet werden, denn sowohl der Modus solcher Leute, [die] mit schlechterer Speise und Trank zu unterhalten [sind], als auch die Strengigkeit, dieselbigen an die Arbeit zu treiben, und [der Umstand], daß man ihnen keinen Lohn geben dürfte, würde gewiß ein merkliches austragen."[65]

Den Aufschwung kapitalistischer Manufakturen möchte SCHRÖDER durch eine Erweiterung der Kreditmöglichkeiten unterstützen. So sollen Bedingungen für die Mobilisierung ungenutzter Kapitale und für die Kreditvergabe gegen Faustpfänder geschaffen werden. SCHRÖDER kritisiert die feudalen Verbrauchsvorschriften, die den Warenabsatz erheblich einschränken. Er verurteilt die Zünfte, die keine Fortschritte in der technischen Entwicklung zulassen, und verlangt vor allem, daß die Voraussetzungen für einen Arbeitskräftemarkt hergestellt werden. Er unterbreitet verschiedene Vorschläge, um die zum Manufakturunternehmer aufstrebenden Handwerker gegen die Konkurrenz durch die verlegenden Kaufleute und die feudalen Manufakturen zu schützen.

[64] Ebenda, S. 433f.
[65] Ebenda, S. 314.

Die bürgerlichen wirtschaftspolitischen Forderungen

Die wirtschaftspolitischen Forderungen der Manufakturbourgeoisie stellt PHILIPP WILHELM VON HÖRNIGK ein Jahr nach der Belagerung Wiens durch die Türken (1683) knapp und propagandistisch wirksam in seiner Schrift dar: „Österreich über alles, wenn es nur will; das ist wohlmeinender Fürschlag, wie mittelst einer wohlbestellten Landesökonomie die Kaiserliche Erblande in kurzem über alle andere Staaten von Europa zu erheben und mehr als einige derselben von denen andern independent zu machen." Er brachte sie 1684 gleich zweimal heraus; im nächsten Jahr erschien sie in dritter Auflage; im 18. Jahrhundert wurde sie noch neunmal aufgelegt. HÖRNIGK legt dort im ausgesprochenen Gegensatz zur kameralistischen Finanztheorie die von BECHER entwickelte Theorie zur Stärkung der Manufakturbourgeoisie dar, die er „Landesökonomie" nennt, „deren Klarheit zu begreifen weder Kameral- noch Kaufmannswissenschaften erfordert werden".[66]

Wenn ein paar zusätzliche bare Millionen Taler einige Monate vor dem türkischen Einbruch richtig verwendet worden wären, meint HÖRNIGK, dann wäre das Land gut vorbereitet gewesen. „Was sage ich aber von einer Million? Nur etliche wenige hunderttausend Taler, an Zeit und Orten wohl verwendet, würden uns bald anfangs mit Weile und Ordnung den mehrern Teil derjenigen Hilfe ganz gern zuwege gebracht haben, die man hernach zur Rettung der kaiserlichen Residenz über Hals und Kopf zu berufen gehabt [hat]."[67] Jetzt wäre der richtige Zeitpunkt für wirtschaftliche Reformen, stellt HÖRNIGK fest. „Solches zu bewerkstelligen, haben wir weder Armeen noch tiefsinnige, weitläufige Rat- und Anschläge, noch unerschwingliche Kapitalien vonnöten. Es läßt sich mit Papier, Federn und Tinte ohne einige Unkosten tun, wenn nur auf die Exekution gehalten wird. Und dennoch würde dem Kaiser in wenigen Jahren so viel, als ein mächtiges Königreich [erobern kann], innerhalb [des] Landes ohne Ungerechtigkeit, Blut, Fluch und böses Gewissen, dem Land aber so viel, als ein Peruvianisches Potosi der spanischen Monarchie jetzt noch nutzen mag, gewonnen sein."[68]

Als Gegner der wirtschaftlichen Reformen bezeichnet HÖRNIGK erstens jenen Kaufmann, der ausländische Manufakturwaren importiert, um sie, „wie sie sind, im Land wieder zu verkaufen, und dafür das gute Geld hinausträgt oder bloßhin ausländische Faktoreien treibet, das ist eine nichtswürdige, verderbliche und unerträgliche Krämerei"[69]. Gegner seien zweitens jene fürstlichen Verwaltungsbeamte, die mit den erwähnten Kaufleuten verwandt seien, gemeinsame Geschäfte betrieben oder von ihnen Pensionen beziehen, oder die eigene, staatlich privilegierte Manufakturen haben und daher die bürgerlichen Konkurrenten ausschalten.

[66] Philipp Wilhelm von Hörnigk, Österreich über alles, wenn es nur will, 1684, Frankfurt a. M. 1948, S. 40.

[67] Ebenda, S. 14.

[68] Ebenda, S. 15.

[69] Ebenda, S. 18.

Wie BECHER und SCHRÖDER weist auch HÖRNIGK die einseitige monetaristische Reichtumsauffassung zurück. „Nun ist hierbei zu bedenken, daß, wo ein Land nur Gold und Silber, obgleich dessen genugsam, brächte, solches zwar reich, aber noch weit von der wahren Vollkommenheit und Independenz entlegen sein würde, weil es sich von Gold und Silber weder speisen und kleiden könnte und von andern Ländern dependierte, [die darüber entscheiden,] ob diese ihm die übrigen Notdurften dafür wollten abfolgen lassen. Hergegen ein Land, dem alle anderen Dinge außer Gold und Silber zugeleget [sind], könnte zwar auch wider den Willen seiner Nachbarn länger bestehen als das vorige. Weil jedoch Gold und Silber zu den meisten menschlichen Vorfällen ebenfalls und vor andern unentbehrlich [sind], so müßte auch ein solches von fremder Gutwilligkeit dependieren, [die bestimmt,] ob ihm nämlich andere seine Waren abnehmen und ihr Gold und Silber dagegen überlassen wollten oder nicht; folglich würde es noch weit von der Vollkommenheit entfernet sein." [70] Das vollkommenste Land sei jenes, dem die Natur sowohl die Edelmetalle als auch die materiellen Voraussetzungen für die Produktion gegeben habe.

Für ein mit Edelmetallen und Rohstoffen versehenes Land, sagt HÖRNIGK, müsse die allgemeine Landesökonomie darauf sehen, „wie solcher Überfluß, Pflege und Genuß aus eigenen Vermögen und ohne Dependenz von andern oder, wo dieses nicht in allen Stücken sein könnte, aufs geringste als möglich mit auswärtigen Dependenz und Verschonung inländischer barer Mittel zuwege gebracht werde" [71]. Dafür entwickelt HÖRNIGK neun wirtschaftspolitische Regeln.

Erstens sollen alle Ressourcen genutzt werden. Bei der Förderung von Gold und Silber seien keine Kosten zu schonen; jedoch müßte bei Verlust das unrentable Unternehmen vom Staat betrieben werden.

Zweitens sollen alle inländischen Rohstoffe im Land verarbeitet werden, da „der Lohn von Fabrikatur den Wert des rohen Zeugs gemeiniglich zwei-, drei-, zehn-, zwanzig-, auch wohl hundertfach übertrifft, welchen zu verwerfen bei verständigen Haushältern ein Greuel ist" [72].

Drittens seien möglichst viele Arbeitskräfte in die Produktion einzugliedern, die nach dem langen Niedergang entwickelt werden müsse. „Sogar wo auch in hundert Jahren kein Krieg hingekommen [ist], glaubt man, zwei- oder dreihundert Bürger, gutenteils arme Taglöhner, seien etwas in einer Landstadt." [73] HÖRNIGK betont den Nutzen eingewanderter fremder gelernter Arbeitskräfte und fremder Unternehmer, die notfalls für den Anfang unterstützt werden müßten.

Viertens dürfe das im Land vorhandene Edelmetall weder ausgeführt noch gehortet werden, so daß es „immerzu in der Zirkulation bleibe" [74]. Denn das Gold und Silber könne nicht durch Import beliebig vermehrt werden, weil der dafür

[70] Ebenda, S. 24/25.
[71] Ebenda, S. 27.
[72] Ebenda, S. 28.
[73] Ebenda, S. 53.
[74] Ebenda, S. 28.

nötige Rohstoffexport die Möglichkeiten des inländischen verarbeitenden Gewerbes verringert. Soweit der Außenhandel Geld ins Land bringe, müsse es für unentbehrliche ausländische Waren meist wieder ausgeführt werden.

Fünftens müßten die inländischen Manufakturen durch bestimmte Importverbote vor der ausländischen Konkurrenz geschützt werden. Nur das völlige Verbot, meint HÖRNIGK, könne die Entwicklung inländischer kapitalistischer Manufakturen unterstützen. Der Betrieb feudaler und feudal privilegierter Manufakturen bei gleichzeitiger Erhebung von Zöllen auf die entsprechenden ausländischen Waren würde die einheimischen Geldkapitalisten keineswegs zu Investitionen reizen. Denn „durch die Langwierigkeit solcher Introduktion wird den Kaufleuten und andern der Sache nicht gewogenen, vor allem den auswärtigen Faktors [d. h. Unternehmern] nur tempo und campo [d. h. Zeit und Raum] gelassen, das Angefangene durch tausenderlei Streiche zu ruinieren."[75] Die Verfechter feudaler Manufakturen „wollen die inländischen Manufakturen einführen, um die ausländischen [Manufakturwaren] hernach zu verbieten. Ich aber rate, die ausländischen zu verbieten, um hernach die inländischen einzuführen."[76] Denn „die Not selbst und der gewisse [d. h. sichere] Gewinn, der durch die Sicherheit der Konsumtion [d. h. des Absatzes] entstehet, wird die Landesinsassen alsdann lehren, zu den eigenen Manufakturen [d. h. Waren] zu greifen. Wenn das Geld nicht mehr in die Fremde gehet, so werden jährlich wenigstens zehn Millionen im Lande bleiben und zu Verlagskapitalien gedeihen."[77]

Wenn solche Verbote dem kaufmännischen Interesse widersprechen, meint HÖRNIGK, so habe dieses hinter dem allgemeinen Interesse zurückzustehen, selbst wenn sich die fremden Kaufleute daraufhin zurückziehen würden. „Man sollte ihnen, wie einem fliehenden Feind, goldene Brücken bauen. Denn so wird der Profit allein bei den Landinsassen bleiben. Es werden sich aber ihrer viele noch besinnen und aus Fremden vielleicht lieber Insassen werden."[78]

Sechstens sollten die notwendigen Warenimporte mit inländischen Waren bezahlt werden. *Siebentens* sollten die benötigten ausländischen Waren „in roher Gestalt genommen, innerhalb [des] Landes fabriziert und der Manufakturlohn allda selbst verdienet werden"[79].

Achtens müsse man alles unternehmen, um für die einheimischen Manufakturen Absatzmöglichkeiten „bis an das äußerste Ende der Welt zu suchen und selbige in alle Weise und Wege zu befördern"[80].

Neuntens müsse die einheimische Produktion auch dann gegen die ausländische Konkurrenz geschützt werden, wenn diese verbündeten Partnern angehört. Dasselbe gelte, „wenngleich die inländischen Waren schlechter an Güte oder auch

75 Ebenda, S. 69/70.
76 Ebenda, S. 70.
77 Ebenda, S. 71.
78 Ebenda, S. 77/78.
79 Ebenda, S. 29.
80 Ebenda.

höher an Wert sein sollten. Denn besser wäre . . . für eine Ware zwei Taler geben, die im Lande bleiben, als nur einen, der aber hinausgehet."[81] Die Österreicher sollten „eine Zeitlang mit ihrem eigenen Gut, mit ihren eigenen Manufakturen, so schlecht sie anfangs auch immer sein möchten, vorlieb nehmen und sich der auswärtigen mäßigen, ihr gutes Gold und Silber dafür im Beutel behalten müssen"[82].

Die für das ökonomische Denken von BECHER, SCHRÖDER und HÖRNIGK angeführten Belege haben zweifellos den Beweis erbracht, daß es sich bei ihnen nicht um Erfüllungsgehilfen landesfürstlicher Geld- und Machtgier handelt. Es kann nicht überlesen werden, daß sie sich selbst oft genug und in aller gebotenen Schärfe gegen die verständlicherweise anonym und literarisch nicht faßbar bleibenden „Kameralisten" (fürstliche Finanzbeamte) und „Statisten" (Vertreter der staatlichen Allmachtsidee) wenden, deren „Genie" nur darin glänzte, alle nur irgend denkbaren Kniffe zu ersinnen, durch die Bürgertum und Bauernschaft ausgesogen werden könnten. Im übrigen haben die genannten Theoretiker, die unermüdlich bestrebt waren, ihre Vorstellungen praktisch zu verwirklichen, keine gesicherte und dauerhafte Position an den Fürstenhöfen, besonders in Wien, in der von ihnen als erforderlich erkannten wirtschaftspolitischen Funktion erringen und, wenn ihnen dies zeitweise geglückt war, behalten können. Im Gegenteil: BECHER floh arm und geächtet nach England, SCHRÖDER wurde als Kammerbeamter in die Slowakei abgeschoben und starb ebenfalls früh; HÖRNIGK zog sich auf einen bischöflichen Sekretärsposten zurück (ähnliche Schicksale hatten später ZINKE und JUSTI). Und dennoch waren sie alle auf Grund des klassenmäßigen Kräfteverhältnisses, wenn sie sich nicht mit dem Parasitismus der aus dem Mittelalter überkommenen Produktionsweise abfinden wollten, gezwungen, den Versuch zu machen, den die wirtschaftliche Entwicklung blockierenden Einfluß der feudalen Stände mit Hilfe der (schwachen) Zentralgewalt zugunsten des bürgerlichen Elements zu brechen.

Diese notwendig gewordene Korrektur bleibt nun keineswegs auf die Charakteristik der drei behandelten Ökonomen beschränkt, deren Einschätzung hier nur als Beispiel für die Art und Weise steht, wie die Geschichte des ökonomischen Denkens in Deutschland unter Berücksichtigung der konkreten Kräfteverhältnisse in den Klassenauseinandersetzungen untersucht werden muß. In manchen Lehrbüchern zur Geschichte der politischen Ökonomie dient die Umdeutung der Antikameralisten zu Kameralisten dazu, eine besondere deutsche Tradition, sozusagen einen Anspruch der deutschen Bourgeoisie auf die reaktionären Varianten der politischen Ökonomie zu konstruieren. Insofern muß sich die Berichtigung des Urteils über diese Vertreter der deutschen Manufakturbourgeoisie auf die generelle Stellung zur Geschichte des ökonomischen Denkens in Deutschland auswirken. Indem nämlich die manufakturkapitalistischen Wortführer des 17. Jahr-

[81] Ebenda.
[82] Ebenda, S. 64.

hunderts monetaristische Positionen überwanden, den feudalabsolutistischen Kameralismus bekämpften, an merkantilistische Erkenntnisse anknüpften, dabei jedoch die Gleichsetzung der speziellen handelskapitalistischen mit den allgemeinen kapitalistischen Interessen zurückwiesen, indem sie den Reichtum nicht mehr ganz objektiv, als Sache außer sich im Geld, betrachteten, sondern vor allem die Manufakturarbeit als Quelle des Reichtums annahmen, trugen auch sie dazu bei, die Voraussetzungen für die spätere Aufnahme der in England und Frankreich entwickelten Ideen der klassischen politischen Ökonomie zu schaffen.

Freilich vermochten sie nicht selbst, die zur gleichen Zeit von LOCKE und PETTY in England entwickelte Arbeitswerttheorie für die Diskussion der ökonomischen Probleme in Deutschland fruchtbar zu machen. Die Begründung hierfür wird im nächsten Kapitel gegeben. Dort wird dargestellt, wie LOCKE und PETTY als ideologische Schlußfolgerung aus dem Verlauf der englischen bürgerlichen Revolution ihre Eigentums- und Arbeitswerttheorie schufen. Weder für die französische noch für die deutsche Bourgeoisie waren diese Schlußfolgerungen in der damaligen Zeit von Bedeutung, weil beide Länder von einer bürgerlichen Revolution noch sehr weit entfernt waren.

Im Unterschied zu den deutschen bürgerlichen Ökonomen gelang es jedoch französischen Theoretikern, volkswirtschaftliche Vorstellungen zu entwickeln, denen – unausgesprochen – die frühe klassische Arbeitswerttheorie zugrunde lag. Es muß daher ungeachtet des Umstandes, daß sich die deutsche Bourgeoisie weder in einer revolutionären noch in einer vorrevolutionären Situation befand, gefragt werden, warum die deutschen Ökonomen nicht ähnlich wie einige französische Denker von sich aus ein solches ökonomisch-theoretisches System entwarfen, dem unausgesprochen werttheoretische Voraussetzungen zugrunde liegen. Denn schließlich sahen sie in einer bestimmten Arbeit, der Manufakturarbeit, die Quelle des Reichtums.

In diesem Zusammenhang wiegt der Vorwurf, daß sie eben nur eine *bestimmte* Arbeit und nicht die Arbeit schlechthin als Quelle des Reichtums annahmen, nicht schwer. Denn auch der Werttheorie von PETTY, BOISGUILLEBERT, CANTILLON und QUESNAY lag, wie im nächsten Kapitel ausgeführt wird, die Vorstellung von der Bestimmtheit der Arbeit zugrunde; erst ADAM SMITH gelang es – ein Jahrhundert nach BECHER, SCHRÖDER und HÖRNIGK –, diese Vorstellung zu überwinden und von der Arbeit schlechthin auszugehen.

Die behandelten deutschen Vertreter einer sich herausbildenden Manufakturbourgeoisie erwähnten also schon die Wertbestimmung durch Arbeit und betrachteten den Austausch von Waren als Austausch von Werten. Dennoch konnten sie – aus zwei Gründen – aus ihrem Manufaktursystem heraus noch keine klassische Arbeitswerttheorie schaffen. Erstens waren die meisten unmittelbaren Produzenten noch feudal gebunden oder kleine Eigentümer an Produktionsmitteln. Daher konnte die Mehrarbeit des doppelt freien Lohnarbeiters noch nicht als die Quelle des Mehrwerts aufgefaßt werden. Zweitens gab es in der Landwirtschaft kaum kapitalistische Produktionsverhältnisse. Daher wurden die

Preise der landwirtschaftlichen Waren nur unter dem Gesichtspunkt der Rohstoff- und Lohnkosten für den Manufakturkapitalisten erfaßt; nach dem Wert dieser Waren und deren kapitalistischen Produktionsbedingungen wurde noch nicht gefragt. Deshalb wurde der Gedanke vom Wertaustausch nicht weiter vertieft; die Wertbeziehungen zwischen Landwirtschaft und Gewerbe, die den Ausgangspunkt für die klassischen Vorstellungen von den volkswirtschaftlichen Beziehungen darstellen, interessierten noch nicht.

4. Der Kameralismus und seine Gegner während der Krise des Absolutismus (erste Hälfte des 18. Jh.)

Die theoretische Armseligkeit des Kameralismus

Während in England und Frankreich die kapitalistische Entwicklung weiter voranschritt und die klassische politische Ökonomie sich herausbildete, verlief der manufakturkapitalistische Aufschwung in Deutschland langsamer und verbreiteten sich die kapitalistischen Verhältnisse in der Landwirtschaft kaum. Daher fehlte den meisten deutschen Ökonomen das Interesse für die neueren theoretischen Überlegungen im Ausland. Die Auseinandersetzung zwischen den Vertretern der Manufakturbourgeoisie und den Kameralisten vollzog sich in der ersten Hälfte des 18. Jahrhunderts im wesentlichen noch auf dem theoretischen Boden des vorausgegangenen Jahrhunderts.

Die seit jeher geringe theoretische Substanz des Kameralismus wurde besonders offensichtlich, als meist absolutistisch gesinnte Denker an einigen Lehrstätten das ökonomische Fach aufzubauen hatten. Entsprechende Lehrstühle wurden 1727 in Halle und Frankfurt an der Oder eingerichtet, 1730 in Rinteln, 1742 in Leipzig, 1752 in Wien, 1755 in Göttingen und Jena.

Der Kameralismus hatte sich seit SECKENDORFF kaum weiterentwickelt. Soweit einzelne Denker diese Schwäche erkannten, bemühten sie sich um die Verarbeitung einiger, in der antifeudalen Stoßrichtung entschärfter manufakturbürgerlicher Vorstellungen. Zu diesem Zweck gab GEORG HEINRICH ZINCKE BECHERS „Politischen Discurs“ 1754 in der fünften und 1759 in der sechsten Auflage heraus. Wie wenig der Kameralismus über solche geistigen Anleihen hinauskam, zeigt der Umstand, daß in ZINCKES Zeitschrift „Leipziger Sammlungen“ noch 1758 von BECHERS Diskursen gesagt wird, sie seien „fast bisher das einzige Grundbuch, dessen man sich noch einigermaßen zur Anleitung in der Stadtwirtschaft und deren Polizeiwesen bedienen kann“[83].

Zwei Jahre, nachdem SIMON PETER GASSER den Lehrstuhl in Halle übernommen hatte, erschien seine „Einleitung zu den ökonomischen, politischen und

[83] Leipziger Sammlungen von wirthschaftlichen, Policey-, Cammer- und Finanz-Sachen, Leipzig 1758, Bd. X, S. 883.

Cameralwissenschaften" (1729). In ihr werden das Domänenwesen, am ausführlichsten die Veranschlagung der Äcker, Wiesen und Weiden, der Viehnutzung, der landwirtschaftlichen Nebengewerbe, der bäuerlichen Dienste und Abgaben, die Regalien, die Steuern, die Jagd und Fischerei, die Forsten und das Rechnungswesen behandelt.[84]

Im gleichen Jahr wie GASSER übernahm JUSTUS CHRISTOPH DITHMAR den Lehrstuhl in Frankfurt an der Oder. Während GASSER von der Jurisprudenz gekommen war, so war DITHMAR von der Geschichte zum Kameralismus gelangt. Von ihm stammt die Einteilung der kameralistischen Disziplin in die drei Fächer Ökonomie, Polizeiwissenschaft und Kameralwissenschaft, die an den deutschen Universitäten lange vorherrschend blieb. Seine „Einleitung in die ökonomischen, Policey- und Cameralwissenschaften" (1731) schildert die preußische Wirtschaftspolitik, ohne theoretische Erklärungen zu geben. Damit befand sich der Verfasser durchaus nicht unter dem kameralistischen Niveau; sein Buch wurde noch lange nach seinem Tod (1737) in mehreren Auflagen herausgegeben; das letzte Mal erschien es 1769 in der sechsten Auflage.

DITHMAR gab auch seit 1729 die erste kameralistische Zeitschrift heraus unter dem Titel „Ökonomische Fama von allerhand zu den ökonomischen, Policey- und Cameralwissenschaften gehörigen Büchern, auserlesenen Materialien, nützlichen Erfindungen, Projecten, Bedencken und anderen dergleichen Sachen handelnd". Ihren Inhalt bestritt der Herausgeber fast allein. Es finden sich zum Beispiel Abhandlungen über Ökonomie, Polizei- und Kameralwissenschaften vor der Sintflut und nach der Sintflut bei den Israeliten, über Salomons ökonomische Bücher, über das Polizeiwesen der Griechen, aber auch über „die Materie des Frostes, Hagels und anderer Geburten der Sonne, Mond, Sterne und Elemente", gegen die Goldmacherei, über die Besetzung wüster Ackerhöfe, über Holzsparkunst, Bürger- und Bauernleben, Bekämpfung der Viehseuchen, Kartoffelanbau, Instruktionen des landwirtschaftlichen Dienstpersonals. Diese meist geistlosen Darstellungen fanden Anklang, denn 1749 wurde die gesamte Zeitschrift in einer zweiten Auflage herausgegeben.

Die zweite kameralistische Zeitschrift „Leipziger Sammlungen von wirthschaftlichen, Policey-, Cammer- und Finanz-Sachen" (1742–1767) wurde von GEORG HEINRICH ZINCKE herausgegeben, der das Fach an der Leipziger Universität aufbaute. Er nimmt noch mehr Darstellungen auf, die mit wirtschaftlichen Belangen nichts mehr zu tun haben. Für ZINCKE ist die Kameralwissenschaft im engeren Sinn die Finanztheorie, im weiteren Sinn jedoch „die Anwendung der ganzen Gelehrsamkeit auf das zeitliche Wohl der Menschen insgemein"[85], so daß z. B. auch die Medizin dazugehöre. Wie wenig der Herausgeber den Zustand der Wirtschaftstheorie in dieser Zeit des Übergangs einzuschätzen

[84] Vgl. hierzu und zum folgenden Wilhelm Roscher, Geschichte der National-Ökonomik in Deutschland, München 1874, S. 371–376, 430–441, 533–552.

[85] Leipziger Sammlungen . . ., Bd. VIII, S. 386.

vermochte, zeigt seine Bemerkung, es fehle den Deutschen zwar eine ökonomische Gesellschaft, allein „unvermerkt sei fast ganz Deutschland in eine korrespondierende ökonomische Gesellschaft zusammengetreten“[86]. In der abgedruckten Habilitationsschrift des Göttinger Dozenten J. F. FLEISCHER heißt es sogar, die Welt sei jetzt voll guter ökonomischer Schriftsteller wie der Himmel voll Sterne, und „Deutschland tut es in diesem Stücke anderen Staaten meistenteils zuvor“[87].

Diese unbefangene Art, im Auftrage des Landesherrn an den Universitäten scheinbar Wirtschaftstheorie zu lehren, wurde vom progressiven Bürgertum abgelehnt. Sie lockte aber auch begabte Schriftsteller an, die sich angesichts des niedrigen Niveaus leicht einen Ruf als Fachmann, eine gesicherte Stellung und sogar Einfluß auf die staatliche Wirtschaftspolitik erhoffen durften.

So erwarb sich JOSEPH VON SONNENFELS 1763 eine Lehrstelle der Staatswissenschaften an der Wiener Universität. Sein ökonomisches Hauptwerk „Grundsätze der Polizey, Handlung und Finanz“ (Wien 1763/67) erschien 1777 schon in der dritten Auflage und zuletzt 1819/22 in der achten Auflage. Es war das offizielle kameralistische Lehrbuch in Österreich, nach dem zum Beispiel JOSEPH KUDLER noch bis 1845 seine Vorlesungen hielt.

Trotz SONNENFELS' Kenntnissen vom Merkantilismus und von der klassischen politischen Ökonomie, die ihm sein Lehrsystem zu bereichern gestatteten, gelangte er über den kameralistischen Rahmen nicht hinaus. Er geht wie der gesamte Kameralismus vom Prinzip größtmöglicher Bevölkerung aus, weil die Bevölkerungsvermehrung und damit auch der Arbeitskräftezuwachs bei gleichbleibender Produktivität die Grundvoraussetzung für die Zunahme der Abgaben an den Landesherrn sind. Die wachsende Volkszahl habe zwar mehr Bedürfnisse, sie vermehre aber auch die Wege zu deren Befriedigung, indem sie „die Verzehrung, folglich den Verdienst“ vermehre. Jeder Einwanderer zum Beispiel „bringt neben dem Beitrage seiner Fähigkeit und seines Fleißes auch den Vorteil seiner Bedürfnisse und der Verzehrung mit sich“.[88] Wenn alle Menschen nur so viel erwürben, wie sie verzehren müssen, und wenn ihre Einnahmen und Ausgaben zu gleicher Zeit erfolgten, so würde immer der Verzehr eines Menschen den Unterhalt eines anderen ermöglichen.[89]

Aus dieser oberflächlichen Auffassung, daß eine große Bevölkerung viel Nachfrage und folglich viele Beschäftigungsmöglichkeiten biete, ergibt sich SONNENFELS' gesamtes Lehrsystem. Die verschiedenen Gewerbe zum Beispiel seien danach einzuschätzen, ob sie vielen eine dauernde Beschäftigung gewährleisten. Eine Industrie beschäftige um so mehr Menschen, je mehr Verarbeitung der Rohstoff benötige und je größer der Absatz des Fertigprodukts sei. Dabei sei es aus landwirtschaftlichem und nationalem Interesse am besten, wenn einheimische Rohstoffe verarbeitet würden.

[86] Ebenda, Bd. VII, S. 990. [87] Ebenda, S. 834/835.
[88] Politische Abhandlungen, hg. von de Lucca, Nr. 2, 1777, S. 99 und 291.
[89] Vgl. Abhandlung von der Theuerung in Hauptstädten und von den Mitteln, ihr abzuhelfen, 1769, S. 33ff.

Wie sehr sich diese Auffassung von den bürgerlichen Bestrebungen um die Entwicklung der kapitalistischen Manufaktur unterscheidet, zeigt SONNENFELS' Stellung zur Zollpolitik. Weil Einfuhrverbote die Zolleinnahmen verringern, verwirft er das Einfuhrverbot auch für die Fertigprodukte; es würde nach seiner Meinung die einheimische Industrie sorglos machen. Es könnte höchstens befürwortet werden, wenn die Manufakturen bereits sehr entwickelt seien, d. h. wenn die Verringerung der Zolleinnahmen durch den Zuwachs an Auflagen auf die einheimische Produktion ausgeglichen werde.

Ein bürgerliches Gegenkonzept

Bürgerliche Theoretiker mußten die Unzulänglichkeiten empfinden, an der das ökonomische Denken in Deutschland litt. Angesichts der Isolierung von den ausländischen Bestrebungen, der Unfähigkeit der offiziellen, kameralistischen Wirtschaftstheorie und des Stillstands der bürgerlichen Wirtschaftstheorie seit BECHER, SCHRÖDER und HÖRNIGK wurde es dringlich, die ökonomische Diskussion durch theoretische Darlegungen zu befruchten und somit der allmählich erstarkten wirtschaftlichen Position und dem wachsenden Selbstbewußtsein des Bürgertums Ausdruck zu verleihen.

JOHANN HEINRICH GOTTLOB VON JUSTI unternahm diesen Versuch in seinem der Kaiserin MARIA THERESIA zugeeigneten Lehrbuch „Staatswirthschaft oder systematische Abhandlung aller ökonomischen und Cameral-Wissenschaften, die zur Regierung eines Landes erfordert werden" (Leipzig 1755). Dieses Buch wurde nur noch einmal 1758 aufgelegt; es ist im Deutschland des 18. Jahrhunderts vor der Aufnahme von Ideen der in England und Frankreich entwickelten klassischen politischen Ökonomie der einzige größere Versuch, die neuen Probleme in einem theoretischen System zu verarbeiten. JUSTI lehnt die gegnerischen Auffassungen GASSERS und DITHMARS ab, die mit Wirtschaftstheorie kaum etwas zu tun haben. „Die Absicht bei dergleichen Professuren ist gemeiniglich nur, die Haushaltungskunst und die Landwirtschaft benebst etwas wenigem von der Polizei und den Regalien zu lehren."[90] Bei der Besetzung der ökonomischen Lehrstühle seien jene Staatsbediente ausgewählt worden, „die am wenigsten mit der Gelehrsamkeit bekannt gewesen sind; so ist es in der Tat schwer, geschickte Leute zu finden, die diese Wissenschaften vorzutragen imstande sind. Fast alle Gelehrten sind in diesem Felde gänzlich Fremdlinge; und die Ungelehrten, die durch Bedienungen und Erfahrungen eine große praktische Erkenntnis in diesen Wissenschaften erlangt haben, sind hingegen zu den akademischen Vorlesungen nicht fähig, weil ihnen ein zusammenhängendes Lehrgebäude, richtige Grundsätze, genug auseinandergesetzte Begriffe und die Art des Vortrages nebst der dazu erforderlichen Deutlichkeit ermangelt."[91]

[90] Johann Heinrich Gottlob von Justi, Staatswirthschaft, 2. Aufl., Leipzig 1758, S. XIII.
[91] Ebenda, S. XIV.

Als die Kameralisten JUSTIS Buch abfällig rezensierten, erwidert JUSTI ihnen, die nach ZINCKES Meinung eine „ökonomische Gesellschaft" darstellen, im Vorbericht zur zweiten Auflage überlegen, „daß der Wert und der Vorzug meiner oder der Zinckeschen Schriften so wenig auf mein eigen Urteil als auf die Entscheidung der ökonomischen Gesellschaft ankommen wird, von welcher übrigens niemand weiß, wie und wo sie existieret und von was für Wichtigkeit sie ist"[92].

JUSTIS Darstellung liegt die Annahme eines absolutistisch-bürgerlichen Klassenkompromisses zugrunde. Daher behandelt er im ersten Teil seines Lehrbuches die Wirtschaftstheorie und im zweiten Teil die Finanztheorie. Die Wirtschaftstheorie unterteilt er wiederum in die Theorie der staatlichen Wirtschaftspolitik sowie die Theorie der privaten Wirtschaftstätigkeit, und er betrachtet beide unter dem Gesichtspunkt der Vermehrung der Reichtümer. Der Abhandlung über Wirtschaftspolitik und private Wirtschaftstätigkeit schickt JUSTI jeweils eine allgemeine politische Einleitung voraus. Bevor er die Grundsätze der Wirtschaftspolitik darstellt, erörtert er die äußere und die innere Sicherheit; und bevor er die Prinzipien für das private Wirtschaften untersucht, hebt er Gehorsam, Treue und Unterstützung des Staats als unmittelbare Pflichten der Untertanen hervor. In den Einleitungen schreibt JUSTI einerseits dem Regenten eine umfassende Politik zugunsten des Kapitalismus vor und deutet anderseits die Pflichten der Untertanen als übereinstimmend mit der privaten Vermehrung des Reichtums. Der scheinbar absolute Regent wird somit eigentlich Beauftragter des Bürgertums zur Förderung des Kapitalismus. In dieser Auffassung spiegelt sich einerseits die gewachsene Stärke des Bürgertums wider; aber anderseits bringt sie auch dessen Abhängigkeit von der staatlichen Wirtschaftspolitik zum Ausdruck.

Unter den drei Quellen zur Reichtumsvermehrung nennt JUSTI an erster Stelle die Einwanderung fremder Kapitalbesitzer, die keineswegs unter dem kameralistischen Gesichtspunkt der Besteuerung betrachtet werden sollen, sondern vom Staat für ihre Produktion Vergünstigungen erhalten müssen. Hinsichtlich der knappen Arbeitskräfte erhofft sich JUSTI von bestimmten bevölkerungspolitischen Maßnahmen wie der Verbesserung der medizinischen Verhältnisse auf längere Sicht ein größeres Angebot.

Als zweite Quelle nennt JUSTI den Außenhandel und die Manufakturen. Obwohl er sich gegen Monopole ausspricht und bei entwickelterer Produktion besondere Handelsgesellschaften als überflüssig bezeichnet, sieht er Außenhandel und Manufakturen nicht in einem Gegensatz wie seine Vorläufer; beide sind für ihn nur verschiedene Anlagebereiche für das Kapital. Der Außenhandel dürfe nicht durch das Verbot des Geldexports behindert werden. Wo es wirtschaftspolitisch geraten erscheint, kaufmännische Aktivitäten einzuschränken, empfiehlt JUSTI, daß dieses Kapital sich in der Produktion günstige Verwertungsmöglichkeiten suche. Die Kaufleute sollten „nur als Verleger, Gewerke, Entrepreneurs [d. h. Unternehmer] und Manufakturherren sich den blühenden Zustand der Bergwerke,

92 Ebenda, S. IX.

Fabriken und Manufakturen angelegen sein lassen; so werden sie ebensoviel gewinnen. Viele haben durch dergleichen Unternehmungen einen sehr großen Reichtum erworben."[93]

Wirtschaftlicher Unternehmungsgeist fehle noch in vielen großen und wichtigen deutschen Ländern, stellt JUSTI fest. „Die Hauptstadt lebt in der Verschwendung und im Müßiggange, die andern Städte treiben die Gewerbe, die zur unumgänglichen Lebensnotdurft erfordert werden, so laulicht hin, und das Land beschäftiget sich mit dem Ackerbau, so wie er von ihren Vorfahren seit vielen Jahrhunderten auf sie gebracht ist. Alles bleibt bei seinem Schlendrian, und niemand hat die geringste Lust, etwas neues zu versuchen oder anzufangen."[94] Der Regent müsse die Untertanen aus dieser Schlafsucht aufwecken. Die Handwerker, Unternehmer und Gesellschaften müßten durch Prämien, unentgeltliche Überlassung von Geräten und Häusern zur Einrichtung von Manufakturen ermuntert werden. Deren Rohstoffe und Fertigerzeugnisse, fordert JUSTI, sollen nicht mit hohen Abgaben belegt werden. Durch niedrige Lebensmittelpreise sollten auch die Löhne niedriggehalten werden.

Die Landwirtschaft sieht JUSTI noch vom Interessenstandpunkt der Manufakturentwicklung. Aber er erwähnt auch, daß Behinderungen der Landwirtschaft, die der Manufaktur nicht nützen, aufgehoben werden sollten. Vor allem „kann die Leibeigenschaft fast nicht enge genug eingeschränket werden. Sie ist überdies dem Staat selbst schädlich, indem sie die Untertanen, die derselben unterworfen sind, träge und zu Kommerzien und Manufakturen ungeschickt macht."[95]

JUSTI lehnt die absolutistische Reglementierung ab. „Nichts ist so leicht zu erfinden und auszuüben, als daß der Landesherr zum Exempel das Bier- und Branntweinbrennen, die Wirts- und Gasthäuser, die Mühlen, die Schäfereien und dergleichen mehr für Regalien erkläret und sich mit Ausschließung seiner Untertanen allein aneignet, und es wird dazu weder eine Kameralwissenschaft noch eine Regentenklugheit erfordert. Allein nichts ist auch so klein und unwürdig für einen Regenten."[96]

Ein Kommerzkolleg mit untergeordnetem Manufaktur- und Fabrikenkolleg, schlägt JUSTI vor, sollte Kommerzienräten die Förderung des Wirtschaftslebens jeweils für bestimmte Zweige anvertrauen, „dergestalt, daß nur die wichtigsten und den allgemeinen Zusammenhang der Kommerzien betreffende Angelegenheiten vor den allgemeinen Rat zu bringen sind"[97]. Mehr als alle direkten Maßnahmen, meint JUSTI, fördere das Bank- und Versicherungswesen die kapitalistische Produktion. „Da es Personen von großem Vermögen allemal viel bequemer ist, wenn sie ihr Geld auf einmal in großen Summen ausleihen können,

[93] Ebenda, S. 194.
[94] Ebenda, S. 206.
[95] Ebenda, S. 118.
[96] Ebenda, S. 264.
[97] Ebenda, S. 241.

als wenn sie sich mit vielen einzeln Gläubigern bemühen sollen, so ist eine Bank in einem beträchtlichen und wohleingerichteten Staate fast unumgänglich nötig."[98]

Als dritte Reichtumsquelle nennt JUSTI die Bergwerke. Sie würden nicht genügend betrieben werden, meint er. „Dennoch ist dieses fast der einzige Weg, auf welchem man sich gegründete Hoffnung machen kann, den Reichtum des Landes zu vermehren."[99] Die Edelmetallförderung sei zwar wichtig, aber der Bergbau habe auch große Bedeutung für die Gewinnung von produktionswichtigen Rohstoffen und für die Entwicklung der Gebirgsgegenden. JUSTI lehnt staatliche Beteiligung ab. „Das erste, was demnach die Regierung zu Beförderung des Bergbaus zu unternehmen hat, ist, daß sie ein freies Bergwerk oder freien Bergbau publizieret, dergestalt, daß jedermann erlaubet wird, unter Beobachtung der Bergrechte nach Mineralien zu schürfen und solche zu bebauen. Es fällt mithin die Frage von selbst weg, ob es besser sei, allein den Untertanen oder auch zugleich den Fremden den Bergbau zu gestatten. Ein freies Bergwerk muß die Fremden allerdings zulassen."[100] Der Landesherr erhalte genug Abgaben, so daß das wenige von den Fremden ins Ausland geführte Gold und Silber keine große Aufmerksamkeit verdiene. JUSTI setzt sich für eine Reformierung der Bergrechte ein, die bisher dem vorkapitalistischen Abbau entsprachen.

JUSTIs Darstellung der privaten Wirtschaft ist eigentlich nur ein Appell an das Rentabilitätsbewußtsein. Er stellt drei Hauptregeln für den vernünftigen Gebrauch des Vermögens auf. An erster Stelle fordert JUSTI: „Man muß das Vermögen so gebrauchen, daß dadurch der Grund und die Substanz des Vermögens selbst niemals angegriffen werde."[101] Das erste und höchste Wirtschaftsgesetz sei die richtige Erfassung der Einkünfte und des Aufwands. Diese Überlegungen spiegeln deutlich wider, wie wenig noch die Manufakturproduktion im allgemeinen dem kapitalistischen Wirtschaftsdenken unterworfen war.

Als zweite Grundregel gibt JUSTI an: „Man muß das Vermögen zu seinem Lebensunterhalte und zu Beförderung seiner zeitlichen Glückseligkeit anwenden, wie es eines jeden Stand und Beschaffenheit erfordert und es der Zustand des Vermögens leidet."[102] Auch hier verdrängt der beherrschende Gesichtspunkt der einfachen Reproduktion die Frage nach der Verwertung des Kapitals. Und als dritte Regel nennt JUSTI schließlich das Gebot, den Nächsten vor allem dadurch zu helfen, daß man ihnen Arbeitsplätze schaffe.

Der Umstand, daß das grundlegende Rentabilitätsbewußtsein erst einmal geweckt und gefördert werden mußte, gestattete noch keine tiefere Wertbetrachtung. Der „wahre Wert" ist bei JUSTI das Ergebnis einer exakten Taxierung der Ware. Die Schätzung wird „von zwei Parteien, die ein besonderes Geschäfte

[98] Ebenda, S. 279.
[99] Ebenda, S. 244.
[100] Ebenda, S. 247/248.
[101] Ebenda, S. 471.
[102] Ebenda, S. 481.

miteinander haben, vermöge eines Vergleiches unter sich dergestalt veranstaltet, daß ein jeder Teil gewisse in der Sache verständige Personen erwählet, welche den wahren Wert der Güter bestimmen sollen, unter der Bedingung, daß der mittlere Preis von beiden Teilen als gerecht anerkannt werden soll, wenn die Taxatoren selbst verschiedener Meinung sind".[103]

Die Profitauffassung ist dagegen ganz von der ursprünglichen Akkumulation des Kapitals beeinflußt. Ohne Risiko sei kein großes Vermögen zu erwerben. „Diese Wege einer besondern Wagung fallen vornehmlich in der Seehandlung vor, bei Erkaufung der Wechselbriefe und andern Handelsgeschäften, bei den Bergwerken und in allen Unternehmungen, wo der Ausgang sehr ungewiß oder zweifelhaft ist . . ."[104] Der Gewinn müsse daher „mit der Gefahr, der man sich unterwirft, eine gerechte Proportion haben"[105].

Unter diesen Umständen und aus dem manufakturkapitalistischen Gesichtswinkel, der die Landwirtschaft nicht in die gesamtwirtschaftliche Reproduktionsbetrachtung einschließt, erscheinen nur die Abgaben an den Staat als feste Größen. Indem JUSTI diese Geldbewegung erfaßt und in einem einfachen, von dem englischen Merkantilisten THOMAS MUN entlehnten Bild volkswirtschaftlicher Zusammenhänge darlegt, entwirft er eine Vorstellung, nach der die gesamte Wirtschaft vor den Ausgaben des Landesherrn abhängt. „In der Tat kann man sich eine Republik sehr natürlich unter dem Bilde eines menschlichen Körpers vorstellen. Der Reichtum ist das Blut, die Gewerbe sind die Adern, und die Regierung ist das Herz, in welches der in den Gewerben zirkulierende Reichtum durch die Abgaben nach und nach fließet und sich von da wieder in alle Teile des Staatskörpers durch den Aufwand der Regierung ergießet."[106]

Der Versuch, volkswirtschaftliche Beziehungen als ein Abhängigkeitsverhältnis zwischen Landesherrn und gewerblicher Produktion zu verstehen, macht den Charakter der Theorie JUSTIs deutlich, deren Grundlage der absolutistisch-bürgerliche Klassenkompromiß ist. Der Kapital- und Verwertungsgesichtspunkt spielt in JUSTIs Versuch einer Erfassung volkswirtschaftlicher Zusammenhänge gar keine Rolle. JUSTI erfaßt überhaupt nicht die Landwirtschaft, die schließlich den größten Wirtschaftszweig bildet. Dieser noch überwiegend feudal abhängige Bereich interessiert vom Standpunkt der kapitalistischen Warenproduktion und -zirkulation nur als Rohstofflieferant. Mit dem Versuch eines volkswirtschaftlichen Bildes hat sich JUSTI eine Aufgabe gestellt, die die vorklassische bürgerliche Theorie nicht lösen kann.

JUSTI ist der letzte deutsche Vertreter der vorklassischen ökonomischen Theorie

[103] Ebenda, S. 476.

[104] Ebenda, S. 465.

[105] Ebenda, S. 466/467.

[106] Ebenda, S. 259; vgl. Thomas Mun, England's Treasure by Forraign Trade, Kapitel XVIII, in: Karl Diehl/Paul Mombert, Ausgewählte Lesestücke zum Studium der politischen Ökonomie, Jena/Karlsruhe 1923.

der Manufakturbourgeoisie. Im 17. Jahrhundert hatte diese als eine Art der Fortsetzung des Monetarismus neben dem Merkantilismus und als Gegner des Kameralismus ihre Berechtigung. Im 18. Jahrhundert allerdings konnte der Kameralismus nicht mehr mit einer vorklassischen bürgerlichen Theorie bekämpft werden. JUSTIs Theorie erklärt sich noch aus den zurückgebliebenen deutschen Verhältnissen, aber auch diese erlaubten bald die Übernahme der in Frankreich entwickelten physiokratischen Ideen, deren deutsche Vertreter dem Kameralismus einen entschiedenen Kampf ansagten.

5. KAPITEL

Zur Entwicklung der klassischen politischen Ökonomie des Bürgertums in England und Frankreich

1. Zur Herausbildung der klassischen politischen Ökonomie nach der englischen Revolution (Mitte des 17. Jh.)

Im Verlauf von zwei Jahrhunderten hatte die vorklassische bürgerliche theoretische Ökonomie einen wichtigen Fortschritt erreicht. Von der Betrachtung des Geldreichtums und der Geldströme war sie zur Darstellung von Warenreichtum und Warenströmen übergegangen. Von ihren ersten Untersuchungen über den Geldwert war sie schließlich bis zur Unterscheidung zwischen Nominal- und Realpreisänderungen vorgedrungen und hatte damit das Verständnis für volkswirtschaftliche Vorgänge beträchtlich vertieft. Aber den größten Wirtschaftszweig, die Landwirtschaft, betrachtete sie noch aus der Sicht der Handels- und Manufakturbourgeoisie als Rohstoff- und Konsumgüterlieferant, der seine Waren zu möglichst niedrigen Preisen anbieten sollte. Dieser Interessenstandpunkt mußte die Weiterführung der Ansätze einer volkswirtschaftlichen Untersuchung behindern, weil die Landwirtschaft nur aus dem Gesichtswinkel der Zirkulation und nur der Preis, nicht aber der Wert ihrer Waren interessierte.

Die klassische politische Ökonomie überwand die von der Zirkulation ausgehende Betrachtungsweise und untersuchte in der Produktion die grundlegenden Ursachen für alle volkswirtschaftlichen Erscheinungen. Sie begann sich in England und Frankreich in der zweiten Hälfte des 17. Jahrhunderts herauszubilden. Zunächst stellte sie die Produktion landwirtschaftlicher Güter und die Beziehungen der landwirtschaftlichen Arbeit zur gold- und silberproduzierenden sowie zur gewerblichen Arbeit in den Mittelpunkt ihrer Betrachtung. Wie früher die vorklassische bürgerliche Theorie eine breite Entfaltung der gewerblichen Produktion zu kapitalistischen Verhältnissen forderte, so trat die sich herausbildende klassische politische Ökonomie für die Existenzsicherung und den wirtschaftlichen Aufschwung der ländlichen Produzenten ein. In der ersten Hälfte des 18. Jahrhunderts wurden die Produktionsverhältnisse zunehmend als kapitalistische Verhältnisse verstanden. Die Periode der Herausbildung der klassischen politischen Ökonomie schloß um die Mitte des 18. Jahrhunderts mit der physiokratischen Theorie ab, die in Frankreich vornehmlich die Interessen der Agrarbourgeoisie vertrat.

Zu diesem Zeitpunkt entfaltete sich in England der Manufakturkapitalismus und paßte die Produktionsverhältnisse dem Charakter der Produktivkräfte an, so daß es in der zweiten Hälfte des 18. Jahrhunderts möglich wurde, die bei der Betrachtung der gewerblichen und landwirtschaftlichen Produktion gesammelten Erfahrungen zusammenzufassen und die bedeutendste ökonomische Sozialbetrachtung des Bürgertums, die klassische politische Ökonomie des entfalteten Manufakturkapitalismus, auszuarbeiten.

In allen Lehrbüchern über die Geschichte der politischen Ökonomie wird die klassische politische Ökonomie, die den wichtigsten Abschnitt in der Geschichte des gesamten vormarxistischen ökonomischen Denkens umfaßt, anhand der klassischen englischen und französischen Werke besprochen. Hinweise auf deren Resonanz in Deutschland finden sich in jüngeren Darstellungen kaum. Ältere bürgerliche Lehrbücher gehen dagegen relativ ausführlich auf die Entwicklung der politischen Ökonomie in Deutschland ein. Aber ihre Einschätzung der deutschen Werke ist wissenschaftlich unbrauchbar, weil sie die Anhänger der klassischen politischen Ökonomie abwerten und die späteren Vertreter der Vulgärökonomie als die eigentlichen, schöpferischen Weiterführer der klassischen Auffassungen ausgeben.

Die marxistischen Untersuchungen über die Geschichte der politischen Ökonomie konzentrieren sich selbstverständlich auf die in England und Frankreich entwickelte klassische Theorie. Soweit sie die ökonomischen Auffassungen in Deutschland erwähnen, übergehen sie indes meist die Verdienste, die sich die deutschen Anhänger der klassischen politischen Ökonomie um die Entwicklung der ökonomischen Wissenschaft in ihrem Land erworben haben. Dieser Haltung liegt ein Mißverständnis zugrunde.

Engels schreibt über Marx: „Er begann seine ökonomischen Studien 1843 in Paris mit den großen Engländern und Franzosen; von den Deutschen kannte er nur Rau und List und hatte genug an ihnen.“[1] Es gibt keinen Hinweis, daß sich Marx danach mit deutschen Anhängern der klassischen politischen Ökonomie des 18. Jahrhunderts beschäftigt habe. Dagegen hat er jedoch eindeutig festgestellt, daß im 19. Jahrhundert in Deutschland der „lebendige Boden“[2] für das Verständnis der klassischen politischen Ökonomie des Industriekapitalismus gefehlt hatte, weil die große Industrie erst relativ spät entstand.

Über das Verständnis der deutschen Ökonomen nicht des 18., sondern des 19. Jahrhunderts sagt Marx: „In Deutschland kam also die kapitalistische Produktionsweise zur Reife, nachdem ihr antagonistischer Charakter sich in Frankreich und England schon durch geschichtliche Kämpfe geräuschvoll offenbart hatte, während das deutsche Proletariat bereits ein viel entschiedneres theoretisches Klassenbewußtsein besaß als die deutsche Bourgeoisie. Sobald eine bürgerliche Wissenschaft der politischen Ökonomie hier möglich zu werden schien, war sie daher wieder unmöglich geworden.“[3] Er fährt fort: „Die eigentümliche historische Entwicklung der deutschen Gesellschaft schloß hier also jede originelle Fortbildung der ‘bürgerlichen’ Ökonomie aus, aber nicht deren – Kritik. Soweit

[1] Friedrich Engels, Vorwort zum zweiten Band des „Kapital“, in: MEW, Bd. 24, Berlin 1963, S. 14.

[2] Karl Marx, Nachwort zur zweiten Auflage des ersten Bandes des „Kapital“, in: MEW, Bd. 23, Berlin 1962, S. 19.

[3] Ebenda, S. 21.

solche Kritik überhaupt eine Klasse vertritt, kann sie nur die Klasse vertreten, deren geschichtlicher Beruf die Umwälzung der kapitalistischen Produktionsweise und die schließliche Abschaffung der Klassen ist – das Proletariat."[4]

Marx' negative Aussage über die Möglichkeit einer wissenschaftlichen bürgerlichen politischen Ökonomie in Deutschland zu jener Zeit, als „die kapitalistische Produktionsweise zur Reife" gelangte, also in ihre industrielle Phase eintrat, wird jedoch zum Beispiel von den Autoren des Lehrbuchs „Geschichte der ökonomischen Lehrmeinungen"[5] auf die gesamte bisherige bürgerliche politische Ökonomie und auf den gesamten bisherigen Kapitalismus in Deutschland bezogen, obwohl es in Deutschland vor dem industriellen Kapitalismus eine längere manufakturkapitalistische Entwicklung und deren Widerspiegelung in der politischen Ökonomie gab, über die Marx in diesem Zusammenhang nichts sagt. Die Autoren schreiben: „Die kapitalistische Produktion entwickelte sich in Deutschland erst im Zeitraum zwischen den vierziger und sechziger Jahren des 19. Jahrhunderts, zu einer Zeit, als der Kapitalismus in England und Frankreich schon seine ökonomischen Widersprüche und Klassenantagonismen offenbart hatte. Die bürgerlichen ökonomischen Verhältnisse bildeten sich also in Deutschland unter Bedingungen heraus, die 'jede originelle Fortbildung der ›bürgerlichen‹ Ökonomie' ausschlossen. Die bürgerliche politische Ökonomie erblickte in Deutschland unter diesen Umständen als Vulgärökonomie das Licht der Welt. Sie war von den spezifischen Bedingungen in der Entwicklung dieses Landes gekennzeichnet."[6]

Diese sich fälschlich auf Marx beziehende Behauptung entspricht nicht der kapitalistischen Entwicklung und auch nicht der Entwicklung der bürgerlichen politischen Ökonomie in Deutschland. Tatsächlich trat die politische Ökonomie in Deutschland – nach den früher behandelten vorklassischen bürgerlichen ökonomischen Theorien – zuerst als Resonanz auf die klassische politische Ökonomie Englands und Frankreichs auf. Progressive deutsche Theoretiker brachten den englischen und französischen Ideen Verständnis entgegen, verbreiteten sie und nutzten die fortgeschrittensten Erkenntnisse über den Kapitalismus für die ideologische Auseinandersetzung um bürgerliche Reformen. Ohne diesen Einfluß der klassischen politischen Ökonomie in Deutschland wären die im 18. Jahrhundert noch vorhandenen monetaristischen und kameralistischen Vorstellungen nicht zurückgedrängt worden.

Das ökonomische Denken in Deutschland stand also keineswegs außerhalb der internationalen Entwicklung der politischen Ökonomie. Es ordnete sich im wesentlichen, mit einem gewissen Zeitverzug, in diese Entwicklung ein. Seine Besonderheiten lassen sich jedoch nur veranschaulichen, wenn zuvor einige Grundzüge der klassischen politischen Ökonomie in England und Frankreich dargelegt

[4] Ebenda, S. 22.
[5] Geschichte der ökonomischen Lehrmeinungen, Berlin 1965.
[6] Ebenda, S. 107/108.

werden. Dem Zweck dieses Buchs entsprechend soll dieses Kapitel keinen umfassenden Überblick geben, sondern einige wichtige Zusammenhänge zwischen den sozialökonomischen Grundlagen und zentralen politökonomischen Aussagen erfassen, die für das Verständnis der politischen Ökonomie in Deutschland unerläßlich sind.

Eine grundlegende objektive Voraussetzung für die Weiterentwicklung der bürgerlichen Wirtschaftstheorie zur klassischen politischen Ökonomie war die bürgerliche Revolution in England von 1642 bis 1649. Sie hob die Auseinandersetzung zwischen Bürgertum und Feudalismus auf eine neue Stufe, der die vorklassische Theorie nicht mehr entsprechen konnte, weil sie den Kampf nur der Manufaktur- und Handelsbourgeoisie gegen feudale Beschränkungen widerspiegelte. Die Errungenschaften der englischen Revolution mußten nicht nur politisch, sondern auch ideologisch abgesichert werden. Für den weiteren politischen und wirtschaftlichen Kampf gegen den Feudalismus brauchte das Bürgertum eine politische Ökonomie, die diesen Kampf als eine weltweite, gesamtgesellschaftliche und kompromißlose Auseinandersetzung interpretiert, in der der Kapitalismus die Zukunft und der Feudalismus die Vergangenheit verkörpert. Denn die Revolution drückte, wie MARX schreibt, nicht nur die Bedürfnisse der englischen Bourgeoisie aus, sie war die Revolution des 17. Jahrhunderts über das 16. Jahrhundert; „der Sieg der Bourgeoisie war damals *der Sieg einer neuen Gesellschaftsordnung*, der Sieg des bürgerlichen Eigentums über das feudale, der Nationalität über den Provinzialismus, der Konkurrenz über die Zunft, der Teilung über das Majorat, der Herrschaft des Eigentümers des Bodens über die Beherrschung des Eigentümers durch den Boden, der Aufklärung über den Aberglauben, der Familie über den Familiennamen, der Industrie über die heroische Faulheit, des bürgerlichen Rechts über die mittelaltrigen Privilegien“.[7]

Wie wichtig die Sicherung der revolutionären Errungenschaften war, zeigte sich schon sehr bald, denn allein durch die beiden Bürgerkriege von 1642 bis 1646 und von 1648 war die mächtige Klassenauseinandersetzung noch nicht abgeschlossen. Wenn auch die Restauration von 1660 an den wesentlichen Ergebnissen der Revolution nichts änderte, gab es doch maßgebliche Gründe für den Sturz der Restaurationsmonarchie, der schließlich 1688 erfolgte. MARX nennt „die Furcht der durch die Reformation geschaffenen neuen großen Grundbesitzer vor der Herstellung des Katholizismus, bei der sie natürlich ihre sämtlichen geraubten ehemaligen Kirchengüter hätten wieder herausgeben müssen, d. h., bei der sieben Zehntel der gesamten Bodenfläche von England den Besitzer gewechselt hätten; die Scheu der handeltreibenden und industriellen Bourgeoisie vor dem Katholizismus, der keineswegs in ihren Commerce paßte; die Nonchalance, mit der die Stuarts zu ihrem eignen und ihres Hofadels Vorteil die ganze

[7] Karl Marx, Die Bourgeoisie und die Konterrevolution, in: MEW, Bd. 6, Berlin 1959, S. 107.

englische Industrie nebst dem Handel an die Regierung Frankreichs, d. h. des einzigen Landes verkaufte, das damals den Engländern eine gefährliche und in vieler Beziehung siegreiche Konkurrenz machte"[8].

Die klassische Arbeits- und Eigentumsauffassung von John Locke

Ihr ideologisches Fundament verdankt die klassische politische Ökonomie dem Anhänger der konstitutionellen Monarchie Wilhelm von Oraniens John Locke, der, wie Marx schreibt, „die neue Bourgeoisie in allen Formen vertrat, die Industriellen gegen die Arbeiterklassen und die Paupers, die Kommerziellen gegen die altmodischen Wucherer, die Finanzaristokraten gegen die Staatsschuldner"[9]. Mit Francis Bacon und Thomas Hobbes ist er einer der „Väter . . . jener glänzenden Schule französischer Materialisten, die . . . das achtzehnte Jahrhundert zu einem vorwiegend französischen Jahrhundert machten; und das lange vor jener den Jahrhundertschluß krönenden französischen Revolution"[10]. Seine Auffassung ist von großer Bedeutung, „da sie der klassische Ausdruck der Rechtsvorstellungen der bürgerlichen Gesellschaft im Gegensatz zur feudalen [ist] und seine Philosophie überdies der ganzen spätren englischen Ökonomie zur Grundlage aller ihrer Vorstellungen diente"[11]. Locke, „einer der Doyens der modernen Nationalökonomie"[12], wurde mit seiner Arbeits- und Eigentumsauffassung zum Philosoph schlechthin der politischen Ökonomie für England, Frankreich und Italien.[13]

Auf die hier angedeuteten wichtigen Zusammenhänge ist etwas ausführlicher einzugehen. Die objektiven revolutionären Prozesse erzwangen ihre ideologische Absicherung durch die Entwicklung einer entsprechenden Eigentumsauffassung; diese ermöglichte die Ausarbeitung einer Werttheorie, die wiederum eine grundlegende Voraussetzung für die Weiterführung der ökonomischen Theorie war. In allgemeiner Form gelten solche Zusammenhänge für die Geschichte der politischen Ökonomie überhaupt. Für dieses Buch ist ihre Betrachtung von Interesse, weil sie die Art kennzeichnen, wie die in England geschaffene Arbeitswerttheorie in Frankreich aufgenommen und wie sie über diese Vermittlung schließlich in Deutschland verstanden wurde.

8 Karl Marx, Rezensionen aus der „Neuen Rheinischen Zeitung, Politisch-ökonomische Revue", in: MEW, Bd. 7, Berlin 1960, S. 210.

9 Karl Marx, Zur Kritik der Politischen Ökonomie, in: MEW, Bd. 13, Berlin 1961, S. 61.

10 Friedrich Engels, Einleitung zur englischen Ausgabe (1892) von „Die Entwicklung des Sozialismus von der Utopie zur Wissenschaft", in: MEW, Bd. 22, Berlin 1963, S. 294.

11 Karl Marx, Theorien über den Mehrwert, erster Teil, in: MEW, Bd. 26, 1, Berlin 1965, S. 343.

12 Karl Marx/Friedrich Engels, Die Deutsche Ideologie, in: MEW, Bd. 3, Berlin 1958, S. 511.

13 Karl Marx, Das Kapital, Erster Band, in: MEW, Bd. 23, Berlin 1962, S. 412.

Die bisher in England vorherrschende religiöse Eigentumsbetrachtung hatte dem feudalen Anspruch gedient oder war Ausdruck mangelnder bürgerlicher Zielklarheit. So hatte der Glaube an die Heiligkeit des bürgerlichen Eigentums in dem Maße zugenommen, wie die Bourgeoisie im 16. Jahrhundert erstarkt war. Aber noch in der Revolution war die bürgerliche Position nicht theoretisch festgelegt. MORTON schreibt: „Während die Stuarts mit einem klaren Ziel vor Augen und mit voll entwickeltem theoretischem Rüstzeug kämpften, ließ sich die Bourgeoisie weitgehend vom Instinkt leiten. Die theoretische Klarheit hat sie erst, wenn überhaupt, im Zuge des Kampfes gewonnen. Zunächst indessen begnügte sie sich mit bestimmten Behauptungen von der Freiheit des Untertans und der Idee eines elementaren Rechtes, das über der Krone stehe, eines Rechtes, das man nicht antasten könne, ohne der Verfassung Gewalt anzutun." [14] Erst nach dem Abschluß der revolutionären Ereignisse konnte die theoretische Ableitung des Eigentumsrechts aus der bürgerlichen Arbeit gelingen. MARX stellt fest: „So hatten ... Cromwell und das englische Volk dem Alten Testament Sprache, Leidenschaften und Illusionen für ihre bürgerliche Revolution entlehnt. Als das wirkliche Ziel erreicht, als die bürgerliche Umgestaltung der englischen Gesellschaft vollbracht war, verdrängte Locke den Habakuk." [15]

LOCKE schreibt: „Obwohl die Erde und alle niederen Geschöpfe allen Menschen gemeinsam gehören, so besitzt dennoch jeder Mensch in seiner eigenen Person ein Eigentum, auf das niemand als er selbst ein Anrecht hat. Wir können sagen, die Arbeit seines Körpers und das Werk seiner Hände gehören ihm. Alles, was er aus dem Zustand hervorbringt, in dem es die Natur geschaffen und belassen hat, hat er mit seiner Arbeit vermischt und mit etwas verbunden, das ihm gehört; und auf diese Weise macht er es zu seinem Eigentum." [16]

Nach dieser Auffassung bedarf das bürgerliche Eigentum im Unterschied zum feudalen Eigentum nicht der Zustimmung anderer. Der Mensch, meint LOCKE, der sich von Eicheln und Äpfeln nähre, die er im Wald sammle, habe sie sich offenbar angeeignet. Niemand könne in Abrede stellen, daß die Nahrung durch das Aufsammeln sein Eigentum geworden sei, und sagen, daß er auf die gesammelten Früchte kein Recht besitze, weil er nicht die Zustimmung der gesamten Menschheit habe. Wenn eine solche Zustimmung nötig gewesen wäre, würden die Menschen verhungert sein, trotz des Überflusses, den Gott ihnen gab. Daraus schließt LOCKE, daß im Aneignen eines Teils aus dem gemeinschaftlichen Besitz und in seinem Entfernen aus dem Zustand, in dem die Natur es gelassen hat, der

[14] Arthur Leslie Morton, Volksgeschichte Englands, Berlin 1956, S. 253.

[15] Karl Marx, Der achtzehnte Brumaire des Louis Bonaparte, in: MEW, Bd. 8, Berlin 1960, S. 116.

[16] John Locke, Two Treatises of Government, London 1690; neue Ausgabe Cambridge 1960; deutsche Übersetzung: John Locke, Zwei Abhandlungen über Regierung, deutsch von Hilmar Wilmanns, Halle 1906. Hier wird die folgende Übersetzung benutzt: Karl Marx, Theorien über den Mehrwert, Erster Teil, in: MEW, Bd. 26, 1, Berlin 1965, S. 341/343.

Anfang des Eigentums liege, ohne daß der gemeinschaftliche Besitz nutzlos werde. Die Aneignung hänge nicht von der ausdrücklichen Zustimmung aller Mitbesitzer ab; nur die eigene Arbeit habe das Eigentum gesetzt.

Der Mensch, der sich ein Stück Land durch seine Arbeit aneigne, vermindere nicht, sondern vermehre das gesamte Vermögen der Menschheit, stellt LOCKE fest, denn die dem Unterhalt der Menschen dienenden Lebensmittel von einem Acre bebauten Landes betrügen das Zehnfache des Ertrags eines Acre ebenso reichen, aber als Gemeingut brachliegenden Landes. Der Mensch, der auf zehn Acres mehr Lebensmittel erzeuge, als er von hundert der Natur überlassenen Acres erhalten könne, schenke eigentlich der Menschheit neunzig Acres. Damit hat LOCKE den historischen Grund des kapitalistischen Eigentums und der bürgerlichen Revolution ausgesprochen: die höhere Produktivität der Arbeit. Wenn der Mensch den Grund und Boden in seinem Besitz ohne die gehörige Benutzung lasse, wenn die Früchte verfaulten oder das Wild verweste, bevor er es verbrauchen könnte, so verstoße er gegen das gemeinsame Naturrecht und würde strafbar. Das Land, ungeachtet seiner Einhegung, könnte dann als herrenlos betrachtet und von anderen in Besitz genommen werden. Denn ein solcher Mensch beeinträchtige seines Nachbars Anteil; sein Recht gehe nicht weiter, als das Eigentum ihm zur Annehmlichkeit seines Lebens dienen könne. Das gleiche Naturrecht, das uns das Eigentum durch Arbeit gebe, begrenze auch dieses Eigentum.

LOCKE schreibt: „Soviel Land, wie ein Mann bestellt, bepflanzt, bebaut, kultiviert und die Produkte daraus verwenden kann, soviel ist sein Eigentum. Durch seine Arbeit grenzt er es gleichsam von dem Gemeingut ab." Das Maß des Eigentums habe die Natur durch den Umfang der menschlichen Arbeit und die Annehmlichkeiten des Lebens festgesetzt. „Keines Mannes Arbeit könnte alles bezwingen oder sich aneignen; auch könnte für die Befriedigung seines Genusses nicht mehr als ein kleiner Teil konsumiert werden; so daß es für jedermann unmöglich wäre, auf diese Weise in die Rechte eines anderen überzugreifen oder sich zum Nachteil seines Nachbars ein Eigentum zu verschaffen . . . Dieses Maß beschränkte in frühen Zeiten jedermanns Besitz auf einen recht bescheidenen Anteil, auf soviel, wie er sich aneignen konnte, ohne jemand zu schädigen . . . Und dasselbe Maß kann, so besetzt die Natur auch erscheinen mag, ohne jemand zu schaden, noch immer zugestanden werden." [17]

Man vergleiche LOCKEs Eigentumsauffassung, ein Ergebnis der englischen Revolution, mit der früher behandelten feudal-apologetischen Eigentumsauffassung des THOMAS VON AQUINO. Da bürgerliche Theoriehistoriker immer wieder eine unmittelbare Kontinuität zwischen vorbürgerlicher und bürgerlicher Ökonomie konstruieren, muß an dieser Stelle der grundsätzliche, klassenmäßige Unterschied herausgehoben werden. Auch THOMAS VON AQUINO hatte schon die Produktivität der Arbeit als Begründung für das Privateigentum angeführt; allerdings hatte er nicht die landwirtschaftliche Arbeit genannt, die noch vor-

[17] Vgl. in: MEW, Bd. 26, 1, Berlin 1965, S. 342.

wiegend feudal organisiert war. Für THOMAS VON AQUINO war charakteristisch, daß er den aus der produktiven Arbeit abgeleiteten Anspruch auf Privateigentum eindeutig der feudalen Produktionsweise unterordnete. Dieser die Entwicklung der Warenproduktion einzwängende Rahmen fällt nun bei LOCKE fort. Damit ist die Bahn freigelegt für die Überwindung der feudalen Arbeits- und Tauschwertauffassung und für die Schaffung der bürgerlichen Arbeits- und Werttheorie.

Der aus dem historischen Fortschritt der Arbeitsproduktivität hergeleitete bürgerliche Eigentumsanspruch führte konsequenterweise zur Arbeitswertauffassung. Es sei nicht so merkwürdig, wie es ohne Nachdenken scheinen möge, stellt LOCKE fest, daß das Eigentum aus Arbeit den gemeinschaftlichen Landbesitz übertreffe. „Es ist in der Tat die Arbeit, die die Verschiedenheit des Werts jedes Dinges bestimmt.“ [18] Man beachte nur den Unterschied zwischen einem mit Tabak, Zucker, Weizen oder Gerste bebauten Acre Landes und einer unbebauten Fläche, so werde man finden, daß die Verbesserung durch Arbeit den weitaus größten Teil des Wertes ausmache. „Von den Produkten der Erde, die für das Leben des Menschen nützlich sind . . ., sind neunundneunzig Hundertstel ganz auf Rechnung der Arbeit zu setzen.“ [19] LOCKE spricht hier von der konkreten Arbeit, die den Reichtum vermehrt. Allein vom bürgerlichen Eigentumsanspruch aus produktiver Arbeit ausgehend war es noch nicht möglich, den Wert vom Gebrauchswert und die abstrakte Arbeit von der konkreten Arbeit zu trennen. Dennoch sieht LOCKE die konkrete Arbeit als spezifisch bürgerliche, warenproduzierende Arbeit.

LOCKE erkannte die gesellschaftliche Arbeitsteilung der Warenproduktion, ohne freilich von den konkreten Arbeiten auf die ihnen gemeinsame Substanz zu schließen: Im Wert des Brotes sei nicht nur die schwere Arbeit des Pflügens, die Anstrengungen des Schnitters und Dreschers und der Schweiß des Bäckers zu berechnen, sondern auch die Arbeit derjenigen, die die Ochsen zähmten, die das Eisen schmiedeten, die Steine gruben, das Holz fällten und bearbeiteten, um Pflug, Mühle, Ofen und andere der zahlreichen Werkzeuge herzustellen, die nötig waren, um das Getreide aus dem Saatkorn zu Brot zu machen. Sie alle müßten als eine Leistung dieser Arbeit betrachtet werden; Natur und Erde lieferten nur die an sich fast wertlosen Rohstoffe. Mit dieser Gleichsetzung der verschiedenen Arbeitsarten und ihrer Behandlung als unterschiedslose gesellschaftliche Arbeit knüpft LOCKE an die vorklassische bürgerliche Arbeitsvorstellung an und geht über diese hinaus, indem er auch die landwirtschaftliche Arbeit neben der gewerblichen Arbeit anführt. Er spricht damit aus, daß der Produktion von Waren und deren Werten die Verausgabung von Arbeit überhaupt zugrunde liegt.

LOCKE erkannte auch, daß die Gesetze der einfachen Warenproduktion nicht mehr der kapitalistischen Warenproduktion entsprachen. Nach seiner Naturrechtsauffassung kann jeder so viel durch Arbeit zu seinem Eigentum machen, wie

[18] Ebenda.
[19] Ebenda.

er für sein Leben braucht; was darüber hinausgeht, gehört anderen. Wenn der Mensch leichtverderbliche gegen dauerhafte Güter eintausche, so begehe er kein Unrecht. Denn er vergeude nicht den gemeinsamen Vorrat; er vernichte nichts von dem den anderen gehörenden Teil der Güter, solange in seinen Händen nichts ungenutzt zugrunde gehe. „Er kann von diesen dauerhaften Dingen soviel aufhäufen, wie ihm gefällt; das Überschreiten der Schranken seines rechtmäßigen Eigentums liegt nicht in der Größe seines Besitzes, sondern im Verderb alles dessen, was ihm keinen Nutzen bringt. Und so kam der Gebrauch des Geldes auf, eines dauerhaften Dinges, das man aufheben konnte, ohne daß es verdarb, und das die Menschen durch gegenseitige Übereinkunft im Austausch gegen die wirklich nützlichen Mittel zum Leben annahmen.“[20]

Locke beschreibt, wie auf Grund der Gesetze der Warenproduktion die Ungleichheit des individuellen Eigentums entsteht. In seiner Schrift über den Zins untersucht er, wie durch die „Erfindung des Geldes“ die kapitalistische Ausbeutung entsteht. Geld erlange eine gleiche Natur wie Boden, der ein bestimmtes jährliches Einkommen, den Zins, liefere. „Denn der Boden produziert natürlicherweise etwas Neues und Nützliches und für die Menschheit Wertvolles; Geld dagegen ist ein unfruchtbares Ding und produziert nichts, überträgt aber durch Übereinkunft den Gewinn, der das Arbeitsentgelt eines Mannes war, in die Tasche eines anderen. Was dies bewirkt, ist die ungleiche Verteilung des Geldes; diese Ungleichheit hat die gleiche Wirkung auf den Grund und Boden, die sie auf das Geld hat . . . Denn die ungleiche Verteilung des Bodens . . . verschafft dir einen Pächter für dein Land; und dieselbe ungleiche Verteilung des Geldes . . . verschafft mir einen Pächter für mein Geld: So ist mein Geld, durch den Fleiß des Borgers, im Geschäftsleben imstande, diesem mehr als sechs Prozent zu bringen, ebenso wie dein Land, durch die Arbeit des Pächters, imstande ist, größere Erträge hervorzubringen, als seine Rente beträgt.“[21]

Locke umriß den Rahmen für die Begründung der politischen Ökonomie auf der Arbeitswerttheorie nach der ersten erfolgreichen bürgerlichen Revolution, die erst die Möglichkeit für die Ausarbeitung der Arbeitswerttheorie geschaffen hatte, deren geringerer kapitalistischer Reifegrad dieser Ausarbeitung jedoch zugleich Schranken setzte. Denn der Aufschwung der kapitalistischen Manufaktur vollzog sich erst nach 1700. Die Arbeit erschien in ihrer gesellschaftlichen Gesamtgestalt als Arbeitsteilung vorwiegend einfacher Warenproduzenten; sie führte noch nicht zu einem größeren Angebot vielseitig disponibler Arbeitskräfte, d. h. zu dem für den industriellen Kapitalismus typischen Proletarier.

Über die historische Möglichkeit, die Arbeit schlechthin kategorial zu fassen, schreibt Marx: „Nun könnte es scheinen, als ob damit nur der abstrakte Aus-

[20] Ebenda, S. 343.

[21] John Locke, Some Considerations of the Lowering of Interest and Raising the Value of Money; in: The Works of John Locke, 3 Bde., London 1722 (2. Aufl.), Bd. 2; Übersetzung nach: Karl Marx, Theorien über den Mehrwert, Erster Teil, in: MEW, Bd. 26.1, Berlin 1965, S. 343.

druck für die einfachste und urälteste Beziehung gefunden, worin die Menschen – sei es in welcher Gesellschaftsform immer – als produzierend auftreten. Das ist nach einer Seite hin richtig. Nach der andren nicht. Die Gleichgültigkeit gegen eine bestimmte Art der Arbeit setzt eine sehr entwickelte Totalität wirklicher Arbeitsarten voraus, von denen keine mehr die alles beherrschende ist. So entstehn die allgemeinsten Abstraktionen überhaupt nur bei der reichsten konkreten Entwicklung, wo eines vielen gemeinsam erscheint, allen gemein. Dann hört es auf, nur in besondrer Form gedacht werden zu können. Andrerseits ist diese Abstraktion der Arbeit überhaupt nicht nur das geistige Resultat einer konkreten Totalität von Arbeiten. Die Gleichgültigkeit gegen eine bestimmte Arbeit entspricht einer Gesellschaftsform, worin die Individuen mit Leichtigkeit aus einer Arbeit in die andre übergehn und die bestimmte Art der Arbeit ihnen zufällig, daher gleichgültig ist. Die Arbeit ist hier nicht nur in der Kategorie, sondern in der Wirklichkeit als Mittel zum Schaffen des Reichtums überhaupt geworden und hat aufgehört, als Bestimmung mit den Individuen in einer Besonderheit verwachsen zu sein."[22]

Die Ausführung hat eine grundlegende Bedeutung für das Verständnis der frühen klassischen Arbeitswerttheorie, denn dieser lag die von Marx beschriebene Wirklichkeit noch nicht zugrunde. Die manufakturkapitalistische Entwicklung führte nämlich erst zu einer wirklichen „Gleichgültigkeit gegen eine bestimmte Arbeit"; deshalb muß auch die frühe klassische Werttheorie als Widerspieglung einer solchen objektiven Entwicklung interpretiert werden.

Die Begründung der klassischen politischen Ökonomie durch William Petty

Die hervorragende Leistung während der Herausbildung der klassischen politischen Ökonomie in der zweiten Hälfte des 17. Jahrhunderts vollbrachte William Petty, den Marx den „Begründer der modernen politischen Ökonomie"[23] nennt; mit ihm beginnt die klassische politische Ökonomie, „die den innern Zusammenhang der bürgerlichen Produktionsverhältnisse erforscht".[24] Marx würdigt ihn als den „genialsten und originellsten ökonomischen Forscher".[25] Der „denkkühne, aber grundfrivole Armeechirurgus, der ebenso geneigt war, unter Cromwells Ägide in Irland zu plündern, als von Karl II. den nötigen Baronettitel für den Plunder zu erkriechen"[26], war durch seine Landmessertätigkeit als Surveyor of Ireland zu einem der Reichsten seiner Zeit geworden.

[22] Karl Marx, Einleitung zur Kritik der Politischen Ökonomie, in: MEW, Bd. 13, Berlin 1961, S. 635.
[23] Karl Marx, Aus der „Kritischen Geschichte", in: MEW, Bd. 20, Berlin 1962, S. 216.
[24] Karl Marx, Das Kapital, Erster Band, in: MEW, Bd. 23, Berlin 1962, S. 95.
[25] Karl Marx, Aus der „Kritischen Geschichte", in: MEW, Bd. 20, Berlin 1962, S. 218.
[26] Karl Marx, Zur Kritik der Politischen Ökonomie, in: MEW, Bd. 13, Berlin 1961, S. 39.

Die Zeit „der allmählichen Genesis der politischen Ökonomie", die eine Periode „voll origineller Köpfe" ist, schreibt MARX, falle dadurch auf, „daß alle ihr angehörigen, bedeutenden ökonomischen Schriften, positiv oder negativ, an Petty anknüpfen"[27]. Wie LOCKE sehe PETTY die bürgerliche Arbeit in der Form konkreter Arbeitsarten „in ihrer gesellschaftlichen Gesamtgestalt, als *Teilung der Arbeit*"[28]. Indem PETTY den Tauschwert nehme, „wie er im Austauschprozeß der Waren *erscheint*, als Geld, und das Geld selbst als existierende Ware, als Gold und Silber"[29], setze er die konkrete, warenproduzierende Arbeit der tauschwertproduzierenden Arbeit gleich.

PETTY schreibt: „Wenn jemand eine Unze Silber aus dem Innern der Erde Perus in derselben Zeit nach London bringen kann, die er zur Produktion eines Bushels Korn brauchen würde, dann ist das eine der natürliche Preis des anderen; wenn er nun durch Abbau neuer und ergiebiger Bergwerke statt der einen zwei Unzen Silber mit dem gleichen Aufwand gewinnen kann, wird das Korn bei einem Preis von zehn Schilling pro Bushel ebenso billig sein wie vorher bei einem Preis von fünf Shilling, caeteris paribus."[30]

Damit gelang PETTY eine bedeutende Feststellung, die durch die gesamte Geschichte des ökonomischen Denkens vorbereitet und nun endlich möglich geworden war: die Zurückführung des Wertes auf die Arbeit und der Wertgröße auf die Arbeitszeit. Er war sich der Wichtigkeit seiner Entdeckung durchaus bewußt: Die Schätzung durch gleiche Arbeit, stellt er fest, „ist die Grundlage der Ausgleichung und Abwägung der Werte; jedoch in dem Überbau und der praktischen Anwendung davon, gestehe ich, gibt es viel Mannigfaltiges und Verwickeltes"[31].

Aber PETTY konnte die warenproduzierenden Arbeiten immer nur als konkrete Arbeiten vergleichen, wie sie sich selbst im Warenaustausch gleichsetzen. Da der größte Teil der unmittelbaren Produzenten auf dem Lande arbeitete, war die Mehrheit der konkreten Arbeiten landwirtschaftliche Arbeit, in der sich auf dem damaligen Stand der Ausrüstung mit Geräten der Beitrag der natürlichen Fruchtbarkeit nicht vom Beitrag menschlicher Mühe und Geschicklichkeit trennen ließ. Die Mehrzahl der Waren enthielt in ihrem Material landwirtschaftliche Arbeit, also auch den Beitrag der Natur, vor allem des Bodens. Die Schwierigkeit,

27 Karl Marx, Aus der „Kritischen Geschichte", in: MEW, Bd. 20, Berlin 1962, S. 221.
28 Karl Marx, Zur Kritik der Politischen Ökonomie, in: MEW, Bd. 13, Berlin 1961, S. 38.
29 Ebenda, S. 39.
30 William Petty, A Treatise of Taxes and Contributions, London 1662; in: The Economic Writings of Sir William Petty, Cambridge 1899, 2 Bde. Deutsche Übersetzung des 4. Kapitels sowie des 9. Kapitels aus „The Political Anatomy of Ireland" (geschrieben 1672; veröff. London 1691), in: Karl Diehl/Paul Mombert, Ausgewählte Lesestücke zum Studium der politischen Ökonomie, 4. Bd. Wert und Preis, I. Abt., Jena 1923, S. 43/50. Hier benutzte Übersetzung aus beiden Schriften nach: Karl Marx, Theorien über den Mehrwert, Erster Teil, in: MEW, Bd. 26.1, Berlin 1965, S. 330/339.
31 Vgl. in: MEW, Bd. 26.1, Berlin 1965, S. 337.

die verschiedenen konkreten Arbeiten auf einen Nenner zu bringen und in dem Wert landwirtschaftlicher Erzeugnisse nur das Erzeugnis menschlicher Arbeit schlechthin zu erkennen, führte PETTY „zu der wichtigsten Überlegung in der politischen Ökonomie, nämlich: Wie kann man ein Gleichheitsverhältnis und eine Gleichsetzung zwischen Boden und Arbeit herstellen, so daß der Wert irgendeines Dinges in beiden allein ausgedrückt werden kann."[32]

Diese Frage war für PETTY grundlegend: „Unsere Silber- und Goldmünzen bezeichnen wir mit verschiedenen Namen, so in England als Pfunde, Schillinge und Pence, die alle durch eins von den dreien ausgedrückt und aufgefaßt werden können. Was ich aber hierüber sagen will, ist folgendes: Alle Dinge sollten durch zwei natürliche Nenner bewertet werden – Boden und Arbeit; das heißt, wir sollten sagen, ein Schiff oder Rock ist das und das Maß an Boden mit dem und dem anderen Maß an Arbeit wert, da ja beide, Schiffe und Röcke, Geschöpfe des Bodens und menschlicher Arbeit darauf sind: Wenn das richtig ist, so wären wir glücklich, ein natürliches Gleichheitsverhältnis zwischen Boden und Arbeit zu finden, so daß wir den Wert ebensogut in jedem der beiden oder noch besser in beiden allein ausdrücken und das eine ebenso leicht und zuverlässig in das andere verwandeln könnten, wie wir Pence in Pfunde verwandeln."[33]

Diese Frage ergibt sich logisch aus dem Umstand, daß PETTY den „natürlichen Preis", also den Wert, wohl auf „gleiche Arbeit" und seine Größe auf komparative Quantität Arbeit zurückführte, aber von den konkreten Arbeiten nur über ihre Austauschbarkeit in den Waren zur Gleichsetzung gelangte und noch keine abstrakte, unterschiedslose Arbeit vorfand, die erst die große Industrie als augenscheinliche Tatsache schafft.

Die Frage nach dem natürlichen Verhältnis von Arbeit und Boden war jedoch auch von größter Aktualität, denn die englische Revolution führte zum Abschluß jener gewaltigen Verwandlung des Grund und Bodens in eine Ware. Die ungeheure Bodenspekulation, an der PETTY nicht unbeteiligt war, provozierte direkt die Frage nach dem „natürlichen Preis des Bodens".

Den Bodenpreis erklärt PETTY als kapitalisierte Rente, ohne den Zins dabei einzubeziehen; die Rente (den Mehrwert) führt er auf Mehrarbeit zurück. So stößt er trotz der zeitbedingten Schranken in der Erkenntnis der Arbeit auf die Mehrarbeit als die Quelle des Mehrwerts. Der „Wert der Arbeit", also die Größe des Arbeitslohns, ist für PETTY durch den Wert der für den Arbeiter notwendigen Lebensmittel festgelegt. Der Arbeiter wird, wie MARX kommentiert, „nur dadurch zur Surplusproduktion und zur Surplusarbeit bestimmt, daß man ihn zwingt, seine ganze dispositionsfähige Arbeitskraft zu verwenden, um selbst soviel zu erhalten, wie er *grade braucht, um zu leben*"[34]. PETTY schreibt: „Nehmen wir an, ein Mann bebaute mit eigener Hand eine bestimmte Fläche Land mit Korn, das

[32] Ebenda, S. 338.
[33] Ebenda, S. 337.
[34] Karl Marx, Theorien über den Mehrwert, Erster Teil, in: MEW, Bd. 26.1, Berlin 1965, S. 332.

heißt, er gräbt oder pflügt es um, eggt, rodet, erntet, fährt das Korn ein, drischt es, worfelt es, wie es der Ackerbau dieses Landes erfordert, und er hat überdies Saatgut, um es zu besäen. Ich behaupte – wenn dieser Mann von seiner Ernte sein Saatgut abgezogen hat sowie alles das, was er selbst verzehrt und im Austausch für Kleidung und für sonstige natürliche Bedürfnisse an andere gegeben hat –, daß das, was an Korn übrigbleibt, die natürliche und wirkliche Bodenrente für dieses Jahr ist; und der Durchschnitt von sieben Jahren oder vielmehr die Zahl von Jahren, in denen Mißernten und gute Ernten ihren Kreislauf durchmachen, gibt die gewöhnliche Bodenrente in Korn."[35]

Das Ergebnis der Mehrarbeit auf dem Land setzt PETTY mit der Mehrarbeit im Silberbergbau gleich: „Nehmen wir also an, ein anderer Mann reise in ein Land, wo es Silber gibt, er grabe dort nach Silber, reinige es, bringe es an denselben Ort, wo der erste Mann sein Korn anbaut, präge dort Münzen usw.; wenn dieser Mann während der ganzen Zeit, in der er das Silber produzierte, sich gleichzeitig auch die zu seinem Unterhalt notwendige Nahrung und Kleidung erwarb, muß – sage ich – das Silber des einen an Wert dem Korn des anderen gleich geschätzt werden. Das eine beläuft sich etwa auf zwanzig Unzen und das andere auf zwanzig Bushel. Daraus folgt, daß der Preis eines Bushels von diesem Korn eine Unze Silber ist."[36]

Die Verschiedenheit der Arbeiten, stellt PETTY fest, sei dabei gleichgültig. „Man lasse hundert Mann zehn Jahre lang arbeiten, um Korn zu ernten, und dieselbe Zahl Leute die gleiche Zeit, um Silber zu gewinnen, und ich sage, daß der Reinertrag an Silber der Preis des gesamten Reinertrags an Korn sein wird und gleiche Teile des einen den Preis gleicher Teile des andern bilden werden."[37]

Nach der Bestimmung des Mehrprodukts von einer Fläche Land fragt PETTY nach der Zahl der Jahresrenten, die „den natürlichen Wert des frei verkäuflichen Bodens" bilden. Wäre es eine unendliche Zahl, so ergäbe sich die absurde Feststellung, daß ein Acre Land an Wert gleich tausend Acre desselben Bodens sein würde. „Daher müssen wir uns für eine etwas beschränkte Zahl entscheiden, und ich meine, das ist die Zahl von Jahren, die ein Mensch von fünfzig Jahren, einer von achtundzwanzig und ein anderer von sieben Jahren, die gleichzeitig am Leben sind, Aussicht haben zu leben, das heißt Großvater, Vater und Kind. Wenige Menschen haben Ursache, für fernere Nachkommenschaft zu sorgen ... Ich nehme daher an, die Summe von Jahresrenten, die den natürlichen Wert eines Grundstücks bildet, sei gleich der gewöhnlichen Lebensdauer von drei derartigen Personen. Nun schätzen wir in England drei Leben auf einundzwanzig Jahre, und folglich sei der Wert des Landes ungefähr gleich derselben Summe von Jahresrenten."[38]

[35] Vgl. ebenda, S. 333.
[36] Ebenda.
[37] Ebenda, S. 333/334.
[38] Ebenda, S. 334.

Petty bestimmt also den Bodenpreis aus dem Mehrprodukt eines Zeitraums, für den ein Mensch nur Interesse hat, eine Anzahl Jahresrenten zu kaufen: das sei unter englischen Umständen die Zeitdauer von einundzwanzig Jahren, in denen ein Durchschnittsmensch für sich, Großvater und Kind zu sorgen hat. Was über das einundzwanzigjährige Mehrprodukt hinausgehe, sei für den Bodenkäufer ohne Wert. „In seiner sinnreichen Weise hilft er sich aus der Verlegenheit"[39], stellt Marx über Pettys Bodenpreisbestimmung fest; es bleibe dabei das Bedeutende, daß die Rente als Ausdruck des gesamten landwirtschaftlichen Mehrwerts nicht aus dem Boden, sondern aus der Arbeit, und zwar aus der Mehrarbeit, abgeleitet ist und daß der Wert des Landes nichts ist als für eine bestimmte Zahl von Jahren vorausgekaufte, also kapitalisierte Rente.

Mit dieser großartigen Leistung war Petty allerdings in seiner Frage nach dem „natürlichen Gleichheitsverhältnis zwischen Boden und Arbeit" nicht weitergekommen. Er hatte eine Durchschnittsintensität der landwirtschaftlichen und der silbergewinnenden Arbeit angenommen und beide Arbeiten gleichgesetzt, weil sie sich im Austausch selbst gleichsetzen. Damit war noch nicht die Frage beantwortet, wie zum Beispiel das Verhältnis von landwirtschaftlicher und gewerblicher Arbeit zu bestimmen ist.

Im Vergleich zwischen einfacher und komplizierter Arbeit stößt Petty erneut auf das Problem der Vergleichbarkeit unterschiedlicher konkreter Arbeiten. Angenommen, man könne mit einfacher Arbeit in hundert Tagen hundert Morgen Land umgraben und zur Saat herrichten, und angenommen, man grabe in den ersten hundert Tagen nichts um und verfertige statt dessen Werkzeuge, mit deren Hilfe man in den folgenden hundert Tagen zweihundert Morgen Land bearbeiten könne, so sei zu sagen, daß die hundert Tage Werkzeugherstellung die Arbeit eines Mannes wert sei, weil die neue Fertigkeit und ein Mann ebensoviel verrichten würden, wie zwei Leute ohne sie vermocht hätten. Da einfache und geschickte Arbeit über den Warenaustausch verglichen werden, müsse es also zwischen ihnen ein natürliches Gleichheitsverhältnis geben. Denn die geschicktere Tätigkeit der gleichen landwirtschaftlichen Arbeitsart schaffe in diesem Beispiel in gleicher Zeit das doppelte Ergebnis.

Petty leitet hier indirekt aus dem Vergleich der Ergebnisse von landwirtschaftlichen Arbeiten die Wertschätzung gewerblicher Arbeit ab. Weil die eine landwirtschaftliche Arbeit mit Hilfe der gewerblichen Arbeit ein doppeltes Ergebnis erzielt, müsse die eingesetzte gewerbliche Arbeit der einfachen landwirtschaftlichen Arbeit gleichgeschätzt werden. Da für den Vergleich der konkreten Arbeiten, die ein Produkt von gleichem Wert schaffen, das Zeitmaß fortfällt, nimmt Petty ein Maß für den physischen Arbeitsaufwand an: „Die tägliche Nahrung eines erwachsenen Mannes, im Durchschnitt genommen, und nicht die Tagesarbeit, ist das allgemeine Maß des Wertes und scheint ebenso regelmäßig und konstant zu sein wie der Wert von reinem Silber . . . Daher bestimmte ich den

[39] Ebenda, S. 335.

Wert einer irischen Hütte nach der Zahl der täglichen Lebensmittelrationen, die der Hersteller bei ihrem Bau ausgab."[40]

Da Petty die Reduktion auf gleiche, unterschiedslose gesellschaftliche Arbeit nicht vornehmen kann, sucht er nach einer physischen Arbeitseinheit und ihrer Entsprechung in der sichtbaren Welt der Warenwerte – dem durchschnittlichen täglichen Nahrungsbedarf des Arbeiters. Damit verwechselt er die gebrauchswertproduzierende, nützliche, physische, konkrete Arbeit mit der wertproduzierenden, abstrakten gesellschaftlichen Arbeit, in deren Erkenntnis er schon bis zur Vorstellung der „gleichen Arbeit" vorgestoßen war. Wie Locke stand auch Petty vor denselben objektiven Schranken: Solange die kapitalistische Wirklichkeit selbst die unterschiedslose Maschinenarbeit, der die konkrete Natur der Gebrauchswerte gleichgültig ist, noch nicht erzeugt hatte, verfielen selbst hervorragende Ökonomen immer wieder dieser Verwechslung. Pettys Größe liegt darin, daß er trotz dieser objektiven Hindernisse zum Begründer der klassischen bürgerlichen Arbeitswerttheorie wurde.

Vergleicht man diese frühe klassische Arbeitswerttheorie mit der vorklassischen Wertauffassung, so wird der große Fortschritt deutlich. Petty setzte die Bemühungen der vorklassischen bürgerlichen Ökonomen um die Erforschung des Wertgesetzes fort und gelangte dadurch zu neuen Erkenntnissen, daß er neben der Betrachtung des Gewerbes und des Handels nun auch die Landwirtschaft berücksichtigte. So wurde es ihm möglich, generell von den Bedingungen der Produktion auszugehen, von der die Erscheinungen der Zirkulation nur abgeleitet sind. Auf diese Weise überwand er die Schranken der vorklassischen bürgerlichen Theorie, begründete die klassische Theorie des Wertes und des Mehrwerts und bahnte der politischen Ökonomie den Weg zur Analyse der volkswirtschaftlichen Reproduktion.

In diesem Buch, das die Grundlinien des ökonomischen Denkens in Deutschland behandelt, sind die Engländer Locke und Petty etwas ausführlicher zu Wort gekommen; vor allem wurde das erkenntnisfördernde und -hemmende Moment in der Beziehung zwischen der sozialökonomischen Grundlage und der politökonomischen Erkenntnis hervorgehoben. Mitunter gerät der Umstand aus dem Blickfeld, daß die klassische Arbeitswerttheorie das theoriegeschichtliche Produkt einer historischen sozialökonomischen Entwicklung ist und keineswegs von vornherein in der ausgearbeiteten Fassung vorlag, die ihr David Ricardo auf dem Höhepunkt der klassischen politischen Ökonomie dank den Erfahrungen aus der industriellen Revolution geben konnte.

Dieser *Prozeß* der Herausbildung der klassischen Arbeitswerttheorie muß berücksichtigt werden, um *erstens* Fehldeutungen zurückzuweisen. Einige bürgerliche Autoren leugnen die Entwicklungslinie von Pettys zu Adam Smith' Werttheorie. So interpretiert Marian Bowley Pettys Versuch, den Anteil von Boden und Arbeit zu bestimmen, als „physical-input type of value-theory", also eine

[40] Ebenda, S. 338/339.

Theorie der physischen Einsätze, an der SMITH später nicht mehr interessiert gewesen wäre, deswegen finde man bei diesem keine Arbeitswerttheorie.[41]

Zweitens muß das theorie*geschichtliche* Moment der klassischen Arbeitswerttheorie hervorgehoben werden, weil die Feststellung, in Deutschland sei die ausgebildete Werttheorie RICARDOs aus der Zeit des Industriekapitalismus wenig verstanden worden, keineswegs besagt, daß frühere Entwicklungsstufen der klassischen Theorie ohne Verständnis geblieben sein müssen.

2. Zur frühen klassischen Reproduktionstheorie während des Niedergangs der feudalen Gesellschaftsordnung in Frankreich (erste Hälfte des 18. Jh.)

Die Periode der allmählichen Herausbildung der klassischen politischen Ökonomie wäre nur unzureichend erfaßt, wenn man die Beiträge von BOISGUILLEBERT und CANTILLON vergäße, die für die Entwicklung der politischen Ökonomie in Frankreich eine große Rolle spielten. MARX schreibt, daß die klassische politische Ökonomie „in Frankreich mit Boisguillebert beginnt“[42], und er geht auch auf CANTILLONs Verdienste ein.

Marxistische Darstellungen der jüngeren Zeit räumen ihnen wenig Platz ein. FRITZ BEHRENS zählt sie zu den „physiokratischen Vorläufern“[43]. Die Autoren der „Geschichte der ökonomischen Lehrmeinungen“ schreiben richtig, aber sehr knapp: „Boisguilleberts bedeutsamste Leistung liegt auf dem Gebiet der Werttheorie. Er unterscheidet zwischen ‘gerechtem Preis’ und ‘Marktpreis’ und bestimmt den ersteren durch die Proportionen, in denen sich die gesellschaftliche Arbeit auf die verschiedenen Produktionszweige verteilt. Diese Proportionen entstehen durch das Spiel der elementaren Kräfte des Marktes, durch die freie Konkurrenz. Durch das Geld werde aber die Äquivalenz dieses Austausches verletzt.

Boisguilleberts Theorie enthält nicht den Reichtum vorwärtsweisender Gedanken wie die Lehre Pettys, aber sein richtiger Ansatz in der Werttheorie veranlaßte Karl Marx, auch ihn zu den ersten Klassikern der bürgerlichen politischen Ökonomie zu rechnen.“[44]

CANTILLONs Reproduktionsauffassung, die ein wichtiges Zwischenglied von BOISGUILLEBERT zu den Klassikern darstellt, erwähnen die Autoren überhaupt nicht.

[41] Marian Bowley, Studies in the History of Economic Theory before 1870, London/Basingstoke 1973, S. 112.

[42] Karl Marx, Zur Kritik der Politischen Ökonomie, in: MEW, Bd. 13, Berlin 1961, S. 37.

[43] Vgl. Fritz Behrens, Grundriß der Geschichte der politischen Ökonomie, Bd. 1, Die politische Ökonomie bis zur bürgerlichen Klassik, Berlin 1962, S. 159/163.

[44] Geschichte der ökonomischen Lehrmeinungen, Berlin 1965, S. 51.

Ähnlich geht ANDREJ ANIKIN vor, der BOISGUILLEBERT ausführlicher würdigt, CANTILLON aber nur am Rande erwähnt.[45]

Von JÜRGEN KUCZYNSKI wird BOISGUILLEBERT dagegen „als vornehmlich feudal oder noch schärfer: als antikapitalistisch denkender Politökonom"[46] betrachtet, der als erbitterter Gegner des Geldes „damit dem Bürgertum seine Hauptwaffe im Kampf gegen den Feudalismus aus den Händen zu nehmen sucht" und „in geradezu altfeudaler Weise den reichlichen Genuß der Güter des Lebens empfiehlt"[47]. Nie dürfe man vergessen, daß für BOISGUILLEBERT nur *ein* volkswirtschaftlicher Vorgang von zentraler Bedeutung sei, der Konsum.

Diese Situation in der marxistischen Theoriegeschichtsschreibung zeigt, daß es an der Zeit ist, die Periode der allmählichen Herausbildung der klassischen politischen Ökonomie anhand der Originalschriften erneut zu erschließen. Die letzte deutschsprachige Monographie zu BOISGUILLEBERT erschien 1968 in der BRD. Sie ist nicht unter *theorie*geschichtlichem Blickwinkel geschrieben, denn sie behandelt Frankreichs wirtschaftliche und soziale Lage um 1700 unter Berücksichtigung BOISGUILLEBERTS.[48] Eine größere Untersuchung über CANTILLON aus jüngerer Zeit fehlt.

Für den Zweck dieses Buchs reicht es aus, einige Beziehungen zwischen den sozialökonomischen Verhältnissen und den frühen klassischen Reproduktionsauffassungen zu erläutern und letztere in ihren Grundzügen anzudeuten. Dabei ist der Umstand aufschlußreich, daß die Arbeitswerttheorie, das Ergebnis der englischen Revolution und einer beträchtlichen manufakturkapitalistischen Entwicklung, im vorrevolutionären Frankreich mit nur vergleichsweise geringen manufakturkapitalistischen Ansätzen in ihrer theoretischen Substanz aufgenommen, aber nicht präzis ausgesprochen wurde. Dennoch basierte die frühe klassische Reproduktionstheorie auf den Grundannahmen der Arbeitswerttheorie. Diese Überlegung ist wichtig, um später den *Grad* des Verständnisses zu untersuchen, das die Arbeitswerttheorie in Deutschland fand. Sie ist auch eine Voraussetzung, um das Verhältnis zwischen der frühen klassischen Werttheorie und dem physiokratischen Reproduktionsmodell richtig zu interpretieren. Denn mit der Auseinandersetzung um den Physiokratismus begannen die progressiven Ökonomen in Deutschland den Kampf gegen den spätfeudalen Kameralismus auf theoretischem Niveau zu führen.

45 Vgl. A. W. Anikin, Ökonomen aus drei Jahrhunderten, Berlin 1974, S. 93–108.

46 Jürgen Kuczynski, Die Geschichte der Lage der Arbeiter unter dem Kapitalismus, Bd. 34, Zur politökonomischen Ideologie in Frankreich und andere Studien, Berlin 1968, S. 9/10.

47 Ebenda, S. 8.

48 Walter Braeuer, Frankreichs wirtschaftliche und soziale Lage um 1700. Dargestellt unter besonderer Berücksichtigung der Werke von Vauban und Boisguillebert, Marburg 1968.

Die Reproduktionstheorie von Boisguillebert

Um die Wende zum 18. Jahrhundert mußten in Frankreich die Bedingungen für einen Aufschwung der landwirtschaftlichen Warenproduktion untersucht werden, denn der Ruin einer wachsenden Zahl ländlicher Produzenten drohte den Niedergang der feudalen Gesellschaftsordnung zu beschleunigen. Sébastien le Prestre de Vauban, bedeutender Ökonom und Generalinspekteur sämtlicher französischer Festungen, schrieb damals: „Alle Untersuchungen, denen ich mich im Verlauf mehrerer Jahre habe widmen können, haben mir deutlich gezeigt, daß in letzter Zeit fast ein Zehntel der Bevölkerung auf das Betteln angewiesen ist und auch tatsächlich bettelt und daß von den restlichen neun Zehnteln fünf nicht in der Lage sind, diesem ärmsten Teil Almosen zu geben, weil sie selber nur herzlich wenig von derselben unglückliche Lage entfernt sind. Unter den vier Zehnteln, die verbleiben, geht es dreien recht schlecht; sie leben unter dem Druck von Schulden und Prozessen. Das letzte Zehntel, zu dem ich die Militärs und Justiz, die Geistlichkeit, den gesamten Hochadel, den Verdienstadel, die Militär- und Verwaltungsbeamten, die bessergestellten Kaufleute und die Bürger mit Vermögen rechne, umfaßt noch nicht hunderttausend Familien. Und ich glaube nicht fehlzugehen, wenn ich sage, daß darunter noch nicht zehntausend größere oder kleinere Familien sind, von denen man behaupten könnte, daß es ihnen wirklich gut geht. Zieht man davon noch die Verwaltungsbeamten ab mit ihren offenen und kaschierten Helfershelfern und jene, die der König durch seine Gaben unterhält (dazu ein paar Kaufleute usw.), so komme ich zu dem Schluß, daß nur ein verschwindend kleiner Rest übrigbleibt.“[49]

Aus Mittelfrankreich wurde 1687 berichtet: „Es gibt fast keine wohlhabenden Landwirte mehr; es gibt nur noch arme Halbpächter, die nichts besitzen. Die Herren müssen ihnen das Vieh stellen, die Lebensmittel vorschießen, ihre Taille entrichten und ihre ganze Ernte in Zahlung nehmen, welche sogar manchmal nicht ausreicht . . .“[50]

Unter solchen Bedingungen vertrat Pierre le Pesant, Sieur de Boisguillebert (Boisguilbert), Generalleutnant der Polizei in Rouen, die Interessen der einfachen und beginnenden kapitalistischen Warenproduktion in der Landwirtschaft. Boisguillebert, der, wie Marx sagt, „mit ebensoviel Geist als Kühnheit für die unterdrückten Klassen“ aufgetreten war, löste „wenn nicht bewußt, so tatsächlich den Tauschwert der Ware in Arbeitszeit auf, indem er den ‘wahren Wert’ (la juste valeur) durch die richtige Proportion bestimmt, worin die Arbeits-

49 Sébastien Vauban, Projet d’un Dime Royale, Paris 1851, S. 36f. 1 Aufl. 1707; Übersetzung nach Jürgen Kuczynski, Die Geschichte der Lage der Arbeiter unter dem Kapitalismus, Bd. 32, Darstellung der Lage der Arbeiter in Frankreich von 1789 bis 1848, Berlin 1967, S. 28–29.

50 Correspondance des Controleurs Généraux des Finances avec les Intendants des Provinces, Bd. I, Paris 1874, S. 244; Übersetzung nach Walter Braeuer, Frankreichs wirtschaftliche und soziale Lage um 1700, Marburg 1968, S. 44.

zeit der Individuen auf die besondern Industriezweige verteilt wird, und die freie Konkurrenz als den gesellschaftlichen Prozeß darstellt, der diese richtige Proportion schaffe"[51].

Wie auch andere Schriftsteller der sich herausbildenden klassischen politischen Ökonomie trennte er noch nicht zwischen der konkreten und der abstrakten Arbeit. MARX schreibt: „Boisguillebert sieht in der Tat nur auf den stofflichen Inhalt des Reichtums, den Gebrauchswert, den Genuß, und betrachtet die bürgerliche Form der Arbeit, die Produktion der Gebrauchswerte als Waren und den Austauschprozeß der Waren als die naturgemäße gesellschaftliche Form, worin die individuelle Arbeit jenen Zweck erreiche . . . Boisguillebert liefert uns den Beweis, daß die Arbeitszeit als Maß der Wertgröße der Waren behandelt werden kann, obgleich die im Tauschwert der Ware vergegenständlichte und durch die Zeit gemessene Arbeit mit der unmittelbaren natürlichen Tätigkeit der Individuen verwechselt wird."[52]

Mit seiner Arbeitswertauffassung liegt BOISGUILLEBERT in der Entwicklungslinie der klassischen politischen Ökonomie. Der bürgerliche Charakter seiner ökonomischen Theorie zeigt sich darin, daß er klar und unüberhörbar die freie Konkurrenz als die unerläßliche Existenzbedingung der Warenproduktion und -zirkulation, der volkswirtschaftlichen Reproduktion und damit auch der absolutistischen Herrschaft herausstellte. Auf diese Weise umriß er unmißverständlich die wirtschaftliche Voraussetzung für einen Kompromiß zwischen der herrschenden feudalen Klasse, deren Einkünfte und Machtstellung letztlich von der funktionierenden Warenwirtschaft abhingen, und dem seit der Mitte des 17. Jahrhunderts bedeutend geschwächten Bürgertum.

Nach BOISGUILLEBERT „sind das Getreide, der Wein, das Salz und die Leinwand, welche man in Frankreich übergenug besitzt, die Grundlage und die Ursache aller Reichtümer Europas, und man beschafft sich die anderen Dinge nur in dem Verhältnis, wie man mehr als notwendig von jenen hat. Und da aller Reichtum Frankreichs in zwei Arten zerfällt, nämlich in Reichtum aus Grundbesitz und Reichtum aus Einkommen der Industrie, so steigt oder fällt die letztere, welche dreimal mehr Menschen umfaßt als der Grundbesitz, in Proportion zu diesem. Infolgedessen läßt das Wachstum der Bodenfrüchte die Advokaten, die Ärzte, die Schauspieler und die kleinen Handwerker aller Gattungen arbeiten, und man sieht nur sehr wenige Leute dieser Art in den unfruchtbaren Ländern, wohingegen sie in den anderen überreichlich vorhanden sind."[53]

Man könne es kaum verstehen, stellt BOISGUILLEBERT fest, „auf welche Weise sich die Einkommen Frankreichs um einen so großen Betrag wie fünfhundert

51 Karl Marx, Zur Kritik der Politischen Ökonomie, in: MEW, Bd. 13, Berlin 1961, S. 40.
52 Ebenda, S. 40/41.
53 Boisguillebert, Le Détail de la France (1. Aufl. 1695; in: Pierre de Boisguilbert ou la naissance de l'économie politique, Paris 1966, Bd. 2); Übersetzung nach Walter Braeuer, Frankreichs wirtschaftliche und soziale Lage um 1700, Marburg 1968, S. 25.

Millionen pro Jahr – sowohl diejenigen aus Grundbesitz als auch diejenigen aus der Industrie – verringert haben können, da doch dieselbe Erde, dasselbe Klima, dieselben Einwohner (nahezu wenigstens) vorhanden sind ... wie vor dreißig Jahren. Indessen stehen alle diese Dinge noch nicht einmal auf der Hälfte dessen, was öffentlich als ihr Wert galt, und ihre Verminderung, welche im Jahr 1660 oder ungefähr in dieser Zeit begonnen hat, dauert alle Tage verstärkt an, weil die Ursache hierfür dieselbe ist, nämlich die Verringerung des Einkommens aus dem Grundbesitz, das heute nicht – im Durchschnitt gerechnet – die Hälfte dessen ausmacht, was es in jener Zeit darstellte.... So geben diejenigen, welche tausend Livres an Rente aus Grundbesitz hatten – jetzt aber lediglich fünfhundert beziehen – nur noch halb so viel für ihre Arbeiter aus wie früher, und diese handeln ebenso gegenüber jenen, bei denen sie ihre Einkäufe machen. So vollzieht sich ein natürlicher Kreislauf, welcher bewirkt, daß – indem die Grundrenten mit der Bewegung beginnen – notwendigerweise das Geld, welches für Lebensmittel ausgegeben wird, durch eine Unzahl von Händen läuft, bis es dann, wenn sein Kreislauf beendet ist, wieder zu ihnen zurückkommt, und weil nur so viel Geld umläuft, als erstmalig in Bewegung gesetzt wurde, kann man sagen, daß eine Verminderung um fünfhundert Livres pro Jahr als reiner Verlust bei einem Grundstück einen Verlust von mehr als dreitausend Livres pro Jahr in der gesamten Volkswirtschaft ausmacht und infolgedessen dem König äußerst schädlich ist, da er niemals aus seinen armen und reichen Untertanen so viele Steuern herausziehen kann wie früher."[54]

Boisguillebert konstatiert eine Verminderung der Einkommen aus Grundbesitz seit 1660 um die Hälfte, „weil der Preis aller Nahrungsgüter nur halb so hoch ist wie vor dreißig Jahren, und die Nahrungsgüter erleiden diese Einbuße, weil man weniger von ihnen konsumiert"[55]. Der Idealpreis für Getreide, d. h. der dem Wert entsprechende Preis, müßte nach Boisguilleberts Meinung die seit fünfzig Jahren eingetretene Preissteigerung der übrigen Güter proportional widerspiegeln. Wenn sich das Preisniveau der Manufakturwaren verdoppelt, so müßte sich auch dasjenige des Getreides verdoppeln, um eine wirtschaftliche Balance und somit eine Harmonie zwischen den Klassen herzustellen. Unterbleibe jedoch diese Verdopplung, so würden der Landwirtschaft die Aufwendungen nicht voll vergütet, die Reproduktion würde unmöglich und damit auch die ganze Nation verkümmern. Bei einem direkten Austausch von Produkt gegen Produkt zu ihrem Wert sei dies nicht zu befürchten, aber durch die Dazwischenkunft des Geldes bestehe die Gefahr einer falschen Preisstellung, einer Entwertung der natürlichen Reichtümer und einer Übermacht des künstlichen Reichtums, des Geldes.

Die zahlreichen feudalen Hemmnisse für die Freizügigkeit der Waren und die Reglementierungen im Interesse der feudalen Großmanufakturen in dem zentrali-

[54] Ebenda, S. 25/26.
[55] Ebenda, S. 28.

sierten, aber verkehrsmäßig kaum erschlossenen Frankreich einerseits, die Abschöpfung des Mehrprodukts und teilweise auch des für den Lebensunterhalt notwendigen Produkts in Geldform und das Herabsinken der verarmten Bauern in die Lage von Tagelöhnern bei Aufrechterhaltung feudaler Abhängigkeiten anderseits bewirkten niedrige Getreidepreise und hohe Verbindlichkeiten in Geld und daher einen ständigen mehr oder minder akuten Geldbedarf auf dem Lande. MARX sagt: „Es ist nicht nur Nachfrage, die nach der Ware nötig ist, sondern *gemünzte* Nachfrage. Die Ware erscheint also, wenn ihr Preis nicht realisiert werden kann, wenn sie nicht in Geld verwandelt werden kann, als *entwertet, entpreist.* Der in ihrem Preis ausgedrückte Tauschwert muß geopfert werden, sobald diese spezifische Verwandlung in Geld nötig ist. Daher die Klagen bei Boisguillebert z. B., daß das Geld Henker aller Dinge ist, der Moloch, dem alles geopfert werden muß, der Despot der Waren. In den Zeiten der aufkommenden absoluten Monarchie mit ihrer Verwandlung aller Steuern in Geldsteuern erscheint das Geld in der Tat als der Moloch, dem der reale Reichtum geopfert wird. So erscheint es auch in jedem monetary panic. Aus einem Knecht des Handels, sagt Boisguillebert, ward das Geld zu einem Despoten."[56]

Da der von BOISGUILLEBERT geforderte freie Getreidehandel diesen unnatürlichen Wirtschaftsbedingungen ein Ende bereiten würde, sind die Klagen über die die feudale Ausbeutung verschärfende Geldwirtschaft objektiv gegen die feudalen Verhältnisse gerichtet. Die Handelsfreiheit würde einen höheren und stabilen Getreidepreis gewährleisten, der einerseits die landwirtschaftliche Reproduktion sichert, anderseits die feudalen Manufakturen mit höheren Lohnkosten belastet. Der Streit zwischen der Landwirtschaft, die in ihrer kapitalistischen Entwicklung gehemmt wurde, und den Manufakturen, unter denen vor allem die feudalen Großbetriebe gefördert wurden, um einen höheren bzw. niedrigeren Brotpreis wurde, wie BRAEUER feststellt, „jeweils nur an Hand lokaler Bedingungen entschieden, wobei die streitenden Parteien dem Generalkontrolleur ihre Argumente vortrugen"[57]. BOISGUILLEBERT unterstützte in dieser sozialen Auseinandersetzung die einfache und die schwach ausgebildete kapitalistische Warenproduktion auf dem Land, von deren Entwicklung die Beschleunigung der kapitalistischen Produktionsverhältnisse abhing.

Waren die vorklassischen Ökonomen über Ansätze einer volkswirtschaftlichen Betrachtung nie hinausgekommen, so hatte BOISGUILLEBERT nun die erste Darstellung einer volkswirtschaftlichen Reproduktion vorgelegt. Indem er, wie auch schon PETTY, die landwirtschaftlichen Produktionsbedingungen in die Untersuchung einbezog und nachwies, daß die Zirkulations- und Distributionsverhältnisse den Produktionsverhältnissen entsprechen müssen, überwand er die vorklassische, vom Zirkulationsbereich her bestimmte Betrachtungsweise und stellte

[56] Karl Marx, Grundrisse der Kritik der politischen Ökonomie, Berlin 1974, S. 113.

[57] Walter Braeuer, Frankreichs wirtschaftliche und soziale Lage um 1700, Marburg 1968, S. 73.

erstmals in der Geschichte des ökonomischen Denkens die Volkswirtschaft als ein zusammenhängendes Ganzes dar, in dem auf längere Zeit kein Teil auf Kosten eines anderen Teils ohne Schaden des Ganzen bevorzugt werden kann. Diese grundsätzlich neue Fragestellung befruchtete in hohem Maße die weitere Entwicklung der politischen Ökonomie.

RICHARD CANTILLONs Beitrag zur klassischen politischen Ökonomie

In der folgenden Zeit führte RICHARD CANTILLON, ein Ire, der unter anderem in Paris als Bankier tätig war, BOISGUILLEBERTs Reproduktionstheorie weiter. Hatte BOISGUILLEBERT zwischen Wert- und Preisbewegungen unterschieden, so versuchte nun CANTILLON, die volkswirtschaftlichen Zusammenhänge unabhängig von ihrer Äußerung in den Preisverhältnissen quantitativ zu erfassen. Damit steht er am Anfang der quantitativen volkswirtschaftlichen Analyse. Aus seinem Werk, stellt MARX fest, haben „Quesnay, Sir James Steuart und A. Smith reichlich geschöpft“[58].

Wie PETTY geht auch CANTILLON in seinem 1725 geschriebenen, aber erst 1755 veröffentlichten „Essai sur la nature du commerce en général“ (Abhandlung über die Natur des Handels im allgemeinen), der ersten größeren systematischen ökonomischen Abhandlung, vom damaligen volkswirtschaftlichen Hauptzweig, von der Landwirtschaft, aus und leitet den Wert aus der Arbeit ab. „Von zwei Morgen Land gleicher Güte wird der eine Morgen ebensoviel Schafe ernähren und die gleiche Menge an Wolle liefern können wie der andere Morgen, vorausgesetzt, daß die Arbeit dieselbe ist, und die von dem einen gelieferte Wolle wird zum gleichen Preis verkauft werden wie die von dem anderen.

Wenn man die Wolle des einen Morgen zu einem Gewand aus grobem Tuch verarbeitet und die Wolle des anderen zu einem Gewand aus feinem Tuch, wird dieses letztere, da es mehr und teuerere Arbeit beansprucht als das von grobem Tuch, bisweilen zehnmal so teuer sein, obwohl beide Gewänder gleich viel und gleich gute Wolle enthalten.“[59]

Da die verschiedenen konkreten Arbeiten nach Qualifikation und Intensitätsgrad unterschiedlich sind und auch ihre Ergebnisse entsprechend den unterschiedlichen Produktionsbedingungen ungleiche Größen darstellen, geht CANTILLON, um zu einer brauchbaren Maßeinheit zu kommen, von folgender Überlegung aus. Nach seiner Berechnung erfordere die Verarbeitung eines Pfundes Flachs zu feinen Brüsseler Spitzen die Arbeit von vierzehn Personen in einem Jahr oder die Arbeit einer Person in vierzehn Jahren. Er stellt fest, „daß der Preis, der für diese Spitzen gezahlt wird, sowohl zur Bestreitung des Lebensunterhaltes einer Person

[58] Karl Marx, Das Kapital, Erster Band, in: MEW, Bd. 23, Berlin 1962, S. 579.
[59] Richard Cantillon, Abhandlung über die Natur des Handels im allgemeinen, Jena 1931, S. 17.

durch vierzehn Jahre als auch der Gewinne aller Unternehmer und Kaufleute, die sich mit dieser Sache befassen, ausreicht"[60]. CANTILLON stellt Berechnungen an, „um die Menge an Boden festzustellen, deren Ertrag an Nahrung jeglicher Art, an Kleidung und anderen lebensnotwendigen Dingen ein Mensch in einem Jahr verbrauchen kann, entsprechend der Lebensführung in Europa"[61]. Man könne dann das Verhältnis der einfachen und komplizierten Arbeit in Einheiten durchschnittlichen Lebensunterhalts oder der für die Herstellung dieser Güter notwendigen Bodenmenge ausdrücken. Wenn man nun den Anteil der sachlichen Aufwendungen, der Arbeiter und der Bezieher von Mehrwert (Unternehmer, Kaufleute, Grundeigentümer) am gesamten Arbeitsprodukt kenne, sei es möglich, auch diese Anteile in Einheiten durchschnittlichen Lebensunterhalts oder der entsprechenden Bodenmenge zum Ausdruck zu bringen. Wenn dieses gelinge, könne man schließlich alle volkswirtschaftlichen Zusammenhänge als quantitative wertmäßige Proportionen unabhängig von den Preisverhältnissen darstellen.

CANTILLON steht vor derselben Situation wie PETTY, soweit es die Werttheorie betrifft. Da es in der Wirklichkeit noch keine Gleichgültigkeit gegen die bestimmte Art der Arbeit gab, konnte der Begriff der abstrakten Arbeit noch nicht gefunden werden. Jede Annahme der Arbeitszeit als Wertmaß überzeugte indessen nur soweit, wie gleiche oder gleichartige Arbeiten den Warenwert bestimmen. Bei zu unterschiedlichen Arbeitsarten blieb immer die Frage nach einem absoluten Wertmaßstab offen. MARX stellt fest: „Das Problem nach einem 'unveränderlichen Maßstab des Werts' war in der Tat also nur ein falscher Ausdruck für das Aufsuchen des Begriffs, der Natur *des Werts* selbst, dessen Bestimmung selbst nicht wieder ein Wert sein könnte, also auch nicht den Veränderungen als Wert unterworfen. Dies war die *Arbeitszeit* – die *gesellschaftliche Arbeit*, wie sie sich in der Warenproduktion spezifisch darstellt."[62]

MARIAN BOWLEY, die einen Gegensatz zwischen PETTY und CANTILLON einerseits und ADAM SMITH anderseits beweisen will, behauptet, daß CANTILLON sich dem Problem des langfristigen Preises und des Preismechanismus von PETTYs Betrachtung der physischen Ressourcen her genähert habe. „Der wichtigste Aspekt bei Pettys Herangehen in der ökonomischen Analyse liegt vielleicht darin, daß er die Frage nach der Relation zwischen den Quantitäten der realen Ressourcen aufwarf, die zur Produktion der Ware und ihres Preises aufgewendet wurden. Dies oder eher noch die Folgerungen für die Ressourcenallokation scheinen Cantillon beeinflußt zu haben."[63]

60 Ebenda, S. 18.

61 Ebenda, S. 25.

62 Karl Marx, Theorien über den Mehrwert, Dritter Teil, in: MEW, Bd. 26.3, Berlin 1968, S. 132.

63 Marian Bowley, Studies in the History of Economic Theory before 1870, London/Basingstoke 1973, S. 89/90.

Dieser Versuch, die frühe klassische Werttheorie in eine Theorie der Ressourcenallokation umzudeuten, soll das Vorhandensein einer Arbeitswerttheorie sowohl bei PETTY und CANTILLON als auch bei ADAM SMITH leugnen, um schließlich der marxistischen Werttheorie die Verwurzelung in der objektiven Realität und in der Theoriegeschichte abzusprechen. CANTILLONs Suche nach einem unveränderlichen Wertmaßstab hat mit den „physischen" Ressourcen, die im Arbeitsprozeß verbraucht werden, nichts zu tun. Um das Problem des unveränderlichen Wertmaßstabes, das die gesamte klassische politische Ökonomie einschließlich RICARDOs beschäftigte, genügend zu verdeutlichen, da wir ihm später auch in den deutschen Auffassungen begegnen, werden CANTILLONs Vorstellungen ausführlicher dargelegt. Denn CANTILLON hatte sich vor den Physiokraten – und später die Physiokraten selbst – am intensivsten mit ihm beschäftigt.

CANTILLON vergleicht zunächst die Anteile von Arbeitern unterschiedlicher Qualifikation am Arbeitsergebnis. Der Wert einer landwirtschaftlichen Arbeitskraft betrage, da auch Nachwuchs herangezogen werden müsse, den doppelten durchschnittlichen Lebensunterhalt. Da sie jedoch weder Kunstfertigkeit noch Geschicklichkeit besitze, sei sie zum Beispiel weniger wert als die Arbeitskraft eines Gewerbetreibenden. „Die Gewerbe, die den größten Zeitaufwand erfordern, um sich in ihnen vollkommen auszubilden, oder die am meisten Geschicklichkeit und Fleiß verlangen, müssen natürlich die bestbezahlten sein. Ein geschickter Möbeltischler wird für seine Arbeit einen besseren Preis erzielen als ein gewöhnlicher Tischler und ein guter Uhrmacher einen besseren als ein Hufschmied."[64]

Die Größe des Unternehmergewinns setzt CANTILLON noch höher an. Die Pächter und Handwerksmeister werden als Unternehmer betrachtet, von denen die einen sich bereichern und mehr als das doppelte ihres Lebensunterhalts verdienen, die anderen zugrunde gehen und Bankrott machen; „die meisten aber leben mit ihren Familien von ihrem täglichen Verdienst, und man könnte ihre Arbeit oder Aufsicht ungefähr dem Dreifachen des Bodenertrages gleichsetzen, der zu ihrem Lebensunterhalt dient. Sicher wären diese Pächter und Handwerksmeister, wenn sie die Arbeit von zehn Landarbeitern oder Gesellen leiten, ebenso in der Lage, die Arbeit von zwanzig zu leiten, je nach der Größe ihres Pachthofes oder der Anzahl ihrer Kunden. Dies macht den Wert ihrer Arbeit oder Aufsicht ungewiß."[65]

Wenn der Anteil des Unternehmers dem Anteil des Grundeigentümers gleichkomme, so könne schließlich auch die Rente wie Arbeitslohn, Gewinn und der wertmäßige Anteil der sachlichen Aufwendungen am Produktenwert in der gewählten Einheit ausgedrückt werden. CANTILLON schreibt: „Die Pächter bekommen gewöhnlich zwei Drittel des Bodenertrages, eines für die Kosten und den

64 Richard Cantillon, Abhandlung über die Natur des Handels im allgemeinen, Jena 1931, S. 13.

65 Ebenda, S. 27.

Unterhalt ihrer Gehilfen, das andere als Gewinn ihres Unternehmens. ... Der Eigentümer erhält gewöhnlich ein Drittel des Ertrages seines Bodens ..."[66]

Aus diesen Überlegungen, bemerkt CANTILLON, „ersieht man, daß der Wert der täglichen Arbeit zum Ertrag des Bodens in Beziehung steht und daß der innere Wert einer Sache an der Menge des Bodens gemessen werden kann, die zu ihrer Herstellung verwendet wird, und an der Menge der Arbeit, die in sie eingeht, das heißt auch noch nach der Bodenmenge, deren Ertrag denen zufällt, die daran gearbeitet haben"[67].

Der Austausch von Werten kann nach CANTILLONs Vorstellung ebensogut als Austausch von Arbeit oder der exakteren Rechnung wegen als Austausch in landwirtschaftlichen Unterhaltsmitteln betrachtet werden. Der Handel von Spitzen gegen Wein ließe sich dann so darstellen: „Wenn die Pariser Damen jahraus, jahrein Brüsseler Spitzen um den Wert von hunderttausend Silberunzen verbrauchen, wird das Viertel eines Morgen Landes in Brabant, das Flachs im Gewicht von hundertfünfzig Pfund hervorbringt, die in Brüssel zu feinen Spitzen verarbeitet werden, dieser Summe entsprechen. Für alle Zweige dieser Erzeugung wird während eines Jahres die Arbeit von ungefähr zweitausend Personen in Brabant erforderlich sein, angefangen von der Aussaat des Flachses bis zur letzten Vollendung der Spitze. Der Spitzenhändler oder Unternehmer in Brüssel wird das Geld dazu vorschießen; er wird direkt oder indirekt alle Spinnerinnen und Arbeiterinnen bezahlen sowie den entsprechenden Teil der Arbeit jener, die die Werkzeuge für diese herstellen. Alle jene, die an der Arbeit teilhaben, werden das, was sie zum Leben brauchen, direkt oder indirekt vom Pächter in Brabant kaufen ... Wenn man den Bodenertrag, den man in dieser Wirtschaft diesen zweitausend Personen zuerkennt, auf drei Morgen Landes pro Kopf annimmt, sowohl für ihren eigenen Unterhalt als für jenen ihrer Familien, die teilweise davon leben, werden sechstausend Morgen Landes in Brabant für den Unterhalt jener verwendet, die an der Herstellung der Spitze Anteil haben und dies auf Kosten der Pariser Damen, die diese Spitzen zahlen und tragen werden."[68]

CANTILLON schreibt: „Nach dem inneren Gesetz der Werte müßte der Boden, der in der Champagne zur Erzeugung des Weines, jener, der zum Unterhalt der Winzer, der Faßbinder, der Wagner, der Hufschmiede, der Fuhrleute, der Pferde für den Transport usw. verwendet wird, dem Boden gleich sein, der in Brabant zur Erzeugung des Flachses verwendet wird, und jenem, der für den Unterhalt der Spinnerinnen, Spitzenarbeiterinnen und aller jener erforderlich ist, die an der Herstellung der Spitze irgendwie teilnehmen."[69]

Wie CANTILLON versucht, den Warenaustausch als Wertaustausch quantitativ zu fassen, so betrachtet er auch die Einkommen als bestimmbare Anteile am gesellschaftlichen Gesamtprodukt. Er stellt fest, „daß alle Bewohner eines Staates,

66 Ebenda, S. 29.
67 Ebenda, S. 27.
68 Ebenda, S. 143/144.
69 Ebenda, S. 147/148.

mit Ausnahme des Fürsten und der Grundeigentümer, abhängig sind; daß sie sich in zwei Klassen einteilen lassen, nämlich in Unternehmer und Lohnempfänger, und daß die Unternehmer gewissermaßen einen unsicheren Lohn haben und alle anderen einen sicheren, solange sie ihn beziehen . . ."[70]

Dementsprechend unterscheidet CANTILLON drei Einkommen: „In England ist man allgemein der Anschauung, daß ein Pächter drei Renten beziehen muß. Die erste oder eigentliche Rente, die er an den Eigentümer zahlt und von der man annimmt, daß sie im Werte einem Drittel des Ertrages des Pachthofes gleichkommt; eine zweite Rente für seinen eigenen Unterhalt und den seiner Leute und Pferde, deren er sich zur Bebauung seines Pachthofes bedient, und endlich eine dritte Rente, die ihm verbleiben muß, um einen Ertrag aus seinem Unternehmen zu ziehen."[71] Man müsse „die drei Renten des Pächters als die hauptsächlichen Quellen oder sozusagen als die erste Antriebskraft des Umlaufes im Staate ansehen"[72].

Aus diesem Ansatz entwickelt CANTILLON unter dem Einfluß der Ideen BOISGUILLEBERTs seine Vorstellung vom volkswirtschaftlichen Kreislauf: „Man nimmt allgemein an, daß die erste Hälfte der Bewohner eines Staates in den Städten, die andere Hälfte auf dem Lande lebt und wohnt. Wenn dem so ist, gibt der Pächter, der zwei Drittel oder vier Sechstel des Bodenertrages hat, direkt oder indirekt ein Sechstel davon den Bewohnern der Stadt im Austausch für die Waren, die er daher bezieht, was mit dem Drittel oder zwei Sechsteln, die der Eigentümer in der Stadt ausgibt, drei Sechstel oder eine Hälfte des Bodenertrages ausmacht."[73] CANTILLON nimmt an, daß das umlaufende Geld zwei Renten der Pächter oder zwei Dritteln des Bodenertrages gleichkommt und alle Zahlungen einmal im Jahr geleistet werden. Er unternimmt es nun, „die Menge des umlaufenden Geldes mit den Renten der Eigentümer zu vergleichen, die gewöhnlich in Geld gezahlt werden und deren Wert man auf Grund einer gleichmäßigen Grundsteuer leicht in Erfahrung bringen kann, statt die Menge des Geldes mit den landwirtschaftlichen Erzeugnissen oder dem Bodenertrag zu vergleichen, deren Preis auf den Märkten täglich schwankt und von denen sogar ein großer Teil konsumiert wird, ohne auf diese Märkte zu kommen"[74]. Aus dieser Betrachtung, sagt CANTILLON, könne man bei Berücksichtigung der Gebräuche für feststehende Zahlungen und der Umlaufgeschwindigkeit des Geldes den notwendigen Bedarf an Bargeld ableiten.

Hatte BOISGUILLEBERT aus der Kenntnis der die Kosten nicht mehr deckenden Preise für landwirtschaftliche Waren und der nur die gewerblichen Waren erfassenden Preissteigerungen auf eine Verletzung der volkswirtschaftlichen Proportionalität geschlossen, so war CANTILLON mit seinem Versuch einer quanti-

[70] Ebenda, S. 36.
[71] Ebenda, S. 78.
[72] Ebenda, S. 79.
[73] Ebenda, S. 30.
[74] Ebenda, S. 84/85.

tativen Analyse wichtiger volkswirtschaftlicher Wertbeziehungen unabhängig von den Preisverhältnissen viel tiefer in das Problem der volkswirtschaftlichen Reproduktion eingedrungen. Da die landwirtschaftlichen Produktionsmethoden noch nicht revolutioniert wurden, war CANTILLONs Gedanke für die damalige Zeit berechtigt, die Größe der Werte und seiner Bestandteile zu derjenigen Bodenmenge in Beziehung zu setzen, die für den Unterhalt der zur Produktion dieser Wertgrößen benötigten Arbeitskräfte erforderlich war. Erst im Industriekapitalismus war es MARX möglich, die Wertgröße auf die Menge verausgabter abstrakter Arbeit zurückzuführen und die Suche nach einem unveränderlichen Wertmaßstab als letztlich vergebliches Bemühen zu erkennen. Unter vorindustriellen Bedingungen jedoch förderte dieser Versuch die klare theoretische Trennung zwischen der Betrachtung der Werte und der Betrachtung der Preise und führte zu einem tieferen Verständnis volkswirtschaftlicher Wertzusammenhänge. Die gesamte klassische politische Ökonomie benutzte später ähnliche Maßeinheiten zur Verdeutlichung wertmäßiger Beziehungen. CANTILLONs Darstellung war eine entscheidende Voraussetzung, um die Betrachtung volkswirtschaftlicher Wertbeziehungen im Warenaustausch weiterzuführen und diese als Reproduktionsprozeß des gesellschaftlichen Gesamtkapitals zu erklären.

3. Zur Begründung des Physiokratismus in Frankreich (Mitte des 18. Jh.)

Um die Mitte des 18. Jahrhunderts wurden sich die bürgerlichen Verfechter eines wirtschaftlichen Aufschwungs in Frankreich angesichts sinkender Arbeitsproduktivität und wachsenden Elends in der Landwirtschaft sowie zahlreicher Brotrevolten hungernder Menschen bewußt, daß selbst die Verwirklichung der bisher üblichen Forderungen von BOISGUILLEBERT und anderen nach günstigeren Preisen für landwirtschaftliche Waren und nach ungehindertem Handel allein nicht ausreichen würde, die wirtschaftlichen Verhältnisse auf dem Lande zu verbessern. Es wurde immer notwendiger, von der kleinen, dahinvegetierenden Bauernwirtschaft des feudal abhängigen Produzenten zum großen Betrieb überzugehen, der kapitalistisch kalkuliert, neue Wirtschaftsmethoden einführt, Lohnarbeiter beschäftigt und mit entsprechenden Kapitalmitteln ausgestattet ist. Die Vertreter des französischen Agrarkapitals, einer kleinen Gruppe in schwacher Position und abhängig von der Einsicht und dem Willen der für die Wirtschaftspolitik Verantwortlichen, wiesen nach, daß nur eine kapitalistisch betriebene Landwirtschaft die Einkommen der Rentenbezieher vermehren, die Nachfrage nach Gewerbeartikeln sowohl für den Luxus der Herrschenden als auch für den landwirtschaftlichen Bedarf an Werkzeugen usw. erhöhen kann. Damit, so hofften sie, könne wieder wirtschaftliche und soziale Stabilität im absolutistischen Feudalstaat hergestellt werden.

Aus der Propagierung des Übergangs zur kapitalistisch betriebenen Landwirtschaft in den bürgerlichen Publikationen entstand die physiokratische Theorie, das erste theoretische System der klassischen politischen Ökonomie, das vor der vollen Entfaltung des Manufakturkapitalismus in England die Periode der Herausbildung der klassischen politischen Ökonomie abschließt. MARX schreibt: „Die Analyse des *Kapitals*, innerhalb des bürgerlichen Horizonts, gehört den Physiokraten. Dies Verdienst ist es, das sie zu den eigentlichen Vätern der modernen Ökonomie macht.“[75]

Ihr Begründer war FRANÇOIS QUESNAY, ein Sohn französischer Kleinbauern, der vierzig Jahre als Chirurg und Arzt, zeitweilig als Arzt der MARQUISE DE POMPADOUR am Hofe LUDWIGs XV., wirkte, bevor er sich mit ökonomischen Problemen zu beschäftigen begann. Für DENIS DIDEROTs Enzyklopädie schrieb er verschiedene ökonomische Artikel, die für das Verständnis der Herausbildung der physiokratischen Theorie sehr aufschlußreich sind. Seine bedeutendste Leistung ist das „Tableau économique“, das er in mehreren Arbeiten verteidigte und propagierte.

QUESNAY stellte fest: „Fundament der Gesellschaft sind die Subsistenzmittel der Menschen und die Reichtümer, welche die Macht benötigt, die sie verteidigen soll.“[76] Er erhob damit die im Verlaufe eines Jahrhunderts herausgebildete politische Ökonomie, die sich als eine besondere Wissenschaft mit dem Fundament der Gesellschaft beschäftigt, zur grundlegenden Gesellschaftswissenschaft. MARX und ENGELS schreiben: „Die Ökonomie, die früher entweder von Finanzmännern, Bankiers und Kaufleuten, also überhaupt von Leuten, die unmittelbar mit ökonomischen Verhältnissen zu tun hatten, oder von allgemein gebildeten Männern wie Hobbes, Locke, Hume behandelt wurde, für die sie als ein Zweig des enzyklopädischen Wissens Bedeutung hatte – die Ökonomie wurde erst durch die Physiokraten zu einer besonderen Wissenschaft erhoben und seit ihnen als eine solche behandelt.“[77]

Die Herausbildung der politischen Ökonomie als eine selbständige Wissenschaft ist nicht nur für die *Theorie*geschichte ein Faktum ersten Ranges. Denn nun erhielt die Bourgeoisie eine in sich geschlossene Wissenschaft, die nicht nur wirtschaftspolitische Maßnahmen im Interesse der Bourgeoisie forderte, sondern die grundsätzliche Überlegenheit kapitalistischer Produktionsverhältnisse gegenüber der feudalen Leibeigenschaft und Zunftwirtschaft bewies und eine wissenschaftliche Begründung für die umfassende Abschaffung aller feudalen Reglementierungen lieferte. Mit der Herausbildung dieser Wissenschaft erhob sich daher die ideologische Auseinandersetzung der Bourgeoisie mit dem Feudalismus auf ein höheres Niveau. Dies begriffen bald progressive Denker in vielen europäischen Ländern.

75 Karl Marx, Theorien über den Mehrwert, Erster Teil, in: MEW, Bd. 26.1, Berlin 1965, S. 12.

76 François Quesnay, Observations sur le Droit naturel des Hommes réunis en Société (1765); übersetzt in: ders., Ökonomische Schriften, 1. Bd., Berlin 1971, S. XII.

77 Karl Marx/Friedrich Engels, Die Deutsche Ideologie, in: MEW, Bd. 3, Berlin 1958, S. 39.

In Deutschland hatten die frühen klassischen Auffassungen kaum Widerhall gefunden; mit der Aufnahme der physiokratischen Ideen begann jedoch die politische Ökonomie eine gewichtige Rolle in der ideologischen Auseinandersetzung zu spielen. Im folgenden werden einige Grundzüge des französischen Physiokratismus dargelegt, um einmal dessen Bedeutung auch für die deutschen Verhältnisse und zum anderen die Unterschiede zwischen ihm und seiner deutschen Interpretation zu erklären.

Physiokratismus und klassische Werttheorie

Eine wichtige Frage zur Einschätzung des Platzes, den der Physiokratismus in der Geschichte der politischen Ökonomie einnimmt, d. h. welche Theorien er von Petty, Boisguillebert und Cantillon entlehnt und wie er diese weiterführt[78], berührt die Rolle der Werttheorie in der physiokratischen Argumentation. Die Autoren des Lehrbuchs „Geschichte der ökonomischen Lehrmeinungen" schreiben, daß die Physiokraten einen äquivalenten Wertaustausch annehmen. „Allerdings vermochte Quesnay nicht, diesen Umstand wissenschaftlich zu begründen. Er konnte das nicht, weil er den Wert mit dem Gebrauchswert verwechselte, ihn nur von der stofflichen Seite betrachtete und rechnerisch mit den Produktionskosten identifizierte."[79]

Anikin führt aus, daß Quesnay als „Romantiker der Landwirtschaft"[80] auf die Fragen – erstens – nach der Rechtmäßigkeit der Aneignung des Mehrprodukts durch die Bodeneigentümer und – zweitens – nach der Herkunft des Mehrprodukts eine „originelle Erklärung" fand: „Ihre Rente sei der rechtmäßig zustehende Anteil für gewisse 'Bodenvorschüsse' (avances foncières), für Investitionen, die sie angeblich in alten Zeiten auf sich genommen haben, um das Land urbar zu machen. Ob Quesnay selbst daran geglaubt hat, läßt sich kaum sagen. Jedenfalls konnte er sich keine Landwirtschaft ohne Gutsbesitzer vorstellen. Die Antwort auf die zweite Frage schien ihm noch klarer gewesen zu sein. Das Land selbst, die Natur liefert diesen Überschuß! So gehört er ganz natürlich dem, der Eigentümer des Landes ist."[81] Die Physiokraten, meint Anikin, hatten „eigentlich gar keine Werttheorie"[82].

Nach beiden Darstellungen scheint Quesnay in der Wertauffassung nicht über Boisguillebert hinausgekommen zu sein. Es ist jedoch zu fragen, ob nicht die allgemein verbreitete, meist kaum weiter erklärte Auffassung, nach physio-

78 Vgl. Marguerite Kuczynski, Bemerkungen zur Entwicklung einiger Termini in Quesnays „Ökonomischem Tableau". Zum 200. Todestag seines Schöpfers, in: Jahrbuch für Wirtschaftsgeschichte, 1975, Teil III, S. 13–41.

79 Geschichte der ökonomischen Lehrmeinungen, Berlin 1965, S. 53.

80 A. W. Anikin, Ökonomen aus drei Jahrhunderten, Berlin 1974, S. 153.

81 Ebenda, S. 160.

82 Ebenda, S. 197.

kratischer Vorstellung sei das Mehrprodukt das Geschenk der Natur, die theoriegeschichtlichen Zusammenhänge und die physiokratische Betrachtung zu sehr vereinfache.

Der theoretische Ausgangspunkt der Physiokraten, die die ökonomischen Gesetze der Entstehung und Verwendung des durch kapitalistische Bearbeitung der Natur gewonnenen Mehrprodukts untersuchten und deshalb damals diese Namen erhielten, war CANTILLONs Versuch einer quantitativen Analyse volkswirtschaftlicher Beziehungen auf der Grundlage der klassischen Arbeitswerttheorie. QUESNAY stellt fest: „Nun entstehen aber die Reichtümer, aufs neue und in einem fort, nur durch die Arbeit der Menschen: Somit vernichtet ein jeder, der nicht durch seine Arbeit zur Erneuerung der Reichtümer beiträgt, die er sich aneignet oder die er konsumiert, unwiederbringlich, was er durch seinen Verbrauch zerstört. Er scheint es zwar an die Gesellschaft zurückzuerstatten, indem er ihr bezahlt, was er verbraucht; ganz zweifellos aber wird der Anteil der Reichtümer, den er zerstört, indem er ihn konsumiert, in der Reproduktion fehlen, wenn er selbst, direkt oder indirekt, effektiv keinen Beitrag zu dieser Reproduktion zusteuert. ... Sein Verbrauch ist also ein reiner Verlust; denn er fehlt in der Reproduktion."[83]

Eine weitere theoretische Voraussetzung für die physiokratische Lehre war die Erkenntnis vom Unterschied zwischen Gebrauchswert und Tauschwert; die Größe des letzteren hänge nicht vom ersteren ab, meinte QUESNAY. Es müsse klar erkannt werden, „daß die Bodenprodukte nicht an sich Reichtümer sind. Reichtümer sind sie nur, insofern sie für den Menschen notwendig sind und insofern Handel mit ihnen getrieben werden kann. Reichtümer sind sie also nur entsprechend dem Ausmaße, in dem sie [über den Markt] in den Konsum gelangen, und entsprechend der Anzahl der Menschen, die ihrer bedürfen."[84]

Ganz eindeutig stellt QUESNAY fest: „Der mehr oder minder profitable Ertrag aus diesen Reichtümern entstammt also nicht ihrem Gebrauchswert."[85]

Aber die Warenproduktion schlechthin, schreibt QUESNAY, führte noch nicht zum Wohlstand, wenn sie vor allem mit hohem Aufwand an wenig effektiver körperlicher Arbeit betrieben werde. „Auch der schlechte Anbau verlangt indessen sehr viel Arbeit. ... Nicht die Menschen, sondern die Pferde und Ochsen sollen die Furche ziehen, und die Herden sollen sie düngen. Ohne diese Hilfsmittel lohnt die Erde die Arbeiten des Landwirts nur spärlich."[86]

QUESNAY faßt seine Vorstellung von der *kapitalistischen* Warenproduktion in der Landwirtschaft zusammen: „... dank den Arbeitsverrichtungen und dem Arbeitsfleiß der Menschen kommt es zur Fruchtbarkeit der Ländereien, zum Tauschwert [valeur vénale] der Bodenprodukte und zur guten Verwendung der

[83] François Quesnay, Bevölkerung; in: Ökonomische Schriften, 1. Band, Berlin 1971, S. 315/316.
[84] François Quesnay, Getreide (1757), ebenda, S. 141.
[85] François Quesnay, Bevölkerung, ebenda, S. 261.
[86] François Quesnay, Getreide, ebenda, S. 139.

Reichtümer in Geldform. Das sind die vier Quellen des Überflusses; sie alle tragen gegenseitig zum Wachstum der einen wie der anderen Quellen bei."[87] Nur die mit Kapitalmitteln ausgerüstete landwirtschaftliche Arbeit sei so produktiv, daß sie ständig ein Mehrprodukt erzeuge; im Vergleich zur unproduktiven, nur die Kosten deckenden Arbeit bringe sie „umsonst gespendete, sich immer wieder erneuernde Reichtümer"[88] hervor.

Freilich wurde die Äußerung vom Mehrprodukt als reinem Geschenk der Natur in zahlreichen Kompilationen von zweitrangigen Anhängern und von Gegnern des Physiokratismus ständig wiederholt. Doch dieser Umstand ändert nichts daran, daß der Theoriehistoriker den Kontext bei QUESNAY berücksichtigen muß. Dann kommt er zu dem Ergebnis, daß dieser die *Werttheorie*, die BOISGUILLEBERT nur unbewußt auf die damalige wirtschaftliche Situation Frankreichs angewendet hatte, nun aus dem Gesichtswinkel der *kapitalistischen* Warenproduktion in der Landwirtschaft weiterführt.

Über produktive und unproduktive Arbeit

Als ein rühriger Propagandist der kapitalistischen Wirtschaftsweise in der Landwirtschaft hebt QUESNAY die Bedeutung des kapitalistischen Pächters hervor. „In diesen armen Landwirten, die für den Staat von so geringem Nutzen sind, darf man nicht den wirklichen Landwirt, den reichen Pächter sehen, der den Anbau im großen betreibt, der lenkt und leitet, der befiehlt und anweist; der die Ausgaben erhöht, um die Profite zu steigern, der, indem er jedes Mittel ausnutzt und jeden persönlichen Vorteil wahrnimmt, zum Wohle aller wirkt; der die Landbevölkerung nutzbringend beschäftigt; der in der Lage ist, für den Absatz seines Korns, für den An- und Verkauf seines Viehs sich günstige Zeiten auszusuchen und sie abzuwarten."[89]

Dieser Pächter war für QUESNAY nicht nur der „wirkliche Landwirt", d. h. der landwirtschaftliche Kapitalist, sondern er war für den Physiokraten der Kapitalist überhaupt. Die einseitige Hervorhebung des *landwirtschaftlichen* Kapitalisten ergab sich einerseits aus der Dringlichkeit, den Kapitalismus in der Landwirtschaft durchzusetzen, um den wirtschaftlichen Verfall und nach dem Wunsch der Vertreter eines aufgeklärten Absolutismus das Heranreifen einer revolutionären Situation aufzuhalten, und anderseits aus der Schwäche des vom Feudalismus erheblich behinderten Kapitalismus im Gewerbe. Denn nur die im kapitalistischen Betrieb kostengünstig hergestellten landwirtschaftlichen Produkte, Grundnahrungsmittel für die gesamte Bevölkerung und Rohstoffe für die Manufakturverarbeitung, versprachen bei Herstellung einer freien Konkurrenz einen stän-

[87] François Quesnay, Bevölkerung, ebenda, S. 239.
[88] François Quesnay, Steuern, ebenda, S. 167.
[89] François Quesnay, Pächter (1756), ebenda, S. 50.

digen Absatz, erlaubten damit profitable Kapitalanlagen und sicherten einen stabilen Mehrertrag. Die Ertragslage der Manufakturen, die vorrangig für die konsumtiven Bedürfnisse der feudalen Klasse produzierten, hing dagegen im wesentlichen von deren Einnahmen ab, das heißt von der Rentenmasse, die wiederum in ihrer Höhe vom Produktivitätsstand einer gesicherten landwirtschaftlichen Reproduktion bestimmt wurde. Die spätfeudale Klassenstruktur hätte also bei Beseitigung feudaler Produktions- und Handelsbehinderungen vor allem dem landwirtschaftlichen Kapital eine ständige Verwertungsmöglichkeit geboten, dem gewerblichen Kapital in seiner Gesamtheit aber trotz von feudaler Seite zugesicherter Bewegungsfreiheit noch kein mehr oder minder kontinuierliches Wachstum gestattet.

Dieses aus der spätfeudalen Situation abgeleitete Verhältnis zwischen landwirtschaftlichem und gewerblichem Kapital bildet den Hintergrund für QUESNAYs Auffassung von den „sterilen Reichtümern". Allerdings spricht QUESNAY aus klassenmäßigen Gründen den *kapitalistischen* Charakter des Verhältnisses nicht aus; im Gegenteil sucht er ihn zu vertuschen. MARX schreibt: „Ludwig XV., der letzte absolute König und der Repräsentant des Verfalls des französischen Königtums, hatte einen Leibarzt, der der erste Ökonom Frankreichs war. Dieser Arzt, dieser Ökonom, repräsentierte den bevorstehenden und sichern Triumph der französischen Bourgeoisie."[90] Wie die Bourgeoisie – damals historisch berechtigt – ihr Klasseninteresse als gesamtgesellschaftliches Interesse ausgab, so interpretierte ihr Repräsentant in der politischen Ökonomie das Verhältnis zwischen landwirtschaftlichem und gewerblichem *Kapital* als ein Verhältnis zwischen Landwirtschaft und Gewerbe schlechthin. Aus dieser klassenmäßig begründeten Betrachtungsweise ergibt sich eine beträchtliche Unschärfe in der ökonomischen Argumentation.

QUESNAY schreibt: „Daher werden die Reichtümer in Gestalt von gewerblich gefertigten Dingen nur mittels eben der Reichtümer in Gestalt der Revenuen aus Grund und Boden beschafft, und diese gewerblich gefertigten Dinge sind an sich lediglich sterile Reichtümer, die nur mit Hilfe der Revenuen aus Grund und Boden erneuert werden können. Eine Nation vermag sich nur mittels unablässiger Konsumtion und Reproduktion zu erhalten; deshalb bestehen die Reichtümer, welche die Grundlage ihrer Existenz bilden, nur in den sich unablässig reproduzierenden. Die sterilen Reichtümer sind also Reichtümer, die nur der [Sphäre der] Konsumtion angehören, die durch die Konsumtion selbst vernichtet werden und weder die fortwährende Existenz der Menschen noch die sich sukzessive erneuernde Existenz ihrer Reichtümer sichern können, wenn sie nicht mit Hilfe anderer Reichtümer reproduziert werden."[91]

Mit dem Begriff der Sterilität umschreibt QUESNAY einerseits die beträchtliche Abhängigkeit des Handwerks und der Manufaktur in einem vorrangig ackerbau-

[90] Karl Marx, Das Elend der Philosophie, in: MEW, Bd. 4, Berlin 1959, S. 125.
[91] François Quesnay, Steuern, in: Ökonomische Schriften, Bd. 1, Berlin 1971, S. 168/169.

treibenden Staat von einer beständigen Nachfrage nach ihren Waren vor allem von seiten der in und von der Landwirtschaft Lebenden und andererseits die stoffliche Abhängigkeit von den landwirtschaftlichen Erzeugnissen. Da in der vormarxistischen Arbeitswerttheorie noch nicht begrifflich zwischen der abstrakten und der konkreten warenproduzierenden Arbeit unterschieden werden konnte, vermochte QUESNAY auch nicht begrifflich zwischen der nachfrageseitigen und der stofflich-produktionsseitigen Abhängigkeit zu trennen. Das grundsätzliche Merkmal für den nichtproduktiven, sterilen Charakter des Gewerbes sah er – wieder vom kapitalistischen Standpunkt – im Fehlen einer gesicherten Mehrwertproduktion.

QUESNAY identifiziert wohl aus grundsätzlichen klassenmäßigen Gründen die kapitalistischen Interessen in Landwirtschaft und Gewerbe mit landwirtschaftlichen und gewerblichen Interessen schlechthin; aber die Gleichsetzung im Gewerbe ergab sich durchaus auch aus dem Umstand, daß die kapitalistische Manufaktur keineswegs typisch war für das Gewerbe. Mit einem gewissen Recht zählt er also die Manufaktur zur einfachen Warenproduktion, für die es keinen Mehrwert gibt. „Diejenigen, welche handwerklich gefertigte Dinge fabrizieren, produzieren keine Reichtümer; denn ihre Arbeit erhöht den Wert dieser Waren nur um die Lohnsumme, welche sie für ihre Arbeit bezahlt bekommen und welche dem Ertrag aus Grund und Boden entnommen wird. Der Fabrikant, der Stoffe macht, der Schneider, der Anzüge macht, der Schuster, der Schuhe macht – sie alle produzieren ebenso wenig Reichtümer wie der Koch, der das Essen für seinen Meister macht, wie der Arbeiter, der Holz sägt, wie Musiker, die ein Konzert spielen: Sie alle werden aus ein und demselben Fonds und nach Maßgabe des ihren Arbeiten zugebilligten Entgelts bezahlt, das sie für ihre Subsistenz ausgeben. Sie konsumieren also genau soviel, wie sie produzieren; der Ertrag aus ihrer Arbeit ist gleich den Kosten, welche diese Arbeit erfordert."[92] Bei diesen und anderen Ausführungen aus dem 18. Jahrhundert muß immer berücksichtigt werden, daß der Begriff des Reichtums (richesse) noch nicht definiert war; oft umschreibt man ihn heute besser mit dem Begriff des Einkommens. QUESNAY meint an dieser Stelle einfach den Mehrwert.

Mit der Unterscheidung der „produktiven Klasse" der Pächter (einschließlich ihrer Lohnarbeiter) und der „sterilen Klasse" der gewerblichen, vorwiegend einfachen Warenproduzenten (aber stillschweigend einbegriffen die Manufakturkapitalisten und ihre Lohnarbeiter) hat QUESNAY den Führungsanspruch generell der kapitalistischen Warenproduktion gegenüber der einfachen Warenproduktion und speziell der agrarkapitalistischen Gruppe innerhalb der Kapitalistenklasse formuliert. Nach seiner Meinung – und in Übereinstimmung mit der französischen Wirklichkeit – hängt die weitere kapitalistische Entwicklung wesentlich von der Durchsetzung des Kapitalismus in der Landwirtschaft ab. Die gewerbliche einfache Warenproduktion und das Manufakturkapital haben in dieser

92 François Quesnay, Bevölkerung, ebenda, S. 295/296.

Entwicklung eine wichtige Funktion, da sie einen Teil der landwirtschaftlichen Waren abnehmen und somit dem Pächter einen dem Wert entsprechenden Marktpreis gewährleisten, wenn nicht der absolutistische Staat im Gewerbeinteresse diesen Preis niedrig hält und damit die Landwirtschaft und die gesamte Nation ruiniert.

Wie später zu sehen ist, machen sich die Anhänger des Physiokratismus außerhalb Frankreichs QUESNAYs Unschärfe in der begrifflichen Fassung des Verhältnisses zwischen (kapitalistischer) Landwirtschaft und (vorwiegend vorkapitalistischem) Gewerbe zunutze und interpretieren das landwirtschaftliche Interesse aus dem Gesichtswinkel freier Bauern. QUESNAYs Unschärfe ist also ein Grund für die Resonanz seiner Theorie in geringer entwickelten Ländern, in denen dann freilich der Klassencharakter dieser Theorie verändert wird.

Wie zwischen produktiver und unproduktiver Arbeit unterscheidet QUESNAY auch zwischen produktiv und unproduktiv verwendetem Einkommen: „Den Profit des Pächters und den Verdienst der Leute, welche der Pächter beim Anbau beschäftigt, muß man von den Revenuen unterscheiden, die dieser selbe Anbau jährlich dem Grundeigentümer einbringt; denn gesichert werden Anbau und Revenuen durch die Vorschüsse und die Profite der Landwirte.“[93]

Am besten wäre es, meint QUESNAY, das Renteneinkommen wenigstens teilweise der Produktion zuzuführen. „Ein Grundeigentümer also, der seine Güter gut regiert; der ihren Ertrag mittels der Ausgaben erhöht, welche er für ihre Melioration macht; der gute Pächter aussucht, welche sich auf den guten Anbau verstehen; der ihre Ausgaben und Arbeiten fördert, indem er es ihnen leichter macht, zu etwas Vermögen zu kommen – der ist ein sehr profitabler Bürger für den Staat . . .“[94]

Die Grundeigentümer, die ihre Einkommen nicht unmittelbar für die kapitalistische Produktion nutzen, sind nach QUESNAYs Überzeugung für die Schaffung einer erforderlichen Nachfrage nach den Waren und auf diese Weise für die kapitalistische Entwicklung verantwortlich. Die gesellschaftliche Notwendigkeit ihrer Existenz ergibt sich somit ausschließlich aus ihrer Beziehung zum gesellschaftlichen Reproduktionsprozeß. Die bürgerliche Ideologie von der Moralität der produktiven Tätigkeit und der Verwerflichkeit des Müßiggangs erhält durch QUESNAY ihre kapitalistisch-ökonomische Präzisierung. „Die Grundeigentümer, welche diese Revenuen empfangen, müssen sie jährlich ausgeben, damit die Reichtümer dieser Art unter die ganze Bevölkerung verteilt werden. Ohne diese Verteilung könnte der ganze Staat nicht bestehen bleiben. Wenn die Grundeigentümer ihre Revenuen einbehalten würden, so müßte man sie ihnen notgedrungen mit Gewalt wegnehmen. Diese Art Reichtümer gehört also dem Staat ebensogut wie den Grundeigentümern selbst; diesen steht deren Besitz und Genuß nur zu, damit sie sie ausgeben. Nur dadurch, daß sie konsumieren, sind die Grundeigen-

93 François Quesnay, Steuern, ebenda, S. 187.
94 François Quesnay, Bevölkerung, ebenda, S. 314.

tümer für den Staat nützlich: Ihre Revenuen entheben sie der Notwendigkeit zu arbeiten; sie produzieren nichts."[95]

Das ist die prinzipiell antifeudale Sprache eines kapitalistischen Theoretikers, der einem Gesellschaftssystem, das in regelmäßigen Abständen von Bauernunruhen geschüttelt wird, mit Gewalt droht, wenn es sich den kapitalistischen Reproduktionserfordernissen nicht unterordnet.

Von diesem Standpunkt ergibt sich für QUESNAY „die wichtigste Regel der Wirtschaftspolitik, die Regel, die niemals verletzt werden darf: daß Sicherheit und Fortschritt der Landwirtschaft niemals durch die Steuern beeinträchtigt werden dürfen"[96]. Die Einkommen der Grundeigentümer, die als gesellschaftlicher Mehrwert der Entwicklung des Kapitalismus nur durch ihre Nachfrage nach Waren nützen und darüber hinaus als Fonds für alle übrigen gesellschaftlichen Bedürfnisse bereitstehen sollen, „sind also die wahren Reichtümer der Nation, die Reichtümer des Herrschers, die Reichtümer der Untertanen, die Reichtümer, welche für die Bedürfnisse des Staates aufkommen, und folglich die Reichtümer, aus denen die Steuern bezahlt werden, um die notwendigen Ausgaben für die Lenkung und Verteidigung des Staates bestreiten zu können"[97]. Kapitalistische und einfache Warenproduktion in Landwirtschaft und Gewerbe sollen also nach der Meinung der Physiokraten frei von staatlichen Abgaben sein, damit sie ihre Reproduktion sichern können. Mit dieser Auffassung von der einzigen Steuer (impôt unique) auf das Renteneinkommen vertrat QUESNAY unmißverständlich eine antifeudale Forderung, die auf den entschiedenen Widerstand des absolutistischen Regimes stieß.

Einen radikaleren Angriff auf die wirtschaftlichen Grundlagen des absolutistischen Staats hatte es in der politischen Ökonomie noch nicht gegeben. Er wurde durch die physiokratische Reproduktionstheorie untermauert.

Zur physiokratischen Reproduktionstheorie

MARX schreibt über QUESNAYs Reproduktionstheorie: „In der Tat aber ist das physiokratische System die erste systematische Fassung der kapitalistischen Produktion. Der Repräsentant des industriellen Kapitals – die Pächterklasse – leitet die ganze ökonomische Bewegung. Der Ackerbau wird kapitalistisch betrieben, d. h. als Unternehmung der kapitalistischen Pächter auf großer Stufenleiter; der unmittelbare Bebauer des Bodens ist Lohnarbeiter. Die Produktion erzeugt nicht nur die Gebrauchsartikel, sondern auch ihren Wert; ihr treibendes Motiv aber ist Gewinnung von Mehrwert, dessen Geburtsstätte die Produktions-, nicht aber die Zirkulationssphäre. Unter den drei Klassen, die als Träger des durch

[95] François Quesnay, Steuern, ebenda, S. 166.
[96] Ebenda, S. 188.
[97] Ebenda, S. 166.

die Zirkulation vermittelten gesellschaftlichen Reproduktionsprozesses figurieren, unterscheidet sich der unmittelbare Ausbeuter der 'produktiven' Arbeit, der Produzent des Mehrwerts, der kapitalistische Pächter, von dessen bloßen Aneignern."[98]

Bevor einige Charakteristika der physiokratischen Reproduktionstheorie erörtert werden, sind noch zwei Voraussetzungen anzuführen.

Die erste Voraussetzung für die Reproduktionstheorie QUESNAYs besteht in der Möglichkeit, die Klassenstruktur der Gesellschaft zu erkennen und zur Grundlage des physiokratischen Modells zu nehmen. „Die ökonomische Wirklichkeit zeigt uns mit in die Augen springender Deutlichkeit die Klassenteilung der Gesellschaft als Grundlage der Wirtschaftsordnung sowohl des Kapitalismus als auch des Feudalismus. Die Aufmerksamkeit der Wissenschaft ist schon seit dem Aufkommen der politischen Ökonomie auf die *Erklärung* dieser Klassenteilung gerichtet. Die gesamte klassische politische Ökonomie machte eine Reihe von Schritten auf diesem Wege"[99], schreibt LENIN. QUESNAY tat den ersten entscheidenden Schritt, ohne den weder seine Reproduktionsvorstellungen noch die weiteren Schritte möglich gewesen wären, die nach ihm ADAM SMITH und DAVID RICARDO unternahmen. MARX schreibt, daß RICARDO die drei Klassen Grundeigentümer, Kapitalisten und Arbeiter unterscheidet, aber man könne sich überzeugen, „daß die erste Entdeckung der drei Klassen in der ökonomischen Sphäre und ihrer gegenseitigen Beziehungen nur in der Agrikultur gemacht werden konnte, wie das Quesnay getan hat"[100]. Die deutschen Physiokraten entlehnten QUESNAYs Klasseneinteilung als Grundlage des Reproduktionsmodells, modifizierten sie aber erheblich.

Die zweite Voraussetzung besteht in der damals gegebenen Möglichkeit und Begrenztheit, die grundlegenden gesellschaftlichen Reproduktionszusammenhänge zu erkennen. MARX führt aus: „Die Differenz zwischen dem *Wert* des Arbeitsvermögens und seiner *Verwertung* – also der Mehrwert, den der Kauf des Arbeitsvermögens seinem Anwender verschafft – erscheint am handgreiflichsten, unwidersprechlichsten von allen *Produktionszweigen* in der *Agrikultur*, in der Urproduktion. Die Summe der Lebensmittel, die der Arbeiter jahraus, jahrein verzehrt, oder die Masse Stoff, die er konsumiert, ist geringer als die Summe der Lebensmittel, die er produziert. In der Manufaktur sieht man überhaupt den Arbeiter nicht direkt weder seine Lebensmittel noch den Überschuß über seine Lebensmittel produzieren. Der Prozeß ist vermittelt durch Kauf und Verkauf, durch die verschiedenen Akte der Zirkulation, und erheischt zu seinem Verständnis Analyse des Werts überhaupt. In der Agrikultur zeigt er sich unmittelbar im Überschuß der produzierten Gebrauchswerte über die vom Arbeiter konsumierten

98 Karl Marx, Das Kapital, Zweiter Band, in: MEW, Bd. 24, Berlin 1963, S. 360

99 W. I. Lenin, Noch eine Vernichtung des Sozialismus, in: Werke, Bd. 20, Berlin 1962, S. 195.

100 Karl Marx, Brief an Maxim Maximowitsch Kowalewski vom April 1879, in: MEW, Bd. 34, Berlin 1966, S. 506.

Gebrauchswerte, kann also ohne Analyse des Werts überhaupt, ohne klares Verständnis von der Natur des Werts begriffen werden. Also auch, wenn der Wert auf Gebrauchswert und dieser auf Stoff überhaupt reduziert wird. Die Agrikultur ist den Physiokraten daher die einzige *produktive* Arbeit, weil die einzige Arbeit, die einen *Mehrwert schafft*, und die *Grundrente* ist die *einzige Form des Mehrwerts*, die sie kennen. Der Arbeiter in der Manufaktur vermehrt den Stoff nicht; er verändert nur die Form desselben. Das Material – die Masse des Stoffs – ist ihm gegeben von der Agrikultur. Er setzt allerdings dem Stoff Wert zu, nicht durch seine Arbeit, sondern durch die Produktionskosten seiner Arbeit: durch die Summe der Lebensmittel, die er während seiner Arbeit verzehrt gleich dem Minimum des Salairs, das er von der Agrikultur erhält. Weil die Agrikulturarbeit als die einzig produktive Arbeit aufgefaßt wird, wird die Form des Mehrwerts, die die Agrikulturarbeit von der industriellen Arbeit scheidet, die *Grundrente*, als die einzige Form des Mehrwerts aufgefaßt.“[101]

In diesen für das Verständnis der physiokratischen Theorie grundsätzlichen Ausführungen heißt es, daß die *Analyse* des Werts, das *klare* Verständnis der Natur des Werts fehlte. Die Feststellung widerspricht nicht der oben gemachten Aussage, daß QUESNAY BOISGUILLEBERTs Wertvorstellungen weiterführte. MARX charakterisiert den *grundsätzlichen* Mangel der frühen klassischen Werttheorie von PETTY, BOISGUILLEBERT, CANTILLON und QUESNAY, der auch bei der Behandlung von PETTY und CANTILLON erörtert wurde. MARX hebt aber – in der schon früher zu einem Teil angeführten Bemerkung – ebenfalls den Fortschritt in der Arbeitsauffassung der Physiokraten hervor: „Arbeit scheint eine ganz einfache Kategorie. Auch die Vorstellung derselben in dieser Allgemeinheit – als Arbeit überhaupt – ist uralt. Dennoch, ökonomisch in dieser Einfachheit gefaßt, ist ‘Arbeit’ eine ebenso moderne Kategorie wie die Verhältnisse, die diese einfache Abstraktion erzeugen. Das Monetarsystem z. B. setzt den Reichtum noch ganz objektiv, als Sache außer sich im Geld. Gegenüber diesem Standpunkt war es ein großer Fortschritt, wenn das Manufaktur- oder kommerzielle System aus dem Gegenstand in die subjektive Tätigkeit – die kommerzielle und Manufakturarbeit – die Quelle des Reichtums setzt, aber immer noch bloß diese Tätigkeit selbst in der Begrenztheit als geldmachend auffaßt. Diesem System gegenüber das physiokratische, das eine bestimmte Form der Arbeit – die Agrikultur – als die Reichtum schaffende setzt, und das Objekt selbst nicht mehr in der Verkleidung des Geldes, sondern als Produkt überhaupt, als allgemeines Resultat der Arbeit. Dieses Produkt noch der Begrenztheit der Tätigkeit gemäß als immer noch naturbestimmtes Produkt – Agrikulturprodukt, Erdprodukt par excellence.“[102]

Es treffen also vier Umstände zusammen: erstens die Einsicht in die spätfeudale Klassenstruktur; zweitens das sozialökonomische Interesse an einer kapitalisti-

101 Karl Marx, Theorien über den Mehrwert, Erster Teil, in: MEW, Bd. 26.1, Berlin 1965, S. 14–17.

102 Karl Marx, Einleitung zur Kritik der Politischen Ökonomie, in: MEW, Bd. 13, Berlin 1961, S. 634/635.

schen Entwicklung der Landwirtschaft, hervorgehoben als generelles landwirtschaftliches Interesse; drittens die Weiterführung der frühen klassischen Werttheorie innerhalb der Grenzen, die ein noch nicht voll entfalteter Manufakturkapitalismus setzte; und viertens die erkenntnismäßige Möglichkeit, in der Landwirtschaft – im Gegensatz zur komplizierteren Erscheinung der Manufakturproduktion – den Mehrwert als Differenz zwischen dem vom Arbeiter geschaffenen Produkt und dem Minimum seines Salairs zu fassen. Diese Umstände ermöglichten QUESNAY, sein Reproduktionsmodell, „eine der genialsten Generalisationen, die die politische Ökonomie geliefert hat“[103], zu schaffen.

QUESNAYs Tableau économique

QUESNAY entwarf 1758 in der uns bekannten ältesten Fassung das später mehrmals überarbeitete „Tableau économique“, die „ökonomische Tafel“, also ein Schaubild zur Erklärung volkswirtschaftlicher Grundbeziehungen, das von der Zirkulation der Grundrente, des „Nettoprodukts“ (produit net), ausgeht. MARX schreibt, „daß das Tableau, diese ebenso einfache wie für ihre Zeit geniale Darstellung des jährlichen Reproduktionsprozesses, wie er durch die Zirkulation vermittelt wird, sehr genau darauf antwortet, was aus diesem Nettoprodukt im volkswirtschaftlichen Kreislauf wird“[104]. Dieses Tableau hat in seiner stark vereinfachten Fassung aus dem Jahr 1766 durch MARX eine gültige Erklärung gefunden.[105] Die folgende Darstellung knüpft an die ausführlichste Erläuterung der früheren Entwürfe an, weil in diesen die Entstehung der QUESNAYschen Reproduktionstheorie, die Verbindung zwischen den Auffassungen von der Reproduktion des individuellen Kapitals, vom gesellschaftlichen Reproduktionsprozeß sowie von der Klassenstruktur der spätfeudalen Gesellschaft sichtbar geblieben ist.

QUESNAY beginnt sein ökonomisches Tableau (3. Ausgabe, 1759) mit der Feststellung: „zu betrachten sind: 1. Drei Arten von Ausgaben; 2. deren Quellen; 3. deren Vorschüsse; 4. deren Verteilung; 5. deren Wirkung; 6. deren Reproduktion; 7. deren Verhältnis untereinander; 8. deren Verhältnis zur Bevölkerung; 9. zur Landwirtschaft; 10. zum Gewerbe; 11. zum Handel; 12. zur Masse der Reichtümer einer Nation.“[106]

Der Austausch der Waren zwischen den Vertretern der drei „Klassen“, der „produktiven“ kapitalistischen Landwirtschaft, der „sterilen“ einfachen Warenproduktion im Gewerbe und den Aneignern des Mehrwerts (Grundeigentümer),

[103] Karl Marx, Brief an Friedrich Engels vom 8. 8. 1877, in: MEW, Bd. 34, Berlin 1966, S. 70.
[104] Karl Marx, Aus der „Kritischen Geschichte“, in: MEW, Bd. 20, Berlin 1963, S. 236.
[105] Vgl. Karl Marx, Theorien über den Mehrwert, Erster Teil, in: MEW, Bd. 26.1, Berlin 1965, S. 12–24; 282–319.
[106] François Quesnay, Ökonomisches Tableau („3.“ Ausgabe), in: Ökonomische Schriften, Bd. 1, Berlin 1971, S. 394.

geht von der kapitalistischen Pächterwirtschaft aus, die mit 600 Livres „jährlicher Vorschüsse“ eine jährliche Revenue von 600 Livres für den Grundeigentümer produziert; „dazu die jährlichen Kosten für die 600 Livres und die Zinsen für die ursprünglichen Vorschüsse des Landwirts, die der Boden in Höhe von 300 Livres zurückerstattet. Somit beläuft sich die Reproduktion mit 1500 Livres einschließlich der Revenuen in Höhe von 600 Livres, welche, ohne Berücksichtigung der Steuer und der für ihre Reproduktion erforderlichen Vorschüsse usw., die Basis der Rechnung darstellen.“ [107]

Damit führt QUESNAY erstmals in der Geschichte der politischen Ökonomie das produktive Kapital in die Untersuchung ein. Er unterscheidet zwischen den ursprünglichen Vorschüssen (fixem Kapital), deren auf das Produkt übertragener Wertteil zurückerstattet wird, und den jährlichen Vorschüssen (zirkulierendem bzw. variablem Kapital), deren Wert sich reproduziert und die zugleich regelmäßig einen Mehrwert in Form der Grundrente hervorbringen. Der Profit als eine Form des Mehrwerts spielt bei den Physiokraten noch keine Rolle.

Über die physiokratische Vorstellung vom Ablauf des jährlichen Reproduktionsprozesses schreibt MARX: „Da der Ausgangspunkt des Tableaus die Gesamternte ist, bildet er zugleich den Schlußpunkt eines ökonomischen Jahrs, z. B. des Jahres 1758, nach welchem ein neues ökonomisches Jahr beginnt. Während dieses neuen Jahrs 1759 verteilt sich der für die Zirkulation bestimmte Teil des Bruttoprodukts vermittelst einer Anzahl einzelner Zahlungen, Käufe und Verkäufe, unter die zwei andern Klassen.“[108]

QUESNAY nimmt an, daß der Grundeigentümer das vom Pächter erhaltene Nettoprodukt der vergangenen Ernte zu Beginn des vom Tableau erfaßten Zeitraums in die Zirkulation wirft: „Die 600 Livres Revenuen gibt der Grundeigentümer zur Hälfte bei der Klasse mit den produktiven Ausgaben für Brot, Wein, Fleisch usw. aus, die andere Hälfte bei der Klasse mit den sterilen Ausgaben für Kleidung, Mobiliar, Utensilien usw.“ [109]

Die 300 Livres in Geld, die „durch den Verkauf von Bodenprodukten, die der Grundeigentümer von der produktiv ausgebenden Klasse kauft, zunächst einmal an diese Klasse zurückkehren, werden sodann vom Pächter ausgegeben, und zwar zur Hälfte, indem er Bodenprodukte, welche die eigene Klasse liefert, verzehrt, während die andere Hälfte, die er bei der steril ausgebenden Klasse umsetzt, der Instandhaltung von Kleidung, Utensilien, Werkzeugen usw. dient. Und von neuem hervorgebracht werden [diese 300 Livres] wieder durch das Nettoprodukt.“ [110]

Am Ende der ersten Zirkulation zwischen Grundeigentümer, Pächter und Handwerker hat also der Grundeigentümer seinen Bedarf an landwirtschaftlichen Gütern gedeckt. Der Pächter hat die zu diesem Zeitpunkt benötigten landwirt-

[107] Ebenda.

[108] Karl Marx, Aus der „Kritischen Geschichte“, in: MEW, Bd. 20, Berlin 1962, S. 232.

[109] François Quesnay, Ökonomisches Tableau, in: Ökonomische Schriften, Bd. 1, Berlin 1971, S. 395.

[110] Ebenda, S. 396/397.

schaftlichen und gewerblichen Erzeugnisse gekauft, um mit ihnen seine Arbeitskräfte zu ernähren und die Werkzeuge instandzuhalten, d. h. sein Kapital zu reproduzieren. Und dieses Kapital bringt zugleich ein Nettoprodukt von der Größe des zirkulierenden Kapitals hervor.

Die zweite Zirkulation zwischen Grundeigentümer, Handwerker und Pächter beginnt folgendermaßen: „Die 300 Livres, welche der Klasse mit den sterilen Ausgaben aus den Revenuen des Grundeigentümers zuflossen, werden vom Handwerker verausgabt, und zwar zur Hälfte, indem er bei der produktiv ausgebenden Klasse Bodenprodukte für seine Subsistenz, Rohstoffe für seine Arbeiten und ausländische Waren kauft, während die andere Hälfte sich innerhalb der steril ausgebenden Klasse selbst auf Unterhaltskosten und auf die Rückerstattung der Vorschüsse aufteilt."[111] Am Ende dieser Zirkulation hat der Grundeigentümer auch seinen Bedarf an gewerblichen Erzeugnissen gedeckt; seine gesamte Rente hat sich nun aus ihrer Geldform in materielle Produkte verwandelt. Das Geld zirkuliert weiterhin zwischen Pächtern und Handwerkern, um den restlichen Teil des Bruttoprodukts über den gesamten Reproduktionszeitraum hinweg zu verteilen. Der Grundeigentümer löst erst im folgenden Jahr, also zu Beginn des nächsten Reproduktionsprozesses, durch erneute Verausgabung des inzwischen geschaffenen Nettoprodukts die Zirkulation und Verteilung des neuen Bruttoprodukts aus. Quesnay schreibt: „Diese Zirkulation und diese wechselseitige Verteilung setzen sich in gleicher Weise, immer wieder unterteilt, bis zum letzten denier der Geldbeträge fort, die abwechselnd von der einen Ausgabenklasse zur anderen Ausgabenklasse fließen."[112] (Vgl. Ökonomisches Tableau.)[113]

Nach diesen Erläuterungen ist die Grundlinie der physiokratischen Reproduktionstheorie aus dem Schaubild leichter zu ersehen. Nachdem der Grundeigentümer seine Rente in Geldform ausgegeben und dafür das gesamte Nettoprodukt erhalten hat, vermittelt die weitere Zirkulation nur zwischen zwei Produktionsabteilungen, deren eine sich reproduziert und einen Mehrwert schafft (Pächter), während die andere nur für ihre einfache Reproduktion sorgt (Handwerker). Die Zirkulation ist hier eindeutig und das erste Mal in der Geschichte der politischen Ökonomie ganz konsequent nur als eine abgeleitete Erscheinung dargestellt; sie hat lediglich die Reproduktionsbedürfnisse der beiden Abteilungen zu vermitteln. Am Ende des gesamten Prozesses hat der Handwerker seine Vorschüsse von 300 Livres voll reproduziert, um zu Beginn des nächsten Prozesses wieder an der Zirkulation teilzunehmen; der Pächter hat nicht nur seine Vorschüsse von 600 Livres reproduziert, sondern gleichzeitig ein Nettoprodukt von 600 Livres geschaffen, das für den Beginn des nächsten Prozesses bereitsteht.

Das Schaubild ging bisher von empirisch angenommenen wertmäßigen Beziehungen zwischen einem Grundbesitzer, einem Pächter und einem Handwerker

111 Ebenda, S. 397.
112 Ebenda.
113 Quelle: Ebenda, S. 394.

ÖKONOMISCHES TABLEAU[1]

Zu betrachten sind: 1. Drei Arten von Ausgaben; 2. deren Quelle; 3. deren Vorschüsse; 4. deren Verteilung; 5. deren Wirkung; 6. deren Reproduktion; 7. deren Verhältnis untereinander; 8. deren Verhältnis zur Bevölkerung; 9. zur Landwirtschaft; 10. zum Gewerbe; 11. zum Handel; 12. zur Masse der Reichtümer einer Nation.

PRODUKTIVE AUSGABEN f. d. Landwirtschaft usw.		VERAUSGABUNG DER REVENUEN Die Steuer vorweg entnommen, verteilen sie sich auf produktive Ausgaben & sterile Ausgaben	STERILE AUSGABEN f. d. Gewerbe usw.
JÄHRLICHE VORSCHÜSSE $600^{l.}$, um $600^{l.}$ Revenuen zu produzieren		JÄHRLICHE REVENUEN in Höhe von	JÄHRLICHE VORSCHÜSSE Für mittels steriler Ausgaben gefertigte Dinge
$600^{l.}$	produzieren netto	$600^{l.}$	$300^{l.}$
Bodenprodukte	Hälfte fließt nach hier	Hälfte fließt nach hier	Gefertigte Dinge usw.
$300^{l.}$	reproduzieren netto	$300^{l.}$	$300^{l.}$
	Hälfte fließt nach hier	Hälfte	Hälfte fließt nach hier
150	reproduzieren netto	150	150
	Hälfte usw.		Hälfte usw.
75	reproduzieren netto	75	75
37 . 10^{s}	reproduzieren netto	37 . 10	37 . 10
18 . 15	reproduzieren netto	18 . 15	18 . 15
9 . . 7 . . $6^{d.}$	reproduzieren netto	9 . . 7 . . $6^{d.}$	9 . . 7 . . $6^{d.}$
4 . 13 . . 9	reproduzieren netto	4 . 13 . . 9	4 . 13 . . 9
2 . . 6 . 10	reproduzieren netto	2 . . 6 . 10	2 . . 6 . 10
1 . . 3 . . 5	reproduzieren netto	1 . . 3 . 5	1 . . 3 . . 5
0 . 11 . . 8	reproduzieren netto	0 . 11 . . 8	0 . 11 . . 8
0 . . 5 . 10	reproduzieren netto	0 . . 5 . 10	0 . . 5 . 10
0 . . 2 . 11	reproduzieren netto	0 . . 2 . 11	0 . . 2 . 11
0 . . 1 . . 5	reproduzieren netto	0 . . 1 . . 5	0 . . 1 . . 5

usw.

INSGESAMT REPRODUZIERT .... $600^{l.}$ Revenuen; dazu die jährlichen Kosten für die 600^{l} und die Zinsen für die ursprünglichen Vorschüsse des Landwirts, die der Boden in Höhe von $300^{l.}$ zurückerstattet. Somit beläuft sich die Reproduktion auf $1500^{l.}$ einschl. der Revenuen in Höhe von $600^{l.}$, welche, ohne Berücksichtigung der Steuer und der für ihre Reproduktion erforderlichen Vorschüsse usw., die Basis der Rechnung darstellen. Siehe die Erläuterung auf der nächsten Seite.

aus; gleichzeitig wurde der Austausch der Pächter untereinander und der Handwerker untereinander erwähnt. Nun schließt QUESNAY von den empirischen Einzelgrößen auf die klassenmäßige Struktur einer Gesamtbevölkerung.

Da QUESNAY den Profit nicht berücksichtigt, geht er von der Rente aus, die durch ihre Nachfrage die Reproduktion einer Pächterwirtschaft und eines Handwerksbetriebs gewährleistet. „Durch den wechselseitigen Absatz von der einen Ausgabenklasse an die andere werden die sich auf 600 Livres belaufenden Revenuen nach beiden Seiten verteilt, wodurch auf jede Seite 300 Livres zu stehen kommen, ungeachtet der Vorschüsse, welche sorgsam zurückbehalten werden. Der Grundeigentümer lebt von den 600 Livres, die er ausgibt. Die 300 Livres, die an jede der beiden Auslagen machenden Klassen gelangt sind, können, zusammen mit den ihnen zugegliederten Erträgen aus der Steuer, dem Zehnten u. ä. m., in der einen wie in der anderen Klasse ihren Mann ernähren. Somit können 600 Livres Bodenrente, zusammen mit den von ihnen abhängigen Posten, den Unterhalt von drei Familienvätern sichern. Nach dieser Rechnung können Revenuen in Höhe von 600 Millionen drei Millionen Familien am Leben erhalten, wo jede Familie mit vier Personen aller Altersstufen angenommen wird." [114]

Von der Aufteilung des zirkulierenden Kapitals in Landwirtschaft und Gewerbe nach sachlichen und Lohnaufwendungen schließt QUESNAY auf die Anzahl der beschäftigten Lohnarbeiter und ihrer Angehörigen. „Durch die von der Klasse mit den produktiven Ausgaben in Form der jährlichen Vorschüsse bereitgestellten Kosten, welche ebenfalls alljährlich neu hervorgebracht werden und von denen etwa die Hälfte für die Fütterung des [Arbeits]viehs ist, während die andere Hälfte für Lohn an die mit den in dieser Klasse anfallenden Arbeiten beschäftigten Menschen zur Auszahlung gelangt, ergeben sich zusätzliche Ausgaben in Höhe von 300 Millionen; zusammen mit dem Anteil an den ihnen zugegliederten anderen Erträgen können sie einer weiteren Million Familienväter die Existenz sichern." [115]

Aus diesen Überlegungen ergibt sich für QUESNAY bei gegebener Kapitalgröße und -zusammensetzung eine quantitative Beziehung zwischen der gesamten Rentenmasse eines Landes und der Klasse der Grundeigentümer nebst ihrem parasitären Anhang, der Pächter, der Handwerker und der Lohnarbeiter: „Diese 900 Millionen, welche – abgesehen von der Steuer, dem Zehnten und den Zinsen für die jährlichen und die ursprünglichen Vorschüsse des Landwirts – aus Grund und Boden jährlich neu erstünden, könnten somit den Unterhalt von sechzehn Millionen Menschen aller Altersstufen in Übereinstimmung mit diesem Ablauf der Zirkulation und der Distribution der jährlichen Revenuen bestreiten." [116] QUESNAY hebt hervor: „Unter Zirkulation verstehen wir hier die Käufe aus erster Hand, für die mit den Revenuen bezahlt wird, welche unter allen Klassen der Bevölkerung verteilt werden, wobei wir absehen vom Weiterverkauf, der die Zahl

[114] Ebenda, S. 398.
[115] Ebenda, S. 399.
[116] Ebenda.

der Verkäufe und Käufe steigert, ohne die Dinge zu mehren, und weiter nichts tut, als die sterilen Ausgaben erhöhen."[117]

Dieses zahlenmäßige Beispiel einer volkswirtschaftlichen Reproduktion macht sichtbar, welche Erklärungsmöglichkeiten QUESNAYs Einsicht in den kapitalistischen Produktionsprozeß, die Unterscheidung zwischen Gewerbe und Landwirtschaft, interpretiert als Unterschied zwischen einfacher (steriler) und kapitalistischer (produktiver) Warenproduktion, sowie die Betrachtung der Rente als kapitalistischen Mehrwert boten. QUESNAY konnte, ohne den Doppelcharakter der warenproduzierenden Arbeit theoretisch begriffen zu haben, seinen Reproduktionsüberlegungen doch den Sachverhalt zugrunde legen, daß die kapitalistische Arbeit im Produktionsprozeß sowohl den vorgeschossenen Wert reproduziert als auch Mehrwert produziert. Nur durch diese Möglichkeit, die erst MARX theoretisch ergründete, war die volkswirtschaftliche Reproduktion so großartig darzustellen.

In der allgemein bekannten späteren, graphisch verknappten Darstellung[118] verzichtete QUESNAY darauf, den Grundgedanken der mit der landwirtschaftlichen Kapitalreproduktion verbundenen *ständigen* Mehrwert*produktion* ins Bild zu setzen. Er ließ auch die Zirkulation innerhalb der Produktionsabteilungen außer acht. Ebenso blieb die „bis zum letzten denier" immer wieder unterteilte Zirkulation unberücksichtigt. Auf diese Weise erhielt QUESNAY ein nicht weiter zu vereinfachendes Schema, in dem die zahllosen Käufe und Verkäufe zu jährlichen Geld- und Warenströmen zwischen den drei Klassen zusammengefaßt sind.

Die Zahlenangaben hat QUESNAY entsprechend seiner Kenntnis der damaligen volkswirtschaftlichen Größen verändert. Der Ablauf der Zirkulation bleibt jedoch derselbe wie in den früheren Tableau-Fassungen: Die Grundeigentümer verwenden ihr Renteneinkommen von zwei Milliarden Livres zur Hälfte zum Kauf von landwirtschaftlichen und zur Hälfte zum Kauf von gewerblichen Waren. Die „produktive" und die „sterile" Klasse geben dieses Geld aus, um ihre jährlichen Vorschüsse zu reproduzieren. Die „sterile" Klasse kauft für zwei Milliarden Livres landwirtschaftliche Waren (Rohstoffe und Lebensmittel). Die „produktive" Klasse kauft dagegen nur für eine Milliarde Livres gewerbliche Waren und besitzt damit am Ende der Zirkulation die ursprünglich von der Klasse der Grundeigentümer ausgegangenen zwei Milliarden Livres in Geld, um sie vor Beginn des nächsten Reproduktionsprozesses als Rente an die Grundeigentümer abzugeben.

Trotz der für den Physiokratismus charakteristischen Annahme, die Rente umfasse das gesamte „Nettoprodukt", bezog QUESNAY tatsächlich mit den Zinsen auf die Kapitalvorschüsse einen weiteren Teil des Nettoprodukts in die Betrachtung ein. Die unzulängliche klassische Arbeitswerttheorie reichte also zu einer widerspruchsfreien Erklärung der kapitalistischen Reproduktion nicht aus.

117 Ebenda.

118 Vgl. Karl Marx, Theorien über den Mehrwert, Erster Teil, in: MEW, Bd. 26.1, Berlin 1965, S. 354.

Quesnay hatte die grundlegende Bedeutung seiner Theorie für die Entwicklung der politischen Ökonomie richtig erkannt. In einem Brief an Forbonnais beschreibt er seine Theorie und stellt fest: „So wird alsdann eine neue Bahn erschlossen, die bisher noch keiner betreten und die indessen den einzigen Weg für die Erforschung der Wahrheit darstellt, welche in diesen drei Punkten besteht: daß die Gebrauchswerte nichts weiter sind als ein Strom von Lebensmitteln, mit welchen Handel getrieben werden kann, welche durch den Konsum immerfort vernichtet und durch die Reproduktion immerfort erneuert werden; daß alles, was Einkommen oder Verdienst für einen Teil der Untertanen ist und zugleich Ausgabe oder Schmälerung für die anderen, für den Staat keineswegs Revenuen, sondern nur eine Umverteilung von Revenuen darstellt; und daß Revenuen für den Staat nur in den Naturprodukten bestehen, mit denen Handel getrieben werden kann, sowie im Nettoprofit aus dem Handel mit dem Auslande."[119] Tatsächlich hat Quesnay aus Boisguilleberts und Cantillons Ansätzen die Grundlage für alle späteren Untersuchungen des gesellschaftlichen Reproduktionsprozesses geschaffen.

Zum Klassencharakter des Physiokratismus

Wie Quesnays Arbeitswertlehre auf William Pettys Erkenntnissen aufbaut, so gibt John Lockes Naturrechtsauffassung den hier nur anzudeutenden sozialphilosophischen Rahmen für das gesamte physiokratische System ab. Quesnay schreibt: „Das Naturrecht der Menschen kann vage definiert werden als das Recht, welches der Mensch auf die zu seinem Genusse geeigneten Dinge hat."[120] Quesnay ist davon überzeugt, „daß sich das Naturrecht eines jeden Menschen in Wirklichkeit auf den Anteil beschränkt, den er sich durch seine Arbeit beschaffen kann"[121].

Quesnay erkennt, daß sich die menschliche Gesellschaft mit steigender Arbeitsproduktivität von den aus der einfachen Warenproduktion abgeleiteten Gesetzen der sogenannten natürlichen Ordnung entfernt: „Die Form der Gesellschaften hängt also von dem Mehr oder Weniger an Gütern ab, welche jeder besitzt oder besitzen kann und deren Erhaltung oder Eigentum er sich sichern will. Die Menschen, die sich auf diese Weise in die Abhängigkeit begeben, oder vielmehr unter die Obhut positiver Gesetze und einer Schutzmacht, schaffen ihrer Fähigkeit, Eigentümer zu sein, viel breiteren Raum; und folglich schaffen sie auch der Nutzung ihres natürlichen Rechts breiteren Raum; anstatt sie einzuengen."[122]

119 François Quesnay, Brief vom 14. (oder 19.) Sept. 1758 an Forbonnais, in: Ökonomische Schriften, Bd. 1, Berlin 1971, S. 466.

120 François Quesnay, Das Naturrecht, in: Ökonomische Schriften, Bd. 2, Berlin 1976, S. 25.

121 Ebenda, S. 30.

122 Ebenda, S. 40.

Man müsse, fordert QUESNAY, „um die Reichweite des Naturrechts der gesellschaftlich vereinigten Menschen zu ergründen, sich nach den Naturgesetzen richten, mangels deren die bestmögliche Regierung sich nicht konstituieren kann. Diese Regierung, welcher die Menschen unterworfen werden müssen, besteht aus der natürlichen Ordnung und der gesetzten Ordnung, den vorteilhaftesten für die gesellschaftlich vereinigten Menschen.“[123]

Aus der Schwäche der eigenen Machtposition folgt, daß sich QUESNAY nur an die Einsicht der Menschen wenden konnte, um die Verwirklichung seiner Vorstellungen von einer „gerechten“, d. h. kapitalistischen, Gesellschaftsordnung zu erhoffen. Deshalb schreibt er: „Grundlage der Gesellschaft ist die Subsistenz der Menschen, dazu die für den Macht[apparat], der [die Menschen] verteidigen soll, notwendigen Reichtümer. Somit könnte nur die Unwissenheit zum Beispiel die Einführung positiver Gesetze begünstigen, welche dem regulären Verlaufe der regelmäßigen und jährlichen Reproduktion und Distribution der dem Gebiet eines Königreiches entstammenden Reichtümer entgegenstünden. Wenn die Fackel der Vernunft die Regierung daselbst erleuchtet, werden alle für die Gesellschaft und die Menschen schädlichen positiven Gesetze verschwinden.“[124]

Mit seiner klassischen Arbeitswert- und Reproduktionstheorie hatte QUESNAY LOCKEs Naturrechtsauffassung ein festes kapitalistisch-ökonomisches Fundament gegeben, so daß sich aus ihr unmittelbar die bekannte Forderung nach Produktions- und Handelsfreiheit ableiten ließ: „Laissez nous faire, laissez passer (les marchandises)“. Sie blieb die Grundforderung des ökonomischen Liberalismus in allen europäischen Ländern, solange die Bourgeoisie die politische Macht noch nicht erobert hatte.

QUESNAY hatte die erste theoretische Schule in der Geschichte der politischen Ökonomie geschaffen. Sie vereinte progressive bürgerliche und adlige Verteidiger eines aufgeklärten Absolutismus. Zu ihr gehörten als führender Anhänger der Physiokraten VICTOR RIQUETTI, MARQUIS DE MIRABEAU, der Abt NICOLAS BANDEAU, der Parlamentsrat MERCIER DE LA RIVIÈRE, der Jurist GUILLAUME FRANÇOIS LE TROSNE und der schriftstellerisch, politisch und unternehmerisch tätige PIERRE SAMUEL DUPONT DE NEMOURS. Weitergeführt wurde die physiokratische Theorie vor allem von ANNE ROBERT JACQUES TURGOT, der als Intendant der Generalität Limousin und später als Generalkontrolleur der Finanzen, also als Frankreichs Finanz-, Innen- und Wirtschaftsminister, um wirtschaftliche Reformen bemüht war.

In der vorliegenden Übersicht wurde nur auf einige Grundfragen der Reproduktionstheorie von QUESNAY eingegangen, weil diese in Deutschland viel diskutiert wurde. QUESNAY, kann abschließend zusammengefaßt werden, hat die grundsätzlich neue und für die weitere Entwicklung der politischen Ökonomie fundamentale Erkenntnis formuliert, daß die Entwicklung einer Gesellschaft von Vorhandensein und Ausmaß der Mehrarbeit der produktiv Tätigen und von der

123 Ebenda, S. 41/42. 124 Ebenda, S. 44.

Verwendung des Mehrprodukts abhängt. Indem er die Entstehung und Verwendung des Mehrwerts in einem Modell mit einer Abteilung kapitalistischer Produktion, einer Abteilung einfacher Warenproduktion und einer Klasse unproduktiver Konsumenten darstellte, führte er CANTILLONs Ansätze der quantitativen Erfassung volkswirtschaftlicher Größen sowie seine Berücksichtigung unternehmerischer Einkommen fort und überwand die Grenzen der lediglich auf die proportionale Verteilung der Arbeitszeit gerichteten Betrachtung. Er hat erstmals die kapitalistischen Produktionsbedingungen für diese Mehrarbeit, die Reproduktion des fixen und zirkulierenden Kapitals, behandelt und überwand damit die bislang vorherrschende merkantilistische Akkumulationstheorie, die die Geldakkumulation vom abstrakten Standpunkt der Zirkulation betrachtete.

QUESNAYs Grenzen lagen darin begründet, daß er die Entstehung des Mehrwerts lediglich in der Landwirtschaft annahm und diesen Mehrwert nur in der Gestalt der Rente betrachtete. MARX sagt: „Für die ältern Ökonomen, die überhaupt mit der Analyse der, zu ihrer Zeit noch unentwickelten, kapitalistischen Produktionsweise erst beginnen, bot die Analyse der Rente entweder überhaupt keine Schwierigkeit oder doch Schwierigkeit ganz andrer Art. Petty, Cantillon, überhaupt die der Feudalzeit näher stehenden Schriftsteller nehmen die Grundrente als die normale Form des Mehrwerts überhaupt an, während der Profit ihnen noch unbestimmt mit dem Arbeitslohn zerfließt, oder höchstens als ein vom Kapitalisten dem Grundeigentümer abgepreßter Teil dieses Mehrwerts erscheint." Bei den Physiokraten, stellt MARX fest, ist „die Schwierigkeit schon andrer Natur. Als in der Tat die ersten systematischen Dolmetscher des Kapitals, suchen sie die Natur des Mehrwerts überhaupt zu analysieren. Die Analyse fällt für sie zusammen mit der Analyse der Rente, der einzigen Form, worin der Mehrwert für sie existiert."[125]

Der Mehrwert aus der kapitalistischen Produktion, das „Nettoprodukt", erscheint in der physiokratischen Theorie nur in Rentengestalt; die Verausgabung des Renteneinkommens ermöglicht erst die Realisierung des Profits. MARX schreibt: „In dieser Darstellung erscheint daher der Grundeigentümer als der eigentliche Kapitalist, das heißt der Aneigner der Surplusarbeit. Der Feudalismus wird so sub specie der bürgerlichen Produktion reproduziert und erklärt wie die Agrikultur als der Produktionszweig, worin sich die kapitalistische Produktion – d. h. die Produktion des Mehrwerts – ausschließlich darstellt. Indem so der Feudalismus verbürgerlicht wird, erhält die bürgerliche Gesellschaft einen feudalen Schein." Dieser Schein täuschte auch jene Physiokraten, die aus ihrer Einsicht in die Krise des spätfeudalen Systems eine Vereinbarkeit von feudalem und kapitalistischem Interesse erhofften, um das gesellschaftliche Gesamtsystem zu erhalten, „die adligen Anhänger des Dr. Quesnay wie den schrullenhaft patriarchalischen alten Mirabeau".[126]

[125] Karl Marx, Das Kapital, Dritter Band, in: MEW, Bd. 25, Berlin, 1964, S. 791/792.
[126] Karl Marx, Theorien über den Mehrwert, Erster Teil, in: MEW, Bd. 26.1, Berlin 1965, S. 20.

Auch an einer weiteren Stelle unterscheidet MARX klar zwischen QUESNAY und jenen Anhängern, die an den feudalen Schein des physiokratischen Systems glaubten. „Darüber hinaus muß der Schriftsteller unterscheiden, was ein beliebiger Autor in der Tat aussagt, von dem, was er auszusagen glaubt. Das trifft sogar für philosophische Systeme zu: So sind es zwei ganz verschiedene Dinge – was Spinoza für den Eckstein seines Systems hielt, und jenes, was ihn wirklich bildet. Daher ist es nicht verwunderlich, daß einige Anhänger Quesnays, wie etwa Mercier de la Rivière, das Wesen des gesamten Systems in dessen Paraphernalien sahen, während die englischen Physiokraten, die im Jahre 1798 schrieben, als erste auf der Grundlage Quesnays im Gegensatz zu A. Smith die Notwendigkeit der Beseitigung des Privateigentums an Grund und Boden nachwiesen."[127]

Da QUESNAY angesichts der Schwäche des französischen Kapitalismus auf einen Kompromiß zwischen diesem und dem absolutistischen Staat orientierte, der an einer Hebung der landwirtschaftlichen Produktivität interessiert war, fanden sich in der Gruppe der Physiokraten naturgemäß sowohl Anhänger des Kapitalismus, die dessen Stärkung innerhalb des absolutistischen Staates erhofften, als auch Anhänger des Feudalismus, die den Ruin des letzteren durch die Einführung der kapitalistischen Pächterwirtschaft zu verhindern hofften. Beide Gruppen, die prokapitalistischen als auch die profeudalen Physiokraten, sahen die französische Revolution nicht voraus. Deshalb schreibt MARX: „Die Etikette eines Systems unterscheidet sich von der andrer Artikel u. a. dadurch, daß sie nicht nur den Käufer prellt, sondern oft auch den Verkäufer. Quesnay selbst und seine nächsten Schüler glaubten an ihr feudales Aushängeschild."[128]

Innerhalb dieser Gemeinsamkeit hat MARX also mit Recht zwischen QUESNAY und seinen feudalen Anhängern unterschieden; denn QUESNAY war letztlich weniger geprellt, weil er an den Kapitalismus glaubte, der freilich den von QUESNAY angenommenen absolutistischen Rahmen sprengte, während einige Anhänger grundsätzlich geprellt wurden, denn der absolutistische Ruin ließ sich nicht aufhalten, auch nicht durch die physiokratischen „Paraphernalien". Wenn man über den feudalen Schein des physiokratischen Systems spricht, muß man deshalb *alle* MARXschen Äußerungen über ihn anführen. Meist wird übersehen, daß MARX die *adligen* Anhänger QUESNAYs nennt, die sich täuschen ließen.

Der Umstand, daß es innerhalb der französischen Physiokraten unterschiedliche Klassenkräfte gab, ist auch für die Rezeption ihrer Auffassungen in Deutschland von Belang.

Der physiokratische Glaube an eine friedliche Verbürgerlichung des Feudalismus mußte mit der Verschärfung der sozialen Widersprüche in Frankreich seine Überzeugungskraft verlieren. MARGUERITE KUCZYNSKI schreibt, „daß die physiokratische Schule, die ihren Anfang gegen Ende der fünfziger Jahre mit dem

[127] Karl Marx, Brief an Maxim Maximowitsch Kowalewski vom April 1879, in: MEW, Bd. 34, Berlin 1966, S. 506.

[128] Karl Marx, Das Kapital, Zweiter Band, in: MEW, Bd. 24, Berlin 1963, S. 360.

Beginn der Zusammenarbeit zwischen Quesnay und Mirabeau nimmt und wenige Jahre danach, in einem gewissen Ausmaß, zu einem Faktor der Regierungspolitik geworden ist, gegen Ende der sechziger Jahre bereits an Zusammenhalt und Einfluß zu verlieren beginnt“ [129]. In Deutschland setzte der physiokratische Einfluß später ein, er währte auch länger.

4. Zur klassischen politischen Ökonomie des vollentfalteten Manufakturkapitalismus in England (zweite Hälfte des 18. Jh.)

Die physiokratischen Theoretiker hatten erstmals in der Geschichte des ökonomischen Denkens die Produktionssphäre des Kapitals untersucht, aber sie hatten sich auf die Betrachtung des agrarkapitalistischen Bereichs konzentriert. Als der Manufakturkapitalismus seit den sechziger Jahren des 18. Jahrhunderts in England zur vollen Entfaltung gelangte, widerlegte der Aufschwung der Manufakturen, der ganz besonders in der Textilherstellung zu beobachten war, in der Praxis die physiokratische Auffassung, daß nur die kapitalistische Landwirtschaft Mehrwert erzeuge. Es wurde nun notwendig, von den richtigen physiokratischen Erkenntnissen ausgehend die ökonomischen Gesetze des gesamten, entfalteten Manufakturkapitalismus zu erforschen. Dieser Aufgabe unterzog sich ADAM SMITH. Als er 1776 sein ökonomisches Hauptwerk „An Inquiry into the Nature and Causes of the Wealth of Nations“ (Eine Untersuchung über das Wesen und die Ursachen des Reichtums der Nationen) veröffentlichte, hatte die vormarxistische politische Ökonomie ihre beste Analyse der bürgerlichen Gesellschaft erhalten. Umfassender und grundlegender ist seitdem im Bürgertum keine ökonomische Untersuchung geschrieben worden.

Wie die bisherige manufakturkapitalistische Entwicklung Europas in der zweiten Hälfte des 18. Jahrhunderts im entfalteten Manufakturkapitalismus Englands gipfelte, so führten alle tieferen Erkenntnisse der vorklassischen und frühen klassischen bürgerlichen Theorie zu ADAM SMITH, der nach MARX' Worten zum „zusammenfassenden politischen Ökonomen der Manufakturperiode“ [130] wurde. SMITH übernahm die von der vorklassischen Theorie vorbereitete und von den frühen Klassikern begründete Arbeitswerttheorie.

Wie MARX feststellt, „bringt es die eigentliche Manufakturperiode zu keiner radikalen Umgestaltung“ [131], ihre „Verrichtung bleibt handwerksmäßig und daher abhängig von Kraft, Geschick, Schnelle, Sicherheit des Einzelarbeiters in Handhabung seines Instruments“ [132]. Daher blieb die bisherige Arbeitswerttheorie,

[129] Marguerite Kuczynski, Einleitung des Herausgebers; in: François Quesnay, Ökonomische Schriften, 1. Bd., Berlin 1971, S. XXI/XXII.

[130] Karl Marx, Das Kapital, Erster Band, in: MEW, Bd. 23, Berlin 1962, S. 369.

[131] Ebenda, S. 776.

[132] Ebenda, S. 358.

die unterschiedliche Handarbeiten in ihren verausgabten Mengen verglich, die Grundlage für SMITH' Analyse der manufakturkapitalistischen Produktionsweise. SMITH konnte nun, da sich die kapitalistischen Produktionsverhältnisse in allen wirtschaftlichen Bereichen durchsetzten, die Arbeit schlechthin als wertschaffend und das Kapitalverhältnis überhaupt betrachten; er überwand die einseitige Sicht früherer bürgerlicher Ökonomen, die nur entweder die in der Zirkulation, in der Manufaktur oder in der Landwirtschaft verausgabte Arbeit als wertschaffend ansahen. Dadurch wurde es SMITH möglich, die politische Ökonomie, die die Physiokraten zur besonderen Wissenschaft erhoben hatten, zur umfassenden volkswirtschaftlichen und sozialen Analyse auszugestalten und den festen Grund zu schaffen, auf dem alle Ökonomen bis in unsere Gegenwart weiterbauten.

Der Zusammenhang zwischen vorklassischen bürgerlichen Auffassungen, physiokratischen Vorstellungen und der politischen Ökonomie von ADAM SMITH ist genereller theoriegeschichtlicher Natur; er fand seinen Niederschlag nicht nur in England oder Frankreich, sondern – unter spezifischen Bedingungen – auch in Deutschland. Die Resonanz wurde hier objektiv durch die manufakturkapitalistische Entwicklung und ideell durch die Auseinandersetzung um den Physiokratismus vorbereitet. Hätte es diese Vorbereitung nicht gegeben, wäre ADAM SMITH' Einfluß nicht zu erklären.

Über diesen Einfluß schreibt ROSA LUXEMBURG am Ausgang des 19. Jahrhunderts: „Die ungeteilte Herrschaft der klassischen Wirtschaftslehre im Anfang unseres Jahrhunderts auch in Deutschland ist allgemein bekannt. Es ist keineswegs so sehr übertrieben, wenn Marwitz im Jahre 1810 an Rahel schrieb, neben Napoleon sei Ad. Smith der mächtigste Monarch in Europa. In Preußen waren alle Staatsmänner der Stein-Hardenbergschen Periode Schüler von Ad. Smith. Die meisten offiziellen Kundgebungen der Regierung aus jener Zeit tragen den deutlichen Stempel der klassischen Lehre. Ja sogar das hohe Militär: Gneisenau, Scharnhorst, Witzleben, sind warme Anhänger des klassischen Liberalismus. Die Theorien von Smith waren die Bibel der ganzen Renovierungsperiode Deutschlands, die nach dem Krach von Jena für kurze Zeit der konsequenten Reaktion den Platz streitig machte." [133]

Über den politischen Hintergrund für SMITH' Einfluß heißt es bei ENGELS: „Das Königreich Preußen war der erste unter allen deutschen Staaten, der Napoleon den Krieg erklärt hatte. Es wurde damals regiert von Friedrich Wilhelm III., mit dem Spitznamen 'der Gerechte', einem der größten Holzköpfe, die je einen Thron geziert. Er war zum Korporal und zum Inspektor von Uniformknöpfen geboren; er war liederlich, ohne Leidenschaft, und gleichzeitig ein Moralprediger, er war unfähig, anders als im Infinitiv zu sprechen und wurde als Schreiber von Proklamationen nur von seinem Sohn übertroffen; er kannte nur zwei Gefühle – Furcht und feldwebelhafte Anmaßung. Während der ersten

133 Rosa Luxemburg, Zurück auf Adam Smith! in: Rosa Luxemburg, Gesammelte Werke, Bd. 1.1, Berlin 1970, S. 729.

Hälfte seiner Herrschaft war sein vorherrschender Geisteszustand die Furcht vor Napoleon, der ihn mit der Großmut der Verachtung behandelte, indem er ihm die Hälfte seines Königreichs zurückgab, die zu behalten er nicht der Mühe für wert hielt. Es war diese Furcht, die ihn antrieb, einer Partei von Halb-und-halb-Reformern – Hardenstein, Stein, Schön, Scharnhorst etc. – zu gestatten, an seiner Stelle zu regieren, die eine liberalere Gemeindeorganisation einführten, die Erbuntertänigkeit abschafften, die feudalen Dienste in Rente oder in eine fixe Summe mit fünfundzwanzigjähriger Tilgung verwandelten und vor allem die militärische Organisation einführten, die dem Volk gewaltige Macht verschafft und früher oder später gegen die Regierung gebraucht werden wird. Sie trafen auch die 'Vorbereitungen' für eine Verfassung, die jedoch noch nicht in Erscheinung getreten ist."[134] ENGELS schreibt dies aus der Sicht des Jahres 1845.

Auf den Zusammenhang zwischen dem Einfluß der klassischen politischen Ökonomie in Deutschland und dem preußischen Liberalismus ist PETER THAL eingegangen.[135] Dieser Zusammenhang ist nicht Gegenstand der vorliegenden Untersuchung und wird deshalb nur am Rande erwähnt. In ihr geht es in erster Linie um die grundsätzlichen sozialökonomischen, klassenmäßigen und erkenntnismäßigen Voraussetzungen für den Einfluß der politischen Ökonomie von ADAM SMITH in Deutschland. Unter diesem Gesichtspunkt werden im folgenden einige Fragen der klassischen politischen Ökonomie erörtert. Vor allem soll auf die SMITHsche Behandlung des Tauschwertes, des Wertes, der spezifisch kapitalistischen Wertform und des Kapitals eingegangen werden, um, darauf aufbauend, später zu untersuchen, ob und inwieweit SMITH' Darlegungen auch in Deutschland verstanden werden konnten.

Der Aufbau des „Wealth of Nations"

Der Aufbau des ökonomischen Systems von SMITH, der auch von seinen überzeugten Anhängern nicht immer als glücklich empfunden wurde, ist keineswegs so willkürlich, wie er auf den ersten Blick manchem erschienen ist, sondern er ist das Ergebnis der sozialökonomischen und theoriegeschichtlichen Situation. Hervorragende Zeiterscheinungen drängen sich in den Vordergrund; wissenschaftslogische Zusammenhänge werden erst dort beleuchtet, wo sie zum Verständnis der Erscheinungen unumgänglich werden. SMITH' ständiges Bemühen, neben der Beschreibung die den Erscheinungen zugrunde liegenden inneren, wesentlichen Beziehungen aufzudecken, machen die Untersuchung uneinheitlich. Sie war die erste umfassende theoretische Wiedergabe der kapitalistischen Wirklichkeit und zeigt SMITH' gewaltige Gedankenarbeit in ihrer Bewegung. Eine wissenschaftliche

[134] Friedrich Engels, Deutsche Zustände, in: MEW, Bd. 2, Berlin 1957, S. 572/573.

[135] Vgl. Peter Thal, Zur Stellung des klassischen bürgerlichen Ökonomen Adam Smith in der Geschichte der politischen Ökonomie, Habilitationsschrift, Halle-Merseburg 1965.

Systematisierung wurde erst vom höheren, industriekapitalistischen Standpunkt möglich. Die vielen Versuche, unter den Bedingungen des Manufakturkapitalismus SMITH' Werk zu vervollkommnen, konnten zu keinem besseren Lehrgebäude führen, weil eben die Bedingungen es nicht erlaubten.

Diese Überlegung ist von nicht geringer Bedeutung, wenn später der Beitrag der deutschen Ökonomen erörtert wird. Nur wenn man unbeachtet läßt, daß selbst in dem damals höchstentwickelten England SMITH' System unter manufakturkapitalistischen Bedingungen nicht grundsätzlich verbessert werden konnte, kann man die deutschen Verhältnisse dafür verantwortlich machen, daß es unter ihnen keine eigene Weiterführung der SMITHschen Gedanken gab. Bürgerliche Autoren gehen so vor, um die deutschen Anhänger von ADAM SMITH abzuwerten und dagegen die vulgärökonomischen Beckmesser zu loben.

SMITH' Grundgedanke für den Aufbau des großen ökonomischen Werkes hat seine innere Berechtigung. Sowohl die Arbeitswerttheorie als auch der Umstand, daß sich der Reichtumszuwachs aus dem wachsenden Umfang kapitalistisch ausgebeuteter Lohnarbeiter ergibt, legten nahe, die „Untersuchung über das Wesen und die Ursachen des Reichtums der Nationen" mit der Betrachtung der Arbeit zu beginnen, und zwar in ihrer höchsten Entwicklungsform, als Manufakturarbeit. Da ihre Ausbeutung von den Kapitalverhältnissen abhängt, mußte sich die Analyse des Kapitals anschließen. Die Untersuchung der Arbeit und des Kapitals ergeben die Grundlage, um geringer entwickelte Produktionsverhältnisse anderer Zeiten und Nationen zu beleuchten. Die Kritik der bisherigen Wirtschaftstheorie, vor allem des Merkantilsystems und eine Untersuchung über die Einkünfte des Herrschers oder des Staates beschließen das Werk.

Die beiden ersten, die theoretisch wichtigsten Bücher über Arbeit und Kapital bilden an sich eine Einheit, da es um kapitalistische Arbeit geht. Jeder Bezug auf vorkapitalistische Arbeit wird von SMITH ausdrücklich als ein Exkurs vermerkt. SMITH' ahistorisches und über weite Passagen empirisch orientiertes Herangehen, das unter seinen Bedingungen nicht anders möglich war, bewirkt, daß einerseits die gegenseitige Abhängigkeit von Arbeit und Kapital wohl immer hervorgehoben wird, daß anderseits aber doch die beiden gegensätzlichen Erscheinungen getrennt in zwei Büchern behandelt werden.

SMITH geht im ersten Buch aus von „den Ursachen für die Steigerung der produktiven Kräfte der Arbeit und von der Regel, nach der ihr Produkt unter die verschiedenen Klassen des Volkes natürlicherweise verteilt wird"[136]. Nach der Betrachtung der Manufakturarbeit kommt er notgedrungen auf das Geld zu sprechen; er erklärt Nominal- und Realpreis, Tauschwert und Marktpreis und besitzt damit die Voraussetzungen, um Arbeitslohn, Profit, Rente und deren Bewegungsgesetze zu untersuchen. Erst dann geht er im zweiten Buch auf das Wesen des Kapitals, seine Akkumulation und Anlage ein.

136 Adam Smith, Eine Untersuchung über das Wesen und die Ursachen des Reichtums der Nationen, Bd. 1, Berlin 1963, S. 9.

Tauschwert und Wert bei SMITH

Das Werk beginnt mit der für die gesamte Untersuchung grundlegenden Aussage: „Die jährliche Arbeit jeder Nation bildet den Fonds, welcher sie ursprünglich versieht mit all den notwendigen und angenehmen Dingen des Lebens, die sie jährlich verzehrt und die immer aus dem unmittelbaren Produkt dieser Arbeit bestehen oder daraus, was mit diesem Produkt von anderen Nationen gekauft wird.

Die Nation wird daher besser oder schlechter mit all den lebensnotwendigen und angenehmen Dingen, deren sie bedarf, versorgt sein, je nachdem ob dieses Produkt oder das, was damit gekauft wird, in einem größeren oder kleineren Verhältnis zur Zahl der Menschen steht, die es verbrauchen.

Dieses Verhältnis ist nun in jeder Nation zwangsläufig durch zwei unterschiedliche Faktoren bestimmt: erstens durch die Erfahrung, Geschicklichkeit und Sachkenntnis, womit sie ihre Arbeit im allgemeinen verrichtet, und zweitens durch die Proportion zwischen der Zahl jener Menschen, die nützliche Arbeit leisten, und denen, die nicht auf diese Weise beschäftigt werden.“ [137]

Unterstellt man eine gleichbleibende Zahl produktiver Arbeiter, so ist deren Produktivkraft für den wirtschaftlichen Fortschritt ausschlaggebend. Den manufakturkapitalistischen Erfahrungen gemäß stellt SMITH fest: „Dieses große Wachstum des Produktionsvolumens, das infolge der Arbeitsteilung durch die gleiche Anzahl Menschen erzeugt werden kann, ist drei verschiedenen Faktoren geschuldet: erstens der steigenden Geschicklichkeit jedes einzelnen Arbeiters, zweitens der Einsparung jener Zeit, die gewöhnlich beim Wechsel von einer Arbeitsart zur anderen verlorengeht, und schließlich der Erfindung vieler Maschinen, welche die Arbeit erleichtern und verringern und einen Mann befähigen, die Arbeit vieler zu leisten.“ [138] Hierfür gibt SMITH Beispiele aus der noch handwerklich betriebenen Manufakturarbeit.

Damit geht SMITH in der Nachfolge von LOCKE, PETTY und QUESNAY vom Produktionsprozeß aus, in dem er viel deutlicher als seine Vorgänger verfolgen konnte, wie sich aus den unterschiedlichen Handwerkstätigkeiten eine gleichartige, in einzelne, schematische Operationen zerteilte Manufakturarbeit herausbildete. Aber diese Entwicklung war noch im Fluß, und der Arbeiter war seinem Wesen nach noch Handwerker, der die Mittel zur Mechanisierung seiner Tätigkeit selbst erfand. Er war noch nicht zum Anhängsel der Maschine degradiert. Der Doppelcharakter der warenproduzierenden Arbeit als konkrete Arbeit und abstrakte Arbeit und der Doppelcharakter des Produktionsprozesses als Arbeitsprozeß und Wertbildungsprozeß konnten von SMITH noch nicht erkannt werden. Daher stellt er die damals höchste Form der Warenproduktion, die Ausbeutung der Lohnarbeiter in großen Manufakturen, als Arbeitsprozeß dar. Es gelang ihm noch

[137] Ebenda, S. 5.
[138] Ebenda, S. 13.

nicht, den Wert aus dem Wertbildungsprozeß herzuleiten. So kommt es, daß SMITH den Wert erst im Zusammenhang mit dem Tauschwert bei der Betrachtung des Markts behandelt. Dieser Umstand bewirkt die eigenartige Struktur der SMITHschen Werttheorie. SMITH versucht aus der Marktproblematik eine allgemeine Werttheorie abzuleiten, die jedoch notgedrungen eine Tauschwerttheorie bleiben mußte. Wo er dagegen die Produktionsverhältnisse einbezieht, entwickelt er tatsächlich die klassische Werttheorie weiter.

Von der Betrachtung des Arbeitsprozesses geht SMITH zur Untersuchung der Warenzirkulation über. Nach seiner Meinung ist die erst im 18. Jahrhundert so hochentwickelte Arbeitsteilung „die zwangsläufige, wenn auch sehr langsame und allmähliche Folge einer gewissen Neigung der menschlichen Natur . . . zum Tausch und zum Tauschhandel“[139]. Damit leitet SMITH die Warenwirtschaft aus einer allgemeinen menschlichen Natur ab, aber gleichzeitig hebt er die kapitalistische Arbeitsteilung als ein Produkt entfalteter Warenproduktion hervor.

Trotz der idealistischen Ableitung der Warenproduktion gelangt SMITH sogar zu der Feststellung, daß die geistige Entwicklung der Menschen von der Entwicklung ihrer produktiven Fähigkeiten abhängt. „Die Verschiedenheit der natürlichen Anlagen der einzelnen Menschen ist in Wirklichkeit viel geringer, als wir annehmen. Die stark differenzierten geistigen Fähigkeiten, welche die erwachsenen Menschen der verschiedenen Berufsgruppen anscheinend unterscheiden, sind in vielen Fällen nicht so sehr Ursache, sondern Ergebnis der Arbeitsteilung.“[140]

Der Manufakturkapitalismus als damals höchste Form der Warenwirtschaft mußte notwendig zur endgültigen Durchsetzung der Geldwirtschaft führen. Wenn alle Arbeitsprodukte Tauschwert annehmen, entstehen für SMITH folgende Fragen:

„Erstens: Was ist das wirkliche Maß dieses Tauschwertes und worin besteht der reale Preis aller Waren?

Zweitens: Welches sind die verschiedenen Teile, aus denen sich der reale Preis bildet oder zusammensetzt?

Drittens: Welches sind die verschiedenen Faktoren, die manchmal einige oder alle Bestandteile des Preises über ihre natürliche oder gewöhnliche Raten hinaufschrauben und manchmal darunter herabdrücken; mit anderen Worten, wo liegen die Ursachen, die den Marktpreis, d. h. den Tagespreis der Waren, zuweilen daran hindern, genau mit jenem Preis, den man ihren natürlichen Preis nennen kann, zusammenzufallen?“[141]

Der Beantwortung dieser Fragen ist das erste Buch des „Wealth of Nations“ gewidmet. Bereits in der ersten Frage spiegelt sich SMITH' Bemühen wider, aus den Tauschverhältnissen eine Werttheorie herzuleiten. In der Frage werden

[139] Ebenda, S. 20.
[140] Ebenda, S. 23.
[141] Ebenda, S. 39.

jedoch zwei Probleme vermengt, ein spezielleres, abgeleitetes und das eigentliche, grundlegende Problem, nämlich: Wie ist die Kaufkraft der Waren zu messen? und: Was bestimmt den Wert der Waren? SMITH beschäftigt sich zuerst mit der spezielleren Frage. Da er sie aber mit der Absicht, die Arbeitswerttheorie weiterzuführen, betrachtet, sucht er nach dem charakteristischen Merkmal des Warenaustauschs, das die kapitalistische Warenproduktion von der einfachen Warenproduktion unterscheidet. Er findet es darin, daß in der vorkapitalistischen Warenwirtschaft lediglich Arbeitsprodukte ausgetauscht wurden, daß aber unter den Bedingungen der Lohnarbeit diese selbst, d. h. die Arbeitskraft, zur Ware wird. Es werden jetzt nicht nur Waren nach ihren Arbeitsmengen ausgetauscht; die Warenwelt hat sich um die entscheidende Ware Arbeitskraft erweitert. Daraus ergeben sich Schlußfolgerungen für die Überarbeitung der Wertformulierungen von LOCKE und PETTY.

Zunächst geht SMITH von dem grundlegenden Unterschied aus zwischen dem Reichtum des einfachen Warenproduzenten aus persönlicher Arbeit und dem Reichtum des kapitalistischen Warenproduzenten aus der Ausbeutung fremder Arbeit. „Jemand ist reich oder arm, je nachdem in welchem Grad er sich den Genuß der notwendigen Artikel, der Annehmlichkeiten und Vergnügungen des menschlichen Lebens leisten kann. Aber nachdem sich die Arbeitsteilung einmal völlig durchgesetzt hat, kann sich ein Mensch nur noch einen sehr kleinen Teil davon durch seine eigene Arbeit verschaffen. Ihren weitaus größten Teil muß er von der Arbeit anderer Menschen herleiten. Er muß reich oder arm sein, dem Quantum Arbeit entsprechend, das er zu kommandieren oder zu kaufen vermag. Daher stimmt der Wert einer beliebigen Ware für ihren Besitzer, der sie nicht selbst verwenden oder verzehren, sondern gegen andere Waren austauschen will, mit dem Quantum Arbeit überein, das er damit kaufen oder kommandieren kann, Arbeit ist also das reale Maß des Tauschwerts aller Waren." [142]

Unter fremder Arbeit versteht SMITH entweder im fremden Produkt verkörperte Arbeit oder fremde Arbeitskraft, lediglich zu kaufende oder zu kaufende und im Produktionsprozeß zu kommandierende Arbeit. Der Tauschwert der eigenen Ware spiegelt sich also im Wert eines anderen Arbeitsprodukts oder im Wert der Ware Arbeitskraft, im Arbeitslohn, wider. Die abschließende Feststellung, daß Arbeit das Maß des Tauschwerts sei, wiederholt die bisherige klassische Zweideutigkeit, daß einerseits die zur Produktion der Waren aufgewendete Arbeit die Größe des Werts bestimme und daß anderseits der Tauschwert einer Ware auch in Durchschnittslohneinheiten, also nur an den gezahlten Teilen der verausgabten Arbeit gemessen werden könne.

Für die Untersuchung des Tausches fällt diese Zweideutigkeit nicht ins Gewicht, weil für den Austausch nach Werten gleichgültig ist, welcherart die Waren sind, ob Arbeitsprodukt oder Arbeitskraft. SMITH fragt jedoch nach dem Reichtum. Dann ist es allerdings nicht gleichgültig. Denn wer nur ein anderes Arbeits-

[142] Ebenda, S. 40.

produkt eintauscht, vermehrt seinen Reichtum nicht, wohl dagegen jener, der Arbeitskraft kauft, die mehr produziert, als sie kostet. Werden aber unter dem Gesichtspunkt der Mehrwertproduktion verausgabte Arbeit und Arbeitskraft im Begriff „Arbeit" zusammengefaßt, so ist der Austausch zwischen vergegenständlichter und lebendiger Arbeit kein äquivalenter Austausch; er unterscheidet sich grundsätzlich vom äquivalenten Austausch von zwei Arbeitsprodukten.

SMITH erkennt diesen beträchtlichen Unterschied und spricht ihn an späterer Stelle auch aus. Unter kapitalistischen Bedingungen „wird das Jahresprodukt der Arbeit eines solchen Landes immer ausreichen, ein beträchtlich größeres Arbeitsquantum zu kaufen oder zu kommandieren, als zur Hervorhebung und Herstellung dieses Produkts sowie zu seiner Beförderung zum Markt beschäftigt wurde. Wenn die Gesellschaft die gesamte Arbeit, die sie jährlich kaufen kann, alljährlich auch beschäftigt, dann muß das Produkt jedes folgenden Jahres im Verhältnis zum vorausgegangenen einen bei weitem höheren Wert darstellen, weil sich diese Arbeitsmenge in jedem Jahr beträchtlich vermehrt."[143]

Wert- und Tauschwertüberlegungen gehen also bei SMITH durcheinander, und die Annahme der „Arbeit" als Maß des Tauschwerts führt weder zu einer widerspruchsfreien Werttheorie noch zu einer eindeutigen Tauschwerttheorie. SMITH' Bemühen, Tauschwert und Wert in einem zu erklären, veranlassen ihn, das schwierige Problem an der Alltagserfahrung deutlicher zu machen. Denn der Wert, sagt er, sei schwer zu fassen, leichter dagegen der Tauschwert wegen des Vorhandenseins von zwei austauschbaren Größen. „Unter einer bestimmten Warenmasse kann sich der größte Teil der Menschen auch viel mehr vorstellen als unter einem Quantum Arbeit. Das eine ist eine handgreifliche Angelegenheit, das andere ein abstrakter Begriff, der zwar ausreichend verständlich gemacht werden kann, aber insgesamt nicht so natürlich und klar ist."[144]

Zur weiteren Erklärung dieses abstrakten Begriffs interpretiert SMITH die Arbeit als unangenehme Mühe und den Wert als individuelle Wertschätzung einer Ware wegen ersparter Beschwerlichkeit. „Der reale Preis jedes Dings, das, was es einen Menschen kostet, der es zu erwerben wünscht, ist die Mühe und Beschwerlichkeit des Erwerbs. Was jedes Ding für denjenigen wert ist, der es sich verschafft hat und der es zu veräußern oder für etwas anderes auszutauschen wünscht, ist die Mühe und Beschwerlichkeit, die es ihm selbst dadurch erspart und anderen auferlegt. Was mit Geld oder Waren gekauft wurde, ist ebenso mit Arbeit erworben worden wie etwas, das man sich durch eigenhändige Anstrengungen verschafft. Dieses Geld bzw. diese Ware ersparen uns tatsächlich diese Mühe. Sie verkörpern den Wert eines bestimmten Arbeitsquantums, das wir gegen etwas eintauschen, wovon zur Zeit angenommen wird, daß es den Wert eines gleichgroßen Quantums enthält."[145]

[143] Ebenda, S. 70.
[144] Ebenda, S. 42.
[145] Ebenda, S. 40.

Unter den Bedingungen der Lohnarbeit sieht SMITH Mühe und Beschwerlichkeit beim Arbeiter; ihre Ersparung könne sich nur der Kapitalist leisten, der den Arbeiter für Lohn beschäftigt. Gleiche Anstrengungen hätten daher für den Arbeiter gleichen Wert, denn er könne nur einen Lohn akzeptieren, der ausreiche, die Arbeitskraft zu reproduzieren. Der Wert der Arbeitskraft bleibe gleich, nur ihr Preis sei veränderlich: „Gleiche Quantitäten Arbeit müssen zu allen Zeiten und an allen Orten für den Arbeiter denselben Wert haben. In seinem normalen Zustand von Gesundheit, Kraft und Tätigkeit und in dem Durchschnittsgrad an Geschicklichkeit muß er immer den gleichen Teil seiner Ruhe, Freiheit und seines Glücks hingeben. Welches also immer die Quantität an Waren ist, die er als Entlohnung für seine Arbeit erhält, der Preis, den er zahlt, ist immer derselbe. Dieser Preis kann zwar bald eine kleinere, bald eine größere Quantität Waren kaufen, aber bloß, weil deren Wert wechselt, nicht der Wert der Arbeit, der sie kauft. Zu allen Zeiten und an allen Orten ist das teuer, was schwer zu bekommen ist oder dessen Erlangung viel Arbeit kostet, und das billig, was leicht und mit sehr wenig Arbeit zu haben ist. Nur die Arbeit ändert niemals ihren eigenen Wert und ist daher allein das endgültige und reale Maß, durch das der Wert aller Waren jederzeit und allerorts gemessen und verglichen werden kann. Arbeit ist ihr wirklicher und Geld ist nur ihr nomineller Preis."[146]

SMITH' Antwort auf die Frage nach dem Maß für die Kaufkraft der Waren ist der Versuch, die entsprechenden Auffassungen von LOCKE und PETTY für den entfalteten Manufakturkapitalismus weiterzuführen. Für die frühen Klassiker lagen Wert und Tauschwert eng beieinander, bedingt durch die damalige Unmöglichkeit, streng zwischen wert- und gebrauchswertproduzierender Arbeit zu trennen. SMITH dagegen unterscheidet zwischen Gebrauchswert und Tauschwert, zwischen konkreter Arbeit und Arbeit schlechthin. Aber die Schranken des vorindustriellen Kapitalismus hinderten ihn, zur abstrakten Arbeit vorzudringen und zwischen der verausgabten Arbeit und der Arbeitskraft zu unterscheiden, so daß sich auch die Vorstellung von der Arbeit schlechthin noch mit der Vorstellung von der Mühseligkeit der kapitalistischen Lohnarbeit verbindet. Aber er spricht selbst dort, wo er nur die Zirkulationssphäre betrachtet, ein kapitalistisches Grundproblem aus: Obwohl im Warenaustausch nur gleiche Arbeitsmengen getauscht werden, wird derjenige reicher, der Lohnarbeit kauft, und zwar in dem Maße, in dem er über fremde Arbeit verfügt, während der Arbeiter seine Ruhe, Freiheit und sein Glück hingibt, um stets nur einen gleichbleibenden Arbeitslohn zu erhalten.

SMITH empfand selbst die Unzulänglichkeit seiner Tauschwertauffassung, deshalb geht er über diese hinaus, um den letzteren Teil seiner ersten Frage nach Tauschwertmaß und Wert zu beantworten. Denn der Arbeitslohn als durchschnittlicher Reallohn kann wohl zur Kaufkraftbestimmung der Waren verwendet werden, aber die Frage nach dem Wert der Waren ist damit nicht gelöst. SMITH

[146] Ebenda, S. 43/44.

geht deshalb auf die Produktionsverhältnisse zurück und betrachtet die Arbeit nur unter dem Gesichtspunkt der wertproduzierenden Tätigkeit. So formuliert er seine Arbeitswerttheorie, die bedeutendste Leistung in der bürgerlichen politischen Ökonomie.

Den Ausgangspunkt bildet die bisherige klassische Werttheorie, die, wie er meint, für vorkapitalistische Tauschverhältnisse gelte: „In jenem frühen und rohen Zustand der Gesellschaft, der sowohl der Akkumulation von Kapital als auch der Aneignung des Bodens vorausgeht, scheint das Verhältnis zwischen den zur Erlangung verschiedener Gegenstände erforderlichen Arbeitsmengen die einzige Grundlage zu sein, aus der irgendeine Regel für den wechselseitigen Austausch abgeleitet werden kann. Wenn in einem Stamm von Jägern beispielsweise die Erlegung eines Bibers in der Regel zweimal soviel Arbeit wie die eines Hirsches kostet, so wird natürlich der Biber gegen zwei Hirsche ausgetauscht oder zwei Hirsche wert sein. Es ist selbstverständlich, daß das normale Produkt zweitägiger oder zweistündiger Arbeit doppelt soviel wert ist wie das, was normalerweise das Erzeugnis eintägiger oder einstündiger Arbeit ist.

Wenn eine bestimmte Arbeitsart anstrengender als die andere ist, wird dieser größeren Beschwerlichkeit natürlich in etwa Rechnung getragen, und das Produkt einer Arbeitsstunde der einen Art kann sich häufig gegen das Erzeugnis von zwei Arbeitsstunden der anderen Art austauschen.

Oder falls eine bestimmte Arbeitsart einen ungewöhnlichen Grad an Geschicklichkeit und geistiger Anspannung erfordert, so wird die Wertschätzung, welche die Menschen solchen Fähigkeiten zollen, dem Produkt selbstverständlich einen Wert verleihen, der höher ist als der darauf verwendeten Zeit geschuldet wäre.“[147]

Wie bei der Tauschwerttheorie hebt SMITH auch bei der Werttheorie den kapitalistischen Charakter der betrachteten Verhältnisse hervor. In der einfachen Warenproduktion „gehört das gesamte Arbeitsprodukt dem Arbeiter. Das zur Erlangung oder Herstellung einer Ware gewöhnlich aufgewendete Arbeitsquantum ist der einzige Faktor, der die Menge an Arbeit bestimmen kann, welche mit jener Arbeit im allgemeinen gekauft, kommandiert oder ausgetauscht wird.

Sobald sich Kapital in den Händen einzelner aufgehäuft hat, werden einige darunter es natürlicherweise dazu verwenden, fleißige Leute an die Arbeit zu setzen und diesen Rohstoffe und Lebensmittel zu liefern, um durch den Verkauf der Produkte ihrer Arbeit oder durch das, was ihre Arbeit dem Wert jener Rohstoffe hinzugefügt hat, einen Profit zu machen. Beim Austausch des fertigen Erzeugnisses gegen Geld, Arbeit oder andere Waren muß über das hinaus, was zur Bezahlung der Materialkosten und Arbeitslöhne ausreicht, noch etwas hinzugegeben werden für den Profit des Unternehmers, der sein Kapital bei diesem Wagnis aufs Spiel gesetzt hat. Der Wert, den die Arbeiter den Rohstoffen hinzufügen, löst sich hier in zwei Teile auf, wovon der eine ihren Lohn zahlt, der andere den Profit ihres Beschäftigers auf das ganze von ihm in Material und Lohn vor-

[147] Ebenda, S. 62.

geschossene Kapital. Er kann kein Interesse daran haben, Arbeiter zu beschäftigen, wenn er nicht aus dem Verkauf der Produkte ihrer Tätigkeit einen etwas größeren Erlös erwartet als zum Ersatz seines Kapitals notwendig ist. Er kann auch kein Interesse daran haben, lieber ein großes als ein kleines Kapital anzulegen, wenn seine Profite nicht in einem angemessenen Verhältnis zum Umfang seines Kapitals stehen.

Man mag vielleicht denken, daß der Kapitalprofit nur eine andere Bezeichnung für den Lohn einer besonderen Arbeitsart, nämlich des Beaufsichtigens und Leitens ist. Er stellt aber etwas völlig anderes dar, wird durch ganz andere Grundsätze geregelt und steht in keinem Verhältnis zur Menge, Beschwerlichkeit oder geistigen Anstrengung jener vorgeblichen Arbeit der Beaufsichtigung und Leitung. Er wird ganz und gar durch den Wert des angelegten Kapitals bestimmt und ist im Verhältnis zum Umfang dieses Kapitals größer oder kleiner."[148]

Wie der Profit, stellt SMITH fest, sei auch die Rente nur ein unentgeltlich angeeigneter Teil des Arbeitsprodukts. „Sobald der Boden eines Landes durchweg Privateigentum geworden ist, lieben es die Grundbesitzer wie andere Leute auch, zu ernten, wo sie nicht gesät haben, und fordern selbst für die natürlichen Erzeugnisse des Bodens eine Rente. Das Holz des Waldes, das Gras des Feldes und alle natürlichen Früchte der Erde, die, als der Boden noch Gemeineigentum war, dem Arbeiter nur die Mühe des Sammelns kosteten, erhalten jetzt sogar für ihn einen Preisaufschlag. Er muß für die Erlaubnis, sie zu ernten, etwas bezahlen und dem Grundbesitzer einen Teil von dem abtreten, was seine Arbeit eingesammelt oder produziert hat. Dieser Anteil oder, was dasselbe ist, der Preis dieses Anteils bildet die Grundrente. Er macht bei den meisten Waren einen dritten Bestandteil des Preises aus."[149]

Mit dieser Werttheorie ist SMITH die größte Leistung in der bürgerlichen politischen Ökonomie gelungen. Unter kapitalistischen Verhältnissen, hebt er hervor, müsse der Arbeiter Teile des von ihm geschaffenen Neuwerts an Kapitalist und Grundbesitzer unentgeltlich abgeben; Profit und Rente seien lediglich ein Abzug von dem Wert, den der Arbeiter dem Arbeitsmaterial zugefügt habe. MARX schreibt: „A. Smith faßt also den *Mehrwert*, nämlich die Surplusarbeit, den Überschuß der verrichteten Arbeit und in der Ware realisierten Arbeit *über* die bezahlte Arbeit hinaus, über die Arbeit hinaus, die ihr Äquivalent im Salair erhalten hat, als die *allgemeine Kategorie* auf, wovon der eigentliche Profit und die Grundrente nur Abzweigungen. Dennoch hat er den Mehrwert als solchen nicht als eigne Kategorie geschieden von den besondren Formen, die er in Profit und Grundrente erhält."[150]

An dieser Stelle muß SMITH' Gedankengang unterbrochen werden, um einige Zwischenbemerkungen zu machen, die später für das Verständnis der Resonanz

148 Ebenda, S. 63/64.

149 Ebenda, S. 65.

150 Karl Marx, Theorien über den Mehrwert, Erster Teil, in: MEW, Bd. 26.1, Berlin 1965, S. 53.

der klassischen politischen Ökonomie in Deutschland wichtig sind. SMITH wurde so ausführlich zitiert, um vor Augen zu führen, *wie* er zur klassischen Werttheorie kommt bzw. wie schwer es ihm fällt, hinter dem Tauschwert den Wert zu entdecken und eine theoriegeschichtliche Kontinuität zu PETTY und LOCKE zu wahren.

Dem heutigen Leser ist im allgemeinen bekannt, daß RICARDO später dem Neben- und Durcheinander von Tauschwert- und Werterklärung ein Ende bereitete, indem er klar auseinanderhielt, wo SMITH, wenn er von Arbeit spricht, die für die Herstellung der Ware aufgewendete und deshalb in ihr verkörperte Arbeit meint und wo er die im Austausch gegen eine andere Ware erhältliche Arbeit meint. „Adam Smith, der die ursprüngliche Quelle des Tauschwertes so genau bestimmte, und der demgemäß verpflichtet war zu behaupten, daß alle Dinge je nach der für sie verwendeten größeren oder geringeren Menge Arbeit mehr oder weniger wertvoll sind, hat selbst noch einen anderen Maßstab für den Wert aufgestellt und spricht davon, daß Dinge mehr oder weniger wertvoll sind, je nachdem, ob sie sich gegen mehr oder weniger dieses Normalmaßes austauschen. An einigen Stellen spricht er von Getreide, an anderen von Arbeit als diesem Normalmaß, aber nicht von der Menge Arbeit, die zur Produktion irgendeines Gegenstandes aufgewendet wurde, sondern von der Quantität, die sie auf dem Markt kommandieren kann: so, als ob dies zwei gleichwertige Begriffe wären und als ob deswegen, weil jemandes Arbeit doppelt ergiebig geworden ist und er daher die zweifache Quantität einer Ware erzeugen kann, er notwendigerweise das Doppelte der früheren Menge dafür einzutauschen imstande ist."[151]

Diese Klärung des Arbeitsbegriffs war RICARDO erst möglich, weil er einen fortgeschritteneren Kapitalismus analysierte. Vom Standpunkt des Manufakturkapitalismus konnte weder ein englischer noch ein deutscher oder anderer Ökonom SMITH' Begriffsverwechslung erkennen.

Selbst der äußerst scharfsinnige RICARDO konnte nicht erfassen, daß hinter der Begriffsverwechslung ein viel tieferes Problem stand. So schreibt MARX: „Smith selbst bewegt sich mit großer Naivität in einem fortwährenden Widerspruch. Auf der einen Seite verfolgt er den innern Zusammenhang der ökonomischen Kategorien oder den verborgnen Bau des bürgerlichen ökonomischen Systems. Auf der andren stellt er daneben den Zusammenhang, wie er scheinbar in den Erscheinungen der Konkurrenz gegeben ist und sich also dem unwissenschaftlichen Beobachter darstellt, ganz ebensogut wie dem in dem Prozeß der bürgerlichen Produktion praktisch Befangenen und Interessierten. Diese beiden Auffassungsweisen – wovon die eine in den innren Zusammenhang, sozusagen in die Physiologie des bürgerlichen Systems eindringt, die andre nur beschreibt, katalogisiert, erzählt und unter schematisierende Begriffsbestimmungen bringt, was sich in dem Lebensprozeß äußerlich zeigt, so wie es sich zeigt und erscheint – laufen bei

151 David Ricardo, Über die Grundsätze der politischen Ökonomie und der Besteuerung, Berlin 1959, S. 12.

Smith nicht nur unbefangen nebeneinander, sondern durcheinander und widersprechen sich fortwährend. Bei ihm ist dies gerechtfertigt (mit Ausnahme einzelner Detailuntersuchungen, [wie] von dem Geld), da sein Geschäft in der Tat ein doppeltes war. Einerseits der Versuch, in die innre Physiologie der bürgerlichen Gesellschaft einzudringen, anderseits aber zum Teil erst ihre äußerlich erscheinenden Lebensformen zu beschreiben, ihren äußerlich erscheinenden Zusammenhang darzustellen und zum Teil noch für diese Erscheinungen Nomenklatur zu finden und entsprechende Verstandesbegriffe, sie also zum Teil erst in der Sprache und [im] Denkprozeß zu reproduzieren. Die eine Arbeit interessiert ihn so sehr wie die andre, und da beide unabhängig voneinander vorgehn, kommt hier eine ganz widersprechende Vorstellungsweise heraus, die eine, die den innren Zusammenhang mehr oder minder richtig ausspricht, die andre, die mit derselben Berechtigung und ohne irgendein innres Verhältnis – ohne allen Zusammenhang mit der andren Auffassungsweise – den *erscheinenden* Zusammenhang ausspricht."[152]

Diese Charakteristik konnte Marx erst vom Standpunkt des modernen Industrieproletariats, auf der Grundlage des historischen und dialektischen Materialismus geben. Sie wird selbst heute nur von Marxisten in ihrer ganzen Bedeutung erfaßt. Die Mehrzahl der bürgerlichen Theoriehistoriker macht es sich besonders einfach und leugnet jenen Teil der klassischen politischen Ökonomie, der die inneren Zusammenhänge der bürgerlichen Gesellschaft aufdeckt. Aber auch Samuel Hollander, ein hervorragender Smith-Kenner, der sich gegen viele bürgerliche Fehlinterpretationen des „Wealth of Nations" wendet, vermag Smith' Verhältnis zwischen Wesenserkenntnis und Oberflächenbeschreibung nicht zu erklären. So meint er, Smith' Vorgehen vom einfachen Fall der vorkapitalistischen Warenproduktion zu einem höheren Grad der Komplexität im Kapitalismus werfe Interpretationsprobleme auf; besonders die Frage, ob Profit und Rente ein Abzug vom Produkt der Arbeit seien oder ein hinzugefügter Beitrag.[153]

Unter den Bedingungen des Manufakturkapitalismus hätte es also weder für Ricardos noch für Marx' Kritik an Smith Verständnis geben können. Wenn daher deutsche Ökonomen im 18. Jahrhundert Smith' Vorgehen vom Tauschwert zum Wert nachvollzogen und die klassische Werttheorie verstanden und vertraten, wie sie Smith dargelegt hat, so hatten sie sich auf jene theoretische Höhe der Analyse hinaufgearbeitet, die der Manufakturkapitalismus gestattete.

152 Karl Marx, Theorien über den Mehrwert, Zweiter Teil, in: MEW, Bd. 26.2, Berlin 1967, S. 162.

153 Samuel Hollander, The economics of Adam Smith, Toronto and Buffalo 1973, S. 117.

Die spezifisch kapitalistische Wertform bei SMITH

Ein weiteres wichtiges Problem für die Einschätzung der SMITHschen politischen Ökonomie und die Möglichkeiten ihrer Resonanz außerhalb Englands liegt in der Frage, wie SMITH' Analyse der spezifisch kapitalistischen Wertform einzuschätzen ist.

Die klassische Erkenntnis, daß der Neuwert von der Arbeit geschaffen wird, läßt die Frage nach dem Ursprung des konstanten Kapitalteils offen. SMITH wirft sie das erste Mal in der Geschichte des ökonomischen Denkens als ein fundamentales Problem der Werttheorie auf. Da er die Manufakturproduktion jedoch nur als Arbeitsprozeß, nicht als Wertbildungsprozeß analysiert, kann er die Wertübertragung nicht erklären. Von der Verteilungsseite her läßt sich dann der Wert des konstanten Kapitals nur als vergangener Neuwert deuten, der ebenfalls in die ursprünglichen Einkommen zerfällt. SMITH schreibt: „Zum Beispiel zahlt ein Teil des Getreidepreises die Rente des Grundbesitzers, ein anderer den Lohn oder Unterhalt der Arbeiter und des Arbeitsviehs, die bei der Getreideproduktion beschäftigt wurden, und der dritte Teil den Profit des Farmers. Diese drei Teile scheinen entweder unmittelbar oder in letzter Instanz den gesamten Getreidepreis auszumachen. Man denkt vielleicht, daß ein vierter Teil notwendig ist, um das Kapital des Pächters bzw. den Verschleiß seines Arbeitsviehs und anderer landwirtschaftlicher Geräte zu ersetzen. Aber es muß in Betracht gezogen werden, daß sich der Preis jedes landwirtschaftlichen Werkzeugs, wie zum Beispiel eines Arbeitspferdes, selbst wieder in die obigen drei Teile aufspaltet: die Rente des Bodens, auf dem es aufgezogen wurde, den Lohn für die Arbeit, es zu warten und zu züchten, und den Profit des Farmers, der beides, die Rente dieses Bodens und den Lohn dieser Arbeit, vorschießt. Obwohl daher der Getreidepreis sowohl den Preis als auch die Unterhaltskosten des Pferdes ersetzen mag, so zerfällt der gesamte Preis dennoch unmittelbar oder in letzter Instanz in dieselben drei Teile: Rente, Arbeit[slohn] und Profit.“ [154]

Dieser naheliegende Lösungsversuch schien vom niedrigen technischen Stand des vorindustriellen Kapitalismus bestätigt zu werden. Einen Markt für Maschinen gab es noch nicht, d. h. die aus volkswirtschaftlicher Sicht relativ eigenständige Rolle des fixen Kapitalteils mußte sich erst herausbilden. Für die Fertigung von Werkzeugen und Gewinnung der Rohmaterialien wurde überwiegend Handarbeit verwendet. Wenn auch die Größenordnung des in den Manufakturen investierten Kapitals gewachsen war, so ließ sich doch bei dem damaligen Verflechtungsgrad der Wirtschaft der Anteil ermitteln, den die Einkommensbezieher der vorangegangenen Produktionsprozesse vom Gesamtwert des Enderzeugnisses erhalten haben.

SMITH' Überlegung war nicht falsch. Sie führte ihn aber zu fehlerhaften Ver-

[154] Adam Smith, Eine Untersuchung über das Wesen und die Ursachen des Reichtums der Nationen, 1. Bd., Berlin 1963, S. 65/66.

allgemeinerungen und Widersprüchen. Die Fehler waren damals noch nicht zu vermeiden, denn für die Lösung des grundsätzlichen kapitalistischen Verteilungsproblems fehlten die entscheidenden objektiven und daher auch begrifflichen Voraussetzungen. So war nämlich die Erkenntnis des Mehrwerts als Ergebnis der Mehrarbeit die tiefste Einsicht, die der Manufakturkapitalismus gestattete; für ein weiteres Vordringen setzte er unüberwindbare Schranken. Daher konnte SMITH den Mehrwert*begriff* nicht herausarbeiten. Weiterhin kannte er noch nicht den sich erst im Industriekapitalismus herausbildenden komplizierten Mechanismus, in dem sich eine nationale Durchschnittsprofitrate durchsetzt.[155] Deshalb war es ihm nicht möglich, von der allgemeinen Erkenntnis über den Mehrwert zu einer Theorie über die Durchschnittsprofitrate zu gelangen.

Aber SMITH sieht und beschreibt die lokalen Raten für Lohn, Profit und Rente, die aus den wirtschaftlichen Verhaltensweisen der Einkommensbezieher erklärbar werden. Diese Raten bestimmten mit dem konstanten Kapitalanteil den Preis der Produkte. SMITH stand vor der großen Schwierigkeit, die kapitalistische Form des Warenwerts zu untersuchen, die unter industriekapitalistischen Bedingungen als Produktionspreis erscheint. Da er aber sowohl vom Wertbildungsprozeß als auch von der Verteilungsseite her das Problem nicht tiefer erfassen konnte, stellt er fest, daß PETTYs und LOCKEs Wertbestimmung durch verausgabte Arbeit nur für die vorkapitalistische Warenproduktion gegolten habe. Für die kapitalistische Warenproduktion, ergänzt SMITH, müsse man annehmen, daß der gesamte Wert von der Arbeit geschaffen werde und jeder Teil des Werts daher einmal neuhinzugefügter Wert gewesen sei, von dem nur der Lohn dem Arbeiter zufalle, Profit und Rente dagegen von Nichtarbeitern unentgeltlich angeeignet werden.

Daraus folgt für SMITH, daß der Neuwert nicht nur die Quelle der Einkommen sei, sondern daß diese Einkommen auch den Tauschwert des Produkts bilden. „Der Preis oder Tauschwert jeder einzelnen, für sich betrachteten Ware löst sich in einen oder den anderen oder alle drei Teile auf. Ebenso muß der Preis oder Tauschwert aller als Masse betrachteten Waren, die das jährliche Gesamtprodukt der Arbeit jedes Landes bilden, in dieselben drei Teile zerfallen und unter die verschiedenen Einwohner des Landes entweder als Arbeitslohn oder als Kapitalprofit oder als Grundrente aufgeteilt werden. Die Gesamtheit dessen, was jährlich durch die Arbeit jeder Gesellschaft gesammelt oder produziert wird, bzw., was auf dasselbe hinausläuft, dessen Gesamtpreis, wird auf diese Weise auf die verschiedenen Mitglieder der Gesellschaft ursprünglich verteilt. Lohn, Profit und Rente sind die drei ursprünglichen Quellen allen Einkommens ebenso wie allen Tauschwerts. Jede andere Revenue ist in letzter Instanz von einer derselben abgeleitet."[156]

155 Vgl. Jürgen Kuczynski, Die Geschichte der Lage der Arbeiter unter dem Kapitalismus, Bd. 22, Wirtschafts- und Sozialgeschichte Englands 1500 bis 1760, Berlin 1964, S. 230/231.

156 Adam Smith, Eine Untersuchung über das Wesen und die Ursachen des Reichtums der Nationen, 1. Bd., Berlin 1963, S. 67/68.

Ein Fehler von SMITH liegt darin, daß er die Rückführung des konstanten Kapitalteils auf einen durch Arbeit geschaffenen Neuwert, der in Einkommen zerfällt, auf die Betrachtung des jährlichen Warenwerts überträgt. So verschwindet vom volkswirtschaftlichen Standpunkt das konstante Kapital, auf das SMITH an vielen anderen Stellen eingeht. Ein zweiter Fehler liegt darin, daß die Einkommen, die dem Neuwert entstammen, als Quellen des Tauschwerts bezeichnet werden. Unter dem Tauschwert versteht SMITH an dieser Stelle die kapitalistische Form eines lokal sich herausbildenden Warenwerts. Als Einkommen versteht er nicht mehr die Massen des unter die ursprünglichen Einkommensbezieher verteilten jährlich produzierten Werts, sondern die unter den kapitalistischen Produktions- und Verteilungsverhältnissen herausgebildeten Raten der Einkommen. Hierzu tritt der Gedanke der Primär- und Sekundärverteilung.

Diese Verwirrung entsprang der eigenartigen Situation, in der sich SMITH befand. LOCKE und PETTY hatten einen Austausch der Waren zu ihren Werten angenommen. Aber in der Blütezeit der kapitalistischen Manufaktur begannen die Kapitale diese Austauschweise zu verdrängen. Die Waren, schreibt MARX, wurden außerhalb der kleinen Warenproduktion nicht mehr einfach als Waren ausgetauscht, „sondern als *Produkte von Kapitalen,* die im Verhältnis zu ihrer Größe, oder bei gleicher Größe, gleiche Teilnahme an der Gesamtmasse des Mehrwerts beanspruchen“[157].

Der Stand der ökonomischen Theorie zwang SMITH zur Beschreibung der kapitalistischen Marktvorgänge. Den „Zentralpreis, um den die Preise aller Waren ständig schwanken“, findet er im natürlichen Preis (natural price). „Wenn der Preis irgendeiner Ware weder größer noch kleiner als jener Betrag ist, der ausreicht, um die Grundrente, den Arbeitslohn und den Profit des bei ihrer Hervorbringung, Herstellung und ihrem Transport zum Markt beschäftigten Kapitals zu bezahlen, und zwar jeweils nach der natürlichen Rate, dann wird die Ware zu ihrem sogenannten natürlichen Preis verkauft.“[158] SMITH' natürlicher Preis ist die kapitalistische Wertform, die sich unter späteren, industriekapitalistischen Verhältnissen als Produktionspreis darstellte. Die Raten seiner Bestandteile waren zu SMITH' Zeit das Ergebnis nicht nur der kapitalistischen Bewegungsgesetze, sondern auch lokaler Besonderheiten und überkommener, nichtkapitalistischer Faktoren. SMITH schreibt: „Der natürliche Preis verändert sich mit der natürlichen Rate jedes seiner Bestandteile, des Lohnes, des Profites und der Rente, und in jeder Gesellschaft schwanken diese Raten entsprechend der dortigen Verhältnisse, ihres Reichtums oder ihrer Armut, ihrer fortschreitenden, stagnierenden oder zurückgehenden Entwicklung.“[159]

Hier wurde das historische Moment des Übergangs von der manufakturkapitalistischen Form des Warenwerts zum kapitalistischen Produktionspreis,

157 Karl Marx, Das Kapital, Dritter Band, in: MEW, Bd. 25, Berlin 1964, S. 184/185.
158 Adam Smith, Eine Untersuchung über das Wesen und die Ursachen des Reichtums der Nationen, 1. Bd., Berlin 1963, S. 71.
159 Ebenda, S. 82.

der typischen Erscheinung des Warenwerts unter industriekapitalistischen Bedingungen, hervorgehoben, weil es für das Verständnis der Resonanz der SMITHschen Auffassung vom natürlichen Preis eine wichtige Rolle spielt. Der Sache nach behandelte SMITH Fragen des Produktionspreises, weil er den natürlichen Preis mit Hilfe einer (lokal üblichen) Durchschnittsprofitrate erklärte, obwohl es den Mechanismus der Ausgleichung unterschiedlicher Profitraten von Kapitalen mit unterschiedlicher organischer Zusammensetzung noch nicht gab.

MARX schreibt: „Der Produktionspreis schließt den Durchschnittsprofit ein. Wir gaben ihm den Namen Produktionspreis; es ist tatsächlich dasselbe, was A. Smith natural price nennt, Ricardo price of production, cost of production, die Physiokraten prix nécessaire nennen – wobei keiner von ihnen den Unterschied des Produktionspreises vom Wert entwickelt hat –, weil er auf die Dauer Bedingung der Zufuhr, der Reproduktion der Ware jeder besondren Produktionssphäre ist."[160]

Die Tatsache, daß SMITH Fragen des Produktionspreises behandelte, impliziert keineswegs die mitunter geäußerte Annahme, SMITH habe gewußt, daß der Profit in der Tendenz dem Kapital proportional sein muß, und daher die Natur der Durchschnittsprofitrate begriffen, die er auch seinem natürlichen Preis zugrunde legte. Denn SMITH konnte die Natur der Durchschnittsprofitrate gar nicht begreifen. Noch nach dem Erscheinen des dritten „Kapital"-Bandes (1894) schreibt ENGELS, ausgehend von früheren Verhältnissen, unter denen nur das Kaufmannskapital eine Profitrate kannte: „Und so finden wir hier die Erscheinung, daß im inländischen Detailverkehr der einzelnen Produzenten untereinander die Waren durchschnittlich zu ihren Werten verkauft werden, im internationalen Handel aber, aus angegebnen Gründen, der Regel nach nicht. Ganz im Gegensatz zur heutigen Welt, wo die Produktionspreise im internationalen und Großhandel Geltung haben, während im städtischen Kleinhandel die Preisbildung durch ganz andre Profitraten reguliert wird. So daß z. B. heute das Fleisch eines Ochsen einen größeren Preisaufschlag erfährt auf dem Wege vom Londoner Engroshändler bis zum einzelnen Londoner Konsumenten als vom Engroshändler in Chicago, inklusive Transport, bis zum Londoner Engroshändler."[161]

ENGELS beschreibt, wie sich diese Entwicklung zur Herausbildung einer Durchschnittsprofitrate *nach* jener Zeit, als SMITH sein „Wealth of Nations" schrieb, vollzog: „Hat die Manufaktur schon durch Verwohlfeilerung der Produkte sich emporgeschwungen, so noch weit mehr die große Industrie, die mit ihren immer erneuerten Revolutionen der Produktion die Herstellungskosten der Waren niedriger und niedriger herabdrückt und alle früheren Produktionsweisen unerbittlich beseitigt. Sie ist es auch, die dadurch den inneren Markt endgültig für das Kapital erobert, der Kleinproduktion und Naturalwirtschaft

160 Karl Marx, Das Kapital, Dritter Band, in: MEW, Bd. 25, Berlin 1964, S. 208.
161 Friedrich Engels, Ergänzung und Nachtrag zum III. Buche des „Kapital", in: MEW, Bd. 25, Berlin 1964, S. 913.

der sich selbst genügenden Bauernfamilie ein Ende macht, den direkten Austausch zwischen den Kleinproduzenten beseitigt, die ganze Nation in den Dienst des Kapitals stellt. Sie gleicht ebenfalls die Profitraten der verschiednen kaufmännischen und industriellen Geschäftszweige zu *einer* allgemeinen Profitrate aus, und sichert endlich der Industrie den ihr gebührenden Machtposten bei dieser Ausgleichung, indem sie den größten Teil der Hindernisse beseitigt, die bisher der Übertragung von Kapital aus einem Zweig in einen andern im Wege standen. Damit vollzieht sich für den gesamten Austausch im großen die Verwandlung der Werte in Produktionspreise."[162]

SMITH schildert selbst, wie wenig der Produktionspreis als relativ stabiles und feststellbares Gravitationszentrum der Preise zu seiner Zeit herausgebildet war. „Es wurde schon bemerkt, daß es nicht leicht ist, auch nur für einen bestimmten Ort und Zeitpunkt die durchschnittlichen Arbeitslöhne zu ermitteln. Sogar in diesem Falle können wir selten mehr als die zumeist üblichen Arbeitslöhne bestimmen. Doch in bezug auf die Kapitalprofite ist selbst das kaum möglich. Der Profit ist so starken Schwankungen unterworfen, daß auch derjenige, der ein bestimmtes Gewerbe betreibt, nicht immer sagen kann, welches der Durchschnitt seines jährlichen Profits ist. Er wird nicht nur durch jede Preisänderung der Waren, mit denen jemand handelt, beeinflußt, sondern auch durch den guten oder schlechten Geschäftsgang bei seinen Konkurrenten und Kunden sowie durch tausend andere Zufälle, denen zu Wasser oder zu Land beförderte oder sogar in Warenhäusern gelagerte Waren ausgesetzt sind. Er verändert sich daher nicht nur von Jahr zu Jahr, sondern von Tag zu Tag, ja fast von Stunde zu Stunde. Die Bestimmung des Durchschnittsprofits all der verschiedenen, in einem großen Königreich betriebenen Gewerbezweige muß noch schwieriger sein. Mit einiger Genauigkeit festzustellen, wie hoch er früher oder in weit zurückliegenden Zeiträumen war, ist völlig unmöglich."[163]

Da es unmöglich sei, die Kapitalprofite mit irgendeinem Grad an Genauigkeit zu bestimmen, begnügt sich SMITH mit der Feststellung, „daß überall, wo man mit Geld sehr viel anfangen kann, für seine Verwendung gewöhnlich auch sehr viel hingegeben wird, und überall dort, wo man damit wenig anfangen kann, wird gewöhnlich auch wenig dafür hingegeben. Deshalb dürfen wir sicher sein, daß in jedem Land die gewöhnlichen Kapitalprofite zusammen mit dem marktüblichen Zinsfluß schwanken, so wie diese sinken oder steigen. Die Entwicklung des Zinses kann uns also einige Vorstellungen von der Entwicklung des Profits vermitteln."[164]

Der Umstand, daß SMITH *nicht* die erst später von der Industrie erzwungene *allgemeine* Durchschnittsprofitrate kannte, sondern die Profitrate in jenen Gegenden beschrieb, auf deren Markt die kapitalistischen Manufakturen den Marktpreis für ihre Waren entsprechend den üblichen Einkommensraten durchsetzten,

162 Ebenda, S. 916.

163 Adam Smith, Eine Untersuchung über das Wesen und die Ursachen des Reichtums der Nationen, 1. Bd., Berlin 1963, S. 115/116.

164 Ebenda, S. 116.

ist beachtenswert. SMITH' Darstellung des „natural price" konnte deswegen nämlich von jenen Ökonomen auch außerhalb Englands verstanden werden, die in ihrem Land die Preisbildung in manufakturkapitalistisch entwickelten Gebieten studierten.

Im Zusammenhang mit SMITH' Auffassung vom „natural price" steht auch seine Analyse der Sozialstruktur im Manufakturkapitalismus. Jene deutschen SMITH-Kritiker vom Beginn des 19. Jahrhunderts, die aus Furcht vor der Konkurrenz billiger englischer Waren vor der klassischen politischen Ökonomie und ihren liberalen Schlußfolgerungen warnten, stellten SMITH' Untersuchung als ein reines Abbild der englischen Wirklichkeit hin, das nur dort seine Berechtigung habe. Hätten sie Recht gehabt, dann wäre es ein Fehler gewesen, daß die deutschen Anhänger von ADAM SMITH dessen Sozialauffassungen auch in Deutschland verbreiteten. Die Antwort auf diese Frage entscheidet über den Streit, ob die deutschen SMITH-Anhänger ungerechtfertigt bloße Nachbeter des großen Schotten oder ob sie Vertreter der damals höchstentwickelten politischen Ökonomie waren.

Die Sozialstruktur im Manufakturkapitalismus

Um die Gesetzmäßigkeiten darzustellen, denen die Herausbildung der vorindustriell-kapitalistischen Wertform unterlag, mußte SMITH untersuchen, welche Faktoren die Raten von Lohn, Profit und Rente „auf natürliche Weise bestimmen und wie diese Faktoren durch den Reichtum oder die Armut der Gesellschaft, durch deren fortschreitende, stagnierende oder zurückgehende Entwicklung beeinflußt werden"[165]. Diese Analyse weitet sich zu einer großartigen Betrachtung der Sozialverhältnisse des 18. Jahrhunderts aus. Aber auch frühere Jahrhunderte werden einbezogen.

Aus der Untersuchung der die Einkommensbewegungen verursachenden und beeinflussenden Faktoren leitet SMITH schließlich ab, wie die Hauptklassen seiner Zeit auf Grund ihrer materiellen Interessenlage zum gesellschaftlichen Fortschritt stehen. Alle Klassen der damaligen englischen Gesellschaft waren an der kapitalistischen Entwicklung interessiert, aber jede in anderer Weise. SMITH stellt fest, „daß jeder Fortschritt in den Verhältnissen der Gesellschaft die Tendenz in sich birgt, die reale Grundrente entweder direkt oder indirekt zu erhöhen; er steigert den wirklichen Reichtum des Grundeigentümers, seine Macht, die Arbeit oder das Arbeitsprodukt anderer Leute zu kaufen"[166]. Diese großen Vorteile verurteilen aber die kapitalistische Klasse der Grundbesitzer zum Parasitismus, erklärt SMITH. „Was das Interesse der Grundbesitzer begünstigt oder behindert, begünstigt oder behindert auch immer das Interesse der Gesellschaft. Wenn die

[165] Ebenda, S. 82.
[166] Ebenda, S. 323.

Öffentlichkeit irgendeine den Handel oder die Politik betreffende Maßnahme berät, kann sie von den Eigentümern des Bodens niemals durch deren Absicht in die Irre geleitet werden, die Interessen ihrer eigenen speziellen Klasse zu begünstigen – zumindest dann nicht, wenn sie ihre Interessen leidlich kennen. Allerdings fehlt ihnen selbst diese leidliche Kenntnis sehr oft. Die Klasse der Grundbesitzer ist die einzige dieser drei Klassen, der die Revenue keine Arbeit oder Mühe kostet. Ihre Revenue gelangt sozusagen aus eigenem Antrieb, ohne daß sie irgendwelche Pläne oder Projekte zu entwerfen brauchen, in ihre Hände. Die natürliche Folge der Sorglosigkeit und Sicherheit ihrer Lage ist eine Trägheit, die sie allzuoft nicht nur unwissend, sondern auch unfähig macht, ihren Geist so anzustrengen, wie es notwendig wäre, um die Konsequenzen irgendeiner staatlichen Maßnahme vorauszusehen oder zu verstehen."[167]

Die sich mit der Manufaktur erst herausbildende Klasse der Lohnarbeiter war in der schwächsten Position; Smith verteidigt sie an vielen Stellen seines Buchs gegen die Bourgeoisie. Die Arbeiter leiden nicht nur am stärksten unter kapitalistisch noch gering entwickelten, also vorwiegend feudalen Bedingungen. Sie seien, stellt Smith fest, selbst im Manufakturkapitalismus mit dem für ihn charakteristischen Anstieg des Lohnniveaus[168] politisch einflußlos. Ihre Löhne seien niemals so hoch wie „unter Bedingungen, unter denen die Nachfrage nach Arbeit ständig steigt oder die beschäftigte Quantität in jedem Jahr beträchtlich wächst. Stagniert der wirkliche Reichtum der Gesellschaft, so sinken die Löhne bald auf ein Niveau, das gerade groß genug ist, um dem Arbeiter die Ernährung seiner Familie oder die Erhaltung seines Standes zu ermöglichen. Wenn die Gesellschaft verfällt, sinken die Löhne sogar noch tiefer. Die Grundeigentümer ziehen aus dem Gedeihen der Gesellschaft eventuell noch größere Vorteile als die Arbeiter. Aber es gibt keine Klasse, die so schrecklich unter einem Verfall der Gesellschaft leidet, wie die Arbeiterklasse. Doch obgleich das Interesse des Arbeiters eng mit dem der Gesellschaft verknüpft ist, ist er unfähig, dieses Interesse zu verstehen oder dessen Zusammenhang mit seinem eigenen zu begreifen. Seine Lebenslage läßt ihm keine Zeit, um sich darüber im notwendigen Umfang zu informieren, und seine Erziehung sowie seine Gewohnheiten sind gewöhnlich so beschaffen, daß er unfähig ist, sich ein Urteil zu bilden, selbst wenn er vollständig informiert wäre."[169]

Bei der Einschätzung der kapitalistischen Unternehmer hebt Smith deren ausgeprägte Sonderinteressen hervor. Er vergißt nicht, daß sie in der Zeit der ursprünglichen Akkumulation Riesengewinne scheffelten. Die Herausbildung von Durchschnittsprofiten erklärt er, da ihm aus objektiven Gründen der Begriff des Mehrwerts und eine Theorie der Durchschnittsprofitrate fehlten, aus der gesteigerten Konkurrenz, die eine Tendenz zur ständigen Verringerung der Profit-

167 Ebenda, S. 325.

168 Vgl. Karl Marx, Das Kapital, Erster Band, in: MEW, Bd. 23, Berlin 1962, S. 641.

169 Adam Smith, Eine Untersuchung über das Wesen und die Ursachen des Reichtums der Nationen, 1. Bd., Berlin 1963, S. 326.

rate habe. „Die Pläne und Projekte dieser Leute, die Kapital anlegen, regulieren und dirigieren alle bedeutenden Arbeitsverrichtungen. Der Profit ist das erklärte Ziel all dieser Pläne und Projekte. Doch die Profitrate steigt nicht zusammen mit einem Aufblühen der Gesellschaft und sinkt nicht mit deren Niedergang, so wie das Rente und Lohn tun. Im Gegenteil, sie ist von Natur aus in reichen Ländern niedrig und in armen hoch. Am höchsten ist sie immer in den Ländern, die ihrem Ruin in schnellem Tempo entgegengehen. Das Interesse dieser dritten Klasse steht daher nicht in der gleichen Beziehung zu dem allgemeinen Interesse der Gesellschaft wie das der anderen beiden. Kaufleute und Manufakturunternehmer sind in dieser Klasse die beiden Gruppen der Bevölkerung, die gewöhnlich die größten Kapitale anlegen und durch ihren Reichtum das meiste öffentliche Ansehen genießen. Da sie während ihres ganzen Lebens mit Plänen und Projekten beschäftigt sind, besitzen sie häufig mehr Verstandesschärfe als der größte Teil der Landedelleute. Doch weil sie ihre Gedanken in der Regel eher den Interessen ihres eigenen speziellen Geschäftszweiges als denen der Gesellschaft zuwenden, ist auf ihr Urteil, selbst wenn es mit größter Aufrichtigkeit abgegeben wird (was nicht bei jeder Gelegenheit geschieht), in bezug auf das erste dieser beiden Gebiete viel mehr Verlaß als in bezug auf das letztere."[170] Diese Klasse „ist in der Regel daran interessiert, die Öffentlichkeit zu hintergehen, ja sogar zu unterdrücken, und hat beides auch bei vielen Gelegenheiten getan"[171].

Smith, der „den offenherzig brutalen bourgeois parvenu *auslegte*"[172], gründet dessen Charakteristik einerseits auf eine oberflächliche Profitauffassung, die in ihrer Einseitigkeit gerade die bourgeoise Bereitschaft zum Monopolismus und Arrangement mit reaktionären Gesellschaftsordnungen bei großen Profitaussichten zum Ausdruck bringt. Und er berücksichtigt anderseits die Erfahrungen der ursprünglichen Kapitalakkumulation und des Manufakturkapitalismus, in dem noch keine industrielle Produktionsweise, sondern häufig noch kühne Projekte über das Ausmaß der Mehrwertaneignung entscheiden können, wenn dem Unternehmungsgeist die entsprechenden, damals relativ bescheidenen Mittel zur Verfügung stehen. Schließlich spiegelt Smith' Einschätzung des kapitalistischen Unternehmers auch die Schwäche des Proletariats wider, das die neue, aufsteigende Gesellschaftsordnung noch nicht bedroht und es daher den bürgerlichen Theoretikern erlaubt, rücksichtslos den Unterschied zwischen kapitalistischen Sonderinteressen und allgemein-kapitalistischen Sozialinteressen auszusprechen.

In der hier nur angedeuteten Analyse der Klassen im Manufakturkapitalismus gibt Smith keineswegs nur eine Beschreibung der englischen Verhältnisse. Er geht – erstens – weit über die Physiokraten hinaus. Quesnay hatte kapitalistisches Sonderinteresse und allgemeines gesellschaftliches Interesse vermischt; hinter seiner produktiven landwirtschaftlichen Klasse verbarg sich das Agrar-

170 Ebenda, S. 326/327.

171 Ebenda, S. 328.

172 Karl Marx, Theorien über den Mehrwert, Erster Teil, in: MEW, Bd. 26.1, Berlin 1965, S. 260.

kapital, hinter seiner sterilen gewerblichen Klasse die Wirtschaftsform der einfachen Warenproduktion. Noch im Rahmen des Physiokratismus war bereits TURGOT auf die wirkliche Grundstruktur gestoßen, die aus Grundeigentümern, Kapitalisten und Proletariat besteht. SMITH streift nun die physiokratischen Mängel ab und nimmt die Klassendreiteilung zum Gerüst seiner politischen Ökonomie.

SMITH erklärt – zweitens – das Verhalten der Klassen aus gegensätzlichen Interessen, die weder eingebildet noch vorrangig politischer Natur sind. Es ist ein bedeutendes Verdienst, die Interessengegensätze aus den gegensätzlichen Bewegungen der Einkommen herzuleiten, die sich wiederum aus den manufakturkapitalistischen Produktionsverhältnissen ergeben. Obwohl SMITH den historischen Charakter der Produktionsverhältnisse und der Klassengegensätze nicht erkennt, unternimmt er doch durch seine ökonomische Begründung der Klassenauseinandersetzung einen entscheidenden Schritt auf dem Weg zur Herausbildung des historischen Materialismus.

Die Weiterführung der physiokratischen Klassenauffassung und deren ökonomische Herleitung aus den Gesetzen, die den natürlichen Preis bilden, war für die deutschen Anhänger der klassischen politischen Ökonomie von großer Bedeutung. SMITH vermittelte eine Betrachtungsweise, die es ihnen ermöglichte, die politischen Auseinandersetzungen während des Heranreifens der bürgerlichen Umwälzung als Reflex wirtschaftlicher Prozesse und Erfordernisse zu verstehen. Hatten die Vertreter der Aufklärung mit einer ideologischen Kritik des Feudalismus begonnen, so wurde es jetzt möglich, zu einer ökonomischen Kritik überzugehen, die auch die Beschränktheit in der physiokratischen Stoßrichtung überwand und generell die Bedingungen zur Durchsetzung des Kapitalismus in Deutschland forderte. Bei der Übernahme der Klassenauffassung von SMITH waren die deutschen Anhänger der klassischen politischen Ökonomie durchaus in der Lage, zwischen SMITH' grundsätzlichen Aussagen und den spezifisch englischen Einschätzungen zu unterscheiden.

Zum Abschluß dieser Übersicht sind noch die Grundzüge der SMITHschen Kapitaltheorie zu charakterisieren. Da SMITH zum Teil hinter die physiokratischen Auffassungen zurückfiel, läßt sich auch an diesem Beispiel zeigen, daß in Deutschland, das einen bestimmten Stand der manufakturkapitalistischen Entwicklung erreicht hatte, SMITH' Erkenntnisse über die Rolle des Kapitals im Manufakturkapitalismus durchaus verstanden werden konnten.

Das Kapital bei SMITH

Erst nach der Untersuchung der Klassen und ihrer Einkommen in der bürgerlichen Gesellschaft behandelt SMITH im zweiten Buch seines „Wealth of Nations" das Kapital. Wie er im ersten Buch von der Besonderheit der Arbeit absieht und durch die Betrachtung der Arbeit schlechthin über LOCKEs und PETTYs Arbeitswerttheorie hinauskommt, so gelangt er im zweiten Buch über QUESNAY hinaus, indem er von jedem konkreten Anlagebereich des Kapitals absieht und das Kapital überhaupt in seiner gegenständlichen Gestalt als notwendige Bedingung der kapitalistischen Arbeit betrachtet. Aber die manufakturkapitalistische Werttheorie setzte SMITH Schranken, vor allem weil der Begriff der Arbeitskraft nicht gefaßt werden konnte. Da die Arbeitskraft nicht in ihrem jeder Ware immanenten Widerspruch zwischen Gebrauchswert und Wert betrachtet wurde, entzog sich der Wertbildungsprozeß der analytischen Untersuchung. Damit war es unmöglich, die Bestandteile des produktiven Kapitals und ihre Rolle im Wertbildungs- und Verwertungsprozeß richtig zu begreifen. Wohl ließ sich die physiokratische Unterteilung in ursprüngliche und jährliche Vorschüsse leicht in die Unterteilung in fixes und zirkulierendes Kapital übersetzen; aber bereits die begriffliche Exaktheit mußte unter den fehlenden werttheoretischen Voraussetzungen leiden.

Die eigentliche Schwierigkeit stellte für SMITH die Behandlung des fixen Kapitals dar. SMITH erlebte sein Anwachsen; indes ein Markt für jene Waren, die die Funktion des fixen Kapitals übernehmen, bildete sich erst am Ende der industriellen Revolution heraus. Die Produktion der Produktionsmittel war im wesentlichen Rohstoffproduktion, also Landwirtschaft und Bergbau, wodurch im übrigen das Fortwirken physiokratischer Einflüsse begünstigt wurde. Die Rohstoffe gehören zum zirkulierenden Kapital. Die Produktion des fixen Kapitals innerhalb der Produktion von Produktionsmitteln war gering. Solange die Herstellung von Maschinen in Handarbeit eigene oder Auftragsproduktion war und nur wenige Wirtschaftszweige belieferte, war keine Gesetzmäßigkeit zu beobachten, die verdeutlicht hätte, wie fixes Kapital im Produktionsprozeß funktioniert, ersetzt und erweitert wird.

So stellte sich SMITH also die Frage nach der Rolle des fixen bzw. konstanten Kapitals, ohne daß die Theorie und die Wirklichkeit eine wissenschaftliche Bearbeitung zuließen. In viel stärkerem Maße als im ersten Buch über die Arbeit mußte sich SMITH im zweiten Buch über das Kapital mit dem Fragenstellen begnügen. Es unterlaufen ihm auch viel mehr Verwechslungen und Verwirrungen. Da sein Gegenstand komplizierter war als der Gegenstand für QUESNAY, erscheinen seine Verwirrungen vor dem Bild der einfachen, genialen Lösung des physiokratischen Tableau économique sogar als ein theoretischer Rückschritt.

MARX schätzt daher ein: „Der einzige Fortschritt, den A. Smith macht, ist die Verallgemeinerung der Kategorien. Sie bezieht sich bei ihm nicht mehr auf eine spezielle Form des Kapitals, das Pächterkapital, sondern auf jede Form des produktiven Kapitals. Es folgt daher von selbst, daß an die Stelle des der Agrikultur entnommenen Unterschieds zwischen jährlichem und mehrjährigem Umschlag, der allgemeine Unterschied verschiedenzeitigen Umschlags tritt, so daß ein Umschlag des fixen Kapitals stets mehr als einen Umschlag des zirkulierenden Kapitals umfaßt, welches immer die Zeitdauer dieser Umschläge des zirkulierenden Kapitals sei, jährlich, mehr als jährlich oder weniger als jährlich. So verwandeln sich bei Smith die avances annuelles in zirkulierendes und die anvances primitives in fixes Kapital. Auf diese Verallgemeinerung der Kategorien beschränkt sich aber sein Fortschritt. Die Ausführung fällt weit hinter Quesnay zurück."[173]

Da die Unterscheidung der Kapitalteile nach ihren Funktionen im Wertbildungsprozeß für SMITH nicht möglich ist, bleibt ihm das äußere Merkmal ihrer Teilnahme am Kapitalumlauf. Aber sie wird nicht vom Standpunkt des Produktionsprozesses, sondern vom Standpunkt der Warenzirkulation betrachtet. QUESNAY hatte in der landwirtschaftlichen Produktion den jährlichen Rhythmus vor Augen. Auch SMITH sucht nach einem sichtbaren Einschnitt und findet ihn darin, daß der Produktionsprozeß für die Ware erst mit ihrem Verkauf abgeschlossen ist. Das Ausgehen von der Zirkulation veranlaßt ihn, das gesamte Kapital als profitbringend zu betrachten; er vermengt in die Umlaufbetrachtung, schreibt MARX, „die roh empirische, aus der Anschauungsweise des gewöhnlichen Kapitalisten geschöpfte Vorstellung des Profits, die der bessern esoterischen Einsicht A. Smiths durchaus widerspricht"[174].

So kommt SMITH zu folgender Unterteilung des Kapitals in fixes und zirkulierendes Kapital: „Es gibt zwei verschiedene Arten, auf die ein Kapital angelegt werden kann, um seinem Besitzer [employer] eine Revenue oder einen Profit abzuwerfen.

Erstens kann es zur Erzeugung, Fabrikation oder zum Kauf von Waren angelegt werden, um sie wieder mit einem Profit zu verkaufen. Das auf diese Weise angelegte Kapital wirft seinem Besitzer weder Revenue noch Profit ab, solange es entweder in seinem Besitz bleibt oder die gleiche Gestalt behält. Die Waren bringen dem Kaufmann keine Revenue und keinen Profit ein, ehe er sie für Geld verkauft; und das Geld wirft ihm ebensowenig ab, ehe es wieder gegen Waren ausgetauscht ist. Sein Kapital verläßt ihn beständig in einer bestimmten Form und kehrt in einer anderen zu ihm zurück. Allein auf Grund dieser Zirkulation oder aufeinanderfolgenden Tauschakte kann ihm das Kapital irgendeinen Profit abwerfen. Solche Kapitale können daher zirkulierendes Kapital genannt werden.

Zweitens kann Kapital zur Bodenverbesserung, zum Ankauf nützlicher Maschinen und Arbeitsgeräte oder zu ähnlichen Dingen verwandt werden, die eine Revenue oder einen Profit abwerfen, ohne den Besitzer zu wechseln oder irgendwie zu zirkulieren. Solche Kapitale können daher fixes Kapital genannt werden."[175]

Obwohl SMITH vom Standpunkt der Profitrealisierung herangeht, Kapitalumlauf und Warenzirkulation, zirkulierendes Kapital und Zirkulationskapital verwechselt, nicht die Arbeitskraft, sondern ihren in Unterhaltsmitteln für den Arbeiter erscheinenden Wert zum zirkulierenden Kapital rechnet, bringt seine Unterscheidung des produktiven Einzelkapitals die ökonomische Theorie ein Stück voran.

Für den Pächter gehöre der Wert der Werkzeuge und des Arbeitsviehs, der

[173] Karl Marx, Das Kapital, Zweiter Band, in: MEW, Bd. 24, Berlin 1963, S. 190.

[174] Ebenda, S. 199.

[175] Adam Smith, Eine Untersuchung über das Wesen und die Ursachen des Reichtums der Nationen, 2. Bd., Berlin 1975, S. 6/7.

Schafe für die Wollerzeugung und der Rinder für die Milcherzeugung zum fixen Kapital, denn, sagt SMITH, alle werfen Profit ab, indem sie in seinem Besitz bleiben. Der Wert der Unterhalsmittel für Arbeitskräfte und für Arbeitsvieh sowie die Anschaffungs- und Unterhaltungskosten des zum Verkauf bestimmten und gemästeten Viehs gehören zum zirkulierenden Kapital, denn, so SMITH, der Pächter erzielt einen Profit, indem er die Waren verkauft. Aber bereits bei der Betrachtung des Saatguts, das er richtig als zirkulierendes Kapital bezeichnen müßte, wird SMITH unsicher. Sein gesamter Wert sei eigentlich fixes Kapital; denn obgleich es zwischen dem Feld und dem Speicher hin- und herlaufe, wechsele es nicht den Besitzer und laufe daher eigentlich nicht um. Der Pächter ziehe seinen Profit nicht aus dem Verkauf, sondern aus dem Zuwachs.

SMITH erkennt also, daß die Ware nicht auf Grund ihrer Zugehörigkeit zu einer bestimmten Warenart diesem oder jenem Kapitalteil zuzurechnen ist, sondern auf Grund ihrer Teilnahme an einem oder mehreren Umläufen. Dieser Gesichtspunkt schließt die Aufteilung der Warenarten unter die Kapitalteile aus. SMITH sieht aber keine andere Gelegenheit, die volkswirtschaftlichen Größen der Kapitalteile sichtbar zu machen. Außerdem rechnet er das Geld und die Qualifikation der Arbeiter ebenfalls zum Kapital. Somit zerfällt nach SMITH der Gesamtvorrat des Landes in drei Teile. Der erste Teil werde zur unmittelbaren Konsumtion aufbewahrt und sei dadurch gekennzeichnet, daß er kein Einkommen liefere. Er bestehe aus Nahrungsmitteln, Kleidung, Hausgerät und auch Wohnhäusern, die dem Besitzer wohl ein Einkommen in Form von Miete einbringen können, das jedoch aus anderen Quellen fließe. Der zweite Teil, das fixe Kapital, das ohne Umlauf oder Besitzwechsel Profit abwerfe, bestehe aus Maschinen, Werkzeugen, Wirtschaftsgebäuden, Bodenverbesserungen und auch aus den erworbenen Fähigkeiten aller Einwohner. Man könne die erlernte Fähigkeit eines Arbeiters mit einer arbeitserleichternden Maschine vergleichen, die zwar Kosten verursache, diese Kosten aber meist mit Profit wiedererstatte. Der dritte Teil, das zirkulierende Kapital, das Profit nur durch Umlauf oder Besitzwechsel abwerfe, bestehe aus Geld, Lebensmittelvorräten im Besitz der Fleischer, Viehzüchter, Landwirte, Getreidehändler usw., die aus dem Verkauf einen Profit ziehen, aus Rohstoffen und Halbfabrikaten und noch nicht im Besitz der Verbraucher befindlichen Fertigerzeugnissen.

In dieser Aufzählung spiegelt sich die Schwierigkeit wider, mit Hilfe der vorindustriellen Werttheorie das Kapitalproblem zu analysieren, denn nach SMITH' Vorstellung, schreibt MARX, „wäre der Reichtum einzuteilen in 1. den Konsumtionsfonds, der keinen Teil des fungierenden gesellschaftlichen Kapitals bildet, obgleich Teile desselben beständig als Kapital fungieren *können*; und 2. in Kapital. Ein Teil des Reichtums fungiert hiernach als Kapital, der andre Teil als Nichtkapital oder Konsumtionsfonds. Und es erscheint hier als eine unumgängliche Notwendigkeit für alles Kapital, entweder fix zu sein oder flüssig, etwa wie es für ein Säugetier eine Naturnotwendigkeit ist, entweder männlich zu sein oder weiblich. Wir haben aber gesehn, daß der Gegensatz von fix und flüssig nur anwendbar ist auf die Elemente des *produktiven* Kapitals, daß es also neben diesen noch eine sehr bedeutende Menge Kapital – Warenkapital und Geldkapital – gibt, die sich in einer Form befindet, in der sie weder fix noch flüssig *sein kann.*" [176]

In der Dreiteilung des gesellschaftlichen Gesamtvorrats steht an erster Stelle der unmittelbare Konsumtionsfonds, der, da Smith in diesem Fall einfache Reproduktion unterstellt, dem gesellschaftlichen Mehrwert entspricht. In allen Produktionszweigen wird Mehrwert erzeugt, aber nicht alle stellen Konsumgüter her. Daher ergibt sich die Frage, wie der gesellschaftliche Mehrwert die Form des unmittelbaren Konsumtionsfonds erhält. Smith erkennt diese Frage nach dem gesellschaftlichen Nettoeinkommen: „Alle Kosten zur Erhaltung des fixen Kapitals müssen offenbar vom Nettoeinkommen der Gesellschaft ausgeschlossen werden. Weder die notwendigen Materialien zur Erhaltung der nützlichen Maschinen und Arbeitsgeräte, der gewinnbringenden Gebäude usw., noch das Produkt der Arbeit, die erforderlich ist, um diesen Materialien die geeignete Form zu verleihen, können jemals einen Teil des Nettoeinkommens bilden. Der Preis jener Arbeit kann zwar einen Teil davon ausmachen, da die so beschäftigten Arbeiter den Gesamtwert ihres Lohnes ihrem für die unmittelbare Konsumtion bestimmten Vorrat zuschlagen werden. Aber bei anderen Arbeitsarten fällt sowohl der Preis als auch das Produkt diesem Vorrat zu: der Preis dem der Arbeiter und das Produkt dem anderer Leute, deren Lebensunterhalt, Bequemlichkeit und Vergnügen durch die Arbeit solcher Arbeiter vergrößert werden." [177]

Die Unmöglichkeit, im vorindustriellen Kapitalismus zur theoretischen Unterteilung der gesellschaftlichen Produktion in Produktion von Produktionsmitteln und Produktion von Konsumgütern zu gelangen, hindert Smith nicht, das Problem auszusprechen. Die Arbeiter, die keine Waren für den Arbeiterhaushalt herstellen, bekommen dennoch den Wert ihrer Arbeitskraft, den Lohn, und beziehen aus dem gesellschaftlichen Warenvorrat ihre Unterhaltsmittel. Andere Arbeiter stellen sowohl ihre Unterhaltsmittel als auch jene Waren her, die in den Konsumtionsfonds der Mehrwertverzehrer eingehen. Aber die Feststellung ist bei Smith noch unscharf formuliert. Denn tatsächlich lebt der eine Arbeiter nicht vom „Preis" seiner Arbeitskraft, sondern er kauft mit dem Geld seines Lohns Lebensmittel; und der andere Arbeiter produziert nicht „Preis" und Produkt für den Arbeiter- und den Kapitalistenkonsumtionsfonds, sondern der von ihm geschaffene Neuwert, bestehend aus variablem Kapital und Mehrwert, stellt sich in Konsumgütern dar.

Smith erkennt sogar, daß das zirkulierende Kapital der Gesellschaft, obgleich es nur aus der Summe der individuellen zirkulierenden Kapitale besteht, einen vom zirkulierenden Kapital jedes einzelnen Kapitalisten verschiedenen Charakter besitzt. „Das zirkulierende Kapital der Gesellschaft ist in dieser Beziehung ver-

[176] Karl Marx, Das Kapital, Zweiter Band, in: MEW, Bd. 24, Berlin 1963, S. 209.

[177] Adam Smith, Eine Untersuchung über das Wesen und die Ursachen des Reichtums der Nationen, 2. Bd., Berlin 1975, S. 17.

schieden von dem eines Individuums. Das eines Individuums bildet unter gar keinen Umständen irgendeinen Teil seiner Nettorevenue, die sich vollständig aus seinen Profiten zusammensetzen muß. Obgleich nun das zirkulierende Kapital einer jeden Einzelperson einen Teil desjenigen der Gesellschaft, der sie angehört, ausmacht, ist es aus diesem Grunde nicht davon ausgeschlossen, gleichfalls einen Teil des gesellschaftlichen Nettoeinkommens zu bilden. Die Waren im Laden eines Kaufmanns dürfen keineswegs zu seinem eigenen, der unmittelbaren Konsumtion vorbehaltenen Vorrat gerechnet werden. Man kann sie aber dem anderer Leute zuschlagen, die mit einem aus anderen Fonds stammenden Einkommen dem Kaufmann regelmäßig den Wert der Waren zusammen mit einem Profit ersetzen werden, ohne irgendeine Verminderung entweder seines oder ihres Kapitals hervorrufen."[178] Damit hatte Smith ein Grundproblem der Zirkulation des gesellschaftlichen Gesamtkapitals ausgesprochen. Wenn er auch im angeführten Beispiel wieder zirkulierendes Kapital und Zirkulationskapital verwechselt, so ist er doch, wie Marx sagt, „der Sache nah auf dem Sprung"[179].

Über die Kapitalakkumulation

Zum Kapitalverständnis gehört auch die Art, wie das Akkumulationsproblem betrachtet wird. Schon Petty hatte die Mehrarbeit als die Quelle des Mehrwerts erkannt; aber die Erkenntnis, daß nur die Produktion einen regelmäßigen Zufluß des Mehrwerts sichert, gehört dem 18. Jahrhundert an. Kapitalakkumulation war daher in dessen zweiter Hälfte gleichbedeutend mit Ausbeutung produktiver Arbeiter in einem bisher nicht gekannten Ausmaß. Die wachsenden Kapitalanlagen wiesen auf die Notwendigkeit produktiver Konsumtion hin; ihr wurden jedoch durch den überkommenen Umfang der unproduktiven Konsumtion Grenzen gesetzt. Daher erhielt massive Kritik an der unproduktiven Konsumtion eine große ideologische Bedeutung. Indem die bürgerlichen Theoretiker die Sparsamkeit der Verschwendung entgegensetzten, sagten sie der nichtkapitalistischen, unproduktiven Konsumtion den Kampf an. Es war, wie Marx feststellt, „für die bürgerliche Ökonomie entscheidend wichtig, die Akkumulation des Kapitals als erste Bürgerpflicht zu verkünden und unermüdlich zu predigen: man kann nicht akkumulieren, wenn man seine ganze Revenue aufißt, statt einen guten Teil davon zu verausgaben in Werbung zuschüssiger produktiver Arbeiter, die mehr einbringen, als sie kosten"[180].

Wenn Smith von Sparsamkeit und Verschwendung spricht, benutzt er keine spezifisch ökonomischen Begriffe, er greift sie nur auf, um sie ökonomisch zu fundieren. „Sparsamkeit und nicht Gewerbefleiß ist die unmittelbare Ursache des Wachsens von Kapital. Allerdings bringt der Gewerbefleiß den Gegenstand her-

178 Ebenda, S. 19/20.
179 Karl Marx, Das Kapital, Zweiter Band, in: MEW, Bd. 24, Berlin 1963, S. 369.
180 Karl Marx, Das Kapital, Erster Band, in: MEW, Bd. 23, Berlin 1962, S. 614/615.

vor, den die Sparsamkeit aufhäuft. Aber was der Gewerbefleiß auch erwerben mag, wenn die Sparsamkeit es nicht zurücklegen und aufspeichern würde, könnte das Kapital niemals größer werden."[181]

Nationaler Wohlstand, hebt SMITH hervor, sei nur durch Kapitalakkumulation zu erreichen. „Der Wert des jährlichen Produkts des Bodens und der Arbeit irgendeiner Nation kann einzig und allein dadurch steigen, daß entweder die Zahl der produktiven Arbeiter oder die produktiven Kräfte der bislang beschäftigten Arbeiter erhöht werden. Die Zahl der produktiven Arbeiter läßt sich offenbar nur in Abhängigkeit von der Zunahme an Kapital bzw. der zu ihrem Unterhalt bestimmten Fonds beträchtlich vermehren. Die produktiven Kräfte derselben Zahl von Arbeitern können nur dann wachsen, wenn jene Maschinen und Werkzeuge, die die Arbeit erleichtern und verkürzen, vermehrt und verbessert werden, oder wenn die Arbeit zweckmäßiger ge- und verteilt wird. In beiden Fällen ist fast immer ein zusätzliches Kapital erforderlich."[182]

Diese Verteidigung der produktiven Arbeit und des Kapitals gipfelt ideologisch in einer Abrechnung mit der feudalen unproduktiven Konsumtion. „Jedoch so wie England niemals mit einer sehr sparsamen Regierung gesegnet war, ebensowenig war Sparsamkeit zu irgendeinem Zeitpunkt die charakteristische Tugend seiner Einwohner. Es ist daher die größte Unverschämtheit und Anmaßung, wenn Könige und Minister den Anspruch erheben, über die Sparsamkeit der Privatleute zu wachen und deren Ausgaben durch Gesetze gegen den übermäßigen Aufwand [sumptuary laws] oder durch Einfuhrverbote für ausländische Luxuswaren einzuschränken. Sie sind selbst und ohne jede Ausnahme die größten Verschwender in der Gesellschaft."[183]

Aus dieser Zielstellung ist auch SMITH' Titel für das dritte Kapitel des zweiten Buchs verständlich. „Von der Akkumulation des Kapitals oder von produktiver und unproduktiver Arbeit". Das Akkumulationsproblem wurde im 18. Jahrhundert in der Alternative zwischen Mehrwertproduktion und unproduktiver Konsumtion des Mehrwerts begriffen. SMITH schreibt: „Zwar ist das jährliche Gesamtprodukt des Bodens und der Arbeit eines jeden Landes zweifellos letzten Endes dazu bestimmt, die Konsumtion seiner Einwohner zu decken und ihnen ein Einkommen zu verschaffen, jedoch wenn es erstmals aus dem Boden oder aus den Händen der produktiven Arbeiter kommt, teilt es sich natürlicherweise in zwei Teile auf. Der eine – oft der größte – ist in erster Linie dazu bestimmt, ein Kapital zu ersetzen oder die Lebensmittel, Rohstoffe und Fertigprodukte zu erneuern, die einem Kapital entzogen worden sind. Der andere ist dazu bestimmt, entweder dem Eigentümer dieses Kapitals als dessen Profit oder irgendeiner anderen Person als Rente ihres Bodens eine Revenue abzuwerfen."[184] Der Mehrwert könne kapi-

[181] Adam Smith, Eine Untersuchung über das Wesen und die Ursachen des Reichtums der Nationen, 2. Bd., Berlin 1975, S. 82.

[182] Ebenda, S. 88.

[183] Ebenda, S. 93.

[184] Ebenda, S. 75.

talisiert, d. h. – an dieser Stelle vereinfacht SMITH – für die Ausbeutung zusätzlicher Arbeitskräfte ausgegeben werden. „Der Teil des jährlichen Produkts des Bodens und der Arbeit eines Landes, der ein Kapital ersetzt, wird niemals unmittelbar angewandt, um andere als produktive Arbeiter zu unterhalten. Er zahlt bloß produktiver Arbeit einen Lohn. Der Teil, der unmittelbar dazu bestimmt ist, eine Revenue zu bilden, entweder als Profit oder als Rente, kann ebensogut produktiven wie unproduktiven Arbeitern Unterhalt geben.“[185]

SMITH spürt diesem Problem im fünften Kapitel des zweiten Buchs mit der Überschrift „Von der verschiedenartigen Anlage von Kapital“ weiter nach. „Alle Kapitale sind nur zum Unterhalt von produktiver Arbeit bestimmt, doch die Menge jener Arbeit, die gleichgroße Kapitale in Bewegung setzen können, schwankt ganz beträchtlich in Abhängigkeit von der Verschiedenartigkeit der Kapitalverwendung, ebenso wie auch der Wert schwankt, den diese Verwendung dem Jahresprodukt des Bodens und der Arbeit des Landes hinzufügt.“[186]

Aber diese Vorstellung von einer unterschiedlichen organischen Zusammensetzung des Kapitals konnte im vorindustriellen Kapitalismus nicht weiter vorangetrieben werden. Denn da die Art der Bildung einer allgemeinen Durchschnittsprofitrate noch völlig im unklaren war, konnte SMITH weder eine Antwort geben noch andeuten. Die natürliche Rate, die er im ersten Buch für lokale Bezirke annimmt, bringt er überhaupt nicht mit der organischen Zusammensetzung in Verbindung. Er stellt nur fest, daß in der Landwirtschaft je investierte Kapitaleinheit die größte Menge produktiver Arbeit angewendet wird. SMITH sieht, daß die Mehrwertmasse die Profitmasse übersteigt, denn die Rente sei ein Einkommen, das zusätzlich zum Pächterprofit produziert werde.

Hinter dieser Beobachtung verbirgt sich das Problem, daß den Preisen der landwirtschaftlichen Waren deren Werte, den Preisen der Manufakturen die sich herausbildenden kapitalistischen Produktionspreise zugrunde liegen. Da dieses Problem noch nicht für die theoretische Analyse ausgereift war, hätte SMITH es unberücksichtigt lassen können. Aber seine stark entwickelte Empfindung für verborgene, heranwachsende Probleme veranlaßte ihn, auf den Unterschied in der organischen Zusammensetzung, also in der Anwendung produktiver Arbeit je Kapitaleinheit bei landwirtschaftlichen und nichtlandwirtschaftlichen Kapitalanlagen und daher auf den Unterschied zwischen der Mehrwertmasse und der Profitmasse hinzuweisen.

Da SMITH den Wert und den Produktionspreis begrifflich noch nicht trennen konnte, half ihm seine Arbeitswerttheorie nicht weiter. Um seine Beobachtung dennoch zu formulieren, läßt er die Werttheorie einfach beiseite und bedient sich physiokratischer Gedanken. SMITH schreibt: „Kein gleichgroßes Kapital setzt mehr produktive Arbeit in Bewegung als das des Pächters. Nicht nur sein arbeitendes Gesinde, sondern auch sein arbeitendes Vieh sind produktive Arbeiter. In der

185 Ebenda, S. 75/76.
186 Ebenda, S. 109.

Landwirtschaft arbeitet außerdem die Natur zusammen mit dem Menschen; und obgleich ihre Arbeit keine Kosten verursacht, hat ihr Produkt doch seinen Wert, ebensogut wie das des teuersten Arbeiters. . . . Die Arbeiter und das Arbeitsvieh, die in der Landwirtschaft beschäftigt werden, bewirken nicht nur wie die Arbeiter in den Manufakturen die Reproduktion eines Wertes, der ihrer eigenen Konsumtion oder dem Kapital, das sie beschäftigt, zusammen mit dem Profit von dessen Eigentümern gleichkommt, sondern sie reproduzieren einen viel größeren Wert. Über das Kapital des Pächters und seinen gesamten Profit hinaus bewirken sie regelmäßig die Reproduktion der Rente des Grundeigentümers. Diese Rente kann als das Produkt jener Naturkräfte angesehen werden, deren Nutzung der Grundeigentümer dem Pächter überläßt. . . . Daher setzt das in der Landwirtschaft angewendete Kapital nicht nur ein größeres Quantum produktiver Arbeit in Bewegung als ein gleiches, in der Manufaktur angewendetes Kapital, sondern es fügt sogar im Verhältnis zu der von ihm beschäftigten Menge produktiver Arbeit dem jährlichen Produkt des Bodens und der Arbeit des Landes sowie dem wirklichen Reichtum und Einkommen seiner Bewohner einen viel größeren Wert hinzu. Von all den Möglichkeiten der Verwendung eines Kapitals ist dies die bei weitem vorteilhafteste für die Gesellschaft.“ [187]

Auf der Grundlage des vollentfalteten Manufakturkapitalismus in England hatte SMITH also Fragen aufwerfen können, für die die Wirklichkeit noch keine Lösungen bot. MARX schreibt: „Die Widersprüche A. Smiths haben das Bedeutende, daß sie Probleme enthalten, die er zwar nicht löst, aber dadurch ausspricht, daß er sich widerspricht. Sein richtiger Instinkt in dieser Beziehung ist dadurch am besten bewiesen, daß seine Nachfolger gegeneinander bald die eine, bald die andere Seite aufnehmen.“ [188]

Diese allgemeine Einschätzung trifft auch auf das in seinen Grundzügen hier angedeutete zweite Buch des „Wealth of Nations“ zu. Die deutschen Anhänger der klassischen politischen Ökonomie sahen natürlich manche Widersprüche, die zu einem großen Teil erst MARX auflösen konnte. Soweit sie sich durch solche Widersprüche nicht beirren ließen und die allgemeinen Gedanken wie die Forderung nach Akkumulation und Einschränkung des unproduktiven Konsums übernahmen, taten sie das unter manufakturkapitalistischen Bedingungen Mögliche. Die Spezifik der deutschen Verhältnisse, die einen zurückgebliebenen Entwicklungsstand des Manufakturkapitalismus und ein deutliches Übergewicht feudaler Produktionsverhältnisse zum Ausdruck brachten, zeigt sich weniger in der *Möglichkeit* einiger progressiver deutscher Ökonomen, SMITH' politische Ökonomie zu verstehen, sondern eher darin, daß die Mehrzahl der in kameralistischen Bahnen denkenden und durch ihre Anstellung vom absolutistischen Staat abhängigen deutschen Ökonomen es im 18. Jahrhundert nicht für opportun

187 Ebenda, S. 113/114.

188 Karl Marx, Theorien über den Mehrwert, Erster Teil, in: MEW, Bd. 26.1, Berlin 1965, S. 121.

hielten, sich mit ADAM SMITH zu beschäftigen. Erst die Erschütterungen, die NAPOLEONs Vormarsch durch Europa auslöste, änderten das Bild grundsätzlich.

Betrachtet man ADAM SMITH' große Leistung im Rahmen des gesamten vormarxistischen ökonomischen Denkens, so steht sie einzigartig da. Keinem einzigen Schriftsteller vor ihm war es beschieden, die ökonomische Theorie so weit voranzutreiben. Dank seinem Wirken in der Schlußphase der langen manufakturkapitalistischen Entwicklung und dank einer glücklichen Verbindung zwischen dem vorurteilslosen Forscherdrang und der außerordentlichen Fähigkeit, die theoretische Analyse bis an die objektiv gegebenen Grenzen zu verfolgen, konnte SMITH, der in die innre Physiologie der bürgerlichen Gesellschaft eindrang und Interesse für ihren äußerlich erscheinenden Zusammenhang zeigte, jenen Bereich des Wirtschaftslebens erfassen, der seitdem der traditionelle Forschungsgegenstand der politischen Ökonomie ist. Von seinem „Wealth of Nations“ gingen alle Entwicklungen der weiteren ökonomischen Untersuchung aus.

6. KAPITEL

Die Aufnahme der klassischen politischen Ökonomie in Deutschland (18. Jh.)

1. Erster Widerhall der frühen klassischen politischen Ökonomie (zwanziger Jahre des 18. Jh.)

Neuere Arbeiten über die Aufnahme der klassischen politischen Ökonomie im Deutschland des 18. Jahrhunderts sind relativ selten. Mit Recht wurde das Augenmerk auf die progressive Rolle des deutschen Physiokratismus gelegt.[1] Die Resonanz der klassischen Ideen von ADAM SMITH ist dagegen weniger hervorgehoben worden.[2] Gerade deren Analyse ist aber für die Aufhellung der Klassenauseinandersetzungen im letzten Jahrzehnt des 18. und in den beiden ersten Jahrzehnten des 19. Jahrhunderts besonders wichtig. Hinzu kommt der Umstand, daß bürgerliche Autoren die falsche Meinung vertreten, daß SMITH' klassische politische Ökonomie vor allem von den Vulgärökonomen in Deutschland weiterentwickelt worden sei. Für marxistische Theoriehistoriker bleibt daher noch viel zu tun.

Die unzureichende Erforschung der Wirksamkeit klassischer Ideen in Deutschland nährte die Vorstellung, daß die entsprechenden sozialökonomischen Bedingungen für die Resonanz klassischer Theorien zu ungünstig gewesen seien. Wie aber bereits angeführt wurde, kommt es in der theoriegeschichtlichen Analyse nicht nur auf den Nachweis der Verständnis*möglichkeit*, die zuweilen unterschätzt wird, an, sondern in gleichem Maße auf die auch für progressive Klassen geltende *Zwangslage*, ihre wirtschaftlichen Interessen ideologisch verteidigen und durchsetzen zu müssen. Oft wird eine solche Zwangslage nur für reaktionäre Klassen angenommen, die bereits an der Macht sind und sich gegen den aufstrebenden Klassengegner zu wehren haben; aber gerade die historische Mission

1 Vgl. Jürgen Kuczynski, Die Geschichte der Lage der Arbeiter unter dem Kapitalismus, Bd. 10, Zur politökonomischen Ideologie in Deutschland vor 1850 und andere Studien, Berlin 1960, S. 19–33; Kurt Braunreuther, Die Bedeutung der physiokratischen Bewegung in Deutschland in der zweiten Hälfte des 18. Jahrhunderts. Ein geschichtlich-politökonomischer Beitrag zur „Sturm-und-Drang"-Zeit, Diss., Berlin 1954; auszugsweise abgedruckt in: Wissenschaftliche Zeitschrift der Humboldt-Universität zu Berlin, Ges.- u. sprachwiss. Reihe, V (1955/56), Nr. 1, S. 15–65.

2 Vgl. Peter Thal, Zur Stellung des klassischen bürgerlichen Ökonomen Adam Smith in der Geschichte der politischen Ökonomie, Habilitationsschrift, Halle-Wittenberg 1965; Fritz Milkowski, Christian Jacob Kraus – Lehrer der Staatswirtschaft in der Übergangszeit in Preußen vom 18. zum 19. Jahrhundert. Eine längst fällige Korrektur zur Geschichte der Volkswirtschaftslehre, Manuskriptdruck, Potsdam 1968. – Vgl. ferner Carl William Hasek, The Introduction of Adam Smith's Doctrines into Germany, New York 1925; Hugo Graul, Das Eindringen der Smithschen Nationalökonomie in Deutschland und ihre Weiterbildung bis zu Hermann, Halle 1925; Marie-Elisabeth Vopelius, Die altliberalen Ökonomen und die Reformzeit, Stuttgart 1968.

des letzteren, der *noch* unterlegenen Klasse, war immer der wichtigste Motor für den Erkenntnisfortschritt in der Geschichte des ökonomischen Denkens. Aus der Dialektik zwischen einem bereits erreichten Entwicklungsstand der sich heranbildenden Bourgeoisklasse und deren relativer Schwäche gegenüber der noch nicht entmachteten Feudalklasse – wie sehr sie sich auch immer beispielsweise in England verbürgerlichte – ist die Entstehung des Monetarismus, des Merkantilismus, des Physiokratismus und auch der klassischen politischen Ökonomie des vollentfalteten Manufakturkapitalismus zu erklären. Ein solches dialektisches Herangehen ist ebenfalls für die Analyse der ökonomischen Theorien im Deutschland des 18. Jahrhunderts notwendig.

Wie im vorigen Kapitel gezeigt wurde, war die klassische Eigentums- und Arbeitswerttheorie ein Ergebnis der siegreichen bürgerlichen Revolution in England, deren Errungenschaften gegen die Feudalkräfte im eigenen Land und gegenüber den europäischen Feudalstaaten verteidigt werden mußten. Die Begründer der klassischen politischen Ökonomie schufen die ökonomische Wissenschaft als eine wirksame ideologische Waffe für die antifeudale Auseinandersetzung. Diese Waffe konnte jedoch nicht unmittelbar in Frankreich und Deutschland übernommen und erprobt werden, weil deren Bourgeoisie von einer Revolution noch weit entfernt war. Neben dieser prinzipiellen Gemeinsamkeit zwischen Frankreich und Deutschland gab es jedoch beträchtliche Unterschiede, die dazu führten, daß nur die französischen Ökonomen in ihrer frühen klassischen Reproduktionstheorie die Arbeitswerttheorie unausgesprochen anwendeten. Allein schon die nicht abreißenden inneren Unruhen und Aufstände zeigen, wie sehr sich die sozialen Widersprüche auf Grund des zerrütteten französischen Absolutismus und des zu schwach entwickelten Kapitalismus zuspitzten und die bürgerlichen Ökonomen zu einer Analyse innerer volkswirtschaftlicher Zusammenhänge zwangen, die die wirtschaftlichen Wurzeln für den gesamtgesellschaftlichen Niedergang bloßlegt.

Anders war die Situation im zersplitterten Deutschland. Hier gab es selbstverständlich auch ähnlich wie in Frankreich Interesse an einem Aufschwung der Landwirtschaft. Aber die sozialen Widersprüche waren nicht so ausgeprägt; sie erschütterten nicht wie in Frankreich ein großes Reich. Deshalb gab es in Deutschland nur ganz vereinzelte Aufmerksamkeit für die frühen klassischen Auffassungen in Frankreich; es fehlte noch völlig der Zwang zur Propagierung, konsequenten Durcharbeitung und Anwendung dieser Auffassungen in Deutschland. Trotz der anfänglich nur vereinzelten Beachtung ist der erste, zunächst äußerst schwache Widerhall der klassischen politischen Ökonomie in Deutschland anzuführen.

Gerhard Schilfert schreibt: „Während das Gewerbe in Deutschland zu Beginn des 18. Jahrhunderts einen gewissen Aufschwung nahm, entwickelte sich die Landwirtschaft weiterhin nur schleppend. Das Mißverhältnis zwischen dem agrarischen und industriellen Sektor der deutschen Wirtschaft trat jetzt deutlich zutage. In dem historischen Moment, in dem die Entwicklung manufakturkapitalistischer Formen die Freisetzung größerer Arbeitermassen auf dem Lande dringend erforderte, wurden in Ostelbien auf dem Lande durch die zweite Leibeigenschaft die ohnehin schon äußerst geringen Möglichkeiten für den Abzug der Arbeiter in die Städte versperrt. Zugleich aber wurde dadurch auch die Weiterentwicklung der agrarischen Produktivkräfte gehemmt, die bis zur Mitte des 18. Jahrhunderts im wesentlichen auf dem gleichen Niveau wie am Ende des 17. Jahrhunderts blieben. Nur in wenigen Gebieten, wie z. B. am Niederrhein und in Mittelfranken, wurde die agrarische Produktion ergiebiger."[3] So fand die frühe klassische Reproduktionstheorie aus Frankreich in Mittelfranken, dessen Landwirtschaft sich entwickelte, Beachtung. Im Auftrag der Markgrafen von Bayreuth und Ansbach war Ernst Ludwig Carl, erster Sekretär beim Hause Brandenburg-Ansbach und Assessor beim kaiserlichen Landgericht in Nürnberg, 1720 nach Paris gereist, um dort die ökonomische Literatur, die Wirtschaftspolitik und die organisatorischen und technischen Neuerungen in den Manufakturen zu studieren sowie geschulte Kräfte für die Markgrafen zu werben. Er beschäftigte sich eingehend mit den Ideen Boisguilleberts und Vaubans und schrieb, von ihnen angeregt, ein Lehrbuch in französischer Sprache, damit es von seinen Auftraggebern und deren Beratern auch zur Kenntnis genommen würde, die mehr französische als deutsche Bücher lasen.

Diese Aufnahme klassischer Ideen wurde von bürgerlichen Theoriehistorikern lange Zeit nicht zur Kenntnis genommen. Wilhelm Roscher erwähnt Carl nur am Rande. Paul Mombert zum Beispiel nennt ihn nicht. Anton Tautscher erklärt ihn schließlich zum „Begründer der Volkswirtschaftslehre" und gibt eine ausführliche Zusammenfassung des Buchs von Carl. Seitdem ist es üblich geworden, Carls Namen im Zusammenhang mit der Erörterung der Anfänge der ökonomischen Wissenschaft anzuführen. Alfred Kruse schreibt: „Der deutsche Kameralist Ernst Ludwig Carl (1682–1743) baute als erster ein System der Wirtschaftslehre auf die Arbeitsteilung auf in seinem 'Traité de la richesse des princes et de leurs états' (1722/23). . . . Für Carl war die Arbeitsteilung die Grundlage einer Lehre, die einen kollektivistischen Gedanken verfolgt; für Smith dagegen schaffte die Arbeitsteilung die Grundlage für ein individualistisches Wirtschaftssystem."[4]

Sowohl in der Aufwertung zum Begründer der politischen Ökonomie als auch in der Abwertung zum kollektivistischen Kameralisten kommt die bürgerliche Ignoranz gegenüber dem theoriegeschichtlichen Sachverhalt zum Ausdruck, daß nämlich hier die erste bekannte Aufnahme klassischer Ideen in Deutschland vorliegt. Bürgerliche Fehleinschätzungen sind kein Grund, diese Tatsache nicht in einer geschichtlichen Untersuchung der Grundlinien des ökonomischen Denkens in Deutschland zu würdigen.

[3] Gerhard Schilfert, Deutschland von 1648 bis 1789, in: Deutsche Geschichte, Berlin 1965, Bd. 1, S. 668.

[4] Alfred Kruse, Geschichte der volkswirtschaftlichen Theorien, München 1953, S. 48/59.

Wie BOISGUILLEBERT geht es CARL um die proportionale Verteilung der Arbeitszeit auf die Wirtschaftszweige und eine den Wertverhältnissen entsprechende Preispolitik.[5] Er behandelt im ersten Band den Reichtum im allgemeinen, den Reichtum der Fürsten und ihrer Staaten, den Reichtum des Volkes und die Möglichkeit, daß alle Untertanen reich werden, sowie Mittel und Wege, deren sich die einzelnen zur ihrer Bereicherung bedienen, und wie der Fürst sie zu einer Einheit zusammenführen soll. Den zweiten Band widmet CARL der Sicherung der Lage derer, die vornehmlich den Reichtum des Staates hervorbringen; er behandelt Bauern und Landarbeiter, Gewerbetreibende, Handel, öffentliche Manufakturen, öffentlichen und privaten Kredit, Geld, Verbrauch und Aufwand. Im dritten Band werden die Einkünfte der Fürsten dargestellt.

CARLs Grundgedanke betrifft die Sicherung einer volkswirtschaftlichen Proportionalität entsprechend den tatsächlichen Wertverhältnissen. „Es gibt Leute, die glauben, der Wert und der Preis der Güter hafte an den Gütern selbst, die sie besitzen“[6], stellt CARL fest. Aber Wert und Preis der Waren hängen von deren Arbeitsaufwand ab. Über das richtige Verhältnis zwischen dem Preis und dem Aufwand für landwirtschaftliche Waren sagt CARL: „Um diese Proportion zu finden, muß man die Arbeit und die Kosten prüfen, die man für jeden Morgen Acker aufzuwenden hat . . .; man muß die guten und schlechten Jahre zusammennehmen und aus der Summe das Mittel nehmen.“[7]

Nur die Berücksichtigung der Aufwandsproportionen könne eine volkswirtschaftliche Aufwärtsentwicklung gewährleisten, unterstreicht CARL. Je mehr sich die Wirtschaftszweige „dieser Proportion und dieser Balance annähern, um so mehr wird der Reichtum des Landes seiner Vollendung näherkommen“[8]. Der Fürst müsse die entsprechenden Vermögensverhältnisse bestimmen. „Unter Fixierung der Verhältnisse derer, die hauptsächlich zum Reichtum des Landes beitragen, verstehe ich einen hervorragenden Grad an Sicherheit und Gewißheit, den jeder im Land haben soll, um immer leicht und ohne Furcht vor Unterbrechung durch eine höhere Gewalt alles zu besitzen, was zu den Notwendigkeiten und Annehmlichkeiten des Lebens gehört, und zwar im gleichen Grad, in dem er zum Wohlstand der andern beiträgt und wie diese Proportion immer die gleiche bleibt.“[9]

CARL fordert nachdrücklich, daß das Preisgefüge entsprechend den wertmäßigen Proportionen stabil sein müsse. Die Preisfixierung bringe dem Produ-

[5] Ernst Ludwig Carl, Traité de la richesse des princes et de leurs états: et des moyens simples et naturels pour y parvenir, Bd. 1, Paris 1722; Bde. 2 und 3, Paris 1723. Die folgenden Zitate finden sich teilweise original, teilweise übersetzt bei Anton Tautscher, Ernst Ludwig Carl (1682–1743), der Begründer der Volkswirtschaftslehre, Jena 1939; dessen Beurteilung des Carlschen Werks wird jedoch abgelehnt.

[6] Ernst Ludwig Carl, Traité . . ., Bd. 1, S. 36.

[7] Ebenda, S. 256.

[8] Ebenda, S. 319/320.

[9] Ebenda, Bd. 2, S. 4/5.

zenten große Vorteile, weil er wisse, daß er für seine Waren immer den gleichen Gegenwert erhalte. Er komme also nie in die Zwangslage, seine Waren zu Preisen unter den Gestehungskosten zu verschleudern. Auch die Verbraucher haben Vorteile, wenn sie mit festen Preisen für die Waren ihres notwendigen Bedarfs rechnen können.

Allerdings stelle sich einer staatlichen Preisordnung die große Zahl der Arten und Qualitäten der Waren als Haupthindernis entgegen. Die Warenvielfalt, meint Carl, „ist von jenen ersonnen, die sich mit einem vernünftigen und proportionierten Profit nicht begnügen wollen“ [10].

Durch die Vielfalt innerhalb einer Warenart sei es jederzeit möglich, Sonderpreise zu verlangen, die sich in eine allgemeine Preistaxe nicht einordnen lassen. Um diesem Hindernis zu begegnen, müsse man die Warenvielfalt auf eine kleinere Zahl genormter Arten und Qualitäten zurückführen. Grundlage für eine solche Normung könnten die ländlichen, städtischen und feudalen Verbrauchsgewohnheiten sein. „Man soll die Güter schon bei ihrer Entstehung in drei Klassen einteilen und jeder Klasse ihre Qualität mit dem entsprechenden Preis zuweisen. Warum kann man nicht die Hutmacher zwingen, nur drei Arten von Hüten zu erzeugen, eine für die Bauern, eine für die Bürger und eine für die Edelleute? Warum können nicht die Qualität und der Preis der drei Arten bestimmt werden? Der Zunftvorstand muß die Güter auf ihre Art prüfen und plombieren. So kommen die Güter dann in den Handel. Warum kann man nicht jeden wissen lassen, wie hoch die Kosten en gros und en detail sind? Alle andern Güter können nach diesem Beispiel behandelt werden. Dann wäre die staatliche Preistaxierung nicht mehr schwer, die Kaufleute fänden keine Möglichkeit der Überteuerung, und niemand könnte getäuscht werden.“ [11]

In der Unterstützung der einzelnen Wirtschaftszweige komme der Landwirtschaft der erste Rang zu, stellt Carl fest, weil sie „die Basis für den Reichtum der anderen bildet, indem sie aus den Eingeweiden der Erde die Rohstoffe ans Licht bringt, die der Mensch für seine notwendigen, angenehm und überflüssigen Güter braucht“ [12]. Der Fürst müsse „alles tun, damit die Landwirtschaft den größten Ertrag abwerfe, kurz: die Landwirtschaft muß zur Blüte gebracht werden“ [13].

Hohe Erträge seien nur bei richtiger Bodennutzung möglich. „Die Ländereien sind aufzuteilen, so daß viele Familien ihren eigenen Boden bekommen und der Wohlstand aller dauernd gesteigert wird.“ [14]

Sehr verhängnisvoll sei es, die Landwirtschaft in ihrer volkswirtschaftlichen Bedeutung zu unterschätzen, warnt Carl. „Manchmal gibt man dem Fürsten verderblichen Rat, indem man sagt, daß der Bauer immer arm und elend sein soll, denn anders würde er sorglos werden und nicht arbeiten.“ [15] Es gehe eben nicht an,

[10] Ebenda, S. 312.
[11] Ebenda, S. 313.
[12] Ebenda, S. 54.
[13] Ebenda, S. 74.
[14] Ebenda, S. 160.

daß „es Gegenden gibt, wo die Bauern gewöhnt sind, ganz elendes Brot zu essen, das oft die Hunde kaum anrühren möchten“ [16].

CARL stellt fest, daß sich die wechselseitige Abhängigkeit zwischen Landwirtschaft und Gewerbe auch in den wert- und preismäßigen Verhältnissen ihrer Waren widerspiegeln müssen. Handwerkliche Arbeitsteilung könne die Kosten beträchtlich senken. Die Zunft möchte CARL zu einer Organisation umbilden, die den technischen Fortschritt durchsetzt. Jede neue Erfindung müsse sie „dem Schatten der Unwissenheit entreißen“ [17], denn „was nützt es, wenn zum Beispiel die Gelehrten Maschinen erfinden, mit denen die größten Lasten mühelos gehoben werden können, und diese Maschinen in ihren Laboratorien liegen bleiben und nur ein Objekt der Neugierde von Nichtstuern sind, während die, die ihren Körper von morgens bis abends plagen, nichts von den Maschinen wissen und sie deshalb nicht nutzen können“ [18].

CARL, der vor allem die einfachen Warenproduzenten betrachtet, wird von den Interessen der Manufakturbourgeoisie nicht berührt. Da für Manufakturgründungen umfangreiche Geldmittel benötigt werden, über die nur der Fürst verfüge, spricht sich CARL für die feudale Manufaktur aus. Der Fürst müsse sie gründen, das Geld geben, einen Direktor bestimmen und alle Einzelheiten von der Betriebsordnung bis zur Preisfestsetzung durch eine staatliche Behörde regeln lassen.

Ähnlich wie BOISGUILLEBERT und VAUBAN tritt CARL für einen freien Handel im Reichsinnern und mit den Nachbarstaaten ein. Es sei kurzsichtig, von jedem Land volle wirtschaftliche Unabhängigkeit zu verlangen. Dadurch würden dem Ausland Güter vorenthalten, die im Lande entweder zugrunde gehen oder unnütz verbraucht werden, nur um nicht Güter zu benötigen, die das Ausland im Überfluß habe. Noch kurzsichtiger sei die Meinung, daß dann der eigene Wohlstand blühend erscheine, wenn es dem Nachbarn schlecht gehe. „Die Völker wollen nämlich nicht verstehen, wie sehr es in ihrem Interesse liegen muß, Hunger und Not bei ihrem Nachbarn zu verhindern. Im Gegenteil freuen sie sich wie über ein großes Glück, wenn sie glauben, die Quintessenz des Wohlstandes ihrer Nachbarn aus bösen Extremen ziehen zu können.“ [19] Der Handel mit dem Ausland solle nicht mit Zöllen beschwert werden. „Von den eigenen Gütern ist man oft so voreingenommen, daß man glaubt, das Ausland könne auf sie nicht verzichten. Erst wenn die Hindernisse der Güterausfuhr so groß sind, daß das Ausland solche Güter selbst erzeugt, sieht man, wie schlecht man gehandelt hat.“ [20]

Selbstverständlich übernimmt CARL – wie auch BOISGUILLEBERT – feudale Wirtschaftsregulierungen, wenn er meint, diese könnten dem wirtschaftlichen Aufschwung dienen. Dennoch hat KRUSE unrecht, wenn er diesen „Kollektivis-

[15] Ebenda, S. 58.
[16] Ebenda, S. 68.
[17] Ebenda, S. 200/201.
[18] Ebenda, S. 313.
[19] Ebenda, Bd. 3, S. 260/261.
[20] Ebenda, Bd. 2, S. 348.

mus“ dem „Individualismus“ von ADAM SMITH gegenüberstellt. Natürlich wendet sich CARL – wie auch BOISGUILLEBERT, QUESNAY und noch TURGOT – an den Landesfürsten. Dennoch ist er kein Kameralist. Er ist auch nicht mit den im vierten Kapitel behandelten bürgerlichen Gegnern des Kameralismus in eine Reihe zu stellen. Denn diese wollten einen besonderen manufakturkapitalistischen Weg auf Kosten der Landwirtschaft. CARL dagegen will – wie BOISGUILLEBERT – eine proportionale Entwicklung der gesamten Wirtschaft. Darin unterscheidet er sich grundsätzlich von seinem jüngeren Zeitgenossen JUSTI. Dieser betrachtet die Wirtschaft aus der Sicht der vorklassischen bürgerlichen Ökonomie, CARL jedoch unter dem Einfluß der frühen klassischen politischen Ökonomie. Zeigte JUSTIs Wirken, daß die Zeit des absolutistisch-bürgerlichen Klassenkompromisses zu Ende geht, so macht CARLs Auftreten deutlich, daß die Bedingungen für eine bürgerliche Umwälzung und für die Aufnahme der klassischen politischen Ökonomie in Deutschland heranzureifen beginnen.

Sollten sein Buch auch nur die Wirtschaftsberater der Markgrafen von Bayreuth und Ansbach gelesen haben, so gemahnt dieser Umstand daran, die Bedingungen für die Aufnahme klassischer Vorstellungen nicht zu überschätzen. Dennoch ist das Buch als ein Anzeichen dafür interessant, daß ein Deutscher, der in Paris organisatorische und technische Neuerungen studieren und Fachkräfte abwerben sollte, ökonomische Ideen mitbringt, die er nicht wie viele zeitgenössische Kameralisten und wie JUSTI in ein vorklassisches System einordnet, sondern unverfälscht, unter dem Eindruck der frühen klassischen politischen Ökonomie, darlegt.

2. Die Aufnahme des Physiokratismus (siebziger und achtziger Jahre des 18. Jh.)

Zu den Bedingungen für die Aufnahme des Physiokratismus

Der erste schwache Widerhall der klassischen politischen Ökonomie in Deutschland blieb – nach unseren heutigen Kenntnissen – auf CARLs Traktat beschränkt. Die feudale Ausbeutung und Unterdrückung funktionierte in der ersten Hälfte des 18. Jahrhunderts im großen und ganzen noch zu gut, so daß Appelle an die Landesherrn, den Bauern größere Entfaltungsmöglichkeiten zu gewähren, kaum Gehör fanden.

Die Situation begann sich jedoch um die Mitte des Jahrhunderts zu ändern. Nach Überwindung der größten Schäden aus dem Siebenjährigen Krieg (1756 bis 1763) entwickelten sich in den siebziger und achtziger Jahren zunehmend die gewerblichen und agrarischen Produktivkräfte. Die Autoren des historischen Grundrisses schreiben: „Im gewerblichen Bereich bildeten sich verstärkt und beschleunigt kapitalistische Produktionsverhältnisse heraus. Die starke Schicht handwerklicher Produzenten in Stadt und Land wurde in größerem Maße vor allem durch dezentralisierte Manufakturen erfaßt. Im ganzen befand sich die Wirtschaft noch im Stadium des Manufakturkapitalismus. Doch begann in den achtziger Jahren unter dem Einfluß der industriellen Revolution in England vereinzelt in der Textilindustrie und in einigen deutschen Territorialstaaten im Bergbau und im Hüttenwesen die Ersetzung der Handarbeit durch die Maschinenarbeit, der Muskelkraft durch Maschinenkraft. Davon zeugen zum Beispiel der Einsatz der ersten englischen Spinnmaschine 1781 in Berlin und die Inbetriebnahme der ersten mechanischen Baumwollspinnerei 1784 im Rheinland. Eine breitere Durchsetzung dieser modernen Produktivkräfte war unter den vorherrschenden feudalen Verhältnissen nicht möglich. Sie wurde behindert durch die feudale Bindung der Arbeitskräfte, den noch bestehenden Zunftszwang, die nach wie vor vorhandene ökonomische Schwäche der Handels- und Manufakturkapitalisten, deren Ausdruck unter anderem Kapitalmangel war sowie durch die absolutistische Wirtschaftspolitik. Diese Produktivkräfte wie überhaupt die weitere Entwicklung kapitalistischer Verhältnisse erforderten statt dessen die Gewerbefreiheit und die Lösung der ländlichen Bevölkerung aus feudaler Untertänigkeit."[21]

Freilich stellten sich die wirtschaftlichen Zustände den damaligen Beobachtern nicht so klar dar, wie sie heute rückblickend der marxistische Historiker analysiert. Viele bürgerliche Denker bedrückte vor allem, daß der „wirklich revolutionierende Weg", auf dem der Produzent zum Kaufmann und Kapitalist wird, nicht gegangen wurde. Wo dagegen der Kaufmann sich der Produktion bemächtigt, schreibt MARX, „bringt er es an und für sich nicht zur Umwälzung der alten Produktionsweise, die er vielmehr konserviert und als seine Voraussetzung beibehält"[22].

So schreibt zum Beispiel der Publizist, Historiker und Staatsmann JUSTUS MÖSER, der nach den Ursachen für den Verfall der Landstädte sucht, in den sechziger Jahren: „Darf ich es sagen, daß auch sogar das System unserer Fabriken ungleich schlechter sei als das alte? Vordem war die Einteilung so, daß alle Fabriken zum Handwerk gehörten und der Kaufmann bloß der Verleger und Beförderer des Handwerks blieb. Jetzt hingegen ist der fabrizierende Kaufmann gleichsam der Meister, und wer für ihn arbeitet, nur ein Gesell; und dieser Gesell arbeitet für Tagelohn."[23] Die Manufakturen in den großen Städten arbeiten mit vierzig Gesellen, vereinfachen die Arbeitsgänge, nutzen Erfindungen, Maschinen, Wind und Wasser; die Werkstätten in den kleinen Städten beschäftigen jedoch nur zwei Gesellen. „Wenn man dieses überdenkt, so wird man leicht einsehen, daß das Handwerk in kleinen Städten, wo die Simplifikation [der Arbeitsgänge in der Manufaktur] nicht statthat, sondern der Handwerker ein Tausendkünstler sein

[21] Klassenkampf — Tradition — Sozialismus. Von den Anfängen der Geschichte des deutschen Volkes bis zur Gestaltung der entwickelten sozialistischen Gesellschaft in der Deutschen Demokratischen Republik. Grundriß, Berlin 1974, S. 194.

[22] Karl Marx, Das Kapital, Dritter Band, in: MEW, Bd. 25, Berlin 1964, S. 347.

[23] Justus Möser, Sämtliche Werke, Bd. 4, Oldenburg/Berlin 1943, S. 28.

muß, wo ihm die Hülfe des Geschmacks, der Moden und der schönen Kunst fehlt, wo ihm keine Niederlagen, Maschinen und große Erfindungen helfen und wo insgemein der Esprit de Fabrique mangelt, notwendig versinken müsse. Man wird leicht einsehen, daß die Krämer, welche bessere und wohlfeilere Ware aus jenen großen Orten anschaffen können, sich in der Geschwindigkeit vermehren und den Handwerker platt niederdrücken müssen."[24]

Den Detailhändler schildert MÖSER so: „Ein Mann, der Tag und Nacht darauf denkt, neue Moden, neue Kleidungsarten und neue Reizungen für den Geschmack einzuführen; ein Mann, der in der ganzen Welt herumlauscht, ob nicht irgendwo eine ärmere Nation sei, welche ein Stück Arbeit um etliche Pfennige wohlfeiler macht, und dann seinen Mitbürger, der unter mehrern Lasten und bei teuern Arbeitspreisen die seinige nicht gleich ebenso wohlfeil geben kann, ums Brot bringt; ein Mann, der jedem Handwerke mit klugem Fleiße nachstellet und, sobald es einigen Fortgang hat, sofort auf Mittel und Wege denkt, etwas ähnliches oder etwas anders einzuführen, wodurch die einheimische Arbeit entbehret, gestürzet und der Vorteil in seine Hände gebracht werden kann."[25] In den letzten hundert Jahren haben sich diese Krämer „gerade dreifach vermehret und die Handwerker unter die Hälfte verloren. Der Eisenkram hat den Kleinschmied, der Büro- und Stuhlkram den Tischler, der Tuchhandel den Tuchmacher, der Goldkram den Bortenwirker, der goldene, härene, gelbe und weiße Knopf den Knopfmacher und Gelbgießer verdorben. Und man kann sich eine Sache gedenken, womit der Krämer jetzt nicht heimlich oder öffentlich handelt?"[26] MÖSER klagt: „Bei der betrübten Aussicht in die vielen Krambuden kann kein Handwerker Mut fassen; er kann nichts wagen, er kann nicht im großen und mit vielen Händen arbeiten; es verlohnt sich nicht mehr der Mühe, Geschicklichkeit zu haben. Wer Geld hat, wird kein Handwerker ..."[27]

Zu dieser kapitalistischen Konkurrenz kommen die Konkurrenz der Handwerker untereinander, die nun nicht mehr unterbunden wird wie im Mittelalter, und eine wachsende Belastung. Mit Wehmut sieht MÖSER auf jene Gegenden, in denen die Auflösung feudaler Bindungen noch nicht so weit fortgeschritten ist. „In Sachsen, wo die Städte noch in ziemlichem Flor sind, wird auf die Bannmeile ganz genau gesehen und auf den Dörfern kein Handel und kein Handwerk gestattet. Man findet auf denselben zwar wohl einige Höker, die mit Teer, Tran, Wagenstricken und Schwefelhölzern handeln, auch wohl einen Hufschmied und Rademacher und endlich von den Handwerkern einen Altflicker. Allein, außer diesen wird kein Gewerbe außerhalb den Städten und Weichbildern geduldet. In den mehrsten westfälischen Provinzen hingegen, und besonders in unserm Stifte [Osnabrück], ist seit hundert Jahren sowohl der Handel als das Handwerk aus den Städten auf das Land gezogen. In allen Dörfern sind Apotheken, Wein-

[24] Ebenda, S. 158.
[25] Ebenda, S. 34/35.
[26] Ebenda, S. 26.
[27] Ebenda, S. 27.

schenken und Krämer in Menge, und es ist noch nicht gar lange, daß sich aus einem einzigen Kirchspiele dreißig Schneider meldeten und Gilderecht verlangten. Wir wollen nun annehmen, daß sich hier tausend Krämer und Handwerker auf dem platten Lande befinden und ernähren: so ist dieses ein Abgang von tausend Bürgern für die Städte, die sich ehedem daselbst ernährten, nun aber auf dem Lande frei sitzen und ihre zurückgebliebene Mitbürger unter der Last der beständigen Wachen, Einquartierungen und Auflagen zur Unterhaltung von Wällen, Toren und Mauren seufzen lassen. Diese Last dauert unvermindert fort, die Zahl der Bürger hingegen nimmt ab; und wenn es einmal so weit gediehen, daß sie bis auf zwei- oder dreihundert zusammenschmelzen: so muß die Stadt ganz eingehen, weil in diesem Falle die Last für jeden bis auf hundert Taler des Jahrs steigen muß, wogegen derjenige, so außer den Mauren sitzt, höchstens einen Taler bezahlt."[28]

Feudale Bindungen, die das Handwerk hätten schützen können, lockerten sich also; feudale Lasten blieben aber. MÖSER nennt als eine Ursache des städtischen Verfalls, „daß das Beschwerliche der alten Einrichtungen beibehalten und das Nützliche davon verloren ist"[29]. Die Mehrheit der städtischen Produzenten litten sowohl unter der zunehmenden manufakturkapitalistischen Entwicklung als auch unter deren Schwäche, durch die viele alte Zustände konserviert blieben. Wer unter diesen Verhältnissen die Einführung einer freien Konkurrenz und die Aufhebung aller alten Bindungen forderte, mußte von seiten der Mehrzahl gewerblicher Produzenten den Vorwurf ertragen, daß er dem Handwerk den letzten Schutz nehmen und den städtischen Niedergang beschleunigen wolle.

MÖSERs Schilderungen wurden so ausführlich zitiert, weil sie deutlich machen, daß kein deutscher Ökonom zu jener Zeit ein Rezept für den wirtschaftlichen Aufschwung der städtischen Produktion hätte vorschlagen können. Deswegen mußte notwendigerweise die Landwirtschaft in die Betrachtung einbezogen werden, in der der Feudalismus seine ökonomische Grundlage noch weitgehend besaß.

Die Autoren des historischen Grundrisses schreiben: „Das beschleunigte Wachstum kapitalistischer Produktionsverhältnisse im gewerblichen Bereich und die einsetzende Intensivierung der agrarischen Produktion vertieften den Widerspruch zwischen den sich entwickelnden Produktivkräften, deren soziale Träger vorwiegend bürgerliche Unternehmer oder Pächter sowie die unmittelbaren Produzenten waren, und den weiterhin vorherrschenden feudalen Produktionsverhältnissen.

Die neuen Produktionsmethoden in der Landwirtschaft widersprachen besonders solchen Methoden feudaler Ausbeutung wie der Fronarbeit, die in einigen Gebieten vorherrschend war. Unter den verschiedenen Formen des bäuerlichen Widerstandes trat deshalb die Verweigerung der Frondienste besonders hervor. Zwar kam es kaum zu Aufständen von überlokaler Ausdehnung, doch

[28] Ebenda, S. 165/166.
[29] Ebenda, S. 170.

wuchsen die niederen Formen der Kämpfe häufig in den offenen Zusammenstoß zwischen den die Dienste verweigernden Bauern und dem gegen sie aufgebotenen Militär hinüber.

Die Notwendigkeit einer Veränderung der Agrarverhältnisse reflektierte auch die gleichzeitig einsetzende, von Vertretern des Feudaladels und des Bürgertums geführte Diskussion über die Entwicklung der landwirtschaftlichen Produktion und die feudalen Ausbeutungsverhältnisse, in der neben anderen Johann Christian Daniel Schubert hervortrat."[30]

So verfolgte zum Beispiel auch HANS CASPAR HIRZEL über längere Zeit, wie JACOB GUJER, genannt KLEINJOGG, aus Wermetschweil im Schweizer Kirchspiel Uster seinen landwirtschaftlichen Familienbetrieb rentabel machte. KLEINJOGGs vielbesichtigte Musterwirtschaft wurde unter anderen von GOETHE besucht.

In der Darstellung „Die Wirthschaft eines philosophischen Bauers" (1761) schreibt HIRZEL: „Die Landwissenschaft ist unstreitig der Aufmerksamkeit der Weisesten und Besten würdig, indem sich auf eine wohleingerichtete Haushaltung des Landes die Glückseligkeit des Landes gründet. Wir sehen in dem gemeinen Leben, daß oft die besten Eigenschaften, ein aufgeklärter Verstand, Kunst, Wissenschaft, selbst Redlichkeit und Tugend, unnütze werden und endlich zugrunde gehen, wenn in einem Hause eine kluge Einrichtung der Haushaltung mangelt. Ebenso verlieren auch die besten Gesetze und weisesten Staatsverfassungen alle ihre Kraft und können ein Land von seinem gänzlichen Verderben nicht retten, wenn nicht durch eine kluge Einrichtung der allgemeinen Haushaltung der Unterhalt der Einwohner sichergestellt wird; wenn das Land nicht genügsame Früchte trägt, seine Einwohner zu ernähren, oder der Fleiß der Einwohner durch Arbeit in Fabriken so viel gewinnt, daß man die mangelnden Notwendigkeiten gegen seine Arbeit eintauschen kann. Dieses letzte Mittel fällt so sehr in die Augen, daß man sich leicht betrügen läßt, solches dem ersten vorzuziehen, da man siehet, daß durch blühende Fabriken nicht nur die Notwendigkeiten gewonnen, sondern noch große Reichtümer gesammelt werden, die oft das ärmste Land über die fruchtbarsten Länder erheben und seine Macht wie die Zahl seiner Einwohner zum Erstaunen vermehren. Indessen bleibt dieses Mittel allezeit unsicher, solang das erstere, die Verbesserung des Feldbaues, unterlassen wird. Durch diese wird der vorgesetzte Zweck unmittelbar erreicht und kann nicht so leicht durch ein widriges Schicksal zertrümmert werden. Wenigstens bleibt der Staat, in welchem die Früchte des Landes die Einwohner ernähren, von andern Ländern unabhängig. Da hingegen auch das reichste Land, das seine Notwendigkeiten von seinen Nachbarn erkaufen muß, eben dadurch von ihrem Glück und Willen abhängen muß."[31]

30 Klassenkampf – Tradition – Sozialismus. Von den Anfängen der Geschichte des deutschen Volkes bis zur Gestaltung der entwickelten sozialistischen Gesellschaft in der Deutschen Demokratischen Republik, Grundriß, Berlin 1974, S. 195.

31 Hans Caspar Hirzel, Die Wirtschaft eines philosophischen Bauers, 2. Aufl., Zürich 1774, S. 3–5.

In der zweiten, vermehrten Auflage (1774) spricht HIRZEL über die Ursache seiner und vieler ähnlicher Untersuchungen, die jedoch allein wenig helfen würden. Man gebe dem Feldbau statt Büchern Arbeitskräfte, so werde er ohne Anleitung aufblühen. „Man muß dem Bauer seinen Beruf angenehm machen, die schädlichen Einflüsse der Kriegsanstalten wegräumen, dem Eifer für die Fabriken seine gerechte Schranken setzen und den vergiftenden Luxus ausreuten."[32] Wenn kein Boden mehr unbebaut bliebe, dann wären auch Fabriken zu errichten. „Sie können eine große Zahl von Einwohnern ernähren und befördern also die Bevölkerung. Sie ziehen aus andern Ländern das Geld wie ein Magnet an sich und vermehren durch dieses Zeichen des Reichtums den würklichen Reichtum. Auch dem Bauer geben sie eine neue Ermunterung, indem er den Überfluß der Früchte des Landes an die Fabrikarbeiter verkaufen und sich einen Vorrat von Geld sammeln kann . . ."[33]

HIRZELs Schrift zeigt, wie die Bemühungen, der Landwirtschaft den Weg einer kapitalistischen Entwicklung zu öffnen, die volkswirtschaftliche Betrachtung erforderte. Daher griffen fortschrittliche Theoretiker und Praktiker den Physiokratismus aus Frankreich auf und verbreiteten ihn seit Beginn der siebziger Jahre, so daß er innerhalb kurzer Zeit zu einer vieldiskutierten ökonomischen Auffassung wurde. Sein Einfluß war schließlich so groß, daß sogar ein preußischer Kammersekretär, der aus seiner antiphysiokratischen Haltung kein Hehl machte, für den Unterricht einen „Grundriß des wahren Physiokratismus und preußischen Cameralwesens" (1781) verfaßte, in dem es heißt: „Die physiokratischen Gedanken beruhen im Grunde auf metaphysischen Spitzfindigkeiten, auf den Begriffen von Substanzen und von dem Werte der Dinge, wogegen immer Einwände übrig bleiben und die ich wenigstens nicht als richtig annehmen kann. Erfahrungen von ihren heilsamen Folgen hat man auch noch nicht . . . In meinen Augen verliert also bei der Beleuchtung der Vernunft alles Neue dieses Systems seinen Wert und alles darin enthaltene Gute die Neuheit."[34]

Der physiokratische Einfluß in den siebziger und achtziger Jahren des 18. Jahrhunderts hing von den Bedingungen in den deutschen Ländern und von dem ihnen entsprechenden Gehalt des deutschen Physiokratismus ab. Unter den wirtschaftlichen Bedingungen war ein Grundelement kaum herausgebildet, nämlich die kapitalistische Pächterwirtschaft, deren Verwertungsbedürfnisse den Ausgangspunkt des französischen Physiokratismus bildeten. Soweit auf Domänen und feudalen Gütern Pächter angestellt waren, galten deren Sonderinteressen nur als Ursache für die zusätzliche Ausbeutung feudal gebundener Bauern. Als PAUL FRIEDRICH FERDINAND BUCHHOLZ die sozialökonomischen Ursachen für die preußische Niederlage von 1806 untersuchte, hielt er die Domänenpächter –

[32] Ebenda, S. 417.
[33] Ebenda, S. 434.
[34] J. C. C. Rüdiger, Grundriß des wahren Physiokratismus und preußischen Cameralwesens, Halle 1781, Vorrede.

nächst den Edelleuten – „für eine Pest des ganzen Staates"[35]; und der Pächter auf den Feudalgütern sei „in der Regel ein wahrer Blutegel für den Bauer"[36]. Vergleicht man diese Einschätzung mit QUESNAYs Lob des kapitalistischen Pächters, so wird klar, daß die von BUCHHOLZ genannte Gruppe nicht als Repräsentant des gesellschaftlichen Fortschritts angesehen werden konnte.

Rückblickend beschreibt CHRISTIAN JACOB KRAUS die schwache Stellung der mit eigenem Kapital wirtschaftenden Pächter: „Nämlich der Besitzstand der Pächter war äußerst unzuverlässig, indem sie vor Ablauf ihres Kontrakts durch jeden neuen Erwerber des Guts herausgesetzt werden konnten; zwar gegen Entschädigung, welche indessen gewiß nicht dem würklichen Verluste gleichkam, wenn die Pächter statt der Entschädigung lieber die Pacht behalten hätten, welches wohl immer der Fall war. Bedungen sie sich aber auch im Kontrakt selbst für den Fall ein bestimmtes Vadium aus, so hatte die Unsicherheit des Besitzes doch allemal die schlimme Folge, sie von Verbesserungen abzuhalten."[37]

Aus dem kapitalistischen französischen Physiokratismus wurde so in den deutschen Ländern eine Theorie, die für die Freiheit der ländlichen Produzenten und gegen Fronwesen, Zoll- und Handelsschranken focht. Aus der französischen Betrachtung einer kapitalistischen Landwirtschaft wurde in den deutschen Schriften die Begründung, daß vor allem der überwiegenden Mehrzahl der unmittelbaren Produzenten, den Bauern, die notwendigen Investitionsausgaben gesichert werden müssen. Der kapitalistische Mehrwert, das Nettoprodukt, wurde als Überschuß schlechthin verstanden; nur ihm dürften Steuern auferlegt werden. Durch diese Vereinfachung erhielt der deutsche physiokratische Gedanke eine breitere Klassengrundlage, als sie der französische Physiokratismus besessen hatte. So hatte es unter den französischen Aufklärern sowohl von kleinbürgerlicher als auch von großbürgerlicher Seite entschiedene Opposition gegen QUESNAY gegeben; VOLTAIRE, GALIANI, ROUSSEAU stimmten nicht mit ihm überein. Die allgemein antifeudale Haltung des deutschen Physiokratismus, der für die freie Entwicklungsmöglichkeit der einfachen zur kapitalistischen Warenproduktion kämpfte, fand dagegen in der deutschen Aufklärung zahlreiche Anhänger.

Die theoretischen Grundzüge des deutschen Physiokratismus

Die Hauptvertreter des deutschen Physiokratismus waren JOHANN AUGUST SCHLETTWEIN und JAKOB MAUVILLON, über die von marxistischer Seite bereits JÜRGEN KUCZYNSKI und KURT BRAUNREUTHER geschrieben haben. Der späteren theoriegeschichtlichen Forschung bleibt es vorbehalten, ein umfassendes Bild

35 (Paul Friedrich Ferdinand Buchholz), Gemählde des gesellschaftlichen Zustandes im Königreiche Preußen bis zum 14ten Oktober des Jahres 1806, Bd. 1, Berlin/Leipzig 1808, S. 47.

36 Ebenda, S. 50.

37 Christian Jacob Kraus, Staatswirthschaft, Bd. 3, Königsberg 1808, S. 280f.

vom physiokratischen Einfluß in Deutschland zu zeichnen. In diesem Buch, das sich auf die Untersuchung der Grundlinien des ökonomischen Denkens in Deutschland beschränkt, werden die theoretischen Grundzüge des deutschen Physiokratismus anhand der Auffassungen ihres bedeutendsten Vertreters SCHLETTWEIN dargelegt.

Das Zentrum des deutschen Physiokratismus lag am Hofe des Markgrafen CARL FRIEDRICH VON BADEN, an dem auch SCHLETTWEIN längere Zeit wirkte. Der Markgraf, schreibt KUCZYNSKI, „war ein sogenannter aufgeklärter Feudalherr, der nicht nur die Unergiebigkeit der feudalen Produktionsweise in seinen Kassen deutlich verspürte, sondern auch zu größeren Reformen bereit war, wenn sie mehr einbrachten. Dabei war er vorsichtig genug, solche Reformen erst vornehmen zu wollen, nachdem sie gründlich und von Fachleuten durchdacht waren. Seine Briefe an Mirabeau und Dupont sind voll intelligenter Fragen, und in der gleichen Richtung liegt die Schaffung einer Ökonomischen Gesellschaft, in deren Gründungsprotokoll vom 10. November 1764 wir lesen, daß der Markgraf wünschte, 'daß nach dem Beispiel anderer Länder und Städte auch allhier eine ökonomische Gesellschaft gegründet und von derselben in Erwägung gezogen würde, ob und wie das Oeconomicum in dero Landen verbessert und deswegen die hierzu erforderlichen Vorschläge getan werden möchten'." Bei KUCZYNSKI heißt es dann weiter: „Doch viel wichtiger als seine Tätigkeit in dieser Gesellschaft, die überdies bald wieder einschlief, war Schlettweins praktische Tätigkeit als Physiokrat. In Baden wurde nämlich – so grotesk und unwahrscheinlich das klingen mag – zum ersten und einzigen Male in der Geschichte ein praktischer Versuch mit der vollen Verwirklichung des physiokratischen Lehrsystems als Wirtschaftssystem, und zwar in den drei Dörfern Dietlingen, Bahlingen und Theningen, gemacht.

Man begann zunächst mit Dietlingen. Hier hatte der feudale Fürst wirklich nichts mehr zu verlieren. Das Dorf starb seit einiger Zeit ab. Die Erträge reichten einfach nicht mehr, um nach Ablieferung der Naturalabgaben, Zinsen und Steuern sowie nach Leistung der Frondienste die Bevölkerung am Leben zu erhalten. Aus anderen Teilen des Landes waren schon zuvor so manche Einwohner geflüchtet und nach Nordamerika, besonders nach Pennsylvanien, ausgewandert – eine damals übliche indirekte Form des Klassenkampfes. Auch in Dietlingen, das nicht mehr leben, das nur noch sterben konnte, kam die Idee auf, das Dorf aufzugeben und auszuwandern. Man wandte sich an die Regierung um Erlaubnis, das Land zu verlassen, da illegale Flucht wohl einzelnen, aber nicht ganzen Familien, ja praktisch einem ganzen Dorf gelingen konnte. Die Regierung gab zwar nicht die Einwilligung zur Auswanderung, begann aber eine Untersuchung der Verhältnisse, deren Leitung im späteren Verlauf Schlettwein übernahm.

Schlettwein führte eine genau nach physiokratischen Prinzipien aufgebaute Analyse des landwirtschaftlichen Produktionsprozesses durch, errechnete die jährlichen 'Kapitalvorschüsse', den jährlichen 'Reinertrag' usw. und kam sodann zu einer 'gerechten Steuer' auf den Ertrag der Landwirtschaft abzüglich des 'Profits'. Theoretisch hätte diese Steuer die einzige sein sollen. Denn nach der physiokratischen Lehre sollte ja nur eine einzige Steuer, und zwar an der Mehrproduktquelle, nämlich in der Landwirtschaft, erhoben werden. . . .

Doch mußte Schlettwein in Dietlingen einen Kompromiß schließen und verschiedene weitere Abgaben bestehen lassen – insbesondere als Ersatz für die wirklich bedeutsame Abschaffung der Frondienste, eine Zinsleistung."[38] Darüber hinaus führte SCHLETTWEIN eine Reihe Reformen ein, die er aus der englischen kapitalistischen Landwirtschaft übernahm.[39]

In seiner theoretischen Darlegung geht SCHLETTWEIN von der Notwendigkeit aus, vor allem einen Aufschwung der Landwirtschaft zu erreichen. Denn die Erde sei „die Quelle aller unserer Erfordernisse und Bequemlichkeiten, und der einzige Weg, die Reichtümer der Staaten zu vergrößern, ist dieser, daß man alle Erdstriche und Grundstücke zur Hervorbringung der größten möglichen Menge von Produkten nutzet, die daraus gezogen werden können"[40].

Gegen die einseitige vorklassische Auffassung von der Wertproduktion vor allem durch die Manufakturarbeit setzt SCHLETTWEIN die frühe klassische Reproduktionstheorie, nach der sowohl gewerbliche als auch landwirtschaftliche Arbeit Werte schaffe und jeder Warenaustausch einen Austausch äquivalenter Werte darstelle.

SCHLETTWEIN schreibt: „So viel als ein Staat durch die verarbeiteten Waren seiner Fabriken herbeizuziehen suchet, muß er an rohen Materien, an Unterhaltungsmitteln und anderen Konsumtibilien erst aufwenden. Wenn man noch immer glaubt, daß durch feine Stahlfabriken der Zentner Eisen zum besten eines Landes auf viele tausend Gulden in seinem Werte erhöhet und durch Segeltuchleinwand- und Spitzenmanufakturen der Wert des Hanfes und Flachses hundert- bis tausendfaltig vermehret werden könne, so sind dies Blendwerke, die sogleich verschwinden, sobald man sich von dem wahren Verhältnis der Dinge richtige und ungekünstelte Begriffe machet und alles anrechnet, was durch die Fabriken außer dem Eisen, dem Hanfe und Flachse konsumiert wird. Der Staat verkaufe nur seinen Hanf und Flachs roh an Ausländer, er verkaufe alles das Getreide, den Wein, das Holz und die andern Erfordernisse, welche die Segeltuchleinwand- und Spitzenfabrikanten verzehren; so erwirbt er sich durch den Verkauf dieser Naturprodukte unmittelbar die ganze Summe, um welche er seine Manufakturwaren absetzen zu können hoffet. Die vielen tausend Gulden, welche die feine Stahlfabriken einem Lande zu geben scheinen, sind nur das Äquivalent von dem Werte des rohen Eisens und der von den Stahlfabrikaten verbrauchten Früchte und übrigen Waren. Verkauft man das rohe Eisen, alles das Getreide und die übrigen

[38] Jürgen Kuczynski, Die Geschichte der Lage der Arbeiter unter dem Kapitalismus, Bd. 10, Zur politökonomischen Ideologie in Deutschland vor 1850 und andere Studien, Berlin 1960, S. 21–23.

[39] Vgl. Alfred Krebs, J. A. Schlettwein – der „Deutsche Hauptphysiokrat". Ein Beitrag zur Geschichte der Physiokratie in Deutschland, Leipzig 1909, S. 113.

[40] Johann August Schlettwein, Die wichtigste Angelegenheit für das ganze Publicum: oder die natürliche Ordnung in der Politik überhaupt, Bd. 1, Carlsruhe 1772, S. 10/11.

für die Fabrikanten und die Fabrik erforderlichen Produkte an fremde Staaten, so bekommt man die nämliche Geldsumme, die man sich von den feinen Stahlarbeiten verspricht. So leicht ist es also einzusehen, daß Handwerke, Fabriken und Manufakturen keinen Staat bereichern können. Indessen sind sie für ein Land, welches einen großen Zusammenfluß von natürlichen Produkten hat, von den beträchtlichsten Vorteilen . . ."[41]

Schlettwein tritt für einen breiten Aufschwung der gewerblichen Wirtschaft ein. „Ohne starke Konsumtion, ohne geschwinden Absatz der erbauten Waren und ohne gute Preise bei dem Verkaufe ist es schlechterdings unmöglich, den Ackerbau in seinen höchsten Flor zu bringen und dem Mangel der Notwendigkeiten, Bedürfnisse und Ergötzlichkeiten des Landes hinreichend vorzubeugen. Und eben hier zeigt sich der Nutzen, den ein Staat von blühenden Manufakturen und Fabriken zu erwarten hat. Sie vergrößern den Absatz der ersten Materien und der verschiedenen Lebensmittel. Sie halten diese Produkte in guten Preisen . . ."[42]

Unter diesem Gesichtspunkt, meint Schlettwein, haben die Gold-, Silber-, Porzellan- und Fayencemanufakturen, deren Rohmaterial nicht unter die wiederwachsenden Reichtümer fallen, für den Staat den geringsten Wert. Als etwas nützlicher schätzt er solche Manufakturen wie die der Spitzenherstellung ein, die einige pflanzliche und tierische Rohmaterialien mit größerem Aufwand verarbeiten. „Diejenigen Fabriken sind die vorzüglichsten, die von den wiederwachsenden oder nachzuziehenden Materien in der kürzesten Zeit die größte Quantität verbrauchen, wohin unter andern die ordinären Leinwandzeug- und Tuchmanufakturen, Sohllederfabriken usw. zu rechnen sind."[43]

Der allgemeine wirtschaftliche Aufschwung, stellt Schlettwein fest, sei jedoch nur bei freier Konkurrenz möglich, die sich auf dem Anspruch jedes Menschen auf sein Glück ergebe. „Es ist also unwidersprechlich, daß eine uneingeschränkte Freiheit im Handel und Wandel, eine Freiheit, an allen Orten zu verkaufen und allen Orten einzukaufen, eine Freiheit, die erbauten, eingeernteten oder erkauften Produkte nach seinem eigenen Gefallen aufs beste zu nutzen, durch das Recht eines jeden Menschen zu seinem Glücke bestimmet wird . . ."[44]

Freie Konkurrenz unterstellt, ergebe sich der Marktpreis aus Angebot und Nachfrage. Schlettwein geht auf den Einwand ein, daß ein nicht staatlich beeinflußter Marktpreis mitunter zu erhöhten Getreidepreisen führe. Das nun folgende Zitat beweist: Wenn je eine Variante der bürgerlichen politischen Ökonomie demokratisch in dem Sinn war, daß sie die Interessen breitester Volksschichten – damals der ländlichen Produzenten – vertrat, so war es der deutsche Physiokratismus. Schlettwein schreibt: „Für diejenigen Einwohner, die von ihrer Hände Arbeit, ihrer Industrie und vom Handel leben, ist der erhöhte

[41] Ebenda, S. 12–14.
[42] Ebenda, S. 17.
[43] Ebenda, S. 206.
[44] Ebenda, S. 18/19.

Getreidepreis, den die Klasse der Bauern für ihre Früchte beziehet, höchstens nur dadurch nachteilig, daß sie in diesem teuren Jahr an ihrem Aufwande, den sie sonst auf Bequemlichkeiten und Vergnügungen machen konnten, etwas abbrechen müssen, um das teuerere Brot erkaufen zu können. Und auch dieser zu befürchtende Nachteil fällt größtenteils weg, wenn die Landleute bei der Nutzung und dem Verkaufe ihrer Produkte ganz freie Hände haben. Denn nun erwerben sie viel bares Geld und lassen an ihren Kleidungen, Schiff und Geschirr, Hausgerätschaften, Hausbaureparationen und Ausgaben auf die Erziehung ihrer Kinder nichts ermangeln. Da nun die Klasse der Bauern im Lande die beträchtlichste ist, so kommt aus ihren Händen ohne Unterlaß eine große Menge Geld unter die übrigen Klassen der Einwohner, und diese haben dadurch Mittel genug, ihren Bedürfnissen und Bequemlichkeiten Genüge zu tun."[45]

Die unangenehmen Folgen erhöhter Getreidepreise bei freier Konkurrenz, meint SCHLETTWEIN, seien gegenüber den Nachteilen der Getreideausfuhrverbote gering. „Denn durch diese werden die Landleute, fürnehmlich aber der Mittelmann und der Arme, verhindert, aus ihren erwachsenen Früchten so viel Geld zu erlösen, daß sie die herrschaftlichen Auflagen und ihre Privatschulden und die zur Fortsetzung und Verbesserung der Kultur nötigen Vorschüsse bestreiten und die Handwerksleute in nützlicher Aktivität erhalten könnten."[46]

SCHLETTWEIN fordert, daß auch die Steuerpolitik die Landwirtschaft nicht belaste oder benachteilige. „Ich behaupte hier auf eine Fundamentalwahrheit, daß in einem Lande, wenn es anders nicht ins Verderben gestürzet werden soll, weder auf die produktiven Auslagen noch auf den Verbrauchsaufwand ein Imposten geleget werden könne. . . . Von dem produktiven Aufwande eine Abgabe fordern, heißt die Auslagen, welche der Landmann auf die Benutzung der Grundstücke machen muß und welche die von den Menschen abhängende Ursach der natürlichen Produktion waren, durch Abziehung einer Abgabe vermindern, also die Ursach der Produktion der natürlichen Reichtümer schwächen, die Vervielfältigung der Produkte hindern und die Subsistenz und Industrie der Menschen durch alle Klassen schwerer machen. . . . Ebensowenig kann aber auch der Konsumtionsaufwand, der auf wiederwachsende Produkte gemachet wird, mit Imposten belästiget werden. Der Konsumtionsaufwand bestehet bloß in den Summen, die auf die Anschaffung der natürlichen Produkte, die Verarbeitung und den Verbrauch derselbigen gemachet werden. . . . Wenn man aber auf den Konsumtionsaufwand geradezu und unmittelbar Auflagen leget, so machet man die Konsumtion der natürlichen Produkte unmittelbar beschwerlicher und kostbarer. Man verursachet also natürlicherweise eine Verminderung des Verbrauchs der Waren und folglich auch eine Abnahme des produktiven Aufwands und der Reproduktion und veranlasset das Elend der Völker."[47]

[45] Ebenda, S. 45/46.
[46] Ebenda, S. 48.
[47] Ebenda, S. 243–245.

Daher verurteilt Schlettwein die vielen Abgaben wie Akzise, Pfundzoll, Ohmgeld, Land- und Wasserzoll, Gewerbesteuer, Kopfsteuer, Schätzung auf Häuser, bewegliche Güter und Todesfälle, Taxen usw. Auch Gewinne im Gewerbe, die nach physiokratischer Auffassung dort nicht erarbeitet werden und nur aus überhöhten Preisen stammen können, sollen nach Schlettweins Meinung nicht besteuert werden. „Finden sich zugleich viele Nachfrager nach den erwähnten Waren ein, so überbietet einer den andern, und der Kaufmann und der Fabrikant können nun ihre Waren höher verkaufen, als sie ihnen zu stehen gekommen. Dies scheinet nun itzt ein Partikularprofit für den Kaufmann und den Fabrikanten zu sein. Allein erstlich hat es mit diesem Profit die Bewandnis wie mit einer Schenkung. Die Käufer und Verbraucher der Waren geben dem Handelsmann und Fabrikanten mehr, als die Waren wert sind, und sie geben diese freiwillig von dem Ihrigen ab."[48] Werde dieser vorübergehende Profit für landwirtschaftliche Waren ausgegeben, erhöhe er deren Preis und vergrößere damit den reinen Ertrag. „Dies ist aber ein offenbarer Beitrag zu den Auflagen, welche von dem Ertrage der Grundstücke erhoben werden. Inwiefern also die gewerbtreibende Personen ihren Handelsprofit auf den Verbrauch der inländischen Waren aufwenden, insofern tragen sie auch das Ihrige zu den Imposten bei, der von dem Ertrage der Ländereien bezahlet werden muß."[49]

Die einzige Steuer auf das landwirtschaftliche Mehrprodukt erscheint bei Schlettwein nicht wie bei den französischen Physiokraten als eine besondere Belastung, der nur die feudalen Aneigner des Mehrwerts unterworfen sind. Sie ist aus Schlettweins Sicht eine Steuer auf den Grundstücksertrag und soll als diese einzige Erhebung die staatliche Belastung für den einfachen Produzenten erträglicher machen; „der Territorialimposten ist der einzige, welcher der Ordnung der Glückseligkeit der Menschen gemäß ist"[50]. Ermöglicht werde sie jedoch letztlich durch die Verbraucher, meint Schlettwein, weil erst deren Nachfrage die landwirtschaftlichen Güter als Waren bestätige und damit die Realisierung des reinen Ertrags gestatte. Aus dieser Überlegung ergibt sich für Schlettwein die „Wahrheit, daß der Wert des Ertrages der Grundstücke eines Staates durch die Menge der Produkte und durch die Größe der Konsumtion derselbigen bestimmet werde. Folglich trägt auch jeder Verbraucher ... zu dem Werte des Ertrages der Grundstücke einen Teil bei. Also hilft auch ein jeder Konsument der Landesprodukte ... an dem Territorialimposten tragen."[51] Auf das demokratische Moment, daß zu der einzigen, nur von den Grundeigentümern zu leistenden Steuer letztlich alle beitragen, kommt Schlettwein wiederholt zu sprechen. Er verdeutlicht damit den engen Zusammenhang zwischen der Forderung nach freien Konkurrenzbedingungen und seiner Steuerauffassung, denn der Herrscher könne mit angemessenen Steuererträgen nur bei unbehinderten Absatzmöglich-

[48] Ebenda, S. 290.
[49] Ebenda, S. 295.
[50] Ebenda, Bd. 2, Carlsruhe 1773, S. 330.
[51] Ebenda, S. 334.

keiten rechnen. Beschränkungen des Warenverkehrs würden daher seinem Interesse widersprechen. Während QUESNAYs System auf der Grundlage des kapitalistisch-feudalen Klassenkompromisses den Widerspruch zwischen feudalem Schein und kapitalistischem Gehalt erzeugt, fehlt ein solcher Widerspruch dem kleinbürgerlichen deutschen Physiokratismus, der für die Interessen der breiten Produzentenschichten und nicht für die zeitweilige Übereinkunft einer neuen mit einer alten Ausbeuterklasse ficht. Während QUESNAY an die Grundeigentümer appelliert, ihre Revenuen auszugeben, verweist SCHLETTWEIN eben auf alle Verbraucher landwirtschaftlicher Produkte.

Wenn man die Größe des zu besteuernden landwirtschaftlichen Reinertrages ermitteln will, muß man die Größe der notwendigen Unterhaltskosten des Produzenten feststellen. SCHLETTWEIN geht von der klassischen Vorstellung aus, daß der Wert der Arbeitskraft gleich dem Wert ihrer Unterhaltsmittel sei. „Der Maßstab von dem Werte einer Arbeit ist der Wert der Produkte, welche der Arbeiter während der Zeit, die er auf die Arbeit verwendet, und über seiner Arbeit konsumiert.“[52] SCHLETTWEIN nimmt in diesem Zusammenhang eindeutig Partei für den einfachen Produzenten. „Es gibt zwar Leute, welche sich nicht scheuen, öffentlich zu sagen, daß für einen Landmann Brot und Salz und höchstens Grundbirn und kleisterigte Mehlsuppen und Gemüser zur Speise und Wasser zum Trunk und grobe leinene Kittel zur Kleidung schon Wohltaten wären und daß man ihm kein bessers Leben angewöhnen müßte. Allein dies sind Barbaren, die den Wert der Menschen nicht empfinden und die Quelle der Reichtümer und der Wohlfahrt der Staaten nicht kennen; sie sind unwürdig, Menschen zu heißen.“[53]

So legt SCHLETTWEIN für seine wirtschaftspraktische Tätigkeit der Steuerreformierung folgenden Maßstab an: „Wo man das natürliche System einführt, da rechnet man die Produktion der Grundstücke jeder Gattung und Klasse nicht in ihrer höchsten Größe, sondern man nimmt einen solchen Ertrag an, welcher jahraus, jahrein ganz zuverlässig erwartet werden kann. Man setzet auch nicht den höchsten Wert der Produkte an, sondern rechnet einen Preis, auf welchen die Eigentümer der Grundstücke sicher zählen können. Die Kulturunkosten aber rechnet man mehr hoch als niedrig. Bei dieser Verfahrensart ist man gewiß, daß die Eigentümer der Güter auch in Jahren des Mißwachses hinreichende Mittel in Händen haben, die auf die Größe und Qualität der Grundstücke gelegte Territorialschatzung vollkommen zu entrichten.“[54]

Bei der Festlegung der Steuer, schreibt SCHLETTWEIN, müsse berücksichtigt werden, daß ein Teil in Form besonders uneffektiver Mehrarbeit erhoben werde. „Aber wenn nun in einem Staate der reine Ertrag der Grundstücke zum einzigen Fonds aller öffentlichen Abgaben bestimmet werden soll, so ist es von selbst klar, daß auch der Wert aller der Frondienste, welche die Untertanen zu leisten schuldig

52 Ebenda, S. 356.
53 Ebenda, Bd. 1, S. 162.
54 Ebenda, Bd. 2, S. 360/361.

sind, in diesem Fonds begriffen sein müsse."[55] In vielen Ländern sei der Frondienst eine der größten und verderblichsten Lasten, und das Fronwesen sei in seinem Grunde so unnatürlich und fehlerhaft, daß man fast immer die betrüblichsten Folgen daraus entspringen sehe. „Wenn man die Frondienste abschaffet, so entfernet man nur das, wodurch die Frönen den Untertanen und dem Staate schädlich sind und allerlei Unordnungen und Mißbräuche anrichten. Man erhält die Untertanen in ihrer Verbindlichkeit, für den Staat zu arbeiten. Aber man machet ihnen diese Arbeiten zu Quellen ihrer Nahrung. Wenn also der Staat solcher Arbeiten benötiget ist, so kann er immer von seinen Untertanen fordern, daß sie dieselbigen um den Lohn übernehmen, in welchem sie von jedermann pflegen verrichtet zu werden."[56]

Da die deutschen Physiokraten nicht die Interessen des kapitalistischen Pächters, sondern jene des freien Bauern vertreten, interpretieren sie das physiokratische Reproduktionsschema etwas anders als QUESNAY. Wo der Bauer seinen eigenen Grund und Boden bewirtschaftet, kann der feudale Grundbesitzer nicht als Verkörperung des eigentlichen Aneigners kapitalistischen Mehrwerts und der Pächter nicht als eigentlicher Kapitalist gegenüber dem Gewerbe erscheinen. SCHLETTWEINs Erörterung bleibt daher zum Teil theoretisch, zum Teil paßt sie sich dem deutschen Wirtschaftsleben an.

SCHLETTWEINs Reproduktionsschema

Besagter theoretischer Charakter zeigt sich im Ausgangspunkt des SCHLETTWEINschen Reproduktionsschemas, in der Klasseneinteilung, die vorzunehmen es doch allemal gut sei. So schreibt SCHLETTWEIN: „Die Bürger eines Staates können in Absicht auf den Reichtum des Landes in drei Klassen geteilet werden. Die erste begreift die Eigentümer der unbeweglichen nutzbaren Güter und die Besitzer der auf denselbigen haftenden Realrechte in sich. Die zweite bestehet aus den Anbauern oder Benutzern dieser Grundstücke, und die dritte hält alle diejenigen in sich, welche nur die Produkte der Grundstücke umarbeiten oder sonst verbrauchen, ohne unmittelbar zu deren Produktion geschäftig zu sein. In Deutschland sind zwar die beiden ersten Klassen gemeiniglich in einerlei Person vereiniget, indem die meisten Bauern zugleich Eigentümer und Benutzer der Ländereien sind. Aber es ist doch allemal gut, zwischen diesen beiden Beziehungen einen Unterschied zu machen, da es nicht einerlei ist, ob ein Bürger als Eigentümer eines Grundstückes oder als Benutzer desselbigen betrachtet wird."[57]

SCHLETTWEIN übernimmt die französischen Erkenntnisse von der Einteilung des volkswirtschaftlichen Gesamtprodukts in vorgeschossenes Kapital und Mehr-

[55] Ebenda, Bd. 1, S. 311.
[56] Ebenda, S. 321.
[57] Ebenda, S. 207.

wert, der zu den feudalen Nutznießern fließt. Daher stellt er auch entsprechend dem französischen Vorbild die Verantwortung der Bezieher des Mehrprodukts für die volkswirtschaftliche Reproduktion heraus. Ebenso gibt er QUESNAYs Auffassung wieder, daß der Mehrwert nicht der landwirtschaftlichen Arbeit schlechthin, sondern der mit Kapital ausgerüsteten landwirtschaftlichen Arbeit entstammt. „Die Produktion eines Landes aber bestehet aus zwei Hauptteilen, nämlich aus dem Teile, welcher die auf die Produktion zu verwendenden jährlichen Auslagen ausmachet, und aus dem Teile, welcher nach Abzug des ersten als klarer Profit für den Staat übrig bleibet und sich unmittelbar in die Hände der Zehentherren und der Grundeigentümer verteilet. Es ist demnach klar, daß alle Ausgaben in einem Staate entweder von dem Teile der Produktion, der zu den Kulturauslagen bestimmt ist, oder von dem klaren Profit bestritten werden müssen. Die Kulturauslagen müssen unmittelbar von der herfürbringenden Klasse selbst gemacht werden. Es bleibt also für alle übrigen Ausgaben des Staates . . . kein anderer Fonds als der klare Profit der Grundstücke des Staates übrig. Die herfürbringende Klasse liefert diesen Fonds durch ihren Fleiß und ihre Kulturauslagen. Von den Zehentherren und Grundeigentümern aber hänget es nun hauptsächlich ab, den vollkommensten Umlauf dieser Reichtümer im Staate zu veranlassen."[58]

Nach dieser Rekapitulation des französisch-physiokratischen Standpunkts greift die deutsche Wirklichkeit, das Nebeneinanderbestehen von Natural- und Geldabgaben, stärker in die weitere Illustration ein.

Die Gesamtproduktion gliedert SCHLETTWEIN nicht wie QUESNAY nach Wertgrößen, sondern nach Anteilen vom Gesamtprodukt. Die ganze Produktion (zwanzig Zwanzigstel) besteht nach SCHLETTWEIN aus dem Zehnten (zwei Zwanzigstel; er „wird seiner Natur nach unmittelbar von der Produktion erhoben, ohne daß die herfürbringende Klasse Geld dafür auszugeben nötig hat"[59]), den Kulturauslagen, das heißt den Vorschüssen für die landwirtschaftliche und gewerbliche Produktion (neun Zwanzigstel) und dem Ertrag für den Eigentümer (neun Zwanzigstel).

Im Unterschied zu QUESNAYs Tableau produzieren die produktiven Vorschüsse nicht ein wertmäßig gleichhohes Nettoprodukt; nach SCHLETTWEIN bringen sieben Zwanzigstel landwirtschaftliche Kulturausgaben ein Nettoprodukt von elf Zwanzigstel hervor. Diesen „klaren Profit" von elf Zwanzigstel unterteilt er nach der Verwendung in

1. den Zehnten (zwei Zwanzigstel),
2. die jährlichen Auflagen des Staates (zwei Zwanzigstel),
3. den jährlichen Rücklagefonds des Eigentümers (ein Zwanzigstel),
4. den Betrag für die Fortsetzung der Grundauslagen (ein Zwanzigstel) und
5. die Haushaltungsausgaben des Eigentümers (fünf Zwanzigstel).

[58] Ebenda, S. 213f.
[59] Ebenda, S. 223.

Schlettwein erläutert: „Die letzten vier Posten werden alle von dem Grundeigentümer bestritten. Der zweite und dritte erfordert, daß der Eigentümer von den Landleuten bares Geld erhalte und daß also von den rohen Produkten drei Zwanzigstel von der herfürbringenden Klasse verkauft werden müssen. Der vierte und fünfte Posten machen zusammen sechs Zwanzigstel von der ganzen Produktion. Davon werden der dritte Teil mit zwei Zwanzigstel an die sterile oder zehrende Klasse, die übrigen zwei Drittel aber mit vier Zwanzigstel an die herfürbringende Klasse ausgegeben. Für die ersten zwei Zwanzigstel muß der Eigentümer Geld haben . . .; die letzten vier Zwanzigstel aber kann er unmittelbar aus den Händen der herfürbringenden Klasse empfangen, ohne sie mit barem Gelde zu vergüten. Es müssen demnach die Grundeigentümer von dem klaren Ertrage der Ländereien fünf Elftel oder, welches hier gleich viel ist, fünf Zwanzigstel von der ganzen Produktion unmittelbar mit barem Gelde bestreiten.“[60]

Nach Schlettweins Schema geht also nicht der ganze Reinertrag in die Geld- und Warenzirkulation ein; ein Teil wird als Naturalabgabe abgeliefert. Quesnay hatte dagegen angenommen, daß die Grundeigentümer das ganze Nettoprodukt in Geldform in die Zirkulation werfen und nichts sparen; damit konnte er ein einfaches, übersichtliches Bild der jährlichen einfachen Reproduktion entwerfen. Indem Schlettwein einerseits Naturalablieferungen und Warenzirkulation in eine Übersicht zusammenfaßt und anderseits ausdrücklich Reservefonds vorsieht, begibt er sich der Möglichkeit, das komplizierte volkswirtschaftliche Geschehen in einem einfachen Schema weniger Waren- und Geldströme wiederzugeben. Er zeichnet ein Bild von Naturallieferungen zwischen den drei Klassen, denen zum Teil eine Geldzirkulation entspricht.

Schlettwein schreibt: „Nimmt man nun alles dieses zusammen, so zeiget sich folgende Verteilung der ganzen jährlichen Produktion, welche durch die Hände der Landleute dem Staate verschaffet wird. Sie ist im ganzen $\frac{20}{20}$.

Hiervon bleiben in den Händen der Landleute	$\frac{9}{20}$	$\frac{20}{20}$
und in die Hände der Eigentümer, der Zehentherren und des Staates gehen als Kulturprofit	$\frac{11}{20}$	

I. Von den $\frac{11}{20}$ des klaren Profits werden ausgegeben

A) *Zur herfürbringenden Klasse*

a) von den Grundeigentümern

1) für den Wert ihrer jährlichen Haushaltungs- und Grundauslagen	$\frac{4}{20}$	$\frac{45}{180}$
2) für den Wert des Hinterhaltsfonds	$\frac{1}{20}$	

[60] Ebenda, S. 221/222.

b) von den Zehentherren

1) für ihre Haushaltungs- und Grundauslagen $\frac{4}{90}$ } $\frac{10}{180}$

2) für ihren Hinterhaltsfonds $\frac{1}{90}$ }

c) von dem Staate

1) für Haushaltungs und Grundauslagen $\frac{15}{180}$

2) für den Hinterhaltsfonds $\frac{1}{90} - \frac{2}{180}$

} $\frac{20}{20}$

B) *Zur zehrenden Klasse*

1) von den Grundeigentümern für Handwerks- und Fabrikwaren $\frac{2}{20} = \frac{18}{180}$ }

2) von den Zehentbeziehern $\frac{2}{90} = \frac{4}{180}$ } $\frac{27}{180} = \frac{3}{20}$

3) von dem Staate $\frac{5}{180}$ }

II. Von den $\frac{9}{20}$, welche die Landleute von der Produktion behalten, kommen

a) an sie selbst für ihre Kulturunkosten $\frac{7}{20}$ } $\frac{9}{20}$

b) an die sterile Klasse für Handwerks- und Fabrikenwaren und Gerätschaften."[61] $\frac{2}{20}$ }

Für die Verwendung des Nettoprodukts ergeben sich bei SCHLETTWEIN andere Proportionen als bei QUESNAY. Dieser hatte die eine Hälfte des Geldes zur produktiven und die andere zur sterilen Klasse fließen lassen. Da bei SCHLETTWEIN von den elf Zwanzigsteln Nettoprodukt nur fünf Zwanzigstel in Geld verwandelt werden, von dem drei Zwanzigstel an die sterile Klasse gehen, werden nur zwei Zwanzigstel des Gesamtprodukts vom Mehrproduktbezieher dem landwirtschaftlichen Produzenten mit Geld abgekauft. Dafür werden die drei Zwanzigstel in Geld von der sterilen Klasse zum Ankauf landwirtschaftlicher Produkte verwendet. Das heißt, die Ausgaben der sterilen Klasse sind vom Standpunkt der produktiven Klasse für die Ware-Geld-Zirkulation wichtiger als die zwei Zwanzigstel des Mehrproduktbeziehers. Das kleinbürgerlich-demokratische Moment des deutschen Physiokratismus findet also im zahlenmäßigen Schema der Reproduktion seinen Niederschlag.

Im Vergleich zum französischen Tableau betragen die produktiven Vorschüsse

[61] Ebenda, S. 233/234.

mehr als das Dreifache (bei QUESNAY betragen sie das Doppelte) der sterilen Vorschüsse; das Nettoprodukt übertrifft die produktiven Vorschüsse beträchtlich (bei QUESNAY entspricht es wertmäßig der Größe dieser Vorschüsse); es wird zu fast drei Vierteln in landwirtschaftlichen Gütern angelegt (bei QUESNAY zur Hälfte). Wenngleich das Gesamtprodukt nur in materiellen Anteilen zirkuliert, kündigt SCHLETTWEIN an: „Es wird sich hier folgende Tafel über den Circul der Ausgaben und deren Wertes von selbst formulieren“.[62]

„Die ganze Produktion ist .... $\frac{20}{20}$

Von dieser kommen

I	II	III
Herfürbringende Auslagen der Landleute	Klarer Profit für die Eigentümer, die Zehentbezieher und den Staat	Der Wert des Teils der Kulturauslagen, den die sterile Klasse empfängt

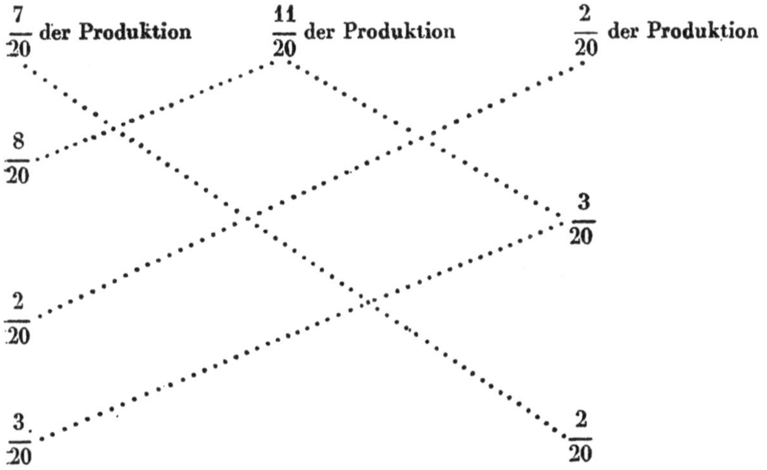

Summa aller Einnahmen der Landleute von den zwei übrigen Klassen	$\frac{13}{20}$	Summa aller Einnahmen der sterilen Klasse von den übrigen zwei Klassen	$\frac{5}{20}$
Hierzu die eigene produktive Auslage aus	$\frac{7}{20}$		
So kommt heraus	$\frac{20}{20}$		
Welches die ganze Summe der Produktion ist.“[63]			

[62] Ebenda, S. 235. [63] Ebenda, S. 236.

SCHLETTWEINS Resonanz

Das theoretische, praktische und unermüdliche propagandistische Wirken SCHLETTWEINS, aber auch MAUVILLONS, war für den Fortschritt des ökonomischen Denkens in Deutschland von großer Bedeutung. Durch die Verbreitung des ersten klassischen Systems der politischen Ökonomie war es den Verfechtern der bürgerlichen Umwälzung möglich, tiefer in die ökonomische Problematik dieses umfassenden Prozesses einzudringen und die reaktionäre kameralistische Theorie wirksamer zu bekämpfen.

SCHLETTWEINS Resonanz unter den progressiven Kräften kann hier nur angedeutet werden. Seine erste, noch in französischer Sprache geschriebene Arbeit begrüßten zum Beispiel lebhaft die „Frankfurter gelehrten Anzeigen", die, damals unter der Direktion von JOHANN HEINRICH MERCK und JOHANN GEORG SCHLOSSER, auch durch Beiträge von GOETHE und HERDER tatkräftig gefördert wurde. „Der Herr Finanzrat Schlettwein ziehet in diesem kleinen Werkchen die Grundsätze zusammen, welche die neuen französischen Staatswirtschaftler in der Physiokratie, den Ephemeriden und sonst mit patriotischer Wärme gepredigt haben. Diese Grundsätze laufen alle dahinaus, daß der Reichtum der Nation bloß in dem Fruchtland (wozu auch Wälder, Bergwerke, Flüsse, wirtschaftliche Gebäude u. dgl. gehören), ihre wahre Einkünfte aber bloß in den Früchten bestehen, welche immer nachwachsen, welche den eigentlichen Unterhalt geben und welche also allein in sich selbst einen wirklichen Wert haben. Die Einteilung der Menschen in drei Klassen, der Besitzer liegender Güter, der Bebauer derselben und der Bearbeiter, Ausspender und Aufzehrer, ist aus der subtilen Metaphysik der Franzosen herausgehoben und so klar und schön auseinandergesetzt worden, saß man diese scharfsinnige und unentbehrliche Grundsätze hier ohne Mühe fassen und übersehen kann. Hierauf wird, unsrer Meinung nach, ganz unwidersprechlich bewiesen, daß die Auflagen lediglich auf den Überfluß zu legen sind, welcher der bauenden oder hervorbringenden Klasse nach Abzug ihres Vorschusses übrigbleibt, und daß die ausspendende Klasse, der Kaufmann, der Handwerker, kurz alle diejenige, welche keine neuen Einkünfte hervorbringen, sondern nur die, welche von andern hervorgebracht worden sind, verzehren, ausbilden oder verteilen, ganz frei bleiben müsse."[64]

Nach der Inhaltsangabe des Werks fährt der Rezensent fort: „Wir haben immer geglaubt, daß der Grund der Armut, welche die niedrigste Klasse der Untertanen drückt und notwendigerweise durch alle Klassen durch, bis zu der Kammer der Fürsten steigen muß, nicht der Natur, sondern einer fehlerhaften Bearbeitung der Natur zuzuschreiben sei. Dieses Beispiel bestärkt uns noch in unsrer Meinung und zeigt, daß man die Kammern bereichern kann, ohne die wahrlich nicht vielen Scharfsinn erfordernden Künste vieler Kameralisten, die Vermehrung der Auflagen anzuwenden. Möchten doch alle Fürsten erkennen, daß das Wohl der

[64] Frankfurter gelehrte Anzeigen vom Jahr 1772, Auswahl, Leipzig 1971, S. 41.

Untertanen ihr eigenes Glück sei! Und möchten doch alle die, welche es erkennen, solche Ratgeber und Diener finden, wie der Herr Verf. zu sein scheint!" Der Rezensent schließt mit den Worten: „Aber wir können nicht einsehen, warum ein Werk, welches von einem Deutschen und für Deutsche geschrieben worden ist, gerade in französischer Sprache geschrieben werden mußte?"[65]

Über das im gleichen Jahr 1772 erschienene SCHLETTWEINsche Hauptwerk „Die wichtigste Angelegenheit für das ganze Publicum, oder die natürliche Ordnung in der Politik", das in diesem Abschnitt ausführlich zitiert wurde, schreibt der Rezensent: „Die vorliegende Schrift muß gewiß jedem wahren Patrioten ebenso angenehm sein, als uns der Herr Verf. ehrwürdig ist. Oh! Es ist etwas Vortreffliches, ganze Völker glücklich zu machen! – Haben noch Untertanen Anspruch auf Eigentum, Glückseligkeit und auf die Freigebigkeit der Natur; erinnern sich Minister und Beamten noch ihrer Pflichten gegen Gott, gegen ihre Herrn, gegen den Untertan und gegen ihre eigne Nachkommenschaft, so werden sie gewiß dieses neue wahrhaftig menschenfreundliche System einer Prüfung würdigen. Die Natur läßt sich ihre Schätze nicht mit Gewalt abpressen, aber reichlich belohnt sie von selbst den Menschenfreund und den Weisen!"[66]

Den tatsächlichen Wert solcher Bekenntnisse für die ideologische Auseinandersetzung kann man nur ermessen, wenn man ihnen nicht nur die antiphysiokratischen Stellungnahmen der Kameralisten entgegenhält, sondern auch die noch vor der französischen Revolution geäußerten bürgerlichen Stimmen berücksichtigt, in denen die Furcht vor den radikalen Konsequenzen des Physiokratismus laut wird. So sagt GEORG ANDREAS WILL von seiner Stellung zum physiokratischen System, „daß mein Herz das System liebe, seine Wahrheit wünsche und nach der darinsteckenden Befreiung von mannigfältiger Sklaverei, Despoterei, Tyrannei seufze und strebe, daß aber meine Einsichten dem System widersprechen und es nicht einmal für möglich, noch weniger in unserm eignen und sich allein gleichen deutschen Vaterlande für ausführbar halten"[67].

WILL verurteilt den Physiokratismus aus folgenden Gründen: „Es streitet das System wider das Fundament der bürgerlichen Gesellschaft, welche durchaus keine unumschränkte und so ganz und gar unbegrenzte Freiheit gestatten kann, als die Physiokraten haben wollen. Wahr ists, die Staaten und Obrigkeiten haben bisher den Menschen zu wenig Freiheit gelassen, besonders manche; aber die Physiokraten fordern auch zu viel. Um des großen Vorteils, der Sicherheit und Bequemlichkeit willen, die wir in der bürgerlichen Gesellschaft haben, müssen wir einen Teil unserer natürlichen Rechte und Freiheiten aufopfern. Wir verlieren hiebei weniger als wir gewinnen."[68] Dann spricht WILL die Furcht vor einer Revolution deutlich aus: „Die Physiokratie, zumal in ihrem ganzen Umfang,

[65] Ebenda, S. 43.
[66] Ebenda, S. 149.
[67] Georg Andreas Will, Versuch über die Physiokratie, deren Geschichte, Literatur, Inhalt und Werth, Nürnberg 1782, S. IX.
[68] Ebenda, S. 60/61.

würde ohne abscheuliche Zerrüttung nicht einzuführen sein. Wenn sie schon eingeführet und eingewurzelt wäre; wenn all die schröcklichen Imposten, die jetzt den Bürger drücken, längst abgeschaffet und die menschliche Freiheit hergestellet wäre: dann würden wir freilich glücklicher sein als wir jetzt sind. Aber sie nun einzuführen, würde die greulichsten Erschütterungen des Staates, Zertrümmerungen der Eigentümer, der Stände, Gewerbe, Nahrungen verursachen, und es wurde Lärm, Zank und Krieg aller wider alle daraus entstehen."[69]

Solche bürgerlichen Stellungnahmen gegen den Physiokratismus erklären sich aus der zu Beginn angedeuteten wirtschaftlichen Situation, die MÖSER beredt beklagte. Der Eindruck vom wirtschaftlichen Niedergang war so nachhaltig, daß selbst SCHLOSSER, der die erwähnten Rezensionen der SCHLETTWEINschen Arbeiten verfaßte oder zumindest veranlaßte, Zweifel über den physiokratischen Weg hegte: „Die Philosophen glauben nun zwar wirklich, daß die Aufhebung der Zünfte das Wohl des Ganzen befördere; allein es kömmt mir vor, als ob sie ein wenig einseitig zu Werke gingen und weder den Vorteil, der mit der Erhaltung der Zünfte verbunden ist, genug betrachten noch den Nachteil, den die Handwerksfreiheit mit sich bringt, genug in Erwägung zögen."[70]

Vor diesem Hintergrund muß man SCHLETTWEINs großes Verdienst betrachten. Indem er ungeachtet des Kleinmuts mancher bürgerlicher Zeitgenossen für einen breiten wirtschaftlichen Aufschwung der Mehrzahl der unmittelbaren Produzenten eintrat und seine Argumente auf der Grundlage des Physiokratismus, des ersten Systems der klassischen politischen Ökonomie, entwickelte, hat er in der ideologischen Auseinandersetzung mit dem Feudalismus das ökonomische Denken in Deutschland vorangebracht. Noch immer gilt daher die von KUCZYNSKI bereits seit längerem geäußerte Mahnung: „Sehr ernst sollten wir uns überlegen, ob Johann August Schlettwein nicht einer der wenigen deutschen Politökonomen ist, die wir zu unserem deutschen Kulturerbe rechnen dürfen!"[71]

Am Schluß dieses Abschnitts sei noch erwähnt, daß die physiokratischen Grundsätze, vor allem nach dem Erscheinen von SMITH' „Wealth of Nations", auch unter theoretischem Gesichtspunkt auf Kritik stießen. So stellte zum Beispiel AUGUST VON EINSIEDEL in den neunziger Jahren fest: „Über das physiokratische System ist viel geschrieben und von beiden Seiten übertrieben, weil man keine richtigen Gesichtspunkte hatte. Der richtige Grundsatz scheint, daß aller Wert Folge von Tätigkeit, mithin Geld das repräsentative Zeichen von derselben ist; dieser Gesichtspunkt ist richtig und brauchbarer als jener, der nur den Wert der natürlichen Produkte anerkennt . . ."[72]

Aber solche Kritik zerstörte keineswegs die Wertschätzung der Physiokraten.

69 Ebenda, S. 63.

70 Johann Georg Schlosser, Kleine Schriften, 1. Teil, Basel 1787, S. 136/137.

71 Jürgen Kuczynski, Die Geschichte der Lage der Arbeiter unter dem Kapitalismus, Bd. 10, Zur politökonomischen Ideologie in Deutschland und andere Studien, Berlin 1960, S. 30.

72 August von Einsiedel, Ideen, Berlin 1957, S. 204.

Kurt Braunreuther schreibt in seiner verdienstvollen Untersuchung, daß der Physiokratismus „als die höchste Stufe politökonomischen Denkens von vielen fortschrittlichen Menschen angesehen wurde. Es war vom Standpunkt des Physiokratismus nicht nur möglich, die Kritik der feudalen Produktionsweise zu begründen, sondern auch die Notwendigkeit einer neuen Produktionsweise zu beweisen. Der Physiokratismus war in jener Periode in vielen Teilen Deutschlands so verbreitet, daß kein einigermaßen auf öffentliche Anerkennung Anspruch erhebender ökonomischer Denker an ihm schweigend vorbeigehen konnte. Ungeachtet der Stellungnahme im einzelnen, beschäftigte sich außerhalb politökonomischer Fachkreise ein großer Teil des gebildeten bürgerlichen Publikums mit den physiokratischen Ansichten."[73]

Auch als Smith' politische Ökonomie den Physiokratismus abgelöst hatte, hoben weiterhin bürgerliche Autoren dessen große Bedeutung für die Geschichte des ökonomischen Denkens hervor. Sozusagen als Akt der Gerechtigkeit wird zum Beispiel in Brockhaus' Lexikon nach einer früheren entschiedenen Zurückweisung des physiokratischen Systems geschrieben: „Trotz dieser wesentlichen Mängel des physiokratischen Systems, welches der ältere Mirabeau nicht mit Unrecht einen prächtigen Palast ohne Treppe nannte, läßt sich nicht leugnen, daß die Verbreitung desselben der Wissenschaft der Nationalökonomie wahrhaft förderlich gewesen, indem dadurch die Fehler des Merkantilsystems in ihr volles Licht gestellt und die heilsamen Wirkungen deutlich gezeigt worden, welche überall aus der Freiheit der Gewerbe für den Nationalwohlstand hervorgehen."[74]

3. Zu den Bedingungen für die Aufnahme der klassischen politischen Ökonomie am Ausgang des 18. Jahrhunderts

Zu einigen Vorstellungen über die Smith-Aufnahme

In bürgerlichen Darstellungen über die Geschichte der politischen Ökonomie erfahren die deutschen Interpreten des „Wealth of Nations" häufig eine abwertende Einschätzung als angeblich dogmatische, unkritische Anhänger von Smith. In diesem Zusammenhang ist die historische Quelle interessant. Erstmals wurden nämlich die Anwürfe massiv vorgebracht, als die Gegner der preußischen Reformen deren theoretisch-ökonomische Grundlage, das „Wealth of Nations", heftig angriffen und die deutschen Vertreter der klassischen Lehre als Nachbeter falscher

73 Kurt Braunreuther, Die Bedeutung der physiokratischen Bewegung in Deutschland in der zweiten Hälfte des 18. Jahrhunderts. Ein geschichtlich-politökonomischer Beitrag zur „Sturm- und-Drang"-Zeit; Diss. Berlin 1954, S. 193.

74 Allgemeine deutsche Real-Encyklopädie für die gebildeten Stände (Conversations-Lexikon), 8. Aufl., Bd. 8, Leipzig 1835, S. 546 (vgl. dagegen 4. Aufl., Bd. 7, Altenburg und Leipzig 1817, S. 524/525).

Auffassungen befehdeten. Diese Einschätzung wurde kritiklos in die Literatur der zweiten Hälfte des 19. Jahrhunderts übernommen und ist bis heute vor allem in zweitrangigen Lehrbüchern üblich.

Eine solche Charakteristik geht von der falsch gestellten Frage nach einer angeblich erforderlichen „Originalität" der erwähnten Ökonomen aus. Falsch ist diese Vorstellung deshalb, weil der Theoriehistoriker annehmen kann, daß SMITH im wesentlichen die Erkenntnismöglichkeiten, die der englische Manufakturkapitalismus bot, ausschöpfte. Ungeachtet einzelner närrischer Schnitzer stieß SMITH, wie MARX nachweist, bis zu den durch den damaligen objektiven Entwicklungsstand gezogenen Grenzen der theoretischen Analyse vor. Daher ging es in Deutschland, dessen wirtschaftliche Verhältnisse gegenüber England zurückgeblieben waren, in erster Linie um Verständnis, Verbreitung und Anwendung der klassischen politischen Ökonomie auf die konkreten Zustände.

Außerdem muß beachtet werden, daß bürgerliche Autoren unter einer angeblich schöpferischen Weiterbildung der SMITHschen Auffassungen in der Regel deren Vermengung mit und Ersetzung durch Vorstellungen der Vulgärökonomie verstehen. Sie loben daher liberale SMITH-Gegner als die eigentlichen, kritischen Schüler von SMITH. Ihr Fehler besteht darin, daß sie alle liberal orientierten Ökonomen ausnahmslos zu einem großen Kreis von SMITH-Anhängern zählen und dabei das grundsätzliche Kriterium für die Zugehörigkeit zur klassischen politischen Ökonomie, nämlich die Stellung zur Arbeitswert- und Mehrwerttheorie, ummünzen in ein Merkmal zur Unterscheidung zwischen „schöpferischen" und „dogmatischen" Anhängern. Wie sehr solche Autoren die Geschichte der politischen Ökonomie entstellen, wird zum Beispiel augenscheinlich, wenn sie den später zu behandelnden JOHANN FRIEDRICH EUSEBIUS LOTZ, der seiner gegen SMITH' klassische Auffassungen gerichteten Schrift den programmatischen Titel „Revision der Grundbegriffe der Nationalwirthschaftslehre" gab, zu den schöpferischen, undogmatischen SMITH-Anhängern rechnen.

Selbst wenn es sich nur um eine Propagierung des „Wealth of Nations" in Deutschland gehandelt hätte, wäre dieses Wirken zu würdigen. Denn der Physiokrat SCHLETTWEIN hatte zuvor wohl wesentlich dazu beigetragen, die Positionen eines mit monetaristischen und merkantilistischen Vorstellungen durchsetzten feudalabsolutistischen Kameralismus zu erschüttern; aber die Einseitigkeiten des Physiokratismus überhaupt und zudem des deutschen Physiokratismus hatten es unmöglich gemacht, einen endgültigen Sieg zu erringen über den kameralistischen „Brei von allerhand Allotriis, wie sie einem Regierungsreferendarius zum Staatsexamen nützlich zu wissen sind".[75] In dieser Situation spielten die Übersetzungen und Bearbeitungen des „Wealth of Nations" ihre Rolle. Ohne sie ist die gesamte weitere Entwicklung der politischen Ökonomie in Deutschland nicht denkbar.

[75] Friedrich Engels, Karl Marx, Zur Kritik der Politischen Ökonomie, in: MEW, Bd. 13, Berlin 1961, S. 469.

Anders gelagert ist die Problematik in den marxistischen theoriegeschichtlichen Darstellungen. Zunächst fällt auf, daß KUCZYNSKI wohl die Verdienste der deutschen Physiokraten würdigt, aber nichts schreibt über spätere deutsche Anhänger der klassischen politischen Ökonomie. Denn schließlich baut ADAM SMITH seine politische Ökonomie auf die klassischen Erkenntnisse des Physiokratismus auf; wenn diese verstanden wurden und in der ideologischen Auseinandersetzung nutzten, so könnte angenommen werden, daß auch die englische Weiterentwicklung der klassischen politischen Ökonomie zumindest auf gewisses Verständnis gestoßen sei. Zudem verschärfte sich mit der zunehmenden kapitalistischen Entwicklung und mit den Auswirkungen der französischen revolutionären Ereignisse auf Deutschland hier die Klassenauseinandersetzung in einem solchen Ausmaß, daß die Frage hätte aufgeworfen werden können, wie die bürgerliche politische Ökonomie sich dieser Situation anpaßte. Der Physiokratismus, behaftet mit absolutistischen Illusionen über ein friedliches Hineinwachsen in den Kapitalismus, war durch die französische Revolution überholt. Die bürgerliche Vulgärökonomie entstand erst zu Beginn des 19. Jahrhunderts. Welcher ökonomischen Theorie hätte sich das aufstrebende deutsche Bürgertum in den heftiger werdenden Klassenkämpfen bedienen sollen, wenn nicht der in England entwickelten klassischen politischen Ökonomie?

Die bislang einzige Arbeit in der DDR, die sich unter anderem eingehender mit bürgerlichen Entstellungen der deutschen SMITH-Rezeption befaßt, ist PETER THALs Schrift „Zur Stellung des klassischen bürgerlichen Ökonomen Adam Smith in der Geschichte der politischen Ökonomie“. Der Verfasser stellt dort das propagandistische Wirken der SMITH-Anhänger für den kapitalistischen Fortschritt heraus: „Wenn den Nachbetern der Smithschen politischen Ökonomie in Deutschland ein Verdienst gebührt, dann dieses: Sie haben als Universitätslehrer den Nachwuchs für den preußischen Staatsdienst mit liberalen Ideen infiziert.“[76]

Der Beurteilung liegt die Überlegung zugrunde, die niedrige Entwicklungsstufe des Manufakturkapitalismus in Deutschland habe das Verständnis der klassischen politischen Ökonomie von SMITH derart behindert, daß lediglich liberale wirtschaftspolitische Gedankengänge, nicht aber die Erkenntnisse über den Wert und den Mehrwert in Deutschland auf größeres Verständnis gestoßen seien. Diese Überlegung trifft zum Teil zu.

Zur manufakturkapitalistischen Entwicklung in Deutschland

SMITH' ökonomisches Werk traf offensichtlich bei der Mehrzahl der meist feudalabsolutistisch orientierten deutschen Ökonomen auf Unverständnis. Dennoch dürfen nicht die progressiven bürgerlichen Denker vergessen werden, die den

[76] Peter Thal, Zur Stellung des klassischen bürgerlichen Ökonomen Adam Smith in der Geschichte der politischen Ökonomie, Habilitationsschrift, Halle-Wittenberg 1965, S. 203.

Boden für die Aufnahme des „Wealth of Nations" in gewissem Maße vorbereitet hatten. SMITH' politische Ökonomie ist das Ergebnis eines vollentfalteten Manufakturkapitalismus. Eine manufakturkapitalistische Entwicklung gab es aber auch in Deutschland seit dem 16. Jahrhundert, wenngleich sie wegen der feudalen Hemmnisse nie das englische Niveau erreichte. Diese Entwicklung hatte bewirkt, daß die Erkenntnisschranken des feudalen ökonomischen Denkens durch den Monetarismus aufgehoben wurden und, wie im vorigen Abschnitt dargelegt, ein breiteres Interesse für das erste System der klassischen politischen Ökonomie entstand. Wenn man hinter diese theoriegeschichtliche Entwicklung nun einen Schlußpunkt setzen wollte, so würde man den weiteren kapitalistischen Aufschwung und die Verschärfung der sozialen Auseinandersetzungen um die Wende vom 18. zum 19. Jahrhundert, die Grundlage für theoriegeschichtliche Erkenntnisfortschritte, unterschätzen.

Selbstverständlich war der feudale Druck, der die wirtschaftliche Entwicklung behinderte, noch keineswegs gewichen. MÖSERs zuvor angeführte Schilderung aus den sechziger Jahren war noch nicht überholt. Dennoch muß man bei der Erörterung der Verständnismöglichkeiten für das SMITHsche System auf die Überlegungen im vorigen Kapitel zurückkommen. SMITH' politische Ökonomie erwuchs wohl auf dem Boden des vollentfalteten Kapitalismus in England, der sich vom deutschen Manufakturkapitalismus vor allem dadurch unterschied, daß er eine kapitalistische Landwirtschaft zur Grundlage besaß. Aber dieser Kapitalismus war eben Manufakturkapitalismus; er kannte zum Beispiel noch keine nationalen Warenpreise. KUCZYNSKI schreibt: „Trotz nicht unbeachtlicher Fortschritte in der Produktion von Waren für den Markt, trotz durchaus merklicher Fortschritte in der Entwicklung des Transportwesens ist man, vor allem wegen des jämmerlichen Zustandes der Landstraßen, noch weit entfernt von der Herausbildung eines nationalen Marktes. Wie weit man noch entfernt ist, zeigen in aller Deutlichkeit die Preise, die nicht nur sehr verschieden von Ort zu Ort sind – von einem nationalen Preis kann noch nicht die Rede sein –, sondern die auch häufig in den verschiedenen Gegenden von Jahr zu Jahr in verschiedener Richtung schwanken – es kann also nicht einmal von nationalen Preisschwankungen die Rede sein."[77]

Man darf also den Unterschied zwischen dem Wirken des Wertgesetzes im englischen Manufakturkapitalismus und im deutschen Manufakturkapitalismus nicht überschätzen, soweit es um die *prinzipiellen* Verständnismöglichkeiten für SMITH' politische Ökonomie in Deutschland geht. Im vorigen Kapitel wurde auch dargelegt, daß SMITH *lokale* Einkommensraten als bestimmend für die Herausbildung der kapitalistischen Wertform annahm. Ähnliches war in Deutschland zu beobachten. Wer in Deutschland einen lokalen Markt untersuchte, auf

77 Jürgen Kuczynski, Die Geschichte der Lage der Arbeiter unter dem Kapitalismus, Bd. 22, Wirtschafts- und Sozialgeschichte Englands 1500 bis 1760, Berlin 1964, S. 230/231.

dem die *kapitalistische*, also manufakturkapitalistisch-lokale Wertform dominierte und nicht der äquivalente Wertaustausch der einfachen Warenproduktion – und solche Märkte gab es –, der konnte SMITH' Gedankengänge nachvollziehen, weil es sich in England und Deutschland *prinzipiell um dieselbe Entwicklungsstufe* des Kapitalismus, um die Manufakturperiode, handelte.

Die Situation änderte sich erst später, im zweiten und dritten Jahrzehnt des 19. Jahrhunderts, als sich in England bereits der *industrielle* Kapitalismus entwickelte, während Deutschland noch in einem Übergangsstadium vom Manufakturkapitalismus zum Industriekapitalismus steckte. Die Bestrebungen in dieser Zeit, RICARDOs klassische politische Ökonomie zu verstehen, stießen tatsächlich auf objektive Hindernisse.

Zum Ausgang des 18. Jahrhunderts gab es schon sehr große Manufakturen in Deutschland. Über die drei größten Wollmanufakturen schreibt KRÜGER: „Die größten Unternehmen in der Wollzeugbranche waren in Berlin Wegely und Lange (1785 von Gebr. Hesse übernommen). Sie versorgten fast die gesamte Monarchie mit Zeugen. Ihr Anteil am Export erreichte ein nicht unbeträchtliches Ausmaß. Wegely beschäftigte 3466 Arbeiter und ließ 1782 auf 600 Webstühlen für sich arbeiten. Im gleichen Jahr wurde in der Manufaktur von Lange an 565 Stühlen gearbeitet. Hier waren einschließlich der Feinspinnerei 3534 Arbeiter tätig. Hinrichs schätzt die Zahl der vom Lagerhaus in und außerhalb Berlin beschäftigten Arbeitskräfte bereits für die zwanziger Jahre des 18. Jh. auf mindestens 5000. Dabei bleibt der Anteil der Landstädte, wo die groben Mannschaftstuche hergestellt wurden, unberücksichtigt... Manufakturen dieser Größe gab es nur wenige. Die überlieferten Angaben zeigen jedoch, daß die dezentralisierten Manufakturen einen beträchtlichen Prozentsatz der Arbeiter beschäftigten. 1782 arbeiteten in Berliner Manufakturen von 23220 im Wollgewerbe Beschäftigten allein 9959 für die drei großen Manufakturen Lagerhaus, Wegely und Lange."[78]

Die Arbeitskräfte waren freilich meist Leibeigene. „Die Leibeigenschaftsverhältnisse wie auch die große Anzahl an benötigten Spinnern machten es praktisch unmöglich, die Spinnerei zentralisiert zu betreiben. Außerdem bot die Spinnerei als ländliche Nebenbeschäftigung die Möglichkeit, die schon geringen Spinnerlöhne noch mehr zu senken. Die Landspinnerei in Brandenburg-Preußen wurde zuerst von bürgerlichen Unternehmern im großen Umfange organisiert; allen voran ging Wegely. Auch von staatlicher Seite begann man, die Spinnerei auf dem Lande auszudehnen. Es entstanden zahlreiche Spinnerdörfer in der Umgebung Berlins ... Am stärksten stützte sich der Manufakturunternehmer Lange auf die Spinnerei in den Zwangsanstalten. Für die Manufaktur arbeiteten das Arbeitshaus, das Waisenhaus, das Irrenhaus, das Invalidenhaus und die Charité in Berlin. Daneben lieferten Außenstellen in Potsdam, Magdeburg, im

[78] Horst Krüger, Zur Geschichte der Manufakturen und der Manufakturarbeiter in Preußen, Berlin 1958, S. 200.

Saal-Kreis, in Brandenburg, in der Neumark und in den umliegenden Kolonistendörfern das begehrte Gespinst." [79]

Über die Manufakturentwicklung in Sachsen zur damaligen Zeit heißt es bei Rudolf Forberger: „Die Zeit zwischen 1763 und der Wende zum 19. Jahrhundert wurde zur Blütezeit der sächsischen Manufaktur. Es erfolgten Betriebsgründungen in einem vordem nicht gekannten Ausmaß, deren besonderes Merkmal im Übergang zu der Manufaktur für Massenbedarfsgüter (namentlich Baumwollwaren, gedruckte Kattune) lag. Es zeichneten sich in diesen Jahren allerdings auch schon recht deutlich die Kräfte ab, die im Zusammenwirken mit anderen das Ende dieser Betriebsform herbeiführten: Die Verwendung von Maschinen für gewerbliche Zwecke wurde massenhafter, wie auch der Kohlenbergbau, insbesondere der des Plauenschen Grundes, eine günstige Entwicklung nahm und so für den Anfang eine heimische Rohstoffgrundlage zur Mechanisierung der Arbeitsprozesse darbot." [80]

Einige Zahlen mögen die Beschleunigung der manufakturkapitalistischen Entwicklung zum Ausgang des 18. Jahrhunderts andeuten. Gab es 1785 in Sachsen erst 3 Jenny-Spinnmaschinen, ein Jahr darauf 9, so waren es 1789 schon 23–25; innerhalb eines Jahres verdoppelte sich die Zahl; es wurden über 57. In den ersten neunziger Jahren wuchs die Zahl der Jenny-Spinnmaschinen kontinuierlich an. 1793 waren es über 107, ein Jahr danach aber bereits nahe an 213, im Jahr 1796 schon über 453, wiederum ein Jahr später über 903. Dann erfolgte wieder ein Sprung: 1800 gab es in Sachsen über 2003 Jenny-Spinnmaschinen.[81]

Es ist augenscheinlich, daß angesichts dieser beschleunigten manufakturkapitalistischen Entwicklung die physiokratische These vom Primat der Landwirtschaft an Überzeugungskraft verlieren mußte. Freilich kann man einwenden, daß nur einige Gegenden von dem wirtschaftlichen Aufschwung erfaßt wurden. Die Zunahme der Jenny-Spinnmaschinen in Sachsen konzentrierte sich auf Mittweida und Chemnitz sowie deren Umgebungen; in Langensalza blieb die Anzahl von 1785 bis 1800 konstant bei 3. Aber auch in England ging die kapitalistische Entwicklung von einigen Zentren aus.

Weiterhin wäre zu bemerken, daß die umfangreiche Beschäftigung von feudal Abhängigen und Insassen der verschiedensten Anstalten einen sehr niedrigen Stand der Herausbildung des Manufakturproletariats anzeigt. Ein wichtiger Bestandteil des Smithschen „natural price", der durchschnittliche Arbeitslohn, unterlag damit nicht völlig den Gesetzen der Konkurrenz. Dieser auffallende Unterschied zwischen der englischen Herausbildung eines rein kapitalistischen Proletariats und der deutschen Herausbildung unter starken feudalen Hemm-

79 Ebenda, S. 201/202.

80 Rudolf Forberger, Die Manufaktur in Sachsen vom Ende des 16. bis zum Anfang des 19. Jahrhunderts, Berlin 1958, S. 301.

81 Vgl. Jürgen Kuczynski, Die Geschichte der Lage der Arbeiter unter dem Kapitalismus, Bd. 1, Darstellung der Lage der Arbeiter in Deutschland von 1789 bis 1849, Berlin 1961, S. 25.

nissen muß hervorgehoben werden. Es sei aber darauf hingewiesen, daß selbst in England die Herausbildung des Proletariats noch längst nicht abgeschlossen war. Die kapitalistische Manufaktur verdrängte wohl den einfachen Warenproduzenten, jedoch, stellt Marx fest, „bringt es die eigentliche Manufakturperiode zu keiner radikalen Umgestaltung. Man erinnert sich, daß sie sich der nationalen Produktion nur sehr stückweis bemächtigt und immer auf städtischem Handwerk und häuslich-ländlicher Nebenindustrie als breitem Hintergrund ruht. Wenn sie letztre unter einer Form, in besondren Geschäftszweigen, auf gewissen Punkten vernichtet, ruft sie dieselbe auf andren wieder hervor, weil sie derselben zur Bearbeitung des Rohmaterials bis zu einem bestimmten Grad bedarf. Sie produziert daher eine neue Klasse kleiner Landleute, welche die Bodenbestellung als Nebenzweig und die industrielle Arbeit zum Verkauf des Produkts an die Manufaktur – direkt, oder auf dem Umweg des Kaufmanns – als Hauptgeschäft treiben.“[82]

Der englische Manufakturarbeiter kam also nicht nur aus dem Handwerk oder der kleinen Landwirtschaft und wurde Lohnarbeiter, er blieb auch häufig neben seiner Manufakturarbeit dort verwurzelt. Kuczynski schreibt: „Dabei darf man immer noch nicht annehmen, daß die in der gewerblichen Wirtschaft Tätigen zum größten Teil Stadtbewohner sind. Wasser auf dem Lande war immer noch der Hauptfaktor, der den Standort zahlreicher Industrien bestimmte. Besonders kraß (und natürlich nicht typisch in dieser Schärfe) kommt das darin zum Ausdruck, daß die Vermehrung der Bevölkerung Manchesters von 1700 bis 1760 und der der Provinz Lancashire, zu der Manchester gehört, etwa die gleiche war. Ein sehr großer Teil der Werktätigen war immer noch zum Beispiel in der Baumwollindustrie oder als Messerschmiede tätig und bebaute gleichzeitig ein kleines Stück Land. Auf der anderen Seite entstehen jetzt auch Schichten rein städtischer Arbeiter, Weber, die in Kellern ihre kleine Werkstatt haben und kein Land besitzen, oder Nägelschmiede in Birmingham und Umgebung, die sich ganz auf dieses Gewerbe konzentrieren.“[83]

Neben dieser Tendenz des Kapitals, die Bezahlung des Arbeiters, der einen Teil seines Unterhalts durch die Nebenbeschäftigung erhält, unter das Existenzminimum zu drücken, gab es auch eine andere Tendenz. Die für die Manufakturperiode charakteristische Expansion des Kapitals bei gleichbleibender organischer Zusammensetzung trieb den Bedarf an Arbeitskräften über deren Angebot hinaus. Dies führte einerseits zur Ausweitung der Kinderarbeit, andererseits aber auch zu Lohnerhöhungen. Mit letzteren nahm die Abhängigkeit des Arbeiters vom Kapital freilich nur erträglichere Formen an. Marx schreibt: „Statt intensiver zu werden mit dem Wachstum des Kapitals, wird es nur extensiver, d. h. die Exploitations- und Herrschaftssphäre des Kapitals dehnt sich nur aus mit

82 Karl Marx, Das Kapital, Erster Band, in: MEW, Bd. 23, Berlin 1962, S. 776.

83 Jürgen Kuczynski, Die Geschichte der Lage der Arbeiter unter dem Kapitalismus, Bd. 22, Wirtschafts- und Sozialgeschichte Englands 1500 bis 1760, Berlin 1964, S. 241.

seiner eigenen Dimension und der Anzahl seiner Untertanen. Von ihrem eignen anschwellenden und schwellend in Zusatzkapital verwandelten Mehrprodukt strömt ihnen ein größerer Teil in der Form von Zahlungsmitteln zurück, so daß sie den Kreis ihrer Genüsse erweitern, ihren Konsumtionsfonds von Kleidern, Möbeln usw. besser ausstatten und kleine Reservefonds von Geld bilden können."[84]

Da beide Tendenzen für den Manufakturkapitalismus charakteristisch sind, mußten sie sowohl in England als auch in Deutschland wirken. Einerseits gestattete der Einsatz Leibeigener und anderer Abhängiger die Senkung der Arbeitslöhne unter das Existenzminimum; anderseits führte das extensive Wachstum des Manufakturkapitals bei der geringen Freisetzung von Arbeitskräften aus der Landwirtschaft zur Ausweitung der Kinderarbeit, setzte aber auch der Willkür des Unternehmers beim Lohnangebot Grenzen. Da es für die damalige Zeit keine Lohnstatistik gibt, kann über die tatsächliche Lohnbewegung unter Manufakturarbeitern in Deutschland nichts ausgesagt werden. Dennoch sei hier abschließend festgestellt, daß sowohl SMITH als auch die deutschen Ökonomen den prinzipiell gleichen Prozeß, die Herausbildung eines kapitalistischen Proletariats unter den Bedingungen der Manufakturperiode, zu analysieren hatten.

Das Interesse an SMITH

Für die Einschätzung des Stands der kapitalistischen Entwicklung in England und Deutschland sind die fundamentalen Unterschiede zwischen beiden Ländern, vor allem der die wirtschaftliche Entfaltung Deutschlands beträchtlich hemmende Feudalismus in Landwirtschaft und Gewerbe, von großer Bedeutung. Vom Standpunkt des Theoriehistorikers geht es an dieser Stelle jedoch nur darum, daß es sowohl in England als auch in Deutschland Manufakturkapitalismus gab und daß es für den Beobachter manufakturkapitalistischer Verhältnisse möglich war, SMITH' „Wealth of Nations" zu verstehen, weil ähnliche Prozesse auch in Deutschland abliefen. Aber die Verständnis*möglichkeit* ist immer nur eine Seite bei der Erforschung der Bedingungen für die Wirksamkeit ökonomischer Theorien. Die andere Seite liegt in der *Notwendigkeit*, bestimmte Theorien aufzugreifen und für die ideologische Auseinandersetzung nutzbar zu machen.

In diesem Zusammenhang ist eine Beschreibung interessant, die der vierundzwanzigjährige ENGELS über den allgemeinen Zustand Deutschlands gegen Ende des 18. Jahrhunderts gibt: „Das ganze Land war eine lebende Masse von Fäulnis und abstoßendem Verfall. Niemand fühlte sich wohl. Das Gewerbe, der Handel, die Industrie und die Landwirtschaft des Landes waren fast auf ein Nichts herabgesunken; die Bauernschaft, die Gewerbetreibenden und Fabrikanten litten unter dem doppelten Druck einer blutsaugenden Regierung und schlechter Geschäfte;

[84] Karl Marx, Das Kapital, Erster Band, in: MEW, Bd. 23, Berlin 1962, S. 645/646.

der Adel und die Fürsten fanden, daß ihre Einkünfte, trotz der Auspressung ihrer Untertanen nicht so gesteigert werden konnten, daß sie mit ihren wachsenden Ausgaben Schritt hielten; alles war verkehrt, und ein allgemeines Unbehagen herrschte im ganzen Lande. Keine Bildung, keine Mittel, um auf das Bewußtsein der Massen zu wirken, keine freie Presse, kein Gemeingeist, nicht einmal ein ausgedehnter Handel mit anderen Ländern – nichts als Gemeinheit und Selbstsucht – ein gemeiner, kriechender, elender Krämergeist durchdrang das ganze Volk. Alles war überlebt, bröckelte ab, ging rasch dem Ruin entgegen, und es gab nicht einmal die leiseste Hoffnung auf eine vorteilhafte Änderung; die Nation hatte nicht einmal genügend Kraft, um die modernen Leichname toter Institutionen hinwegzuräumen."[85]

Aus dieser Schilderung ist nun keineswegs abzuleiten, daß sich niemand für die klassische politische Ökonomie Englands interessierte. ENGELS konstatiert einerseits „eine lebende Masse von Fäulnis und abstoßendem Verfall", anderseits sagt er auch: „und ein allgemeines Unbehagen herrschte im ganzen Lande". Gerade dieses Unbehagen über die Fäulnis veranlaßte progressive Denker, im Ausland Antwort auf die in Deutschland gestellten Fragen zu suchen. ENGELS schreibt weiter: „Plötzlich schlug die Französische Revolution wie ein Donnerschlag in dieses Chaos, das Deutschland hieß. Die Wirkung war gewaltig. Das Volk, das zu wenig aufgeklärt und von alters her zu sehr daran gewöhnt war, tyrannisiert zu werden, blieb unbewegt. Aber das Bürgertum und der bessere Teil des Adels begrüßten die Nationalversammlung und das Volk Frankreichs mit einem einzigen Ruf freudiger Zustimmung."[86] Von dieser ideologischen Belebung in Deutschland profitierte auch die politische Ökonomie; die klassische politische Ökonomie des ADAM SMITH stieß nun auf Interesse.

Das Interesse war nicht nur bei den Übersetzern des „Wealth of Nations", deren Auftraggebern und den ersten, noch wenigen Lesern zu finden, nicht nur bei etlichen Professoren und ihren Studenten. Auch die Wirtschaftspolitik einiger deutscher Länder war auf die Verstärkung der kapitalistischen Entwicklung ausgerichtet und somit auf ideologische Unterstützung von seiten der klassischen politischen Ökonomie angewiesen, die als theoretische Begründung für eine solche Politik galt. FORBERGER schreibt: „Sachsen stand während des ganzen 18. Jahrhunderts trotz nie aufhörender Handelserschwerungen seitens seiner großen Nachbarn ständig in lebhaften, weitreichenden und ihrem Umfang nach bedeutenden Handelsbeziehungen. Die sächsische Außenhandelspolitik war deshalb bis zur Jahrhundertwende immer mehr nach freihändlerischen Grundsätzen durchgeführt worden, wie die allgemeine Wirtschaftpolitik überhaupt liberalere Züge annahm. Als Napoleon I. die Kontinentalsperre verhängte, waren die von alters her auf Massenexport eingerichteten sächsischen Gewerbebetriebe ohne weiteres in der Lage, für die ihr so verloren gegangenen Absatzgebiete Ersatz

[85] Friedrich Engels, Deutsche Zustände, in: MEW, Bd. 2, Berlin 1957, S. 566/567.
[86] Ebenda, S. 567.

auf dem bisherigen englischen Festlandsmarkt und den Märkten im Osten und Südosten Europas zu suchen. Die Folge war eine weitere Ausdehnung der gewerblichen Produktion in Sachsen, an der alle Betriebsformen teilhatten."[87]

Hatte die preußische Regierung früher nach absolutistischem Rezept Subsidien zur Gründung von Manufakturen gegeben und sie durch Monopolprivilegien zu schützen gesucht, so befolgte Minister STRUENSEE den Manufakturen gegenüber eine Politik, die die Konkurrenz förderte und die Betriebe auf die eigene Sammlung von Kapital hinwies. Er faßte seine Politik in einem Bericht an den König vom Januar 1800 zusammen, in dem es heißt: „Zu Fabrikanlagen, wovon schon eine oder mehrere im Lande vorhanden sind, niemandem aus dem Manufakturfonds Vorschüsse zu geben, weil dadurch diejenigen Unternehmungen leiden, welche ihre Anlage auf eigene Gefahr und Kosten gemacht haben, und ich auch dadurch bewirken wollte, daß nicht weiter die Vermögen des Staates, sondern das der Particuliers in den Fabriken arbeiten sollten. Ferner zu ganz neuen Fabrikanlagen, die noch nicht im Lande vorhanden sind, nie Betriebskapitalien, sondern nur entweder die Kosten zu den Maschinen oder Gerätschaften, oder die Zinsen von dem, von den Unternehmern aus seinem eigenen Vermögen, oder auf diesen Kredit anzuschaffenden Anlagekapital auf gewisse Jahre herzugeben. Mithin mich niemals mit jemandem bei Fabrikunternehmungen einzulassen, der nicht entweder eigenes Vermögen oder Kredit hat; und neue Erfindungen, wo es immer möglich sein werde, nicht durch Geld, sondern nach dem Beispiel von England durch Verbote auf eine kurze Reihe von Jahren zu ermuntern und zu belohnen, welche in den mehrsten Fällen die Stelle der Bargeldunterstützungen ersetzen, dagegen aber alle gemeinnützigen Anstalten, als Spinnereien, Färbereien, Loh- und Walkmühlen usw. auf Kosten des Staates zu verbessern."[88]

Die absolutistische Reglementierungspolitik wurde nicht nur dort aufgegegeben, wo der Regierung angesichts der verstärkten kapitalistischen Entwicklung die Mittel zur weiteren Förderung fehlten; sie wurde auch in Provinzen als überlebt betrachtet, die kaum über Manufakturen verfügten. So schreibt FRANZ MEHRING: „In Ostpreußen gab es so gut wie gar keine Fabriken, die Provinz lebte wesentlich vom Ackerbau; dünn bevölkert, wie sie war, produzierte sie in guten Jahren einen ansehnlichen Überschuß an Getreide, den sie ebenso wie Korn und Holz aus dem polnischen Hinterlande, mit dem sie durch bequeme Wasserstraßen verbunden war, nach Schweden, Holland und namentlich nach England verfrachtete. Aus England wieder erhielt sie, was sie an Industrie- und

[87] Rudolf Forberger, Die Manufaktur in Sachsen vom Ende des 16. bis zum Anfang des 19. Jahrhunderts, Berlin 1958, S. 301.

[88] Deutsches Zentralarchiv, Abt. Merseburg, Gen.-Dir., Fabr.-Dep., 90, Nr. 28; zitiert nach Jürgen Kuczynski, Die Geschichte der Lage der Arbeiter unter dem Kapitalismus, Bd. 1, Darstellung der Lage der Arbeiter in Deutschland von 1789 bis 1849, Berlin 1961, S. 28/29.

Kolonialprodukten brauchte; sie konnte es von dorther leichter und schneller beziehen als aus den übrigen Provinzen des eigenen Staates, mit denen sie nur durch sehr kümmerliche Straßen verknüpft war."[89]

Die dortigen Behörden, stellt MEHRING fest, gehörten nicht „zu jenem Durchschnitt stumpfsinniger Bürokratie, die nicht zuletzt die Katastrophe des altpreußischen Staates verschuldet hatte. Der rege Handelsverkehr mit England und die Handelsfreiheit, die auch für die kornausführenden Junker in Ostpreußen ein lockendes Ziel war, hatten den Lehren Adam Smiths ein großes Ansehen und eine weite Verbreitung in Ostpreußen verschafft. Dazu kam die bürgerliche Aufklärung, wie sie Kant vertreten hatte, und in diesem gebrochenen Spiegel auch das verführerische Bild der großen französischen Revolution. Der Minister v. Schrötter, der an der Spitze des ostpreußischen Provinzialdepartements stand, war ein naher Freund Kants gewesen, und ähnliche Gesinnungen wie er hegte sein jüngerer Bruder, Kanzler v. Schrötter, der interimistischer Justizminister war. Die bürgerlichen Räte der Provinzialdepartements, Friese, Morgenbesser, Wilckens, hatten sich ganz mit freihändlerischen oder selbst, wie Morgenbesser, mit republikanischen Gesinnungen durchdrungen."[90]

Nicht alle Anhänger des Freihandels hatten SMITH' Arbeitswerttheorie verstanden, wie hier festgestellt werden muß, damit SMITH' Einfluß nicht überschätzt wird. THEODOR VON SCHÖN, dessen Adelsprädikat erst von seinem Vater herrührte, der fähigste Mitarbeiter STEINs beim Reformwerk, übersetzte zum Beispiel eine gegen SMITH gerichtete Schrift von JAMES MAITLAND EARL OF LAUDERDALE. Er hatte nicht ganz unrecht, wenn er im Vorwort über SMITH schreibt: „Man kann den großen Mann nicht mehr verherrlichen, als wenn man die einzelnen wenigen Mängel, die er zu haben scheint und auch wohl haben mag, klar darstellt, wenn man der Welt zeigt, daß trotz dieser Mängel seine Größe unerschütterlich ist; man dient dem großen Manne nur dann treu, wenn man alles, was gegen seine Meinung gesagt werden kann, würdigt und so ohne Rücksicht auf ihre Wahrheit zu verbreiten sucht."[91] Tatsächlich half SCHÖN aber den Gegnern des Reformwerks, die aus dieser Schrift Ideen für den breit angelegten Kampf gegen SMITH schöpften. Die Übersetzung bedeutet nicht SCHÖNs Abfall von SMITH; sie charakterisiert lediglich die konkrete preußische Situation, in der sich die Auseinandersetzung um die klassische politische Ökonomie vor und nach 1806 abspielte.

Die Autoren des historischen Grundrisses schreiben: „Zwar hatte die Bourgeoisie auch jetzt nicht die Reife und die Fähigkeit, um revolutionäre Volkskräfte zu organisieren und für die Erringung politischer Macht zu kämpfen, aber das gesellschaftliche Bedürfnis nach Veränderungen wurde wenigstens teilweise

[89] Franz Mehring, Jena und Tilsit. Ein Kapitel ostelbischer Junkergeschichte; Gesammelte Schriften, Bd. 6, Berlin 1965, S. 90/91.

[90] Franz Mehring, 1807 bis 1812. Von Tilsit nach Tauroggen; ebenda, S. 176.

[91] James Maitland v. Lauderdale, Über National-Wohlstand, Berlin 1808, Vorrede des Übersetzers.

durch liberale Reformer, Vertreter einer fortschrittlich gesinnten Adelsfraktion und der bürgerlichen Intelligenz, erfüllt. Erst der Sieg der Französischen Revolution, als deren Testamentsvollstrecker auch Napoleon Bonaparte wirkte, hatte die Einsicht dieser Reformer in die Überlegenheit der neuen Gesellschaftsordnung erzwungen. In der Zerfallskrise des überlebten Feudalstaats erkannten sie die Volksmassen als eine Triebkraft der sozialen und politischen Umwälzung, doch wünschten sie diese unter das Kommando der preußischen Monarchie gestellt. Das Königreich Großbritannien galt den meisten als ein klassisches Land des bürgerlichen Fortschritts, zumal sie – bei Ablehnung des revolutionären Demokratismus – nur für eine gemäßigte Form der gesellschaftlichen Wandlung eintraten. So verfochten sie die bürgerliche Umwälzung möglichst mit Billigung des Adels, der sich mit Bourgeoisie und werktätigen Klassen verständigen sollte.

Diese Reformer gelangten in leitende Regierungsämter und benutzten die von ihnen besetzten staatlichen Machtorgane, um bürgerliche Umgestaltungen einzuleiten und durchzuführen. Die Ausnutzung der Staatsgewalt zur Durchsetzung von Reformen war nur möglich infolge der augenblicklichen politischen Schwäche der herrschenden Feudalklasse. In dem Maße, wie der Adel aktiven Widerstand leistete, allmählich sogar wieder die ganze Macht in die Hand bekam, mißbrauchte er die Reformen zur Erhaltung seiner Macht.

Die Reformen, die 1807 bis 1813 unter den Ministern Karl Reichsfreiherr vom und zum Stein und Karl August von Hardenberg erfolgten, brachten die Lösung des gesellschaftlichen Hauptwiderspruchs voran."[92]

Der wirtschaftspolitische Liberalismus und die unterschiedlichen Grade des Smith-Verständnisses bei den deutschen Liberalen sind nicht Gegenstand dieses Buches; eine detaillierte marxistische theoriegeschichtliche Analyse zu diesem Thema, insbesondere über die preußischen Reformer, steht noch aus. In den vorliegenden Bemerkungen zu den Bedingungen für die Aufnahme der Ideen von Adam Smith in Deutschland kam es in erster Linie darauf an, die prinzipielle Verständnismöglichkeit für das klassische Werk und das aus der wirtschaftspolitischen und ideologischen Situation erwachsene Erfordernis nach Verständnis und Verbreitung der klassischen Ideen darzulegen. Der Entfaltungsgrad des Manufakturkapitalismus in Deutschland erlaubte also das Verständnis, und die Schwierigkeit bei der Durchsetzung bürgerlicher Reformen angesichts des massiven feudalen Widerstands erforderte ein solches Verständnis. Verständnislose Nachbeter gibt es wohl überall und zu jeder Zeit; wollte man aber die theoretischen Köpfe des Reformwerks als solche bezeichnen, so würde man die Schärfe des Klassenkampfes in Deutschland um die Wende vom 18. zum 19. Jahrhundert unterschätzen.

[92] Klassenkampf – Tradition – Sozialismus. Von den Anfängen der Geschichte des deutschen Volkes bis zur Gestaltung der entwickelten sozialistischen Gesellschaft in der Deutschen Demokratischen Republik. Grundriß, Berlin 1974, S. 213/214.

4. *Die Aufnahme der politischen Ökonomie von* Adam Smith *(Ausgang des 18. Jh.)*

Die ersten Übersetzungen des „Wealth of Nations“

Die manufakturkapitalistische Entwicklung war in den fortgeschrittenen Ländern des europäischen Kontinents in den siebziger Jahren so weit gediehen, daß einige Denker Smith' „Wealth of Nations“ als bedeutenden Beitrag zur politischen Ökonomie erkannten, allerdings ohne Smith' Leistung schon im einzelnen würdigen und von Quesnays Theorie abheben zu können. In dem nach England weitestentwickelten Land Frankreich erschien die erste Übersetzung des Smithschen Werks 1779 bis 1780; sie wurde 1781, 1788 und 1800 neu aufgelegt; 1790 erschien eine zweite Übersetzung in zwei Auflagen, 1802 erschien in der ersten Auflage die bekannte Übersetzung von Germain Garnier.

Die erste deutsche Übersetzung von Johann Friedrich Schiller und Chr. A. Wichmann erschien sogar etwas früher als die französische Übersetzung, nämlich 1776 und 1778. Diese unzulängliche Übersetzung wurde später verdrängt durch die Übertragung von Christian Garve und August Dörrien, die 1794 bis 1796 in der ersten, 1799 in der zweiten und 1810 in der dritten Auflage erschien. Erst diese zweite Übersetzung fand einen größeren Absatz.

Die deutschen Rezensionen begrüßten Smith' bedeutende Weiterentwicklung der politischen Ökonomie. Die erste Rezension in den „Göttinger gelehrten Anzeigen“ von 1777 nennt Smith' Buch „ein klassisches, sehr schätzbar sowohl von Seite der gründlichen, nicht zu eingeschränkt politischen, oft sehr weit blickenden Philosophie als von Seite der beständigen, oft ausführlichen historischen Erläuterungen“[93].

Der Rezensent hat jedoch Bedenken gegenüber der absolut freien Konkurrenz. Ein zweiter Rezensent in Friedrich Nicolais „Allgemeiner deutscher Bibliothek“ freut sich, daß man seit Hume, Quesnay, Genovesi und anderen die Ökonomie aus einer bloßen Kameraldisziplin wieder zu einem Zweig der Philosophie gemacht habe und daß man auch in Deutschland die Justischen Grundsätze anfange zu verlassen. Ein weiterer Rezensent in derselben Zeitschrift von 1779 findet keinen Unterschied zwischen Smith und den Physiokraten; ausgenommen die Lehre von den Auflagen, gebe es keinen Satz bei Smith, den nicht auch die Physiokraten annehmen. Auch Isaak Iselin bespricht Smith 1777 im zweiten Band seiner „Ephemeriden der Menschheit“ und findet im wesentlichen Übereinstimmung mit den physiokratischen Grundsätzen. 1794 bringen die „Göttinger gelehrten Anzeigen“ schließlich eine Besprechung der Übersetzung von Garve und Dörrien, von der sich der Rezensent eine größere Verbreitung der politischen Ökonomie von Smith erhofft. „Wenn man sein Buch hier und da

[93] Vgl. hierzu und zum folgenden Wilhelm Roscher, Geschichte der National-Ökonomik in Deutschland, München 1874, S. 599–603.

zitiert findet, so scheint es doch, die leichten Kapitel abgerechnet, als habe man ihn nie gelesen. Auf Veränderung der Doktrin in Deutschland hat er noch gar keinen Einfluß gehabt. Man betet lieber anderen nach, weil man sie mit mehr Gemächlichkeit verstehen kann." Noch 1796 schreibt GEORG SARTORIUS: „Daß aber wirklich Smith wenig oder gar keinen Einfluß auf diese Wissenschaft bis jetzt unter uns gehabt hat, davon können die neueren Lehrbücher zeugen; er ist unbekannt und gänzlich unverstanden geblieben . . ."[94]

In den neunziger Jahren, als sich die kapitalistische Entwicklung beschleunigte und die ideologische Auseinandersetzung belebte, ging jene Zeit zu Ende, in der das „Wealth of Nations" nur durch Übersetzungen und Rezensionen verbreitet wurde. Nun begannen einige Professoren, SMITH' Theorie eigenständig zu verarbeiten und durch Vorlesungen und Veröffentlichungen bekannt zu machen. 1791 begann CHRISTIAN JACOB KRAUS nachweislich seine ökonomischen Vorlesungen auf der Grundlage der SMITHschen Theorie; veröffentlicht wurden sie erst 1808 und 1811 nach seinem Tode. GEORG SARTORIUS begann 1792 Vorlesungen nach SMITH' Theorie; sein „Handbuch des Staatswirthschaft, zum Gebrauche bey akademischen Vorlesungen nach Adam Smith's Grundsätzen ausgearbeitet" erschien 1796. Eine zweite Ausgabe unter dem Titel „Von den Elementen des Nationalreichthums und von der Staatswirthschaft, nach Adam Smith" erschien 1806. In den Jahren von 1800 bis 1804 brachte AUGUST FERDINAND LUEDER drei Bände unter dem Titel heraus: „Über Nationalindustrie und Staatswirthschaft. Nach Adam Smith bearbeitet".

Der bedeutendste deutsche SMITH-Anhänger

Der bedeutendste Kopf unter diesen drei Anhängern der politischen Ökonomie von SMITH war der Königsberger Professor CHRISTIAN JACOB KRAUS, ein enger Freund IMMANUEL KANTS, ein glühender Gegner des feudalen Absolutismus und Wegbereiter der preußischen Reformen.[95] THEODOR VON SCHÖN, der spätere Staatsminister und Oberpräsident von Preußen, dessen Vorgänger FRIEDRICH LEOPOLD VON SCHRÖTTER, KARL VOM UND ZUM STEIN, HANS VON AUERSWALD, der später als Präsident die ostpreußische Regierung leitete sowie Freund und Herausgeber der Schriften von KRAUS war, und der Minister KARL GUSTAV VON STRUENSEE sprachen mit größter Hochachtung von dem Lehrer KRAUS und von dessen außerordentlich befruchtenden Einfluß auf seine Schüler. SCHRÖTTER hatte allen Stellenbewerbern für den Staatsdienst seines Bereiches zur Pflicht gemacht, „sich durch Krausens Zeugnisse zu legitimieren, daß sie seine Vorlesungen mit Nutzen gehört hätten"[96]. Der praktische Hintergrund seines Wir-

[94] Georg Sartorius, Handbuch der Staatswirthschaft, Berlin 1796, S. IX.

[95] Vgl. Günter Vogler/Klaus Vetter, Preußen, Von den Anfängen bis zur Reichsgründung, Berlin 1970, S. 140.

[96] Vgl. Christian Jacob Kraus, Staatswirthschaft, Bd. 1, Königsberg 1808, S. IV, vgl.

kens waren die bereits erwähnten Freihandelsinteressen der Handels- und Manufakturbourgeoisie sowie der kornausführenden ostelbischen Junker.

Kraus übernahm vorbehaltlos die Auffassungen des „Wealth of Nations“; wo es möglich war, legte er Smith’ Gedanken systematischer dar, ohne sie zu vereinfachen oder zu verfälschen. Er gab selbständige Zusammenfassungen, eigene Erläuterungen im Smithschen Geist. Er kritisierte das vulgärökonomische Abweichen von der klassischen Theorie durch deutsche Zeitgenossen und benutzte die klassische Lehre zur Beleuchtung der preußischen Zustände und zum Kampf gegen den Feudalismus. Da Smith die Erkenntnismöglichkeiten für die politische Ökonomie im Manufakturkapitalismus ausgeschöpft hatte, war es prinzipiell unmöglich, die ökonomische Wissenschaft unter vorindustriellen Verhältnissen weiterzuführen. Was nach Smith und vor Ricardo für die Pflege und Läuterung der ökonomischen Wissenschaft in Deutschland getan werden konnte, das unternahm Kraus in seinen Vorlesungen, Gutachten, Artikeln und im Briefwechsel.

Die Hauptaufgabe der politischen Ökonomie sei es, sagt Kraus, „das Wesen und den Ursprung des Nationalvermögens zu enthüllen oder zu erklären, teils, worin das Einkommen einer Nation und ihr daraus erwachsendes Vermögen eigentlich bestehe; teils, welches die notwendige und allgemeine Bedingung sei, wovon beides überall und immer abhängt, unangesehen der mancherlei zufälligen und besonderen Umstände, die darauf Einfluß haben können; wie zum Beispiel Klima, Boden, Lage, wie Staatsverfassung und Nationalsitten, wie Reichtum oder Armut des benachbarten und entfernten Auslandes, mit welchem die Nation in Verkehr steht, und dergleichen“[97].

In Abwehr der oberflächlichen Begriffssystematisierungen in der ökonomischen Literatur zweit- und drittrangiger Verfasser hebt Kraus hervor: „Bei der Auflösung dieses Problems geht es keineswegs bloß um Entwickelungen von Begriffen, sondern hauptsächlich um Erforschung der (wenn man sie so nennen darf) Naturgesetze, welchen der verschiedene Gang der Nationalwirtschaft unterworfen ist.“[98] Die theoretische Analyse habe, wie weit sie sich auch über die Praxis erhebe, immer nur dieser Praxis zu dienen, schreibt Kraus; „gleich der mathematischen Theorie der Bewegung, die nur darum zu den einfachsten Ideen auf-

auch Johannes Voigt, Das Leben des Professor Christian Jacob Kraus, öffentlichen Lehrers der praktischen Philosophie und der Cameralwissenschaften auf der Universität zu Königsberg, aus den Mitteilungen seiner Freunde und seinen Briefen, in: Christian Jacob Kraus, Vermischte Schriften, Bd. 8, Königsberg 1819; Karl August Varnhagen von Ense, Denkwürdigkeiten des eignen Lebens, Berlin 1971, Bd. 1, S. 407/408; Garlieb Merkel, Über Deutschland, wie ich es nach einer zehnjährigen Entfernung wieder fand, Riga 1818, in: Freimütiges aus den Schriften Garlieb Merkels, Berlin 1959, S. 397/398; Fritz Milkowski, Christian Jacob Kraus — Lehrer der Staatswirtschaft in der Übergangszeit in Preußen vom 18. zum 19. Jahrhundert. Eine längst fällige Korrektur zur Geschichte der Volkswirtschaftslehre, Manuskriptdruck, Potsdam 1968, S. 10.

97 Christian Jacob Kraus, Staatswirthschaft, Bd. 1, Königsberg 1808, S. 4.

steigt und unter beständigen Abstraktionen zu den zusammengesetzteren Fällen herabgeht, damit es ihr gelinge, die Bewegungen der würklichen Welt desto genauer erklären und berechnen zu können, soll auch die Theorie der Staatswirtschaft, indem sie das Nationalvermögen in seine Elemente zerlegt und die Beschaffenheit und die Ursachen desselben in ihrer einfachsten Gestalt aufzufassen sucht, dabei immer auf den Zweck hinaussehen, daß sie uns in den Stand setze, die vorliegenden Erfahrungen, betreffend den würklichen Vermögenszustand der verschiedenen Länder, desto besser einzusehen und gegebene staatswirtschaftliche Maßregeln desto richtiger zu beurteilen".[99]

Für die politische Ökonomie, stellt Kraus fest, sei die Arbeitswerttheorie von Smith von grundlegender Bedeutung. „Die Einheit und das Maß des Tauschwerts, das Smith erfunden hat, ist so wichtig für [die] Staatswirtschaft als die von Galilei erfundene Einheit für Geschwindigkeit in der Physik. Und die Vorstellung, da man Arbeit als absoluten Wert und Grundmaß des Werts aller Dinge ansieht, verhält sich zu der gewöhnlichen Vorstellung, da Geld als absoluter Wert und als Grundmaß des Wertes von allen Dingen, auch von der Arbeit, angesehen wird, wie die Kopernikanische oder Newtonsche Astronomie zu der gemeinsinnlichen, nach welcher die Erde im Mittelpunkt der Welt steht und Sonne und Sterne sich um sie herumdrehen."[100] Aus Smith' Feststellung, daß das Nationaleinkommen gleich dem Wert des jährlichen Ertrages aus Boden und Arbeit sei, schließt Kraus: „Die wahre und echte Vermehrung des Nationalreichtums besteht allein in der Vermehrung werthafter Güter zu dem mindestmöglichen Kostenpreise; und die echte Maxime der Staatswirtschaft ist, zu machen, daß alle nützlichen Dinge so wohlfeil als möglich erzeugt und verkauft werden; nämlich reell oder absolut wohlfeil in Hinsicht auf die letzten Ursachen aller Preise (oder auf die produktiven Kräfte der Arbeit, des Verlages [d. h. Kapitals] und des Bodens, beide letztere als Bedingungen der Arbeit betrachtet), nicht bloß relativ in Hinsicht auf andere Sachen."[101]

Einkommenszuwachs, stellt Kraus fest, hänge von Arbeitsmenge und -produktivität und letztere vor allem von dem als Kapital eingesetzten zunehmenden Mehrprodukt ab: „Denn nur, sofern ein Vorrat von Lebensmitteln vorhanden ist, der über den Bedarf derjenigen, welche ihn hervorgebracht haben, hinausreicht, kann die Zahl der arbeitenden Hände und sonach die Menge der Arbeit sich vermehren; und nur sofern diese Hände sich in verschiedene Arten von Arbeit teilen und jeder in dem besondern Beruf, dem er sich mehr oder weniger ausschließlich widmet, eben dadurch eine größere Gewandheit und Einsicht erlangt und mancherlei vorteilhafte Verfahrensarten und Werkzeuge erfindet, kann die Würksamkeit der Arbeit sich verstärken; nämlich kann mit gleicher Arbeit in gleicher Zeit ein größerer Ertrag geliefert werden."[102] Kraus faßt zusammen: „Die notwendige

[98] Ebenda. [99] Ebenda, S. 5.
[100] Christian Jacob Kraus, Vermischte Schriften, Bd. 2, Königsberg 1819, S. 102/103.
[101] Ebenda, S. 125/126.
[102] Christian Jacob Kraus, Staatswirthschaft, Bd. 1, Königsberg 1808, S. 8/9.

und allgemeine Bedingung also, wovon in jedem Lande die Zunahme des Einkommens seiner Bewohner abhängt, ist ihr zunehmender Verlag, insonderheit ihr zunehmender Vorrat an Lebensmitteln, Materialien und Werkzeugen, der zur Beschäftigung der Arbeiter dient."[103]

Die klassische Arbeitswerttheorie vertritt KRAUS konsequent in seiner gesamten ökonomischen Vorlesung, die AUERSWALD nach dessen Tod, jedoch ohne die Zusätze und Randbemerkungen, veröffentlichte. Dabei ist er ebenso wie SMITH von dem Bemühen erfüllt, bis zu den letzten Ursachen der sozialen Prozesse vorzurücken. Er übernimmt voll und ganz SMITH' Erkenntnisse. So betont er, daß dem Arbeiter in der vorkapitalistischen Warenproduktion das Produkt seiner Arbeit ganz gehörte und daß unter kapitalistischen Verhältnissen der Profit, der sich nach anderen Gesetzen bestimme als der Arbeitslohn, einen Abzug vom Arbeitsprodukt darstellt. „In diesem Zustande der Dinge gehört dem Arbeiter das Produkt seiner Arbeit nicht allemal ganz, sondern er muß es in den meisten Fällen mit dem Verlagseigner [d. h. Kapitalisten], der ihn beschäftigt, teilen."[104]

Wie für SMITH gelten auch für KRAUS die Erkenntnisschranken des Manufakturkapitalismus. Die Unmöglichkeit, den Begriff der abstrakten Arbeit zu fassen, spiegelt sich in SMITH' Suche nach einem absoluten Wertmaßstab wider. KRAUS nimmt SMITH' Überlegung auf. „Es gibt etwas, was für den Menschen in allen Zeitaltern und Ländern einen wesentlichen, ursprünglichen, unwandelbaren Wert hat, und das ist die Freiheit und Ruhe, die er aufopfern, und die Mühe und Beschwerde, die er übernehmen muß, wenn er arbeitet. Dieser Wert, welchen die Arbeit für jeden hat, der sie leistet, beruht nicht wie der Wert so manchen andern Dinges, auf Phantasie, sondern auf unmittelbarer Empfindung. Er ist nicht von etwas anderm abgeleitet, vielmehr ist er die Quelle, woraus allem andern ursprünglich Wert zufließt. Er ist es, der, indem er sich den Resultaten der Arbeit mitteilt, ihnen das Hauptelement ihres Werts gibt. Soweit die Menschennatur überall und immer wesentlich dieselbe ist, muß auch der auf diese Natur sich gründende Wert der Arbeit überall und immer wesentlich derselbe sein."[105] SMITH und KRAUS verwechseln den von der abstrakten Arbeit geschaffenen Wert mit dem Wert der Arbeitskraft.

KRAUS hebt die Existenz des Mehrwerts hervor, den er hier Profit nennt. „Profit ist von dem durch die Anwendung eines Verlages hervorgebrachten Einkommen der Teil, der dem Anwender des Verlages zukommt. Hatte der Anwender den Verlag geborgt, so nennen wir gleichwohl das, was ihm zukäme, wenn er solchen nicht geborgt, sondern eigen besessen hätte, seinen Verlagsprofit, ohne darauf zu achten, daß er vielleicht selbst nur den Teil davon so nennt, welcher ihm nach Abzug der für den geborgten Verlag entrichteten Zinsen übrig bleibt."[106] Aus dieser Überlegung ergibt sich für KRAUS, daß der Profit bei höherem Kapital-

[103] Ebenda, S. 9.
[104] Ebenda, S. 153/154.
[105] Ebenda, S. 83/84.
[106] Ebenda, S. 249.

angebot und größerer Arbeitskraftnachfrage nicht nur sinkt, weil die Preise der konkurrierenden Waren fallen, sondern in erster Linie, weil der höhere Lohn bei gegebenem Wert notwendig den Mehrwert verringert: „Die Zunahme des Verlages, die den Arbeitslohn erhöht, strebt den Profit zu erniedrigen, und zwar auf eine doppelte Weise. Erstens schon dadurch, daß sie den Lohn steigert, dessen Erhöhung allemal auf Kosten des Profits geht, indem was an Lohn mehr gegeben wird, von dem Profit abgerechnet werden muß, so wie dagegen, was an Lohn erspart wird, dem Profit zuwächst. Zweitens dadurch, daß die mit dem zunehmenden Nationalverlage zunehmende Konkurrenz der mehrern und vermögenden Gewerbleute diese nötigt, sowohl beim Einkauf dessen, was sie für ihre Gewerbe brauchen, höhere Preise zu zahlen, als auch beim Verkauf dessen, was sie abzusetzen haben, sich mit niedrigern Preisen zu begnügen."[107] KRAUS hebt hier die sich unmittelbar aus der klassischen Arbeitswerttheorie ergebende Gegensätzlichkeit von Arbeitslohn und Profit hervor, die bei SMITH überwuchert wurde durch die Beschreibung von Marktvorgängen. Dieses Beispiel zeigt, in welchem hohen Grade sich KRAUS die Smithsche Theorie und Denkweise zu eigen gemacht hatte.

Die strenge Wahrung der klassischen Positionen veranlaßte KRAUS, jede Vulgarisierung der klassischen politischen Ökonomie und Versöhnung von SMITH einerseits und SAY, CARNARD und LAUDERDALE anderseits konsequent zurückzuweisen. Zwei Jahre vor seinem Tod lernte er noch CHRISTIAN VON SCHLÖZERS „Anfangsgründe der Staatswirthschaft" kennen, eine der ersten Schriften in der nun einsetzenden Springflut vulgärökonomischer Literatur[108].

SCHLÖZER überträgt schematisch einige Erscheinungsformen des Kapitals auf alle wirtschaftlichen Bereiche. Er verwischt die Gegensätzlichkeit im kapitalistischen Grundverhältnis, indem er Kapital und Lohnarbeit begrifflich vermengt. So unterteilt er das Kapital in dingliches und persönliches oder Kunstkapital, den Profit in Lohn und Zins, den Lohn für komplizierte Arbeit in Unterhaltskosten (Lohn für natürliche Arbeit), Ersatz für Erlernungskosten (Kunstkapital) und Anteil am reinen Kapitalgewinn, den Lohn für ungelernte Arbeit in Unterhaltskosten und reinen Arbeitsgewinn.

KRAUS' Auszüge und kritische Randbemerkungen sind erhalten. Vom klassischen Standpunkt der kapitalistischen Produktion verurteilt er SCHLÖZERS Versuch, diese Vulgärökonomie mit SMITH' Namen zu verbinden. „Es ist wahr, es gibt unter den in Smiths Sinn genannten Kapitalien manche, die bloß zu Werkzeugen dienen, wie Hammer, Zange, Webstuhl", aber es sei „besser, Dinge überhaupt ohne Rücksicht auf ihre stoffliche Natur, bloß nach Maßgabe ihrer Bestimmung Kapitale zu nennen, sie mögen beschaffen sein, wie sie wollen"[109]. Wenn schon die mit großen Kosten erlernte Arbeitsfertigkeit ein persönliches

107 Ebenda, S. 260.

108 Christian von Schlözer, Anfangsgründe der Staatswirthschaft oder die Lehre von dem Nationalreichthume, Bd. 1, Riga 1805, Bd. 2, Riga 1807.

109 Christian Jacob Kraus, Vermischte Schriften, Bd. 12, Königsberg 1819, S. 107.

oder Kunstkapital genannt würde, fragt KRAUS ironisch: „Warum heißt nicht auch die natürliche Kraft eines erwachsenen Menschen ein Kapital so gut als seine erworbene Geschicklichkeit, da die Erlangung von jener so gut als von dieser einen Aufwand von Gütern gekostet hat?"[110] Da SCHLÖZER einen Teil der Entlohnung für dieses „Kapital" an ungelernter Arbeitskraft als reinen Arbeitsgewinn ausgibt, fragt KRAUS: „Freilich, je mehr der Lohnherr durch den Arbeiter erwirbt, desto mehr kann er ihm an Lohn geben; aber gibt er darum auch würklich mehr?"[111]

Mit dem Hinweis, daß der Mehrwert (KRAUS sagt: Profit) das Primäre, der Zins das Abgeleitete sei und Arbeitslohn keinen Mehrwert enthalten könne, lehnt KRAUS SCHLÖZERs Theorie ab. „Was gewinnt man damit für die wissenschaftliche Staatswirtschaft: a) daß man den Profit zerlegt in Geldzins und Lohn, b) daß man den Lohn zerlegt in den notwendigen Unterhalt und in den andern Teil. der entweder Profit von dem auf Erlernung der künstlichen Arbeit angelegten Kapital oder Ersatz für das bei der Arbeit stattfindende Risiko . . . oder Vergeltung der Unannehmlichkeit bei der Arbeit ist? Profit ist das Prius, Zinsen das Posterius, die ohne Profit im ganzen nicht statthaben können. – Der notwendige Unterhalt ist etwas sehr Unbestimmtes, was sein Minimum betrifft. Es läßt sich auch in der Arbeit selbst nicht wohl unterscheiden das, worauf sich der notwendige Unterhalt beziehen soll und was Schlözer natürliche Arbeit nennt, von dem, was in derselben Arbeit künstlich, mißlich, unangenehm ist."[112]

Wie KRAUS in der ökonomischen Theorie konsequent den Standpunkt des progressiven Bürgertums vertrat, so war er auch um die Durchsetzung antifeudaler Reformen bemüht.

Als zum Beispiel 1802 durch eine Kabinettsordre die Aufhebung der Erbuntertänigkeit zur Sprache gebracht wurde, glaubte KRAUS, die Entwicklung befördern zu können und setzte sich in einem Aufsatz mit allen Einwendungen auseinander, in denen die Aufhebung als nachteilig, ungerecht und unbillig bezeichnet wird. Die Grundbesitzer meinten, daß auf den Gütern ohnedies Mangel an Gesinde und Arbeitern herrsche, der durch die in Aussicht genommene Reform nur noch vergrößert werde. Dieser Menschenmangel, antwortete KRAUS, dauere nur an, weil die Untertänigkeit fortbestehe. „Es mangelt also wohl eigentlich auf diesen Gütern nur an solchen Menschen, die um Spottlohn dienen und für ein Hungerleben arbeiten sollen. Und an solchen wird es ewig mangeln, so wie es ewig an der Ware fehlen wird, die man nicht ihrem vollen Werte nach bezahlen will."[113] Nach eingehender Betrachtung bemerkt KRAUS: „Bei unbefangenem Nachdenken muß es jedermann einleuchten, daß die herkömmliche Macht des Gutsherrn über die unfreien Eingeborenen seines Guts nichts anders ist als ein Recht, Unrecht zu tun . . ."[114]

[110] Ebenda, S. 108. [111] Ebenda, S. 109.
[112] Ebenda, S. 117/118.
[113] Ebenda, Bd. 1, S. 178.
[114] Ebenda, S. 200/201.

Da in Deutschland die wirtschaftspraktischen Forderungen andere waren als in England, übernahm KRAUS in seiner Vorlesung nicht SMITH' abschließendes, fünftes Buch des „Wealth of Nations" über die Einkünfte des Herrschers oder des Staates. Nach der Betrachtung der Arbeit, des Kapitals, dem „verschiedenen Gange der Bereicherung bei verschiedenen Nationen", des Merkantilismus und Physiokratismus weicht er nun grundsätzlich von SMITH ab und behandelt praktische Fragen der Landwirtschaft, der Industrie und des Handels. Er benutzte seine Vorlesungen, um unermüdlich auf die Notwendigkeit wirtschaftlicher Reformen hinzuweisen. So sagt KRAUS bei der Darlegung landwirtschaftlicher Probleme: „Die Hauptsache ist immer: die Privatgefangenschaft muß aufhören; es muß jeder Mensch auf dem Lande seine Herrschaft wählen dürfen, so gut wie die Herrschaft frei ihre Arbeiter."[115] KRAUS beweist mit Hilfe der Arbeitswerttheorie: „Die uneingeschränkte Freiheit des innern Getreidehandels zwischen allen Plätzen und Gegenden eines Landes zu allen Zeiten, selbst bei der größten Teurung, ist sowohl für die Konsumenten als für die Produzenten die vorteilhafteste Einrichtung."[116]

In der Industrie empfiehlt KRAUS die ungehinderte kapitalistische Verwendung produktiver Arbeiter, deren hohe Entlohnung keineswegs, wie oft behauptet wurde, den Fleiß vermindern würde. Er sieht einen hohen Lebensstandard als günstige Bedingung für den weiteren wirtschaftlichen Fortschritt an. Vor allem wünscht er die Verbesserung der Lebensverhältnisse „für die zahlreiche Klasse des Landvolks und der untern Stände, im gleichen für die mittleren Bürgerklassen, wie man in Ländern sieht, die frei von Leibeigenschaft und Dienstzwang und fortschreitend zum Vermögen sind. Überhaupt ist nützlich, daß Wohlleben die Kapitalien fortdauernd erhalte und durch Sparsamkeit und Gewerbefleiß (welche beide bei dem Wohlleben nicht nur bestehen, sondern gerade durch dasselbe gedeihen) den Anwachs der Kapitalien vermehre."[117]

KRAUS trat auch nachdrücklich für das Interesse der ländlichen und städtischen Arbeiter an der vollständigen Reproduktion ihrer Arbeitskraft ein und kritisierte wie SMITH Sonderinteressen der Handels- und Manufakturbourgeoisie, die die vorindustrielle, noch gering entfaltete Konkurrenz zur Erhöhung ihrer Gewinne einzuschränken bestrebt war.

Bei der Einschätzung der Grundbesitzerinteressen wird SMITH von KRAUS ergänzt. SMITH hatte festgestellt, daß die Grundbesitzer, deren Revenue sie keine Arbeit koste, infolge der Sorglosigkeit und Sicherheit ihrer Lage der Trägheit verfallen, die sie allzuoft unfähig mache, ihre mit der gesellschaftlichen Gesamtentwicklung übereinstimmenden Interessen richtig zu vertreten. KRAUS setzt hinzu, daß die preußischen Grundbesitzer nicht aus Unkenntnis, sondern aus ihrem feudalen Interesse sich gegen jeden gesellschaftlichen Fortschritt stellen.

[115] Christian Jacob Kraus, Staatswirthschaft, Bd. 5, Königsberg 1811, S. 57.
[116] Ebenda, S. 144.
[117] Ebenda, S. 232.

„Besitzen sie vollends, wie es in vielen Ländern der Fall ist, erbliche Vorrechte in Hinsicht auf ihre Grundeinsassen sowohl als auf die übrigen Staatsgenossen, so werden sie durch Rücksichten auf solche besondere Vorrechte nur zu oft an der unbefangenen Beherzigung des reinen [d. h. kapitalistischen] Landeignerinteresse gehindert und, selbst bei richtiger Einsicht in dasselbe, zu Beschlüssen bestimmt werden können, die jenem sowohl als dem gesamten Nationalinteresse widerstreiten."[118] Aus eigener bitterer Erfahrung sagt KRAUS: „Auch hat man sie oft genug jeden Antrag zurückweisen oder vereiteln sehen, der darauf ausging, Einrichtungen zu ändern, durch welche das wahre Lebensprinzip der Staatswirtschaft entkräftet wird, nämlich die Unfreiheit des Landvolks aufzuheben und die Käuflichkeit des Bodens für jeden, der ihn bezahlen kann und dem der Eigner ihn überlassen will, einzuführen; sogar wenn ein solcher Antrag von einem gerechten und weisen Regenten an sie als seine Vasallen kam."[119] Bei den britischen Grundbesitzern im Ober- und Unterhaus, wo es solche feudale Rücksichten nicht gebe, könne freilich nur Mangel an Kenntnis sie gegen ihr eigenes und das gesellschaftliche Interesse auftreten lassen.

In dieser Übersicht wurden nur die von AUERSWALD herausgegebenen ökonomischen Schriften des bedeutenden Königsberger Lehrers ausgewertet. FRITZ MILKOWSKI spricht von der „Fülle der in seinem Nachlaß enthaltenen, im Relevanten meistens nicht gedruckten Gedanken"[120] zur politischen Ökonomie. Ohne deren gründliche Analyse wird kein gültiges marxistisches Bild von ihm entworfen werden können; ebenso ist KRAUS' Einfluß auf die preußischen Reformer und auf die preußische wirtschaftliche Gesetzgebung noch genau zu untersuchen. Für KRAUS gilt auch jener Satz, den KUCZYNSKI über SCHLETTWEIN schreibt: Wir sollten uns ernsthaft überlegen, ob Kraus nicht einer der wenigen progressiven deutschen Ökonomen ist, die wir zu unserem deutschen Kulturerbe rechnen dürfen!

Es sei zum Schluß angemerkt, daß die hier ausgesprochene Hochschätzung von KRAUS sicherlich nicht auf einhellige Zustimmung stoßen wird. Bevor weiter auf den Einfluß der klassischen politischen Ökonomie eingegangen wird, ist daher noch etwas zum Streit über den Rang zu sagen, der jedem der SMITH-Anhänger in der Geschichte der politischen Ökonomie in Deutschland zuzuerkennen sei. Denn weder in der bürgerlichen noch in der marxistischen Theoriegeschichtsschreibung kam es bisher zu übereinstimmenden Auffassungen.

Den Zeitgenossen scheint KRAUS der bedeutendste SMITH-Anhänger gewesen zu sein. So nennt KARL STEINLEIN den Königsberger Ökonomen „einen selbstdenkenden Mann von tiefer Gelehrsamkeit, der die Gegenstände, über die er schrieb, sich vollkommen zu eigen machte". Er hebt vor allem die praktische Wirksamkeit hervor, die diesen gegenüber den im folgenden Abschnitt zu be-

118 Ebenda, Bd. 2, S. 259.

119 Ebenda.

120 Fritz Milkowski, Christian Jacob Kraus – Lehrer der Staatswirtschaft in der Übergangszeit in Preußen vom 18. zum 19. Jahrhundert. Eine längst fällige Korrektur zur Geschichte der Volkswirtschaftslehre, Manuskriptdruck, Potsdam 1968.

trachtenden Anhängern auszeichnet. „Kraus gehörte nicht bloß unter die theoretischen Staatswirte, sondern sein Hauptverdienst besteht in der durchaus praktischen Tendenz seiner Untersuchungen und in seinem Streben, die Lehre der Schulen in die wirkliche Welt einzuführen."[121]

Auch die deutschen Gegner der klassischen politischen Ökonomie bezeugen die besondere Stellung von Kraus unter den Smith-Anhängern. Sie richteten ihre theoretischen Angriffe vor allem gegen ihn.

Unter den bürgerlichen Theoriehistorikern hebt Carl William Hasek Kraus' praktische Wirksamkeit hervor. Dieser sei in vieler Hinsicht der einflußreichste Ökonom jener Periode gewesen, „denn es war eher durch seinen Einfluß auf seine Schüler, von Schön, die beiden von Schrötter sowie von Auerswald, als durch seine Schriften, daß schließlich eine der bedeutenden Reformen aus Steins zweitem Ministerium, die Aufhebung der Leibeigenschaft, zustande kam"[122].

Ähnlich schreibt Hugo Graul von Kraus, „daß er dadurch, daß er sich mit glühendem Eifer für die neue Lehre einsetzte, weil er sehr gut fühlte, was seiner Zeit not tat, und indem er ihr nicht bloß zu gelehrter theoretischer Ausbreitung verhalf, sondern darüber hinaus in seinen Schülern zu praktischen Impulsen zu intensivieren vermocht hat, seinen Namen unauslöschlich in die Annalen der deutschen Nationalökonomie geschrieben hat"[123].

Erik Erämetsa streicht dagegen die im folgenden Abschnitt zu betrachtenden Smith-Anhänger Sartorius und Lueder heraus, von denen der erstere von 1792 bis zu seinem Tod (1828), der letztere von 1810 bis 1814 an der Göttinger Universität lehrte, die, in dem durch Personalunion mit dem englischen Königshaus verbundenen Kurfürstentum Hannover gelegen, bei der Verbreitung fortschrittlicher Ideen in Deutschland eine große Rolle spielte. Die erste Rezension des Smithschen Werks stammt von dem Göttinger Professor Johann Georg Heinrich Feder. Erämetsa schreibt: „Die einzigen Ausnahmen in dieser langsamen Verbreitung des Smithschen Ruhmes bildeten Hannover und Göttingen, jenes ein Zentrum der englisch-deutschen Beziehungen infolge der Verbindung mit dem Königshaus Englands, dieses wegen seiner einflußreichen Schule der Bewunderer englischer Institutionen und englischer Literatur. Der Göttinger Professor Feder und seine günstige Rezension wurden schon erwähnt. Sein Schüler, der spätere Professor Sartorius, begann 1792 seine sich an Smiths Werk anlehnenden Vorlesungen über die Prinzipien der Volkswirtschaft und konnte im Jahre 1796 feststellen, daß es ihm gelungen war, den Studenten die Lehre Smiths beizubringen."[124]

121 Karl Steinlein, Handbuch der Volks-Wirthschafts-Lehre, Bd. 1, München 1831, S. 729.

122 Carl William Hasek, The Introduction of Adam Smith's Doctrines into Germany, New York 1925, S. 84/85.

123 Hugo Graul, Das Eindringen der Smithschen Nationalökonomie in Deutschland und ihre Weiterbildung bis zu Hermann, Halle 1928, S. 79.

124 Erik Erämetsa, Adam Smith als Mittler englisch-deutscher Spracheinflüsse, Helsinki 1961, S. 24.

Der vom Kurfürstentum Hannover geförderte Einfluß englischer Gedanken in Deutschland ist unbestritten. Führt man ihn jedoch an, um die Bedeutung der dort zeitweise lehrenden SMITH-Anhänger gegenüber KRAUS hervorzuheben, so muß man gleichzeitig feststellen, daß die Göttinger Professoren die klassische politische Ökonomie nur unter Vorbehalten akzeptierten und die praktische Einwirkung auf die bürgerliche Umwälzung nicht von ihnen, sondern von KRAUS ausging. Unterläßt man eine solche Erwähnung in diesem Zusammenhang, so trennt man letztlich die Auseinandersetzung in der politischen Ökonomie von der bürgerlichen Umwälzung, vom praktischen Klassenkampf, und argumentiert vorrangig ideengeschichtlich.

Von marxistischer Seite wird dagegen die Verbindung zwischen ideologischem und praktischem Klassenkampf nicht verdeckt. PETER THAL erkennt KRAUS' Wirksamkeit an. Er schreibt: „Es gebührt Kraus tatsächlich der Ruhm, die Ablehnung und das Stillschweigen gegenüber Adam Smith in Preußen gebrochen zu haben."[125] Aber dann urteilt er über KRAUS in aller Schärfe: „Letzten Endes ist er nichts weiter als ein dogmatischer Nachbeter des großen Schotten gewesen. Seine persönliche Zutat beschränkt sich auf – dem eigenen Unverständnis und den zurückgebliebenen preußischen Zuständen geschuldeten – Abschwächungen und Vulgarisierungen der Smithschen Lehre."[126] Diese Einschätzung ist jedoch, wie im vorliegenden Abschnitt dargelegt wurde, nicht haltbar.

Weitere deutsche SMITH-Anhänger

ADAM SMITH' klassische politische Ökonomie vertraten zum Ausgang des 18. Jahrhunderts ebenfalls GEORG SARTORIUS, der sie so weit verstanden hatte, daß er sie gegen vulgärökonomische Verfälschungen überzeugend verteidigen konnte, sowie AUGUST FERDINAND LUEDER, der eine ausführliche Darstellung der SMITHschen Wert- und Kapitalauffassung gegeben hatte, später aber mit der klassischen politischen Ökonomie brach und die ökonomische Theorie auf niedrigem vulgärökonomischem Niveau lehrte.

Mit seinem „Handbuch der Staatswirthschaft" (1796) gab SARTORIUS die erste gedruckte Bearbeitung der SMITHschen politischen Ökonomie für Deutschland. Sie belastete den Leser nicht mit den zahlreichen wirtschaftsgeschichtlichen und -praktischen Belegen, die SMITH' Werk offensichtlich für viele schwer lesbar machte. SARTORIUS schreibt: „In Nebensachen hat Smith gefehlt; manche historische Data, welche das feste Land betreffen, sind bekanntlich falsch; selbst einige Folgerungen aus seiner Theorie scheinen nicht standzuhalten, man hat sie ge-

125 Peter Thal, Zur Stellung des klassischen bürgerlichen Ökonomen Adam Smith in der Geschichte der politischen Ökonomie, Habilitationsschrift, Halle-Wittenberg 1965, S. 187.

126 Ebenda, S. 188.

ändert. Allein es ist von dem Wesen des Systems selbst die Rede; dies muß stehen oder fallen."[127]

SARTORIUS referiert in knappen Zügen die klassische Werttheorie. Er gibt SMITH' kapitalistische Einkommenstheorie wieder, ohne den von SMITH verdeutlichten Riß zwischen vorkapitalistischer und kapitalistischer Warenproduktion hervorzuheben. Der Gesichtspunkt der Ausbeutung, des unentgeltlichen Abzugs an Profit und Rente vom Produkt des Arbeiters, den KRAUS hervorhebt, verliert sich etwas bei SARTORIUS. Nach seiner Darstellung kamen neben der Arbeit als „einzig ursprünglichem Preis aller Waren" im Kapitalismus „noch zwei andere Bestandteile des Preises hinzu, und die auf die Hervorbringung der Ware verwendete Arbeit blieb nun nicht mehr ihr einziger Preis"[128]. Denn der Kapitalist verlangte Profit und der Grundbesitzer Rente.

Das Verhältnis der Einkommensarten bestimmt SARTORIUS in Anlehnung an SMITH aus der Konkurrenz. Dabei weist er auf die gering entwickelte Konkurrenz des europäischen Festlandes hin. „Vermöge der Konkurrenz müßten beides, Arbeitslohn und Kapitalgewinst, auf noch so verschiedene Gegenstände gewendet, einander gleich sein oder einer Gleichheit zueilen, indem sich die Mitwerber wechselseitig einander durch ihren Eigennutz einschränken würden. Dies ist indes nicht der Fall; 1. wegen der Verschiedenheit der Gegenstände, auf welche Arbeit und Kapital verwendet werden. 2. Weil die europäischen Polizeieinrichtungen diese Gleichheit noch mehr behindern."[129] SMITH' Kapitaltheorie wird mit Verständnis dargelegt.

Im zweiten Teil „Von der Staatswirtschaft oder den Regeln, welche die Regierung eines Staats zu befolgen hat, um die einzelnen Bürger in den Stand zu setzen, sich ein hinlängliches Einkommen zu verschaffen als auch ein gleiches für die öffentlichen Staatsausgaben zu gewährleisten" betont SARTORIUS: „Dieser letzte und einzige Grundsatz besteht nun in der vollkommensten Freiheit für alle, ihr Kapital und ihren Fleiß auf die ihnen vorteilhafteste Weise anzuwenden."[130] Die Ursachen der gestörten Freiheit sieht er letztlich in den „Überbleibseln des Feudalwesens."[131]

Als sich die Angriffe auf SMITH zu verstärken begannen, gab SARTORIUS 1806 seine SMITH-Bearbeitung in einer verbesserten Ausgabe mit der Absicht heraus, „dessen Lehre frei und rein von aller Einmischung fremder Ideen und Vorstellungen in möglichster Kürze darzustellen".[132] Er weist darauf hin, daß er nicht in

[127] Georg Sartorius, Handbuch der Staatswirthschaft zum Gebrauche bey akademischen Vorlesungen nach Adam Smith's Grundsätzen ausgearbeitet, Berlin 1796, S. XLVI bis XLVII.

[128] Ebenda, S. 10.

[129] Ebenda, S. 19/20.

[130] Ebenda, S. 92.

[131] Ebenda, S. 101.

[132] Georg Sartorius, Abhandlungen, die Elemente des National-Reichthums und die Staatswirthschaft betreffend, Göttingen 1806, S. III.

allem mit Smith übereinstimme, weshalb es ihm ratsam erschien, „diese seine abweichenden Überzeugungen lieber besonders vorzutragen, als sie unbescheiden mit denen des gemeinschaftlichen Lehrers und Meisters in jenem Auszuge zu vermengen“ [133].

Diese eigene Darstellung trägt den Titel „Abhandlungen, die Elemente des National-Reichthums und die Staatswirthschaft betreffend“. Ihre Bedeutung liegt in erster Linie darin, daß ein deutscher Smith-Anhänger zu Beginn der sich ausbreitenden Vulgärökonomie und noch vor der deutschen Übersetzung der gegen Smith gerichteten Schrift Lauderdales dessen Angriffe mit Überlegenheit zurückweist. Während zwei Jahre später der deutsche Übersetzer, Theodor von Schön, Smith und Lauderdale versöhnen möchte, erkennt Sartorius richtig, daß dieser englische Smith-Gegner „nichts geringeres als den gänzlichen Umsturz der Smithschen Lehre beabsichtigt“. Bei Lauderdale, stellt er fest, „ist einiges Wahre mit vielem Falschen vermischt“.[134] Sartorius schreibt: „Der Graf erscheint als ein Sophist, aber als ein recht wackerer Sophist, dessen Talent man von einer Seite bewundern, von der andern aber bedauern muß, daß er dies nicht besser verwendet hat.“ [135] Seine Abhandlungen förderten nicht die Wissenschaft, sie liefen auf „eine politische Partei-Schriftstellerei“ [136] hinaus; seine Einwände gegen Smith' Kapitaltheorie müsse man „für nichts weiter als einen Wortkram halten“.[137]

Vom Standpunkt der klassischen Werttheorie deckt Sartorius den grundlegenden Fehler von Lauderdale auf. Er stellt heraus, daß Lauderdale „unter Wert immer nur Tauschwert versteht und gar nicht erwähnt, daß dieser zum Teil auch von anderen Ursachen als der Quantität und Seltenheit der einen Sache und der Nachfrage darnach abhängt“.[138] In Smithschem Sinn stellt Sartorius fest: „Die Kosten der Produktion werden viel mehr dauernd und auf längere Zeit den Tauschwert aller Dinge, welche die Natur nicht immer in solcher unermeßlichen Menge hervorbringt, daß alle Nachfrage darnach befriedigt wird, bestimmen als die Konkurrenz zwischen Käufern und Verkäufern; vorausgesetzt, daß die nötige freie Mitwerbung vorhanden ist.“ [139]

Wie in der Werttheorie weist Sartorius auch in der Kapitaltheorie die vulgärökonomische Verflachung zurück. Lauderdale wolle „zeigen, daß das Kapital nicht, wie Adam Smith meine, neue Arbeit in den Gang bringe, daß dadurch die produktiven Kräfte nicht vermehrt würden, daß somit auch die Nationalindustrie nicht von dessen Quantität und geschickten Anwendung abhänge und daß demnach auch keine unbegrenzte Vermehrung desselben zur Beförderung des

[133] Ebenda, S. IV.
[134] Ebenda, S. 53.
[135] Ebenda.
[136] Ebenda, S. 54.
[137] Ebenda, S. 75.
[138] Ebenda, S. 154.
[139] Ebenda, S. 154/155.

Nationalreichtums stattfinden könne; vielmehr daß das Kapital nur dadurch nützlich werde, weil es eine gewisse Quantität menschlicher Arbeit ersparen oder eine solche zustande bringen lasse, die über alle menschliche Kräfte hinausgehe; und daß demnach auch die nützlichen Wirkungen des Kapitals in der Möglichkeit solcher Anwendung ihre Grenzen haben müsse ..."[140] Man könne also, meint SARTORIUS, „dem Grafen zufolge sagen, es wird dadurch nur Arbeit erspart; aber muß man nicht auch und viel richtiger sagen, die produktive Kraft des Arbeiters ist erhöht worden? Allein es soll nun einmal, weil Smith es behauptet, das Kapital die produktiven Kräfte nicht vermehren. In der Tat, wenn dies kein Wortkram ist, so weiß man nicht, was man dafür halten soll."[141]

SARTORIUS' Vorbehalte gegenüber SMITH betreffen die Auffassungen über den unveränderlichen Wertmaßstab und die Konkurrenz. Über den Wertmaßstab sagt SARTORIUS richtig: „Adam Smiths Lehre scheint in dieser Hinsicht teils dunkel, teils mangelhaft zu sein."[142] SMITH hatte, da er nicht zum Begriff der abstrakten Arbeit gelangte, einen unwandelbaren Maßstab für die Werte gesucht, den er in einer Durchschnittsgröße konkreter einfacher Arbeit sah.

SARTORIUS empfindet das Unzulängliche dieser Notlösung: „Was dann zuerst das Maß der Arbeit betrifft, welches einen stets gleichen Kraftaufwand fordert, so scheint sich Smith kaum darauf näher einzulassen, er scheint vielmehr nur darauf vorzüglich zu dringen, daß jedem das gleich viel wert sein müsse, was ihm eine gleiche Aufopferung von Kraft gekostet habe. Es ist ihm aber wohl unabwendbar notwendig, um einen festen, für alle und alles tauglichen Maßstab zu haben, daß dieser nicht abhänge von dem, was jeder einzelne nach seinen Kräften (subjektiv) etwa dafür halte oder annehme, sondern daß eine in aller Hinsicht gleiche Richtschnur für alle und alles gefunden werde, daß man ein absolutes Etwas ausmittele, welches von allen auf gleiche Weise geschätzt werde."[143]

SARTORIUS erkennt die Schwäche der SMITHschen Werttheorie und bemerkt, daß die konkrete Arbeit nie ein solcher Maßstab sein könne. „Nehmen wir aber die gemeine Handarbeit des gemeinen Taglöhners als die Grundeinheit an, wonach zunächst alle andere Arbeit geschätzt werden sollte, so muß man doch eingestehen, daß auch diese kein völlig gleiches Maß abgeben kann, weil sie für alle weder einen gleichen Kraftaufwand fordert noch auch ein durchaus gleiches Produkt liefert und gleichwohl hier die höchste Genauigkeit erfordert würde, um eine unwandelbar feste Grundeinheit zu haben, welche zum Maßstab für alle und für alles dienen sollte."[144]

Wenn SARTORIUS auch unter manufakturkapitalistischen Verhältnissen den Unterschied zwischen dem von der Arbeit geschaffenen Wert und den Wert der Arbeitskraft begrifflich nicht fassen kann und auch nicht zum Begriff der abstrak-

140 Ebenda, S. 77.
141 Ebenda, S. 80.
142 Ebenda, S. 1.
143 Ebenda, S. 25/26.
144 Ebenda, S. 26/27.

ten Arbeit gelangt, stellt er doch eindeutig fest, daß es in der Welt keinen ewig gleichbleibenden Wert geben könne, „folglich muß auch jedes Bestreben, ein solches unveränderliches Maß zu finden, fruchtlos bleiben“[145].

Prinzipieller fällt die Kritik an SMITH' Konkurrenzvorstellung aus, die SARTORIUS vom kleinbürgerlichen Standpunkt aus übt. „Der Satz, daß jeder, indem er seinem Vorteile nachjage, den Vorteil des Ganzen befördern müsse, ist offenbar irrig, er ist es zum Teil selbst zufolge der vortrefflichen Analyse, welche Smith von den Elementen des Nationalreichtums und namentlich zum Beispiel vom Kapitale gegeben hat. Er hat es ganz siegreich dargetan, daß der Kapitalist, indem er nur nach höheren zu machenden Gewinsten strebe, nicht nur um die Fortschritte des Volks zum Nationalreichtum wenig bekümmert, vielmehr in den meisten Fällen geradezu damit in Widerstreit sei.“[146] Wenn SARTORIUS auch die objektiven Interessengegensätze stärker betont als SMITH, sieht er doch ebenso wie SMITH in der freien Konkurrenz die für den sozialen Fortschritt günstigste Form, in der sich die gesellschaftlichen Widersprüche zu bewegen haben. „Allein es ist freilich etwas sehr viel anderes, ob man zufolge des merkantilistischen Systems grundsatzmäßig alle die Störungen des freien Verkehrs als erforderlich zum Gedeihen des Ganzen empfiehlt oder ob man vielmehr die möglichst größte Freiheit, so viel als unter den unseligen Verhältnissen der Völker zueinander möglich ist, als das Prinzip annimmt, wodurch Wohlstand am meisten gedeihen werde.“[147] Die Konkurrenz, meint SARTORIUS, müsse man nur einschränken, wenn die eigene Industrie durch ausländische Konkurrenz beeinträchtigt werde.

Gegen die mit den Konkurrenzverhältnissen wachsende ungleiche Güterverteilung gebe es allerdings das radikale Hilfsmittel der Auflösung allen Privateigentums, gibt SARTORIUS zu überlegen. „Für jedes wohlwollende Gemüt ist in diesem schönen Traume etwas erfreuliches, und die Möglichkeit einer Ausführung läßt sich auch so wenig als die Rechtlichkeit eines solchen Zustandes bezweifeln.“[148] Denn wo Privat- und Erbeigentum gelte, da müssen stets einzelne auf Kosten vieler gedeihen. „Allein es würde auch durch die Aufhebung alles Privateigentums gänzlich der große Hebel hinwegfallen, der jetzt zur größten Anstrengung antreibt, nämlich ebendies Privatinteresse.“[149] Daher müsse man unter Beibehaltung der freien Konkurrenz durch Gesetze verhindern, daß einige wenige alles das erwerben, ohne das alle übrigen nicht mehr bestehen können. Vor allem wendet sich SARTORIUS gegen die Konzentration des Bodens in den Händen weniger Korporationen wie Kirchen, Klöster und Orden.

SARTORIUS hatte an der Existenz eines unveränderlichen Wertmaßstabes und an einer ausschließlich wohltuenden Wirkung der freien Konkurrenz gezweifelt, dennoch blieb er ein Anhänger der SMITHschen politischen Ökonomie. Wenn

[145] Ebenda, S. 31.
[146] Ebenda, S. 212/213.
[147] Ebenda, S. 269.
[148] Ebenda, S. 280.
[149] Ebenda, S. 282.

LUEDER dagegen von sich sagt, er sei „oft von Smith abgewichen“ [150], so nimmt er eine andere Stellung als SARTORIUS zu SMITH ein.

LUEDER stellt SMITH’ Wert-, Kapital- und Einkommenstheorie viel ausführlicher als SARTORIUS dar; zugleich korrigiert er SMITH vom Standpunkt einer der Monarchie gegenüber kompromißbereiten Manufakturbourgeoisie. Über seine SMITH-Bearbeitung schreibt er: „Ich habe den Weg meines Vorgängers verfolgt; jede seiner Behauptungen einer neuen Prüfung unterworfen; die Lücken, die ich traf, ausgefüllt; die Fehler verbessert; die Teile des Ganzen näher zusammengerückt und miteinander verbunden; ich habe mehrere Teile, und ich darf hinzusetzen, mehrere der wichtigsten Teile des ganzen Werks völlig umgearbeitet und auch das dritte Buch [„Von der Natur“], das im Smith fehlt, hinzugefügt.“ [151]

Während SARTORIUS bei der Darlegung der Werttheorie vor allem die zur Produktion der Ware verwendete Arbeit hervorhebt, betont LUEDER immer wieder die für eine Ware im Austausch zu erlangende Arbeit (oder Arbeitskraft). „Das Resultat aus allem [bisher Dargestellten] ist, daß Arbeit der einzige allgemeine und einzige genaue Maßstab des Wertes ist und daß das Verhältnis aller Waren gegen andere am richtigsten gefunden ist, wenn man ihr Verhältnis gegen die für jede zu erkaufende Arbeit entdeckt hat. Zwei Waren haben gleichen Wert, wenn man vermittelst jeder derselben über eine gleiche Quantität Arbeit gebieten kann.“ [152]

LUEDER hat die ersten beiden Bücher des „Wealth of Nations“ über die Arbeit und das Kapital zwar nicht vollständig, aber auch nicht verfälscht wiedergegeben. Seine Bearbeitung war die umfangreichste Darstellung dieses Gegenstandes vor dem Erscheinen der Vorlesungen von KRAUS. Sie haben zweifellos zum Verständnis der klassischen politischen Ökonomie in Deutschland beigetragen.

Allerdings hält sich LUEDER in den folgenden Büchern nicht an die englische Vorlage. Nach den Büchern über die Arbeit und das Kapital behandelt er, wie die Natur auf die Sammlung und Anhäufung des Kapitals und auf den Markt wirkt. Danach rückt er völlig von SMITH ab, dessen grundsätzliches Ziel die unbehinderte Entfaltung des Kapitalismus war. Von der französischen Revolution erschreckt, tritt LUEDER für alle allmähliche Entwicklung des Kapitalismus und Milderung des Absolutismus ein. „Die Natur kennt keine Revolutionen, keine plötzlichen, raschen, in die Augen springenden Veränderungen; ihr Gang ist ein leiser und stiller Gang. Der Same des meisten Guten wie des meisten Bösen, der je unter uns aufging, ging im Verborgenen auf und verriet nur höchst selten die Hand, die ihn ausgestreuet hatte. Völker hoben sich und Völker sanken, und die Quellen des Flors und des Verfalls derselben wurden überall in unbeobachteter Stille eröffnet.“ [153] Nur eine konstitutionelle Monarchie könne diese Entwicklung

[150] August Ferdinand Lueder, Über Nationalindustrie und Staatswirthschaft, Bd. 1, Berlin 1800, S. XVI.

[151] Ebenda, S. XV.

[152] Ebenda, S. 77.

[153] Ebenda, Bd. 2, Berlin 1802, S. 19.

ermöglichen, schreibt LUEDER. „In Demokratien hat also die Konstitution das Schwert der Gerechtigkeit gerade den Händen anvertrauet, die völlig unfähig sind, ruhig und mit Besonnenheit Untersuchungen anzustellen und Schuld und Unschuld abzuwiegen.“[154]

In einer knapperen Fassung seiner dreibändigen Ausgabe für den Vorlesungsgebrauch schätzt LUEDER sein Verdienst so ein: „Durch die Entwicklung der mittelbaren Wirkungen der Industrie oder ihres Einflusses auf die intellektuelle und sittliche Kultur hoffe ich dem Historiker wie dem Staatsforscher und vorzüglich dem Politiker einen sehr wesentlichen Dienst geleistet zu haben. Ich bin innigst überzeugt, daß nur auf diesem von mir zuerst versuchten Wege die Politik wie die sämtlichen historischen Wissenschaften gedeihen können.“[155]

In dem nach seinem Tode erschienenen Handbuch „National-Ökonomie“ schwimmt LUEDER im vulgärökonomischen Strom der LAUDERDALE, HUFELAND und LOTZ. SMITH wird völlig revidiert. „Ist die Erhebung eines Dings zum Gute wie jeder Wert, von dem bei einem Gute die Rede sein kann, etwas Ideales, so können wir nicht hier nach einem realen Maßstab messen“[156], schreibt LUEDER. Ganz eindeutig formuliert er: „Ohne Arbeit ist die Idee des Werts möglich.“[157] Dieses Buch enthält keinerlei eigene Gedanken.

Die Verbreitung der klassischen politischen Ökonomie in Deutschland zeigt, daß SMITH' Theorie keine nur dem englischen Leser zugängliche Wissenschaft war. Als zusammenfassender Ökonom der Manufakturperiode konnte SMITH überall dort, wo die manufakturkapitalistische Entwicklung einen gewissen Stand erreicht hatte, der nicht unbedingt der vollen Entfaltung des englischen Manufakturkapitalismus entsprechen mußte, von jenen Theoretikern begriffen werden, die wie SMITH für den Aufschwung des Kapitalismus eintraten. Die deutschen SMITH-Anhänger erreichten, daß die politische Ökonomie in Deutschland die physiokratischen Schranken überwand und jene neuesten Erkenntnisse aufnahm, die für die Förderung der bürgerlichen Umwälzung unerläßlich waren.

5. FICHTES *Sozialutopie unter dem Einfluß der frühen klassischen politischen Ökonomie (Ausgang des 18. Jh.)*

Bürgerliche Lehrbücher über die Geschichte der politischen Ökonomie erwecken manchmal den Eindruck, als verliefe die Theoriegeschichte außerhalb der sozialen Auseinandersetzungen lediglich nach den Regeln eines Meinungsstreits. Einer

[154] Ebenda, S. 206.

[155] August Ferdinand Lueder, Die National-Industrie und ihre Wirkungen. Ein Grundriß zu Vorlesungen, Braunschweig 1808, S. IV–V.

[156] August Ferdinand Lueder, National-Ökonomie oder Volkswirthschaftslehre. Ein Handbuch zur Beförderung des Selbststudium dieser Wissenschaft, Jena 1820, S. 132.

[157] Ebenda, S. 133.

solchen Konzeption zufolge begannen die Ökonomen die physiokratischen Mängel zu erkennen und übernahmen folgerichtig die SMITHschen Ideen; als sie deren Schwächen erkannten, begannen sie SMITH zu verbessern. Die Theoriegeschichte ist aber ein Reflex der Sozialgeschichte. Da der Manufakturkapitalismus nicht zur vollen Entfaltung gelangte, d. h. die Manufakturbourgeoisie nicht zur wirtschaftlich dominierenden Fraktion des Bürgertums wurde, blieben die deutschen SMITH-Anhänger auch nicht die einzigen Interpreten der klassischen politischen Ökonomie in Deutschland, obwohl doch der dem SMITHschen System vorangegangene Physiokratismus als allgemein überwunden galt. Es erfolgte noch ein Rückgriff sogar auf die vorphysiokratischen Vorstellungen der klassischen politischen Ökonomie.

Die frühen Denker der klassischen politischen Ökonomie, insbesondere LOCKE und BOISGUILLEBERT, waren ja bekanntlich für die Existenzsicherung und den wirtschaftlichen Aufschwung der kleinen Warenproduzenten und für eine entsprechende proportionale Verteilung der Arbeit auf die volkswirtschaftlichen Zweige eingetreten. Als durch die Verbreitung der physiokratischen Theorie in Deutschland seit den siebziger Jahren die Grundgedanken der klassischen politischen Ökonomie auf eine größere Resonanz trafen, fanden nun auch frühere klassische Auffassungen vor allem bei jenen Theoretikern Beachtung, die den Beginn einer sozialen Polarisierung und den einsetzenden Ruin des Handwerks durch die billigen ausländischen Manufakturwaren beobachteten. Hatten die deutschen Physiokraten noch in erster Linie die Interessen der freien Bauern verteidigt, so sprachen sich die Anhänger von SMITH in den neunziger Jahren über erstere hinausgehend für eine unbehinderte kapitalistische Entwicklung aus, die, wie sich herausstellte, die Verelendung der Lohnarbeiter und die Proletarisierung der kleinen Produzenten mit sich bringen mußte. Vertreter der vom Kapitalismus bedrohten Schichten griffen jetzt im Kampf gegen die feudale Eigentumstheorie und die kameralistische Wirtschaftstheorie den sozialen Grundgedanken der frühen klassischen politischen Ökonomie und deren Arbeitswerttheorie auf und hoben ihn von der kapitalistischen Weiterführung durch SMITH ab.

Eine Schrift unter dem Einfluß der frühen klassischen politischen Ökonomie in Deutschland um die Wende zum 19. Jahrhundert stammt von JOHANN GOTTLIEB FICHTE, dem großen klassischen Philosophen. Er veröffentlichte sie 1800 unter dem Titel: „Der geschloßne Handelsstaat. Ein philosophischer Entwurf als Anhang zur Rechtslehre und Probe einer künftig zu liefernden Politik". In ihr setzt er sich mit den feudalen und bürgerlichen ökonomischen Theorien seiner Zeit auseinander und untersucht die Möglichkeit, nach den Grundsätzen der frühen klassischen politischen Ökonomie eine gerechte Gesellschaftsordnung zu errichten. Im ersten Buch legt er seine Vorstellungen über diese Grundsätze dar; im zweiten Buch kritisiert er die damaligen Wirtschaftsverhältnisse und unterbreitet im dritten Buch Maßregeln, die zu der gerechten Ordnung führen sollen.

Fichte verurteilt die feudalen Besitzverhältnisse und jene „Theorie über das Eigentum, die erste Quelle, woraus alle falschen Behauptungen darüber fließen, der wahre Grund der Undeutlichkeit und Spitzfindigkeit mancher Lehren, die eigentliche Ursache der Einseitigkeit und Unvollständigkeit für die Anwendung im wirklichen Leben, dieser, daß man das erste ursprüngliche Eigentum in den ausschließenden Besitz einer *Sache* setzt. Was wunder, daß wir bei dieser herrschenden Ansicht sogar eine Theorie erlebt haben, nach welcher der Stand der großen Güterbesitzer oder der Adel der einige wahre Eigentümer, der einige den Staat bildende Bürger ist und alle übrigen nur Beisassen, die ihre Duldung um jede dem erstern gefällige Bedingung erkaufen müssen; was wunder, sage ich, da ja unter allen Sachen der Grund und Boden diejenige ist, die am sichtbarsten zum Eigentume wird und alle fremde Einmischung am strengsten ausschließt.“ [158]

Wie Locke leitet Fichte das Eigentumsrecht aus der Arbeit der freien und gleichen Warenproduzenten ab. „Jeder schränkt, da alle gleich sind, rechtlich die Freiheit jedes anderen um so viel ein, als dieser die seinige einschränkt. Diese *Gleichheit* der Beschränkung aller durch alle liegt im Rechtsgesetze und hängt von der Willkür nicht ab. *Welche bestimmte Sphäre der Tätigkeit aber* jedem ausschließend bleiben solle, deren nunmehr die anderen um dieses einen willen sich zu enthalten haben, müssen sie verabreden; darüber bestimmt weder die Natur noch das Rechtsgesetz irgendetwas, sondern lediglich ihre freie Willkür. Es ist also ein Vertrag zu schließen. Wenn hundert Ackerbauer beisammen sind und ein bestimmtes Stück Boden in ihrer Gewalt haben, so ist freilich aus dem Rechtsgesetze klar, daß dieses Stück in hundert gleiche Teile geteilt und jedem Ackerbauer einer davon zu eigen gegeben werden müsse. Aber warum z. B. ich und keiner von den übrigen neunundneunzig gerade dieses erste Stück gegen Süden haben solle und kein anderes und mein nächster Nachbar gerade dieses Stück neben mir, darüber läßt sich kein anderer Rechtsgrund anführen als der, daß alle uns gerade dieses Stück überlassen haben, wogegen wir ihnen diejenigen überlassen haben, die sie einnehmen.“ [159]

Aus dieser Auffassung ergebe sich, schreibt Fichte, „daß nicht nur der Ackerbauer, sondern jeder Einwohner im Staate ein ausschließendes Eigentum haben müsse, weil man ihn außerdem nicht verbinden kann, das Eigentumsrecht des Ackerbauers anzuerkennen, ihn rechtlicherweise nicht verhindern kann, diesen von seinem Acker zu verdrängen und ihn seiner Früchte zu berauben“. Die Arbeit allein schaffe jedoch doch nicht das Eigentum des nicht in der Landwirtschaft Tätigen. Diesem müsse der Staat bzw. die Gesellschaft die Gewähr geben, „daß er stets Arbeit oder Absatz für seine Ware finden und für dieselbe den auf ihn kommenden Anteil an den Gütern des Landes erhalten solle. Erst durch diese Versicherung bindet ihn der Staat an sich.“ [160]

[158] Johann Gottlieb Fichte, der geschloßne Handelsstaat, Leipzig 1943, S. 55.
[159] Ebenda, S. 59.
[160] Ebenda, S. 60.

Aber diese Gewähr könne der Staat nicht geben, meint FICHTE im Hinblick auf die ruinierende inländische und ausländische Konkurrenz, „wenn er nicht die Zahl derer, die denselben Arbeitszweig treiben, schließt und für die Erbauung des notwendigen Unterhalts für alle sorgt. Erst durch diese *Schließung* wird der Arbeitszweig *Eigentum* der Klasse, die ihn treibt, erst durch diese *Besorgung des Unterhaltes* ein Eigentum, *von welchem sie leben können*; und nur gegen dieses ihr Eigentum können sie Verzicht tun auf das Eigentum der landbauenden Klasse. Sicherheit, sage ich, soll ihnen der Staat geben, die Gewähr soll er ihnen leisten."[161] Die liberale Staatsauffassung führe dagegen nicht zur Sicherheit der gewerblichen Produzenten. „Überläßt der Staat diese Volksklassen dem Ohngefähr, so gibt er ihnen durchaus nichts. Ihr Fortkommen ist durchaus ihr eignes Werk, als ihre Kunst oder Kenntnis es ist. Sie haben sonach gar nicht Verzicht auf das Eigentum anderer geleistet. Der Staat kann mit keinem Rechte sie in Absicht ihres Gewerbes unter Gesetze und ein bestimmtes Verhältnis gegen die übrigen Volksklassen bringen. Sie sind in jeder Rücksicht frei sowohl vom Gesetze als dem Rechte entblößt, ohne Regel wie ohne Garantie; halbe Wilde im Schoße der Gesellschaft. Bei der völligen Unsicherheit, in welcher sie sich befinden, bevorteilen und berauben sie – und zwar nennt man es nicht Raub, sondern *Gewinn* – sie bevorteilen und berauben so lange und so gut als sie es können diejenigen, welche hinwiederum sie bevorteilen und berauben werden, sobald sie die Stärkern sind. Sie treiben es, solange als es geht, und bringen für den Notfall, gegen welchen ihnen nichts bürgt, in Sicherheit, soviel sie vermögen. Und an diesem allen tun sie nichts weiter, als wozu sie das vollkommenste Recht haben."[162]

Damit diesem vorherrschenden Zustand abgeholfen werde, übernimmt FICHTE die frühe klassische Auffassung von der proportionalen Verteilung der Arbeit als Grundgedanken seiner Sozialutopie. FICHTE unterstellt, daß der Staat eine solche Proportionalität durch verschiedene wirtschaftspolitische Maßnahmen gewährleiste. Unter solchen Bedingungen würden sich die Waren zwischen den landwirtschaftlichen und gewerblichen Produzenten nach der für ihre Produktion benötigten Arbeit austauschen. Das Rohprodukt zur gewerblichen Verarbeitung „ist so viel Korn wert, als mit der auf die Erbauung desselben verwendeten Mühe und auf dem Acker, wo es gewachsen ist, Korn hätte erzeugt werden können. Diesen Wert, für den es der Fabrikant erlangte, läßt er sich wieder ersetzen; ihn sonach und den Arbeitslohn ist das Fabrikat wert, wenn es aus seinen Händen in die Hände des Kaufmanns übergeht."[163] Wert der Ware und „Lohn" für die Arbeit zu ihrer Herstellung sind unter den Bedingungen vorkapitalistischer Warenproduktion identisch; diese unscharfe Begriffsverwendung hatte daher die frühe klassische politische Ökonomie nicht behindert.

FICHTE bezieht sich auf PETTY und CANTILLON und meint, das Korn könne

[161] Ebenda.
[162] Ebenda, S. 61.
[163] Ebenda, S. 30.

als Grundnahrungsmittel dadurch Maßstab für alle Werte sein, „daß es am leichtesten, d. h. mit dem wenigsten Aufwande von Zeit, Kraft, Kunstfertigkeit und Boden gewonnen wird“[164]. Wenn jeder im Austausch nur den von ihm geleisteten Aufwand vergütet erhalte, ergebe sich ein gewisser Gleichheitszustand, nimmt FICHTE an: „Keiner kann sich sonderlich bereichern, aber es kann auch keiner verarmen.“[165]

Im weiteren Verlauf der Untersuchung fragt FICHTE, ob die Existenz von nicht materiell Tätigen, die auch erhalten werden müssen, obwohl sie kein Produkt schaffen, die Proportionalität zerstöre. Der Staat sei „verbunden, den aus diesem Gleichgewichte des Verkehrs erfolgenden Zustand allen seinen Bürgern durch Gesetz und Zwang zuzusichern“.[166] FICHTE lehnt SMITH' Definition des Nationalreichtums ab, weil sie die Bereicherung einiger auf Grund des Kommandos über die Arbeit anderer einschließt. Er spricht vom „Wohlstand der *Nation*, nicht einiger Individuen, deren höchster Wohlstand oft das auffallendste Zeichen und der wahre Grund ist von dem höchsten Übelbefinden der Nation; er soll so ziemlich über alle in demselben Grade sich verbreiten“[167]. Unter diesem Grundsatz würde eine angemessene Versorgung der im Handel Tätigen die Proportionalität nicht verletzen. Ebenso wäre die Einführung von Abgaben an den Staat für Verwaltung, Verteidigung, Unterricht usw. „keineswegs Störung des aufgestellten Gleichgewichtes zwischen den verschiedenen Ständen und Individuen, sondern lediglich ein, jedoch unvermeidlicher, Abbruch an dem Wohlstande aller, den der öffentliche Beamte selbst ebensowohl mit tragen muß als alle übrigen Bürger“[168]. Man könne „annehmen, der Produzent und der Fabrikant müsse von seiner Ware, der Kaufmann von seiner Handelsbesoldung sich als für eine Schuld etwas im voraus wegnehmen lassen: es ist alles gleich, und das Resultat bleibt immer dasselbe. Nur der Abbruch am öffentlichen Wohlstande ist die wahre Last, welche von allen gemeinschaftlich getragen wird.“[169]

Eine Störung des Gleichgewichts, gibt FICHTE zu überlegen, könne vielleicht aus der Unsicherheit in der landwirtschaftlichen Produktion folgen. Da sich jedoch gute und schlechte Ernten über längere Zeit ausgleichen, sei dem Staat die Erhaltung des Gleichgewichts möglich. „Das natürlichste Verfahren dabei ist folgendes. Wer über das ihm angesetzte Quantum erbaut hat, meldet es beim Staate, der ihm den Überschuß nicht etwa auf der Stelle durch ein Äquivalent vergütet, woraus eine vermehrte Zirkulation und alle die Nachteile derselben erfolgen würden, sondern ihm diesen Überschuß nur *gutschreibt*, allenfalls zu seiner Sicherheit ihm einen Schein darüber ausstellt.“[170]

[164] Ebenda, S. 31.
[165] Ebenda, S. 33.
[166] Ebenda.
[167] Ebenda, S. 37.
[168] Ebenda, S. 39.
[169] Ebenda, S. 41.
[170] Ebenda, S. 43.

Da sich der Warenaustausch auf der Grundlage des Wertgesetzes vollziehe, meint FICHTE, könne das Geld, das nur einen bestimmten Wert repräsentiere, die Proportionalität ebenfalls nicht verletzen. Selbst das Sparen könne zu keiner Ungleichheit der Vermögen führen, weil sich volkswirtschaftlich die Sparbeträge der einen für eine spätere Konsumtion und die Ausgaben des Ersparten der anderen etwa gleich seien.

Nach dieser Darlegung seiner Grundsätze erklärt FICHTE, wie es zur sozialen Ungleichheit gekommen sei. Angesichts dieser Ungleichheit habe man „die Aufgabe des Staates bis jetzt nur einseitig und nur halb aufgefaßt als eine Anstalt, den Bürger in demjenigen Besitzstande, in welchem man ihn findet, durch das Gesetz zu erhalten. Die tiefer liegende Pflicht des Staates, jeden in den ihm zukommenden Besitz erst einzusetzen, hat man übersehen. Dieses letztere aber ist nur dadurch möglich, daß die Anarchie des Handels ebenso aufgehoben werde, wie man die politische allmählich aufhebt, und der Staat ebenso als Handelsstaat sich schließe, wie er in seiner Gesetzgebung und seinem Richteramte geschlossen ist."[171] Von diesem Standpunkt setze der liberale Staat nur die alte Politik fort, die Bereicherung weniger zuzulassen. „Alle Einrichtungen, welche den unmittelbaren Verkehr eines Bürgers mit dem Bürger eines anderen Staates erlauben oder voraussetzen, betrachten im Grunde beide als Bürger *eines* Staates und sind Überbleibsel und Resultate einer Verfassung, die längst aufgehoben ist, sind in unsere Welt nicht passende Teile einer vergangenen Welt. Jene Systeme, welche Freiheit des Handels fordern, jene Ansprüche, in der ganzen bekannten Welt kaufen und Markt halten zu wollen, sind aus der Denkart unserer Voreltern, für welche sie paßten, auf uns überliefert worden; wir haben sie ohne Prüfung angenommen und sie uns angewöhnt, und es ist nicht ohne Schwierigkeit, andere an ihre Stelle zu setzen."[172]

FICHTE versteht allerdings nicht, welche Gesetze der Bereicherung zugrunde liegen, die der Staat zuläßt. Er sucht sie nur in der Zirkulation. „Der Käufer sucht dem Verkäufer die Ware abzudrücken; darum fordert er Freiheit des Handels, d. h. die Freiheit für den Verkäufer, seine Märkte zu überführen, keinen Absatz zu finden und aus Not die Ware weit unter ihrem Wert zu verkaufen. Darum fordert er starke Konkurrenz der Fabrikanten und Handelsleute, damit er diese durch Erschwerung des Absatzes bei der Unentbehrlichkeit des baren Geldes nötige, ihm die Ware um jeden Preis, den er ihnen noch aus Großmut machen will, zu geben. Gelingt ihm dies, so verarmt der Arbeiter, und fleißige Familien verkommen im Mangel und Elende oder wandern aus von einem ungerechten Volke. Gegen diese Bedrückung verteidigt sich oder greift auch wohl auf den Vorrat an der Verkäufer durch die mannigfaltigsten Mittel, durch Aufkaufen, durch künstliche Verteuerung und dergleichen. Er setzt dadurch die Käufer in die Gefahr, ihre gewohnten Bedürfnisse plötzlich zu ent-

[171] Ebenda, S. 67.
[172] Ebenda, S. 67/68.

behren oder sie ungewöhnlich teuer zu bezahlen und in einer anderen Rücksicht darben zu müssen. Oder er bricht an der Güte der Ware ab, nachdem man ihm am Preise abbricht.“[173] Diese Sorgen der unmittelbaren Produzenten berühre jedoch nicht die Regierungen, die eine kameralistische Politik betrieben und „mehr auf die Erhaltung oder Erhöhung der zu ziehenden Abgaben und vermittelst derselben auf ihre kriegerische Macht gegen andere Staaten gesehen haben als auf die Sicherung des Zustandes der Untertanen“[174].

Kein Staat, stellt FICHTE fest, könne seinen Produzenten einen sicheren Absatz auf dem inneren oder äußeren Markt gegen fremde Konkurrenten sichern. Er müsse daher seine Handelsgrenzen generell schließen, im Lande durch eine entsprechende Wirtschaftspolitik die volkswirtschaftliche Proportionalität und damit eine wirtschaftliche Aufwärtsentwicklung im Interesse aller Menschen sichern.

FICHTEs Schrift fand damals wenig Aufnahme. Die liberalen Ökonomen lehnten sie wegen der unrealistischen wirtschaftspolitischen Vorstellungen ab. In jenen Kreisen, die durch die Verschärfung der sozialen Gegensätze aufgeschreckt wurden und von der Regierung ein milderndes Eingreifen erwarteten, stieß sie auf einige Zustimmung. Die eigentliche Bedeutung dieser Sozialutopie zu Beginn der bürgerlichen Umwälzung in Deutschland liegt jedoch nicht in der Frage, ob ein Staat sich von der kapitalistischen Weltentwicklung abschließen könne. FICHTE wies auf einige Folgen des Kapitalismus für die arbeitenden Menschen und auf die Notwendigkeit einer gerechteren Gesellschaftsordnung hin. Vor allem knüpfte er an die frühe klassische politische Ökonomie an, die noch die Interessen der unmittelbaren Produzenten zum Ausdruck brachte, während ihre späteren Theoretiker für die kapitalistische Ausbeutung eintraten.

FRANZ MEHRING bezeichnet FICHTE als einen revolutionären Denker, der das ungeheure Wagnis unternahm, mit der Gewalt seines Geistes eine ganze Nation umzuschaffen. „Ein Sozialist, zu dem man ihn hat machen wollen, ist Fichte deshalb nicht gewesen. Dieser Anspruch gründet sich namentlich auf seine Schrift über den geschlossenen Handelsstaat, doch hat sie mit dem Sozialismus nichts zu tun. Sie zeichnet vielmehr den altpreußischen Staat, so wie er nach den Forderungen der bügerlichen Vernunft hätte eingerichtet werden müssen. Fichte steht in ihr sogar den Bedürfnissen der modernen bürgerlichen Gesellschaft verständnislos gegenüber.“[175]

Dieses Urteil gilt auch heute noch. Aus dem Blickwinkel der Geschichte des Sozialismus interessiert FICHTE vor allem als großer Vertreter der klassischen deutschen Philosophie, die zu einer Quelle des Marxismus wurde. Aus der Sicht der Geschichte der politischen Ökonomie dagegen muß die ganze Breite der Resonanz der klassischen politischen Ökonomie in Deutschland untersucht

173 Ebenda, S. 72.

174 Ebenda, S. 79.

175 Franz Mehring, Deutsche Geschichte vom Ausgange des Mittelalters; Gesammelte Schriften, Bd. 5, Berlin 1964, S. 110.

werden. FICHTEs ökonomische Schrift, die in keiner der neueren marxistischen Darstellungen zur Geschichte der politischen Ökonomie behandelt wird, ist hier nur als ein Beispiel für den Nachhall der frühen klassischen politischen Ökonomie angeführt, ebenso wie SCHLETTWEIN, KRAUS, SARTORIUS und LUEDER nur als die bekanntesten Repräsentanten klassischer Ideen in Deutschland erfaßt sind. Damit ist lediglich ein Anfang gemacht; die Grundlinien des ökonomischen Denkens um die Wende vom 18. zum 19. Jahrhundert wurden lediglich angedeutet. Es bleibt der weiteren theoriegeschichtlichen Forschung vorbehalten, die Wirksamkeit der klassischen ökonomischen Vorstellungen vollständiger zu erfassen.

7. KAPITEL

Das erste Auftreten der Vulgärökonomie in Deutschland (Anfang des 19. Jhs.)

1. Zur Begründung der Vulgärökonomie in Frankreich

Marxistische Autoren gehen auf die deutschen Anfänge der Vulgärökonomie in den ersten beiden Jahrzehnten des 19. Jahrhunderts meist nicht ein. Da MARX vor allem die spätere deutsche Vulgärökonomie charakterisierte, sind sie offensichtlich der Meinung, daß eine Analyse der hier zu behandelnden Theorien unergiebig sei. Eine solche Schlußfolgerung wäre falsch. Denn die österreichischen Vertreter der Grenznutzentheorie knüpften in den siebziger Jahren gerade an die deutsche Vulgärökonomie vom Jahrhundertbeginn, besonders an deren sogenannte subjektive Werttheorie, die sie weiterführten, an. Seitdem gehört diese Werttheorie zum unverzichtbaren Bestandteil der bürgerlichen politischen Ökonomie. MARX hat die Grenznutzentheorie nicht mehr eingeschätzt. Hätte er sie einer Kritik unterzogen, so wäre er sicherlich auch auf die frühen Vertreter der sogenannten subjektiven Werttheorie eingegangen.

KURT BRAUNREUTHER spricht von der Aufnahme des französischen Vulgärökonomen SAY, „der, gemessen an der Zahl der Übersetzungen und Bearbeitungen, den *Hauptzug* der Rezeption westlicher Vulgärökonomie in Deutschland darstellte. Hatte aber die Saysche Variante westlicher Vulgärökonomie noch einen lebendigen Boden, dem sie diente, so mußten Says deutsche Bearbeitungen praktisch noch unter das Niveau ihres Originals fallen."[1] Er schreibt weiter: „Die politische Ökonomie war zu der Zeit bereits importierte Vulgärökonomie, und ihr verbreitetster Zug bestand in der Sayschen Variante, welche kleinbürgerlich-junkerlichen Modifikationen auch daran gehängt und welche miniaturkontroversenartigen Diatriben feierlich mit ihr betrieben wurden."[2]

BRAUNREUTHER traf diese Einschätzung im Zusammenhang mit seinen Forschungen zur Geschichte der Staatswissenschaften, die in diesem Buch nicht behandelt werden. Für seine Zwecke war sie ausreichend. Als Grundlage für die Charakteristik der frühen Vulgärökonomie in Deutschland wäre sie allerdings geeignet, falsche Vorstellungen zu erwecken.

Gemessen an der Zahl der Übersetzungen stellte SAYs System tatsächlich die weitestverbreitete Variante der *importierten* Vulgärökonomie dar. Wenn aber im manufakturkapitalistisch orientierten Deutschland der lebendige Boden für

[1] Kurt Braunreuther, Zur Geschichte des staatswissenschaftlichen Faches an der Humboldt-Universität zu Berlin im ersten Halbjahrhundert ihres Bestehens; in: Wissenschaftliche Zeitschrift der Humboldt-Universität zu Berlin, Gesellschafts- und sprachwiss. Reihe, IX (1959/60), 4, S. 432.

[2] Ebenda, S. 434.

die Theorie SAYs, eines Vertreters der Industriebourgeoisie, fehlte und trotzdem nur SAY-Modifikationen unter den Ökonomen kursierten, so wären zwei Annahmen möglich. Entweder gaben die ökonomischen Verhältnisse noch immer den lebendigen Boden für die Verbreitung der *klassischen* politischen Ökonomie des ADAM SMITH ab, so daß unterstellt werden müßte, es habe seit dem letzten Jahrzehnt des 18. Jahrhunderts keine wesentlichen Änderungen in der Stellung zu SMITH gegeben, oder aber es fehlte der deutschen Bourgeoisie überhaupt zu jener Zeit das Bedürfnis, ihre ökonomischen Interessen ideologisch zu artikulieren. Beide Annahmen entsprechen nicht der Realität.

Der ersten Annahme ist schon deshalb nicht zuzustimmen, weil jede nationale Resonanz einer international wirksamen Theorie bis zu einem bestimmten Grad von der Stellung dieser Theorie in den wirtschaftlich und politisch führenden Ländern abhängt. Wird die bisher rezipierte Theorie international angefochten, so werden selbstverständlich deren Gegner innerhalb der eigenen Landesgrenzen ideologisch gestärkt. Da die welthistorischen Prozesse jener Zeit Deutschland in den Strudel europäischer Ereignisse hineingezogen hatten, wurde es nun unmöglich, daß sich deutsche Ökonomen in der Parteinahme für ausländische Ideen einige Jahrzehnte Verzug leisten konnten, wie das im 18. Jahrhundert bei der Rezipierung zum Teil BOISGUILLEBERTscher und vor allem QUESNAYscher Auffassungen zu beobachten war. SMITH' klassische politische Ökonomie war zu Beginn des 19. Jahrhunderts in England und Frankreich bereits den heftigsten Angriffen ausgesetzt. Diese antiklassischen Schriften fanden in Deutschland Übersetzer und Befürworter. Zwar blieben einige SMITH-Anhänger – zum Beispiel STEIN und AUERSWALD, um Vertreter der preußischen Reformbestrebungen zu nennen – ihrem großen Lehrer treu, aber andere gingen teilweise zu SAY über. SMITH, dessen Theorie bisher die beste Argumentation für die freihändlerischen Interessen der Großbourgeoisie und des Junkertums lieferte, war also nicht mehr unangefochten.

Aber auch die zweite Annahme, in Deutschland sei zu Beginn des 19. Jahrhunderts die soziale Auseinandersetzung abgeklungen, widerspricht eklatant den Tatsachen. Man beachte nur, was der junge ENGELS über die deutsche Reaktion auf die französische Revolution sagt: „Aber diese Begeisterung war von deutscher Art, sie war rein metaphysisch, sie sollte nur den Theorien der französischen Revolutionäre gelten. Sobald diese Theorien durch das Gewicht und die Fülle der Tatsachen in den Hintergrund geschoben wurden, sobald das Übereinkommen des französischen Hofes mit dem französischen Volk trotz des theoretischen Bündnisses auf Grund der theoretischen Verfassung von 1791 in der Praxis unmöglich wurde, sobald das Volk seine Souveränität durch den '10. August' [1792, als der König gestürzt wurde] praktisch geltend machte, und als überdies am 31. Mai 1793 diese Theorie durch den Sturz der Girondisten gänzlich zum Verstummen gebracht wurde – da verwandelte sich diese Begeisterung Deutschlands in einen fanatischen Haß gegen die Revolution. Natürlich hatte diese Begeisterung nur solchen Aktionen wie der Nacht des 4. August 1789 gelten sollen, als der Adel auf seine Privilegien verzichtete, aber die guten Deutschen dachten niemals an solche Aktionen, deren praktische Konsequenzen sich stark von den Schlußfolgerungen unterschieden, die wohlmeinende Theoretiker ziehen konnten. Die Deutschen waren nie gewillt gewesen, diese Konsequenzen gutzuheißen, die für viele Parteien, wie wir alle sehr wohl wissen, ziemlich ernsthaft und unangenehm waren. So wurde die ganze Masse, die anfänglich ein begeisterter Freund der Revolution gewesen war, nun ihr größter Gegner, und da sie natürlich durch die servile deutsche Presse die entstelltesten Nachrichten aus Paris erhielt, gab sie ihrem alten ruhigen heiligen römischen Dunghaufen den Vorzug vor der gewaltigen Aktivität eines Volkes, das die Ketten der Sklaverei mit starker Hand abwarf und allen Despoten, Aristokraten und Priestern seine Herausforderung ins Gesicht schleuderte."[3]

Die ideologische Auseinandersetzung hatte sich also infolge der französischen Vorgänge beträchtlich belebt. Auf der einen Seite stand die kleine Gruppe deutscher Jakobiner, auf der anderen Seite eine wachsende Zahl von Revolutionsgegnern. Die antirevolutionären Schriften nahmen zu und beeinflußten die Entwicklung der sozialen Auffassungen in Deutschland maßgebend. Für die Geschichte der Ideologie und besonders der Sozialauffassungen spielen die damaligen Geschehnisse eine wichtige Rolle. Über die allgemeine Ideologie wirkten sie auch auf das ökonomische Denken.

Aber dieser Einfluß darf nicht überbewertet werden. Denn für die ökonomischtheoretische Auseinandersetzung gab es Probleme, die unmittelbarer waren und wesentlich die materiellen Interessen der einzelnen Klassen und Schichten berührten.

Die preußischen Reformen veränderten nämlich direkt die wirtschaftlichen Verhältnisse. „Erste entscheidende Ergebnisse für die Durchsetzung der freien kapitalistischen Konkurrenz in Handel und Gewerbe brachte die Proklamation der Gewerbefreiheit: Der Zunftszwang fiel, Konzessions- und Privilegienwesen nahmen ein Ende. Bourgeoisie und Kleinbürgertum erhielten das Recht der städtischen Selbstverwaltung. Die jüdischen Staatsbürger wurden im Sinne der Religionsfreiheit emanzipiert. Der Staatsapparat wurde durch Zentralisation und Einführung von Fachministerien umgestaltet."[4]

Der Beginn der bürgerlichen Umwälzung in Preußen führte dazu, daß die allgemeine Gewerbefreiheit nicht mehr nur eine theoretische Zielvorstellung war. Die Untersuchung ihrer praktischen Auswirkungen auf die wirtschaftliche Lage der einzelnen Klassen und Schichten erforderte stärker als bisher die Berücksichtigung der tatsächlichen Verhältnisse. Wie im vorigen Kapitel gezeigt wurde, hatten sich SCHLETTWEIN, KRAUS, SARTORIUS und LUEDER noch als „Schüler" von QUESNAY und SMITH betrachten können, die das theoretische Ziel am besten

[3] Friedrich Engels, Deutsche Zustände; in: MEW, Bd. 2, Berlin 1957, S. 567/568.

[4] Klassenkampf – Tradition – Sozialismus. Von den Anfängen der Geschichte des deutschen Volkes bis zur Gestaltung der entwickelten sozialistischen Gesellschaft in der Deutschen Demokratischen Republik. Grundriß, Berlin 1974, S. 214.

formuliert hatten. Aber jetzt wäre es unmöglich gewesen, nur einen ausländischen Theoretiker – beispielsweise SAY – mehr oder minder gut abzuschreiben und zu propagieren, weil auf diese Weise die eigenen Interessen nicht wirksam genug artikuliert werden konnten.

Wie wenig die Verbreitung kleinbürgerlich-junkerlicher SAY-Modifikationen den damaligen deutschen Verhältnissen entsprochen hätte, mag an zwei Beispielen angedeutet werden.

Die Reformen unter STEIN und HARDENBERG brachten die Lösung des Widerspruchs zwischen Kapitalismus und Feudalismus voran. Die Feudalklasse verlor dadurch an Boden. Ihre ökonomisch-theoretischen Wortführer richteten deshalb heftige Angriffe gegen ADAM SMITH, in dem sie den eigentlichen Hauptstreiter für die Auflösung aller überkommenen sozialen Bindungen erblickten. So hielt ADAM MÜLLER, auf den später noch näher eingegangen wird, 1808/09 in Dresden vor Staatsmännern und Diplomaten Vorlesungen, in denen er sagte, „Die Systeme unsrer Staatswirte streben danach, die Produktion der Sachen für sich zu vermehren und zu vervielfältigen; und da ihnen Adam Smith bewiesen hat, daß dies um so mehr erreicht wird, je mehr man die Produktion sich selbst überläßt, je mehr man alle Hindernisse aus dem Wege räumt und jeder Produktion ihre Freiheit gibt, je mehr man sich nur darauf beschränkt, den Verkehr durch Kanäle, Landstraßen, prompte Justiz usw. zu erleichtern: so sind sie jetzt an mehreren Orten damit beschäftigt, alle sogenannten Hindernisse der Gewerbe und des Reichtums, als da sind Unveräußerlichkeitsrechte, Adelsrechte, Zünfte, Innungen usw., aufzuheben und dergestalt alle Schranken fortzuschaffen, welche der Vermehrung und der Vervielfältigung der Sachenproduktion, worauf jenen Staatswirten die Welt zu ruhen scheint, hinderlich sind. Da entsteht nun – natürlicherweise in der Theorie – ein Reichtum, der sich nicht garantieren kann . . . Wenn ein solcher Staat und alles Recht und aller Reichtum mit ihm, über den Haufen geworfen ist: – wird es dann seinen Bürgern, den plötzlich Verarmten, zur Satisfaktion gereichen, daß das Recht und der Reichtum ehemals auf eine Weile und auf solange es niemand im großen und ganzen anzutasten wagte, eifrigst gepflegt worden ist?"[5]

MÜLLER sieht nicht zu Unrecht in SMITH den damals noch immer wirksamsten antifeudalen Ökonomen. Wichtig ist in unserem Zusammenhang, daß er seine antiklassischen Angriffe nicht mehr allein auf der Grundlage der traditionellen ökonomischen Theorie der Feudalklasse, ausgehend von der kameralistischen Konzeption, führen konnte. Es versteht sich aber auch ohne weiteres, daß die Fehde gegen den antifeudalen SMITH nicht mit Hilfe der Theorie des antifeudalen SAY ausgetragen werden konnte. Die Ideologen der Feudalklasse konnten also theoretisch nichts gewinnen, wenn sie lediglich SAY „modifizierten".

STEINs Pläne, die politische Macht des Adels auf dem Lande einzuschränken und eine konstitutionelle Verfassung proklamieren zu lassen, scheiterte schon

[5] Adam Müller, Elemente der Staatskunst, Jena 1922, Bd. 1, S. 356/357.

1808 an der konservativen Haltung des preußischen Königs und am Widerstand des Feudaladels. Die Existenz des Adels war in dem keineswegs revolutionären Deutschland unmittelbar gar nicht gefährdet. Daher spielte die feudale Reaktion auf SMITH auch nur eine Nebenrolle. Ein zweites Beispiel ist deshalb aussagekräftiger.

Mit der Einführung der allgemeinen Gewerbefreiheit geriet vor allem die kleinbürgerliche Produktion in die Gefahr, ohne zünftigen und landesherrlichen Schutz der in- und ausländischen Konkurrenz großer Manufakturen und Fabriken zum Opfer zu fallen. Da sich die Reformer auf SMITH beriefen, mußten ihre kleinbürgerlichen Kritiker versuchen, die Fehlerhaftigkeit des SMITHschen Systems nachzuweisen. Dabei hätte ihnen ein schlechtes Abschreiben und Bearbeiten der SAYschen Lehrbücher nichts geholfen, denn SAY war ebenso wie SMITH ein glühender Verteidiger der freien Konkurrenz. Die kleinbürgerlich-kritische Literatur stellte damals den Hauptanteil an den bürgerlichen ökonomischen Schriften.

Wie im folgenden gezeigt wird, übernahmen die deutschen Vulgärökonomen von verschiedenen französischen und englischen Vulgärökonomen einzelne Vorstellungen. Ganze Systeme konnten sie nicht abschreiben, weil sich diese bereits an frühen industriekapitalistischen Verhältnissen orientierten, während die Reformen in Preußen noch immer vorrangig den Manufakturkapitalismus förderten. Aber die vulgärökonomische Betrachtungsweise und apologetische Überlegungen der ausländischen Systeme wurden von deutschen Ökonomen entlehnt, deren Schriften in ihrer Mehrzahl unter dem Niveau eines SAY standen. Doch es war kein Niveauunterschied zwischen Original und Bearbeitung. Eine solche Annahme würde unterstellen, daß sich in Deutschland bereits der Industriekapitalimus entwickelte; dieser setzte aber erst später ein.

Da SAYs Theorie nicht übernommen wurde, aber dennoch einen beträchtlichen Einfluß ausübte, werden zum besseren Verständnis der späteren Abschnitte einige Grundzüge der SAYschen Vulgärökonomie behandelt. Es wird nicht der Anspruch erhoben, alle wichtigen Seiten zur Sprache zu bringen.

Der Hintergrund für das Aufkommen der Vulgärökonomie

Die klassische politische Ökonomie der Bourgeoisie von ihren Anfängen bis zu ADAM SMITH' „Wealth of Nations" war das Ergebnis der siegreichen englischen Revolution, die eine verstärkte Entfaltung des Manufakturkapitalismus eingeleitet hatte. Für den wissenschaftlichen Charakter dieser politischen Ökonomie war der Umstand ausschlaggebend, daß die nun vorherrschenden kapitalistischen Produktionsverhältnisse den Produktivkräften genügend Entwicklungsmöglichkeiten im Interesse sowohl der Bourgeoisie und der Grundeigentümer als auch der arbeitenden Bevölkerung boten. Solange die sozialen Widersprüche, vor allem der grundlegende Widerspruch zwischen Bourgeoisie und Arbeiterklasse, das gemeinsame Interesse an der Überwindung des europäischen Feudalismus durch eine beschleunigte Entwicklung der kapitalistischen Produktionsweise nicht in

Frage stellten, fand die wissenschaftliche politische Ökonomie der Bourgeoisie auch keine Gegner im antifeudalen Lager.

Ein Vierteljahrhundert nach dem ersten Erscheinen der „Wealth of Nations" begannen sich jedoch grundlegende Bedingungen zu ändern. Wie in der gesamten bisher betrachteten Geschichte des ökonomischen Denkens theoretische Wenden immer von tiefgreifenden sozialen Prozessen ausgingen, so war es auch nun wieder. Auf die folgende Entwicklung der politischen Ökonomie nahmen zwei Revolutionen einen grundsätzlichen Einfluß, eine politische Revolution und eine Revolution, die ihren Ausgang im Bereich der Produktivkräfte nahm. Beide Revolutionen ermöglichten einen beschleunigten Aufstieg des europäischen Kapitalismus, sie führten mit diesem Aufstieg aber auch schon zu einer ersten, sichtbaren Zuspitzung der sozialen Widersprüche im nun einsetzenden politischen und ökonomischen Klassenkampf zwischen der Bourgeoisie und dem sich formierenden Proletariat.

Die politische Revolution, nämlich die französische Revolution von 1789, erschloß dem europäischen Kapitalismus größere Entfaltungsmöglichkeiten, da nach der englischen Bourgeoisie nun auch die französische Bourgeoisie die feudalen Fesseln verlor und die übrigen europäischen Länder günstigere Bedingungen für ihren Kampf gegen den Feudalismus erhielten.

Im Ergebnis dieser Revolution begann sich jedoch sehr bald anzudeuten, daß das von bürgerlichen Philosophen und Ökonomen verkündete und von den Revolutionären angestrebte „Reich der Vernunft weiter nichts war als das idealisierte Reich der Bourgeoisie; daß die ewige Gerechtigkeit ihre Verwirklichung fand in der Bourgeoisjustiz; daß die Gleichheit hinauslief auf die bürgerliche Gleichheit vor dem Gesetz; daß als eines der wesentlichsten Menschenrechte proklamiert wurde – das bürgerliche Eigentum"[6]. ENGELS schreibt: „Der Gegensatz von reich und arm, statt sich aufzulösen im allgemeinen Wohlergehn, war verschärft worden durch die Beseitigung der ihn überbrückenden zünftigen und andren Privilegien und der ihn mildernden kirchlichen Wohltätigkeitsanstalten; ... der Aufschwung der Industrie auf kapitalistischer Grundlage erhob Angst und Elend der arbeitenden Massen zu einer Lebensbedingung der Gesellschaft."[7]

Die beginnende Desillusionierung fand ihren ersten politischen Niederschlag 1796 in der „Verschwörung der Gleichen" unter Führung von FRANÇOIS NOËL BABEUF und FILIPPO BUONAROTTI, die die revolutionäre Forderung nach Gleichheit nicht nur als bürgerliche Gleichheit vor dem Gesetz verstanden, die darüber hinaus nicht nur eine gerechtere Verteilung, sondern die Vergesellschaftung der Produktionsmittel vorsahen. Sie hatten aus dem Sturz der Jakobinerdiktatur auf die Unvereinbarkeit bürgerlicher und sozialistischer Revolutionsziele geschlossen und auch praktische Konsequenzen gezogen. In den Augen der Zeit-

[6] Friedrich Engels, Die Entwicklung des Sozialismus von der Utopie zur Wissenschaft, in: MEW, Bd. 19, Berlin 1962, S. 190.
[7] Ebenda, S. 192.

genossen blieb diese Verschwörung jedoch nur eine Episode unter vielen bewegenden Ereignissen.

Nachdrücklicher kündigte sich der für den Kapitalismus charakteristische Klassengegensatz zwischen Bourgeoisie und Proletariat in der Entwicklung der Produktivkräfte an. Die nun einsetzende industrielle Revolution schuf die modernen Klassen der Industriebourgeoisie und des Industrieproletariats, das schon während seiner Herausbildung deutliche Zweifel an der Gültigkeit der bürgerlichen Phrase von der industriellen Entwicklung zum Wohle aller Gesellschaftsmitglieder äußerte. Bereits 1792 hatten die Pariser Bandarbeiter von der Nationalversammlung die Unterdrückung der mechanischen Webstühle gefordert, die, wie sie feststellten, „die Fabrikation verschlechtern und 100000 Arbeitern im Königreich die Arbeit nehmen". In Sedan setzten 1803 die Tuchscherer der Einführung der Maschinen einen solchen Widerstand entgegen, daß die Fabrikanten für ihre Betriebe und ihr Leben fürchteten.[8]

Diese Situation, in der die damalige Industriebourgeoisie durch ihre historische Mission, den Kapitalismus auf industrieller Basis zu entwickeln und weltweit durchzusetzen, eine grundsätzliche, auch im Interesse des Proletariats liegende Aufgabe erfüllte und dabei die aufkommenden Zweifel an der angeblichen Harmonie der neuen Gesellschaftsordnung unterdrückte, prägte die Entwicklung der politischen Ökonomie nach Adam Smith auf dem europäischen Kontinent.

Diese Entwicklung ist vor allem charakterisiert durch den Bruch mit der Arbeitswerttheorie der klassischen politischen Ökonomie. Die dadurch ausgelöste theoriegeschichtliche Wende hing damit zusammen, daß die durch die industrielle Revolution erfolgende Einführung der Maschine die historische Beschränktheit der kapitalistischen Warenproduktion, den wachsenden Widerspruch zwischen der Entwicklung der gesellschaftlichen Produktivkräfte und den diese behindernden privatkapitalistischen Produktionsverhältnissen, bereits zu einer Zeit deutlich werden ließ, als der Kapitalismus sich noch in seiner progressiven, antifeudalen Entwicklungsphase befand.

Marx schreibt über die mit der industriellen Revolution aufkommenden neuen Fragen in den „Grundrissen": „In dem Maße aber, wie die große Industrie sich entwickelt, wird die Schöpfung des wirklichen Reichtums abhängig weniger von der Arbeitszeit und dem Quantum angewandter Arbeit, als von der Macht der Agentien, die während der Arbeitszeit in Bewegung gesetzt werden" und deren Leistungsfähigkeit „selbst wieder in keinem Verhältnis steht zur unmittelbaren Arbeitszeit, die ihre Produktion kostet, sondern vielmehr abhängt vom allgemeinen Stand der Wissenschaft und dem Fortschritt der Technologie, oder der Anwendung dieser Wissenschaft auf die Produktion. . . . Der wirkliche Reichtum manifestiert sich vielmehr – und dies enthüllt die große Industrie – im ungeheuren Mißverhältnis zwischen der angewandten Arbeitszeit und ihrem Produkt, wie

[8] Vgl. Henri Sée: Französische Wirtschaftsgeschichte, Bd. 2, Jena 1936, S. 191.

ebenso im qualitativen Mißverhältnis zwischen der auf eine reine Abstraktion reduzierten Arbeit und der Gewalt des Produktionsprozesses, den sie bewacht."[9]

Die utopischen Sozialisten hatten aus dem Mißverhältnis zwischen der auf eine Abstraktion reduzierten Arbeit und der wachsenden Gewalt des Produktionsprozesses abgeleitet, daß der auf Privateigentum an Produktionsmitteln begründete Kapitalismus nur eine historische Entwicklungsstufe für die Produktivkräfte darstelle und die Eigentums-, Produktions- und Verteilungsverhältnisse entsprechend den industriellen Produktivkräften grundsätzlich geändert werden müßten. Für diese Forderung gab Marx später die wissenschaftliche Begründung; er überwand die Grenzen der klassischen Arbeitswerttheorie, führte den Wert der Ware auf die historische Kategorie der abstrakten menschlichen Arbeit zurück und bewies die Notwendigkeit, das kapitalistische Privateigentum durch gesellschaftliches Eigentum zu ersetzen.

Die Ökonomen, die dagegen den Standpunkt der jungen Industriebourgeoisie einnahmen, stellten die Frage, ob es überhaupt richtig sei, mit der Arbeitswerttheorie gerade dem Arbeiter die bestimmende Rolle im Wertbildungsprozeß zuzugestehen. Einerseits haben, wie Marx schreibt, die bürgerlichen Theoretiker sehr gute Gründe, der Arbeit sogar „*übernatürliche Schöpfungskraft* anzudichten; denn grade aus der Naturbedingtheit der Arbeit folgt, daß der Mensch, der kein andres Eigentum besitzt als seine Arbeitskraft, in allen Gesellschafts- und Kulturzuständen der Sklave der andern Menschen sein muß, die sie zu Eigentümern der gegenständlichen Arbeitsbedingungen gemacht haben"[10]. Anderseits ließen sich solche frühen proletarischen Aktionen wie die Maschinenstürmerei damit rechtfertigen, daß nach der Arbeitswerttheorie ja der Arbeiter den Wert schaffe und daß sein Interesse für die gesamte Gesellschaft grundlegend sei.

Die Ideologen der Industriebourgeoisie beantworteten die Frage von ihrem Klassenstandpunkt aus. Sie behielten in der ersten Hälfte des 19. Jahrhunderts die Auffassung bei, daß Arbeit Wert schaffe; aber unter Arbeit verstanden sie Mitwirkung an der Güterherstellung von seiten der Arbeiter, der Unternehmer, des Wassers und Dampfs, der Maschine usw. Sie gaben also die Arbeitswerttheorie auf und verzichteten somit auf die Untersuchung innerer Zusammenhänge der bürgerlichen Gesellschaft.

Der Verzicht auf tiefere Analysen führte dazu, daß die ökonomischen Lehrbücher leichter faßlich, aber meist auch steril wurden. Das im Vergleich zur klassischen politischen Ökonomie viel niedrigere Anspruchsniveau zog naturgemäß mittelmäßige Schriftsteller an, die nun mühe- und skrupellos Kompendien fabrizierten. So entstand jene von Marx charakterisierte „Vulgärökonomie, die sich nur innerhalb des scheinbaren Zusammenhangs herumtreibt, für eine plausible Verständlichmachung der sozusagen gröbsten Phänomene und den bürger-

[9] Karl Marx, Grundrisse der Kritik der politischen Ökonomie, Berlin 1974, S. 592.

[10] Karl Marx, Randglossen zum Programm der deutschen Arbeiterpartei, in: MEW, Bd. 19, Berlin 1962, S. 15.

lichen Hausbedarf das von der wissenschaftlichen Ökonomie längst gelieferte Material stets von neuem wiederkaut, im übrigen aber sich darauf beschränkt, die banalen und selbstgefälligen Vorstellungen der bürgerlichen Produktionsagenten von ihrer eignen besten Welt zu systematisieren, pedantisieren und als ewige Wahrheiten zu proklamieren"[11].

Führender Vertreter der französischen liberalen Industriebourgeoisie in der politischen Ökonomie der ersten Hälfte des 19. Jahrhunderts war Jean Baptiste Say, dessen „Traité d'économie politique" 1803 in der ersten Auflage erschien. Angesichts der schnellen Entwicklung des Industriekapitalismus sah sich Say mehrmals veranlaßt, neue Erscheinungen zu interpretieren und die Ergebnisse aus den Diskussionen unter den damals namhaften Ökonomen in seine Überarbeitungen einfließen zu lassen. So erschien 1814 eine zweite Auflage, nachdem Napoleon, gegen den er aufgetreten war, ihn nicht mehr zum Schweigen verurteilen konnte. 1817, als Ricardos klassisches Werk erschien, erlebte Says Buch seine dritte Auflage; 1841 erschien bereits die sechste Auflage. Es wurde in viele Sprachen übersetzt.

Von den verschiedenen französischen und englischen ökonomischen Lehrbüchern wurden in Deutschland Says Abhandlungen bevorzugt. Hatte Ludwig Heinrich Jakob 1807 eine Übersetzung nach der ersten französischen Auflage herausgebracht, so veröffentlichte Carl Eduard Morstadt 1818/1819 seine nach der dritten französischen Auflage angefertigte Übertragung, die 1827 und 1830 in der zweiten und dritten Auflage erschien. 1829 bis 1831 erschienen zwei weitere Übersetzungen von J. v. Theobald und Rüder/Sporschil; 1845/1846 kam Max Stirners Übertragung heraus.

Die große Nachfrage war Ausdruck eines sprunghaft zugenommenen Interesses für politische Ökonomie. Einer der Übersetzer schreibt: „Mit lebhaftem Interesse vernahm hier der Landwirt, der Kaufmann, der Manufakturist und der Rechtsgelehrte zum ersten Mal die Sprache der Allverständlichkeit aus dem Mund einer Wissenschaft, deren wahrer Beruf es ist, nicht bloß ihrem Priester bei nächtlicher Studienlampe Orakel einzuflößen, sondern eine Vertraute der Fürsten, eine Lehrerin der Völker und eine Dolmetscherin der Weltgeschichte zu sein."[12]

Says Werk erfüllte eine wichtige Aufgabe; es verbreitete die politische Ökonomie als eine allen zugängliche Wissenschaft, ohne die kein Geschichts- und Zeitereignis mehr zu ergründen war. Er setzte die breite ökonomisch-aufklärerische Einflußnahme auf das lesende Publikum in Deutschland fort, dem sich Schlettwein bereits mit großer Intensität gewidmet hatte, als der geistige Boden für die junge ökonomische Wissenschaft bereitet werden mußte. Nicht die für den Vorlesungsgebrauch verfaßten Schriften von Kraus, Sartorius und Lueder hatten diese Wirkung, sondern Says ökonomisches Handbuch für jedermann war für eine solche Verbreitung geschaffen.

[11] Karl Marx, Das Kapital, Erster Band, in: MEW, Bd. 23, Berlin 1962, S. 95.

[12] Carl Eduard Morstadt, Vorrede des Übersetzers, in: Johann Baptist Say, Darstellung der Nationalökonomie oder der Staatswirthschaft, Bd. 1, Heidelberg 1818, S. VI.

Der gegenwärtige Betrachter muß das *damalige* Interesse aus der entsprechenden Situation erklären; er darf nicht von der *heutigen* Rolle SAYscher Vorstellungen in der bürgerlichen politischen Ökonomie ausgehen. Bevor auf einige Grundzüge der SAYschen Ökonomie eingegangen wird, müssen deshalb die verschiedenen Motive angeführt werden, die die Verbreitung dieser Theorie in Deutschland förderten. Dies ist auch deshalb nötig, weil Interesse für SAYs Auffassungen keineswegs Interessenvertretung durch SAYs Theorie bedeutete.

MARX schreibt: „McCulloch ist ganz einfach ein Mann, der mit der R[icardo]-schen Ökonomie Geschäfte machen wollte, was ihm auch in bewunderungswürdiger Art gelungen ist. Ganz wie Say Geschäfte mit Smith machte, bloß daß er wenigstens das Verdienst hatte, es in eine gewisse formelle Ordnung zu bringen, und hin und wieder sich, außer seinen Mißverständnissen, auch theoretische Skrupel erlaubt."[13] Der Umstand, daß SAY in SMITH' politische Ökonomie „eine gewisse formelle Ordnung" brachte, darf nicht unterschätzt werden; er spielte damals eine große Rolle. Hochschullehrer empfahlen den Studenten SAYs Lehrbuch, auch wenn sie nicht mit diesem übereinstimmten, weil die Studenten sich den Stoff „geordnet" aneignen konnten und zudem auch auf „theoretische Skrupel", d. h. Problemstellungen, hingewiesen wurden. SAY lieferte also ein Lehrbuch für Anfänger.

Eine weitere Bemerkung von MARX ist zur Erklärung des damaligen SAY-Interesses aufschlußreich. MARX vergleicht SAY mit dem späteren, äußerst flachen Vulgärökonomen BASTIAT. „In demselben Maß, wie die Ökonomie in die Tiefe geht, stellt sie nicht nur selbst Gegensätze dar, sondern tritt ihr ihr Gegensatz als solcher gegenüber, gleichseitig mit der Entwicklung der realen Gegensätze im ökonomischen Leben der Gesellschaft. In demselben Maß wird die Vulgärökonomie mit Bewußtsein *apologetischer* und sucht die Gedanken, darin die Gegensätze, in forcierter Weise wegzuschwatzen. SAY erscheint daher noch als ein Kritiker und parteilos – weil er in Smith die Gegensätze noch relativ unentwickelt findet – gegenüber z. B. BASTIAT, dem Harmoniker und Apologeten von Profession, der allerdings sowohl in der Ric[ardo]schen Ökonomie den Gegensatz innerhalb der Ökonomie selbst ausgearbeitet, wie im Sozialismus und den Zeitkämpfen sich ausarbeitend vorfand. Es kommt hinzu, daß die Vulgärökonomie auf ihren früheren Stufen den Stoff noch nicht ganz bearbeitet findet, also noch selbst mehr oder minder an der Lösung der ökonomischen Probleme vom Standpunkt der Ökonomie mitarbeitet, wie Say z. B., während ein Bastiat nur zu plagiieren und die *unangenehme* Seite der klassischen Ökonomie wegzuräsonieren hat."[14]

In Deutschland war die ideologische Auseinandersetzung bereits so weit entwickelt, daß Interesse für die Probleme des frühen Industriekapitalismus er-

[13] Karl Marx, Theorien über den Mehrwert, Dritter Teil, in: MEW, Bd. 26.3, Berlin 1968, S. 171, (dort z. T. hervorgehoben).

[14] Ebenda, S. 492.

wachte, obwohl dieser hier noch nicht ausgebildet war. Daher war auch ein Motiv für das SAY-Studium die Tatsache, daß der französische Autor „selbst mehr oder minder an der Lösung der ökonomischen Probleme" vom Standpunkt der wissenschaftlichen Ökonomie teilnahm. Die ideologische Auseinandersetzung war noch nicht so weit gediehen, daß sich der Klassengegensatz in der sozialistischen Bewegung und in den Zeitkämpfen herausgearbeitet hatte. Deshalb berührte viele Leser weniger die im Ansatz vorhandene apologetische Seite, zumal sie auch noch nicht dazu führte, die Gegensätze „in *forcierter* Weise wegzuschwatzen".

Die beiden genannten Motive – das Interesse der Anfänger für die formelle Ordnung der politischen Ökonomie und die Aufgeschlossenheit für die wissenschaftliche Weiterentwicklung – sind vielfach bezeugt von deutschen Autoren. Ein drittes – nicht ausgesprochenes – Motiv darf jedoch nicht vergessen werden. MARX stellt fest: „Erst sobald die politische Ökonomie eine gewisse Breite der Entwicklung erlangt hat – also nach Smith – und sich feste Formen gegeben, scheidet sich das Element in ihr, das bloße Reproduktion der Erscheinung als Vorstellung von derselben, ihr Vulgärelement von ihr ab als besondre Darstellung der Ökonomie. So ist [bei] Say die Abscheidung der Vulgärvorstellungen, die A. Smith durchlaufen, als eigne Kristallisation daneben festgesetzt. Mit Ric[ardo] und der durch ihn weiter begründeten Ausbildung der Ökonomie erhält auch der Vulgärökonom neue Nahrung (da er nichts selbst produziert), und je mehr die Ökonomie ihren Abschluß erreicht, also in die Tiefe geht und sich als ein System des Gegensatzes entwickelt, um so selbständiger tritt ihr ihr eignes Vulgärelement, bereichert mit Stoff, den es in seiner Weise zurechtmacht, gegenüber, bis es endlich als gelehrt-synkretistische und charakterlos-eklektische Kompilation seinen besten Ausdruck findet."[15]

Der Betrachter der heutigen Vulgärökonomie sieht nur noch die „charakterlos-eklektische Kompilation", in der SAYsche Vulgärelemente eingebaut sind und ihre apologetische Funktion ausüben. In diesen Elementen – für sich genommen – argumentiert „Say mit seinem charakteristischen Tiefsinn"[16]. Aber die Leser zum Beginn des 19. Jahrhunderts nahmen diese Elemente nicht für sich. Sie ließen sie entweder beiseite, weil sie sich nur für die „theoretischen Skrupel" und den Beitrag zur „Lösung der ökonomischen Probleme" vom Standpunkt der wissenschaftlichen Ökonomie interessierten, oder sie waren aufgeschlossen für den *Prozeß*, in dem sich das Vulgärelement abscheidet. Letztere Gruppe umfaßt die feudalen und kleinbürgerlichen SMITH-Gegner. Diese verfolgten aufmerksam bei SAY, wie man SMITH angreifen und korrigieren kann. Mit dem Ergebnis der Kritik, das industriebourgeois-antifeudal und antiklassisch zugleich war, identifizierten sie sich nicht, weil sie entweder profeudal oder antiindustriell auftraten, aber der methodische antiklassische Ansatz wurde zur Kenntnis genommen und für die deutsche Polemik gegen SMITH ausgebeutet.

[15] Ebenda, S. 491/492.

[16] Karl Marx, Theorien über den Mehrwert, Erster Teil, in: MEW, Bd. 26.1, Berlin 1965, S. 238/239.

Diese Bemerkungen waren notwendig, weil jede Zeit und jede Klasse ihr eigenes SAY-Bild entwickelt. Die kleinbürgerlichen SMITH-Kritiker am Anfang des 19. Jahrhunderts standen SAY anders gegenüber als die MARX-Gegner der Industriebourgeoisie im letzten Viertel des 19. Jahrhunderts usw. Im folgenden geht es daher nicht um *das* SAY-Bild, das es gar nicht gibt, sondern um eine marxistische Interpretation jener Züge der SAYschen politischen Ökonomie, die für die Herausbildung der Vulgärökonomie in Deutschland wichtig waren.

SAYS politische Ökonomie

SAY verbreitete nicht, wie frühere SMITH-Anhänger, nur die Grundgedanken des „Wealth of Nations“, er unterzog das klassische Werk einer Revision, übernahm einige wichtige, für die Bourgeoisie weiterhin gültige Erkenntnisse und paßte andere Aussagen den neuen ökonomischen und politischen Bedingungen an. Vor allem drei fundamentale Prinzipien der klassischen politischen Ökonomie übernahm er als Grundlage für seine ökonomische Theorie.

Erstens behielt SAY das antifeudale Hauptanliegen von ADAM SMITH bei. Ihm ging es in erster Linie um den Nachweis, daß feudale Produktionsverhältnisse und feudale Reglementierung die Entfaltung der Produktivkräfte beträchtlich behindern und daß eine schrankenlose Entwicklung des Kapitalismus mehr Wohlstand für die große Mehrheit der Bevölkerung bringe.

Zweitens ging SAY im Unterschied zu vielen späteren Vulgärökonomen noch vom Arbeitsprozeß, einer Seite des Produktionsprozesses, aus. Indem er die politische Ökonomie in die Rubriken Produktion, Distribution, Austausch und Konsumtion unterteilte, machte er diesen Ausgangspunkt besonders deutlich.

Über die dem Schema zugrunde liegende Überlegung schreibt MARX: „In der Produktion eignen (bringen hervor, gestalten) die Gesellschaftsglieder die Naturprodukte menschlichen Bedürfnissen an; die Distribution bestimmt das Verhältnis, worin der Einzelne teilnimmt an diesen Produkten; der Austausch führt ihm die besondren Produkte zu, in die er das ihm durch die Distribution zugefallne Quotum umsetzen will; endlich in der Konsumtion werden die Produkte Gegenstände des Genusses, der individuellen Aneignung. Die Produktion bringt die den Bedürfnissen entsprechenden Gegenstände hervor; die Distribution verteilt sie nach gesellschaftlichen Gesetzen; der Austausch verteilt wieder das schon Verteilte nach dem einzelnen Bedürfnis; endlich in der Konsumtion tritt das Produkt aus dieser gesellschaftlichen Bewegung heraus, wird direkt Gegenstand und Diener des einzelnen Bedürfnisses und befriedigt es im Genuß. Produktion erscheint so als der Ausgangspunkt, Konsumtion als der Endpunkt, Distribution und Austausch als die Mitte, die selbst wieder doppelt ist, indem die Distribution als das von der Gesellschaft, der Austausch als das von den Individuen ausgehende Moment bestimmt ist.“ Den Zusammenhang faßt Marx in die Formel: „Produktion, Distribution, Austausch, Konsumtion bilden so einen regelrechten Schluß;

Produktion die Allgemeinheit, Distribution und Austausch die Besonderheit, Konsumtion die Einzelheit, worin sich das Ganze zusammenschließt. Dies ist allerdings ein Zusammenhang, aber ein flacher."[17]

Diese Einteilung des Stoffs setzte sich in der bürgerlichen politischen Ökonomie des vorigen Jahrhunderts durch und erleichterte die Verbreitung ökonomischer Kenntnisse.

Drittens leitete SAY die Stellung und Perspektive der sozialen Klassen sowie ihr Verhältnis zueinander aus der Bewegung ihrer Einkommensarten her. Damit erhielt er den Anspruch der politischen Ökonomie aufrecht, das theoretische Fundament für alle anderen Gesellschaftswissenschaften zu bilden.

In der Ausführung dieser drei Prinzipien folgte SAY jedoch nur noch teilweise SMITH; ausschlaggebend waren für ihn die Interessen der Industriebourgeoisie an der Erzeugung und Aufrechterhaltung der Illusion, daß der industrielle Fortschritt die Harmonie der sozialen Klassen verwirkliche.

Hatte SMITH nach den *sozialen* Ursachen gesucht, die die kapitalistische Entwicklung fördern oder hemmen, fragt SAY nur nach der Bewegung der *Waren*. „Ich wollte darstellen, wie die Reichtümer gebildet, verbreitet und zerstört werden."[18] Dieser Grundgedanke bestimmt den Aufbau und die Gliederung des Lehrbuchs nach Produktion, Distribution, Austausch und Konsumtion der Reichtümer. Wie im Aufbau der Darstellung unterscheidet sich SAY auch grundsätzlich in der Untersuchungsmethode von SMITH. Dessen Bemühen um Aufdecken der inneren sozialen Zusammenhänge mußte SAYS Anliegen zuwiderlaufen. Daher kommt SAY zu der Einschätzung: „Smith ermangelt der Klarheit in vielen Stellen, der Methode aber fast allenthalben."[19]

SAY verurteilt SMITH in der fundamentalen Frage der Werttheorie: „Ausschließlich der menschlichen Arbeit legt er die Fähigkeit bei, Werte zu produzieren. Dies ist ein Irrtum. Eine genauere Auseinandersetzung beweist . . ., daß diese Werte eine Geburt der Arbeit oder vielmehr der Industrie des Menschen sind, in deren Vermählung mit der Wirkung aller Triebkräfte, welche ihm die Natur leiht, und mit der Wirkung der Kapitale. Smith machte sich also keine vollständige Idee von dem großen Phänomen der Produktion; und dies verleitete ihn zu mehreren falschen Konsequenzen, wie wenn er zum Beispiel der Teilung der Arbeit oder vielmehr der Zertrennung der Geschäftszweige einen riesenhaften Einfluß zuschreibt: nicht als wäre dieser Einfluß null oder auch bloß mittelmäßig; aber die höchsten Wunder in diesem Gebiete verdankt man nicht der Arbeitseinrichtung, sondern der Anwendung, welche man von den Naturkräften gemacht hat. Das Verkennen dieses Prinzips hindert ihn, die wahre Theorie der Maschinen im Verhältnis zur Reichtumsproduktion aufzustellen."[20]

[17] Karl Marx, Grundrisse der Kritik der politischen Ökonomie, Berlin 1974, S. 10/11.

[18] Johann Baptist Say, Darstellung der Nationalökonomie oder der Staatswirthschaft, Bd. 1, Heidelberg 1818, S. 70.

[19] Ebenda, S. 65.

[20] Ebenda, S. 59/60.

Während Smith die Arbeit richtig als Teil der gesellschaftlichen Gesamtarbeit und als Teiltätigkeit des betrieblichen Gesamtarbeiters auffaßte, führt Say einzelne Merkmale des industriellen Arbeitsprozesses zusammenhanglos nebeneinander auf. So beschreibt er die konkrete Tätigkeit des Maschinenarbeiters. Er stellt auch die Rolle der geistigen Arbeit für die Entwicklung des Arbeitsprozesses heraus und charakterisiert die damaligen Erfinder, die von Geldkapitalisten meist betrogen wurden und oft anderen zu großen Reichtümern verhalfen. Weiterhin rechnet er die kapitalistischen Unternehmer zu den Arbeitern; dabei geht er davon aus, daß damals die Leistung einzelner Unternehmer für den wirtschaftlichen Aufschwung ganzer Wirtschaftszweige von Bedeutung war.

Als gleichberechtigten Faktor neben die körperliche und geistige Tätigkeit der Arbeiter, Erfinder und Unternehmer setzt Say das Wirken der Natur. Er konnte ganz besonders in der entstehenden chemischen Industrie beobachten, daß der Einsatz der direkten Arbeit längst nicht mehr allein den Herstellungsprozeß bestimmt.

Da Say das Wirken von Maschinen und Naturkräften neben die menschliche Arbeit stellt, statt die industrielle Arbeit als qualitativ neue Stufe der kapitalistischen Arbeit aufzufassen, kann er den kapitalistischen Produktionsprozeß weder als einheitlichen Arbeitsprozeß noch als Ausbeutung von Lohnarbeitern darstellen.

Um den Gedanken der Ausbeutung völlig zu tilgen, weitet er den Begriff des Kapitalisten aus. Als Kapitalist erscheint jeder über Reichtum verfügende Mensch. „Smith hat das Gebiet dieser Wissenschaft allzusehr beengt, indem er den Namen *Reichtümer* ausschließlich auf diejenigen Werte anwandte, welche an Körperstoffen hängen. Er hätte ihn auch auf solche Werte ausdehnen sollen, die zwar unkörperlich, aber darum doch nicht minder reell sind, wohin alle natürlichen und erworbenen Talente gehören. Von zweien gleich vermögenlosen Personen ist die, welche irgend ein Talent besitzt, minder arm als die andere. Wer um den Preis einer jährlichen Aufopferung sich ein Talent erworben hat, genießt eines aufgehäuften Kapitals; und dieser Reichtum ist trotz seiner Unkörperlichkeit so wenig ein eingebildeter, daß man täglich die Ausübung seiner Kunst gegen Silber und Gold vertauscht.“[21]

Say betrachtet also den Produktionsprozeß nicht als Bewegungsform sozialer Beziehungen, sondern als ein Zusammenwirken verschiedener Produktionsfaktoren zur Herstellung brauchbarer Güter. Damit distanziert er sich von den Versuchen der klassischen politischen Ökonomie, hinter den Erscheinungen des Produktionsprozesses die Gesetze des Wertbildungs- und Verwertungsprozesses zu suchen, die Bewegung des Profits auf der Grundlage des Mehrwertgesetzes und die Bildung des Produktionspreises auf der Grundlage des Wertgesetzes zu erklären. Er verzichtet auf die Erforschung der inneren Zusammenhänge der kapitalistischen Produktion und begnügt sich mit der Beschreibung der Oberflächenerscheinungen, wie sie sich dem Alltagsbewußtsein darstellen.

[21] Ebenda, S. 62/63.

Die soziale Seite des Produktionsprozesses sieht SAY lediglich darin, daß dessen Ergebnis dem gesellschaftlichen Bedarf entsprechen muß. Der auf dem Markt bestätigte Gebrauchswert wird somit zur Grundlage der Wertbetrachtung.

SAY stellt fest, „daß die Erschaffung von Gegenständen, die irgendeine Brauchbarkeit haben, Reichtumserschaffung sei, indem die Brauchbarkeit dieser Dinge der Hauptgrund ihres Wertes ist, ihr Wert aber Reichtum bildet“[22]. Das „Resultat des Kampfes, der unter den Staatsmitgliedern über ihre wechselseitigen Vorteilausgleichungen herrscht“[23], stellt sich für SAY im Tauschwert dar, dessen Geldausdruck der Preis ist. Aus dieser Betrachtung ergibt sich, „daß der Preis der Maßstab des Werts der Dinge und ihr Wert der Maßstab ihrer Brauchbarkeit ist“[24]. SAY hebt damit die strenge Trennung zwischen den Kategorien Gebrauchswert und Tauschwert auf, die SMITH zuvor erstmals konsequent in der politischen Ökonomie durchgesetzt und mit ihr eine wesentliche theoretische Voraussetzung für die wissenschaftliche Analyse der ökonomischen Prozesse geschaffen hatte.

Das zentrale theoretische Problem für die Weiterentwicklung der politischen Ökonomie im Industriekapitalismus bestand darin, den Produktionspreis der kapitalistischen Ware zu erklären. Auf diesem Weg kam, wie im nächsten Kapitel gezeigt wird, DAVID RICARDO einen wichtigen Schritt voran, weil er die klassische Arbeitswerttheorie konsequent anerkannte und mit den neuen Erscheinungen des industriellen Kapitals wie der Auswirkung seiner organischen Zusammensetzung auf die Herausbildung von Durchschnitts- und Surplusprofit und auf die Preisbildung in Übereinstimmung zu bringen versuchte.

SAY dagegen verwirft SMITH' Arbeitswerttheorie und vertritt eine gebrauchswertorientierte Tauschwertlehre. Die Kluft zwischen der Annahme, daß der Wert den Gebrauchswert zum Ausdruck bringe, und der Berücksichtigung der Produktionskosten überbrückt er mit Hilfe des Begriffs der Seltenheit. Würde sich der Tauschwert nur nach dem Gebrauchswert richten, sagt SAY, so wäre derjenige als reich zu betrachten, der die zu damaliger Zeit noch kostenlos genießbaren Naturreichtümer wie Luft, Wasser und Sonnenlicht und auf gleiche Weise alle anderen Gegenstände seiner Bedürfnisse erlangen könnte. Da aber viele Gegenstände nicht in angemessener Menge vorhanden seien und deshalb produziert würden, müßten die Produktionskosten im Preis berücksichtigt werden.

Die von den Produktionsfaktoren geschaffenen Produkte, meint SAY, kommen den Eigentümern der entsprechenden Produktivfonds als Einkommen zu. „Folglich kann die Produktion als ein Tausch betrachtet werden, worin wir den Produktivdienst unserer Fonds hingeben und dagegen die daraus entspringenden Produkte empfangen.“[25] Da SAY die kapitalistische Produktion ausdrücklich als Tauschprozeß einfacher Warenproduzenten betrachtet, löst er das tatsächliche Problem des kapitalistischen Produktionspreises völlig auf. Diese der wissen-

[22] Ebenda, S. 103.
[23] Ebenda, S. 104.
[24] Ebenda, S. 105.
[25] Ebenda, Bd. 2, Heidelberg 1819, S. 6.

schaftlichen Analyse hohnsprechende Prozedur war eine der größten Fehlleistungen in der Geschichte der politischen Ökonomie. Ihr theoretischer Kern, die Herleitung der Einkommen aus den Produktionsfaktorleistungen, ist bis heute eine fundamentale Annahme in der bürgerlichen politischen Ökonomie; sie wurde lediglich modifiziert durch die Interpretation der Distribution als eines Verteilungskampfes, in dem sich letztlich die Höhe der Einkommen festsetzen.

Die Bedeutung dieser nichtssagenden, auf jede Analyse verzichtenden Einkommenserklärung aus der Verdinglichung der gesellschaftlichen Verhältnisse liegt in ihrer apologetischen Brauchbarkeit. Es ist natürlich, schreibt MARX, „daß die wirklichen Produktionsagenten in diesen entfremdeten und irrationellen Formen von Kapital – Zins, Boden – Rente, Arbeit – Arbeitslohn, sich völlig zu Hause fühlen, denn es sind eben die Gestaltungen des Scheins, in welchem sie sich bewegen und womit sie täglich zu tun haben. Es ist daher ebenso natürlich, daß die Vulgärökonomie, die nichts als eine didaktische, mehr oder minder doktrinäre Übersetzung der Alltagsvorstellungen der wirklichen Produktionsagenten ist, und eine gewisse verständige Ordnung unter sie bringt, grade in dieser Trinität, worin der ganze innere Zusammenhang ausgelöscht ist, die naturgemäße und über allen Zweifel erhabene Basis ihrer seichten Wichtigtuerei findet. Diese Formel entspricht zugleich dem Interesse der herrschenden Klassen, indem sie die Naturnotwendigkeit und ewige Berechtigung ihrer Einnahmequellen proklamiert und zu einem Dogma erhebt.“[26]

Das für SAY vordringliche Problem der Industrialisierung war die damals heftig diskutierte Frage nach dem Schicksal der durch die Einführung von Maschinen freigesetzten Arbeiter. „So oft eine neue Maschine oder überhaupt irgendeine Ersparungsmethode der Arbeit an die Stelle einer schon im Gang befindlichen Menschentätigkeit tritt, wird jener Teil der industriösen Hände, deren Dienst mit Vorteil vertreten wurde, geschäftlos. Allein diesem stets nur vorübergehenden Unglück ist bald abgeholfen. Die große Vervielfältigung eines Produktes verringert dessen Preis; die Wohlfeilheit erweitert dessen Absatz; und dessen Produktion beschäftigt trotz ihrer Vereinfachung gar bald mehr Arbeiter als zuvor.“[27]

Damit führt SAY einseitig eine für den aufstrebenden Kapitalismus charakteristische Tatsache an, ohne etwas zum Problem, zum Verhältnis zwischen vergegenständlichter und lebendiger Arbeit bei gesetzmäßig steigender organischer Zusammensetzung des Kapitals auszuführen.

SAYs Hauptargument für die Einführung der Maschinen besteht jedoch in dem Hinweis auf den durch sie zu erlangenden Konsumentenvorteil. „Allein wie entschieden vorteilhaft die Anwendung einer neuen Maschine auch für die Klasse der Unternehmer und Arbeiter sein mag, so zieht doch den Hauptgewinn von

26 Karl Marx, Das Kapital, Dritter Band, in: MEW, Bd. 25, Berlin 1964, S. 838/839.

27 Johann Baptist Say, Darstellung der Nationalökonomie oder der Staatswirthschaft, Bd. 1, Heidelberg 1818, S. 156/157.

ihnen die Konsumentenklasse, und diese ist stets die vorzüglichste, weil sie die zahlreichste ist, weil die Produzenten jeder Gattung zu ihr gehören und weil das Heil dieser Klasse, die sich aus allen anderen bildet, den allgemeinen Wohlstand und das Glück eines Landes begründet."[28]

Diese vulgäre Auffassung vom Konsumentenvorteil wurde in der zweiten Hälfte des 19. Jahrhunderts zur Grundlage der Grenznutzentheorie. Auch die heutige bürgerliche politische Ökonomie greift immer wieder auf sie zurück, wenn es gilt, den Kapitalismus als eine Produktionsweise darzustellen, die angeblich den Interessen aller entspricht.

Während der Streit um die Einführung von Maschinen durch den Verlauf der industriellen Revolution entschieden wurde und somit eine Diskussion der ersten Jahrzehnte des 19. Jahrhunderts blieb, sollte SAYs Theorie der Absatzwege ihre Wirksamkeit bis in die dreißiger Jahre des 20. Jahrhunderts behalten.

Zu Beginn des 19. Jahrhunderts war über die Absatzkrisen eine Auseinandersetzung entstanden, von der SAY meint, „daß die Mehrzahl eitel verworrene Ideen von diesen Materien hegt, die Tatsachen schlecht beobachtet und noch schlechter erklärt, daß sie das Zweifelhafte für ausgemacht hält, das wünscht, was ihrem Interesse scheitelrecht widerstreitet, und bei der Staatsgewalt um einen Schutz buhlt, der fruchtbar an verderblichen Resultaten ist".[29]

SAY entwickelt seine Auffassung gegen die noch verbreitete merkantilistischen Auffassungen: „Der Mann, dessen Industrie beflissen ist, den Dingen Wert zu geben, indem er ihnen irgendeine Brauchbarkeit beibringt, kann nur da hoffen, daß dieser Wert werde geschätzt und bezahlt werden, wo andere Menschen die Mittel seiner Anschaffung besitzen. Worin bestehen diese Mittel? In anderen Werten, anderen Produkten – den Früchten von deren Industrie, Kapitalen und Ländereien. Daraus geht hervor, was beim ersten Anblick ein Paradoxon scheint, daß lediglich die Produktion den Produkten ihre Absatzwege eröffnet. Denn ließe ein Kaufmann sich einfallen zu sagen: 'Nicht andere Waren will ich gegen die meinigen austauschen, sondern Geld', so würde man ihm leicht beweisen, daß sein Käufer sich bloß mittelst der von seiner Seite erschaffenen Produkte zu Geld verhelfen konnte. Da er seinen Hafer erst gegen Geld und dieses Geld gegen deine Leinwand vertauschte, so hat er in der Tat Hafer gegen Leinwand umgesetzt. Nach deiner eigenen Aussage fordertest du Geld; dennoch hast du mit dem Geld, das der Bauer dir bezahlte, rohe Stoffe zum Betrieb deiner Leinwandfabriken oder Eßwaren für deinen Magen angeschafft. Also leuchtet dir ein, daß nicht das Geld dein oberstes Bedürfnis war und du im Grund Produkte mit deinen Produkten erkauft hast."[30]

Vor dem Hintergrund eines aufstrebenden Kapitalismus mit gering ausgebildetem kapitalistischem Markt hat SAY recht, daß erst die Entwicklung der Produk-

[28] Ebenda, S. 159.
[29] Ebenda, S. 240/241.
[30] Ebenda, S. 241/242.

tion und die Vermehrung kapitalistischer Einkommensempfänger dem Kapital die nötige Beweglichkeit auf dem Markt sichere. Doch er erklärt die kapitalistische Absatzfrage nicht vom Kapital her, sondern vom Standpunkt einfacher Warenproduzenten, hinter deren Bedürfnis sich der einfache Warenaustausch verbirgt. Er fordert freie Entfaltungsmöglichkeit für die Kapitalanlage und Beseitigung interventionistischer Hemmnisse. Aber seine „Bemerkung, daß jedes Produkt *vom Augenblick seiner Erzeugung an* für den ganzen Betrag seines Wertes anderen Produkten einen Absatzweg eröffnet"[31], berührt weder den Doppelcharakter der Ware, die sich erst im salto mortale ihrer Realisierung als gesellschaftliches Produkt bewährt, noch die kapitalistischen Gesetzmäßigkeiten, denen jeder Teil des Warenwertes auf eigentümliche Art und Weise unterliegt. Mit seinem unzulänglichen Instrumentarium war es unmöglich, auch nur die Frage nach der Rolle der Kapitalteile im Zirkulationsprozeß der Kapitale zu stellen. SMITH hatte für eine solche Betrachtung bestimmte Ansätze geboten, die bei SAY völlig untergehen.

Das Problem der Wirtschaftskrise war für SAY und seine Zeitgenossen neu. SMITH kannte es noch nicht; er unterschied nur wirtschaftlich aufsteigende, stagnierende und absteigende Gesellschaften. In diese Gesamtbetrachtung baut SAY auch seine Behandlung des Absatzproblems ein. „In einer Gesellschaft, Stadt, Provinz oder Nation, welche viel produziert und wo die Produktenmasse jeden Augenblick anwächst, werfen fast alle Zweige der Handlung, Fabrikation und Industrie schöne Gewinste ab, weil die Nachfragen daselbst bedeutend sind und stets eine Menge von Produkten zur Bezahlung neuer Produktivdienste bereit liegt. Umgekehrt findet sich in jedem Staate, wo die Produktion kümmerlich fortgeht und niemals die Qualität der konsumierten Werte ersetzt, wegen der immer abnehmenden Nachfrage stets mehr feilgebotene als verkaufte Ware; jeder Gewinst, jeder Sold ist im Fallen, die Anlegung der Kapitale wird zum Wagstück, die reichen Familien sinken, wenn sie an keiner Art von Plünderung und Aussaugung teilnehmen, zur Mittelmäßigkeit herab; die, welche eines ehrbaren Wohlstandes genossen, erfahren den Druck, die dürftige Klasse erhält mageren Sold, findet nicht immer Arbeit, leidet und verschmachtet; und wenn dieser Zustand fortwährt, so tritt Entvölkerung, Mangel und Barbarei an die Stelle des Wohlstandes und Glückes, wozu jede Nation sich erheben kann, wenn sie will."[32]

SAY entwirft das Bild ganz im manufakturkapitalistischen Geist. Er beschreibt keine vorübergehende Wirtschaftskrise, sondern den Niedergang einer Gesellschaft infolge sinkender Kapitalanlage und daher sinkenden Absatzes auf lange Sicht. Die Gesetzmäßigkeit zyklischer Wirtschaftskrisen konnte erst MARX untersuchen, als die Wirklichkeit genügend Material zur Verallgemeinerung vorgelegt hatte. SAY war nur imstande, mit Hilfe seiner Tauschwerttheorie die Situation eines vorindustriellen Kapitalismus darzustellen.

31 Ebenda, S. 244.
32 Ebenda, S. 256.

Diese knappe Übersicht macht deutlich, wie sehr sich eine Betrachtung der heute in der bürgerlichen politischen Ökonomie noch wirksamen Vorstellungen SAYs von der Untersuchung jener Faktoren unterscheiden muß, die SAYs Einfluß auf die deutschen Ökonomen zu Beginn des 19. Jahrhunderts bestimmten. Wohl fehlte, wie festgestellt wurde, der lebendige Boden für die Übernahme eines ökonomisch-theoretischen *Systems*, das den Interessen der jungen Industriebourgeoisie entsprach. Aber einzelne Seiten berührten den deutschen Leser; in Abhängigkeit von dessen jeweiligem Standpunkt waren es unterschiedliche Seiten. Den Anfänger interessierte die formelle Ordnung des Wissensstoffs und die erste Bekanntschaft mit SMITHschen Überlegungen; eine solche Lektüre führte entweder von SAY weg zu SMITH oder von SMITH weg. Wer sich berufsmäßig mit der ökonomischen Wissenschaft befassen mußte, achtete auf die polemischen Passagen, die gegen andere namhafte Theoretiker (RICARDO, MALTHUS, SISMONDI usw.) gerichtet waren und Problemstellungen zur Sprache brachten. Progressive Denker nahmen die prinzipiell antifeudale Argumentation auf. Kleinbürgerliche und zum Teil auch feudale SMITH-Kritiker lernten von der vulgärökonomischen Betrachtungsweise, brachten ihre Übereinstimmung mit jenen Aussagen zum Ausdruck, in denen SAY noch eine manufakturkapitalistische Sicht entwickelte; sie machten sich Ausfälle gegen SMITH zu eigen und übernahmen die Behauptung, daß ökonomische Interessenunterschiede letztlich immer zur sozialen Harmonie führten.

2. Der Übergang von der klassischen politischen Ökonomie zur Vulgärökonomie in Deutschland

Unter den Bedingungen des industriellen Aufschwungs vertrat SAYs politische Ökonomie damals am konsequentesten die Forderung nach einer kompromißlosen kapitalistischen Entwicklung. Seine einfache Darstellung, leicht faßlich für das deutsche Publikum, das in seinem breiten Kreis nie mit einer anspruchsvollen Diskussion deutscher Ökonomen verwöhnt worden war und noch immer den Alpdruck kameralistischen Wustes spürte, wirkte unmittelbar durch zahlreiche Übersetzungen und brauchte keine Bearbeiter wie SMITH, dessen politische Ökonomie KRAUS, SARTORIUS und LUEDER erst für die deutschen Studenten mundgerecht darbieten mußten. Sie fand aber auch keine namhaften Anhänger und Verteidiger wie SMITH. Selbst SAYs Übersetzer LUDWIG HEINRICH JAKOB folgte in den eigenen ökonomischen Schriften nur bedingt dem französischen Ökonomen. SAYs politische Ökonomie blieb, wie bereits festgestellt wurde, eine aufschlußreiche, aber ausländische Theorie, die den objektiven Erfordernissen in Deutschland voraus war.

In der Forderung nach ungehinderter kapitalistischer Entwicklung SAY ebenbürtig und im theoretischen Verständnis diesem überlegen, verfocht JAKOB eine politische Ökonomie, die die Entwicklung von SMITH zu SAY in sich verarbeitete, ohne mit SMITH endgültig zu brechen. Aus dem Kreis deutscher Ökonomen am Beginn des 19. Jahrhunderts ragte er dadurch hervor, daß er nicht nur die klassischen Erkenntnisse zu nutzen wußte, sondern auch dank dieser Einsichten im Kampf um die preußischen Reformen einen progressiv-bürgerlichen Standpunkt vertrat.

Nach dem Tode FRIEDRICHs II. beriefen sich die deutschen Aufklärer gern auf dessen den Fortschritt begünstigende Maßnahmen. JAKOB dagegen fordert unmißverständlich: „Man löse die Fesseln der Ackerbauer, man begünstige bis auf einen gewissen Punkt die Verteilung des Grundeigentums; man vertilge den Zunftzwang, die Zwangsgesetze des Kommerzes; man hebe die Monopole, die Ein- und Ausfuhrverbote auf, und die Provinzen werden sich ohne alle weitere Aufmunterung bevölkern. Diejenigen Provinzen des preußischen Staats, um welche sich der allzutätige Staatsökonom Friedrich II. am wenigsten bekümmerte, die am entlegensten lagen, wo die fiskalischen Maßnahmen am wenigsten angewandt wurden, wo am wenigsten regiert werden konnte, wo man am freiesten blieb, waren die volkreichsten, und die königlichen Geschenke könnten anderwärts diese Freiheit nicht aufwiegen."[33]

Während sich die Mehrzahl liberaler Ökonomen warmherzig für die Erbmonarchie aussprachen, behandelt JAKOB die Frage der Staatsordnung eindeutig als eine Klassenfrage, in der die Bourgeoisie ihr Recht verlangt. „Nach den Verhältnissen, wodurch der Adel berechtigt wird, einen anderen Stand seiner persönlichen Freiheit zu berauben, ein Leibeigentum an Menschen auszuüben, ist die Steuerfreiheit adliger Güter und Personen das drückendste und verhaßteste Vorrecht. Wenn der Adel die größten Güter besitzt und die größten Einkünfte hat und dennoch die Steuern allein auf die übrigen Stände wälzt, so ist dieses im höchsten Grade empörend."[34]

Die ausschließliche Beteiligung des Adels an Regierung und Gesetzgebung, stellt JAKOB fest, sei ebenso drückend. „Daß man die Stelle des Staatsoberhauptes an eine einzige bestimmte Familie knüpft, dafür kann es sehr mannigfaltige weise und vernünftige Gründe geben, und mit einer solchen Verfassung läßt sich daher sehr wohl die Vereinigung des Interesses aller Stände denken. Allein wenn alle hohen Staatsbeamten ausschließlich aus dem Adel erwählt werden, so muß dieser Stand schon ein solches Übergewicht über die andern Stände erhalten, welche für diese demütigend und drückend ist."[35] Man müsse „jedermann im Volke die Aussicht eröffnen, sich durch Geschicklichkeit und Verdienste bis zur obersten Stufe des Ansehens und der Ehre empor schwingen zu können"[36].

Die Freiheit aller Klassen hängt nach JAKOBs Einsicht nicht von der Beschränkung der Regierungsgewalt ab, sondern von der wirtschaftlichen Macht der Bour-

[33] Ludwig Heinrich Jakob, Grundsätze der Policeygesetzgebung und der Policeyanstalten, Charcow/Halle/Leipzig 1809, S. 123.

[34] Ebenda, S. 350.

[35] Ebenda, S. 351.

[36] Ebenda, S. 354.

geoisie. „Nur wenn die Manufakturisten für eine unbekannte Welt mit ihren eignen Kapitalen arbeiten, nur wenn ihnen von allen Seiten Abnehmer zuströmen, nur wenn sie selbst so reich werden, daß die Grundherren ebenso abhängig von ihnen sind als sie von jenen, wird eine allgemeine Freiheit aller Stände begründet werden.“ [37]

Aber die feudalen Verhältnisse auf dem Lande stehen einer solchen Entwicklung entgegen, meint JAKOB. „Manufakturen können nur in einem solchen Lande gedeihen, wo viele kleine Grundeigentümer in kleinen Räumen vereinigt sind. Ist der Boden unter lauter großen Grundherren verteilt, so werden diese ihre Arbeiter in einem solchen Zustande erhalten, daß sie Handwerkern und Künstlern wenig oder nichts zu verdienen geben können. Sie werden also die einzigen sein, welche Kunstwaren bedürfen. Da sie aber auf dem Boden weit voneinander zerstreut leben, so wird kein Fabrikant bei ihnen sein Glück machen können. Nur in den Hauptstädten, wo sich der Adel eines großen Reichs zusammendrängt, werden einige Manufakturen für den Luxus sich bilden, aber solche Fabriken, die Hunderttausende und Millionen Menschen zu ihren Abnehmern verlangen, werden auch hier nicht entstehen können ...“ [38]

Die Beseitigung der feudalen Verhältnisse, schreibt JAKOB, müsse eine für die Bourgeoisie günstige Entwicklung in Gang setzen. „Vermehrung der mittleren Grundeigentümer und Aufhebung der Leibeigenschaft werden daher die beiden kräftigsten Mittel sein, um in ein Land Manufakturen einzuführen, wo bisher nur große Landeigentümer und Leibeigene waren. Die Aufhebung der Leibeigenschaft zieht eine andere Verteilung der Güter und der Arbeiten nach sich.“ [39]

JAKOBs Art, die sozialen Fragen als Seiten eines objektiven sozialökonomischen Mechanismus zu betrachten, bewegt sich völlig im Geiste von SMITH. Vor NAPOLEON geflüchtet, gab JAKOB von Rußland aus mit diesen Analysen den preußischen Reformern eine wirksame Unterstützung.

Die Reformen, stellt JAKOB fest, seien unumgänglich geworden. Eingedenk der gegenwärtigen Schwäche einerseits und der künftigen Vorteile der Bourgeoisie anderseits stimmt JAKOB für eine Aufhebung der feudalen Privilegien gegen Entschädigung und damit für einen damals in seinem Ausmaß noch nicht sichtbaren langwierigen, schmerzvollen Übergang zum Kapitalismus in Preußen. „Die Nachteile, welche aus den mannigfaltigen Graden der Knechtschaft für die ganze Gesellschaft eines Staats entspringen, sind so mannigfaltig und so groß, und die Vorteile, welche die Herren von der persönlichen Unterwürfigkeit haben, dagegen gerechnet so klein, daß die Gesellschaft gar nichts dabei einbüßen kann, wenn auch die Herren übermäßig für den Nutzen, den ihnen ihre Knechte bringen, entschädigt werden. Wenn daher die Regierung zuerst gewisse Prinzipien des Rechts überhaupt aufstellt, welche den Mißbrauch der Knechtschaft einschränken,

[37] Ebenda, S. 495.
[38] Ebenda, S. 495/496.
[39] Ebenda, S. 498.

so kann sie auf dieselben nach und nach das System einer allmählichen Wiederherstellung der vollen persönlichen Freiheit aller Glieder der Gesellschaft gründen und es mit Zufriedenheit aller Glieder in größter Ruhe ausführen."[40]

JAKOB hatte vor dem Erscheinen seiner „Grundsätze der National-Ökonomie oder National-Wirthschaftslehre" (1805) etwa sechs Jahre lang Vorlesungen nach SARTORIUS' Darstellung der SMITHschen politischen Ökonomie gehalten. Als SAY-Übersetzer kannte er auch die Schwächen der SMITHschen Lehre. So verband er grundlegende Züge der SAYschen Lehre mit wichtigen Erkenntnissen von SMITH. Er schuf damit eine politische Ökonomie, die vom theoretischen Gehalt her SAYs Lehre überragt, aber wegen der grundsätzlichen Zugeständnisse an SAY nicht klassisch genannt werden kann. Er hielt allerdings so auch klassische Gedanken über eine Zeit hinweg lebendig, die es noch nicht gestattete, die SMITHschen Schwächen auf klassische Weise zu überwinden, wie es ein Dutzend Jahre später RICARDO möglich war. Nach KRAUS' Tod und LUEDERs späterem Überlaufen zu den Verfechtern einer idealistischen Wertlehre blieb JAKOB neben SARTORIUS der einzige Ökonom, der SMITH' Arbeitswerttheorie trotz aller Anfeindungen von liberaler und feudaler Seite weiterhin vertrat.

JAKOB stellt fest, daß er SAY „in Absicht auf Anordnung der Materie und Zergliederung einiger Begriffe viel Belehrung schuldig" sei.[41] Sein Vorsatz sei, für die politische Ökonomie, „das reine Problem aufzulösen: Wie entsteht der Reichtum bei einer Nation, wie wird die Vermehrung desselben befördert und gehindert, wie verteilen sich die Elemente über die Glieder des Volkes und wie wird er verzehrt? – Welches sind die allgemeinen Gesetze, wornach alles dieses erfolgt?"[42] SAY und LAUDERDALE haben SMITH' Lehrsatz von der Bestimmung des Wertes durch die Arbeit bestritten, meint JAKOB, und sie konnten es leicht in der SMITHschen Fassung. „Daß er aber dennoch richtig sei, glaube ich durch eine andere Darstellung desselben gezeigt zu haben."[43]

Im Unterschied zu SAY trennt JAKOB klar zwischen Gebrauchswert und Tauschwert und führt letzteren auf allgemeine menschliche Arbeit zurück. Wer eine Ware auf dem Markt zu einem bestimmten Tauschwert eintausche, verlange „eben so viel Arbeit, als die Erlangung dieses Dinges gekostet hat". „Die Ursache also, welche einem Dinge, das begehrt wird, einen Tauschwert gibt, ist die Arbeit, welche es kostet, das Ding hervorzubringen oder beliebig dazu zu gelangen. Die Quantität oder Qualität der Arbeit, welche die regelmäßige Hervorbringung eines Dinges kostet, bestimmt dessen Tauschwert, den man schlechthin Wert ohne Zusatz nennt."[44]

Auf SAYs Einwand, daß ja die konkrete Arbeit zur Reichtumserzeugung der

[40] Ebenda, S. 177/178.

[41] Ludwig Heinrich Jakob, Grundsätze der National-Ökonomie oder National-Wirthschaftslehre, Halle 1805, S. VIII.

[42] Ebenda, S. IV/V.

[43] Ebenda, S. VIII.

[44] Ebenda, S. 68.

Mitwirkung anderer Faktoren bedarf, antwortet JAKOB, daß wohl diese Arbeit nicht alleinige Ursache des Gebrauchswerts (des Werts, sagt er ungenau) sei, aber Arbeit schlechthin den Wert der Ware bestimme. „Wenn daher Arbeit gleich nicht die alleinige Ursache alles Werts ist, so ist sie doch das regelmäßige Mittel, um zu allen Dingen von Wert zu gelangen.“[45]

Die ungenügende Unterscheidung zwischen konkreter und abstrakter Arbeit ist in SMITH' Vorstellung von der Arbeit schlechthin begründet, die auch JAKOB auf Grund der noch vorherrschenden manufakturkapitalistischen Verhältnisse in Deutschland nicht überwinden konnte. Diese Vorstellung reichte jedoch aus, um SMITH' Auffassung von der Arbeit als Wertmaßstab zu verteidigen. „Eben deshalb kann aber auch die Arbeit als allgemeines Prinzip oder als Maßstab gebraucht werden, um den Wert aller Dinge zu bestimmen. Denn immer bleibt die Regel: 'Je mehr oder je weniger Arbeit dazu gehört, sich den Besitz eines gewissen Dinges zu einer bestimmten Zeit zu verschaffen, desto mehr oder weniger ist das Ding wert'.“[46]

Aber SAYs Argumente in Verbindung mit der gewaltigen Reichtumssteigerung durch die industrielle Nutzung der Naturkräfte veranlassen JAKOB, SMITH' verschiedene Varianten der Mehrwerterklärung zu wiederholen. Einmal ist bei JAKOB der Mehrwert das Ergebnis der Mehrarbeit, denn der Arbeiter erhalte vom Kapitalisten Lohn „und er liefert dafür einen größern Wert, der außer dem Kapital noch einen Gewinn gibt, zurück. Das Kapital erhält der Kapitalist zurück; der Gewinn davon wird zwischen dem Kapitalisten und dem Unternehmer geteilt.“[47] Den Profit allerdings bestimmt JAKOB – völlig im Gegensatz zu SMITH' eindeutiger Darstellung – als Lohn für komplizierte Arbeit: „Der Profit des Unternehmers ist nichts anders als eine Art von Lohn für die Arbeit, Mühe, Geschicklichkeit, Gefahr usw., welche mit der Unternehmung verbunden sind.“[48]

JAKOB findet einen Kompromiß zwischen SMITH' Mehrwerttheorie und SAYs Lohnauffassung. „Die Klasse der produzierenden Arbeiter konsumiert von ihrem Arbeitslohne und bringt dafür einen Wert hervor, der nicht nur das, was sie [d. h. die Arbeiter] verzehren und übrigbehalten, vollkommen ersetzt, sondern auch noch den Grundeigentümern und Kapitalisten als ganz müßigen und den Unternehmern als tätigen Mitproduzenten einen großen Anteil davon verschafft.“[49]

Gleichzeitig bereitet es JAKOB Schwierigkeiten, die Arbeit unter industriellen Bedingungen mit der klassischen Arbeitswerttheorie zu vereinbaren. „Natur und menschlicher Fleiß vereinigen sich fast allenthalben in Hervorbringung wertvoller Dinge; ist aber die Natur gemein und jedem umsonst zugänglich, so wird für ihren Anteil nichts gegeben. Der Wert wird dann bloß durch die angewandte Arbeit bestimmt. Ist aber der Teil der mitwirkenden Natur Eigentum und kann also

[45] Ebenda, S. 70.
[46] Ebenda.
[47] Ebenda, S. 122/123.
[48] Ebenda, S. 127.
[49] Ebenda, S. 482.

nicht jeder beliebig zum Besitz derselben gelangen, so gibt der, welcher die Naturkräfte in seiner Gewalt hat, sie nicht umsonst weg, sondern sie werden nun einer gewissen Quantität Arbeit gleich geschätzt, ohne welche sie oder ihre Wirkung nicht erlangt werden kann."[50] JAKOB begibt sich damit auf SAYs Niveau der vulgären Produktionsfaktorentheorie. Freilich schrieb SMITH bei der Erklärung der Grundrente der Natur ebenfalls Wertproduktion zu. Aber indem JAKOB dieses vulgäre Element von SMITH ausdehnt auf die industrielle Arbeit, die zu der für den Industriekapitalismus charakteristischen Form der gesellschaftlichen Arbeit wird, erhält das vulgäre Element in JAKOBs Werttheorie ein größeres Gewicht.

Ein grundlegender Widerspruch war in der klassischen politischen Ökonomie dadurch entstanden, daß SMITH den aus dem konstanten Kapitalteil und den nach lokalen Raten bestimmten Einkommen gebildeten natural price nicht mit seiner klassischen Werttheorie in Übereinstimmung bringen konnte. Auf Grund der noch immer manufakturkapitalistischen Verhältnisse konnte JAKOB SMITH' Widerspruch ebenfalls nicht lösen. Aber er folgte SMITH nicht in dessen falscher Feststellung, daß Arbeitslohn, Profit und Rente die drei Quellen alles Einkommens und auch alles Tauschwerts seien. Er sagt lediglich: „Arbeitslohn, Kapitalgewinn und Grundrente sind also die Elemente, in welche der ursprüngliche Wert aller Dinge sich zuletzt auflösen läßt und also auch die Elemente aller Kostenpreise."[51] Und es sei „der Kostenpreis das, was den Marktpreis stets reguliert. Letzterer kann sich nie auf sehr lange Zeit von demselben entfernen."[52] Wenn man davon absieht, daß JAKOB wie SMITH und SAY bei der Erörterung des natürlichen Preises den konstanten Kapitalteil zu erwähnen vergißt, so ist JAKOBs Definition richtiger als jene von SMITH. Indem er die Einkommen nicht zu Quellen des Werts erklärt, vermeidet er SMITH' Fehler, ohne allerdings den Widerspruch zu tilgen, der letztlich in der fehlenden Vermittlung zwischen der vorkapitalistischen Wertbestimmung und der Betrachtung der kapitalistischen Wertform begründet ist.

Die Regulierung des Arbeitslohns erörtert JAKOB völlig im SMITHschen Sinn. Der Arbeitslohn, stellt er fest, ist durch die Höhe des Existenzminimums bestimmt. Sein Schwanken und die Bewegung des gesamten Lohnfonds hängen im Grunde nicht von Angebot und Nachfrage der Arbeitskräfte ab, sondern von der Bewegung der Kapitale. „Überhaupt aber ist mehr die Verminderung der Kapitale als die Vermehrung der arbeitenden Klasse eine Ursache des Sinkens des Arbeitslohnes. Denn die Verminderung der Kapitale entzieht den Arbeitern die Summe ihres Lohnes unmittelbar; eine Vermehrung der arbeitenden Klasse aber schafft zugleich ein größeres Produkt, wovon also auch mehr Arbeit bezahlt werden kann."[53] Damit wendet sich JAKOB gegen SAYs vulgäre Erklärung aus Angebot

50 Ebenda, S. 69/70.
51 Ebenda, S. 92.
52 Ebenda, S. 98.
53 Ebenda, S. 112.

und Nachfrage und vor allem gegen dessen Meinung, daß man die kapitalistische Produktion als einen Tauschprozeß zwischen einfachen Warenproduzenten betrachten könne. Allerdings verwirrt ihn, daß SAY das Verhältnis von einfacher und komplizierter Arbeit mit dem Verhältnis von Kapital und Arbeit vermengt und den Unternehmer zur Arbeiterklasse rechnet. Indem JAKOB in Anlehnung an SAY die Arbeiter in Gelehrte, Unternehmer und eigentliche Arbeiter einteilt, nähert er sich wieder dem Troß der gemeinen Vulgärökonomen.

JAKOBs Hauptwerk überlebte seinen Verfasser; es erschien noch 1825 in einer dritten Auflage.

Als sich die deutschen Ökonomen nach den heftigen weltanschaulichen Auseinandersetzungen der ersten beiden Jahrzehnte des 19. Jahrhunderts nun, unter den Bedingungen der politischen Restauration der Adelsherrschaft, um einen Neubeginn bemühten, profitierte JAKOBs Werk, das in der Werttheorie SMITH verhaftet geblieben war, vom Aufleben klassischer Ideen und fand ein letztes Mal freundliche Aufmerksamkeit. Allerdings konnte es mit den nun entstehenden Werken, auf die im nächsten Kapitel eingegangen wird, nicht mehr konkurrieren.

3. Die Vulgärökonomie der schwachen Bourgeoisie

Verglichen mit England und Frankreich waren im zersplitterten Deutschland die vorindustriellen Akkumulationsmöglichkeiten gering. Daher lagen SAYs und JAKOBs Vorstellungen, die in erster Linie auf die kapitalistische Akkumulation orientierten, den vielen deutschen Theoretikern fern, die über gesellschaftliche und unter anderem auch ökonomische Probleme schrieben, obwohl ihr ökonomisches Verständnis fast ausschließlich auf der Beobachtung kleinstaatlicher Manufaktur- und Handelsbetriebsamkeit beruhte und in der Regel nur die Marktvorgänge erfaßte. Diese auf ökonomischem Gebiet schriftstellernden Ideologen schufen keine völlig neue Theorie. In ihrer Auffassung von der Arbeit, von Gebrauchswert und Tauschwert, von den Produktionsfaktoren und der überragenden Bedeutung des Angebots und der Nachfrage gibt es keinen grundsätzlichen Unterschied zur Vulgärökonomie der damaligen Zeit. Aber in der Gewichtung der einzelnen Auffassungen und in der Ausrichtung des Gesamtsystems unterscheidet sich die Vorstellungswelt dieser Denker beträchtlich von SAYs und JAKOBs Theorie, so daß von einer beschränkteren wirtschaftspolitischen Zielsetzung gesprochen werden muß, die der wirtschaftlichen Schwäche der deutschen Bourgeoisie entspricht.

Zu einer englischen Quelle der deutschen Vulgärökonomie (LAUDERDALE)

In Frankreich war die Auseinandersetzung um die wirtschaftliche Macht mit der Revolution zugunsten der Bourgeoisie entschieden. Es kam in den ersten Jahrzehnten des 19. Jahrhunderts darauf an, durch Vorantreiben der industriellen

Revolution diese Machtposition so zu stärken, daß auch die volle politische Macht für die Bourgeoisie endgültig errungen werden konnte. Diese Zielsetzung brachte SAYs politische Ökonomie zum Ausdruck; ihr schloß sich JAKOB an, weil es auch der deutschen Bourgeoisie nach seiner Meinung um die Stärkung der wirtschaftlichen Macht ging. Die Mehrheit der deutschen Bourgeoisie beschränkte sich jedoch noch auf die Forderung, die Hemmnisse im Zirkulationsbereich zu beseitigen. Für einen industriellen Aufschwung nach englischem Vorbild hatte sie noch wenig Verständnis. Dagegen stießen englische Erörterungen über die Bedeutung des Absatzes für die kapitalistische Entwicklung auf ihr Interesse.

1804 war in Edinburgh eine gegen SMITH gerichtete Schrift „An Inquiry into the Nature and Origin of Public Wealth and into the Means and Causes of its Increase" (Eine Untersuchung über Natur und Ursprung des Volkswohlstands und über Mittel und Ursachen für seine Erhöhung) von JAMES MAITLAND, EARL OF LAUDERDALE erschienen. Die tagespolitisch veranlaßte Streitschrift brachte wirtschaftliche Fragen der englischen Bourgeoisie im Verlauf der industriellen Revolution zum Ausdruck. SAY dagegen hatte die Probleme der französischen Bourgeoisie am Beginn der industriellen Revolution ausgesprochen. Während SAY alle Schwierigkeiten aus zu geringer Akkumulation erklärte, machte LAUDERDALE auf die Marktschranken für die Akkumulation aufmerksam. Durch den Krieg gegen das revolutionäre Frankreich, für dessen schnelle Beendigung LAUDERDALE sich politisch engagiert hatte, waren die englischen Staatsfinanzen zerrüttet und der Absatz auf dem Kontinent ins Stocken geraten, so daß die Marktschranken für die kapitalistische Entwicklung dem englischen Theoretiker noch vor der Kontinentalsperre NAPOLEONs deutlich vor Augen geführt wurden.

Wie SAY nutzte auch LAUDERDALE die industriellen Erfahrungen, um SMITH' Arbeitswerttheorie anzugreifen; und wie jener führte auch er den Wert auf Angebot und Nachfrage zurück. Aber für ihn hatten Angebot und Nachfrage ein viel größeres Gewicht. An diese Seite knüpft die Vulgärökonomie des deutschen Kleinbürgertums an.

Wie viele SMITH-Gegner benutzt auch LAUDERDALE die bei SMITH fehlende Unterscheidung zwischen Arbeit und Arbeitskraft, um die Auffassung vom unveränderlichen Wertmaßstab zurückzuweisen. Der Wert der Arbeit (er meint den Lohn) sei nach Zeit und Ort so verschieden, daß der Wert in der Arbeit nicht sein Maß finden könne. LAUDERDALE vermischt Gebrauchswert und Tauschwert, wenn er formuliert: „Wert hat eine Sache, sofern sie 1. Eigenschaften besitzt, die sie zu einem Gegenstande menschlichen Wünschens und Begehrens machen, und 2. sofern sie sich nicht in solcher Menge vorfindet, daß jedermann davon ohne Mühe erhalten kann, so viel er will."[54] Damit hat LAUDERDALE die Arbeit von der Wertbestimmung ausgeklammert. Sehe man vom Gebrauchswert als gegeben ab, schreibt LAUDERDALE, so verändere sich der Tauschwert mit den

[54] Lauderdale, Über National-Wohlstand, Berlin 1808, S. 1.

Marktbedingungen. „Die Eigenschaften, welche eine Sache wünschenswert machen, unverändert genommen; so wird das Verhältnis der Menge von Sachen einer Art, die da ist, zu der Menge, die begehrt wird, den Wert der Sache bestimmen. Und dieser 1. wird steigen, wenn die vorhandene Menge abnimmt; 2. wird sinken, wenn die vorhandene Menge zunimmt; 3. wird steigen, wenn eine größere Menge begehrt wird; 4. wird sinken, wenn eine geringere Menge begehrt wird.“[55]

Um gegen SMITH' Kapital- und Akkumulationsauffassung vorzugehen, verbindet LAUDERDALE die Tauschwertvorstellung mit dem Gedanken, daß die Maschine Arbeit ersetzt. „In jedem Fall, wo Kapital Gewinn bringt, kann dieser... nur entstehen: A. wenn das Kapital Arbeit erspart, die sonst durch Menschenhände verrichtet werden müßte, und B. wenn das Kapital Arbeit verrichtet, welche ein Mensch sonst nicht verrichten kann.“[56] Den Profit (eigentlich Extraprofit) erklärt LAUDERDALE aus einer Wahlsituation, in der es dem Kapitalisten freisteht, das Produkt mit oder ohne Maschinen herzustellen. Wenn dessen Preis vom Markt entsprechend den Lohnkosten ohne Maschinenverwendung bestimmt wird, so stellen die bei Maschinenverwendung ersparten Lohnkosten, die um den Preis der Maschinen vermindert werden, den Profit. „Gewinn vom Kapitale, welches in einer Maschine angelegt ist, wird aus einem Fonds bezahlt, welcher, wenn die Maschine nicht da wäre, zu Bezahlung des Lohns der Arbeit, welche die Nation jetzt erspart, bestimmt sein würde; denn, wollten die Eigener der Kapitalien, welche auf Maschinen angelegt sind, sich verbinden und mehr Gewinn daraus ziehen, als der Wert der dadurch ersparten Arbeit beträgt, so würde man sich nicht der Maschinen bedienen und, was sonst darauf verwandt wäre, als Arbeitslohn ausgeben.“[57] LAUDERDALE stellt fest, daß nicht nur fixes Kapital, sondern auch zirkulierendes Kapital und Geld als Zirkulationsmittel Arbeit erspare.

Gegen SMITH' Auffassung, daß die Kapitalbewegung die Wirtschaftsentwicklung bestimme, setzt LAUDERDALE den Hinweis auf die Marktschranke. „Die Meinung, daß Kapital Arbeit in Bewegung setze und die hervorbringende Kraft der Arbeit vermehre, hat zur Folge gehabt, daß man annahm, Arbeit stehe immer mit der Größe des vorhandenen Kapitals, der allgemeine Gewerbefleiß eines Landes stehe immer mit dem Kapital im Verhältnis; daher sei Vermehrung des Kapitals das höchste und unbeschränkte Mittel zur Vermehrung des Nationalwohlstandes. Dagegen gibt der Satz 'Kapital ist nur dann einem Lande wohltätig, wenn es Arbeit erspart oder hervorbringt, die sonst nicht verrichtet werden kann' den Schluß, daß ein Land nicht mehr Kapital gebrauchen kann, als es bei Verrichtung oder Ersparung von Arbeit zu Hervorbringung von Dingen, nach welchen Nachfrage ist, anzuwenden imstande ist.“[58] LAUDERDALE hebt hervor:

[55] Ebenda, S. 2/3.
[56] Ebenda, S. 38/39.
[57] Ebenda, S. 40.
[58] Ebenda, S. 49/50.

„Vermehrung der Nachfrage allein kann die Produktion oder Fabrikation einer Ware befördern, ein Geschäft blühend machen und den Gewerbefleiß des Landes auf einen Gegenstand insbesondere richten.“[59]

Wenn LAUDERDALEs Skepsis gegenüber einer schrankenlosen Akkumulation auch nicht falsch ist, so ist doch der alleinige Bezug auf die Nachfrage einseitig und oberflächlich. SAYs vulgäre politische Ökonomie, in der letztlich auch alles aus Angebot und Nachfrage erklärt wird, erfaßte dagegen die Situation des sich im industriellen Aufschwung befindenden Kapitalismus richtiger. Die deutsche Bourgeoisie mußte sich von LAUDERDALEs allgemeiner Skepsis gegenüber SAYs Verteidigung der Akkumulation angesprochen fühlen.

Die antiklassische Bedürfniskonzeption

LAUDERDALE hatte betont, „die Art der Verteilung des Wohlstandes bestimmt den Grad der Nachfrage für jede Ware, und Nachfrage leitet die Nationaltätigkeit und so die Bildung des Nationalwohlstandes.“[60] Diesen Gedanken greift der Tübinger Professor für Kameralwissenschaften und Verfasser kameralistischer Lehrbücher FRIEDRICH CARL FULDA in seiner ein Jahr nach LAUDERDALEs Schrift erschienenen knappen Broschüre „Über Nationaleinkommen. Ein Beitrag zu den neuesten Untersuchungen über die Staatswirtschaft“ auf. Er führt ihn breit gegen SMITH' Arbeitswerttheorie aus und schafft das Fundament für die sich nun in Deutschland ausbreitende vulgärökonomische Betrachtung der Zirkulation. Aus LAUDERDALEs Überlegung zum Wirken von Angebot und Nachfrage wird unter FULDAs Feder eine Theorie der Bedürfnisse. Der Umstand, daß im gleichen Jahr ähnliches in SODENs „Nazional-Ökonomie“ anklingt und zwei Jahre später in breitem Maß aufgegriffen wird, zeigt, wie sehr das Marktproblem die meisten deutschen Ökonomen bedrückte, wie fern ihnen noch die industrielle Revolution stand, wie grundsätzlich sie gegen SMITH, die theoretische Autorität der preußischen Reformer, aufzutreten bestrebt waren und wie spekulativ diese Fehde ausgetragen wurde.

Auf Bedürfnis und Arbeit, meint FULDA, gründen sich alle Erwerbung und aller Reichtum. „Natürliche und erhöhte Bedürfnisse des Menschen also sind es, welche, so wie sie den Grund zur Arbeit legen, die Sammlung der Kapitalien, den Tausch, die allgemeinen Tauschmittel und die Teilung der Arbeit veranlaßten. Aus ihnen geht dieses alles hervor. Sie allein müssen es daher auch sein, nach welchen wir die Werte der Sachen im Gebrauch und die Werte der Sachen im Tausch schätzen, oder: Bedürfnis ist der wahre Grund des Preises sowie der wahre Maßstab des Wertes jeder Sache.“ Gegen SMITH gerichtet fährt FULDA fort: „Das Bedürfnis liegt unstreitig tiefer als die Arbeit, denn jenes veranlaßt erst

[59] Ebenda, S. 86.
[60] Ebenda, S. 89.

diese. Wenn daher gleich alles, was das bloße Leben sowie das Wohlleben erfordert, nur durch die Arbeit erhalten werden kann, so sind wir doch nicht berechtigt, die Arbeit als den ersten Preis, der für alle Dinge bezahlt wird, und hiemit als den wahren Maßstab des Tauschwertes aller Güter zu betrachten, sondern das Leben und das Wohlleben selbst ist es, das uns zu Schätzung dieser Werte bestimmt."[61]

Um den Gesichtspunkt der Produktionskosten völlig der Bedürfnistheorie unterzuordnen, vereinfacht FULDA. Den Wert der Arbeitskraft hatten auch die Klassiker nicht wissenschaftlich bestimmen können; sie verwiesen auf den Markt, der den Wert entsprechend dem Existenzminimum festsetze. FULDA faßt nun die dem Existenzminimum entsprechenden Waren als Befriedigungsmittel für die in der Produktion entstandenen Bedürfnisse auf, die den Wert der hergestellten Ware bestimmen. In dieser Wertbestimmung sind die Produktionskosten auf die Lohnkosten reduziert worden. Und der Markt wird generell als ein Markt nur für Konsumgüter betrachtet. FULDA führt aus: „In jedem Tausch werden Befriedigungsmittel der Bedürfnisse gegen Befriedigungsmittel ausgewechselt. Wir tragen in der Ware, die wir zu Markt bringen, gleichsam die Befriedigungsmittel aller derjenigen Bedürfnisse auf den Markt, die für uns erfordert wurden, während wir die Ware zustande brachten, nicht sowohl aber die Arbeit, welche uns ihre Hervorbringung kostete. Jene Bedürfnisse in dieser Zeit setzen also den geringstmöglichsten Preis fest, unter welchem die Sache nicht abgelassen werden kann, und dieser ist es daher, den man den natürlichen Preis der Sache nennen kann. Hiemit wird der natürliche Preis mit dem Bedürfnis als Maßstab des Tauschwerts aller Güter gemessen. Weil aber die Bedürfnisse der Menschen sehr mannigfaltig, so wie die Kräfte zu der Hervorbringung der Sachen oder die Mühe und die Beschwerden, die wir ertragen, um eine Ware zustand zu bringen, nicht zu allen Zeiten und unter allen Verhältnissen gleich sind, so gibt es auch keinen zu allen Zeiten und unter allen Verhältnissen unveränderlichen Maßstab des Tauschwerts aller Güter und hiemit auch keinen solchen stets unveränderlichen natürlichen Preis derselben."[62]

FULDA geht es vor allem um die Ersetzung der Arbeitswerttheorie durch eine Bedürfnistheorie. Seine ökonomischen Kenntnisse sind gering. So verwechselt er den Durchschnittsprofit mit den Amortisationskosten, die er auf ein nun nicht mehr individuelles, sondern produktionsseitig bedingtes Bedürfnis zurückführt. „Den Kapitalgewinst fordert die Unterhaltung des Kapitals, ihn setzt daher ebenso wie den Arbeitslohn das Bedürfnis fest; er richtet sich nach dem Kapital, weil ein großes Kapital mehr Unterhaltungskosten fordert als ein kleineres."[63] Als den eigentlichen Profit sieht FULDA den Marktgewinn an. „Der Überschuß des Marktpreises über den natürlichen Preis ist ein wahrer Gewinst, der dem Arbeiter durch die Konjunkturen zufließt, unter welchen er sein Gewerbe treibt."[64]

[61] Friedrich Carl Fulda, Über Nationaleinkommen. Ein Beitrag zu den neuesten Untersuchungen über die Staatswirthschaft, Stuttgart 1805, S. 11.

[62] Ebenda, S. 12/13.

[63] Ebenda, S. 14. [64] Ebenda, S. 16

FULDAs Broschüre „Über Nationaleinkommen", die die hier besprochene antiklassische Bedürfniskonzeption enthält, umfaßt nur 64 Seiten. Für die theoriegeschichtliche Untersuchung ist sie aufschlußreicher als seine kameralistischen Lehrbücher, die in bürgerlichen Darstellungen zur Geschichte der politischen Ökonomie wegen ihrer physiokratischen Gedanken genannt werden. Sie zählt zu den ersten bürgerlichen Schriften, deren Autoren versuchen, alle ökonomischen Erscheinungen konsequent auf das Bedürfnis zurückzuführen. Zu Beginn des Jahrhunderts wurde sie viel angeführt. Später vergaß man sie, als sich der Kapitalismus stärker entwickelte und die abstrakte Erörterung *des* Marktproblems die aufstrebende Bourgeoisie nicht mehr interessierte. Als sich schließlich in der zweiten Hälfte des 19. Jahrhunderts die Grenznutzentheorie herausbildete, griff ihr österreichischer Begründer CARL MENGER auch auf FULDA zurück. So gehört dessen Theorie neben HUFELANDs und SODENs Auffassungen, auf die noch eingegangen wird, zu den Quellen der heutigen bürgerlichen Ökonomie, die seit der Grenznutzentheorie die bedürftige Menschennatur zum theoretischen Ausgangspunkt der politischen Ökonomie nimmt.

Die anthropologische Grundlegung der Vulgärökonomie

In vielem ähnliche Gedanken äußerte JULIUS GRAF VON SODEN, der sich seit 1796 auf seinen Gütern der „landwirtschaftlichen und wissenschaftlichen Muße"[65] widmete, wie ROSCHER dessen Tätigkeit umschreibt. SODEN war so von sich eingenommen, daß er ein dringliches Bedürfnis empfand, sein angelesenes, in den ersten drei Bänden seines Werks „Die Nazional-Ökonomie. Ein philosophischer Versuch über die Quellen des Nazional-Reichthums und über die Mittel zu dessen Beförderung"[66] ausgebreitetes Wissen nochmals in einem Lehrbuch zum Gebrauch öffentlicher Vorlesungen zusammenzufassen, weil er, wie er versichert, „eine ganz neue Szienz und für diese eine ganz neue Terminologie zu schaffen hatte, mithin nur dem tiefen Forscher und dem eigentlichen Gelehrten verständlich sein konnte"[67]. Tatsächlich gab er nur wieder, was der damals ökonomisch nur wenig gebildete Durchschnittsleser für Ökonomie hielt.

Die Frucht seines Nachdenkens in der von SODEN als völlig neu betrachteten Wissenschaft hat mit SAYs politischer Ökonomie gewisse Berührungspunkte. SODEN hebt die freie, vom Staat nicht beeinflußte Entwicklung der kapitalistischen Produktion als eine Grundvoraussetzung hervor, ohne die die politische Ökonomie nicht als eigene Wissenschaft betrieben werden könnte. „In dieser Absonderung der Begriffe, in jenen Sätzen, in dieser Begründung der National-

65 Wilhelm Roscher, Geschichte der National-Ökonomik in Deutschland, München 1874, S. 674.

66 Julius Graf von Soden, Die Nazional-Ökonomie. Ein philosophischer Versuch über die Quellen des Nazional-Reichthums und die Mittel zu dessen Beförderung, 9 Bände, Leipzig 1805, 1806, 1808, 1810, 1811, Aarau 1816, 1817, 1821, Nürnberg 1824.

67 Ebenda, Bd. 4, S. III.

ökonomiekunde als einer unabhängigen Wissenschaft, in dieser Beurkundung, daß die Staatswirtschaft deren Gesetze in Absicht des individuellen Wohlstandes mit heiliger Ehrfurcht schonen muß, liegt bei dem unruhigen Geiste der Regierungen und nach der ihrem Charakter eigenen Tendenz zur Ausdehnung der Macht das Palladium der bürgerlichen Freiheit."[68] Der Staat müsse alles, was dem Spielraum der kapitalistischen Wirtschaft im Wege steht, zu entfernen suchen.

Soden geht vom Gebrauchswert aus, der auf dem Markt als Tauschwert oder Preis erscheine. Er entwirft eine spekulative Systematik, die zahlreiche Universitätslehrer zur Nachahmung anregten. Soden schreibt: „Der Wert ist I. positiver oder II. verglichener Wert. Er ist ferner A) absolut oder B) relativ und zwar entweder a) allgemein relativ oder b) speziell relativ."[69] Der positive Wert, den Soden als lebensnotwendigen Gebrauchswert einen absoluten Wert und als über die Grundbedürfnisse hinausweisenden Gebrauchswert einen relativen Wert nennt, lasse sich in verschiedene Grade „des Reizes zum Besitz" einteilen. „Dieses Prinzip, dieser Gradmesser liegt 1) in dem Grade der Genießbarkeit selbst, 2) in dem Grade der Entbehrlichkeit oder Unentbehrlichkeit."[70]

Auf dem Markt, meint Soden, werden die Gebrauchswerte verglichen; er spricht dann vom verglichenen Wert, der zusätzlich zu berücksichtigen hat: „a. die Seltenheit oder Menge des Stoffs, die Seltenheit oder Allgemeinheit der ur- oder industriellen produktiven Kraft, die zu dessen Verwandlung in ein Genußmittel nötig ist, also des Talents oder der durch Übung erlangten Fertigkeit und b. die Substanz des Guts."[71]

Daraus ergibt sich für Soden: „Die höchste Notdurft ist also der Regulator des positiven Werts. Und die Gradationen der Entfernung von dieser höchsten Notdurft bis zum höchsten Grade von luxuriösem Wohlstand, welchen die Ausbildung des menschlichen Geistes erzeugt und fordert, gleichen den verglichenen Wert aus . . ." Und dieser Tauschwert sei das Ergebnis von Angebot und Nachfrage. „Die Gradationen des verglichenen Werts entstehen nicht aus dem Reize zu dessen Besitz, sondern aus der größern oder geringern Möglichkeit, diesen Reiz zu befriedigen."[72]

Die gänzlich vom Bedürfnis und Bedarf ausgehende Betrachtung sieht Soden in seinem Lehrbuch von 1810 als grundlegend für die politische Ökonomie an. „Die Nationalökonomie ist die aus der Anthropologie, aus der Kenntnis des menschlichen Organismus geschöpfte Kunde der Gegensätze, wie die Form des Staatsvereins, also die Staatsverfassung, und wie die Regeln, welche die Staatshaushaltung zu Bestimmung der Rechte und Pflichten der Staatsglieder in strenger Beziehung auf den gesellschaftlichen Verein zu beobachten hat, beschaffen

[68] Ebenda, Bd. 1, S. 16.
[69] Ebenda, S. 39/40.
[70] Ebenda, S. 41.
[71] Ebenda, S. 42.
[72] Ebenda, S. 44.

sein müssen, damit die größtmöglichste Zahl der Glieder desselben den höchstmöglichen Grad physischer Genußvollkommenheit nach ethischen Grundsätzen erlangen und bewahren können."[73]

Diese anthropologische Grundlegung ist ein Ergebnis der seit 1807 rege geführten Diskussion, in der SODENs Wertüberlegungen weitergeführt wurden und die zu einer von mehreren Theoretikern vertretenen idealistischen Wertlehre gelangte. SODEN durfte sich durch die Diskussion bestätigt fühlen. Er zog aber keine Schlußfolgerungen für sein gesamtes System. In diesem erscheint der Markt nur als ein die Produktion vermittelndes Moment, das – außerhalb der Wertbetrachtung – nicht verabsolutiert wird. SODEN trifft sich daher nur in der Wertbetrachtung mit den im vorliegenden Abschnitt behandelten Vulgärökonomen und wird nur deshalb in diesem Zusammenhang angeführt.

SODEN macht sich von der politischen Ökonomie eine überaus einfache Vorstellung. Er behandelt sie als eine Wissenschaft von der stofflichen Produktion, ihrer Bewegungsmittel und der ihr angemessenen Staatsform. „Die Gegenstände der Nationalökonomie sind Produktion, Hervorbringung, und Konsumtion, Genuß. Ihr Zweck ist, daß so viel als möglich und zwar in der höchstmöglichen Qualität erzeugt und daß dieses Erzeugte von vielen genossen werde."[74] Produktion in SODENs Sinn ist „diejenige Kraftäußerung, welche ein Genußmittel zum Genuß bringt, das außerdem nicht vorhanden sein würde"[75]. Für ihn sind Landwirtschaft, Industrie und Handel die drei Gattungen der Produktivkräfte. „Die Tendenz der Nationalökonomie ist also, die nach Verhältnis des Stoffs [d. h. Kapitals] und der höchstmöglichsten Entfaltung der drei produktiven Kräfte höchstmöglichste, also ökonomistische Zahl von Nationalgliedern in jenen Zustand dauernd zu versetzen und darin zu erhalten."[76] Das Verhältnis zwischen Kapitalist und Arbeiter wird von SODEN ähnlich wie von SAY als ein Verhältnis verschieden hoch entlohnter Arbeiter betrachtet. „Wir müssen nämlich vor allen Dingen die arbeitenden Menschen in zwei Klassen einteilen, in die arbeitenden Stoffbesitzer und in die isolierten Arbeiter [d. h. Lohnarbeiter]."[77]

Der Kapitalist ist nach SODEN durch seinen Kapitalbesitz im Unterschied zum Lohnarbeiter Monopolist. „Er hat nicht nötig, Arbeit an fremden Stoffen zu suchen, er benutzt also diesen Vorteil doppelt, indem er nicht nur den Ertrag oder die Rente seines Stoffs anschlägt, sondern auch seinen Arbeitspreis erhöht. Den nämlichen Vorteil des Monopols bringt er in Anschlag, wenn er eignen Stoff durch fremde Kraft bearbeiten läßt, wie zum Beispiel der Fabrikunternehmer. Er schlägt den Preis der fremden Arbeit höher an als er ihm kostet; er zieht also von dem Preise der Lohnarbeit seinen Gewinn ab als die Rente seines Vor-

[73] Ebenda, Bd. 4, S. 6.
[74] Ebenda, Bd. 2, S. 97.
[75] Ebenda, Bd. 1, S. 146.
[76] Ebenda, S. 30.
[77] Ebenda, S. 157.

schusses.“[78] Der Lohn des Lohnarbeiters, schreibt SODEN, reguliere sich nach dem Existenzminimum; er stehe aber meist unter seinem wahren Wert. Daher habe der Lohnarbeiter die Begünstigung des Staates verdient. „Jene Behauptung, daß hoher Arbeitslohn der Nationalindustrie schädlich sei, weil der Lohnarbeiter in teuern Zeiten mehr arbeite als in wohlfeilen, ist von einsichtsvollen Beobachtern widerlegt worden.“[79]

SODENs Interesse ist noch nicht auf die Probleme eines industriellen Aufschwungs gerichtet, sondern auf dessen Voraussetzungen. Seine wirtschaftspolitischen Forderungen wenden sich an den Staat zur Unterstützung der kapitalistischen Produktion. So schreibt er zum Beispiel: „Eines der wohltätigsten und weisesten Mittel zur Beförderung der Produktion, d. h. um den vorhandenen Stoff und die vorhandene produktive Kraft zur Fülle der Entwicklung der Genußfähigkeit zu bringen, ist die Errichtung einer Staatskreditkasse; da nämlich, wo nicht der Reichtum verbunden mit dem Gemeinsinn einzelner Nationalglieder diese entbehrlich macht. Es gibt zum Beispiel in England kaum einen Zweig der Nationalindustrie, für den nicht eigene patriotische Gesellschaften existierten, an deren Spitze sich oft die ersten Männer des Reichs befinden und welche, nicht wie dies in Frankreich und Deutschland größtenteils der Fall ist, durch theoretische, zwar nicht gelehrte, aber dem größten Teil der Produzenten unverständliche und dessen Fassungskraft übersteigende Abhandlungen, sondern durch Beispiel und Belohnung die Produktion befördern.“[80] Ebenso wichtig wie Kreditkassen seien Brandversicherungs-, Hagelversicherungs- und Viehassekuranzanstalten.

Das subjektiv-idealistische Konzept der Vulgärökonomie

SODENs und FULDAs Wertbestimmung durch das Bedürfnis waren erste Versuche nicht gerade scharfsinniger Autoren. Das Ungenügende ihrer Bemühungen wurde nach der Zerschlagung des preußischen Staates und während der Verschärfung der inneren Auseinandersetzung um bürgerliche Reformen von den Vertretern des zu Kompromissen mit dem Feudalismus geneigten Kleinbürgertums deutlicher empfunden. Die Angriffe auf SMITH’ Arbeitswerttheorie nahmen zu. Die Zurückführung des Tauschwertes auf den Gebrauchswert und des Gebrauchswertes auf das Bedürfnis schien noch zu sehr an eine objektive Begründung gebunden zu sein, denn in FULDAs Darstellung entstanden die Bedürfnisse aus der Produktion. Deshalb wurde die Bindung der Marktvorgänge an die Bedürfnisse weiter gelockert.

So wurde schließlich die Rolle des freien Willens und dessen Verwurzelung in

[78] Ebenda.
[79] Ebenda, S. 169.
[80] Ebenda, S. 172.

menschlichen Stimmungen und Meinungen betont. Gottlieb Hufeland, Professor der Rechte und Autor mehrerer juristischer Lehrbücher, schreibt in seinem zweibändigen Buch „Neue Grundlegung der Staatswirthschaftskunst“: „Unter allen erzeugenden Kräften wirkt aber doch am ausgebreitetsten und am häufigsten menschliche Willkür, und dies schon darum, weil der arbeitende Mensch seine ganze Wirksamkeit auf die Dinge so leiten und bestimmen kann, daß sie gerade die besten und tauglichsten Mittel für seine eignen und anderer Zwecke werden.“[81] Hufeland schränkt ein: „Nur ist dennoch die menschliche Willkür selten so durchaus Herrin über die Natur, daß sie immer ein gleichförmiges Produkt an Güte und Menge mit Sicherheit erzwingen könnte.“[82]

Hufeland nennt Smith' Arbeitswerttheorie „eine bloße allgemeine Vorstellung ohne allen wirklichen Einfluß auf das Güterverhältnis und die Preisbestimmung“[83]. Für ihn sind wirtschaftliche Güter, Wert und Preis ein Ergebnis der willkürlichen Vorstellung. „Alle Güter sind nur Güter vermöge der Vorstellung, die Menschen (einer oder mehre[re]) sich davon machen.“[84] Auch das Mittel-Ziel-Verhältnis, meint Hufeland, bestehe nur in der Vorstellung und sei nicht notwendig bedingt. „Folglich ist die Bestimmung von Gut und Wert nur von zufälligen, unter sich verschiedenen, sich abändernden Vorstellungen, d. h. von Meinungen, abhängig.“ Hierdurch sei „die unumschränkte Herrschaft der Meinungen im Reiche der Güter und des Vermögens klar ausgesprochen“[85].

Hufeland bemerkt, „daß die Dinge, welche Güter werden, zu solchen gebraucht werden können, zwar größtenteils durch Arbeit entstehen mögen, daß sie aber durch die Arbeit nicht Güter werden, sondern daß dieses nur durch die Vorstellung von ihrem Wert, von ihrer Tauglichkeit als Mittel zu einem Zweck, den man hat und erreichen will, abhängt; daß also auch in dieser Rücksicht auf Gütervermehrung eigentlich vor andern Ursachen Vielheit der Zweckhabenden und Mannigfaltigkeit der Zwecke wirken“[86].

Aber auch die Zweckvorstellungen, schreibt Hufeland, seien nicht von grundlegender Bedeutung für die Marktvorgänge. „So wichtig nun auch der Gebrauchswert, die Tauglichkeit einer Sache als Mittel zu einem bestimmten Zweck oder auch zu mehre[re]n Zwecken, – jener Wert möge nach der Wertvorstellung eines einzelnen oder nach der Vorstellung mehrer[er] der Sache beigelegt werden – an sich oder zuletzt erscheint, so ist doch der Tauschwert im menschlichen Verkehr und für die Gütermasse von einem viel ausgedehnterem Einfluß. Er bezeich-

[81] Gottlieb Hufeland, Neue Grundlegung der Staatswirthschaftskunst durch Prüfung und Berichtigung ihrer Hauptbegriffe von Gut, Werth, Preis, Geld und Volksvermögen mit ununterbrochner Rücksicht auf die bisherigen Systeme, Bd. 1, Biesen und Wetzlar 1807, S. 101.
[82] Ebenda, S. 102.
[83] Ebenda, S. 160.
[84] Ebenda, S. 20.
[85] Ebenda, S. 23.
[86] Ebenda, S. 29.

net die Tauglichkeit der Sache zum Tausche, so daß man etwas anderes von irgendeinem Wert, sei dies Gebrauchs- oder Tauschwert, dafür haben kann."[87]

Damit lehnt HUFELAND die von SAY, SODEN und FULDA vertretene Beziehung zwischen Gebrauchswert und Tauschwert ab. Er unterteilt den Gebrauchswert in einen unmittelbaren Gebrauchswert (Benutzungs- oder Konsumtionswert) und einen mittelbaren Gebrauchswert (Erzeugungs- oder Produktionswert). Der innere Preis sei ein Kostenpreis; Hauptsache bleibe jedoch immer der äußere Preis, „und diesen bestimmen eine Menge verschiedener Ursachen, wovon nur eine vom innern Preise her wirkt"[88]. Beim Austausch von zwei Gütern treffen viele Vorstellungen aufeinander, schreibt HUFELAND. „Durch den doppelseitigen Preis wird zwischen einzelnen und durch den Marktpreis zwischen vielen die Willkür der beiden Vertragschließenden gleichförmig gemacht und der willkürliche innere Preis mit dem willkürlichen äußern auf dasselbe Quantum gesetzt. Man könnte daher auch den doppelseitigen Preis geradezu den willkürlichen nennen."[89]

Ebenso, meint HUFELAND, entspringe der Gewinn der willkürlichen Vorstellung. „Einzig und allein dadurch, daß meine oder anderer Meinung über den Wert des einmal Vorhandenen sich ändert, und zwar erhöht, oder auch daß der neue Besitzer oder von nun an andre sie höher schätzen, als bisher geschah, ist Gewinn oder Gütervermehrung denkbar."[90] Einen solchen Gewinn könne auch der Arbeiter über seinen Existenzlohn hinaus erlangen. „Er bekömmt mehr als seinen notwendigen Arbeitslohn; was er nun über diesen erhält, ist durch bloße Willkür bestimmt und also kann dieser Gewinn am Arbeitslohn recht wohl als der willkürliche Arbeitslohn oder der Arbeitsgewinn genannt werden, so daß der Arbeitslohn überhaupt aus dem notwendigen und willkürlichen zusammengesetzt wäre."[91]

Die Revision der klassischen politischen Ökonomie

Der auf dem Gebiet der Ökonomie dilettierende Jurist HUFELAND hatte das verbreitete Gefühl über die mit dem Kapitalismus heraufkommende Unsicherheit zu einer äußerst vulgären Betrachtung des Markts verarbeitet, deren Werttheorie philosophisch-idealistischen Charakter besitzt. Seine Darstellung trägt jedoch noch die Züge des Entwurfs. Den Hauptangriff von seiten des Kleinbürgertums auf die klassische politische Ökonomie unternahm 1811 JOHANN FRIEDRICH EUSEBIUS LOTZ, ein Verwaltungsbeamter in den sächsischen Herzogtümern Hildburghausen und Koburg. Das Grundsätzliche seines Kampfs gegen SMITH

[87] Ebenda, S. 122.
[88] Ebenda, S. 379.
[89] Ebenda, S. 146/147.
[90] Ebenda, S. 151.
[91] Ebenda, S. 280.

ist ähnlich wie bei HUFELAND bereits im Titel angekündigt: „Revision der Grundbegriffe der Nationalwirthschaftslehre“[92].

Der klassischen politischen Ökonomie wirft LOTZ „Unzulänglichkeit und Unzuverlässigkeit ihrer Erörterungen über die Grundbegriffe der Lehre“[93] vor. Die „hochwichtigen Fragen“, die er für die Hauptfragen der politischen Ökonomie ausgibt und auf die er bei SMITH keine befriedigenden Antworten zu finden meint, beziehen sich auf die Marktvorgänge: „Wie entstehen Güter als solche, wovon hängt der Wert der Erzeugnisse der produktiven Kraft der Natur und des menschlichen Geistes ab? Worin besteht der eigentliche Charakter der Begriffe von Gut und Wert? Welche Güter und Dinge von Wert mögen in den menschlichen Tausch eingeführt werden? Wovon hängt ihre Einführung ab? Wornach reguliert sich der Preis der in den menschlichen Tauschverkehr kommenden Güter? Wodurch ist die Preisfähigkeit eines Guts überhaupt bedingt und wornach bestimmt sich der Preis, welchen gegebene Güter beim menschlichen Tauschverkehre wirklich haben? Worauf beruhen die Schwankungen dieses Preises? Durch welche Regeln wird der Gang dieser Schwankungen geleitet? Was befördert das Zusammentreffen des wirklichen und des angemessenen Preises der in den Tauschverkehr kommenden Gütermassen und wodurch wird der angemessene Preis dieser Gütermassen selbst bestimmt?“[94]

Damit ist die Problematik der von LOTZ nun endgültig ausgebauten Vulgärökonomie des Markts umrissen. Die Lehre richtet sich gleichermaßen gegen SMITH und SAY. LOTZ benutzt die Darstellungen von LAUDERDALE, SODEN und HUFELAND, die aber nur, stellt er fest, ein erster Schritt zu seinem Ziel seien. LOTZ folgt HUFELAND und stellt fest, daß die Natur nur Dinge schaffe. Allein der menschliche Geist erhebe sie zu Gütern, ihm gehöre auch „die Bestimmung der Rangordnung der einzelnen Güter unter sich in Hinsicht auf ihre Tauglichkeit als Mittel für menschliche Zwecke oder – was ein und dasselbe ist – die Bestimmung des Werts, welchen die einzelnen Dinge haben sollen, welche er zu Gütern erhoben hat.“ Der Wert bezeichne also „den Grad der Tauglichkeit eines Guts als Mittel für menschliche Zwecke“[95].

In Anlehnung an SODEN unterscheidet LOTZ zwischen positivem und verglichenem Wert (Gebrauchswert und Tauschwert). Für den verglichenen Wert gelte ein bestimmtes Gut mit positivem Wert als Gradmesser. „Die Ausmittelung des Grades des verglichenen Werts eines Gutes dient im Grunde zu nichts weiter, als um die Bestimmung des Grades seines positiven Werts zu erleichtern.“[96] Im Unterschied zu HUFELANDs Trennung zwischen Gebrauchswert und Tausch-

92 Johann Friedrich Eusebius Lotz, Revision der Grundbegriffe der Nationalwirthschaftslehre, in Beziehung auf Theurung und Wohlfeilheit, und angemessene Preise und ihre Bedingungen, Koburg/Leipzig, 1. und 2. Bd. 1811, 3. Bd. 1813, 4. Bd. 1814.

93 Ebenda, Bd. 1, S. VIII.

94 Ebenda, S. VIII/IX.

95 Ebenda, S. 13.

96 Ebenda, S. 20.

wert übernimmt LOTZ SAYs und SODENs Annahme, daß der Gebrauchswert im Tauschwert erscheine. „Übrigens ist der positive Gebrauchs- oder Tauschwert eines Gutes auch wirklich nur sein wahrer Gebrauchs- oder Tauschwert. Der verglichene, wenn er nicht mit dem positiven zusammentrifft, gibt nur Schein statt Wahrheit und Wirklichkeit."[97] Es liege in der Natur der Sache, „daß von Gütern und Dingen von Wert immer nur in subjektiver Beziehung die Rede sein kann"[98].

Die Subjektivität des Werts zeige sich nicht nur im individuellen Gebrauchswert, sondern auch im allgemeinen Tauschwert, schreibt LOTZ. „Subjektiv ist indessen der gemeine Wert immer so gut wie der individuelle. Die allgemeine Meinung, der er sein Dasein verdankt, ist immer nur eine Meinung, ebenso wie die eigene Meinung, eines gewissen bestimmten Individuums, das einem Gute individuellen Wert leiht. Der Unterschied zwischen dem einen und dem andern Werte liegt bloß darin, daß beim individuellen Werte nur *ein* Wesen den Wert bestimmt, beim gemeinen Werte aber diese Bestimmung von mehreren geschieht, und zwar gleichförmig."[99] Die individuelle Meinung könne die allgemeine Meinung leiten und diese wieder jene, aber nie könne die eine die andere beherrschen. Gebrauchswert und Tauschwert seien doch nur die Endprodukte in der Preisbildung. Der wirkliche Preis sei „Resultat eines Kampfs zwischen dem hier konkurrierenden Besitzer und [dem] Begehrer"[100].

Die Produktionskosten, meint LOTZ, spielen in der Preisbildung kaum eine Rolle. „Nebenher können zwar beide, der Besitzer und der Begehrer der in den Tausch gebrachten Güter, in manchen Fällen noch auf die Summe der Aufopferungen Rücksicht nehmen, welche ihnen der Besitz und Erwerb jener Güter notwendig gemacht hat oder notwendig machen kann; allein unter die Klasse der Kräfte, welche durch ihre Aktion und Reaktion den wirklichen Preis erzeugen, lassen sich diese Rücksichten auf keinen Fall aufnehmen. Ebensowenig als die Meinung, welche der Besitzer eines in den Tausch gebrachten Gutes von dem Gebrauchswerte oder Tauschwerte desselben haben mag, oder die Vorstellung, welche sich der Begehrer jenes Gutes von dem Gebrauchs- oder Tauschwerte des Gutes macht, das er seinem Gegner für jenes Gut überlassen will. Jene Aufopferungen und diese Meinungen und Vorstellungen können zwar den Besitzer eines in den Tausch gebrachten Gutes bestimmen, diese oder jene bestimmte Gütermasse als Preis für sein Gut zu fordern; und den Begehrer können sie veranlassen, eine bestimmte Masse von Gütern dem Besitzer als Preis zu bieten; aber zur Vereinigung über den wirklichen Preis, über die Masse von Gütern, welche der eine gibt und der andere erhält, werden sie die tauschenden Parteien – einzelne ganz besondere Fälle ausgenommen – wohl nie bringen."[101]

In einer ausführlichen Polemik entgegnet LOTZ auf SMITH' Arbeitswerttheorie:

[97] Ebenda, S. 36.
[98] Ebenda, S. 36/37.
[99] Ebenda, S. 42.
[100] Ebenda, S. 73.
[101] Ebenda, S. 75/76.

„Niemand legt dem Produkte der Arbeit des andern bloß um deswillen einen Wert bei, weil ihre Produktion dem letztern Aufopferungen von Freiheit, Ruhe und Glück notwendig gemacht hat . . ., sondern bloß um deswillen erklärt er jene Produkte für Dinge von Wert, weil er sie anerkennt als Mittel, tauglich zur Beförderung seiner Zwecke, was ihn auch nur allein bestimmt, sie zu begehren."[102]

Als Einflußfaktoren in der Preisbildung nennt LOTZ mehrere Momente. „Das erste und wichtigste Moment, das die Übereinkunft der Parteien auf den wirklichen Preis motiviert, ist auf seiten des Besitzers einer in den Tausch gekommenen Sache ihre größere oder mindere Entbehrlichkeit für ihn und auf seiten des Begehrers der größere oder geringere Grad der Notwendigkeit derselben."[103] Weitere Momente seien die Bereitwilligkeit zum Tausch und „die Vorstellung, welche sich jeder Teil von der Leichtigkeit oder Schwierigkeit macht, ein Gut, das er auf dem Wege des Tausches an sich bringen kann, sich auf eine andere Weise zu verschaffen"[104]. Die Produktion ist also für LOTZ nur eine Ersatzhandlung für den Tausch, eine „andere Weise" der Beschaffung.

Solche Momente beim isolierten Tausch von zwei Partnern, die nur ihr Überflüssiges gegen Notwendiges tauschen, gelten lediglich bei gleichen Positionen der Partner, stellt LOTZ fest. Bei ungleichen Vermögen müsse der wirkliche vom angemessenen Preis abweichen. LOTZ illustriert diesen Gedanken mit einer allgemeinen Behauptung, die tatsächlich ebenso im umgekehrten Sinne richtig sein könnte. „Und da übrigens der Reiche den Armen und seiner Güter immer mehr bedarf als der Arme den Reichen, so versteht es sich wohl von selbst, daß der Arme beim Tauschverkehre mit dem Reichen immer verhältnismäßig mehr gewinnt als sein reicher Gegner."[105] Aber, meint LOTZ, „auch ein zu großer Abstand zwischen ihrer beiderseitigen intellektuellen Bildung"[106] würde die Preisbildung beeinflussen.

Völlig unvermittelt steht neben der Auffassung vom isolierten Tausch jene vom allgemeinen Tauschverkehr, in dem die Produktionskosten eine bedeutende Rolle spielen. „Nur der Verkehr aller mit allen ist der Weg, der den Preis der Güter mit ihrem Werte und dem Betrage ihrer Schaffungskosten in das möglichst richtigste Verhältnis bringen kann."[107] LOTZ formuliert sogar: „Das charakteristische Merkmal der Wohlfeilheit und Teuerung besteht nicht in der Höhe und Niedrigkeit des Preises, unter welchem sie [d. h. die Ware] in den Tausch kommt, überhaupt und an sich betrachtet, sondern in dem Mißverhältnisse des Preises der Waren oder dem Betrage der Schaffungskosten, welche zu ihrer Gewinnung oder Hervorbringung erforderlich waren."[108] Die Ware könne in zweifacher Be-

[102] Ebenda, S. 110/111.
[103] Ebenda, S. 112.
[104] Ebenda, S. 124/125.
[105] Ebenda, S. 262/263.
[106] Ebenda, S. 263.
[107] Ebenda, S. 137.
[108] Ebenda, S. 176/177.

ziehung teuer oder wohlfeil sein, erstens in Beziehung auf den Wert und zweitens in Beziehung auf die Schaffungskosten.

Der Mehrwert besteht für LOTZ einfach aus einem Aufschlag auf die Kosten. „Genau betrachtet sind beide, der Kapitalgewinn und die Grundrente, ein Einkommen, das, wenigstens in der Periode, wo er dasselbe bezieht, dem Besitzer der Kapitale und Naturfonds umsonst zufließt, ohne allen Aufwand. Die Kapitalrente ist, wenn man ihr Wesen genau analysiert, nichts weiter als der Lohn der Sparsamkeit, die Frucht, welche der Kapitalist aus seinem Sammeln der Überschüsse einer frühern, durch ihren Ertrag schon hinreichend belohnten Betriebsamkeit zieht. Und im Wesen der Grundrente spricht sich . . . ohnedies nichts weiter aus als ein Vorteil, welchen der Naturfondsbesitzer oder Benutzer lediglich nur der schaffenden Kraft der Natur verdankt, wo also ohnedies nicht von einem Lohne menschlicher Arbeit und einem zu dem Ende gemachten Aufwande die Rede sein kann."[109] Kapitalgewinn und Rente seien nichts weiter als ein „willkürlicher Zusatz zu dem notwendigen Schaffungskostenbetrage der von der menschlichen Betriebsamkeit hervorgebrachten oder der Natur abgewonnenen Gütermassen; nichts weiter als eine Abgabe, welche der Eigennutz des Kapitalisten und Grundeigentümers dem Konsumenten abzwingt noch außer dem Lohne der zur Hervorbringung oder Gewinnung jener Gütermasse nötig gewesenen Arbeit und dem Ersatz des hierbei gehabten Güteraufwandes, worin sich der Betrag der notwendigen Schaffungskosten aller Güter ausspricht"[110]. Diese Abgaben seien nicht notwendig, aber sie seien zu billigen im Interesse des Konsumenten, weil bei ihrem Fehlen alle Betriebsamkeit vernichtet würde.

In der Stellung zum Staat schwankt LOTZ. Damit bringt er nur die Position der kompromißbereiten Bourgeoisie zum Ausdruck, der er mit seiner Vulgärökonomie dient. Einerseits stellt er fest, daß sich das Unökonomische der höchsten Unfreiheit „bei der Leibeigenschaft und Fronpflichtigkeit in unseren europäischen Staaten nicht ganz so zeigt wie bei der Sklaverei in Westindien, so zeigt es sich doch auch hier immer auffallend genug, um die Aufhebung solcher Überbleibsel der ehemaligen Barbarei und des Lehenswesens höchst wünschenswert zu machen"[111]. Er fordert freie Konkurrenz und für den Tauschverkehr die Beseitigung der „besonders in Deutschland so häufig vorkommenden Überbleibsel des Feudalwesens"[112]. Doch andererseits weist er botmäßig darauf hin: „Auf jeden Fall kann die höchste Gewalt auch ohne Vernichtung der Zünfte und Innungen durch eine zweckmäßige Leitung des Zunft- und Innungswesen alle die Vorteile, die eine allgemeine Freigebung der Gewerbe herbeiführen kann, ebenso gut erzeugen, als wenn sie durch einen Gewaltstreich alle Zunft- und Innungsbefugnisse auf einmal vernichtet . . ."[113] LOTZ geht sogar noch weiter und entschuldigt zeit-

109 Ebenda, Bd. 3, S. 334/335. 110 Ebenda, S. 338/339.

111 Ebenda, S. 71.

112 Ebenda, Bd. 1, S. 305.

113 Johann Friedrich Eusebius Lotz, Über den Begriff der Polizei und den Umfang der Staatspolizeigewalt. Ein Versuch, Hildburghausen 1807, S. 273/274.

weilige Handelsbeschränkungen. Macht die höchste Gewalt „den Bürger auf die Notwendigkeit solcher Eingriffe in seine natürliche Handelsfreiheit durch offene Darlegung der Umstände, die zu diesem Schritte führen, aufmerksam; läßt er sie nicht länger dauern, als es die Notwendigkeit erheischt, so wird sie gewiß von dem Widerwillen, mit dem sie außerdem hier zu kämpfen hat, bei weitem weniger zu befürchten haben, als dies jederzeit der Fall dann sein wird, wenn sie solche Maßregeln bloß im Tone eines unmotivierten kategorischen Imperativs ankündigt".[114] LOTZ vertritt also einen servilen, höflich bittenden Liberalismus.

Diese durch eine subjektiv-idealistische Werttheorie untermauerte vulgärökonomische Betrachtung der Zirkulation brachte keine neuen Erkenntnisse oder Aspekte in die ökonomische Diskussion. Sie entstammt der Vorstellungswelt einer schwachen Bourgeoisie, die vor den politischen und wirtschaftlichen Folgen der französischen Revolution und der industriellen Revolution zurückschreckte und nicht einmal die in ihrem eigenen Interesse liegenden wirtschaftlichen Reformen vorbehaltlos zu unterstützen wagte. Im ersten und zweiten Jahrzehnt des 19. Jahrhunderts geriet diese Werttheorie in den Vordergrund der Auseinandersetzung. Unter den Bedingungen der politischen Restauration der Adelsherrschaft zeigte sich jedoch, daß ihre vornehmlich ideologisch und sehr spekulativ argumentierende Darstellung zur Verteidigung der wirtschaftlichen Interessen der Bourgeoisie nicht ausreichte.

Theoriegeschichtlich-methodologische Nachbemerkung

Wäre die zuvor behandelte Vulgärökonomie eine deutsche Episode aus den beiden ersten Jahrzehnten des 19. Jahrhunderts geblieben, so hätte sie kurz abgetan werden können. Dann hätte SAY nicht ganz unrecht, der schreibt: „Die Geschichte einer Wissenschaft gleicht aber nicht einer Erzählung von Begebenheiten. Sie kann unmöglich etwas anderes sein als die Darstellung der mehr oder minder gelungenen, zu verschiedenen Zeiten und an verschiedenen Orten wiederholten Versuche, die Wahrheiten, woraus sie besteht, zu sammeln und festzustellen. Was würde es uns frommen, alberne Meinungen und mit Recht verrufene Lehren zusammenzutragen? Ihre Wiederausgrabung wäre ebenso unnütz als widerlich. Darum wird auch die Geschichte einer Wissenschaft immer kürzer, je mehr die Wissenschaft sich ausbildet; denn d'Alembert bemerkt sehr richtig, 'je mehr Licht man über einen Gegenstand gewinnt, desto weniger befaßt man sich mit den falschen oder zweifelhaften Meinungen, welche er veranlaßt hat. Nach dem, was andere Leute gemeint haben, forscht man nur aus eigenem Mangel an festen und klaren Begriffen, die ein sicherer Anker sind'. Sollten wir demnach die Nationalökonomie völlig durchschauen, so würde es uns ziemlich wenig interessieren, was unsere Vorfahren darüber geträumt haben, und wir hätten keinen Grund,

[114] Ebenda, S. 292.

jene Reihe von Fehltritten zu zeichnen, wodurch der Mensch von der Wahrheit abgeführt worden ist. Die Aufgabe ist nicht, sich mit den Irrtümern bekannt zu machen, sondern dieselben zu vergessen."[115]

Wollen wir die politische Ökonomie „völlig durchschauen", so müssen wir auch über den argen Weg der Erkenntnis zur ihr unterrichtet sein. Insofern kann man D'ALEMBERT und SAY in der Aufforderung, die Irrtümer einfach zu vergessen, nicht folgen. Dennoch wurde auch in diesem Buch mehr Gewicht auf jene Auffassungen gelegt, die den Erkenntnisfortschritt förderten; deren Gegner wurden nur angeführt, um den Charakter der Auseinandersetzung zu verstehen. Das vorliegende Kapitel – und besonders dieser Abschnitt – macht aus zwei Gründen eine Ausnahme und stellt die „Irrtümer", d. h. die sozial bedingte verzerrte Wiedergabe der ökonomischen Verhältnisse, in den Mittelpunkt einer ausführlichen Betrachtung.

Erstens handelt es sich um jenen bedeutsamen theoriegeschichtlichen Abschnitt, in dem die bürgerlichen Theoretiker mit der klassischen politischen Ökonomie zu brechen begannen. Solange es bürgerliche Ökonomie geben wird, muß dieser Bruch, der Verzicht auf die Erforschung der inneren Zusammenhänge der bürgerlichen Gesellschaft, dargestellt werden. Denn ohne Kenntnis von diesem Bruch und seinen sozialen Hintergründen ist es nicht möglich, den Charakter der heutigen bürgerlichen Ökonomie richtig zu erfassen.

Zweitens blieb, wie bereits angedeutet, die dargestellte deutsche Vulgärökonomie keine theoriegeschichtliche Episode. Ein halbes Jahrhundert später griff nahezu die gesamte bürgerliche Ökonomie – nicht nur die Grenznutzentheorie – auf die damals begründete sogenannte subjektive Werttheorie zurück. WILHELM ROSCHER definiert in seinen „Grundlagen der Nationalökonomie": „Wirtschaftlicher Wert eines Gutes ist die Bedeutung, welche dasselbe für das Zweckbewußtsein des wirtschaftenden Menschen hat."[116] Und er lobt ausdrücklich die „Revision der Grundbegriffe der Nationalwirthschaftslehre" von LOTZ. „Im ganzen jedoch ist eins der wichtigsten Kapitel der volkswirtschaftlichen Grammatik, die Lehre von den Preisen, durch dieses Werk und namentlich sein strenges Festhalten der einmal geklärten Begriffe dermaßen gefördert, daß man jedem jungen Nationalökonomen zur Pflicht machen sollte, es einmal gründlich durchzudenken."[117]

Außer der Modernisierung der Beispiele und der Einführung der ökonomischen Grenzanalyse, die aber auch schon früher erarbeitet worden war, hatten die Ökonomen im letzten Viertel des 19. Jahrhunderts der sogenannten subjektiven Werttheorie nichts hinzuzusetzen. Die Gemeinsamkeit zwischen der frühen politischen Ökonomie einer schwachen Bourgeoisie und der späteren bürgerlichen

[115] Johann Baptist Say, Ausführliche Darstellung der Nationalökonomie oder der Staatswirthschaft, Bd. 3, Heidelberg 1830, S. 466.

[116] Wilhelm Roscher, Grundlagen der Nationalökonomie, Stuttgart 1886, S. 8.

[117] Wilhelm Roscher, Geschichte der Nationalökonomik in Deutschland, München 1874, S. 666.

Ökonomie im entwickelten Industriekapitalismus ist in dieser Beziehung groß. Charakterisiert man die erstere, kennzeichnet man zugleich auch wichtige Grundzüge der letzteren. Bisher wurde vor allem die theoretische Armseligkeit der ersteren deutlich gemacht. Nun ist noch ein methodologisches Merkmal zu erörtern, weil es für die gesamte folgende bürgerliche politische Ökonomie Gültigkeit behält.

Die zuvor behandelte Vulgärökonomie entstand, wie bereits dargelegt wurde, unter dem Eindruck einerseits der französischen Revolution und der industriellen Revolution sowie anderseits des Beginns der bürgerlichen Umwälzung in Deutschland, also unter dem Eindruck *bürgerlicher* Prozesse und noch *vor* der Entfaltung des Klassenkampfes zwischen den modernen kapitalistischen Klassen der Industriebourgeoisie und des Industrieproletariats. Die Furcht vor den Konsequenzen der eigenen Gesellschaftsformation war so groß, daß der bürgerliche Ökonom seine eigene Wissenschaft, die klassische politische Ökonomie, vollständig liquidierte. An deren Stelle setzte er, schreibt MARX, „ein Fiktionsweise ohne Phantasie, eine Religion des Vulgären. Die Vulgärökonomen – sehr zu unterscheiden von den ökonomischen Forschern, die wir kritisiert – übersetzen in der Tat die Vorstellungen, Motive etc. der in der kapitalistischen Produktion befangnen Träger derselben, in denen sie sich nur in ihrem oberflächlichen Schein reflektiert. Sie übersetzen sie in eine doktrinäre Sprache, aber vom Standpunkt des herrschenden Teils aus, der Kapitalisten, daher nicht naiv und objektiv, sondern apologetisch. Das bornierte und pedantische Aussprechen der Vulgärvorstellungen, die sich notwendig in den Trägern dieser Produktionsweise erzeugen, ist sehr verschieden von dem Drang der politischen Ökonomen, wie Physiokraten, A. Smith, Ric[ardo], den innren Zusammenhang zu begreifen.“ [118]

Um den späteren Einfluß von SAY einerseits und den deutschen Vulgärökonomen einer schwachen Bourgeoisie anderseits erklären zu können, muß an dieser Stelle ein methodologischer Unterschied erwähnt werden. SAY übersetzte die Vorstellungen der in der kapitalistischen Produktion befangenen Träger „in eine doktrinäre Sprache, aber vom Standpunkt des herrschenden Teils aus, der Kapitalisten, daher nicht naiv und objektiv, sondern apologetisch“. Auf diese Weise geriet er mit SMITH in Konflikt, den er systematisierte und korrigierte. Die damaligen deutschen Vulgärökonomen gingen anders vor. Sie sahen in SMITH den ideologischen Gegner; sie suchten ein Gegenkonzept, „eine Fiktionsweise ohne Phantasie“, und bedienten sich der Marktreligion des Vulgären. Das unterschiedliche methodologische Herangehen bestimmt den späteren Einfluß beider vulgärökonomischer Varianten auf die bürgerliche Ökonomie bis heute. Weil die deutschen Vulgärökonomen ein *bewußtes* Gegenkonzept entwarfen, wurde dieses später zum theoretischen Ausgangspunkt der gesamten bürgerlichen Ökonomie; weil SAY die Vorstellungen der in der kapitalistischen Produktion Befangenen in die

[118] Karl Marx, Theorien über den Mehrwert, Dritter Teil, in: MEW, Bd. 26.3, Berlin 1968, S. 445.

doktrinäre Sprache übersetzte, wurde seine Interpretation in das den deutschen Theoretikern entlehnte Gegenkonzept eingebaut.

Da es sich um ein Gegenkonzept zur klassischen politischen Ökonomie handelt, ist die vulgärökonomische Methodologie leicht als Spiegelbild der klassischen Methodologie zu erkennen. Für die Einschätzung der heutigen vulgärökonomischen Methodologie ist es daher aufschlußreich zu untersuchen, wie die Verkehrung aus dem klassischen Original in das vulgärökonomische Spiegelbild vor sich ging.

MARX schreibt: „Die klassische Ökonomie sucht die verschiednen fixen und einander fremden Formen des Reichtums durch Analyse auf ihre innre Einheit zurückzuführen und ihnen die Gestalt, worin sie gleichgültig nebeneinander stehn, abzuschälen; [sie] will den innren Zusammenhang im Unterschied von der Mannigfaltigkeit der Erscheinungsformen begreifen. Sie reduziert daher Rente auf Surplusprofit, womit sie aufhört als besondre, *selbständige* Form und von ihrem scheinbaren Quell, dem Boden, getrennt wird. Sie streift dem Zins ditto seine selbständige Form ab und zeigt ihn als Teil des Profits nach. So hat sie alle Formen der Revenue und alle selbständigen Gestalten, Titel, unter denen am Wert der Ware vom Nichtarbeiter partizipiert wird, auf eine Form des Profits reduziert. Dieser aber löst sich in Mehrwert auf, da der Wert der ganzen Ware in Arbeit sich auflöst; das bezahlte Quantum der in ihr enthaltnen Arbeit in Arbeitslohn, also der Überschuß darüber in unbezahlte Arbeit, gratis unter verschiednen Titeln angeeignete, aber vom Kapital hervorgerufene Surplusarbeit. Die klassische Ökonomie widerspricht sich gelegentlich in dieser Analyse; sie versucht oft unmittelbar, ohne die Mittelglieder, die Reduktion zu unternehmen und die Identität der Quelle der verschiednen Formen nachzuweisen. Dies geht aber aus ihrer analytischen Methode, womit die Kritik und das Begreifen anfangen muß, notwendig hervor. Sie hat nicht das Interesse, die verschiednen Formen genetisch zu entwickeln, sondern sie durch Analyse auf ihre Einheit zurückzuführen, weil sie von ihnen als gegebnen Voraussetzungen ausgeht. Die Analyse aber die notwendige Voraussetzung der genetischen Darstellung, des Begreifens des wirklichen Gestaltungsprozesses in seinen verschiednen Phasen. Die klassische Ökonomie fehlt endlich, ist mangelhaft, indem sie die *Grundform des Kapitals*, die auf Aneignung fremder Arbeit gerichtete Produktion nicht als *geschichtliche* Form, sondern *Naturform* der gesellschaftlichen Produktion auffaßt, eine Auffassung, zu deren Beseitigung sie jedoch durch ihre Analyse selbst den Weg bahnt."[119]

Dieses hier ausführlich wiedergegebene MARX-Zitat ist außerordentlich wichtig, denn die zuvor behandelte Vulgärökonomie tut bewußt dasselbe wie die klassische politische Ökonomie, nur seitenverkehrt. Beide gehen von den „verschiednen fixen und einander fremden Formen des Reichtums" aus und versuchen diese „durch Analyse auf ihre innre Einheit zurückzuführen und ihnen die Gestalt, worin sie gleichgültig nebeneinander stehn, abzuschälen." Nur sucht die klassische

[119] Ebenda, S. 490/491.

politische Ökonomie die innere Einheit auf der Seite der Produktion, die Vulgärökonomie aber auf der Seite des Markts. Erstere führt daher die Erscheinungen auf die Arbeit zurück, letztere auf das Bedürfnis. Doch mit diesem Vergleich ist nur ein Teil der Analogie aufgedeckt.

Sowohl die klassische wie auch die vulgäre politische Ökonomie haben „nicht das Interesse, die verschiednen Formen genetisch zu entwickeln, sondern sie durch Analyse auf ihre Einheit zurückzuführen, weil sie von ihnen als gegebnen Voraussetzungen" ausgehen. Diese Gemeinsamkeit ergibt sich daraus, daß es sich bei der klassischen und bei der vulgären politischen Ökonomie um *bürgerliche* Ökonomie handelt. Da beide nicht genetisch vorgehen, widersprechen sie sich in der Analyse; sie versuchen „oft unmittelbar, ohne die Mittelglieder, die Reduktion zu unternehmen und die Identität der Quelle der verschiednen Formen nachzuweisen". SMITH' Werttheorie widerspricht daher seiner Erklärung des natural price. Die Vulgärökonomen widersprechen sich ebenfalls. Als innere Einheit nehmen sie das Bedürfnis an. Es gelingt ihnen aber nur, diese innere Einheit beim zweiseitigen Tausch nachzuweisen. Sowie sie von diesem Modellfall zur Interpretation des kapitalistischen Marktgeschehens übergehen, müssen sie die Produktionskosten als Zentrum für die Preisschwankungen annehmen. Diese Kluft zwischen dem auf eine innere Einheit zurückgeführten Modellfall und der vulgären Betrachtung des tatsächlichen Marktgeschehens, dem eine solche innere Einheit fehlt, ist charakteristisch für die spätere Vulgärökonomie, seitdem diese auf die frühen Vertreter der sogenannten subjektiven Werttheorie zurückgriff.

Der Vergleich zwischen klassischer und vulgärer politischer Ökonomie war notwendig, um die betrachtete vulgärökonomische Variante als *Gegen*konzept zur Klassik kenntlich zu machen. Keineswegs befinden sich die beiden Gegner auf demselben Niveau. Denn die klassische Analyse geht wissenschaftlich vor; wenn auch im bürgerlichen, ahistorischen Rahmen; sie führt die „verschiednen fixen und einander fremden Formen des Reichtums" auf ihre tatsächliche innere Einheit zurück, auch wenn sie sich dabei, weil sie nicht genetisch vorgeht, widerspricht. Die Vulgärökonomie dagegen *konstruiert* eine innere Einheit, das Bedürfnis, das jedoch für die kapitalistische Profitwirtschaft keine innere Einheit darstellt. Auch sie widerspricht sich. Klassischer und vulgärökonomischer Widerspruch zeitigen ganz unterschiedliche Ergebnisse. Indem sich SMITH widerspricht, macht er auf Probleme aufmerksam. Da er auf die tatsächliche innere Einheit, die Arbeit, zurückgeht, kann MARX später an ihn anknüpfen, die bürgerlichen Erkenntnisschranken überwinden und den Widerspruch zwischen vorkapitalistischer Werttheorie und kapitalistischer Erklärung des natural price durch die historische Erklärung auflösen. Die Vulgärökonomie steht dagegen vor einem aus ideologischen Gründen konstruierten Widerspruch, der auf kein real-ökonomisches Problem aufmerksam macht, sondern nur auf die Unfähigkeit, das kapitalistische Marktgeschehen tatsächlich auf die angenommene innere Einheit zurückzuführen. Diese bleibt daher bis in die heutige bürgerliche Ökonomie ein theoretisch steriler, lediglich apologetisch motivierter Ausgangspunkt.

4. *Vulgärökonomische Begründungen des bürgerlich-feudalen Klassenkompromisses*

Gemäßigt-reformorientierte vulgärökonomische Überlegungen

Neben jenen Ökonomen, die freie Entfaltungsmöglichkeiten in den Bereichen der Produktion und Zirkulation forderten, gab es Ideologen, die eine bürgerliche Umwälzung nur als Ergebnis eines Interessenausgleichs vor allem zwischen Adel und Bourgeoisie befürworteten und im Königreich Großbritannien das klassische Land des gemäßigten Fortschritts ohne revolutionären Demokratismus und unter politischer Führung der Grundbesitzerklasse sahen. Sie brachten in ihren Schriften ein von der Bourgeoisie und von Teilen des Adels empfundenes Sozialinteresse an der Sicherung der Ausbeuterordnung überhaupt zum Ausdruck. Sie suchten in Anknüpfung an die auf einen Klassenkompromiß orientierte vorklassische bürgerliche Ökonomie nach Formen des bürgerlich-feudalen Zusammenwirkens, die eine stabile wirtschaftliche Entwicklung des Kapitalismus fördern, ohne den feudalen Machtapparat und dessen wirtschaftliche Grundlage endgültig zu beseitigen.

Ein gemäßigter Vertreter des Klassenkompromisses war HEINRICH LUDEN, Professor für Geschichte an der Universität zu Jena und Verfasser zahlreicher historischer Werke. Er verlangt vom Staat, daß er eine stabile, von sozialen Erschütterungen freie Entwicklung des Kapitalismus garantiere. Dazu freilich müsse sich dieser Staat von seinen alten feudalen Formen befreien, die dem Bürger keine Entfaltung ermöglichen. Demokratie und Monarchie sind für LUDEN nur verschiedene Regierungsformen; entscheidend seien die Sicherheit und Freiheit der Bürger, die unter einem Despoten jedoch nicht gedeihen können.

Die Regierung habe ihre Stärke nicht in sich selbst, sondern in ihren Bürgern, schreibt LUDEN unter dem Eindruck der französischen Revolution und der preußischen Niederlage von 1806: „Wollen die Mitglieder des Staats nicht mehr Bürger sein, weil sie alsdann nicht Menschen sein, d. h. sich völlig und frei ausleben können, so fehlt die Einheit; der Staat fällt auseinander; der Bürger isoliert sich und wird Egoist. Im besten Falle führt dieser Zustand zum Sturze der Regierenden und zur Zertrümmerung der alten Formen: wenn nicht von oben reformiert wird, so sind Revolutionen von unten notwendig wie in Frankreich. Leicht aber wird auch der ganze Staat eine Beute auswärtiger Feinde. Seit der französischen Revolution ist es das Unglück der alten Staaten geworden, daß die Regierungen nicht eingehen konnten in den neuen Geist der Zeit . . .“[120] LUDEN verlangt: „Der Regent muß das Alte mit dem Neuen, das Bestehende mit dem Werdenden, das allgemein Festgesetzte mit den individuellen Ansprüchen ausgleichen oder, mit einem Worte, den Menschen mit dem Bürger stets zu versöhnen suchen.“[121]

120 Heinrich Luden, Handbuch der Staatsweisheit oder der Politik. Ein wissenschaftlicher Versuch, Bd. 1, Jena 1811, S. 30.
121 Ebenda, S. 31.

Die Politik als Wissenschaft, schreibt LUDEN, habe „zu untersuchen, wie im gegebenen Staate der Regent zu verfahren habe, um die Unabhängigkeit und Sicherheit des ganzen Staats zu sichern, ohne daß die Bürger wegen dieses Bestrebens den Zweck, der sie zum Eintritt in den Staat bewegen muß, aufzugeben gezwungen würden, und wie dann bei vorausgesetzter Sicherheit des Ganzen die bürgerlichen Verhältnisse mit den nach dem Kulturstande veränderlichen individuellen Ansprüchen der Menschen so ausgeglichen werden mögen, daß die Auflösung jener Verhältnisse durch diese Ansprüche nicht notwendig werde, oder was zu tun sei, um allen die freie Auslebung möglich zu machen"[122]. Bei allen Bemühungen des Regenten „darf nie die Freiheit einzelner Untertanen, die je gefördert werden soll, verletzt werden, sondern was der einzelne Bürger auf Veranlassung des Regenten unternimmt, das muß er durch eigene Wahl unternommen zu haben glauben"[123]. In den bestimmteren Vorstellungen schränkt LUDEN allerdings die Freiheit des einzelnen ein. „Keinem müßte erlaubt sein, eine Fabrik oder Manufaktur anzulegen als in solcher Art, in solchem Ort und in solcher Größe, wie die Regierung nach Berechnung der Verhältnisse des Staats im ganzen und einzelnen zu erlauben für gut findet."[124] Denn der Kapitalist mißbrauche leicht die Menschen, über die ihm ihre Armut die Herrschaft gebe.

In der Landwirtschaft rät LUDEN die feudalen Fesseln erst endgültig zu beseitigen, wenn es unumgänglich geworden sei. „Fronen und dergleichen mögen gemildert und nach und nach abgeschafft werden, ebenso die Naturalzehnten usw. Wenn der leistende Teil so weit gekommen ist, die Aufhebung zu verlangen, so wird es immer der Vorteil des empfangenden Teils sein, dieselbe auf eine gute Art zu bewilligen, und es wird daher der Regierung nicht schwer werden, zu bewirken, was sie wollen muß."[125]

Diese reglementierende Sorge um die soziale Absicherung der kapitalistischen Entwicklung schließt aber auch das Bemühen des Regenten ein, alle ihm verfügbaren Mittel zur Förderung des technischen Fortschritts einzusetzen. Die Regierung solle unter anderem in den entwickelteren Ländern Werkspionage betreiben lassen, meint LUDEN. „Wenn auch verboten ist, wie in England und sonst, die Maschinen zum Beispiel zu zeigen, so möchten sich doch Mittel und Wege auffinden lassen, wenn Zeit und Geld daran gewendet werden kann, mit ihnen bekannt zu werden. Lombe wußte ja die Seidenmühle aus Piemont zu entwenden: warum sollten denn nicht andere aus England entwendet werden können?"[126]

Eine Bereicherung an sich, ohne Rücksicht auf die Stabilität der Gesellschaft lehnt LUDEN ab. Der Regent müsse den Kapitalismus auf eine Art unterstützen, die einen Zerfall der Gesellschaft in nur auf Profit bedachte Gruppen verhindere. Diesen Gedanken drückt LUDEN in einer den Sachverhalt vage umschreibenden

[122] Ebenda, S. 37/38.
[123] Ebenda, S. 216.
[124] Ebenda, S. 284.
[125] Ebenda, S. 249.
[126] Ebenda, S. 277.

Weise aus: „. . . der Regent wird durch die Staatsverhältnisse der freien Entwickelung aller menschlichen Kräfte seiner Untertanen dergestalt zu Hülfe zu kommen streben, daß alle durch das Gefühl, wieviel sie bei dieser Entwicklung der Staatsverbindung verdanken, wie zu *einer* Kraft werden, – zu *einer* wahrhaftigen Volkskraft oder zu *einem* Gesamtvermögen der Nation, um sich zu erhalten in kräftiger, selbständiger Eigentümlichkeit“[127]. Das wahre Nationalvermögen, schreibt LUDEN, bestehe „in der Gesamtheit der entwickelten sinnlichen und geistigen Kraft der Bürger. Nur in einem an Begriffen reichen, an Ideen armen Zeitalter ist möglich gewesen, daß dieses Nationalvermögen, welches zu erstreben allein des Menschen würdig sein kann, zum National*reichtum* geworden ist; daß man diesem nachjagen zu müssen geglaubt hat und darüber den Sinn für eigentliche Nationalkraft und damit für den Staat selbst verlieren konnte. Den Reichtum setzte man ins Haben, den Besitz der möglich größten Masse sinnlicher Dinge. Vielleicht mit Recht, aber wozu soll ein solcher Reichtum, wenn man nicht Rücksicht nimmt auf das Innere, auf den Geist, auf die Art der Bedürfnisse, die etwa durch denselben befriedigt werden mögen, und auf die Frage, warum es geschehen soll?“[128]

Die Erfahrungen aus der sozialen Sprengkraft des Kapitalismus gegenüber dem Feudalismus und das fehlende Vertrauen in den sozialen Konservatismus des Kapitalismus sich selbst gegenüber veranlassen also LUDEN, von der politischen Ökonomie zu einer konservativen Staatswirtschaftstheorie überzugehen und die ökonomischen Grundbegriffe auszuweiten. Wie er aus der Arbeit die Nationalkraft entwickelt, so deutet er das Kapital als ein nicht mehr abgrenzbares Nationalkapital. „Diese Resultate früherer Zeiten, dasjenige, welches unsere Väter empfangen und vermehrt oder verändert der gegenwärtigen Generation hinterlassen haben, ist das wahre Nationalkapital, ohne dessen Gebrauch kein Fortschreiten in der Kultur möglich ist. Es ist dasjenige, welches von dem Erzeugnisse der Tätigkeit (Arbeit) beim Genusse (der Konsumtion) übriggeblieben ist, damit es die neue Tätigkeit der Menschen verstärke, mehre, beflügele. Aber dieses Kapital ist nicht bloß sinnlich, es ist auch geistig. Von der Tätigkeit der Menschen früherer Zeit sind uns . . . nicht bloß Pflüge und Mühlenräder und Kompasse und Münzen übriggeblieben, sondern auch viele Begriffe und Regeln, die Sinnenobjekte zu benutzen; sie haben uns nicht minder hinterlassen Rechte und Gesetze, Kenntnisse und Wissenschaften mancherlei Art, Kirchen und Schulen und mannigfaltige Institute. Ohne das Geistige, was wäre das Sinnliche.“[129]

Mit einer solchen Arbeits- und Kapitalauffassung läßt sich der Kapitalismus nicht wissenschaftlich analysieren. Die Feststellungen über die Folgen der entfremdeten, kapitalistischen Arbeit fügen sich zur lamentierenden Klage des um die Systemsicherung besorgten Intellektuellen, der die Wirklichkeit beschuldigt, von seiner Illusion einer stabilen sozialen Harmonie abzuweichen. Über die

[127] Ebenda, S. 212/213.
[128] Ebenda, S. 214/215.
[129] Ebenda, S. 218.

Schriftsteller, die den Fortschritt der Arbeitsteilung preisen, schreibt LUDEN: „Brächten sie den Geist irgend in die Rechnung, so möchte ihr Urteil anders ausfallen; auch möchte es anders ausfallen, wenn sie an die Veränderungen menschlicher Verhältnisse dächten. Es mag einmal wahr sein, daß mehr Stecknadeln verfertigt werden, wenn zehn Menschen an jeder arbeiten, als wenn einer die Arbeit aller zehn übernimmt: aber was wird aus den zehn? Maschinen werden sie, die Bewegung einer hölzernen Figur nachahmend, ohne Sinn, Verstand, Leben, fremd allem, was den Menschen macht. Man besuche einmal eine Fabrik, in welcher die Teilung der Arbeit aufs höchste gebracht, wo also das schöne Prinzip vollkommen ausgeführt ist (aber freilich nicht, wie es die Natur fordert, sondern wie die Verkehrtheit der Menschen die Weisheit derselben zur Torheit macht), und sehe die Arbeiter an, diese blutlosen, zusammengeschrumpften, entstellten, verkrüppelten, stupiden Gestalten und frage sich, ob hier das Heil der Welt sei, ob durch das Erzeugnis mehr gewonnen oder durch die Vernichtung dieser Kinder (denn auch Kinder werden in die dumpfe, tötende Luft der geölten Maschinen gesperrt) mehr verloren werde. Verloren nicht für die Eigentümer der Fabrik, sondern für den Staat, für das Leben. . . . Man sehe den wunderbaren Kontrast zwischen dem Reichtum und dem Glanze der Kapitalisten oder der Eigentümer der Fabriken und dem grenzenlosen Schmutz und das Elend derjenigen, die ehemals in diesen Fabriken arbeiteten und jetzt daliegen, verkrüppelt an Geist und Körper, nichts wissend, nichts könnend, nichts versuchend, zerlumpt, entstellt, hungernd, nackt und bloß, in abscheulicher Faulheit; und man wird ein schönes Bild bekommen von den Folgen der hochgepriesenen verteilten Arbeit!"[130] Und gegen die Ergebnisse der „traurigen Plusmacherei"[131] weiß LUDEN dem Regenten nur zu empfehlen, er möge die Arbeitsteilung so lenken, „daß die Tätigkeit aller etwas Ganzes für den Staat werde oder daß sie im Staat und durch den Staat begründet bleibe"[132].

Wie LUDEN den Kapitalismus wohl anklagt, aber nicht begreift, so versteht er auch die klassische politische Ökonomie nicht, die er verurteilt. Er erfaßt SMITH' Arbeitsauffassung nicht und weiß mit der Reduktion komplizierter auf einfache Durchschnittsarbeit nichts anzufangen. „Denn wenn es auch wahr wäre, daß gleiche Arbeit auch immer gleichen Wert hätte: wornach soll nun die Quote an zwei gegebenen Objekten aufgefunden werden? Daher scheint Smith bald durch die Arbeit den verschiedenen Grad des Geistes, der sich an den sinnlichen Dingen offenbart, ausdrücken zu wollen, zum Beispiel wenn er davon spricht, daß in dem Resultate der Fähigkeit von einer Stunde mehr Arbeit liegen könnte als in dem Resultate der Arbeit von mehrern Monaten und Jahren; dann aber redet er wieder von dem sklavischen Pensum des Taglöhners."[133]

Gegen SMITH' Werttheorie hat LUDEN schließlich nur eine auf die Nachfrage

[130] Ebenda, S. 220/221.
[131] Ebenda, S. 222.
[132] Ebenda, S. 221.
[133] Ebenda, S. 226.

zurückgehende Tauschwerttheorie zu setzen. Wozu wollen die Anhänger von SMITH, fragt LUDEN, „denn auch überhaupt den Wert der Dinge gegen einander kennen? Setzt man den Reichtum, den Besitz von Gegenständen, für welche andere Gegenstände zu erhalten sind, oder von dem, was sie Güter nennen, als das Erste, als dasjenige, was zu erstreben ist, so verdient ja offenbar *das* Ding den Vorzug, für welches am meisten andere Dinge zu erhalten sind. Der Markt wird hierüber entscheiden, und das Verhältnis der Nachfrage zum Vorrat wird für jedes den Preis bestimmen. Es wird völlig einerlei sein, wielange und wieviel ein Mensch an dem Objekte, welches er zu Markte bringt, gearbeitet haben mag. Für diesen Menschen mag das Objekt den natürlichen Preis haben, daß er so viele Güter dafür zu erhalten wünschen muß, um seine physischen und geistigen Bedürfnisse, denen er während der Arbeit genug getan hat, davon befriedigen, und den Stoff, welchen er bearbeitet hat, bezahlen zu können. Aber nach diesem natürlichen Preis richtet sich der Markt keineswegs; und weder dieser einzelne gewinnt, wenn keine Nachfrage nach seiner Arbeit ist, noch gewinnt die Nation, wenn nicht eine andere für dieses Objekt andere Güter bietet, und zwar mehr, als jene ersten Bedürfnisse und Kosten austragen.“ [134]

Ein vulgärökonomischer Angriff auf die bürgerlichen Reformen

Ein viel geringeres Verständnis der gesellschaftlichen und wirtschaftlichen Probleme während des Beginns der bürgerlichen Umwälzung in Deutschland zeigte eine Gruppe reaktionär-romantischer Idealisten, unter denen ADAM HEINRICH MÜLLER mit dem Anspruch eines ökonomischen Sachkenners auftrat. Dieser erbitterte Gegner der bürgerlichen Revolution und in progressiven Kreisen verachtete Denunziant der preußischen Reformer suchte aus der zeitgenössischen vulgärökonomischen Literatur wirksame Argumente für seinen Kampf gegen den bürgerlichen Fortschritt. Er gab sich religiös-schwärmerischen Vorstellungen einer geistigen Erneuerung hin, deren wirtschaftliche Grundlage ihm zeitlebens unklar blieb.

Unter den bekannten Schriftstellern seiner Zeit, die zu wirtschaftlichen Grundfragen Stellung nahmen, besitzt MÜLLER die geringste ökonomische Kenntnis. Während LUDEN über die Entwicklung zum Industriekapitalismus nicht im Zweifel war, verlieren sich für MÜLLER die perspektivischen Konturen im ideologischen Nebel. Seine Stellung gegen die bürgerliche Umwälzung ist ihm bewußter als seine Vorstellung darüber, wofür er eigentlich eintritt. Er spricht sich gegen die Zerschlagung des feudalen Grundeigentums aus, weiß aber nicht, wie die Erhaltung feudalen Grundeigentums eine harmonische Entwicklung des Kapitalismus unterstützen könne. Er zeigt Sympathie für Majorate und Fideikommisse und lehnt sich an die Feudalaristokratie an.

[134] Ebenda, S. 226/227.

Aus seiner historischen Kenntnis, daß der Feudalismus in der Blütezeit keine die Produktionsweise sprengenden Interessenkonflikte besaß, schließt MÜLLER, daß die Abwesenheit von solchen grundlegenden Interessenkonflikten etwas mit den alten Lehensverhältnissen zu tun haben mußte. Aber er kommt nicht über den Appell hinaus, für den Kapitalismus seiner Zeit, den er sich ohne freie Konkurrenz nicht mehr vorstellen kann, eine ähnliche soziale Stabilität zu suchen, wie sie der Feudalismus in seiner Blütezeit besaß. Er erhofft sich aus der Wiederbelebung der feudalen Ideologie eine dämpfende Wirkung auf die modernen Klassenauseinandersetzungen.

Viele restaurative Ideologen, die weder die Grundlagen des Kapitalismus, das Wesen der französischen Revolution noch die weitere kapitalistische Entwicklung verstanden, pflegten eine historisierende Betrachtung. Sie gruppierten sich vor allem um KARL LUDWIG VON HALLER, den Verfasser der „Restauration der Staatswissenschaft" (1816–1834). Ein Zeitgenosse, der Professor der Staatswissenschaften CARL VOLLGRAF, charakterisiert diese „sogenannten servilen oder ultraköniglichen Schriftsteller": „Zunächst findet vor ihren Augen nur das Gnade, was war, sei es auch noch so barbarisch und schlecht. Ihr Hauptirrtum und Fehler besteht darin, daß sie trotz ihrer blinden Verehrung des Historischen, Altherkömmlichen, der Zivilisation, der politischen Aufklärung, schlechthin den historischen Charakter absprechen. Nach ihnen hört die Geschichte mit dem Jahr 1789 oder wohl noch früher ganz auf, und alles, was sich seitdem ereignet und mit Notwendigkeit über ganz Europa jene politische Aufklärung verbreitet hat, ist in ihren Augen nur bloßer verruchter Jakobinismus, der der Geschichte nicht angehört. Ja, ihre Galle ergießt sich in Masse sogar über einen Joseph II. und Friedrich den Großen." [135] VOLLGRAF übertreibt freilich, wenn er die Gruppe um HALLER als die selbst im Vergleich zu den Liberalen für die Thron- und Herrscherrechte gefährlichste bezeichnet, weil sie auch gegen das Staatsoberhaupt und für eine „Wiederauflösung der Staaten in patrimoniale Gehöfte und Korporationen" [136] sei.

Wenn MÜLLER, der vom einheitlichen Volksganzen schwärmte, HALLER in der Auflösung des Staates keineswegs zustimmt, so trifft doch VOLLGRAFs Urteil über die restaurativen historisierenden Schriftsteller wesentlich auch auf ihn zu.

MARX sagt über MÜLLERs Betrachtungsweise: „Ihr Inhalt besteht aus Alltagsvorurteilen, abgeschöpft von dem oberflächlichsten Schein der Dinge. Dieser falsche und triviale Inhalt soll dann durch mystifizierende Ausdrucksweise 'erhöht' und poetisiert werden." [137] MÜLLERs Tiefsinn bestehe darin, „die Staubwolken der Oberfläche zu sehn und dies Staubige anmaßlich als etwas Geheimnisvolles und Bedeutendes auszusprechen" [138].

135 Carl Vollgraf, Über den heutigen Begriff, Umfang und Gegenstand der Staatswissenschaften. Programm bei Eröffnung seiner staatswissenschaftlichen Vorlesungen im Sommersemester 1825, Marburg 1825, S. 12.

136 Ebenda, S. 13.

137 Karl Marx, Das Kapital, Dritter Band, in: MEW, Bd. 25, Berlin 1964, S. 411.

138 Ebenda, S. 369.

MÜLLERs Grundanliegen besteht in der Suche nach dem konservativen, sozial stabilisierenden Moment des Privateigentums. Wie er sich an diese Problematik herantastete, ist aus einer Vortragssammlung ersichtlich, die 1809 unter dem Titel erschien: „Die Elemente der Staatskunst. Öffentliche Vorlesungen, vor Sr. Durchlaucht dem Prinzen Bernhard von Sachsen-Weimar und einer Versammlung von Staatsmännern und Diplomaten, im Winter von 1808 auf 1809, zu Dresden, gehalten". Darin spricht er sich für die Konservierung der vorrevolutionären Gesellschaftsstruktur in Deutschland aus. Die ökonomischen Erörterungen sind gegen SMITH' politische Ökonomie und besonders gegen „die revolutionäre, levellistische Richtung seines Werks"[139] gerichtet. Ähnlich wie LUDEN weitet er die politische Ökonomie zu einer Staatswirtschaftstheorie aus; zugleich ist er bemüht, aus SAYs politischer Ökonomie Anregungen zu verarbeiten. Er ist jedoch nicht in der Lage, die aus seinem Eklektizismus entstehenden Widersprüche zu verbergen.

Verfassungen und Gesetze, schreibt MÜLLER, seien nichts Äußeres für den Staat. „Die französische Revolution hat gelehrt, daß man den Staat entfleischt, während man ihn bloß von veralteten Unwesentlichkeiten zu entkleiden wähnt; daß das Reformieren eines Staates durchaus nichts gemein hat mit dem Ausmustern einer Garderobe; kurz, daß man sich in das Herz des Staates, in den Mittelpunkt seiner Bewegung, begeben muß, wenn man das Wesen des Staates begreifen und auf ihn wirken will."[140] Der Staat, meint MÜLLER, sei „nicht eine bloße Manufaktur, Meierei, Assekuranzanstalt oder merkantilistische Sozietät; er ist die innige Verbindung der gesamten physischen und geistigen Bedürfnisse, des gesamten physischen und geistigen Reichtums, des gesamten inneren und äußeren Lebens einer Nation, zu einem großen energischen, unendlich bewegten und lebendigem Ganzen"[141]. Die Staatswirtschaftstheorie behandle „das Leben des Staates als eines großen ökonomischen Gemeinwesens"[142].

Als Vorbild für ein solches Gemeinwesen sieht MÜLLER England an. „Die Gesetze und der Reichtum oder Justiz und Finanzen, ferner die damit verwandten Streitmassen in dem Innern jedes europäischen Staates, Adel und Bürgerschaft, Landinteresse und Geldinteressse, Freiheit des Volkes und Souveränität des Thrones, stehen in England nicht, wie in den meisten übrigen Verfassungen von Europa, einander als Begriffe entgegen, von denen zwar jeder sich auf unverjährbare Rechte stützt, die aber, eben weil sie tote Begriffe sind, in keine lebendige Beziehung, in keine persönliche Verbindung treten können, sondern sie sind als Ideen in ewigem, lebendigem Verkehr begriffen: der esprit publique und die taktmäßige, gelassene Bewegung des Ganzen erhalten jede einzelne von ihnen in beständiger Frische . . ."[143]

[139] Adam H. Müller, Die Elemente der Staatskunst, Jena 1922, Bd. 2, S. 57.

[140] Ebenda, Bd. 1, S. 5.

[141] Ebenda, S. 37.

[142] Ebenda, S. 57.

[143] Ebenda, S. 75.

Den Klassenkompromiß, auf dem das englische Staatsleben basiert, erklärt MÜLLER daraus, daß vorkapitalistisch-germanische Rechtsideen lebendig geblieben seien, obwohl tatsächlich die Landaristokratie ihre konservative Funktion auf der Grundlage einer kapitalistisch-landwirtschaftlichen Produktion ausübte. MÜLLER sucht die gleiche soziale Stabilität durch die Erhaltung der vorrevolutionären Gesellschaftsstruktur. Für ihn ist der Adel „die erste und einzig notwendige staatsrechtliche Institution im Staate"[144]. Das Bürgertum habe sich unterzuordnen. „Der wahre tiers-état ist und will nichts anderes sein als der dritte Stand, im Gleichgewicht neben den beiden anderen Ständen; das individuelle europäische Privateigentum wird garantiert und balanciert und ist verflochten und verwachsen in das Familien- und Lehnseigentum. England ist ein erhebendes Beispiel, wie der feudalistische Geist, weit entfernt, der ewigen Erweiterung des Reichtums zu schaden, ihn vielmehr beleben, befruchten und sichern hilft."[145]

MÜLLERs Angriffe gegen SMITH ergeben sich aus seinem Unverständnis der englischen Produktionsverhältnisse und der klassischen politischen Ökonomie. Hätte er die englische Gesellschaftsstruktur, die gegen die französischen revolutionären Erschütterungen verhältnismäßig unempfindlich war, als soziale Stabilität eines aufsteigenden Kapitalismus erkannt, so hätte er durchaus auch die kapitalistische Arbeit als das Grundprinzip dieser Gesellschaft und damit auch der klassischen politischen Ökonomie akzeptieren können. Da er aber die soziale Stabilität in England aus einem überkommenen feudalen Geist erklärt, so kann er nicht annehmen, daß die Macht des Staates auf der reichtumerzeugenden Wirkung der Arbeit beruhe. Die Grundlage des Staates und der Gesellschaft kann dann nur in einer geistig inspirierten Nationalkraft gefunden werden. SMITH, schreibt MÜLLER, „hätte das, was wir im gewöhnlichen Leben Arbeit nennen, ausweiten müssen, bis ihm das gesamte Nationalleben wie eine einzige große Arbeit erschienen wäre; er hätte jede einzelne Arbeit des Staates als den Akt eines einzelnen Organs vom Ganzen ansehen; kurz, er hätte die individuelle Arbeit immer in Beziehung auf die Nationalarbeit betrachten, und eine wie den Ausfluß der andern, eine wie die wechselwirkende Ursache der andern ansehen müssen"[146].

MÜLLERs Begriff der Nationalkraft ist begrifflich kaum noch faßbar. Die Nationalkraft beruht nach MÜLLERs Vorstellung nicht lediglich auf der reichtumserzeugenden Arbeit in ihrer Wechselwirkung, sondern sie ist gesellschaftliche Tätigkeit schlechthin; sie „liegt in der Harmonie und in der unendlichen Wechselwirkung aller Individuen des Staates unter sich und mit dem souveränen Gedanken oder dem Souverän"[147].

Wie LUDEN weitet auch MÜLLER den Kapitalbegriff aus. „Nationalkapital ist demnach die gesamte Verlassenschaft früherer Generationen"[148], schreibt

144 Ebenda, S. 187.
145 Ebenda, S. 282.
146 Ebenda, S. 400.
147 Ebenda, S. 433.
148 Ebenda, S. 458.

MÜLLER. Er unterscheidet geistiges und physisches Kapital. In Anlehnung an SAYs Produktionsfaktoren formuliert er vier Elemente des Reichtums: „Land, Arbeit, physisches Kapital in Geld, geistiges Kapital in Rede, Wissenschaft und Schrift.“ [149] Diese Elemente, unter denen die Arbeit nicht in MÜLLERs weiterem Sinne, sondern in SAYs Auffassung verstanden wird, setzt MÜLLER in Beziehung zu den mittelalterlichen Ständen: „. . . das Land in seiner . . . bleibenden Natur führt auf den Adel, die Arbeit auf den Bürgerstand und das geistige Kapital und dessen Bewirtschaftung auf die Geistlichkeit“ [150]. Das physische Kapital (das Geld) habe überhandgenommen und das ganze bürgerliche Leben umgeformt. Den Kaufmann „den andern drei Ständen gegenüber gehörigen Orts einzufügen und zu balancieren, ist die nationalökonomische Aufgabe der Zukunft. Dieses heißt, zwischen Mittelalter und Gegenwart vermitteln.“ [151]

Seine eigentliche ökonomische Schrift „Versuche einer neuen Theorie des Geldes“ entwarf MÜLLER 1810/1811; sie wurde 1816 veröffentlicht. In ihr klingt auch noch die Hoffnung an, feudales Grundeigentum möge gegenüber dem von der kapitalistischen Anarchie bestimmten Markt stabilisierend wirken. Aber im Mittelpunkt stehen Vorstellungen über ein stabiles Geldsystem, von dem sich MÜLLER ruhigere Wirtschaftsabläufe verspricht. Das ganze Geheimnis der sozialen Harmonie stecke im Geld, schreibt MÜLLER. „Im Gelde, in einer allgemein gültigen, jedem annehmlichen Ware verbirgt sich die gesamte Persönlichkeit, verbirgt sich das ganze persönliche Band, welches diese Arbeiter und diese Bedürfenden untereinander verknüpfte.“ [152] Wenn dieses Band reiße und Geld fehle, so offenbare sich der Mangel des Privateigentums „teils in den Stockungen des Marktes der Arbeit und der Waren, teils in dem steigenden Schuldenwesen des Staats und der Privaten“ [153]. MÜLLERS „Versuch einer neuen Theorie des Geldes“, eine der oberflächlichsten vulgärökonomischen Darstellungen, ist der untaugliche Versuch einer konservativen Staatswirtschaftstheorie, die dem Regenten helfen soll, der kapitalistischen Anarchie zu steuern.

Der „oberste und innerste Grundsatz der Zerstörung“, meint MÜLLER, sei „der Grundsatz, daß es nur eine Art des Eigentums, nämlich das ganz unbedingte Privateigentum geben könne“ [154]. Das Privatisieren der menschlichen Bedürfnisse habe zur „Sklaverei des Privateigentums“ [155] geführt, der „Irrtum des absoluten Privateigentums“ habe die bürgerliche Gesellschaft „in ein unendliches labyrinthisches Gefängnis umgeformt“ [156]. Auf SMITH' Feststellung, daß sich die Wirt-

[149] Ebenda, Bd. 2, S. 33.

[150] Ebenda, S. 35/36.

[151] Ebenda, S. 41.

[152] Adam Müller, Versuche einer neuen Theorie des Geldes mit besonderer Rücksicht auf Großbritannien, Jena 1922, S. 29.

[153] Ebenda, S. 29/30.

[154] Ebenda, S. 24.

[155] Ebenda, S. 103.

[156] Ebenda, S. 161.

schaft in der freien Konkurrenz selbst ins Gleichgewicht bringe, entgegnet MÜLLER: „Es ist aber nichts anderes als die Willkür der Privaten und nicht etwa das Gesetz der Natur selbst, womit Dr. Smith der Willkür der Staatsadministrationen entgegenarbeitet."[157] Wenn SMITH eine mächtige Notwendigkeit für jeden einzelnen annehme, so müsse er sie auch für die Staatsadministration gelten lassen: „... auch hier kann eine Abweichung von dem Naturgesetz oder von dem wahren Interesse nur augenblicklich sein; auf die Dauer wird jede Regierung ebensowohl wie jeder Privatmann in die wahren Schranken zurückkehren müssen."[158] Gegen die klassische Auffassung von objektiven Gesetzen meint MÜLLER: „Irgendeine menschliche Handlung sich selbst oder jener äußeren und blinden Notwendigkeit überlassen heißt, alles menschliche Gesetz überhaupt und zugleich die Freiheit, die Selbstbestimmung des ganzen Geschlechts aufheben."[159]

Der Mensch müsse seine augenblicklichen, privaten Bedürfnisse und das ewige Bedürfnis des Staates verbinden, fordert MÜLLER. „Aber beide stehen unter dem mächtigen Einfluß der Gegenwart, der Irrtümer des Augenblicks, und können sich selbst zerstörend, einander vergessen."[160] Die Konkurrenz, die Freiheit, der Markt würden die wahren Werte bestimmen; „... aber das ist eine Konkurrenz, bei der nicht die Bedürfnisse und Erzeugnisse dieses Augenblicks allein, sondern auch die ewigen, der ganzen unsterblichen Staatsfamilie konkurrieren; eine Freiheit, mit der die Freiheit der Nachkommen bestehen kann, die also nicht bloß durch die Freiheit der Zeitgenossen, sondern auch durch die Satzungen und Bedürfnisse der Vorfahren beschränkt wird; ein Markt, auf dem nicht bloß die vergänglichen Produkte des geteilten und isolierten Fleißes der Arbeiter, die gerade jetzt die Hände rühren, erscheinen, sondern auch der gesamte Nachlaß der Vergangenheit an Macht, Kredit, Weisheit und allen jenen unsichtbaren Gütern und Bedürfnissen, die, weil sie nichts anderes zu produzieren vermögen als die Produktion selbst, von der ungläubigen Theorie für unproduktiv geachtet werden"[161].

Die Ausgleichung aller dieser Bedürfnisse vollzieht sich im Geld, schreibt MÜLLER; „... das Verlangen nach dem Gelde ist ein bloßer unvollkommener Repräsentant des höheren Verlangens nach der Vereinigung, nach dem Staate; und es gilt unter allen tiefen Verwicklungen des ökonomischen Lebens noch heute, daß, wer in dem Geld irgendetwas anders begehrt als die bürgerliche Gesellschaft, welche die Materie des Geldes nur symbolisch andeutet, oder wer diese Materie an sich begehrt, nie befriedigt werden könne"[162].

Bei dieser Beobachtung des Geldfetischismus bleibt MÜLLER stehen. Den Unterschied zwischen Nominalwert und Metallwert der Münze formuliert er als die

[157] Ebenda, S. 131.
[158] Ebenda.
[159] Ebenda, S. 132.
[160] Ebenda, S. 133.
[161] Ebenda, S. 134/135.
[162] Ebenda, S. 139.

wichtigste Erkenntnis der politischen Ökonomie. „Unter den Sachen sind die edeln Metalle, unter den persönlichen Kräften des Menschen ist es das Wort, von denen jedes in seiner Sphäre die Vereinigung vollzieht, die der Mensch unaufhörlich unter allen seinen persönlichen und sächlichen Angelegenheiten zu stiften strebt: die edeln Metalle sind das natürlichste Band unter den Sachen, das Wort ist das natürlichste Band unter allen persönlichen Kräften. Das Wort und das edle Metall sind also die beiden großen Formen, unter denen das Geld erscheint; die beiden großen Versinnlichungen des ökonomischen Staates. ... Diese Distinktion ist das A und O aller staatswirtschaftlichen Ansichten." [163] Über allgemeine Äußerungen zum Wechselverhältnis von Nominal- und Metallwert kommt Müller nicht hinaus. Er fragt nicht einmal danach, worauf der Realwert des Metallgeldes beruht.

Auf einer derart schmalen Erkenntnisgrundlage sind Einsichten in die kapitalistische Wirtschaft kaum möglich. Müller, der die Arbeit als Maßstab des Werts ablehnt, nimmt das Geld als Maßstab für die wirtschaftlichen Erscheinungen an. Als vom Staat legalisiertes Geld sei es „ein idealisches Geld": „... der Glaube an das Gemeinwesen, der Glaube, daß dieses Gemeinwesen unaufhörlich für das Gesamtbedürfnis sorgen werde, macht es möglich, daß eine Sache von einer Person auf die andere übertragen werden könne und daß sich beide Personen über die Äquivalenz des gegebenen und des empfangenen vereinigen können" [164]. Das im Geld ausgedrückte Verhältnis der Personen zu den Sachen, schreibt Müller, „festigen, indem man es mit dem Geiste des Glaubens oder des Kredits durchdringt oder belebt, heißt den Staat festigen" [165]. Zwanzig Pfund Sterling heiße nichts anderes als „zwanzig Teile von England, vom Glauben an England oder zwanzig Teile des Kredits von England." [166]

Wegen seiner scharfen antiklassischen Auslassungen und seiner konservativen Grundhaltung räumte die bürgerliche politische Ökonomie Adam Müller einen Ehrenplatz in der Geschichte des ökonomischen Denkens ein, obwohl er weder einen Gedanken noch eine einzige Anregung zur ökonomischen Analyse beigesteuert hat.

5. *Eine vulgärökonomische Verteidigung des Junkertums*

In den vorangegangenen Abschnitten sind alle wichtigen vulgärökonomischen Strömungen der deutschen Literatur aus den ersten beiden Jahrzehnten des 19. Jahrhunderts erfaßt. Zum Abschluß ist noch auf den königlich preußischen Geheimrat und Professor der Rechte an der Berliner Universität Theodor Anton Heinrich Schmalz einzugehen. Dieser wegen seines Denunziantentums

163 Ebenda, S. 141.
164 Ebenda, S. 178/179.
165 Ebenda, S. 196.
166 Ebenda, S. 211.

von fortschrittlichen Kräften heftig befehdete Reaktionär wurde auch in den ökonomischen Schriften keineswegs glimpflich behandelt. Er vertrat keine vulgärökonomische *Richtung*; aber ohne die Kennzeichnung seiner ökonomisch-theoretischen Position wäre die Übersicht unvollständig. Die Darstellung von Schmalz' vulgärökonomischer Verteidigung der junkerlich-kapitalistischen preußischen Entwicklung ergänzt zum einen das Bild von dem allgemein niedrigen Niveau der ökonomisch-theoretischen Diskussion und zeigt zum anderen, über welche Charaktere und Begabungen die Reaktion verfügte.

Schmalz hebt hervor, „daß das vornehmlich der Segen der Erbmonarchie sei, daß das allgemeine Beste des Volkes und der Privatvorteil des Fürsten immer eins ist und dasselbe“[167]. In diesem Bekenntnis stimmt er mit den bürgerlich-konservativen und profeudalen Ökonomen überein; dennoch hält er deren Bemühen für fruchtlos, die zurückgebliebenen wirtschaftlichen Verhältnisse zu konservieren und die kapitalistische Entwicklung aufzuhalten. Er schreibt: „Unter den Ungerechtigkeiten ist eine der gefährlichsten für den Nationalwohlstand die willkürliche Beschränkung der Freiheit.“[168]

Das Fehlen der Konkurrenzmöglichkeiten, stellt Schmalz fest, benachteilige vor allem die landwirtschaftliche Produktion. „In vielen Ländern ist das Recht, Güter zu kaufen, mannigfach beschränkt, daß der Nichtadlige keine Rittergüter oder der Adlige keine andere[n] erwerben darf oder doch nicht mit allen Rechten. Man hat durch Einschränkungen dieser Art den Ackerbau in sehr lästige Fesseln geschlagen. Der Stand unter den Menschen, welcher am leichtesten große Reichtümer erwirbt, die Kaufleute, waren gänzlich ausgeschlossen vom Ankauf großer Güter ...“[169]

Während Schmalz die Leibeigenschaft als „ein absolut rechtswidriges Institut“ bezeichnet, beurteilt er die verbliebenen Frondienste milder. „Gar ein anderes ist es freilich mit der Aufhebung der Frondienste. Der Frondienst ist nichts ungerechtes – obgleich verschiedenermaßen schädlich ... Grade Aufhebung ist unmöglich; der Herr hat ein Recht, welches ihm ohne Entschädigung nicht genommen werden darf.“[171] Die Frondienste seien freilich „eine absolute Torheit, weil sie eine ungeheure Verschwendung der Zeit und Verwöhnung des Volkes an Faulheit sind“[172].

Unter den feudalen Verhältnissen leidet nach seiner Meinung der Grundbesitzer am meisten. Wenn man ihn aus der Sonderstellung der Steuerfreiheit und von

167 Theodor Schmalz, Staatswirthschaftslehre in Briefen an einen teutschen Erbprinzen, Bd. 1, Berlin 1818, S. 2.

168 Theodor Schmalz, Handbuch der Staatswirthschaft, Berlin 1808, S. 163.

169 Ebenda, S. 206/207.

170 Ebenda, S. 215.

171 Theodor Schmalz, Staatswirthschaftslehre in Briefen an einen teutschen Erbprinzen, Bd. 2, Berlin 1818, S. 88.

172 Theodor Schmalz, Encyclopädie der Cameralwissenschaften, 2. verbesserte und vermehrte Auflage, Königsberg 1819, S. 303.

den Beschränkungen in der Verwendung des Bodens entbände, so verschwänden mit der kapitalistischen Entwicklung die Frondienste von selbst. „Man sollte also den Grundherrn zur Steuer ziehen und dagegen ihm ganz überlassen, Bauernhöfe zu legen oder neu zu verleihen, wie es ihm am vorteilhaftesten scheinen mag."[173] Dann entstehe ein kapitalistischer landwirtschaftlicher Betrieb mit effektiver Größe. „Nach Verlauf der Jahre werden in den überelbischen Provinzen Preußens viele Bauernhöfe zusammengekauft und größere Güter daraus entstanden sein. Bei dem freien Rechte hingegen, die Bauernhöfe zu legen, würden sie zu großen Landgütern, von selbst wieder unter Erben oder durch Abspildung geteilt werden – und so führen beide Arte, die Frondienste abzustellen, am Ende zu einerlei Resultat."[174]

SCHMALZ' Verlangen nach freier Konkurrenz, verbunden mit der Parteinahme für die junkerlich-kapitalistische Entwicklung und mit reaktionärer politischer Gesinnung, veranlaßte ihn, eine eigenartige vulgäre politische Ökonomie zu entwerfen.

Sein erst 1808 erschienenes „Handbuch der Staatswirtschaft" profitierte von der regen vulgärökonomischen Diskussion seit der Mitte des ersten Jahrzehnts. SCHMALZ teilt den Gebrauchswert als den unmittelbaren oder inneren Wert in einen allgemeinen und einen besonderen Wert; ihm stellt er den Tauschwert als den mittelbaren oder äußeren Wert entgegen. „Der mittelbare oder äußere Wert der Sachen oder Arbeiten ist nicht nur von dem Verhältnis derselben zu unserem Bedürfnis, sondern auch von ihrem Verhältnis zu demjenigen bestimmt, was dafür ertauscht werden soll, also von dem Verhältnisse des Preises zu der Ware."[175]

Da SMITH zwischen Arbeit und Arbeitskraft begrifflich noch nicht zu scheiden wußte, vereinfacht SCHMALZ, wenn er behauptet, SMITH habe den Arbeitslohn als unveränderlichen Wertmaßstab angenommen. Dagegen kann er leicht mit Hilfe seiner Tauschwertvorstellung argumentieren. Arbeit könne nicht „Urmaßstab alles Preises" sein, man müsse dann fragen, „wieviel sie wert sei; ja die in unserm gemeinen Leben häufige Frage zeigt, daß auch Arbeit so gut wie Gold und Silber steige und falle. Auch sie kann beliebig als Ware und Preis angesehen werden. Auch abgerechnet den Unterschied, welchen Talente und Geschicklichkeit dem Werte der Arbeit geben können, so ist selbst die roheste, bloß körperliche Arbeit wie zum Beispiel Lasttragen nicht allenthalben und zu allen Zeiten in gleichem Wert."[176] SCHMALZ' Tauschwertauffassung befindet sich auf dem Niveau SAYS. SCHMALZ hatte jedoch keinen Anlaß, beim weiteren Aufbau der ökonomischen Lehre im einzelnen SAY zu folgen, denn dessen Bemühen, die Fragen der industriellen Revolution zu erklären, interessierte ihn nicht.

[173] Theodor Schmalz, Staatswirthschaftslehre in Briefen an einen teutschen Erbprinzen, Bd. 2, Berlin 1818, S. 91.

[174] Ebenda, S. 92.

[175] Theodor Schmalz, Handbuch der Staatswirthschaft, Berlin 1808, S. 36/37.

[176] Ebenda, S. 42/43.

SCHMALZ' spezieller Klassenstandpunkt war auf die Befreiung des Grundbesitzes von den feudalen Fesseln gerichtet; dieser Gesichtspunkt bestimmt allein seine ökonomische Lehre. „Der große Punkt, auf den hin alle staatswirtschaftliche Polizei stets arbeiten soll, ohne ihn je bei den Einzelheiten aus dem Gesichte zu verlieren, ist der, daß der reine Ertrag im Lande erhöhet werde, und aus diesem Gesichtspunkte werden alle Anstalten beurteilt werden müssen, welche der Staat einrichtet für staatswirtschaftliche Zweige." [177]

Die alleinige Betrachtung des kapitalistischen Betriebes in der Landwirtschaft legte es SCHMALZ nahe, auf physiokratische Einsichten zurückzugreifen[178], die von den speziellen Kapitalformen in der Landwirtschaft ausgingen. Eine Übernahme des Physiokratismus war jedoch unmöglich. Denn SCHMALZ' Junkerstandpunkt unterscheidet sich sowohl vom Standpunkt der französischen Physiokraten, die die kapitalistische Pächterschicht vertraten, als auch vom Engagement der deutschen Physiokraten für die freien Bauern. Obwohl SCHMALZ' Vorstellung einerseits und QUESNAYs und SCHLETTWEINs Auffassungen anderseits antifeudal und prokapitalistisch waren, so waren diese doch revolutionär; SCHMALZ' Theorie dagegen ist antirevolutionär. Die von der vorrevolutionären Interessenlage der kapitalistischen Pächter und der freien Bauern ausgehenden Überlegungen ließen sich nicht auf die Erörterung der antirevolutionären Interessenlage des preußischen Junkers übertragen.

Außerdem hat die Verteidigung der überholten physiokratischen Theorie gegen SMITH, der diese Lehre weiterentwickelt und damit die politische Ökonomie auf ein höheres Niveau gehoben hatte, mit einem wissenschaftlichen Anliegen nichts gemein. SCHMALZ verfälscht die Geschichte der politischen Ökonomie, wenn er meint, SMITH sei „seinen Anhängern aber vornehmlich deshalb lieb, weil er ihnen die Mühe spart, die innersten Tiefen des Schachtes zu befahren, aus welchen er ihnen Quesnays Goldkörner gegeben hat." [179].

SCHMALZ' bescheidene geistige Fähigkeiten reichten nicht dazu aus, QUESNAYs poltische Ökonomie zu verstehen. Er schrieb wohl fleißig ab, aber seine Darlegungen zeigen Abweichungen in den für das physiokratische System grundlegenden Auffassungen. So ist es denn auch seinem engen Horizont zuzuschreiben, daß er von QUESNAYs Lehre meint, es sei „auch ihre populäre Verbreitung Verdienst, ein untergeordnetes – und dieses möchte ich mir erwerben" [180]. Indem er sich selbst zum berufenen Verteidiger einer überwundenen Entwicklungsstufe der politischen Ökonomie ernannte, machte er sich zum Don Quijote in der Geschichte des ökonomischen Denkens und bewies überflüssigerweise

177 Ebenda, S. 165.

178 Vgl. Karl Marx, Brief an Friedrich Engels vom 11. Juli 1869, in: MEW, Bd. 32, Berlin 1965, S. 120; Karl Marx, Theorien über den Mehrwert, Erster Teil, in: MEW, Bd. 26.1, Berlin 1965, S. 38, 173.

179 Theodor Schmalz, Staatswirthschaftslehre in Briefen an einen teutschen Erbprinzen, Bd. 1, Berlin 1818, S. 245.

180 Ebenda, S. 246/247.

ein letztes Mal, wie weit die politische Ökonomie seit der Zeit LUDWIG XV. vorangekommen war. SCHMALZ' Beziehungen zum Physiokratismus erschöpfen sich in der gewählten Terminologie, im Mißbrauch der physiokratischen Steuerlehre und dem selbst behaupteten Anspruch, Physiokrat zu sein, der, ohne ernstlich geprüft worden zu sein, den Zeitgenossen willkommenen Anlaß zur Polemik gab.

Ausgehend von einer Tauschwerttheorie, die etwa SAYs Vorstellungen entspricht, schuf SCHMALZ eine politische Ökonomie, die ihre Preisbegründung aus Angebot und Nachfrage und aus den Produktionskosten bezieht. Nach der Erläuterung der Grundbegriffe „Einkommen", „Reichtum", „Erwerb", „Wert" und „Geld" stellt er in seinem „Handbuch" Landwirtschaft, Industrie und Handel dar; auf die Polemik mit dem Merkantilismus und SMITH und das Lob des Physiokratismus folgt die Darlegung der „staatswirtschaftlichen Polizei".

In der Behandlung der Produktion erscheint der charakteristische Grundzug des Physiokratismus, die Mehrwerttheorie, gar nicht. Für QUESNAY stellte die Rente den gesamten Mehrwert dar, der an den Grundeigentümer geht. SCHMALZ' Produktionstheorie zerstört diese einfache Vorstellung. Nach dessen Meinung erhält der Pächter Arbeitslohn und Gewinnbeteiligung, und der Grundeigentümer bezieht Zins und Gewinnbeteiligung. Unter einem Pächter versteht SCHMALZ keinen kapitalistischen Pächter, der Durchschnittsprofit erhält, sondern einen am Gewinn beteiligten Gutsverwalter.

Den landwirtschaftlichen Betrieb vergleicht SCHMALZ mit einer Handelsgesellschaft (Maskopei). „Der Eigner muß dann die Bestellungs- und Erhaltungskosten natürlich doch tragen, das ist, sie von den Einkünften des Gutes abgehen lassen. So wie aber unter die Bestellungskosten der Unterhalt des Landwirts als Lohn für seine Verwaltung gehört, so wird diesen Unterhalt jetzt der Pächter erhalten müssen, weil er diese Verwaltung jetzt übernommen hat. Die Zinsen der Grundauslagen ferner werden vom Pächter an den Grundeigner gezahlt werden. Der reine Ertrag aber wird sich zwischen beiden teilen, gleichsam als zwischen Maskopisten, deren einer das Kapital, der andre die Arbeit zu einem Gewinne leistet, insofern nämlich nicht einer von beiden im Pachtkontrakte übervorteilt ist."[181] Nach dieser Aufteilung des Mehrproduktes erhalte der Pächter neben seinem Aufsichtslohn, da er kein Kapital einbringe, auch keinen Profit auf vorgeschossenes Kapital. Dafür bekomme er aber einen Gewinn- oder Rentenanteil, dessen Prozentsatz offensichtlich vom Grundeigentümer festgesetzt wird. Der Grundeigentümer beziehe nicht die volle Rente; da er zugleich als Geldkapitalist fungiere, bekomme er einen Zins, aber unerklärlicherweise nicht auf das gesamte verliehene Kapital, sondern nur auf die Grundauslagen.

Anders als in der Landwirtschaft ist es nach SCHMALZ' Vorstellung in der gewerblichen Produktion. „Denn freilich wird das Kapital, in einer Fabrik angelegt, ihrem Unternehmer mehr einbringen müssen als eben dies Kapital,

[181] Theodor Schmalz, Handbuch der Staatswirthschaft, Berlin 1808, S. 71.

wenn er es auf Zinsen, welche er müßig einziehen könnte, ausgeliehen hätte. Er muß wenigstens noch seine Mühe der Verwaltung der Fabrik sich bezahlt machen."[182] So gelte für die Preisgestaltung gewerblicher Produkte eine andere Regel als für jene landwirtschaftlicher Erzeugnisse. „Der Preis eines Fabrikats muß aber dem Fabrikanten, der es liefert, ersetzen 1) den Preis, welchen ihm selbst das Material gekostet hat, 2) den Preis der Arbeit, welchen er seinen Unterarbeitern gezahlt oder selbst durch eigene Arbeit daran verdient hat, 3) die Zinsen für beides, indem er den Wert des Materials sowohl als den Preis der Arbeit dem künftigen Käufer gleichsam vorgeschossen hat."[183]

In Anlehnung an SAYs vulgäre Einkommenstheorie erhält nach SCHMALZ' Vorstellung der gewerbliche Kapitalist, der fungierender und Geldkapitalist in einer Person ist, Unternehmerlohn und Zins. Da er aber als Geldkapitalist nicht sich selbst als fungierendem Kapitalisten das Kapital vorschießt, sondern als fungierender und Geldkapitalist in einer Person dem Konsumenten, der aber tatsächlich Waren und kein Kapital kauft, angeblich Kapital vorschießt, berechnet er auch auf den eigenen Unternehmergewinn einen Zins. Hätte SCHMALZ wenigstens die kapitalistische Oberfläche als solche verstanden, so hätte er den Unternehmergewinn als Restgröße vom Nettogewinn betrachten müssen, die nach Abzug des Zinses verbleibt.

Anders wieder behandelt SCHMALZ den Handelskapitalisten, der nicht wie der gewerbliche Kapitalist auch seinen Unternehmergewinn noch verzinsen könne. Der Handelskapitalist berechne Zins nur auf Einkaufspreis und Transportkosten, die zusammen den „Wert des eigentlichen Einkaufspreises" ausmachen. „Nächst diesem aber muß der Kaufmann auch in seinem Verkaufspreis das haben, was er seinen Gewinn nennt. Es ist dies eigentlich eine Belohnung für die Dienste, welche er seinen Kunden erzeigt."[184]

Offensichtlich betrachtet SCHMALZ diese „eigentliche" Belohnung doch nicht als echten „Lohn", wie ihn Verwalter und gewerblicher Kapitalist erhalten, daher scheint ihm ein Zins auf einen Gewinn als unsinnig, obwohl der Vergleich zur gewerblichen Produktion ihn erfordern würde.

Wie sehr SCHMALZ in seinen Einkommensvorstellungen des Physiokratismus „edlen Urheber Franz Quesnay"[185] verfälscht, stellten die Zeitgenossen nicht fest. Die Erinnerung an die französische Lehre hatte sich augenscheinlich schon zu sehr verflüchtigt.

Anklänge an den Physiokratismus vor allem der deutschen Ausprägung finden sich noch in SCHMALZ' Steuerlehre. SCHMALZ meint, daß alle Steuern „am Ende allein auf die Grundeigentümer fallen und von diesen getragen werden. Jeder Arbeiter, jeder Kaufmann ... erhöht notwendig wegen der Abgaben, welche er bezahlt, den Lohn seiner Arbeit und den Preis seiner Ware"[186]. Denn der gewerbliche Kapitalist könne sein Angebot und damit die Preise seiner Ware selbst bestimmen. „Aber der Gewinner der Naturprodukte hat keine Willkür auf die

[182] Ebenda, S. 78. [183] Ebenda, S. 75. [184] Ebenda, S. 87.
[185] Ebenda, S. 142. [186] Ebenda, S. 328/329.

Menge seines Vorrats. Die Witterung bestimmt sie, nicht irgendeine Bestellung von Kunden. Wie sollte er also je den Preis seiner Produkte bestimmen können? Etwa durch das Zurückhalten seines Getreides, wie man wohl den Landmann beschuldigt? Vergißt man, daß der Landmann von seinen Produkten lebt, daß er also verkaufen muß; daß er seine Revenuen nicht entbehren kann; daß er, wenn er so zurückhält, auf einer Seite die Zinsen des Kapitals verliert, was in dem Vorrate steckt, und auf der anderen gegen Zinsen zu seinem Leben borgen muß, also durch solches Zurückhalten doppelte Zinsen verliert, daß Ungeziefer seinen Vorrat verzehrt oder das Stocken ihn verdirbt? Es ist aber unmöglich, daß der Landmann die von ihm erhobene Steuer je wieder auf den Preis seiner Produkte aufschlagen könnte."[187] Im volkswirtschaftlichen Verständnis steht Schmalz so tief unter Say, daß ihm nicht einmal der Gedanke kommt, der Kapitalist in jedem Produktionszweig und nicht nur in der Landwirtschaft unterliege dem Verwertungszwang seines Kapitals bei Strafe des Untergangs.

Schmalz ruft aus: „Man hat die Physiokratie immer als eine Feindin des Handels und der Fabriken geschildert; kann man diese mehr begünstigen als die Physiokratie, welche sie von allen Abgaben ganz und gar befreien will!"[188] Aber nach Schmalz' Meinung hat sie sich selbst durch die Überwälzung der Steuern von ihnen befreit. „Und wenn das Gut des Landwirts hundertfach mit adliger Steuerfreiheit privilegiert ist, er zahlt doch alle Steuern zuletzt."[189] Die physiokratische Steuertheorie war einst Ausdruck der Forderung nach kapitalistischen Reproduktionsmöglichkeiten in der Landwirtschaft. Bei Schmalz dient sie nur noch zur ideologischen Verteidigung der Junker, die, da sie eigentlich den gesamten Staat durch ihre Steuern wirtschaftlich tragen, dessen wirkliche Stützen zu sein beanspruchen.

Schmalz, der zur Zeit des Wiener Kongresses die progressiven Kräfte in Preußen auf üble Weise denunziert und damit einen leidenschaftlichen Streit heraufbeschworen hatte, der erst durch königlichen Einspruch beendet werden konnte, popularisierte seine ökonomischen Auffassungen auch in den düsteren Jahren der Reaktion in einer das konservative Publikum ansprechenden Form als „Staatswirthschaftslehre in Briefen an einen teutschen Erbprinzen" (1818) und tat alles der Reaktion zu Gefallen. Von den Liberalen erfuhr er eisige Ablehnung. Den reaktionären Theoretikern war die bürgerliche Herkunft seiner zum Teil dem Physiokratismus entlehnten Ideen nicht geheuer. Adam Müller, einer der reaktionären Ideologen, erwähnt ihn nicht einmal. Als Ökonom stand Schmalz völlig isoliert da, obwohl doch sein Anliegen, die kapitalistische Entwicklung der Landwirtschaft auf ihrem preußischen Weg zu verteidigen, nicht am Rande des Interesses lag, und im Deutschland jener Zeit, das keine bedeutenden Ökonomen besaß, schon der Vorsatz gern gelobt wurde, wo die Kraft zu dessen Ausführung so oft fehlte.

[187] Ebenda, S. 331.

[188] Theodor Schmalz, Staatswirthschaftslehre in Briefen an einen teutschen Erbprinzen Bd. 2, Berlin 1818, S. 228.

[189] Ebenda, S. 227.

8. KAPITEL

Zur politischen Ökonomie in Deutschland während des Übergangs vom Manufakturkapitalismus zum Industriekapitalismus (erste Hälfte des 19. Jh.)

1. Zu den ökonomisch-theoretischen Grundlinien in Deutschland während des Übergangs zum Industriekapitalismus

Dieses Kapitel beendet die Untersuchung der Grundlinien des ökonomischen Denkens in Deutschland von den Anfängen bis zur unmittelbaren Resonanz und Reaktion auf die klassische politische Ökonomie des Bürgertums. Das Buch schließt nicht ohne Grund mit der Übernahme klassischer Ideen und der Reaktion auf sie ab. Denn bisher hatte der Feudalismus eine zentrale Rolle für die Geschichte des ökonomischen Denkens gespielt. Zunächst ermöglichte er – als progressive Produktionsweise – die Überwindung der Erkenntnisschranken, die die Sklavenhalterordnung gesetzt hatte. Dann überwanden die bürgerlichen Ökonomen im Kampf gegen den Feudalismus die feudalen Erkenntnisschranken und entwickelten schließlich die klassische politische Ökonomie. Als sich aber in der ersten Hälfte des 19. Jahrhunderts in Deutschland der Industriekapitalismus herausbildete, begann der Gegensatz zwischen Feudalismus und Bürgertum seinen entscheidenden Einfluß auf die Geschichte der politischen Ökonomie zu verlieren. Nach der Revolution von 1848 prägte endlich der Klassenkampf *innerhalb* des Kapitalismus, zwischen Bourgeoisie und Proletariat, die weitere Entwicklung der politischen Ökonomie, d. h. der neugeschaffenen marxistischen politischen Ökonomie und der bürgerlichen Ökonomie als Vulgärökonomie. Das vorliegende Kapitel führt an diese grundlegende Zäsur in der Geschichte der politischen Ökonomie heran. Im neunten und letzten Kapitel wird schließlich dargelegt, wie den klassischen Ideen auch in Deutschland ein theoretischer Gegner in Gestalt der sozialistischen Kritik am Kapitalismus erwuchs.

Die erwähnte Zäsur, die für Deutschland mit der Revolution von 1848 zusammenfällt, ist für England und Frankreich mit der Revolution von 1830 verbunden. Der zeitliche Unterschied ist nicht ohne Bedeutung für die Entwicklung der politischen Ökonomie in Deutschland. Zunächst muß jedoch auf die Äußerungen von MARX und ENGELS über die allgemeinen Bedingungen für die politische Ökonomie außerhalb und innerhalb Deutschlands eingegangen werden.

Die Bedingungen für die Wende zur Vulgärökonomie

Als Bedingungen für die allgemeine Wende von der wissenschaftlichen bürgerlichen Ökonomie zur vulgären und apologetischen Ökonomie gibt MARX zwei wichtige Ereignisse an: den Abschluß des Kindheitsalters der großen Industrie (Krise von 1825) sowie die offene Entfaltung des Klassenkampfes zwischen Bourgeoisie und Proletariat und die Eroberung der politischen Macht durch die Bourgeoisie in Frankreich und England (Revolution von 1830).

Über die ökonomische Diskussion in England, wo die Krise von 1825 den periodischen Kreislauf des industriellen Kapitalismus eröffnete, aber der Gegensatz zwischen Feudalismus und Kapitalismus den Klassenkampf zwischen Bourgeoisie und Proletariat noch in den Hintergrund drängte, schreibt MARX: „Die nachfolgende Zeit von 1820–1830 zeichnet sich in England aus durch wissenschaftliche Lebendigkeit auf dem Gebiet der politischen Ökonomie. Es war die Periode wie der Vulgarisierung und Ausbreitung der Ricardoschen Theorie, so ihres Kampfes mit der alten Schule. Es wurden glänzende Turniere gefeiert. Was damals geleistet worden, ist dem europäischen Kontinent wenig bekannt, da die Polemik großenteils in Revueartikeln, Gelegenheitsschriften und Pamphlets zerstreut ist. Der unbefangne Charakter dieser Polemik – obgleich die Ricardosche Theorie ausnahmsweise auch schon als Angriffswaffe wider die bürgerliche Wirtschaft dient – erklärt sich aus den Zeitumständen. Einerseits trat die große Industrie selbst nur aus ihrem Kindheitsalter heraus, wie schon dadurch bewiesen ist, daß sie erst mit der Krise von 1825 den periodischen Kreislauf ihres modernen Lebens eröffnet. Andrerseits blieb der Klassenkampf zwischen Kapital und Arbeit in den Hintergrund gedrängt, politisch durch den Zwist zwischen den um die Heilige Allianz gescharten Regierungen und Feudalen und der von der Bourgeosie geführten Volksmasse, ökonomisch durch den Hader des industriellen Kapitals mit dem aristokratischen Grundeigentum, der sich in Frankreich hinter dem Gegensatz von Parzelleneigentum und großem Grundbesitz verbarg, in England seit den Korngesetzen offen ausbrach. Die Literatur der politischen Ökonomie in England erinnert während dieser Periode an die ökonomische Sturm- und Drangperiode in Frankreich nach Dr. Quesnays Tod, aber nur wie ein Altweibersommer an den Frühling erinnert. Mit dem Jahr 1830 trat die ein für allemal entscheidende Krise ein.“[1]

Am „Lebensabend der ganzen klassischen Ökonomie, ja am Sterbebett derselben“[2] gab ihr die Revolution von 1830 den Todesstoß. „Der gelehrte Zank, wie die dem Arbeiter ausgepumpte Beute förderlichst für die Akkumulation zu verteilen sei zwischen industriellem Kapitalist und müßigem Grundeigentümer usw., verstummte vor der Julirevolution. Kurz nachher läutete das städtische Proletariat die Sturmglocke zu Lyon und ließ das Landproletariat den roten Hahn in England fliegen. Diesseits des Kanals grassierte der Owenismus, jenseits St. Simonismus und Fourierismus. Die Stunde der Vulgärökonomie hatte geschlagen.“[3]

MARX stellt fest: „Die Bourgeoisie hatte in Frankreich und England politi-

[1] Karl Marx, Das Kapital, Erster Band, in: MEW, Bd. 23, Berlin 1962, S. 20.
[2] Ebenda, Dritter Band, in: MEW, Bd. 25, Berlin 1964, S. 794.
[3] Ebenda, Erster Band, in: MEW, Bd. 23, Berlin 1962, S. 622/623.

sche Macht erobert. Von da an gewann der Klassenkampf, praktisch und theoretisch, mehr und mehr ausgesprochne und drohende Formen. Er läutete die Totenglocke der wissenschaftlichen bürgerlichen Ökonomie. Es handelte sich jetzt nicht mehr darum, ob dies oder jenes Theorem wahr sei, sondern ob es dem Kapital nützlich oder schädlich, bequem oder unbequem, ob polizeiwidrig oder nicht. An die Stelle uneigennütziger Forschung trat bezahlte Klopffechterei, an die Stelle unbefangener wissenschaftlicher Untersuchung das böse Gewissen und die schlechte Absicht der Apologetik."[4]

Der offene Ausbruch des Klassenkampfes zwischen Bourgeoisie und Proletariat setzt auch für die Geschichte der politischen Ökonomie in Deutschland neue Bedingungen. Nur ist dieser Ausbruch, wie schon erwähnt, nicht an die Revolution von 1830, sondern an die Revolution von 1848 gebunden. Bis 1848 bestimmte der Hauptwiderspruch zwischen Feudalismus und Kapitalismus das sozialökonomische und ideologische Geschehen in Deutschland.

An früherer Stelle wurde bereits angeführt, daß sich nach Meinung der Autoren des Lehrbuchs „Geschichte der ökonomischen Lehrmeinungen" die kapitalistische Produktion in Deutschland erst im Zeitraum zwischen den vierziger und sechziger Jahren des 19. Jahrhunderts entwickelte. „Die bürgerliche politische Ökonomie erblickte in Deutschland unter diesen Umständen als Vulgärökonomie das Licht der Welt. Sie war von den spezifischen Bedingungen in der Entwicklung dieses Landes gekennzeichnet."[5]

In den beiden vorangegangenen Kapiteln ist schon gezeigt worden, daß der Beginn der politischen Ökonomie in Deutschland nicht mit den vierziger Jahren des 19. Jahrhunderts anzusetzen ist. An dieser Stelle soll auf die innere Widersprüchlichkeit der zitierten Meinung hingewiesen werden. Die Autoren nehmen richtig an, daß die Entwicklung der politischen Ökonomie in Deutschland von dessen spezifischen Bedingungen gekennzeichnet ist. Wenn sich nun die kapitalistische Produktion seit den vierziger Jahren erst *in der Entwicklung* befände und somit der Klassenkampf zwischen Bourgeoisie und Proletariat noch nicht *offen* ausgebrochen wäre, so könnte die politische Ökonomie auch nicht als Vulgärökonomie das Licht der Welt erblicken, weil der offene Ausbruch dieses Klassenkampfes eine Voraussetzung für die Vulgärökonomie ist.

Die Klassenverhältnisse im Übergang zum Industriekapitalismus

Da die Charakteristik der Übergangsperiode für die Einschätzung der politischen Ökonomie jener Zeit in Deutschland grundlegend ist und die Vorstellungen der Theoriehistoriker keineswegs einhellig sind, muß eine Analyse von ENGELS aus seiner Schrift „Revolution und Konterrevolution in Deutschland" etwas ausführlich wiedergegeben werden.

[4] Ebenda, S. 21.
[5] Geschichte der ökonomischen Lehrmeinungen, Berlin 1965, S. 107/108.

ENGELS kennzeichnet zunächst die Position des deutschen Feudaladels bei Ausbruch der Revolution von 1848: „Die Zusammensetzung der verschiedenen Klassen des Volkes, die die Grundlage eines jeden politischen Organismus bilden, war in Deutschland komplizierter als in irgendeinem anderen Lande. Während in England und Frankreich eine mächtige, reiche, in großen Städten und namentlich in der Hauptstadt konzentrierte Bourgeoisie den Feudalismus völlig vernichtet oder wenigstens, wie in dem erstgenannten Lande, auf einige wenige, bedeutungslose äußere Formen reduziert hatte, war dem Feudaladel in Deutschland ein großer Teil seiner alten Privilegien erhalten geblieben. Fast überall herrschte noch das System des feudalen Grundbesitzes. Die Grundherren hatten sogar die Gerichtsbarkeit über ihren Gutsbezirk behalten. Obzwar ihrer politischen Vorrechte, des Rechtes, die Fürsten zu kontrollieren, beraubt, hatten sie doch fast ihre ganzen mittelalterlichen Hoheitsrechte über die Bauernschaft ihrer Ländereien sowie die Steuerfreiheit bewahrt. Der Feudalismus war in manchen Gegenden mehr in Blüte als in anderen, aber außer auf dem linken Rheinufer war er nirgends völlig beseitigt. Dieser seinerzeit außerordentlich zahlreiche und zum Teil sehr reiche Feudaladel galt offiziell als der erste 'Stand' im Lande. Er stellte die höheren Staatsbeamten, er besetzte fast ausschließlich die Offiziersstellen in der Armee.“[6]

Anschließend vergleicht ENGELS die wirtschaftliche Macht der deutschen mit jener der englischen und französischen Bourgeoisie: „Die Bourgeoisie Deutschlands war bei weitem nicht so reich und konzentriert wie die Frankreichs oder Englands. Die alten Manufakturen Deutschlands waren durch das Aufkommen der Dampfkraft und durch die sich rasch ausbreitende Vorherrschaft der englischen Industrie zugrunde gerichtet worden; die modernen Industrien, die, unter dem napoleonischen Kontinentalsystem ins Leben gerufen, in anderen Teilen des Landes errichtet worden waren, boten keinen Ausgleich für den Verlust der alten und reichten nicht aus, um einen Kreis der an der Industrie Interessierter zu bilden, der stark genug gewesen wäre, Regierungen, die jeder Anhäufung nichtadeligen Reichtums und nichtadeliger Macht argwöhnisch gegenüberstanden, zur Rücksicht auf ihre Bedürfnisse zu zwingen. Während Frankreich seine Seidenindustrie siegreich über fünfzig Revolutions- und Kriegsjahre hinwegbrachte, büßte Deutschland im gleichen Zeitraum fast seine ganze Leinenindustrie ein. Überdies waren die deutschen Industriebezirke dünn gesät und weit verstreut; sie lagen tief im Innern des Landes, benutzten für ihre Ein- und Ausfuhr vorwiegend ausländische, holländische und belgische Häfen und hatten daher wenig oder gar keine gemeinsamen Interessen mit den großen Hafenstädten an der Nord- und Ostsee; vor allem aber waren sie außerstande, große Industrie- und Handelszentren zu bilden wie Paris und Lyon, London und Manchester.“[7]

[6] Friedrich Engels, Revolution und Konterrevolution in Deutschland, in: MEW, Bd. 8, Berlin 1960, S. 7.

[7] Ebenda, S. 7/8.

Die Rückständigkeit der deutschen Industrie bedeutete jedoch keineswegs eine völlige Machtlosigkeit der deutschen Bourgeoisie. Deswegen hebt ENGELS hervor: „Und doch war in Deutschland der Reichtum und mit dem Reichtum die politische Bedeutung der Bourgeoisie seit 1815 in ständigem Wachsen begriffen. Die Regierungen waren gezwungen, wenn auch widerwillig, wenigstens ihren unmittelbaren materiellen Interessen Rechnung zu tragen. Man kann sogar mit Recht sagen, daß sie von 1815 bis 1830 und von 1832 bis 1840 jedes Stückchen an politischem Einfluß, das der Bourgeoisie in den Verfassungen der kleineren Staaten eingeräumt worden war und ihr in den erwähnten beiden Perioden politischer Reaktion wieder entrissen wurde – daß jedes derartige Stückchen durch eine Konzession praktischer Art aufgewogen wurde. Jede politische Niederlage der Bourgeosisie zog einen Sieg auf dem Gebiete der Handelsgesetzgebung nach sich. Und sicherlich war der preußische Schutzzolltarif von 1818 und die Gründung des Zollvereins für die deutschen Kaufleute und Fabrikherren ein gut Teil mehr wert als das zweifelhafte Recht, in der Kammer des einen oder anderen Duodezstaats Ministern, die über solche Abstimmungen nur lachten, ihr Mißtrauen auszusprechen. So gelangte die Bourgeoisie mit wachsendem Reichtum und zunehmender Ausdehnung ihres Handels bald zu einem Stadium, wo sie sich in der Entfaltung ihrer wichtigsten Interessen durch die politische Verfassung des Landes gehemmt sah: durch dessen kunterbunte Zersplitterung unter sechsunddreißig Fürsten mit gegensätzlichen Bestrebungen und Launen; durch die feudalen Fesseln, die die Landwirtschaft und die mit ihr verbundenen Gewerbe beengten; durch die aufdringliche Überwachung, der eine unwissende, anmaßende Bürokratie alle ihre Geschäfte unterzog. Gleichzeitig führten die Ausdehnung und Festigung des Zollvereins, die allgemeine Einführung der Dampfkraft in den Verkehr, die wachsende Konkurrenz auf dem inneren Markt zur gegenseitigen Annäherung der kommerziellen Klassen der verschiedenen Staaten und Provinzen, zur Ausgleichung ihrer Interessen und zur Zentralisation ihrer Kraft. Die natürliche Folge war der Übergang aller dieser Elemente ins Lager der liberalen Opposition und der siegreiche Ausgang des ersten ernstlichen Kampfes der deutschen Bourgeoisie um politische Macht. Diesen Umschwung kann man von 1840 datieren, von dem Zeitpunkt, zu dem die preußische Bourgeoisie an die Spitze der Bewegung der deutschen Bourgeoisie trat."[8]

Diese eindringliche Schilderung ist in der erforderlichen Ausführlichkeit wiedergegeben worden, weil sie zeigt, daß es sich in Deutschland damals nicht mehr um die alte Manufakturbourgeoisie handelte, die KRAUS, SARTORIUS und LUEDER sowie ihre Gegner HUFELAND und LOTZ vor Augen hatten. Im Verlauf der ersten Hälfte des 19. Jahrhunderts entwickelte sich die moderne Bourgeoisie des Industriekapitalismus, die sich im Kampf mit dem Feudalismus befand.

[8] Ebenda, S. 8/9.

Hinzugefügt werden soll noch, daß die sich entwickelnde Bourgeoisie nicht mit jener nach 1848 verglichen werden darf, von der ENGELS sagt: „Diese Masse *will* nicht herrschen. Sie hat 1848 noch immer in den Knochen."[9] Da mitunter von *der* feigen deutschen Bourgeoisie gesprochen wird, ist hier ENGELS' Erklärung über den „Wendepunkt" der Bourgeoisie als solcher und speziell der deutschen Bourgeoisie zu zitieren: „Es ist eine Eigentümlichkeit gerade der Bourgeoisie gegenüber allen früheren herrschenden Klassen: in ihrer Entwicklung gibt es einen Wendepunkt, von dem an jede weitere Steigerung ihrer Machtmittel, vorab also ihrer Kapitalien, nur dazu beiträgt, sie zur politischen Herrschaft mehr und mehr unfähig zu machen. '*Hinter den großen Bourgeois stehn die Proletarier.*' In demselben Maß, wie die Bourgeoisie ihre Industrie, ihren Handel und ihre Verkehrsmittel entwickelt, in demselben Maß erzeugt sie Proletariat. Und an einem gewissen Punkt – der nicht überall gleichzeitig oder auf gleicher Entwicklungsstufe einzutreten braucht – beginnt sie zu merken, daß dieser ihr proletarischer Doppelgänger ihr über den Kopf wächst. Von dem Augenblick an verliert sie die Kraft zur ausschließlichen politischen Herrschaft; sie sieht sich um nach Bundesgenossen, mit denen sie, je nach Umständen, ihre Herrschaft teilt oder denen sie sie ganz abtritt.

In Deutschland ist dieser Wendepunkt für die Bourgeoisie bereits 1848 eingetreten. Und zwar erschrak die deutsche Bourgeoisie damals nicht so sehr vor dem deutschen wie vor dem französischen Proletariat. Die Pariser Junischlacht 1848 zeigte ihr, was sie zu erwarten habe; das deutsche Proletariat war gerade erregt genug, um ihr zu beweisen, daß auch hier die Saat für dieselbe Ernte schon im Boden stecke; und von dem Tage an war der politischen Aktion der Bourgeoisie die Spitze abgebrochen. Sie suchte Bundesgenossen, sie verhandelte sich an sie um jeden Preis – und sie ist auch heute noch um keinen Schritt weiter."[10] Dies schrieb ENGELS 1870.

Hier handelt es sich also um *politische Feigheit* der deutschen Bourgeoisie *nach* jenem Wendepunkt, der für die Bourgeoisie überhaupt, nicht nur für die deutsche Bourgeoisie, charakteristisch ist. Die politische Feigheit ist nicht mit wirtschaftlicher Machtlosigkeit zu verwechseln. *Vor* jenem Wendepunkt war die Stellung der deutschen Bourgeoisie dagegen von dem Hauptwiderspruch zwischen Feudalismus und Kapitalismus gekennzeichnet; es war eine wirtschaftlich schwächere, aber prinzipiell antifeudal eingestellte Bourgeoisie. Diese war noch nicht gezwungen, mit der klassischen politischen Ökonomie *vollständig* zu brechen; denn das deutsche Proletariat war noch kein ernstzunehmender politischer Gegner.

Nachdem ENGELS in der Schrift „Revolution und Konterrevolution in Deutschland" Feudaladel, Bourgeoisie und Kleinbürgertum vor der Revolution gekenn-

[9] Friedrich Engels, Vorbemerkung zu „Der deutsche Bauernkrieg", in: MEW, Bd. 7, Berlin 1960, S. 533.

[10] Ebenda, S. 534/535.

zeichnet hat, schätzt er den Entwicklungsstand des Proletariats ein: „Die Arbeiterbewegung selbst ist niemals unabhängig, sie trägt niemals ausschließlich proletarischen Charakter, solange nicht alle die verschiedenen Teile der Bourgeoisie, namentlich ihr fortschrittlichster Teil, die großen Fabrikherren, die politische Macht erobert und den Staat ihren Bedürfnissen entsprechend umgestaltet haben. Dann ist der Augenblick gekommen, wo der unvermeidliche Konflikt zwischen Fabrikherren und Lohnarbeitern in drohende Nähe rückt und nicht länger hinausgeschoben werden kann, der Augenblick, wo sich die Arbeiterklasse nicht länger mit trügerischen Hoffnungen und niemals erfüllbaren Versprechungen abspeisen läßt, wo endlich das große Problem des neunzehnten Jahrhunderts, die Aufhebung des Proletariats, mit voller Klarheit und in seinem wahren Lichte in den Vordergrund rückt. Nun wurde aber in Deutschland die große Masse der Arbeiterklasse nicht von jenen modernen Industriefürsten beschäftigt, von denen Großbritannien so prachtvolle Exemplare aufweist, sondern von kleinen Handwerksmeistern, deren ganze Arbeitsweise lediglich ein Überbleibsel aus dem Mittelalter ist. Und wie zwischen einem großen Baumwoll-Lord und einem kleinen Flickschuster oder Schneidermeister ein himmelweiter Unterschied besteht, genau so weit voraus sind die aufgeweckten Fabrikarbeiter eines modernen Babylon der Industrie den schüchternen Schneider- oder Schreinergesellen eines kleinen Landstädtchens, deren Lebens- und Arbeitsmethoden sich von denen ihrer Zunftgenossen vor fünfhundert Jahren nur wenig unterscheiden. Die natürliche Begleiterscheinung des allgemeinen Fehlens moderner Lebensverhältnisse und moderner industrieller Produktionsweisen war ein fast ebenso allgemeines Fehlen moderner Ideen, und daher ist es nicht verwunderlich, wenn ein großer Teil der arbeitenden Klassen bei Ausbruch der Revolution den Ruf nach sofortiger Wiederherstellung der Zünfte und der mittelalterlichen privilegierten Handwerkerinnungen erhob.“ [11]

So war also die gesellschaftliche Situation vor der Revolution in Deutschland. Der Hauptwiderspruch zwischen Feudalismus und Kapitalismus bestand weiter, aber die kapitalistische Produktionsweise entwickelte sich trotzdem unaufhaltsam, schreiben die Autoren des „Grundrisses“. „Auf gewerblichem Gebiet bildeten sich während der zwanziger und beginnenden dreißiger Jahre alle Elemente heraus, die die industrielle Revolution unmittelbar vorbereiteten. Die Maschinerie hatte seit der Jahrhundertwende Eingang in die Textilindustrie gefunden; ungeachtet krisenhafter Rückschläge entwickelten sich Textilfabriken besonders in Rheinpreußen, in Sachsen und in der Stadt Berlin. Die Nachfrage nach Kohle und Eisen nahm zu, so daß auch die Montanindustrie wuchs. In den Textilfabriken, im Bergbau und in der Flußschiffahrt wurden Dampfmaschinen eingesetzt. So begann in den zwanziger Jahren die Verwandlung der Zentren gewerblicher Produktion in Industriegebiete. Die Regierungen der deutschen

[11] Friedrich Engels, Revolution und Konterrevolution in Deutschland, in: MEW, Bd. 8, Berlin 1960, S. 10/11.

Bundesstaaten mußten dem Wachstum der Produktivkräfte und dem objektiven Bedürfnis nach Bildung des nationalen Marktes nachgeben, indem sie bis 1828 drei gegeneinander konkurrierende Zolleinheiten in Nord-, Mittel- und Süddeutschland schufen."[12] Über die folgenden Jahre schreiben die Autoren: „Die industrielle Revolution brachte technische Umwälzungen in entscheidenden Zweigen der gewerblichen Produktion hervor. Mit dem zunehmenden Einsatz von Maschinen erfuhr die Entwicklung der gesellschaftlichen Produktivkräfte einen qualitativen Umschlag. Die industrielle Revolution führte zur arbeitsteiligen maschinellen Großproduktion und zu einer raschen Steigerung der Arbeitsproduktivität. In der Textilindustrie wurden Spinnmaschinen, mechanische Webstühle und andere maschinelle Anlagen verstärkt eingeführt. Der Maschinen- und Apparaturenbau wurde zum führenden Zweig beim Ausbau der Schwerindustrie. Die Schwerindustrie schuf die Grundlage dafür, daß sich Deutschland in den sechziger Jahren zu einer der führenden Industriemächte entwickelte."[13]

Auf der Grundlage dieser Einschätzungen der objektiven Bedingungen sind nun MARX' und ENGELS' Urteile über die deutsche politische Ökonomie für die Darstellung im vorliegenden Kapitel auszuwerten.

MARX' und ENGELS' differenzierende Beurteilung

MARX erinnert daran, daß bestimmte historische Umstände „die Entwicklung der kapitalistischen Produktionsweise bei uns hemmten, daher auch den Aufbau der modernen bürgerlichen Gesellschaft. Es fehlte also der lebendige Boden der politischen Ökonomie. Sie ward als fertige Ware importiert aus England und Frankreich; ihre deutschen Professoren blieben Schüler. Der theoretische Ausdruck einer fremden Wirklichkeit verwandelte sich unter ihrer Hand in eine Dogmensammlung, von ihnen gedeutet im Sinn der sie umgebenden kleinbürgerlichen Welt, also mißdeutet. Das nicht ganz unterdrückbare Gefühl wissenschaftlicher Ohnmacht und das unheimliche Gewissen, auf einem in der Tat fremdartigen Gebiet schulmeistern zu müssen, suchte man zu verstecken unter dem Prunk literarhistorischer Gelehrsamkeit oder durch Beimischung fremden Stoffes, entlehnt den sog. Kameralwissenschaften, einem Mischmasch von Kenntnissen, deren Fegfeuer der hoffnungsvolle Kandidat deutscher Bürokratie zu bestehn hat."[14]

Nach diesem Urteil über die politische Ökonomie der *modernen* bürgerlichen Gesellschaft, d. h. des Industriekapitalismus, an den deutschen Universitäten vor 1848 kennzeichnet MARX die Grundsituation für die Zeit danach: „Seit

[12] Klassenkampf–Tradition–Sozialismus. Von den Anfängen der Geschichte des deutschen Volkes bis zur Gestaltung der entwickelten sozialistischen Gesellschaft in der Deutschen Demokratischen Republik. Grundriß, Berlin 1974, S. 219.

[13] Ebenda, S. 227.

[14] Karl Marx, Das Kapital, Erster Band, in: MEW, Bd. 23, Berlin 1962, S. 19.

1848 hat sich die kapitalistische Produktion rasch in Deutschland entwickelt und treibt heutzutage bereits ihre Schwindelblüte. Aber unsren Fachleuten blieb das Geschick gleich abhold. Solange sie politische Ökonomie unbefangen treiben konnten, fehlten die modernen ökonomischen Verhältnisse in der deutschen Wirklichkeit. Sobald diese Verhältnisse ins Leben traten, geschah es unter Umständen, welche ihr unbefangenes Studium innerhalb des bürgerlichen Gesichtskreises nicht länger zulassen. Soweit sie bürgerlich ist, d. h. die kapitalistische Ordnung statt als geschichtlich vorübergehende Entwicklungsstufe, umgekehrt als absolute und letzte Gestalt der gesellschaftlichen Produktion auffaßt, kann die politische Ökonomie nur Wissenschaft bleiben, solange der Klassenkampf latent bleibt oder sich nur in vereinzelten Erscheinungen offenbart." [15]

Aus diesen Äußerungen bleibt für den im vorliegenden Kapitel interessierenden Zeitraum vor 1848 festzuhalten: Der Klassengegensatz zwischen Bourgeoisie und Proletariat war, wie auch ENGELS schreibt, noch nicht ausgereift, so daß also die deutschen Theoretiker die „politische Ökonomie unbefangen treiben konnten". Da die geringentwickelten industriekapitalistischen Verhältnisse „jede originelle Fortbildung der 'bürgerlichen' Ökonomie" [16] ausschlossen, waren die deutschen Theoretiker an den englischen und französischen Systemen über den Industriekapitalismus interessiert, die sie deshalb „importierten". Sie wurden Schüler einer im Ausland geschaffenen politischen Ökonomie (wie früher auch SCHLETTWEIN, KRAUS, SARTORIUS und LUEDER). Soweit sie als Professoren gezwungen waren, „schulmeistern zu müssen", versteckten sie ihre wissenschaftliche Ohnmacht unter literarhistorischer Gelehrsamkeit und kameralistischen Beimischungen.

Mitunter wird bei der Interpretation des MARX-Zitats vergessen, daß nicht alle Ökonomen Professoren sind. MARX unterscheidet die damaligen deutschen Ökonomen nach Forschern einerseits und „Pedanten, Schulfüchsen und Vulgarisateurs" [17] andererseits. Es gab auch, wenngleich nur „äußerst selten", „selbständige, objektive Forscher"; und „beinahe als eine Ausnahme" [18] unter diesen bezeichnet MARX den mecklenburgischen Junker JOHANN HEINRICH VON THÜNEN, der „sich die Ricardosche Theorie der Grundrente selbst konstruiert" [19]. Neben den äußerst seltenen selbständigen, objektiven Forschern und den bloßen Schülern nennt MARX weiterhin „Nachbeter und Nachtreter, Kleinhausierer des ausländischen Großgeschäfts" [20], also jene Art Schreiber, die sich jede Dis-

[15] Ebenda, S. 19/20.

[16] Ebenda, S. 22.

[17] Karl Marx, Theorien über den Mehrwert, Zweiter Teil, in: MEW, Bd. 26.2, Berlin 1967, S. 117.

[18] Karl Marx, Brief an Hermann Schumacher vom 21. 9. 1875, in: MEW, Bd. 34, Berlin 1966, S. 151.

[19] Karl Marx, Brief an Ludwig Kugelmann vom 6. 3. 1868, in: MEW, Bd. 32, Berlin 1965, S. 538.

[20] Karl Marx, Das Kapital, Erster Band, in: MEW, Bd. 23, Berlin 1962, S. 21.

ziplin gefallen lassen muß, wenn sie sich erst zum Wissenschaftsbetrieb entfaltet hat.

Marx schlägt also keineswegs alle deutschen Ökonomen über einen Leisten. Ebenso unterscheidet Engels zwischen jenen Ökonomen, die ausländische Theorien übernahmen, verstanden und „zum Besten des deutschen Bürgertums" verwendeten, und vielen anderen, seichten Literaten, die Marx und Engels nicht nur aus Deutschland kannten und geißelten. „Solange aber noch der Kampf gegen so lächerlich antiquierte Reste Mittelalter zu führen war, wie sie bis 1830 die materielle bürgerliche Entwicklung Deutschlands fesselten, solange war keine deutsche politische Ökonomie möglich. Erst mit der Errichtung des Zollvereins kamen die Deutschen in eine Lage, in der sie politische Ökonomie überhaupt nur *verstehen* konnten. Von dieser Zeit an begann in der Tat die Importation englischer und französischer Ökonomie zum Besten des deutschen Bürgertums. Bald bemächtigte sich das Gelehrten- und Bürokratentum des importierten Stoffs und verarbeitete ihn in einer dem 'deutschen Geist' nicht kreditablen Weise. Aus dem Sammelsurium von schriftstellernden Industrierittern, Kaufleuten, Schulmeistern und Bürokraten entstand dann eine deutsch-ökonomische Literatur, die an Fadaise, Seichtigkeit, Gedankenlosigkeit, Breite und Plagiarismus nur am deutschen Roman ein Seitenstück hat. Unter den Leuten mit praktischen Zwecken bildete sich zuerst die Schutzzöllnerschule der Industriellen aus, deren Autorität, List, immer noch das beste ist, was die deutsche bürgerlich-ökonomische Literatur produziert hat, obwohl sein ganz glorioses Werk von dem Franzosen Ferrier, dem theoretischen Urheber des Kontinentalsystems, abgeschrieben ist. Dieser Richtung gegenüber stand in den vierziger Jahren die Freihandelsschule der Kaufleute in den Ostseeprovinzen, die die Argumente der englischen Freetrader in kindlichem, aber interessantem Glauben nachlallten. Endlich unter den Schulmeistern und Bürokraten, die die theoretische Seite der Disziplin zu behandeln hatten, gab es dürre Herbariensammler ohne Kritik, wie Herr Rau, klugtuende Spekulanten, die die ausländischen Sätze ins unverdaute Hegelsche übersetzten, wie Herr Stein, oder belletristisierende Ährenleser auf dem 'kulturhistorischen' Gebiet, wie Herr Riehl."[21]

Die Einschätzungen von Marx und Engels über die politische Ökonomie in Deutschland während des Übergangs zum Industriekapitalismus enthalten einen ganzen Katalog von Forderungen an die heutige marxistische Forschung. Wenn Engels zum Beispiel spricht von der „Importation englischer und französischer Ökonomie zum Besten des deutschen Bürgertums", bevor sich das Gelehrten- und Bürokratentum des Stoffs bemächtigte, so zählt er sicherlich nicht die im vorigen Kapitel erwähnten Say und Lauderdale oder die nicht unverständlichen Freetrader und Ferrier zu den importierten Ökonomen. Die deutsche Kenntnisnahme der Theorien zum Beispiel von Ricardo, James Mill

[21] Friedrich Engels, Karl Marx, „Zur Kritik der Politischen Ökonomie", in: MEW, Bd. 13, Berlin 1961, S. 468/469.

und SISMONDI ist nachweisbar; aber ihr tatsächlicher Einfluß ist noch nicht untersucht worden. Es wurde auch noch nicht gefragt, welche „selbständigen, objektiven Forscher“ näher untersucht werden sollten, unter denen THÜNEN „beinahe als eine Ausnahme“ genannt werden kann.

In diesem Kapitel sind nur ausgewählte Grundlinien dargestellt. Am Beispiel THÜNENs wird untersucht, wie weit unter den damaligen deutschen Bedingungen die theoretischen Fragestellungen der klassischen politischen Ökonomie RICARDOs verstanden werden konnten. Am Beispiel einiger Grundauffassungen von RAU wird beschrieben, in welcher Situation sich der deutsche Hochschullehrer zu jener Zeit befand. Ergänzend wird die liberale ökonomische Literatur gekennzeichnet.

2. *Zur Vollendung der klassischen politischen Ökonomie in England*

Auf die Entwicklung der klassischen politischen Ökonomie des Bürgertums in England und Frankreich ging das fünfte Kapitel ein, soweit dies für das Verständnis der politischen Ökonomie in Deutschland im 18. und zu Beginn des 19. Jahrhunderts erforderlich war. Das Kapitel endete mit der Darlegung einiger Grundfragen der ökonomischen Theorie von ADAM SMITH. Über DAVID RICARDO wurde dort nichts gesagt, obwohl dieser die klassische politische Ökonomie ihrem Höhepunkt zuführte. Die Beschränkung erklärt sich daraus, daß in den beiden folgenden Kapiteln die Erörterung der ökonomischen Probleme des Manufakturkapitalismus besprochen wurde, die SMITH am tiefsten und umfassendsten analysiert hatte.

Im vorliegenden Kapitel werden nun Grundzüge einer politischen Ökonomie in Deutschland erfaßt, die ein typisches Produkt der *Übergangs*periode vom Manufakturkapitalismus zum Industriekapitalismus darstellt. Einige Merkmale dieser Periode wurden zuvor angedeutet. Aus ihnen ist ersichtlich, daß sich die Deutschen mit der in England und Frankreich geführten Diskussion über industriekapitalistische Fragen beschäftigen *mußten*, wenn sie ihre eigenen ökonomischen Probleme verstehen und die ideologische Auseinandersetzung mit dem Feudalismus unter den neuen Bedingungen der sich zunehmend durchsetzenden industriellen Revolution wirksam fortsetzen wollten. Die Aufnahme und Verarbeitung dieser Diskussion in deutschen Büchern, Zeitschriften und Vorlesungen ist noch nicht untersucht worden, obwohl ENGELS' Bemerkung vom Verständnis und von der „Importation englischer und französischer Ökonomie zum Besten des deutschen Bürgertums“ nachgerade zu einer solchen Untersuchung auffordert. Diese bleibt auch weiterhin eine dringliche Aufgabe.

Im folgenden wird aus diesem größeren Problemkomplex nur die Frage nach dem Einfluß RICARDOs aufgeworfen. Diesen auch nur in seinen Konturen einzuschätzen, ist es noch zu früh.

Vier Jahre nach Erscheinen der „Principles of Political Economy and Taxation" von Ricardo lag bereits eine deutsche Übersetzung vor.[22] In den dreißiger Jahren wurde zu einer neuen Übersetzung sogar ein Erläuterungsband hinzugefügt.[23] Es darf nicht übersehen werden, daß James Mills Werk „Elements of Political Economy" drei Jahre nach seinem Erscheinen und gleichzeitig mit der zweiten englischen Auflage ebenfalls in deutscher Übersetzung verfügbar war, versehen mit dreißig Seiten Zusätzen von Ludwig Heinrich Jakob.[24] Marx hat sich in den „Theorien über den Mehrwert" sehr ausführlich mit Mill beschäftigt. Er schreibt: „Mill war der erste, der R[icardo]s Theorie in systematischer Form darstellte, wenn auch nur in ziemlich abstrakten Umrissen. Was er anstrebt, ist formell logische Konsequenz. Mit ihm beginnt 'daher' auch die *Auflösung* der Ric[ardo]schen Schule."[25] Mills Resonanz in Deutschland ist nachweisbar, sie muß ebenfalls berücksichtigt werden, wenn Ricardos Einfluß in Deutschland detailliert untersucht wird.

Bevor die Frage behandelt wird, ob Ricardos Theorie in Deutschland verstanden oder sogar „selbst konstruiert" werden konnte, sind einige Überlegungen zu Ricardo anzustellen. In Anbetracht der großen Bedeutung der Ricardoschen Leistung und des Umstands, daß allein Marx' Bemerkungen über sie einen ansehnlichen Band füllten, ist es selbstverständlich, daß hier kein Anspruch erhoben wird, auch nur die wichtigsten Seiten der Ricardoschen Theorie angemessen zu würdigen.

Die von der französischen Revolution von 1789 und von der industriellen Revolution ausgelösten sozialen Prozesse hatten viele bürgerliche Theoretiker veranlaßt, einseitige und durch die neuere Entwicklung überholte Aussagen der klassischen politischen Ökonomie des Manufakturkapitalismus zu kritisieren. Diese Kritiker beobachteten zum Teil aufmerksam die Erscheinungsformen des entstehenden industriellen Kapitals, aber sie vermochten, da der Grundwiderspruch des Kapitalismus noch nicht voll ausgebildet war, die inneren Zusammenhänge nicht aufzudecken. Im zweiten Jahrzehnt des 19. Jahrhunderts hatte sich schließlich der Industriekapitalismus in England so weit entfaltet, daß es möglich wurde, die klassische Werttheorie weiterzuentwickeln und die Angriffe der Vulgärökonomie auf die Analyse der inneren Gesetzmäßigkeiten der kapitalistischen Produktionsweise zu verurteilen.

22 David Ricardo, Die Grundsätze der politischen Ökonomie, übersetzt von C. A. Schmidt, Weimar 1821.

23 David Ricardos Grundgesetze der Volkswirthschaft und Besteuerung, übersetzt und erläutert von E. Baumstark, 2 Bände, Leipzig 1837/38.

24 Jakob Mill, Elemente der Nationalökonomie, übersetzt von Adolph Ludwig von Jakob. Mit Zusätzen vom Staatsrathe von Jakob, Halle 1824.

25 Karl Marx, Theorien über den Mehrwert, Dritter Teil, in: MEW, Bd. 26.3, Berlin 1968, S. 80.

Die Vollendung der klassischen politischen Ökonomie durch RICARDO

DAVID RICARDO, den MARX den „Vollender der klassischen politischen Ökonomie“[26] nennt, lehnte die vulgärökonomischen Deutungsversuche seiner Zeitgenossen ab. Er korrigierte zahlreiche oberflächliche Erklärungen von SMITH und führte mit strenger Konsequenz die industriekapitalistischen Formen auf die Grundprozesse der kapitalistischen Warenproduktion zurück, d. h. auf die Verausgabung von Arbeit und die Verteilung ihrer Produkte unter antagonistischen Klassenverhältnissen. Er untersuchte als erster die Gesetze, nach denen sich die kapitalistischen Produktionspreise und die Durchschnittsprofitrate bilden und der Surplusprofit verteilt. In seinen Analysen wichtiger Probleme des Industriekapitalismus entwickelte er die wissenschaftliche Forschungsmethode der politischen Ökonomie zu einer bis dahin nicht gekannten Präzision.

RICARDOs Theorie bildete den Abschluß der klassischen politischen Ökonomie des Bürgertums. Es gab vor allem in England Theoretiker, die ähnlich wie er von SMITH ausgehend innere Zusammenhänge des frühen Industriekapitalismus untersuchten. Niemand drang jedoch damals so weit in die Probleme ein wie RICARDO. Für eine noch tiefere Analyse der industriekapitalistischen Grundprobleme fehlten vorerst die entsprechenden Erfahrungen. Außerdem reichte RICARDOs vornehmlich quantitative Betrachtungsweise nicht aus. Der dialektische Charakter der historischen Prozesse erforderte die Erarbeitung des historischen und dialektischen Materialismus und dessen Verschmelzung mit der ökonomischen Analyse. Ohne die historische Betrachtungsweise war es zum Beispiel RICARDO nicht möglich, SMITH' ungenaue Vorstellung vom „Wert der Arbeit“ zu korrigieren und zum Begriff der Arbeitskraft zu gelangen. Ebenso hatte RICARDO den Widerspruch nicht lösen können, daß einerseits nach dem Wertgesetz gleiche Mengen lebendiger Arbeit in gleicher Zeit Produkte von gleichem Wert und Mehrwert in gleicher Höhe schaffen und anderseits gleiche Kapitale auch durchschnittlich gleiche Profite unabhängig davon realisieren, ob sie viel oder wenig lebendige Arbeit anwenden. RICARDO und seine Anhänger scheiterten vor allem an diesen Fragen.

Als schließlich der Industriekapitalismus voll herausgebildet war, als seine inneren Widersprüche regelmäßig in zyklischen Wirtschaftskrisen zum Ausbruch kamen und den Mechanismus offenbarten, in dem sich das Kapital zu verwerten und zu entwerten gezwungen ist, überwanden MARX und ENGELS vom Standpunkt des Proletariats die Schranken der klassischen politischen Ökonomie des Bürgertums. Sie entwickelten den historischen und dialektischen Materialismus und schufen, ausgehend von der klassischen politischen Ökonomie und nicht zuletzt von RICARDOs Erkenntnissen, die politische Ökonomie des Proletariats.

[26] Karl Marx, Zur Kritik der Politischen Ökonomie, in: MEW, Bd. 13, Berlin 1961, S. 46.

Hatte die frühe klassische politische Ökonomie noch die proportionale Verteilung der Arbeit auf die volkswirtschaftlichen Zweige und den Austausch der Waren zu ihren Werten in den Mittelpunkt der Betrachtung gestellt, so lenkte Smith das Augenmerk auf die Verteilung des unter manufakturkapitalistischen Bedingungen geschaffenen Neuwerts. Ricardo führt diese Untersuchung unter den frühen industriekapitalistischen Verhältnissen weiter. In seinem 1817 in der ersten Auflage erschienenen ökonomischen Hauptwerk „On the Principles of Political Economy and Taxation" (Über die Grundsätze der politischen Ökonomie und der Besteuerung) schreibt er: „Das Hauptproblem der politischen Ökonomie besteht in dem Auffinden jener Gesetze, welche diese Verteilung bestimmen. So sehr die Wissenschaft auch durch die Schriften von Turgot, Stuart, Smith, Say, Sismondi und anderen bereichert wurde, so geben sie doch eine wenig befriedigende Erklärung der natürlichen Bewegung von Rente, Profit und Lohn."[27]

Diese Aufgabe konnte Ricardo nur lösen, wenn er die durch den Industriekapitalismus veränderten Verteilungsbedingungen aus den veränderten Produktionsbedingungen erklärte. Die bisherige klassische politische Ökonomie bot ihm dafür nur wenige Ansatzpunkte, weil, wie bereits dargelegt wurde, Smith noch keinen herausgebildeten kapitalistischen Produktionspreis kannte. Smith hatte eine kapitalistische Wertform angenommen, deren Bewegung sich aus der Bewegung der lokalen Einkommensraten ergab. Das seitdem ungeheuer angewachsene fixe Kapital hatte ihn nur wenig interessiert; Unterschiede in der organischen Zusammensetzung der Kapitale waren ihm nur bei einem Vergleich zwischen Landwirtschaft und Gewerbe, aber nicht innerhalb des Gewerbes aufgefallen. Smith fehlten zu seiner Zeit die objektiven Voraussetzungen, um die Bewegungen der kapitalistischen Wertform aus den Änderungen der Kapitalzusammensetzungen herzuleiten, deshalb hatte er sich mit dem Nebeneinander von klassischer Arbeitswerttheorie und Tauschwerttheorie, von esoterischer und exoterischer Betrachtungsweise in seinen Untersuchungen zu begnügen.

Ricardo mußte die Darstellungen von Smith einer kritischen Analyse unterwerfen. Die „große historische Bedeutung Ricardos für die Wissenschaft" erläutert Marx so: „Die Grundlage, der Ausgangspunkt der Physiologie des bürgerlichen Systems – des Begreifens seines innren organischen Zusammenhangs und Lebensprozesses – ist die Bestimmung des *Werts durch die Arbeitszeit.* Davon geht Ricardo aus und zwingt nun die Wissenschaft, ihren bisherigen Schlendrian zu verlassen und sich Rechenschaft darüber abzulegen, wieweit die übrigen von ihr entwickelten, dargestellten Kategorien – Produktions- und Verkehrsverhältnisse –, Formen dieser Grundlage, dem Ausgangspunkt entsprechen oder widersprechen, wieweit überhaupt die bloß die Erscheinungsformen des Prozesses wiedergebende, reproduzierende Wissenschaft (also auch diese Erscheinungen selbst) der Grundlage entsprechen, auf der der innre Zu-

27 David Ricardo, Über die Grundsätze der politischen Ökonomie und der Besteuerung, Berlin 1959, S. 3.

sammenhang, die wirkliche Physiologie der bürgerlichen Gesellschaft beruht oder die ihren Ausgangspunkt bildet, wie es sich überhaupt mit diesem Widerspruch zwischen der scheinbaren und wirklichen Bewegung des Systems verhält. ... Mit diesem wissenschaftlichen Verdienst hängt eng zusammen, daß Ricardo den ökonomischen Gegensatz der Klassen – wie ihn der innre Zusammenhang zeigt – aufdeckt, ausspricht und daher in der Ökonomie der geschichtliche Kampf und Entwicklungsprozeß in seiner Wurzel aufgefaßt wird, entdeckt wird."[28] RICARDOs „ganze Kritik der bisherigen politischen Ökonomie" in den ersten zwei Kapiteln seines Werks liefere „einige ganz neue und überraschende Resultate. Daher der hohe theoretische Genuß, den diese zwei ersten Kapitel gewähren, da sie in gedrängter Kürze die Kritik des in die Breite ausgelaufenen und verlaufnen Alten geben und das ganze bürgerliche System der Ökonomie als einem Grundgesetz unterworfen darstellen, aus der Zerstreuung und der Mannigfaltigkeit der Erscheinungen die Quintessenz herauskonzentrierend."[29]

Über Wert und Produktionspreis

Im ersten Kapitel über den Wert knüpft RICARDO an SMITH' klassische Arbeitswerttheorie an und nennt die Bestimmung des Werts durch die aufgewendete Arbeit einen „Lehrsatz von größter Bedeutung in der politischen Ökonomie; denn in dieser Wissenschaft entspringen keiner anderen Quelle so viele Irrtümer und Meinungsverschiedenheiten wie den unbestimmten Vorstellungen, die an das Wort Wert geknüpft werden"[30]. SMITH habe fälschlich die in der Produktion aufgewendete Arbeit und die auf dem Markt einzutauschende Arbeit(skraft) als zwei gleichwertige Begriffe behandelt. Aber es sei richtig, „daß es die verhältnismäßige Menge der durch Arbeit erzeugten Waren ist, welche ihren gegenwärtigen oder früheren relativen Wert bestimmt, nicht aber die relativen Mengen an Waren, die dem Arbeiter im Austausch für seine Arbeit gegeben werden"[31]. Selbst innerhalb der Tauschwerttheorie von SMITH gebe es Widersprüche, wenn man zum Beispiel frage, ob eine erhöhte Naturalentlohnung eines Arbeiters in Getreide bei sinkendem Getreidepreis im Wert gestiegen oder gefallen sei. „Gestiegen, müßte Adam Smith sagen, weil sein Maßstab Getreide ist, und der Arbeiter erhält mehr Getreide für die Arbeit einer Woche. Gefallen, muß derselbe Adam Smith sagen, 'weil der Wert eines Gegenstandes von der Fähigkeit abhängt, andere Waren zu kaufen, die der Besitz dieses Gegenstandes verleiht', und die Arbeit [d. h. der Wert der Arbeitskraft] hat eine geringere Kraft, solche Waren zu kaufen."[32]

[28] Karl Marx, Theorien über den Mehrwert, Zweiter Teil, in: MEW, Bd. 26.2, Berlin 1967, S. 163.
[29] Ebenda, S. 166.
[30] David Ricardo, Über die Grundsätze der politischen Ökonomie, Berlin 1959, S. 11.
[31] Ebenda, S. 15.
[32] Ebenda, S. 18.

Nachdem RICARDO gezeigt hat, daß SMITH' Erklärungen schon bei der Betrachtung des Austauschs zu Widersprüchen führen, geht er zur Untersuchung der Produktion über. Er greift SMITH' Frage nach dem konstanten Kapital auf, das er auch als vergangene Arbeit, aber nicht wie SMITH als Summe früherer Einkommen auffaßt. Sein neuer und für die weitere Entwicklung der politischen Ökonomie fundamentaler Gesichtspunkt besteht darin, daß er zwei Teile des Kapitals, das fixe Kapital des konstanten Kapitalteils und den variablen Kapitalteil, vergleicht und untersucht, wie dieses Verhältnis zwischen vergegenständlichter und lebendiger Arbeit innerhalb der Produktion die kapitalistische Wertform beeinflußt. Schon allein die von SMITH gar nicht erfaßte unterschiedliche Wertübertragung von Produktionsmitteln verschiedener Lebensdauer beeinflusse unterschiedlich die Werte jener Waren, die mit Produktionsmitteln gleichen Werts und in derselben Arbeitszeit hergestellt worden seien, schreibt RICARDO. „Von dem dauerhaften Gerät wird nur ein kleiner Teil seines Wertes auf die Ware übertragen, aber ein erheblich größerer Teil des Wertes des weniger dauerhaften wird in der Ware, zu deren Produktion es beitrug, enthalten sein."[33] Aber noch weitere Umstände wirken auf das Verhältnis zwischen fixem und variablem Kapitalteil, stellt RICARDO fest. „Auf jeder Stufe der gesellschaftlichen Entwicklung können jedoch die in den verschiedenen Berufszweigen verwendeten Werkzeuge, Geräte, Gebäude und Maschinen von unterschiedlicher Lebensdauer sein und für ihre Herstellung verschiedene Mengen von Arbeit erfordern. Auch kann das Verhältnis zwischen dem Teil des Kapitals, der zum Unterhalt der Arbeit, und dem, der in Werkzeugen, Maschinen und Gebäuden investiert ist, verschieden sein."[34] Auch die unterschiedliche Umlaufgeschwindigkeit des Kapitals berühre das Verhältnis der Kapitalteile zueinander.

So komme es, schreibt RICARDO, daß zwei Gewerbezweige, die Kapitale gleicher Größe anwenden, eine unterschiedliche Zusammensetzung der Kapitalteile aufweisen. „In dem einen Zweig kann sehr wenig Kapital als zirkulierendes, d. h. für den Unterhalt der Arbeit, angewendet werden, – es kann hauptsächlich in Maschinen, Gerätschaften, Gebäuden usw. investiert sein, also Kapital von verhältnismäßig fixem und dauerhaftem Charakter. In einem anderen Zweige kann zwar Kapital gleicher Größe verwendet werden, aber es kann vornehmlich zum Unterhalt der Arbeit angewendet werden, und sehr wenig mag in Gerätschaften, Maschinen und Gebäuden investiert sein. Ein Steigen des Arbeitslohnes wird dann unweigerlich unter so verschiedenen Bedingungen produzierte Waren auch ungleich treffen."[35] RICARDO verdeutlicht an mehreren Beispielen, wie Änderungen im Verhältnis von Arbeitslohn und Mehrwert, unterschiedliche Größe und Lebensdauer des fixen Kapitals sowie unterschiedliche Umlaufgeschwindigkeit die kapitalistische Form des Wertes der Ware beeinflussen.

[33] Ebenda, S. 22.
[34] Ebenda, S. 29.
[35] Ebenda, S. 30.

RICARDO faßt nicht den Begriff der abstrakten Arbeit und unterscheidet nicht streng zwischen der Übertragung des Wertes des konstanten Kapitalteils durch die konkrete Arbeit und die Schaffung von Neuwert durch die abstrakte Arbeit. Er stellt nur fixes Kapital und variablen Kapitalteil gegenüber, den er in diesem Zusammenhang ungenau „zirkulierendes Kapital" nennt. Dennoch behandelt er dem Wesen nach die Rolle der organischen Zusammensetzung des Kapitals für die Herausbildung des kapitalistischen Produktionspreises, den er allerdings begrifflich nicht vom Wert trennt.

Die unterschiedliche Zusammensetzung der Kapitale, stellt RICARDO fest, führe zum Beispiel bei der Beschäftigung einer gleichen Anzahl von Arbeitern, die in gleicher Zeit gleiche Werte schaffen müßten, zu unterschiedlichen Produktionspreisen. „Angenommen, ich beschäftige zwanzig Leute für ein Jahr mit einem Aufwand von 1000 £ für die Produktion einer Ware. Am Ende des Jahres beschäftige ich wiederum zwanzig Leute für ein weiteres Jahr mit einem abermaligen Aufwand von 1000 £, um dieselbe Ware zu vollenden oder zu verbessern. Nach Ablauf zweier Jahre bringe ich die Ware auf den Markt. Wenn der Profit 10 Prozent sein soll, so muß meine Ware für 2310 £ verkauft werden, da ich 1000 £ Kapital während eines Jahres und 2100 £ Kapital während eines weiteren Jahres aufgewendet habe. Ein anderer wendet genau dieselbe Menge Arbeit an, aber er wendet sie insgesamt im ersten Jahr an. Er beschäftigt vierzig Mann mit einem Aufwand von 2000 £, und am Ende des ersten Jahres verkauft er mit 10 Prozent Profit, d. h. für 2200 £. Hier haben wir also zwei Waren vor uns, für die eine genau gleiche Menge Arbeit verwendet wurde, wovon eine für 2310 £ und die andere für 2200 £ verkauft wird."[36] RICARDO schlußfolgert: „Es zeigt sich also, daß die Einteilung des in verschiedenen Zweigen angelegten Kapitals in fixes und zirkulierendes eine erhebliche Modifikation des Grundsatzes bedingt, der allgemein angewendet werden muß, sofern fast ausschließlich Arbeit in der Produktion angewendet wird: nämlich, daß Waren niemals ihren Wert ändern, es sei denn, es wird eine größere oder geringere Quantität Arbeit zu ihrer Produktion aufgewendet."[37]

Nachdem RICARDO die klassische Arbeitswerttheorie dadurch weiterführte, daß er die Zusammensetzung des Kapitals in die Betrachtung einführte und ihre Auswirkungen auf den Produktionspreis untersuchte, kommt er zum Schluß des ersten Kapitels auf die traditionelle Frage zu sprechen, ob es ein unveränderliches Maß des Wertes geben könne. Er schreibt: „Der Besitz eines solchen Maßes ist aber nicht möglich, da es keine Ware gibt, die nicht den gleichen Veränderungen ausgesetzt ist wie diejenigen Dinge, deren Wert festgestellt werden soll; das bedeutet, es gibt keine Ware, deren Produktion nicht mehr oder weniger Arbeit erfordern kann. Auch wenn diese Ursache der Veränderung im Werte eines Mediums beseitigt werden könnte, wenn es möglich wäre, daß beispielsweise zur

[36] Ebenda, S. 36.
[37] Ebenda, S. 37.

Produktion unseres Geldes jederzeit die gleiche Quantität Arbeit erforderlich wäre, würde es noch immer kein vollkommener Maßstab oder unveränderliches Maß des Wertes sein. Es würde nämlich ... relativen Veränderungen durch ein Steigen oder Fallen der Löhne unterworfen sein auf Grund der verschiedenen Anteile von fixem Kapital, das vielleicht zu seiner Produktion und zur Produktion jener anderen Waren notwendig ist, deren Wertveränderung wir feststellen wollen.“[38]

Ein annäherndes Wertmaß könne das Gold nur sein, wenn es mit einem Kapital in gesellschaftlich durchschnittlicher Zusammensetzung hergestellt würde, meint Ricardo. „Können diese Anteile nicht annähernd gleich weit von den beiden Extremen, – dem einen, bei dem wenig fixes Kapital benutzt wird, und dem anderen, bei dem wenig Arbeit beschäftigt wird, – entfernt sein, so daß sie ein gerechtes Mittel zwischen ihnen darstellen?“[39] Ein solches Wertmaß könne auch zeigen, wie falsch Smith' Feststellung sei, daß eine allgemeine Lohnsteigerung die Preise aller Waren gleichmäßig erhöhe, schreibt Ricardo. „Ich hoffe, es ist mir gelungen zu zeigen, daß es keine Gründe für eine derartige Ansicht gibt und daß nur jene Waren steigen werden, für die weniger fixes Kapital als für das Medium, in welchem der Preis ausgedrückt wird, angewendet worden ist, und daß alle jene, für die mehr verwendet wurde, sicherlich im Preise fallen werden, sobald die Löhne steigen. Andererseits werden bei einem Fall der Löhne nur jene Waren sinken, auf die ein geringerer Anteil von fixem Kapibal verwendet worden ist als auf das Medium, in dem der Preis geschätzt wird, während alle diejenigen, auf die mehr verwendet wurde, tatsächlich im Preise steigen werden.“[40]

Über die Differentialrente

Im zweiten Kapitel über die Rente vertieft Ricardo seine Beobachtung des Produktionspreises unter den Bedingungen einer Durchschnittsprofitrate und unterschiedlicher Zusammensetzungen der Kapitale. Er untersucht die Auswirkungen auf den Produktionspreis näher, die sich aus den Unterschieden in den Kapitalzusammensetzungen vor allem innerhalb der Landwirtschaft ergeben. Während sich Smith für die Bestimmungsgründe der Profitrate nicht weiter interessierte, konzentriert sich Ricardo auf die Frage, wie sich die Durchschnittsprofitrate herausbildet und wie die Produktionsbedingungen die Umverteilung jenes Teils des Mehrwerts erzwingen, der über dem Durchschnittsprofit liegt und von Marx als „Surplusprofit“ bezeichnet wird.

Ricardo stellt fest, daß der Produktionspreis der industriellen und landwirtschaftlichen Waren von den Produktionsbedingungen bestimmt wird, die die

[38] Ebenda, S. 42/43.
[39] Ebenda, S. 44.
[40] Ebenda, S. 45.

Erzeugung eines Durchschnittsprofits gewährleisten. „Der Tauschwert aller Waren, ob sie industriell erzeugt werden oder das Produkt des Bergbaus oder des Bodens sind, wird nicht durch die geringere Quantität Arbeit bestimmt, die zu ihrer Produktion unter sehr günstigen Bedingungen ausreicht und in deren Genuß ausschließlich diejenigen kommen, die besondere Produktionsleichtigkeiten haben, sondern durch die größere Menge Arbeit, die notwendigerweise von denen bei ihrer Produktion aufgewendet werden muß, die solche Erleichterungen nicht besitzen, – von denjenigen, die sie dauernd unter den ungünstigsten Bedingungen produzieren; das bedeutet, unter den ungünstigsten Bedingungen, unter denen die Produktion im Hinblick auf die verlangte Produktenmenge notwendigerweise weitergeführt werden muß." Und weiterführen könne der Unternehmer das Gewerbe „nur dann, wenn er daraus die übliche und allgemeine Rate des Kapitalprofits bezieht"[41].

Bei der Interpretation dieses Zitats wird mitunter übersehen, daß nach Ricardo erstens der Tauschwert aller Waren, also nicht nur der landwirtschaftlichen Waren, vom Arbeitsaufwand „unter den ungünstigsten Bedingungen" bestimmt wird und zweitens diese ungünstigsten Bedingungen ihrem ökonomischen Wesen nach dadurch bestimmt sind, daß unter ihnen nur Durchschnittsprofit realisiert wird, weshalb Marx sie als Durchschnittsbedingungen bezeichnet. Das angeführte Zitat fordert nachgerade zu der Frage auf, warum Ricardo nur Beispiele aus der Landwirtschaft wählte, obwohl er offensichtlich ein gesamtkapitalistisches Grundproblem zu formulieren versucht. Dieser Umstand hängt mit Ricardos objektiv bedingter Unfähigkeit zusammen, begrifflich zwischen „Wert" und „Produktionspreis" zu trennen. Daher kann er auch den Surplusprofit nicht begrifflich als Differenz zwischen dem individuellen Wert der Ware und ihrem Produktionspreis erfassen. In der Industrie ist der Surplusprofit eine vorübergehende Erscheinung, die den Einzelkapitalisten zu verschärfter Ausbeutung und zur Einführung des technischen Fortschritts stimuliert, aber auf lange Sicht immer wieder in die Ausgleichung der Profitraten eingeht. Anders ist es in der Landwirtschaft; hier verwandelt sich der Surplusprofit des Pächters in Differentialrente des Grundeigentümers und kann als sichtbare Größe fixiert werden. Trotz seiner begrifflichen Gleichsetzung von Wert und Produktionspreis kann Ricardo daher in der Landwirtschaft zwischen dem Produktionspreis – nämlich jener Waren unter ungünstigsten Bedingungen – und dem individuellen Wert der unter besseren Bedingungen produzierten Waren unterscheiden.

Da Ricardo also ein allgemeines Problem behandelt, muß man selbstverständlich auch die konkreten Beispiele allgemeiner interpretieren. Die Unterschiede in den Fruchtbarkeiten der einzelnen Böden sind – ökonomisch betrachtet – Unterschiede im Einsatz an konstantem und variablem Kapital.

Die Differentialrente, schreibt Marx, entspringt „aus der größren relativen Fruchtbarkeit bestimmter, in einer Produktionssphäre angelegter Einzelkapitale,

[41] Ebenda, S. 57.

verglichen mit den Kapitalanlagen, die von diesen ausnahmsweisen, naturgeschaffnen Gunstbedingungen der Produktivkraft ausgeschlossen sind"[42]. Er betont: „Die Naturkraft ist nicht die Quelle des Surplusprofits, sondern nur eine Naturbasis desselben, weil die Naturbasis der ausnahmsweis erhöhten Produktivkraft der Arbeit."[43] Ihrem Wesen nach ist die Differentialrente nur verwandelter Surplusprofit. „Diese Differentialrente entspricht bloß den *Surplusprofiten*, die bei gegebnem *Marktpreis* oder richtiger *Marktwert* in jedem Industriezweig, z. B. cotton-spinning, *der* Kapitalist macht, dessen Produktionsbedingungen *besser* sind als die Durchschnittsbedingungen dieses bestimmten trade, denn der *Wert* der Ware einer bestimmten Produktionssphäre ist nicht bestimmt durch das *Quantum Arbeit*, das die einzelne Ware kostet, sondern das *die* Ware kostet, die unter den *durchschnittlichen* Bedingungen der Sphäre produziert ist. Hier unterscheiden sich Manufaktur und Agrikultur nur dadurch, daß in der einen die Surplusprofite in die Tasche des Kapitalisten selbst, in der andren in die des Grundeigentümers fallen, ferner dadurch, daß sie in der ersten *fließen*, keine Konsistenz gewinnen, bald von diesem Kapitalisten, bald von jenem gemacht und beständig wieder aufgehoben werden, während sie sich in der zweiten *fixieren* wegen ihrer dauernden (wenigstens für längere Zeit dauernden) Naturbasis in den *Bodenverschiedenheiten*."[44]

Aus diesen Feststellungen ergibt sich, daß RICARDOs Kapitel über die Rente seiner wissenschaftlichen Substanz nach tatsächlich eine Fortsetzung und Anwendung der im ersten Kapitel gewonnenen Erkenntnisse über die Zusammensetzung des Kapitals ist.

Nehme man eine sehr niedrige Kapitalzusammensetzung, d. h. mit geringem fixem Kapital, unter den nur den Durchschnittsprofit gewährenden Bedingungen an, führt RICARDO aus, so seien dort mehr Arbeiter beschäftigt, die auch mehr Wert produzieren als weniger Arbeiter mit einem gleichen Kapital in höherer Zusammensetzung. Der über den Durchschnittsprofit hinaus produzierte Teil des Mehrwerts werde jedoch nicht von diesen Unternehmern, sondern von jenen Kapital- oder Bodenbesitzern realisiert, die über ein Kapital mit höherer Zusammensetzung verfügen, unter dessen Bedingungen weniger Arbeiter weniger Wert produzieren. So erscheine in der Landwirtschaft beim Übergang zu einer niedrigeren Kapitalzusammensetzung der Wertzuwachs (Surplusprofit) dort, wo die Zusammensetzung höher sei, und werde vom Grundeigentümer in Form der Rente angeeignet. RICARDO schreibt: „Es stimmt, daß das gleiche Produkt auf dem besten Boden mit derselben Arbeit wie früher erreicht wird, aber sein Wert wird sich infolge der verringerten Erträge erhöhen, die jene erzielen, welche neue Arbeit und neues Kapital auf dem weniger fruchtbaren Boden verwenden. Obwohl also die Vorteile von fruchtbarem über minderwertigen Boden auf keinen

[42] Karl Marx, Das Kapital, Dritter Band, in: MEW, Bd. 25, Berlin 1964, S. 659.

[43] Ebenda, S. 659/660.

[44] Karl Marx, Theorien über den Mehrwert, Zweiter Teil, in: MEW, Bd. 26.2, Berlin 1967, S. 239/240.

Fall verloren gehen, sondern nur vom Bebauer oder dem Konsumenten auf den Grundeigentümer übertragen werden, so wird doch – da auf den minderwertigeren Böden mehr Arbeit erforderlich ist und wir nur von solchem Land unsere zusätzliche Belieferung mit Rohprodukten ermöglichen können – der relative Wert jenes Produktes über seinem früheren Stand verharren und gegen mehr Hüte, Kleider, Schuhe usw. ausgetauscht werden, zu deren Produktion kein solches zusätzliches Arbeitsquantum nötig ist."[45]

RICARDO hebt immer wieder hervor, daß diese Rente ein Teil des Mehrwerts ist, der unter den zu einer Durchschnittsprofitrate führenden industriekapitalistischen Bedingungen umverteilt wird. Er schreibt: „Der Preis des Getreides ist nicht hoch, weil eine Rente gezahlt wird, sondern eine Rente wird gezahlt, weil der Preis des Getreides hoch ist. Es ist mit Recht festgestellt worden, daß auch dann keine Verminderung des Getreidepreises eintreten würde, wenn die Grundeigentümer auf ihre gesamte Rente verzichten. Ein solcher Schritt würde es nur einigen Farmern ermöglichen, wie Herren zu leben, er würde aber nicht das Quantum Arbeit vermindern, das notwendig ist, um auf dem am wenigsten ergiebigen bebauten Boden Rohprodukte zu erzeugen."[46]

RICARDO nutzt in seiner Betrachtung der Rente nicht alle im ersten Kapitel angeführten Kenntnisse über den Unterschied zwischen Wert und Marktwert und über die Kapitalzusammensetzung aus. So nimmt er einseitig an, daß die Differenz zwischen den Kapitalen unterschiedlicher Zusammensetzung, die die Aneignung von Surplusprofit bzw. Differentialrente gestattet, nur durch die „Aufwendung einer zusätzlichen Menge Arbeit mit einem verhältnismäßig geringeren Ertrag"[47] vergrößert werde. Er bindet damit seine Betrachtung des Surplusprofits an einen besonderen Fall der Kapitalverwertung und -entwertung, deren Problematik mit der Ausbreitung industriekapitalistischer Verhältnisse auf zunehmendes Interesse stoßen mußte.

RICARDO führt dieses Grenzwertproblem als erster in die theoretische Diskussion ein und ist noch nicht in der Lage, es umfassender zu behandeln. Er überträgt diese bei der Betrachtung der Landwirtschaft gewonnenen Erkenntnisse über die Umverteilung des Surplusprofits nicht auf die Untersuchung industrieller Verhältnisse. Und er kann auch nicht von der Betrachtung der Differentialrente zur Untersuchung der absoluten Grundrente übergehen. Allerdings sieht er, daß sich die Rente nicht nur aus den unterschiedlichen Kapitalzusammensetzungen in der Landwirtschaft ergibt, sondern daß ihr Steigen wesentlich „das Ergebnis des zunehmenden Reichtums des Landes"[48], „des natürlichen Fortschritts des Reichtums und der Bevölkerung"[49] ist, d. h. der steigenden organischen Zusammensetzung des industriellen Kapitals gegenüber jener des landwirtschaftlichen

[45] David Ricardo, Über die Grundsätze der politischen Ökonomie, Berlin 1959, S. 58/59.
[46] Ebenda, S. 59.
[47] Ebenda, S. 56.
[48] Ebenda, S. 61.
[49] Ebenda, S. 63.

Kapitals. Aber er untersucht nicht die Verteilung des Mehrwerts zwischen industriellen und landwirtschaftlichen Kapitalisten, weil der Grundbesitzer durch seine Aneignung eines Teils des Mehrwerts die Ausgleichung behindert. Da Ricardo auch nicht den Umstand berücksichtigt, daß die industrielle Profitrate die Rate des Pächters bestimmt, erklärt er das Steigen oder Fallen der Rente zu einseitig daraus, ob zur Bebauung schlechterer Böden übergegangen werden müsse oder nicht. Später beschreibt er die Ausgleichung der Profitrate nur innerhalb der Industrie.

Die folgenden Kapitel der „Principles" bringen keine weiteren bedeutenden Erkenntnisse. Ricardos Mängel, vor allem die fehlende begriffliche Trennung zwischen dem Wert und seiner Erscheinung im Produktionspreis, verwehren ihm den Ausbau des großartigen Ansatzes. Dennoch teilt er wichtige Überlegungen mit. So erklärt er im Kapitel über den Lohn dessen Tendenz aus der zunehmenden organischen Zusammensetzung des Kapitals und aus der Begrenztheit des landwirtschaftlichen Bodens. So wie neubesiedelte Länder mit großem Arbeitskräftebedarf und daher steigendem Lohn, schreibt Ricardo, „sich bevölkern und Boden geringerer Güter in Bebauung genommen wird, schwächt sich die Tendenz zur Kapitalerhöhung ab, da der nach der Sättigung des Bedarfes der vorhandenen Bevölkerung verbleibende Produktenüberschuß notwendigerweise der Leichtigkeit der Produktion, d. h. der geringeren Zahl der in der Produktion Beschäftigten entsprechen muß. Obwohl es demnach wahrscheinlich ist, daß unter den günstigsten Bedingungen die Möglichkeiten der Produktion größer sind als die Zahl der Bevölkerung, so kann dies doch nicht lange anhalten. Da der Boden in seiner Ausdehnung begrenzt und in seiner Güte unterschiedlich ist, geht mit jedem zusätzlich darauf angelegten Kapital die Rate der Produktion zurück, während die durch die Bevölkerung gegebenen Möglichkeiten stets die gleichen bleiben."[50]

In der dritten Auflage der „Principles" (1821) ergänzt Ricardo: „Die Folge eines Steigens der Nahrungsmittel wird eine Erhöhung der Löhne sein, und jede Lohnerhöhung wird eine Tendenz haben, das gesparte Kapital in höherem Maße als früher zur Verwendung von Maschinen zu drängen." Er schreibt weiter: „Die gleiche Ursache, welche die Arbeit [d. h. den Nominallohn] erhöht, steigert nicht den Wert von Maschinen, und daher wird mit jeder Vermehrung des Kapitals ein größerer Teil davon in Maschinen angelegt. Die Nachfrage nach Arbeit wird sich weiter erhöhen bei einer Vermehrung des Kapitals, jedoch nicht proportional zu dessen Vermehrung; das Verhältnis wird notwendigerweise kleiner werden."[51] Obwohl auch hier die Erhöhung des Nominallohns und der realen Rente sowie der Fall der Profitrate und daher eine abnehmende Kapitalakkumulation aus dem Übergang zur Bebauung geringerwertiger Böden erklärt werden, ist es doch, wie Marx feststellt, „eins der großen Verdienste Ricardos, die Maschinerie nicht

[50] Ebenda, S. 83/84.
[51] Ebenda, S. 390/391.

nur als Produktionsmittel von Waren, sondern auch von 'redundant population' begriffen zu haben"[52].

Ricardo, der bedeutendste bürgerliche Ökonom neben Smith, hat mit seinem scharfen Verstand, „mit seiner charakteristischen wissenschaftlichen Unbefangenheit und Wahrheitsliebe"[53] die inneren Zusammenhänge und Widersprüche der kapitalistischen Produktionsweise so gründlich wie kein anderer Ökonom des Bürgertums analysiert und damit die ökonomische Wissenschaft einen großen Schritt vorangebracht. Er trennte als erster zwischen Smith' klassischer Arbeitswerttheorie und dessen Tauschwerttheorie, die er als oberflächlich zurückwies, und unterschied bei der Verwendung des Begriffs „Wert der Arbeit" zwischen dem von der Arbeit geschaffenen Wert und dem Arbeitslohn, also dem Wert der Arbeitskraft, wenngleich er eine strenge begriffliche Unterscheidung nicht vornahm. Immerhin schuf er damit eine entscheidende Voraussetzung, von der Marx zur Erkenntnis von der abstrakten Arbeit als Quelle des Werts gelangte. Ricardo untersuchte als erster wichtige Seiten der organischen Zusammensetzung des Kapitals und deren Einfluß auf die Herausbildung der Durchschnittsprofitrate, des kapitalistischen Produktionspreises und auf den Surplusprofit. Er gab damit die beste Analyse der Wertgröße vor Marx.[54]

Ricardo untersuchte den Industriekapitalismus noch vor der vollen Entfaltung seiner Widersprüche und vor der ersten zyklischen Krise. Daher erfaßte er nicht, wie tiefgehend sich die sozialökonomische Grundlage des Wertgesetzes geändert hatte. Seine Einseitigkeit, schreibt Marx, entspringe auch der Absicht zu beweisen, daß die von ihm erforschten Verhältnisse der klassischen Werttheorie nicht widersprechen, „statt sie umgekehrt mitsamt ihren scheinbaren Widersprüchen von dieser Grundlage aus zu *entwickeln* oder die Entwicklung dieser Grundlage selbst darzustellen"[55]. Da das Wertgesetz nicht mehr nur zwischen den Arbeiten freier, kleiner Warenproduzenten zu vermitteln hatte, sondern die Arbeitskraft zur Ware und deren Ausbeutung, die Produktion von Mehrwert sowie die Aneignung von Durchschnittsprofit und Surplusprofit, zur Triebkraft der Kapitalakkumulation geworden war, konnte die ökonomische Wissenschaft nur durch die *historische* Analyse des Wertgesetzes weitergeführt werden. Als einige Jahrzehnte später der Industriekapitalismus voll herausgebildet war und damit die Möglichkeiten für die Weiterentwicklung der politischen Ökonomie gegeben waren, erfüllte Marx diese Aufgabe; die tief in die Physiologie der bürgerlichen Gesellschaft eindringenden Analysen Ricardos waren ihm dabei ein entscheidender Ausgangspunkt.

52 Karl Marx, Das Kapital, Erster Band, in: MEW, Bd. 23, Berlin 1962, S. 430.

53 Ebenda, S. 461.

54 Vgl. ebenda, S. 94.

55 Karl Marx, Theorien über den Mehrwert, Zweiter Teil, in: MEW, Bd. 26.2, Berlin 1967, S. 146.

3. Zum Einfluß der klassischen politischen Ökonomie in Deutschland während des Übergangs zum Industriekapitalismus

Zu THÜNENs Stellung in der politischen Ökonomie

Als sich in Deutschland während der ersten Hälfte des 19. Jahrhunderts der Übergang vom Manufakturkapitalismus zum Industriekapitalismus vollzog, wurden in Gewerbe und Landwirtschaft neue Probleme aufgeworfen.[56] Da sich die Industrialisierung im Vergleich zu England und Frankreich relativ spät durchsetzte, brauchten die deutschen Ökonomen im allgemeinen keine eigenen theoretischen Vorstöße zur Analyse dieser Probleme vorzunehmen; sie hatten nur die englische und französische ökonomische Literatur zu sichten und die sie interessierenden Ausführungen zu übernehmen. Wie bereits festgestellt, ist das Ausmaß, in dem theoretisch anspruchsvolle Fragestellungen aufgegriffen wurden, noch im einzelnen zu untersuchen.

In diesem Abschnitt wird nur eine Fragestellung dargelegt. Es handelt sich darum, daß einer der damals fähigsten Analytiker in Deutschland, JOHANN HEINRICH VON THÜNEN, angesichts der Preisentwicklungen für landwirtschaftliche Waren und der erforderlichen Intensivierung der Landwirtschaft Untersuchungen anstellte über die Beziehungen zwischen Kapitalzusammensetzung, Einkommen und Marktwert bzw. Produktionspreis der Ware. Diese Frage war von grundlegender Bedeutung für die Existenz vieler Landwirte und für den kapitalistischen Weg in der Landwirtschaft. Da die seit Beginn des 19. Jahrhunderts vorherrschende Vulgärökonomie für eine solche Untersuchung keine theoretischen Instrumente lieferte, ging THÜNEN von ADAM SMITH aus. Er war – ähnlich wie RICARDO – gezwungen, SMITH' esoterische von der exoterischen Betrachtungsweise zu unterscheiden und sich von letzterer zu distanzieren. Er tat das nicht in derselben Schärfe wie RICARDO, weil er vornehmlich die Landwirtschaft im Auge hatte.

Bei der theoretischen Einschätzung THÜNENs im vorliegenden Abschnitt soll vor allem beleuchtet werden, wie dieser RICARDOs Rententheorie sich „selbst konstruiert"[57] und die ökonomische Grenzanalyse auf der Grundlage der klassischen Arbeitswerttheorie entwickelt. Diese Frage ist auch deshalb interessant, weil viele die Grenzanalyse gedanklich mit der Grenznutzen- und Grenzproduktivitätstheorie verbinden, die von der sogenannten subjektiven Werttheorie ausgeht. Relativ unbekannt ist der Umstand, daß THÜNEN seine Grenzanalyse im völligen Unterschied dazu auf der Grundlage der klassischen politischen Ökonomie schuf.

[56] Vgl. Herbert Luck, Zur ökonomischen Lehre des J. H. v. Thünen. Zur Entstehung der kapitalistischen Junkerwirtschaft in Mecklenburg, Berlin 1956.

[57] Karl Marx, Brief an Ludwig Kugelmann vom 6. 3. 1868, in: MEW, Bd. 32, Berlin 1965, S. 538.

Zum Verständnis des Späteren ist es notwendig, einiges zu den theoriegeschichtlichen Bedingungen für die vormarxistische ökonomische Grenzanalyse auszuführen. Bekanntlich entwickelten GOTTFRIED WILHELM LEIBNIZ und ISAAC NEWTON bereits im 17. Jahrhundert die Infinitesimalrechnung. Zur Analyse des kapitalistischen Reproduktionsprozesses wurde die Differentialrechnung jedoch erstmals in der ersten Hälfte des 19. Jahrhunderts verwendet. Der Zeitraum zwischen Begründung und beginnender ökonomischer Anwendung ergibt sich ganz natürlich daraus, daß vor allem die ökonomischen Prozesse des *industriellen* Kapitalismus das ökonomische Optimierungsproblem komplizierten und somit die bisher übliche verbale Darstellung nicht mehr genügte.

Der Umstand, daß der Manufakturkapitalismus vorindustrieller Kapitalismus ist, der folglich noch keinen ausgebildeten nationalen Markt, d. h. keine nationalen Warenpreise und keine nationale Durchschnittsprofitrate, besitzt und, da die Produktionsinstrumente weitgehend in individueller Auftrags- oder Eigenproduktion und noch nicht industriell für eine anonyme Nachfrage hergestellt werden, keinen Markt für die Elemente des fixen Kapitals kennt, erklärt das Fehlen der Grenzanalyse in der politischen Ökonomie von SMITH; denn die Profitmaximierung hing bei gegebener Nachfrage im wesentlichen von der verfügbaren Größe des vornehmlich in Arbeitslöhnen vorzuschießenden Kapitals und von der Minimierung des Arbeitsaufwands durch Spezialisierung der Handarbeiter ab. Probleme der Ökonomie des fixen Kapitals oder der Substituierung der Elemente des variablen Kapitals durch solche des fixen Kapitals gab es noch nicht.

Der Tatsache, daß es unterschiedliche organische Zusammensetzungen des Kapitals in den verschiedenen Anlagebereichen geben könne, kam SMITH eigentlich nur am Rand, bei einem Vergleich zwischen gewerblichen und landwirtschaftlichen Anlagebedingungen, auf die Spur. Da ihm die Problematik der organischen Zusammensetzung des Kapitals innerhalb der gewerblichen Produktion fremd war, stellte sich ihm die Frage nach der Grenzeffektivität der verschiedenen Elemente des Kapitals nicht. Das Problem des infolge höherer organischer Zusammensetzung über den Durchschnittsprofit hinaus realisierbaren Surplusprofits, dessen Größe vornehmlich das Ergebnis eines optimalen Verhältnisses der Kapitalelemente ist, war daher noch nicht gegeben. Damit fehlte die eigentliche Grundlage für die Anwendung der Grenzanalyse im Kapitalismus. Ebenso konnte SMITH den Markt noch nicht auf Grenzsituationen hin untersuchen.

Auch der im vorigen Kapitel behandelte SAY, der über SMITH' Untersuchung manufakturkapitalistischer Verhältnisse hinausging und einen ersten – vulgärökonomischen – Versuch unternahm, die in der industriellen Revolution sich andeutenden neuen Fragen zu behandeln, formulierte noch keine ausgesprochen ökonomischen Optimierungsprobleme. In seiner Darstellung werden aber bereits Ansatzpunkte für die spätere vulgärökonomische Grenzanalyse (Marginalismus) sichtbar. So ging SAY auf die Rolle der Maschinen und der Wissenschaft in der Produktion ein. Er verstand nicht den Doppelcharakter des Produktionsprozesses als Arbeitsprozeß und Wertbildungs- bzw. Verwertungsprozeß, sondern betrachtete nur das Wirken verschiedener „Produktionsfaktoren“ im Arbeitsprozeß und wies auf ihre unterschiedliche Effektivität hin. Da er Wert- und Gebrauchswertproduktion vermengte, unterschied er auch nicht zwischen Produktivität – alle Produktionsfaktoren, nicht nur die Arbeit, schaffen seiner Meinung nach Wert – und Effektivität der Produktionsfaktoren in unterschiedlichen technologischen Kombinationen. Er stieß also zum Problem der technischen, nicht aber der organischen Zusammensetzung des Kapitals vor.[58] Seine Produktionsfaktorentheorie wurde später zur Grundlage der Grenzproduktivitätstheorie, die die kapitalistischen Distributionsverhältnisse als technologisch bedingte Verhältnisse verteidigt.

Say beobachtete auch, daß die durch die beginnende industrielle Warenproduktion hervorgerufenen Veränderungen von Wert- und Preisstruktur Bewegung in die traditionelle Verbrauchsstruktur brachten. Die durch Preissenkung für den bisherigen Geldbetrag zusätzlich erstehbare Warenmenge – ein dem an den früheren Preisverhältnissen orientierten Verbraucher unentgeltlich zukommender Nutzen – nannte er den „Profit des Konsumenten“. Diese – bewußt apologetisch formulierte – Beobachtung wurde nicht tiefer durch eine Analyse der Beziehungen begründet, die zwischen den gesellschaftlichen Bedürfnissen, der Verteilung der gesellschaftlich notwendigen Arbeit auf die Produktionszweige über den Mechanismus des Ausgleichs der Profitraten und der Realisierung von Surplusprofit, den Distributionsverhältnissen und der Herausbildung von Grenzsituationen im Verhalten der Anbieter und Nachfrager auf dem Markt bestehen. Seine Auffassung vom „Profit des Konsumenten“ wurde zur Grundlage der marginalistischen Marktmodelle von Dupuit und Cournot und wirkt bis in die Gegenwart.

Der auf Say basierende Marginalismus erfaßt vor allem deshalb nur einzelne Seiten der Oberfläche und dringt nicht zu wesentlichen Zusammenhängen vor, weil er das Problem der organischen Zusammensetzung des Kapitals nicht erkennt, dessen Analyse erst das wissenschaftliche Fundament für eine tiefergehende Grenzanalyse wirtschaftlicher Prozesse bietet.

Den ersten wissenschaftlichen Versuch, den Reproduktionsprozeß des Industriekapitalismus auf der Grundlage der Arbeitswerttheorie zu erforschen, unternahm Ricardo, wie im vorigen Abschnitt dargelegt wurde.

Gestützt auf die Erfahrungen und eine genaue wirtschaftliche Buchführung über sein Gut Tellow[59] versuchte Thünen die klassische politische Ökonomie von Smith zunächst ohne die Kenntnis der politischen Ökonomie von Ricardo weiterzuentwickeln. Vor allem interessierten ihn die Beziehungen zwischen dem Marktwert bzw. Produktionspreis der Ware und der Zusammensetzung des zu ihrer Herstellung benötigten Kapitals sowie das Verhältnis des Arbeitslohns zum Mehrwert. Den ersten Teil seines Hauptwerks „Der isolierte Staat in Beziehung auf Landwirtschaft und Nationalökonomie“ veröffentlichte Thünen 1826 mit

[58] Vgl. Karl Marx, Das Kapital, Dritter Band, in: MEW, Bd. 25, Berlin 1964, S. 154/155.

[59] Vgl. Eberhard E. A. Gerhardt, Thünens Tellower Buchführung. Die Gewinnung des Zahlenmaterials für den 'Isolierten Staat' und für anderweitige Arbeiten J. H. v. Thünens, Meisenheim am Glan 1964.

dem Untertitel „Untersuchungen über den Einfluß, den die Getreidepreise, der Reichtum des Bodens und die Abgaben auf den Ackerbau ausüben"; er erschien 1842 in einer erweiterten zweiten Auflage. Die erste Abteilung des zweiten Teils wurde 1850, die zweite Abteilung des zweiten Teils und der dritte Teil wurden nach THÜNENs Tod (1850) erst 1863 vorgelegt.

THÜNEN stand wie RICARDO vor der Aufgabe, ausgehend von SMITH die vom Kapitalismus in der ersten Hälfte des 19. Jahrhunderts aufgeworfenen Probleme zu untersuchen. Die Grundzüge der THÜNENschen Theorie sind von MARX eindeutig charakterisiert. Aus der Sicht der siebziger Jahre, als der Beitrag der bürgerlichen Theoretiker zur ökonomischen Wissenschaft des 19. Jahrhunderts durchaus schon abzuschätzen war, bezeichnete MARX in einem Brief THÜNEN „beinahe als eine Ausnahme unter den deutschen Ökonomen . . ., da es unter ihnen nur äußerst selten selbständige, objektive Forscher gibt". Wie sich MARX an vielen Stellen mit SMITH' und RICARDOs Auffassung vom Wert oder Preis der Arbeit auseinandersetzt, so distanziert er sich auch im Anschluß an dieses Lob von THÜNENs ahistorischer Auffassung des Lohns, die dieser mit SMITH und RICARDO teilt. THÜNEN betrachte „den Arbeitslohn als den unmittelbaren Ausdruck eines wirklichen ökonomischen Verhältnisses; ich betrachte ihn als eine Scheinform, die einen von ihrem Ausdruck wesentlich verschiednen Inhalt verbirgt".[60]

In einem anderen Brief schreibt MARX über THÜNEN: „Letzterer hat etwas Rührendes an sich. Ein Mecklenburger Junker (übrigens mit *deutscher* Denk-Distinktion), der sein Gut Tellow als *das Land* und Mecklenburg-*Schwerin* als *die Stadt* behandelt und von diesen Voraussetzungen aus, mit Hilfe von Beobachtungen, Differentialkalkül, praktischer Rechnungsführung etc. sich die Ricardosche Theorie der Grundrente selbst konstruiert. Es ist dies respektabel und zugleich ridicul."[61]

Tatsächlich mußte MARX Respekt vor diesem Entwurf empfinden, wenn man berücksichtigt, daß SMITH in seiner Rententheorie sehr konfus war und überholte physiokratische Auffassungen wieder aufgriff. Wie alle Vertreter der SMITHschen politischen Ökonomie hatten auch die deutschen SMITH-Anhänger diese Rententheorie einfach wiederholt. Es war also unbedingt eine geistige Leistung, wenn THÜNEN die Rententheorie RICARDOs, die einzige in der bürgerlichen politischen Ökonomie, die vollständig mit der klassischen Arbeitswerttheorie übereinstimmt, selbst entwickelte. Allerdings mußte es MARX, der anders vorging und in einem gewaltigen Arbeitspensum die fortgeschrittensten Ideen studierte, um sie vom historischen Standpunkt des Proletariats zu überprüfen, lächerlich erscheinen, daß jemand sich den Luxus leistet, sein Lebenswerk dem Entwerfen einer bereits entwickelten Theorie zu widmen.

60 Karl Marx, Brief an Hermann Schumacher vom 21. 9. 1875, in: MEW, Bd. 34, Berlin 1966, S. 151.

61 Karl Marx, Brief an Ludwig Kugelmann vom 6. 3. 1868, in: MEW, Bd. 32, Berlin 1965, S. 538.

In einer Anmerkung zu der Feststellung, daß der Mensch in der kapitalistischen Produktion vom Machwerk seiner eigenen Hand beherrscht werde wie in der Religion vom Machwerk seines eigenen Kopfes, führt MARX THÜNENs Frage an, wie der Arbeiter als Schöpfer des Kapitals zu dessen Sklaven hatte werden können. Diese Frage, die weder SMITH noch RICARDO gestellt hatte, scheint MARX bemerkenswert. Allerdings wünschte sich der von utopisch-sozialistischen Ideen beeinflußte THÜNEN im Unterschied zu den Sozialisten, die die Antwort richtig in der notwendigen Beseitigung des Privateigentums suchten, eine Lösung innerhalb der kapitalistischen Produktionsweise. Daher schreibt MARX: „Es ist das Verdienst Thünens, gefragt zu haben. Seine Antwort ist einfach kindisch.“[62]

THÜNENs Grenzanalyse auf der Grundlage der klassischen Arbeitswerttheorie

Der richtige Ansatzpunkt für die folgende Einschätzung THÜNENs ergibt sich aus dem Verständnis der RICARDOschen Rententheorie. Wenn es, wie MARX schreibt, ein großes Verdienst der klassischen politischen Ökonomie ist, „die Rente auf den Überschuß über den Durchschnittsprofit reduziert“ zu haben, dann muß THÜNENs Rententheorie daran gemessen werden, wieweit sie innerhalb der bürgerlichen Erkenntnisschranken die Beziehungen zwischen der organischen Zusammensetzung des Kapitals und dem Surplusprofit wiedergibt. Es geht dann darum, ob hinter THÜNENs Renten- bzw. Zinsbegriff die Bewegung des Surplusprofits sichtbar wird. Davon hängt schließlich auch die Einschätzung der THÜNENschen Grenzanalyse ab.

Die Grundlage für THÜNENs Analyse bildet die klassische Theorie des Werts und des Mehrwerts von SMITH. Der niedrige Lohn, schreibt THÜNEN, habe seinen Ursprung darin, „daß die Kapitalisten und Grundbesitzer von dem Erzeugnis, das die Arbeiter hervorbringen, sich einen so großen Teil zueignen“.[63] SMITH sei ein „tiefer Denker . . ., in dessen Untersuchungen über den Nationalreichtum ich eine unerschöpfliche Quelle der Belehrung finde, weil in ihnen die Werkstatt des forschenden, erfindenden Geistes dem Beschauer geöffnet ist“[64], aber, kritisiert THÜNEN zu Recht, SMITH habe viele Probleme nicht gelöst. Er habe die Größe des Arbeitslohns aus der Konkurrenz erklärt, so daß sie bei der Annahme eines Gleichgewichts zwischen Angebot und Nachfrage nicht zu bestimmen sei. Er habe Zins und Profit, aber auch Rente und Zins vermengt, bei der Preisbestimmung die Rente als bekannte Größe und bei der Betrachtung der Rente den Preis als bekannt unterstellt. Seine Annahme, die Konkurrenz sei „der letzte Regulator für Arbeitslohn, Kapitalgewinn, Preis und Landrente“[65], helfe nicht

62 Karl Marx, Das Kapital, Erster Band, in: MEW, Bd. 23, Berlin 1962, S. 649.

63 Johann Heinrich von Thünen, Der isolierte Staat in Beziehung auf Landwirtschaft und Nationalökonomie, Jena 1930, S. 435.

64 Ebenda, S. 28.

65 Ebenda, S. 459.

weiter; man müsse deren Bestimmungsgründe in den Produktionsbedingungen suchen.

Um die Beziehungen zwischen der Kapitalzusammensetzung und dem Marktwert[66] auf der Grundlage realer Kostenkalkulationen exakt zu analysieren, unterstellt THÜNEN einen „isolierten Staat“: „Man denke sich eine sehr große Stadt in der Mitte einer fruchtbaren Ebene gelegen, die von keinem schiffbaren Flusse oder Kanale durchströmt wird. Die Ebene selbst bestehe aus einem durchaus gleichen Boden, der überall der Kultur fähig ist. In großer Entfernung von der Stadt endige sich die Ebene in eine unkultivierte Wildnis, wodurch dieser Staat von der übrigen Welt gänzlich getrennt wird.

Die Ebene enthalte weiter keine Städte als die eine große Stadt, und diese muß also alle Produkte des Kunstfleißes für das Land liefern, so wie die Stadt einzig von der sie umgebenden Landfläche mit Lebensmitteln versorgt werden kann.“[67]

Weiter unterstellt THÜNEN den wirtschaftenden Menschen der klassischen politischen Ökonomie: „Wir haben um die Bildung und Gestaltung des isolierten Staates zu entwickeln, keines anderen Prinzips als der Annahme, daß jeder sein eigenes Interesse richtig erkenne und darnach handele, bedurft. So wie nun aus dem Zusammenwirken aller, von denen jeder seinen eigenen richtig verstandenen Vorteil erstrebt, die Gesetze, wonach die Gesamtheit handelt, hervorgehen, so muß wiederum in der Befolgung dieser Gesetze der Vorteil des einzelnen erhalten sein.“[68]

Diese Annahme, meint THÜNEN, lasse volkswirtschaftliche Auswirkungen bestimmter Faktoren leicht erkennen. „Während es in der Theorie der Nationalökonomie schwierig ist, eine richtige und vollständige Definition von dem Nationalreichtum zu geben und die Kennzeichen von dem Wachstum oder Sinken desselben mit Bestimmtheit anzugeben, haben wir in dem isolierten Staat an der Ausdehnung oder Verengung der kultivierten Ebene ein sinnlich wahrnehmbares, untrügliches Kennzeichen von dem zu- oder abnehmenden Reichtum des Staates.“[69]

Allein die unterschiedliche Marktentfernung der Betriebe, schreibt THÜNEN, gestatte es, die Beziehungen unterschiedlicher Produktionspreise (ohne Berücksichtigung der Transportkosten) für landwirtschaftliche Waren zur Höhe der Kapitalzusammensetzung in den entsprechenden Betrieben systematisch zu untersuchen; denn ob zum Beispiel der Getreideproduzent die mit hohem Arbeitsaufwand und geringem Aufwand an (konstantem) Kapital verbundene Drei-

[66] Da Thünen wie Ricardo nicht begrifflich zwischen „Wert“ und „Produktionspreis“ unterscheidet, kennt er auch die absolute Rente nicht, die erst Marx entdeckte. Obwohl sich die landwirtschaftlichen Waren in der Regel zu ihren Marktwerten austauschen, betrachtet Thünen eigentlich immer nur deren Produktionspreis.

[67] Ebenda, S. 11.

[68] Ebenda, S. 324.

[69] Ebenda, S. 322.

felderwirtschaft, ob er die Koppelwirtschaft mit höherer Zusammensetzung des Kapitals oder die Fruchtwechselwirtschaft mit geringem Einsatz an Arbeitskräften und höherem Aufwand an (konstantem) Kapital wähle, schreibt THÜNEN, hänge nicht von ihm ab, sondern von den Preisen für seine Waren. Niedrige Kornpreise ließen keinen Kapitalaufwand für Bodenverbesserungen zu; bei einem einheitlichen Kornpreis im isolierten Staat müßten vom Markt am entferntesten gelegene Betriebe mit den höchsten Transportkosten und daher notwendigerweise niedrigsten unmittelbaren Produktionskosten deshalb die extensive Dreifelderwirtschaft betreiben. Mit abnehmender Entfernung vom Markt und sinkenden Transportkosten werde es zunehmend möglich, Kapital zur Intensivierung einzusetzen und zur Koppelwirtschaft oder schließlich in der Nähe des Marktes zur Fruchtwechselwirtschaft überzugehen. Es gebe also, sagt THÜNEN, keinen absoluten Vorzug der einen Kapitalzusammensetzung vor einer anderen. Auf der Grundlage seiner Tellower Kostenkalkulation rechnet er genau aus, wie die Kapitalzusammensetzung (bei THÜNEN: das Wirtschaftssystem) bei abgestuften Transport- und Produktionskosten sein müsse, das heißt wie viele Mittel dem Landwirt zur Intensivierung seiner Wirtschaft zur Verfügung stehen.

Wie RICARDO kommt auch THÜNEN zu dem Ergebnis, daß die Höhe des Marktwerts die noch bebaubaren Grenzböden geringster Fruchtbarkeit bestimmen, die keine Rente tragen. THÜNEN schreibt: „Die Landrente eines Gutes entspringt also aus dem Vorzug, den es vor dem durch seine Lage oder durch seinen Boden schlechtesten Gute, welches zur Befriedigung des Bedarfs noch Produkte hervorbringen muß, besitzt.“ [70]

Da in der preußischen Junkerwirtschaft Grundeigentümer und Kapitalist in einer Person vereinigt sind und an die Stelle des kapitalistischen Pächters der angestellte Gutsverwalter tritt, spricht THÜNEN nicht vom Profit, sondern vom Zins des eingesetzten Kapitals, der jedoch etwa dem Durchschnittsprofit entspricht und dem Junker zukommt. Der diesen Zins übersteigende Teil des Mehrwerts, den THÜNEN „Rente“ nennt, erhält den Charakter eines Surplusprofits, weil THÜNEN den Gutsbesitzer als einen an der optimalen Verwertung seines Kapitals interessierten Unternehmer darstellt. Indem THÜNEN im einzelnen Betrachtungen über Grenzwertprobleme beim Einsatz von variablem und (konstantem) fixem Kapital, bei Bodenreichtum, Betriebsgröße und Standort des Betriebes anstellt, dringt er in Detailprobleme des Surplusprofits, von Verwertung und Entwertung des Kapitals ein.

Nachdem THÜNEN die Beziehungen zwischen Kapitalzusammensetzung und Produktionspreis untersucht hat, unterstellt er die Kapitalzusammensetzung für die Herstellung jener Ware, deren Produktionspreis keine Rente (Surplusprofit) realisiert. Der mit einem solchen Kapital geschaffene Neuwert teile sich in Arbeitslohn und Zins (Durchschnittsprofit). Er schreibt: „Die Frage über die Verbesserung des Zustandes der Arbeiter reduziert sich also in der einfachsten

[70] Ebenda, S. 230.

Form auf die: Kann nicht der Zinsfuß erniedrigt werden, um dem Arbeiter einen größeren Anteil an seinem Arbeitserzeugnis zukommen zu lassen und dadurch seinen Lohn zu erhöhen?“ [71]

THÜNEN geht von SMITH' Kapitalauffassung aus. Unter „Kapital“ verstehe er „das unter Mitwirkung der Naturkräfte durch die menschliche Arbeit hervorgebrachte Erzeugnis, welches zur Erhöhung der Wirksamkeit menschlicher Arbeit dienlich ist“.[72] Geschult am „Wealth of Nations“ stellt sich THÜNEN die Frage, wie das durch Arbeit geschaffene (fixe) Kapital aus dem von SMITH angenommenen Urzustand einfacher Warenproduzenten abzuleiten sei, um die für diesen Urzustand geltende klassische Arbeitswerttheorie mit der kapitalistischen Verteilung in Übereinstimmung zu bringen und eine Gesetzmäßigkeit zwischen Arbeitslohn und Mehrwert zu finden. „Unter diesem Volk, welches kein Kapital besitzt und wo der Grund und Boden keinen Tauschwert hat, findet auch kein Verhältnis von Herren und Diener statt; jeder ohne Unterschied ist Arbeiter und muß durch Arbeit sich seinen Unterhalt erwerben. Hier haben wir also die einfachsten Zustände vor Augen, und wenn wir diese der Betrachtung unterwerfen, dürfen wir am ersten hoffen, Aufschluß über die Verbindung zwischen Arbeitslohn und Zinsen zu erhalten.“ [73]

Da das Verhältnis vom Lohn zum Durchschnittsprofit nicht im Wert, sondern im kapitalistischen Produktionspreis auftritt, versetzt Thünen die Problematik des Produktionspreises zurück in die End- und Übergangsphase des Urzustands, in der einzelne Arbeiter „Werkzeuge, die die menschliche Arbeit wirksamer machen“ [74], herstellen, an andere verleihen und als Entgelt (er nennt es „Rente“) das mit ihnen erzeugte zusätzliche Produkt fordern. THÜNEN bringt zum Ausdruck, daß der mit solchen geliehenen Produktionsmitteln Arbeitende deren Wert auf den Wert seiner Ware übertrage und einen Neuwert schaffe, der aus dem Arbeitslohn und der Rente für den Produktionsmitteleigentümer bestehe.

Im Unterschied zur Arbeitskraft des ungelernten Arbeiters war die Arbeitskraft des gelernten damals noch nicht beliebig austauschbar, ihr Preis enthielt, wie zeitgenössische Ökonomen schrieben, noch ein Stück „Kunstwert“ [75]. THÜNEN schließt sich dieser Auffassung an und unterstellt einen Arbeitslohn, der sich aus dem Existenzminimum und einer zusätzlichen Größe von der Art eines Durchschnittsprofits zusammensetzt.

Da in der von THÜNEN angenommenen Übergangsphase von der einfachen Warenproduktion zur kapitalistischen Produktionsweise alle arbeiten und somit die Herausbildung einer Kapitalistenklasse noch nicht vollzogen ist, verschmilzt

[71] Ebenda, S. 465.
[72] Ebenda, S. 477.
[73] Ebenda, S. 487.
[74] Ebenda, S. 492.
[75] Vgl. Jürgen Kuczynski, Hilfsmittel, Voraussetzungen, Parameter und Gesetzmäßigkeiten bei der Herausbildung des nationalen Marktes im Kapitalismus, in: Jahrbuch für Wirtschaftsgeschichte, 1973, Teil III, S. 14.

für ihn, der den Mehrwert bereits in seinen verwandelten Formen Durchschnittsprofit und Surplusprofit erfaßt, der Arbeitslohn mit dem Durchschnittsprofit, so daß die Rente in der weiteren Betrachtung nur in der speziellen Form des Surplusprofits untersucht wird. Thünen beschreibt nämlich, wie mit der allgemeinen Verbreitung der besonders arbeitssparenden Produktionsmittel die höhere Zusammensetzung einzelner Kapitale zur durchschnittlichen Zusammensetzung wird und damit die Rente (Surplusprofit) zunehmend sinkt. „Der kapitalerzeugende Arbeiter wird also, sein eigenes Interesse berücksichtigend und verfolgend, seine Arbeit zuerst auf die Verfertigung solcher Werkzeuge und Maschinen richten, die seine Kraft am meisten beflügeln, seiner Arbeit den höchsten Erfolg verschaffen; dann aber, wenn diese in genügender Menge vorhanden sind, seine Arbeit der Produktion von Gerätschaften und Maschinen zuwenden, die auch sehr nützlich, aber doch minder wirksam sind und die Arbeit minder fördern als die zuerst hervorgebrachten – wofür er also auch beim Ausleihen mit einer geringeren Rente vorlieb nehmen muß.“[76]

Ohne freilich die ökonomischen Zusammenhänge zwischen dem Sinken des Surplusprofits und der steigenden organischen Zusammensetzung eines einzelnen Kapitals bei relativ stärker abnehmender Differenz zur organischen Zusammensetzung des Durchschnittskapitals zu verstehen, schließt Thünen: „Hier offenbart sich der Grund der für unsere fernere Untersuchung so wichtigen Erscheinung: daß jedes in einer Unternehmung oder einem Gewerbe neu angelegte, hinzukommende Kapital geringere Renten trägt als das früher angelegte.“[77]

Thünen nimmt zwei eigentlich nicht zu vereinbarende Voraussetzungen an, nämlich daß einerseits Verwertung und Entwertung des Kapitals nach den Gesetzen des kapitalistischen Produktionspreises und des Surplusprofits verliefen und anderseits die Waren sich nach dem Wertgesetz der vorkapitalistischen Warenproduktion austauschten. Nach der ersten Voraussetzung würde sich der Anteil des Surplusprofits am Neuwert mit der abnehmenden Differenz zwischen dem einzelnen Kapital in höherer Zusammensetzung und dem Kapital in einer Zusammensetzung von gesellschaftlichem Durchschnitt verringern. Nach der zweiten Voraussetzung müßte bei einer gleichbleibenden Menge lebendiger Arbeit auch die Größe des Neuwerts gleichbleiben, der in diesem Zusammenhang bei Thünen aus Arbeitslohn (verschmolzen mit Durchschnittsprofit) und Rente (Surplusprofit) besteht. Sinkender Surplusprofit müßte dann bei gleichbleibendem Neuwert zu steigendem Arbeitslohn führen. In Thünens Ausdrucksweise heißt das so: „Die Rente, die das Kapital im ganzen beim Ausleihen gewährt, wird bestimmt durch die Nutzung des zuletzt angelegten Kapitalteilchens. Dies ist einer der wichtigsten Sätze in der Lehre von den Zinsen.“[78]

Daraus folgt für Thünen: „Die Verminderung der Rente beim Anwachsen des

[76] Johann Heinrich von Thünen, Der isolierte Staat in Beziehung auf Landwirtschaft und Nationalökonomie, Jena 1930, S. 493/494.

[77] Ebenda, S. 494.

[78] Ebenda, S. 498.

Kapitals kommt also dem Arbeiter zugute und erhöht den Lohn seiner Arbeit."
THÜNEN meint: „Während man in Europa den gedrückten Zustand der arbeitenden Klasse so häufig der zunehmenden Anwendung von Maschinen zuschreibt, wird in dem gesellschaftlichen Zustand, den wir vor Augen haben, die Lage der Arbeiter immer blühender und glänzender, je ausgedehnter beim Anwachsen des Kapitals die Anwendung von Maschinen wird."[79]

Müßte nicht, fragt THÜNEN, die mit steigender Zusammensetzung des gesellschaftlich durchschnittlichen Kapitals zunehmende Entwertung der Kapitale höherer Zusammensetzung den Fortschritt hemmen? „Wenn der kapitalerzeugende Arbeiter ... für jedes neugeschaffene, über den bisherigen Bedarf hinausreichende Kapital eine immer geringere Rente erhält und wenn derselbe durch dieses neugeschaffene Kapital zugleich den Wert seiner älteren Kapitale durch das Sinken der Einnahme von denselben vermindert, so entsteht die Frage: was kann ihn denn bewegen, mit der Hervorbringung von Kapital fortzufahren?"[80]

Da THÜNEN aber annimmt, die Waren tauschten sich wie unter vorkapitalistischen Bedingungen zu ihren Werten aus, so ist aus seiner Sicht die veränderte Aufteilung des vorausgesetzt gleichbleibenden Neuwerts in Arbeitslohn und Surplusprofit wohl einerseits eine Entwertung, weil die produktionsmittelerzeugenden Arbeiter weniger Surplusprofit erhalten und somit einen ständig sinkenden „Zinssatz" hinnehmen müssen, aber anderseits auch eine Art Verwertung, weil der steigende Anteil des Arbeitslohns auf gesellschaftlicher Ebene auch den produktionsmittelerzeugenden Arbeitern zugute kommt: „Wir ersehen hieraus, daß die kapitalerzeugenden Arbeiter bei vermehrtem Kapital und sinkendem Zinssatz doch durch ihre Arbeit eine größere Rente erwerben als bei geringem Kapital und hohem Zinssatz, daß sie also durch ihr eigenes Interesse angetrieben werden, das Kapital zu vermehren, obgleich dadurch das Produkt ihrer Arbeit, d. i. das Kapital, durch das Sinken des Zinssatzes einen geringeren Preis erhält."[81]

Nun könnte man einwenden, meint THÜNEN, daß die produktionsmittelerzeugenden Arbeiter die Differenz zwischen dem einzelnen Kapital in höherer Zusammensetzung und dem von gesellschaftlichem Durchschnitt groß halten, indem sie ihre Produktionsmittel nur selbst anwenden und nicht verleihen. Aber man müsse „dagegegen erwägen, daß die kapitalerzeugenden Arbeiter kein Monopol besitzen und daß die anderen Arbeiter sich sogleich der Kapitalerzeugung zuwenden würden, wenn die darauf verwandte Arbeit höher gelohnt wird als die sonstige Arbeit." THÜNEN nimmt an: „Dies Übertreten der Arbeiter der 2. Klasse in die der 1. Klasse würde so lange fortdauern, bis das Gleichgewicht wieder hergestellt ist, d. i. bis beide Gattungen von Arbeit gleich hoch gelohnt werden."[82]

Nach der Erörterung des fiktiven, sich auflösenden Urzustandes einfacher Warenproduktion geht THÜNEN zur Betrachtung der kapitalistischen Produktions-

[79] Ebenda, S. 499.
[80] Ebenda, S. 501.
[81] Ebenda, S. 504/505.
[82] Ebenda, S. 505.

weise über. Er teilt weiterhin den Neuwert nur in Arbeitslohn und Surplusprofit auf und stellt fest, daß der Unternehmer bei gegebenem Marktwert zur Erzielung des höchsten Surplusprofits eine optimale Zusammensetzung seines Kapitals erstrebe. Da nun, „bei der Erzeugung eines und desselben Produkts p ein Teil des Kapitals durch vermehrte Arbeit und wiederum ein Teil der Arbeit durch hinzukommendes Kapital ersetzt werden kann: so erscheint das Kapital als Mitarbeiter, welches mit dem Lohnarbeiter in Konkurrenz tritt. Nun steht es aber in der Macht des Unternehmers, der mit dem Kapital Q eine Arbeiterzahl $= n$ arbeiten läßt, dem relativen Kapital q, womit ein Mann arbeitet, durch Vergrößerung oder Verringerung von n jede beliebige Größe zu erteilen. Der Unternehmer, sein Interesse kennend und verfolgend, wird das relative Kapital q gerade so weit erhöhen, bis die Kosten der Arbeit des Kapitals und der des Menschen im direkten Verhältnis mit der Wirksamkeit beider bei der Produktion stehen." THÜNEN schließt aus der Möglichkeit des Unternehmers, ein optimales Verhältnis zwischen den konstanten und variablen Kapitalteilen zu finden: „die Belohnung des Kapitals durch die dafür zu zahlenden Zinsen ist also weder zufällig noch ungerecht"[83].

Tatsächlich jedoch erhält der Arbeiter unabhängig von der Kapitalzusammensetzung nur den Wert seiner Arbeitskraft, während der einzelne Kapitalist seine Produktionsbedingungen gegebenenfalls so bestimmt, daß er bei der Aufteilung der gesamtgesellschaftlichen Mehrwertmasse unter alle Kapitalisten einen günstigen Surplusprofit über den Durchschnittsprofit hinaus realisieren kann. THÜNEN übersieht, daß der Mehrwert nicht zwischen dem Arbeiter und dem Kapitalisten, sondern unter den Kapitalisten nach bestimmten Gesetzen aufgeteilt wird.

THÜNENs soziale Illusionen

Nach diesen Darlegungen ist es möglich, THÜNENs Platz in der Geschichte der politischen Ökonomie näher zu bestimmen. Wie MARX feststellte, konstruierte sich THÜNEN die Rententheorie von RICARDO selbst. Damit setzte er sich aber auch die Schranken der klassischen politischen Ökonomie des Bürgertums. ENGELS schreibt: „Die Ricardosche Schule scheiterte gegen 1830 am Mehrwert."[84]

Ebenso scheiterte THÜNEN an der Analyse des Mehrwerts, den erst MARX auf der Grundlage des historischen und dialektischen Materialismus exakt untersuchen konnte. ENGELS geht näher auf die beiden Punkte ein, an denen die RICARDOsche Schule zugrunde ging. Zum ersten Punkt schreibt er: „Es ist nicht die Arbeit, die als Ware gekauft und verkauft wird, sondern die Arbeits*kraft*. Sobald sie Ware wird, richtet sich der Wert nach der in ihr, als einem gesellschaft-

[83] Ebenda, S. 519.

[84] Friedrich Engels, Vorwort zu Karl Marx, Das Kapital, Zweiter Band, in: MEW, Bd. 24, Berlin 1963, S. 25.

lichen Produkt, verkörperten Arbeit, ist er gleich der zu ihrer Produktion und Reproduktion gesellschaftlich nötigen Arbeit."[85]

Diese MARXsche Erkenntnis blieb RICARDO und THÜNEN verschlossen. THÜNEN glaubte daher, daß der Arbeiter unter bestimmten Bedingungen auch einen seine Reproduktionskosten übersteigenden Teil von dem durch seine Arbeit geschaffenen Wert erlangen könne. Die generelle Erkenntnisschranke der klassischen politischen Ökonomie bildet somit die Grundlage für THÜNENs soziale Illusionen.

Als zweiten Punkt, an dem die RICARDOsche Schule zugrunde ging, führt ENGELS an: „Nach dem Ricardoschen Wertgesetz produzieren zwei Kapitale, die gleich viel und gleich hoch bezahlte Arbeit anwenden, alle andern Umstände gleichgesetzt, in gleichen Zeiten Produkte von gleichem Wert und ebenfalls Mehrwert oder Profit von gleicher Höhe. Wenden sie aber ungleiche Mengen lebendiger Arbeit an, so können sie nicht Mehrwert oder, wie die Ricardianer sagen, Profit von gleicher Höhe produzieren. Nun ist aber das Gegenteil der Fall. Tatsächlich produzieren gleiche Kapitale, einerlei wie viel oder wie wenig lebendige Arbeit sie anwenden, in gleichen Zeiten durchschnittlich gleiche Profite. Hier liegt also ein Widerspruch gegen das Wertgesetz vor, den schon Ricardo fand, und den seine Schule ebenfalls zu lösen unfähig war."[86]

Auch THÜNEN fand diesen Widerspruch, ohne ihn lösen zu können. Im Unterschied zu RICARDO, der die Durchschnittsprofitrate einfach unterstellte, ohne sie abzuleiten, konzentrierte sich THÜNEN derart auf die Suche nach den Bedingungen für den Surplusprofit, daß er über längere Strecken der Untersuchung einfach den Durchschnittsprofit vergaß. Im Prinzip scheiterte er am gleichen Punkt wie RICARDO, nämlich an der Unfähigkeit, den Mehrwert zu verstehen. Das teilweise Vergessen oder, besser, das Unterschätzen des Durchschnittsprofits bildet die Grundlage für seine Illusion, der Surplusprofit bilde das eigentliche Einkommen des Kapitalisten, der daher auch dazu bewegt werden könne, Teile des Durchschnittsprofits dem Arbeiter zu überlassen.

Der Umstand, daß die Erkenntnisschranken der klassischen politischen Ökonomie einerseits die RICARDOsche Schule scheitern ließen und anderseits bei THÜNEN soziale Illusionen erzeugten, ist in den sozialökonomischen Bedingungen begründet. Die wissenschaftliche Unbefangenheit der klassischen Ökonomen war nur in der Zeit eines latenten Klassenkampfes zwischen Bourgeoisie und Proletariat möglich. THÜNEN hatte sich in einer solchen Zeit an SMITH geschult und dessen Überzeugung übernommen, daß der Arbeiter am wirtschaftlichen Aufschwung des Kapitalismus teilhaben werde. Als sich, RICARDO war schon gestorben, die europäischen Klassenkämpfe verstärkten und ausgesprochen drohende Formen annahmen, war eine wissenschaftliche Weiterführung der politischen Ökonomie nur noch vom Standpunkt des Proletariats möglich. THÜNEN, der in der von der Wirklichkeit widerlegten SMITHschen Überzeugung befangen

85 Ebenda.

86 Ebenda, S. 26.

blieb und sich auf Grund seines Klassenstandpunktes aus RICARDOs Erkenntnisschranken nicht befreien konnte, wich in utopische Vorstellungen einer Klassenharmonie aus, für die er eine ökonomische Grundlage suchte. Da seine Illusionen von der späteren Grenzproduktivitätstheorie zur bewußten Apologetik umgeformt und somit zu einem Wesenszug des bürgerlichen Marginalismus erhoben wurden, ist hier noch auf sie einzugehen.

THÜNEN untersucht, nach welchen Gesetzen sich im isolierten Staat das Verhältnis zwischen Arbeitslohn und Mehrwert bilden würde. Er geht von den Produktionsbedingungen für jene Ware aus, deren Produktionspreis keine Rente (Differentialrente) abwirft und unter THÜNENs Annahme der preußischen Junkerwirtschaft dem Kapital- und Grundbesitzer nur Zins einbringt. „An der Grenze der kultivierten Ebene ist es in die Wahl des Arbeiters gestellt, ob er ferner für Lohn arbeiten oder mit Hilfe der angesammelten Ersparnisse ein Stück Land urbar machen, Gebäude usw. errichten und sich ein Eigentum erwerben will, auf welchem er künftig für eigene Rechnung arbeitet." THÜNEN fügt hinzu: „Sollen die Arbeiter in dieser Gegend von der Anlegung von Kolonistenstellen oder Gütchen abgehalten und bewogen werden, noch ferner bei ihrem bisherigen Herrn für Lohn zu arbeiten, so muß dieser Lohn nebst den Zinsen, die sie durch Ausleihen für ein zur Anlegung der Kolonistenstelle erforderliches Kapital beziehen, gleich sein dem Arbeitsprodukt, das sie auf der Kolonistenstelle, die von einer Arbeiterfamilie bestellt werden kann, hervorbringen können."[87]

Aus der Situation eines mit Geldmitteln versehenen Menschen, der entscheiden kann, ob er weiterhin der Arbeiterklasse oder nunmehr durch Erwerb von Produktionsmitteleigentum in die Kapitalistenklasse aufsteigen wolle und sogar als Arbeiter durch Verleihung seiner Ersparnisse Mehrwertanteile beziehen kann, schließt THÜNEN: „An der Grenze der kultivierten Ebene des isolierten Staats, wo herrenloses Land in ungemessener Menge zu haben ist, bestimmt weder die Willkür der Kapitalisten noch die Konkurrenz der Arbeiter noch die Größe der notwendigen Subsistenzmittel die Höhe des Lohns; sondern das Produkt der Arbeit selbst ist der Maßstab für den Lohn der Arbeit. Hier muß also auch die Werkstatt für die Bildung des natürlichen Arbeitslohns sein, welches maßgebend für den ganzen isolierten Staat wird."[88]

THÜNEN verwechselt die Grenzbedingungen, unter denen eine bestimmte Kapitalzusammensetzung keine Rente mehr einbringt, mit Verhältnissen, unter denen die Grenzen zwischen Arbeiter- und Kapitalistenklasse noch offen sind.

Diese Annahme sei aber wenig realistisch, stellt er fest. „Bei dem Blick auf die Wirklichkeit kann man dagegen einwenden, daß der Lohn der Arbeiter in dem größten Teil von Europa nicht mehr beträgt, als was sie zum Unterhalt ihrer

[87] Johann Heinrich von Thünen, Der isolierte Staat in Beziehung auf Landwirtschaft und Nationalökonomie, Jena 1930, S. 533.

[88] Ebenda, S. 535.

Familien notwendig bedürfen, daß ihr Überschuß gleich null sei und somit keine Kapitalerzeugung stattfinden könne."[89]

Man könne jedoch annehmen, bei der Errichtung eines neuen Guts an der Grenze der kultivierten Ebene im isolierten Staat verbänden sich mehrere Arbeiter, die sich ähnlich zueinander verhielten wie jene in THÜNENs Darstellung des Urzustands. „Die zu diesem Zweck verbundenen Arbeiter teilen sich in zwei Abteilungen – wovon die eine sich mit der Urbarmachung des Feldes, der Errichtung der Gebäude, der Verfertigung von Gerätschaften usw. beschäftigt; die andere aber einstweilen bei der Arbeit für Lohn verbleibt und durch ihren in Roggen sich aussprechenden Überschuß die Subsistenzmittel liefert, welche die mit der Anlegung des Guts beschäftigten Arbeiter konsumieren."[90]

Der Anteil des für Lohn Arbeitenden am Neuwert müsse so hoch sein, daß der Zins für den Überschuß dieses Arbeiters über sein Existenzminimum „gleich der Rente des kapitalerzeugenden Arbeiters wird; denn wäre dies nicht der Fall, so würden – da wir Arbeiter von gleicher Kraft, Kenntnis und Geschicklichkeit voraussetzen – die Lohnarbeiter augenblicklich zur Kapitalerzeugung übergehen".[91] Aus dieser genossenschaftlichen Aufteilung des Mehrprodukts unter die Arbeiter eines Gutes leitet THÜNEN seine bekannt gewordene Lohnformel ab: „Diesen nicht aus dem Verhältnis zwischen Angebot und Nachfrage entspringenden, nicht nach dem Bedürfnis des Arbeiters abgemessenen, sondern aus der freien Selbstbestimmung hervorgehenden Lohn $\sqrt{ap}$ nenne ich den naturgemäßen oder auch den natürlichen Arbeitslohn. In Worten ausgedrückt sagt diese Formel: der naturgemäße Arbeitslohn wird gefunden, wenn man die notwendigen Bedürfnisse des Arbeiters (in Korn oder Geld ausgesprochen) mit dem Erzeugnis seiner Arbeit (durch dasselbe Maß gemessen) multipliziert und hieraus die Quadratwurzel zieht. Da $a : \sqrt{ap} = \sqrt{ap} : p$, so ist der naturgemäße Arbeitslohn die mittlere Proportionalzahl zwischen dem Bedürfnis des Arbeiters und seinem Arbeitsprodukt, d. i. der Lohn übersteigt das Bedürfnis in demselben Maße, wie das Erzeugnis den Lohn übersteigt."[92]

Aus einem solchen Arbeitslohn, schreibt THÜNEN, folge, „daß Arbeiter und Kapitalisten an der Steigerung der Produktion ein gemeinsames Interesse haben, daß beide verlieren, wenn die Produktion abnimmt, und beide gewinnen, wenn sie zunimmt".[93] Solange der Arbeitslohn der Formel des naturgemäßen Lohns entspreche, „solange – und dies ist von entscheidender Wichtigkeit – ist auch der Arbeiter gegen Not und Mangel geschützt".[94]

Anders aber verhalte es sich in Europa, „wo kein herrenloses Land mehr zu finden und dem Arbeiter die Möglichkeit genommen ist, sich dem niedrigen

[89] Ebenda, S. 540.
[90] Ebenda, S. 542.
[91] Ebenda, S. 543.
[92] Ebenda, S. 549/550.
[93] Ebenda, S. 597.
[94] Ebenda, S. 598.

Lohnangebot seines Lohngebers durch den Anbau eines bisher unkultivierten Stück Landes zu entziehen".[95] Hier stehen sich Kapitalisten- und Arbeiterinteressen diametral entgegen, stellt THÜNEN fest. „In diesem entgegengesetzten Interesse liegt nun der Grund, warum Proletarier und Besitzende fortan sich feindlich gegenüberstehen und unversöhnt bleiben werden, solange der Zwiespalt in ihrem Interesse nicht gehoben ist."[96]

THÜNEN kritisiert die kapitalistischen Produktionsverhältnisse, die dazu führen, daß nur die Besitzer der Produktionsmittel den Mehrwert erhalten. Das Nationaleinkommen könne von Zeit zu Zeit sehr steigen. THÜNEN glaubt: „Wäre aber die gesellschaftliche Organisation derart gewesen, daß hiervon den Arbeitern auch nur ein Fünftel hätte zuteil werden müssen, so würde sich Glück und Zufriedenheit über Tausende von Familien verbreitet haben, die Aufregungen und Gewalttaten, wodurch die Arbeiter sich im Frühjahr 1848 einen höheren Lohn erzwangen, wären unterblieben, und das schöne patriarchalische Band, welches früher zwischen Herrn und Untergebenen bestand, wäre nicht zerrissen worden."[97]

THÜNEN stellt richtig fest: „In der Trennung des Arbeiters von seinem Erzeugnis liegt die Quelle des Übels."[98] Aber sein Versuch, den kapitalistischen Lohnarbeiter am Produktivitätszuwachs zu interessieren und zu beteiligen, konnte in der kapitalistischen Produktionsweise zu keinen Änderungen der gesellschaftlichen Verhältnisse führen. Seine Illusion lenkte von der Wahrheit ab, daß sich das Proletariat zum Kampf gegen diesen Kapitalismus organisieren und eine gerechte Gesellschaftsordnung auf der Grundlage des gesellschaftlichen Eigentums an den Produktionsmitteln errichten muß.

Zusammenfassend kann man feststellen, daß THÜNENs Untersuchung der Kapitalverwertung die letzte Analyse auf der Grundlage der klassischen Arbeitswerttheorie in der deutschen bürgerlichen politischen Ökonomie war. THÜNEN hatte viele Erscheinungen, in denen die organische Zusammensetzung des Kapitals eine grundlegende Rolle spielt, detailliert darzustellen versucht. Er hatte es als ungenügend empfunden, daß RICARDO wohl zwischen dem kapitalistischen Produktionspreis und dem Wert unterschied und dennoch beide gleichsetzte. Statt zu untersuchen, welche sozialökonomischen Bedingungen die Entwicklung des Wertes zum Produktionspreis herbeiführten, identifizierte auch er letztlich Wert und Produktionspreis.

THÜNENs vergeblicher Versuch, die Vorstellungen von SMITH in Übereinstimmung mit den wirtschaftlichen Erscheinungen des frühen Industriekapitalismus zu bringen, zeigt, daß die Erkenntnisse der klassischen politischen Ökonomie nur noch weitergeführt werden konnten, wenn die bürgerlichen Grenzen und die ahistorische Betrachtungsweise überwunden werden. Die ungenügende Trennung zwischen vorkapitalistischer und kapitalistischer Warenproduktion sowie zwischen

95 Ebenda.

96 Ebenda, S. 599.

97 Ebenda, S. 599/600.

98 Ebenda, S. 600.

Wert und Produktionspreis hinderte an der Untersuchung der Gesetze, nach denen sich das Kapital verwertet und entwertet und nach denen sich die Marktwerte, die Durchschnittsprofitrate und der Surplusprofit bestimmen.

Zum marxistischen und zum bürgerlichen Verständnis der Grenzanalyse

Diese grundsätzlichen bürgerlichen Erkenntnisschranken, die THÜNEN mit RICARDO gemeinsam hatte, erkannte MARX und unterwarf sie in den „Theorien über den Mehrwert" sowie im „Kapital" anhand der RICARDOschen Auffassungen einer tiefschürfenden Kritik. Indem er die bisherige politische Ökonomie vom historischen Standpunkt des Proletariats überprüfte, ihre bürgerlichen Schranken aufhob und die aufgeworfenen wissenschaftlichen Fragestellungen auf der höheren Ebene der marxistischen politischen Ökonomie einer Lösung zuführte, schuf er auch für die Weiterführung der Grenzanalyse die einzig wissenschaftliche Grundlage. Das Verhältnis zwischen vormarxistischer und marxistischer Grenzanalyse kann in folgenden Punkten skizziert werden.

Erstens entdeckte MARX den Doppelcharakter der Arbeit, leitete aus ihm den Doppelcharakter der Ware und des Produktionsprozesses ab und untersuchte davon ausgehend, unter welchen Bedingungen sich die Werte in Produktionspreise, der Mehrwert in Profit, der Profit in Durchschnittsprofit und Surplusprofit und dieser Surplusprofit in Grundrente verwandeln. Von dieser Position aus konnte MARX die von RICARDO und THÜNEN wohl auf der Grundlage der klassischen Arbeitswerttheorie entwickelte, aber nicht widerspruchsfrei aus ihr abgeleitete Problematik des Surplusprofits nahtlos in seine historisch-materialistische Arbeitswerttheorie einfügen, die der ahistorischen und vornehmlich quantitativ orientierten Arbeitswerttheorie der klassischen politischen Ökonomie überlegen ist.

Zweitens konnte er das von RICARDO und THÜNEN auf die Landwirtschaft bzw. die Differentialrente beschränkte kapitalistische Optimierungsproblem in der gesamten Volkswirtschaft untersuchen, weil er die Differentialrente als eine verwandelte Form des Surplusprofits erkannte. Da sich das Kapital nur infolge der Verwandlung des Mehrwerts in Profit bzw. in Durchschnittsprofit und Surplusprofit verwerten kann, wird die für die Realisierung eines maximierten Surplusprofits unerläßliche Grenzanalyse ein Bestandteil der Analyse der Kapitalverwertung.

Drittens entzog MARX sowohl durch seine Untersuchung des Doppelcharakters des Produktionsprozesses als Arbeitsprozeß und Wertbildungs- bzw. Verwertungsprozeß als auch durch seine Analyse der organischen Zusammensetzung des Kapitals und des Produktionspreises der bürgerlichen Konfusion den Boden, daß die Produktionsfaktoren in bestimmten technologischen Kombinationen notwendig bestimmte Werte schaffen und daher die kapitalistischen Distributionsverhältnisse die historisch einzig möglichen, weil technologisch bedingten Verhältnisse sind. Die Grenzanalyse ist für MARX ein Instrument zum Verständnis der Kapitalverwertung; sie bestimmt nicht – wie die bürgerlichen Apologeten behaupten – den Wert der Ware Arbeitskraft, den Unternehmergewinn und den Zins. Die bürgerliche Grenzproduktivitätstheorie vermengt unzulässig ganz verschiedene Kategorien, wenn sie den Surplusprofit, eine verwandelte Form des Mehrwerts, sowohl mit dem Wert der Arbeitskraft als auch mit dem Unternehmergewinn und dem Zins, den verwandelten Formen des Profits, in Verbindung bringt.

Viertens gab MARX mit seiner Werttheorie, nach der die abstrakte, gesellschaftlich notwendige Arbeit den Wert und damit die Grundlage für den Marktwert und den Preis schafft, die Voraussetzung für eine richtige politökonomische Einschätzung der Grenzanalyse des Markts. Seine Analysen widerlegen die Auffassungen, daß der vom Verbraucher begehrte Grenznutzen den Wert, den Preis oder auch nur die Abweichung des Preises vom Wert der Ware bestimme; denn Produktionskosten und Bedarf sind nicht, wie die bürgerliche Produktionskostentheorie behauptet, zwei autonome Faktoren, die jeder für sich auf den Wert oder den Preis einwirken. Die Grenzanalyse des gesellschaftlichen Bedarfs könnte, wenn sie erst praktikabel gemacht worden ist, unter sozialistisch-kommunistischen Bedingungen die auf die Produktion einer bestimmten Ware zu verteilende Quote der gesellschaftlichen Gesamtarbeitszeit näher zu bestimmen helfen. Damit wäre auch die Grenzanalyse des Bedarfs aus der ihr von der bürgerlichen Grenznutzentheorie zugeschriebenen exzeptionellen Stellung befreit und in die ökonomische Gesamtproblematik richtig eingeordnet.

Während MARX die bedeutendste geistige Leistung in der Geschichte der politischen Ökonomie, nämlich die Revolutionierung ihrer wissenschaftlichen Grundlagen, vollbrachte, verzichtete die bürgerliche politische Ökonomie in England und Frankreich nach 1830 und in Deutschland nach 1848 endgültig auf die Arbeitswerttheorie und knüpfte bewußt an die flachen antiklassischen Vulgärökonomen vom Beginn des 19. Jahrhunderts an. Damit verlor sie das Fundament für die Weiterführung der von RICARDO und THÜNEN begonnenen Grenzanalysen, deren Problematik sie jedoch wieder aufnehmen mußte, weil für den Kapitalisten Optimierungsprobleme von Bedeutung sind. Sie ging aber nicht von der konkreten, historisch bestimmten Form der kapitalistischen Produktionsverhältnisse aus, sondern reflektierte eigentlich nur den Fetischcharakter der Ware, wie er sich auf dem Markt darstellt.

Anknüpfend an SAYs Darlegung über den „Profit des Konsumenten" betrachtete die Grenznutzentheorie Grenzsituationen im Marktverhalten des Verbrauchers gegenüber der Ware, deren Preisangebote dieser mit seinen entsprechenden Nutzengewinnen vergleicht, um letztere zu maximieren. Die weiteren Versuche, diesen Ausgangspunkt mit der Grenzproblematik in der Produktion, d. h. mit der Maximierung des Surplusprofits – freilich unter Außerachtlassen der Durchschnittsprofitrate und aller anderen logischen Zwischenglieder vom Wert zum

Produktionspreis der Ware – zu verknüpfen, führten schließlich zu einem solchen sophistischen Lehrgebäude wie dem von Eugen von Böhm-Bawerk, das aber nur geringe intellektuelle Überzeugungskraft ausstrahlte und auch in seiner angestrebten antimarxistischen Funktion versagte.[99] Dieses theoretische Unvermögen kennzeichnet bei aller indessen vorgenommenen Präzisierung des Begriffsapparats bis in unsere Tage das bürgerliche Unverständnis für die ökonomischen Grundfragen der Grenzanalyse.

4. *Über ein verbreitetes deutsches Lehrbuch für politische Ökonomie* (Rau)

Es ist bereits gesagt worden, daß eine marxistische Analyse über die Entwicklung des Lehrfachs politische Ökonomie in Deutschland noch aussteht; ohne eine solche Detailuntersuchung wird es nicht möglich sein, über die im einleitenden Abschnitt angeführten allgemeinen Feststellungen von Marx und Engels hinauszugehen. Die vorliegende Darstellung ist daher als Beitrag zu einer im wesentlichen erst noch zu leistenden Forschung anzusehen. Um anzudeuten, wie sich das Verständnis für politische Ökonomie an deutschen Hochschulen entwickelte, sollen einige theoretische Fragen aus dem Lehrbuch von Karl Heinrich Rau aufgegriffen werden. Marx nennt diesen den „deutschen Say“[100], er zählt ihn zu „den 'gelehrten' deutschen Ökonomen“, die er von den „ökonomischen 'Reisepredigern'“[101] abhebt.

Rau schrieb dasjenige Lehrbuch für politische Ökonomie, das im Deutschland des 19. Jahrhunderts die größte Verbreitung erfuhr. Der Verfasser, der sein Studium 1808, also nach der Niederlage des preußischen Staats, begann, lernte noch die wütenden Angriffe auf Smith kennen und mußte wie viele andere bald feststellen, daß die folgenden Jahrzehnte eine andere Sicht der ökonomischen Probleme erforderte, als sie die Mehrheit der deutschen Vulgärökonomen zu Beginn des 19. Jahrhunderts anboten. Das besonders infolge der Karlsbader Beschlüsse von 1819 unterdrückte politische Leben verwies alle bürgerlichen Hoffnungen auf ein Anwachsen der kapitalistischen Kräfte in der Wirtschaft; die Bourgeoisie bedurfte daher einer politischen Ökonomie, die auf die Entwicklung der kapitalistischen Produktion orientierte.

Der Versuch eines Neubeginns in der politischen Ökonomie Deutschlands erfolgte ohne innere Beziehung zum früheren ökonomischen Denken. Der erst nach dem Bastillesturm von 1789 geborene Rau stand nicht in der Tradition der

[99] Vgl. Hermann Lehmann, Grenznutzentheorie. Geschichte und Analyse eines bürgerlichen ökonomischen Lehrsystems, Berlin 1968.

[100] Karl Marx, Brief an Friedrich Engels vom 7. 5. 1861; in: MEW, Bd. 30, Berlin 1964, S. 162.

[101] Karl Marx, Brief an Ludwig Kugelmann vom 30. 11. 1867, in: MEW, Bd. 31, Berlin 1965, S. 575.

Schlettwein, Kraus und Jakob, die in ihren Lehren die Dringlichkeit antifeudaler Reformen betonten. Er suchte aus den vorhandenen Theorien alle Auffassungen, die für die Erklärung des Übergangs vom Manufakturkapitalismus zum Industriekapitalismus dienlich waren. So kam Smith wieder zu Ehren; die zuvor befehdeten deutschen Anhänger der klassischen politischen Ökonomie Kraus, Sartorius und Lueder wurden wieder als Autoritäten zitiert.

Rau verstand jedoch nicht die klassische Theorie vom Wert und Mehrwert; er verzichtete somit auf die wissenschaftliche Grundlage des Smithschen Systems. Dieses Unverständnis brachte ihn Say näher, von dem er die grundlegende Lehrbucheinteilung der Vulgärökonomie (Produktion, Verteilung, Konsumtion der Waren) übernahm; aber er lehnte zugleich viele Erklärungen Says ab. Say habe wohl die politische Ökonomie leicht faßlich und anziehend dargestellt und dadurch „mehr als jeder andere genützt, und es ist leicht erklärlich, daß der Anfänger seinem ersten Führer noch mehr Verdienst zuschreibt, als ihm von materieller Seite zukommt".[102]

Wie gegen Say hatte Rau auch gegen James Mill und David Ricardo wesentliche Vorbehalte; aus Unverständnis für die industriellen Verhältnisse Englands verteidigte er Smith gegen sie. Die Gemächlichkeit, mit der sich die industrielle Revolution in Deutschland vollzog, bewirkte, daß Raus Lehrbuch fünf bis acht Auflagen erlebte und für den erstaunlich langen Zeitraum von vier Jahrzehnten das vorherrschende Lehrsystem darstellte.[103]

Über System, Gegenstand und Gesetze der politischen Ökonomie

Für die zwanziger und dreißiger Jahre in Deutschland hatte Rau ein brauchbares Lehrsystem gefunden, um die politische Ökonomie unter den gegenüber England und Frankreich zurückgebliebenen wirtschaftlichen Verhältnissen der deutschen Bourgeoisie dienstbar zu machen.

Für die Gesamtheit des ökonomischen Wissens wählt er den Namen „politische Ökonomie". In den drei Bänden des „Lehrbuchs der politischen Ökonomie" behandelt er die Grundsätze der Volkswirtschaftslehre, der Volkswirtschafts-

[102] Karl Heinrich Rau, Ansichten der Volkswirthschaft mit besonderer Beziehung auf Deutschland, Leipzig 1821, S. IV.

[103] Karl Heinrich Rau, Lehrbuch der politischen Ökonomie, Bd. 1: Grundsätze der Volkswirthschaftslehre, Heidelberg 1826 (2. Aufl. 1833, 3. Aufl. 1837, 4. Aufl. 1841, 5. Aufl. 1847, 6. Aufl. 1855, 7. Aufl. 1860); Bd. 2: Grundsätze der Volkswirthschaftspflege, Heidelberg 1828 (später unter dem Titel: Grundsätze der Volkswirthschaftspolitik, 2. Aufl. 1839, 3. Aufl. 1844, 4. Aufl. 1854/1858, 5. Aufl. 1862/1863); Bd. 3: Grundsätze der Finanzwissenschaft, Heidelberg 1832/1837 (2. Aufl. 1843/1846, 3. Aufl. 1850/1855, 4. Aufl. 1860, 5. Aufl. 1864/1865); Neubearbeitung aller Teile durch Adolph Wagner und Erwin Nasse, Heidelberg 1876 u. ö. Weitere Arbeiten vgl. Marie-Elisabeth Vopelius, Die altliberalen Ökonomen und die Reformzeit, S. 165–167.

politik und der Finanzwissenschaft. Diese Dreiteilung der damaligen Wirtschaftswissenschaften ist das Ergebnis einer Diskussion unter den deutschen Ökonomen; Rau hatte ihr in seinem Buch für das ökonomische Lehrfach in Deutschland zwischen 1815 und 1848 die gültige Gestalt verliehen.

Dabei ist in Raus Anordnung des Stoffs nicht die systematische Erörterung von wirtschafts- und finanzpolitischen Grundsätzen in einem ökonomischen Lehrbuch neu, sondern die strenge Abgrenzung des eigentlichen, theoretischen Teils, der politischen Ökonomie im heutigen Sinn, von der Behandlung der Wirtschaftspolitik und Finanzwissenschaft. Rau wendet sich sowohl gegen die vorklassische, wirtschafts- und finanzpolitisch orientierte Theorie, in die Erörterungen der politischen Ökonomie eingesprengt waren, als auch gegen jene antiklassische Vulgärökonomie, die die politische Ökonomie in der Behandlung der Wirtschaftspolitik aufgehen ließ; das „Durcheinandermengen theoretischer und praktischer Lehren“[104] müsse unterbleiben, meint er.

Rau wendet sich aber auch gegen Smith, Say und Ricardo, die eine lehrmäßige Erfassung des gesamten ökonomischen Stoffs niemals anstrebten. Die Konzeption des allmählichen Übergangs von der feudal behinderten zur freien kapitalistischen Wirtschaft machte eine ausführliche Darstellung der wirtschaftspolitischen Forderungen der Bourgeoisie an die Regierung notwendig; so sollten die kleinmütigen Zweifler im bürgerlichen Lager und die feudalmonarchistische Seite überzeugt werden, daß auch unter den deutschen Verhältnissen der kapitalistische Weg weiter beschritten werden müsse. Raus Dreiteilung des ökonomischen Stoffs war für die ökonomische Lehre an den deutschen Universitäten ein Fortschritt; sie blieb bis zur Durchsetzung des Industriekapitalismus die beste Systematik der damaligen gemäßigt-antifeudalen Wirtschaftswissenschaften in Deutschland.

Die Systematik des Lehrstoffs erhielt erst durch die Definition des Gegenstandes der politischen Ökonomie ihre theoretische Begründung. Dabei stieß Rau bald an die Grenzen der bürgerlichen politischen Ökonomie, der es nie gelang, eine befriedigende Gegenstandsdefinition zu erarbeiten. Wenn die Mehrzahl der Ökonomen den Gegenstand ihrer Forschung im Verhalten der wirtschaftenden Menschen zum sachlichen Reichtum gesehen hatte, so mußten aus verschiedenen Gründen selbst auf dem damaligen Niveau der bürgerlichen Ökonomie Zweifel an der Gegenstandsdefinition angemeldet werden. Zum Beispiel konnten die bürgerlichen Ökonomen das menschliche Arbeitsvermögen nicht einordnen, das die charakteristische Ware im Kapitalismus darstellt und die Ausbeutung unter Beibehaltung des äquivalenten Wertaustauschs ermöglicht. Es konnte von den bürgerlichen Ökonomen, weil sie ahistorisch vorgingen, nicht als Ware Arbeitskraft erkannt, aber auch nicht als „sachliches Gut“ bezeichnet werden. Deshalb war von vulgärökonomischer Seite vorgeschlagen worden, in den Gegenstand der

[104] Karl Heinrich Rau, Lehrbuch der politischen Ökonomie, Bd. 1, 1. Aufl. Heidelberg 1826, S. 9.

politischen Ökonomie auch die sogenannten persönlichen oder geistigen Güter aufzunehmen und damit schließlich die eindeutige Orientierung der politischen Ökonomie auf die Entwicklung der kapitalistischen Produktion und Distribution aufzuheben. Die politische Ökonomie verlor letztlich durch eine Ausdehnung ihres Forschungsbereichs auf Erscheinungen des Überbaus ihren progressiven Charakter, weil sie dann die „gewachsenen“ feudalen ideologischen und institutionellen Gegebenheiten zu berücksichtigen hatte.

Während Marx, dessen erster Band des „Kapital“ in der ersten Auflage (1867) ein Jahr vor der letzten Auflage der „Grundsätze der Volkswirthschaft“ von Rau erschien, die Ware als „die einfachste gesellschaftliche Form“, in der das Arbeitsprodukt sich darstellt, „und zwar zunächst in der *Form, worin sie erscheint*“[105], untersucht, um darauf die Entfaltung des in dieser einfachsten Form enthaltenen Widerspruchs zu analysieren, bleibt Rau bei der Feststellung stehen, daß die politische Ökonomie das Verhalten der Menschen zu dieser Ware untersuche. Er hält sich also an die einfachste Form, in der die kapitalistischen Produktionsverhältnisse erscheinen. Indem er sie als Gegenstand der politischen Ökonomie definiert, macht er jede begriffliche Entwicklung unmöglich, durch die allein die tatsächliche Kompliziertheit und Komplexheit der Produktionsverhältnisse des entstehenden Industriekapitalismus hätte widergespiegelt werden können. Aber indem er sich ausdrücklich auf das Verhalten zu den *sachlichen* Gütern beschränkt und jede Spekulation über sogenannte geistige Güter oder Werte ablehnt, weist er die Konfusionen vor allem reaktionärer Ökonomen zurück. Zugleich bewahrt er unter den zurückgebliebenen Wirtschafts- und Sozialverhältnissen die Orientierung der klassischen Analyse auf die kapitalistische Produktion. Die politische Ökonomie, stellt Rau fest, befasse sich mit der Befriedigung der Bedürfnisse vermittelst sachlicher Güter; die persönlichen Güter seien dagegen Bestandteile der Persönlichkeit und stehen in einem ganz anderen Verhältnis zu den Menschen als die sachlichen Güter, die der ihn umgebenden Sinnenwelt angehören.

In sämtlichen Auflagen seines Lehrbuchs hebt Rau hervor, daß die politische Ökonomie objektive Gesetze erforsche. Die sozialökonomische Zurückgebliebenheit hatte seit Beginn des 19. Jahrhunderts dazu geführt, daß viele deutsche Ökonomen die Allgemeingültigkeit objektiver Gesetze bezweifelten oder leugneten. Anfangs gegen Sismondi und List, später gegen die historische Schule gewendet, weist Rau die Bestrebungen, die politische Ökonomie als strenge Wissenschaft aufzulösen, entschieden zurück. In der ersten Auflage schreibt er: „Die Tätigkeiten, aus denen die Volkswirtschaft zusammengesetzt ist, sind manchfaltig, und die von ihnen herrührenden Erscheinungen zeigen häufige Veränderungen, die sowohl von den unendlich verschiedenen Kombinationen von Neigungen, Fähigkeiten, Absichten und Gefühlen in den einzelnen Menschen als [auch] in den

105 Karl Marx, Randglossen zu A. Wagners „Lehrbuch der politischen Ökonomie“, in: MEW, Bd. 19, Berlin 1962, S. 369.

wechselnden Naturereignissen ihren Grund finden. Dennoch lassen sich in der Handlungsweise der Menschen gleichförmige Regeln erkennen, welche darauf beruhen, daß 1) die Entstehung, Veränderung und Zerstörung der sachlichen Güter festen Naturgesetzen unterworfen sind, weshalb auch ihre Behandlung für gewisse Zwecke so lange dieselbe bleiben muß, bis die Fortschritte in der Kenntnis ihrer Naturbeschaffenheit und in der Kunst, auf sie einzuwirken, Änderungen nach sich ziehen; 2) daß auch das Verhältnis des Menschen zu diesen Gütern als den unentbehrlichen Mitteln zur Erreichung der notwendigen Zwecke im ganzen unwandelbar ist. Im einzelnen geht allerdings bald in den Bedürfnissen, bald in der Art ihrer Befriedigung ein vielfältiger Wechsel vor."[106]

Übereinstimmend mit der ahistorischen Gesetzesauffassung der klassischen politischen Ökonomie formuliert RAU: „Die allgemeinen Gesetze, auf welche sich die Erscheinungen in der Volkswirtschaft zurückführen lassen, können 1) aus der Natur des Menschen und der sachlichen Güter als notwendig abgeleitet, 2) aus einzelnen übereinstimmenden Erfahrungen als wirklich bestehend nachgewiesen werden."[107]

Da RAU am Vorabend der bürgerlichen Revolution den Weg zum Industriekapitalismus nicht als gefährdet ansieht, behält er sein Konzept der politischen Ökonomie bei; deren Auflösung in eine moralisierende Gesellschaftsbetrachtung lehnt er ab. Man dürfe nicht die wissenschaftliche Analyse der Volkswirtschaft mit sozialpolitischen Plänen vermengen. Allerdings müßten das Elend der Fabrikarbeiter und der Verfall des Handwerks auch gewissenhaft erforscht werden. „Zwischen der gänzlichen Nichtbeachtung dieser Übelstände und der Darstellung derselben durch das Vergrößerungsglas einer von Menschenliebe erwärmten Phantasie ist der besonnene Mittelweg unbefangener Forschung einzuschlagen. Fand Smith noch keine Veranlassung, bei diesen Gegenständen zu verweilen, so haben manche Neuere die Dinge vielleicht etwas zu schwarz gesehen, indes ist es verdienstlich, auf Lücken in dem bisherigen Gedankengange aufmerksam zu machen, und das rechte Maß wird sich schon finden. Jedoch ist das ganze volkswirtschaftliche System darum noch nicht für fehlerhaft zu halten, weil etwa noch verschiedene weitere Untersuchungen in dasselbe einzuschalten sind."[108]

Inmitten der erfolgreichen Industrialisierung und wenige Jahre nach der Gründung des Allgemeinen Deutschen Arbeitervereins (1863) und der Internationalen Arbeiterassoziation (1864) verteidigt RAU das letzte Mal, in der achten Auflage des ersten Bandes seines Lehrbuchs, seine Auffassung von der politischen Ökonomie, von der er zugeben muß, sie werde „von manchen vielleicht als ein überwundener Standpunkt bezeichnet werden", nämlich das „von vielen bestrittene Beschränken der Volkswirtschaftslehre auf dasjenige Gebiet, welches

[106] Karl Heinrich Rau, Lehrbuch der politischen Ökonomie, Bd. 1, 1. Aufl. Heidelberg 1826, S. 5.

[107] Ebenda.

[108] Ebenda, 5. Aufl. Heidelberg 1847, S. XIII.

ihr eigentümlich ist und in dem sie ihre wissenschaftliche Ausbildung, die Bestimmtheit ihrer Begriffe, die logische Schärfe ihrer Schlußfolgen erlangt und rasch ihren mächtigen Einfluß gewonnen hat"[109]. Er versucht damit den Traditionen der progressiven politischen Ökonomie hinsichtlich des Gegenstandes der ökonomischen Wissenschaft treu zu bleiben. Er stimmt JOHN STUART MILL nicht zu, der den Gegenstand der politischen Ökonomie in den moralischen und psychischen Ursachen der wirtschaftlichen Entwicklung sucht.[110] Er verurteilt zwar nicht die geschichtliche Betrachtung, deren Notwendigkeit für die politische Ökonomie er schon früher unterstrich; aber er billigt nicht die Auflösung der politischen Ökonomie in eine geschichtliche Betrachtung, von der er fordert: „Sie wird die allgemeinen volkswirtschaftlichen Gesetze nicht beseitigen, sondern ihr Walten unter den verschiedensten Verhältnissen darstellen."[111] Dieses späte Festhalten an der klassischen Auffassung von der Objektivität und Allgemeingültigkeit der ökonomischen Gesetze und die beharrlich aufrechterhaltene Forderung, die politische Ökonomie als eine strenge Wissenschaft zu betreiben, ragt als Zeugnis einer vergangenen in eine neue Entwicklungsphase des Kapitalismus hinein.

Die Wertbetrachtung

RAUs Werterörterung ist von dem Bewußtsein beeinflußt, daß Deutschland nicht nur gegenüber England und Frankreich zurückgeblieben war, sondern weiterhin zurückblieb. Das Nachdenken über den wachsenden wirtschaftlichen Abstand schlug sich in der Systematik des Lehrbuchs nieder. Im Unterschied zu den Darstellungen sowohl von SMITH als auch von SAY und JAKOB gewann die Abhandlung über das Wesen des Volksvermögens an Gewicht, der RAU das erste Buch widmet. In dessen Darlegung nimmt unter anderen Abschnitten jener über die „Schätzung des Volksvermögens" den größten Raum ein. In ihm werden die Begriffe „Gebrauchswert" und „Tauschwert" dargestellt. In den folgenden Abschnitten werden „Veränderungen im Volksvermögen" und die „Zustände der Volkswirtschaft" besprochen. Die Beleuchtung der Zustände erschöpft sich in der damals üblichen Einteilung in Verschwendung, Reichtum, Wohlstand, Dürftigkeit, Armut, Mangel und Elend.

Während SMITH zuerst die Gesetze des Werts und Mehrwerts darstellt, um daraus auf die Ursachen für unterschiedliche Wirtschaftszustände zu schließen, wird RAU aus dem Bewußtsein der nationalen Unterentwicklung dazu veranlaßt, grundlegende Begriffe der Warenproduktion unabhängig von der Untersuchung

109 Ebenda, 1. Abt., 8. Aufl., Leipzig/Heidelberg 1868, S. IX.

110 Vgl. John Stuart Mill, Grundsätze der politischen Ökonomie mit einigen ihrer Anwendungen auf die Sozialphilosophie, Jena 1924, S. 32.

111 Karl Heinrich Rau, Lehrbuch der politischen Ökonomie, Bd. 1, 1. Abt., 8. Aufl., Leipzig/Heidelberg 1868, S. 27.

der Gesetze dieser Warenproduktion auszudeuten. Diese Betrachtungsweise macht es unmöglich, den Doppelcharakter der Ware zu untersuchen, denn Gebrauchswert und Tauschwert werden aus dem Gesichtswinkel der Schätzung und nicht als ein Widerspruch gesehen, der sich im Kapitalismus entfaltet und dessen ganze Entwicklung kennzeichnet.

RAU geht von der individuellen Schätzung aus. An oberster Stelle steht daher für ihn der Gebrauchswert. „Derjenige Grad von Vorteil, welchen ein sachliches Gut für seinen Eigentümer hervorbringen kann, bestimmt den Wert im weiteren unbestimmten Sinne. In demselben liegt überhaupt die Anerkennung irgendeiner Tauglichkeit für menschliche Zwecke.“ [112]

Diese Betrachtung macht den klassischen Wertbegriff überflüssig, denn der wirtschaftende Mensch schätzt ein Gut entweder nach der Tauglichkeit oder nach dem Preis, nicht aber nach dem Wert im SMITHschen Sinn, weil dieser Wert den Preisen nur als Gravitationszentrum zugrunde liegt und nicht für die individuelle Schätzung herangezogen werden kann. Daher stellt RAU fest: „Der Wert im weiteren Sinne ist von doppelter Art: 1) Wert im strengen Wortverstande, d. h. der Grad von Tauglichkeit, welche das Gut bei seiner unmittelbaren Anwendung für die Zwecke der Menschen äußert. Da diese Anwendung der Gebrauch ist, so ist aller Wert notwendig ein Gebrauchswert; 2) Preis, d. h. die Menge anderer sachlicher Güter, welche für ein Gut bei der Vertauschung erhalten wird. Seine Größe beruht nicht wie die des Werts auf einem festen Verhältnis der Güter zu den menschlichen Zwecken, sondern sie hängt von den Umständen ab, welche in jedem gegebenen Falle die Erlangung des einen Gutes durch Hingabe eines anderen leichter oder schwerer machen. . . . Meistens richten sich die Preise nach dem Aufwande von Gütern, den die Hervorbringung oder Herbeischaffung eines bestimmten Gutes erfordert, d. h. nach den Kosten, doch treten zufolge wechselnder äußerer Umständ häufige Veränderungen ein.“ [113]

RAU erklärt den Gebrauchswert der Konsumgüter aus der Größe des persönlichen Vorteils und den Gebrauchswert der Produktionsbedingungen aus deren Mitwirkung bei der Hervorbringung neuer Güter. Er unterscheidet beim Gebrauchswert zwischen dem individuellen Wert (z. B. Affektionswert), dem „Wert, in Ansehung dessen mehrere in gleicher Lage befindliche Menschen übereinstimmen“ [114], und dem allgemeinen Wert. Diese überaus einfache Gebrauchswertauffassung, die Rau der Vulgärökonomie der ersten beiden Jahrzehnte des 19. Jahrhunderts entlehnt, zeigt die Schwierigkeit des Neubeginns unter den deutschen Bedingungen nach 1815 und zugleich den niedrigen Ausgangspunkt im Vergleich zum Wirken der deutschen SMITH-Anhänger am Ausgang des 18. Jahrhunderts.

Mit der Entwicklung des Kapitalismus mußte RAUs Gebrauchswertauffassung

[112] Ebenda, 1. Aufl., Heidelberg 1826, S. 40.

[113] Ebenda, S. 40/41.

[114] Ebenda, S. 47.

überarbeitet werden. Zu den Veränderungen in der fünften Auflage seines Lehrbuchs (1847) gehört „die Unterscheidung des Gebrauchs- und Verkehrswertes, zu deren Aufnahme ich mich wegen meiner Abneigung gegen die Vervielfältigung der Kunstausdrücke lange nicht hatte entschließen können", schreibt Rau.[115] Da er das Begriffspaar „Gebrauchswert" und „Tauschwert" bzw. „Preis" nicht als Ausdruck eines sich entfaltenden Widerspruchs *entwickelt*, sondern als ein grundlegendes Verhältnis behandelt, in dem alle konkreten Erscheinungen nicht nur begrifflich angelegt, sondern extensional voll enthalten seien, konnte der Begriff des den Kosten entsprechenden Preises nicht genügen. Denn nicht alle „Preise" lassen sich auf Produktionskosten zurückführen; so ergibt sich der Preis des Bodens aus dem kapitalisierten Renteneinkommen, und der Zins als „Preis" des Kapitals ist so irrational, daß er sich jeder aussagefähigen Preisdefinition entzieht. Daher wählt Rau das Begriffspaar „Gebrauchswert" und „Verkehrswert". Letzterer umfasse, meint Rau, mehr als den Tauschwert, dieser sei nur eine besondere Form des Verkehrswertes. „Die Tauglichkeit einer Sache, ihrem Besitzer eine Einnahme von anderen Menschen, also im Verkehre, zuwege zu bringen, läßt sich Verkehrswert nennen."[116] Indem Rau den Bezug zum Tausch nicht herstellt, faßt er im Begriff des Verkehrswerts Tausch und Verteilung, Wert und Mehrwert zusammen. Wenn sich der Verkehrswert auf ein Tauschgut beziehe, meint Rau, so stelle er sich als Tauschwert dar. Entsprechend der überkommenen, stabilen Bedürfnisstruktur sagt Rau: „Dieser Tauschwert ruht aber nicht auf so festem Grunde wie der Gebrauchswert, sondern verändert sich unter dem Einfluß äußerer Ereignisse und ist selbst etwas Äußeres, nämlich ein Verhältnis, nach welchem Güter füreinander gegeben und empfangen werden."[117]

Wenngleich auch Produktionsmittel im Tausch ihren Preis erhalten, bestimmt Rau deren Verkehrswert anders. „Wird aber ein Gut dazu benutzt, um andere verkäufliche Sachgüter oder persönliche Leistungen zustandezubringen, so hängt sein Verkehrswert teils davon ab, in welchem Grade ein solches Erwerbsmittel die Erzeugung eines verkäuflichen Gegenstandes unterstützt, teils von den Preisen des letzteren. Ist ein Erwerbsmittel Quelle regelmäßig wiederkehrender Einnahmen, so hat man aus der Erfahrung auszumitteln, wievielfach der jährliche kostenfreie Ertrag genommen werden muß, um den mittleren Verkehrswert jenes dauernden Gutes zu finden."[118] Rau vermengt ihrer Herkunft nach verschiedene Bestandteile im Preis des Enderzeugnisses: den durch den Arbeiter vom Produktionsmittel auf das Produkt übertragenen Wertteil, den Durchschnittsprofit, den Zins und die Rente. Daher ist die Definition so ungenau und beruft sich letztlich nur auf die Erfahrung. Nur der Bodenpreis läßt sich als

115 Ebenda, 5. Aufl., Heidelberg 1847, S. XI.

116 Ebenda, S. 77.

117 Ebenda, S. 78.

118 Ebenda, 1. Abt., 8. Aufl., Leipzig/Heidelberg 1868, S. 92. Die entsprechende Passage in der 5. Aufl. (S. 78) ist noch recht wirr, weil es Rau schwerfällt, die verschiedenen zusammengeworfenen Erscheinungen unter einen Begriff zu bringen.

kapitalisierte Rente ermitteln; für die Preise aller übrigen Produktionsmittel, soweit sie sich aus der freien Konkurrenz ergeben, ist RAUs Bemerkung falsch. Die Annahme eines nicht als Tauschwert erscheinenden Verkehrswerts zeigt, daß RAU als die hauptsächliche Produktionsbedingung den Boden betrachtet, und die Maschine, das für die industrielle Revolution so hervorragende Produktionsinstrument, nicht berücksichtigt. Seine erklärenden Anmerkungen beziehen sich fast ausschließlich auf die Landwirtschaft. Die Maschine als *maschinell* hergestellte Ware gibt es in der ersten Hälfte des 19. Jahrhunderts weder in der Wirklichkeit noch in den Lehrbüchern Deutschlands. Dieser Umstand erklärt im wesentlichen die umständliche Gebrauchswerttheorie.

Die Arbeitswerttheorie wird bei RAU nur am Rande erwähnt. Er gibt deren Hauptsätze wieder und teilt mit, daß SARTORIUS sie bereits widerlegt habe. An SMITH' Auffassung, daß der Wert durch die für jede Ware zu erkaufende Menge Arbeit bestimmt werde, knüpft RAU eine Betrachtung über die Kaufkraft der Löhne. „Je nachdem nämlich wegen dieser Verschiedenheit des Lohnes ein gewisses Gut mehr oder weniger Tagewerke gemeiner Handarbeit erkauft, wird der arbeitenden Klasse dessen Erwerbung schwerer oder leichter. Da nun der wirtschaftliche Zustand dieser Klasse für die Beurteilung des Wohlstandes eines Volkes von großer Wichtigkeit ist, so erscheint ein solcher Ausdruck der Preise in Arbeitstagen sehr lehrreich, nur nicht in dem Sinne jener Schriftsteller."[119] Das Wesen der klassischen Arbeitswerttheorie von SMITH hat RAU nicht begriffen.

Noch unverständlicher bleibt ihm RICARDOs Wertbestimmung der Ware durch den zu deren Produktion notwendigen Arbeitsaufwand. Diese Arbeitsmenge, die RAU mit den Lohnkosten verwechselt, könne man gar nicht feststellen, weil sich die Preise bald mehr, bald weniger von den Kosten entfernen. „Wäre die Ausmittlung des Arbeitsbedarfs zur Erzeugung der Waren von technischer Seite nicht so schwierig, so würde sie wenigstens dazu sehr dienlich sein, um den Stand der Gewerbskunst in jedem Zeitalter zu bezeichnen."[120]

Über Kapital und Einkommen

Dieses Unverständnis und weitgehende Desinteresse an der Werttheorie von SMITH und RICARDO hebt sich deutlich von RAUs Bemühen ab, für die Darlegung der Gesetzmäßigkeiten in Produktion und Verteilung aus den Analysen der Klassiker

[119] Karl Heinrich Rau, Lehrbuch, Bd. 1, 5. Aufl., Heidelberg 1847, S. 216 (Bd. 1, Abt. 1, 8. Aufl., Leipzig/Heidelberg 1868, S. 233); in der 1. Aufl. dagegen verkehrt: „Je nachdem nämlich wegen dieser Verschiedenheit des Lohnes ein und dasselbe Gut mehr oder weniger Tagewerke gemeiner Handarbeit zu erkaufen dient, befindet sich die arbeitende Klasse in einem besseren oder schlechteren Zustand" (S. 131).

[120] Ebenda, 5. Aufl., Heidelberg 1847, S. 218 (Bd. 1, 1. Abt., 8. Aufl., Leipzig/Heidelberg 1868, S. 234); in der 1. Aufl. fehlt der Bezug auf Ricardo bei der Erörterung der Arbeitswerttheorie.

zu lernen. Aber da RAU den Wert auf den Gebrauchswert zurückführt, ist ihm das Wesen des Mehrwerts und seiner speziellen Formen unbegreifbar. Die Bewegungsformen des Profits, des Zinses und der Rente bereiten ihm offensichtlich Schwierigkeiten.

RAUs Betrachtung des Produktionsprozesses ist eine eigenartige Verquickung von SAYs vulgärökonomischem Herangehen mit SMITH' Aussagen über den Manufakturkapitalismus. In Anlehnung an SAYs Produktionsfaktorentheorie zählt RAU zu den Voraussetzungen des Arbeitsprozesses die Naturkräfte, die produktive Arbeit und „schon vorhandene Güter" (Grundstücke und Kapitale).[121] Unter produktiver Arbeit versteht er konkrete, güterproduzierende Arbeit, deren Abgrenzung von der unproduktiven Arbeit nicht immer leicht sei. So sei der Handel als „ein unentbehrliches, die Ausdehnung und Fortdauer der Stoffarbeiten bedingendes Hülfsgeschäft derselben"[122] mittelbar produktiv. In Anlehnung an SMITH dagegen schreibt er: „So wie die Größe des jährlichen Einkommens eines Volkes von der durch die Mitglieder desselben auf die Hervorbringung gewendeten Arbeit abhängt, so muß auch der vorhandene Stamm von beweglichem Vermögen als die aufgesparte Frucht früherer Arbeiten betrachtet werden."[123] Die Arbeit beschreibt er als vorindustrielle Tätigkeit, die in der Arbeitsteilung der Manufaktur ihre höchste Wirksamkeit erreiche. Obwohl RAU in den späteren Auflagen die Entwicklung der Maschinen und die Literatur über das Maschinenwesen anführt, sieht er doch keine prinzipiellen Unterschiede zwischen den vorindustriellen arbeitssparenden mechanischen Erfindungen und der die industrielle Revolution charakterisierenden großen Maschinerie.

RAUs Meinung über die sozialen Folgen der Industrialisierung wandelt sich; aber immer betont er die objektive Natur des Prozesses. Die Maschinen, schreibt er in der ersten Auflage, seien „für die Dauer und im ganzen der arbeitenden Klasse nicht schädlich, sie bringen auch wirklich keine allgemeine und fortwährende Erniedrigung des Lohnes zuwege, während ihre großen Vorteile auf alle Zeiten sich erstrecken".[124] Wie lange und wie viele Arbeiter durch die Maschinen verdrängt und ins Elend gestürzt werden, sei im allgemeinen nicht bestimmbar; „auch läßt sich nichts zu seiner Verhütung tun, weil die Vermehrung der Maschinen mit der Ausbildung der Kenntnisse und der Vergrößerung des Kapitales notwendig zusammenhängt. Ein Volk, welches die Maschinen von sich weisen wollte, würde dadurch nur bewirken, daß ein Teil der von ihm betriebenen Gewerke sich in die Nachbarländer zöge. Demnach gelangt man zu der Überzeugung, daß die mit der Einführung neuer Maschinen verbundenen Übel, die doch immer von weit kürzerer Dauer sind als die Vorteile, unter die Opfer gehören, mit welchen die Erhöhung des allgemeinen Wohlstandes erkauft werden

121 Ebenda, 1. Aufl., Heidelberg 1826, S. 59/60.
122 Ebenda, S. 71.
123 Ebenda, S. 65.
124 Ebenda, S. 326.

muß."[125] Wegen des gering entwickelten Kapitalismus nimmt Rau eine nur sehr langsame Industrialisierung an. „Der Nachteil ist oft schon darum gering, weil die wirksamsten Maschinen zugleich die kostbarsten sind und sich nur langsam verbreiten, so daß das Angebot von Arbeiten sich allmählich vermindern kann. Die Unternehmer werden teils durch die Beschränktheit ihres Kapitals, teils durch die Besorgnisse wegen der Fortdauer des Absatzes, teils auch wegen Mangels an genauer Kenntnis und wegen des durch manche getäuschte Erwartungen begründeten Mißtrauens gegen neue Einrichtungen abgehalten, sich solche bald anzuschaffen."[126] Bei dieser langsamen Entwicklung könne auch „der Handwerksstand den Kampf mit den Fabriken mit desto geringerem Verluste fortsetzen, je mehr er bemüht ist, sich in Geschicklichkeit und Kenntnis auszuzeichnen".[127]

In der fünften Auflage, in der Rau auch Engels' Schrift „Die Lage der arbeitenden Klasse in England" (1845) anführt, hofft er, daß den sozialen Auswirkungen der Industrialisierung gesteuert werden könne. „Die Übelstände, welche in moralischer und wirtschaftlicher Hinsicht aus einer großen Ausdehnung des Fabrikwesens entstehen und wegen des Daseins vieler vermögensloser, leicht aufzureizender Lohnarbeiter selbst die Sicherheit im Staate bedrohen können, lassen sich durch viele Erfahrungen nachweisen, doch scheint die Größe und Häufigkeit des nicht mit guten Gründen ganz zu leugnenden Übels öfters mit Übertreibungen dargestellt worden zu sein, hauptsächlich weil man die beweisenden Tatsachen nur von solchen Gewerben hernahm, welche im Stillstande oder sogar in Abnahme waren."[128] Die Hoffnung, die Industrialisierung zu verlangsamen und deren sozialen Nachteilen zu wehren, äußert Rau auch noch in den sechziger Jahren.[129]

Obgleich Rau in gewissem Maße die Erscheinungen der industriellen Revolution berücksichtigt, bleibt sein theoretisches Verständnis, das sich in den zwanziger Jahren endgültig herausgebildet hat, doch auf dem Boden des Manufakturkapitalismus. Es ist daher auch nicht verwunderlich, daß Rau das Kapital unter dem stofflichen Gesichtspunkt der Produktionsmittel im Anschluß an Smith behandelt, dessen Untersuchungen er jedoch nicht ausschöpft und dessen Schranken und ungelöste Probleme er nicht erkennt.

In dem Abschnitt über das Kapital wird auch deutlich, daß er Smith nicht einfach folgt, sondern sowohl Smith als auch den späteren Vulgärökonomen kritisch entgegentritt, wo es sein Verständnis der politischen Ökonomie erlaubt. So hält er sich streng an seine Definition, daß der Gegenstand der ökonomischen Wissenschaft das Verhalten der Menschen zu den *sachlichen* Gütern der Produktion sei. Er läßt sich zum Beispiel auch dadurch nicht beirren, daß Smith

[125] Ebenda, S. 327.
[126] Ebenda, S. 328.
[127] Ebenda, S. 323.
[128] Ebenda, 5. Aufl., Heidelberg 1847, S. 522/523.
[129] Vgl. Ebenda, 2. Abt., 8. Aufl., Leipzig/Heidelberg 1868, S. 269/270.

selbst die Qualifikation des Arbeiters als persönliches Kapital bezeichnete. Im Verlaufe der industriellen Revolution wurde diese Auffassung von Say und anderen übernommen. Gegen sie gewendet, korrigiert Rau völlig im Sinn der klassischen politischen Ökonomie: „So hat man die Geschicklichkeit, welche ein Arbeiter mit Hilfe von Fleiß und Kostenaufwand erworben hat, als persönliches Kapital aufgeführt, aber die Eigenschaften der Menschen, wie wichtig sie immer als Ursachen der Güterentstehung sein mögen, sind bloß persönliche Güter und gehören nicht in das Vermögen, also auch nicht in das Kapital.“ [130]

Wie wenig Rau tatsächlich in die Prozesse der Produktion und Verteilung eingedrungen ist, zeigen seine Darlegungen über das Einkommen. Smith' Gedanken über das vom Arbeiter geschaffene und vom Kapitalisten unentgeltlich angeeignete Mehrprodukt finden in Raus Lehrbuch keinen Niederschlag. Ricardos Begriff des Profits stößt auf Ablehnung, weil dieser Profit als solcher in der Wirklichkeit nicht erscheint. Rau behandelt die Einkommen, wie sie ihm an der Oberfläche begegnen als Arbeitslohn, Grundrente, Zins und Unternehmergewinn; er faßt Lohn, Rente und Zins als Kostengrößen auf, die der Unternehmer ebenso wie Material- und Abschreibungskosten vom erzielten Erlös absetzen muß, um seinen Gewinn als Restgröße zu erhalten.

Bei der Bestimmung des Arbeitslohns ist Smith' Einfluß noch deutlich spürbar. Da sich die sachlichen Bedingungen der Produktion in der Hand des Kapitalisten befinden, müsse sich der Arbeiter seinen Unterhalt vorschießen lassen, stellt Rau fest. „Der Lohn bildet demnach ein Einkommen des Arbeiters, welches meistens aus dem Kapitale des Lohnherrn vorgeschossen wird, sei es in Geld oder in den Genußmitteln selbst, und sich aus dem Erlöse ersetzt wie die anderen verzehrten oder ausgegebenen Kapitalteile.“ [131] Die Größe des „Werts der Arbeit“ bestimmt Rau nach dem Existenzminimum.

Hinsichtlich der Rente lehnt sich Rau an Smith an. „Wenn Grundstücke bearbeitet werden, so können sie bei günstiger Beschaffenheit eine Menge von Erzeugnissen geben, die, nach dem Werte bemessen, die angewendeten Kosten beträchtlich übersteigt. Dieser Überschuß des Ertrages über den gemachten Kapitalaufwand fällt anfänglich dem Unternehmer der Erdarbeit zu als ein Geschenk der im Boden wirkenden oder früher wirksam gewesenen Naturkräfte. Sobald aber Grundstücke in das Eigentum einzelner übergegangen sind, wird jener Vorteil ausschließend von dem Eigentümer bezogen, woferne nicht ein anderer sich von demselben gegen eine jährliche Abgabe die Erlaubnis zur Benutzung des Grundstückes verschafft (dasselbe pachtet). Hiedurch erhält die Befugnis zur Bodenbenutzung einen Preis, welcher besonders dann regelmäßig

[130] Ebenda, 1. Aufl., Heidelberg 1826, S. 90.

[131] Ebenda, 1. Abt., 8. Aufl., Leipzig/Heidelberg 1868, S. 171.
Nicht der klaren Definition, wohl aber der Sache nach findet sich die Auffassung auch in den früheren Auflagen; vgl. 1. Aufl., Heidelberg 1826, S. 88; 5. Aufl., Heidelberg 1847, S. 158.

stattfindet, wenn auch zugleich die Erzeugnisse des Bodens einen die Gewinnungskosten übersteigenden Preis erhalten." [132]

RAU lehnt RICARDOs Auffassung ab, daß sich die Rente notwendig mit der weiteren wirtschaftlichen Entwicklung auf Kosten des Profits vergrößere. Die aus dem spezifisch englischen Gegensatz zwischen Industriekapital und Grundbesitz erklärbare Verallgemeinerung eines Sonderfalls ist für RAU nicht zwingend. „Die zunehmende Volksmenge eines Landes muß zwar den Begehr von Bodenerzeugnissen erhöhen; doch folgt hieraus nicht notwendig eine Erhöhung des Preises derselben und der Grundrente, sondern es kommt erst darauf an, auf welche Weise man imstande ist, das Angebot in Gemäßheit des stärkeren Begehrens zu vergrößern." [133] Durch Verbesserungen der Transportbedingungen und Vervollkommnung des landwirtschaftlichen Betriebs können auch bei gestiegenem Bedarf die Kosten gleichgehalten werden, meint RAU.

Da RAU den Profit nicht behandelt, erscheint ihm der Zins nicht als ein vom Profit abgeleitetes Einkommen, sondern als jenes ursprüngliche Einkommen, dessen Bewegung erst die Bewegung des Unternehmergewinns bestimmt.

Der Zins muß nach RAU, der hierin SMITH folgt, bei einer die Bevölkerungsvermehrung übersteigenden Kapitalversorgung sinken. Wie SMITH malt RAU kein pessimistisches Zukunftsbild. „Man hat nicht zu befürchten, daß unter diesen Umständen das Kapital des Volkes nicht mehr wachsen könne, denn nicht allein die Kapitalisten und Unternehmer, sondern auch die Arbeiter und die Grundeigner vermögen dasselbe durch ihre Ersparnisse zu vergrößern" [134], nimmt RAU im Gegensatz zur Wirklichkeit an.

Während der Zinsfuß eine bekannte, durch Angebot und Nachfrage an Kapital bestimmte Größe ist, die auch der mit geliehenem Geldkapital arbeitende Unternehmer berücksichtigen muß, erscheint der Unternehmergewinn als die Restgröße des Mehrwerts nach Abzug von Zins und Rente. Auf den Unternehmergewinn waren weder SMITH noch RICARDO eingegangen; als Begriff (profit de l'entrepréneur) hatte SAY ihn entwickelt und JAKOB übernommen. RAU wendet sich gegen die apologetische Interpretation des Unternehmergewinns als Arbeitslohn. Der Unternehmergewinn komme etwa der Größe des Zinses gleich und falle wie diese mit der Zunahme der angewendeten Kapitale und der Konkurrenz untereinander. Für RICARDOs Frage nach der organischen Zusammensetzung des Kapitals zeigt RAU kein Verständnis.

Da RAU die Kategorie des Mehrwerts bzw. Profits fehlt, weiß er über das Verhältnis von Arbeitslohn einerseits und Gewinn und Zins anderseits nur wenig zu sagen. Er nimmt eine vage Beziehung zwischen Arbeitslohn und Zins an. Eine Lohnerhöhung werde nicht im gleichen Maße den Preis der Ware erhöhen, weil die Lohnkosten nicht die einzige Kostenart seien. „Die Kapitalrente wird

[132] Ebenda, 1. Aufl., Heidelberg 1826, S. 98.
[133] Ebenda, S. 163/164.
[134] Ebenda, 5. Aufl., Heidelberg 1847, S. 307.

in einem solchen Lande, wo der Arbeitslohn durchgängig steigt, eher abnehmen als sich vermehren, also ist sogar eine Verringerung in diesem Bestandteile des Kostenbetrages zu erwarten."[135] Den Zusammenhang zwischen Arbeitslohn und Zins erklärt RAU nicht näher.

Aber auch der Unternehmergewinn müsse bei einer Zunahme der Lohnkosten sinken, meint RAU, obwohl diese Kosten im höheren Preis des Erzeugnisses wiedererstattet werden. Den Abzug vom Gewinn erklärt er aus höheren Anschaffungskosten, die der Kapitalist kurioserweise nicht auf den Preis aufschlägt. „Die bei der Vermehrung der Volksmenge, der Vergrößerung der Bedürfnisse der arbeitenden Klasse und der Erhöhung in den Getreidepreisen unvermeidliche Steigerung des Arbeitslohnes führt zu einer Verringerung des Gewerbsgewinnes. Die Preise der Landeserzeugnisse untereinander werden von einer allgemeinen Erhöhung des Lohnes nur wenig abgeändert; nur gegen Geld könnten sie wegen dieser Vergrößerung des Kostenbetrages steigen. Wenn dies aber geschieht, so hat der Unternehmer nicht bloß keinen Nutzen, weil seine Ausgabe für Lohn um so viel größer geworden ist, als der Erlös zugenommen hat, sondern er hat auch noch den Nachteil, die anzuschaffenden Stoffe, Werkzeuge usw. um einen höheren Preis kaufen zu müssen. Dadurch wird notwendig der Gewinn erniedriget. Die Steigerung des Lohnes zufolge des schnelleren Anwachsens der Kapitale hat dieselbe Wirkung, so wie sie zugleich auch die Kapitalrente auf einen niedrigeren Satz bringt."[136]

RAUs Konfusion ergibt sich daraus, daß er das Problem der Einkommensverteilung zwischen Arbeitern und Kapitalisten durch die Gegenüberstellung von Arbeitern und kapitalistischen Unternehmern erfassen will. Natürlich kann ein Unternehmer durch erhöhte Kosten in Bedrängnis kommen, selbst wenn er und seine Konkurrenten eine allgemeine Lohnerhöhung als allgemeine Kostenerhöhung in Rechnung stellen würden. Allerdings übersieht RAU in diesem Fall, daß eine allgemeine Preiserhöhung um den Betrag der Lohnerhöhung nicht den Wert der Waren erhöht, sondern den Wert des Geldes vermindert und damit den gleichbleibenden Betrag des Unternehmergewinns wertmäßig vermindert. Dies beiseite gelassen, bleibt an der Betrachtung unerfindlich, warum die Rohstoff- und Werkzeugproduzenten die Lohnerhöhung im Preis weitergeben dürfen, nicht aber der Endproduzent, dem nur die Lohnerhöhung für die in seinem Betrieb beschäftigten Arbeiter auf den Preis aufzuschlagen gestattet wird.

RAU hat später diese Passage getilgt, die so deutlich davon zeugt, wie schwer es in den zwanziger Jahren dem führenden deutschen Vulgärökonomen fiel, RICARDOs Ausführungen auch nur annähernd zu verstehen. Statt dessen schreibt er: Wenn Lohn und Grundrente „einen größeren Teil des gesamten Gütererzeugnisses in Anspruch nehmen, so müssen die Besitzer des beweglichen Vermögens und die Unternehmer auf einen kleineren Anteil beschränkt werden. Es ist unmöglich,

[135] Ebenda, 1. Aufl., Heidelberg 1826, S. 156.
[136] Ebenda, S. 183/184.

daß die letzteren ihre Erzeugnisse gerade um so viel teurer verkaufen, als ihre Ausgaben für Grundrente und Lohn sich vergrößert haben, weil das Volkseinkommen nicht zureicht, ihnen noch den nämlichen Verdienst zu gewähren."[137] Aber auch jetzt fehlt jeder Bezug auf RICARDOs Grundvoraussetzung, daß der Wert der Ware durch die bei ihrer Herstellung benötigte Arbeitsmenge bestimmt wird. Da RAU nicht Arbeitslohn und Mehrwert bzw. Profit gegenüberstellt, sondern sofort die speziellen Einkommen Zins und Unternehmergewinn behandelt, bleibt das Wirken der Durchschnittsprofitrate ungeklärt. RICARDOs Gegenüberstellung von Grundbesitzern, die sich einen Teil des Mehrwerts aneignen, und Industriekapitalisten erscheint bei RAU als Gegenüberstellung von Grundbesitzern einerseits und Geldkapitalisten und Unternehmern anderseits.

Am Schluß dieses Abschnitts ist zu sagen, daß einige theoretische Auffassungen aus dem damals verbreitetsten deutschen Lehrbuch für politische Ökonomie etwas ausführlicher und teilweise in der Entwicklung über mehrere Auflagen dargelegt wurden, um die eigenartigen Bedingungen des Übergangs vom Manufakturkapitalismus zum Industriekapitalismus deutlich zu machen, unter denen „die Importation englischer und französischer Ökonomie zum Besten des deutschen Bürgertums" begann. Um die tatsächliche Bedeutung der hier angeführten Vorstellungen zu erfassen, müßte allerdings eine Abhandlung für sich geschrieben werden. Die theoretischen Auffassungen wären daraufhin zu untersuchen, wie sie sich zum einen in RAUs wirtschaftspolitischen Teilen des Lehrbuchs und in dessen zahlreichen Aufsätzen über wirtschaftspraktische Fragen niederschlagen. Zum anderen wäre festzustellen, wie ihn seine ökonomischen Kenntnisse befähigten, als Mitglied der badischen Ersten Kammer bürgerliche Forderungen zu vertreten. Schließlich steht auch noch ein Vergleich zwischen RAUs Lehrbuch und den vielen ähnlichen Druckwerken jener Zeit aus. Bevor solche Forschungen nicht erfolgt sind, ist kein Gesamtbild auch nur über die „Schulfüchse", über die politische Ökonomie an den deutschen Universitäten, zwischen 1815 und 1848 zu entwerfen, also über jene drei Jahrzehnte, als die deutschen Theoretiker noch „die politische Ökonomie unbefangen treiben konnten", aber die gering entwickelten Verhältnisse „jede originelle Fortbildung der 'bürgerlichen' Ökonomie" ausschlossen.

Trotz dieser Einschränkungen gestattet jedoch der hier gegebene historische Überblick die Feststellung, daß der Versuch eines Neubeginns im ökonomischen Lehrfach den deutschen Theoretikern ermöglichte, sich bestimmte Erkenntnisse der im Ausland entwickelten politischen Ökonomie anzueignen und das Niveau der ökonomischen Diskussion im Vergleich zu den vulgärökonomischen Ausfällen gegen die klassische politische Ökonomie zu Beginn des 19. Jahrhunderts zu erhöhen.

137 Ebenda, 5. Aufl., Heidelberg 1847, S. 322; Bd. 1, 1. Abt., 8. Aufl., Leipzig/Heidelberg 1868, S. 358.

5. Zur Literatur des ökonomischen Liberalismus

In den beiden vorangegangenen Abschnitten wurden einige Auffassungen eines Forschers und eines „Schulfuchses" dargelegt. Für beide gilt, daß sie noch „die politische Ökonomie unbefangen treiben konnten". Wie ENGELS feststellt, trat in Deutschland der Wendepunkt für die Bourgeoisie 1848 ein; zuvor merkte diese noch nicht, daß „ihr proletarischer Doppelgänger ihr über den Kopf wächst". So wichtig die entsprechenden Ausführungen im einleitenden Abschnitt dieses Kapitels für die grundsätzliche Einschätzung der politischen Ökonomie in Deutschland während des Übergangs zum Industriekapitalismus sind, muß aber auch berücksichtigt werden, daß Deutschland von keiner chinesischen Mauer umgeben war. Es wurde in diesem Buch immer wieder darauf verwiesen, daß die Geschichte der politischen Ökonomie in jedem Land nur aus der Dialektik von Nationalem und Internationalem richtig interpretiert werden kann.

Die bereits um 1830 in England und Frankreich einsetzende Krise der wissenschaftlichen bürgerlichen politischen Ökonomie war unter zwei Gesichtspunkten für die ökonomische Diskussion in Deutschland von Bedeutung.

Erstens wurden den deutschen Theoretikern eine breite Palette ausländischer vulgärökonomischer Auffassungen zur Auswahl und zum Import angeboten. Die Deutschen mußten noch nicht allgemein zur Vulgärökonomie übergehen, aber sie konnten abwägen, ob ihnen diese oder jene vulgärökonomische Version zusagte.

Zweitens hing der Übergang zur Vulgärökonomie in England und Frankreich auch mit dem Umstand zusammen, daß die Bourgeoisie in diesen Ländern „politische Macht erobert" hatte. Eine machtausübende Klasse stellt ihren Ökonomen auch bezüglich der Stellung zum Staat andere, neue Aufgaben als eine antifeudale Klasse, die sich jede feudale Staatseinmischung in Wirtschaftsangelegenheiten verbittet. Die noch politisch machtlose, wirtschaftlich erstarkende deutsche Industriebourgeoisie mußte deshalb aufmerksam verfolgen, wie sich die französische und englische Bourgeoisie der errungenen politischen Macht bediente, damit auch sie von ihrem – nicht bürgerlich beherrschten – Staat größere Förderung der industriellen Entwicklung verlangen konnte. Auf diese Weise wurden die deutschen bürgerlichen Ökonomen unmittelbar veranlaßt, ausländische vulgärökonomische Argumentationen zu übernehmen.

Das Staatslexikon von ROTTEK und WELCKER

Die in England und Frankreich erfolgte Wende zur Vulgärökonomie beeinflußte daher zunächst vor allem die liberale Wirtschaftsliteratur. Der aufschlußreichste geistig-literarische Niederschlag des deutschen Liberalismus vor dem März 1848 war das berühmt gewordene Staatslexikon der Freiberger Professoren KARL

Wenzeslaus Rodecker von Rotteck und Karl Theodor Welcker[138], die sich als Führer der liberalen Opposition im Jahre 1832, als Friedrich List den Verleger Th. Lesser für die Herausgabe des Lexikons gewinnen konnte, bereits einen Namen gemacht hatten. Das „Staatslexikon" gibt nicht nur Kenntnis von der politischen Position des frühen Liberalismus und es wurde nicht nur ein in ganz Deutschland weitverbreitetes Kompendium antifeudal-liberaler Auffassung, das die ideologische Begründung der bürgerlichen Forderungen bot[139], sondern gleichzeitig auch ein aufschlußreiches Denkmal der ökonomischen Ansichten der deutschen Liberalen jener Zeit. Die Autoren nutzten die Möglichkeit, ihren liberalen Forderungen durch die Abhandlung verschiedener Wissensgebiete eine theoretische Fundierung zu geben.

Im Vorwort des Staatslexikons schreibt Rotteck programmatisch: „Die Wohlgesinnten unter den Liberalen aber mögen unverhohlen und klar aussprechen, was sie verlangen, wünschen oder fordern . . . Sie mögen durch die Aufstellung solcher Forderungen ein politisches Glaubensbekenntnis oder ein Panier aufstecken, um welche alle leidenschaftslosen, gemäßigten, besonnenen Liberalen, d. h. also die unermeßliche Mehrheit derselben sich sammeln mögen . . . Zur Aufstellung eines solchen Glaubensbekenntnisses, zur Errichtung eines solchen Paniers einiges beizutragen, ist der erste Hauptzweck unseres Staatslexikons. Es soll die Grundsätze, die Richtungen, die Interessen der konstitutionellen Monarchie als der nach unseren historischen Verhältnissen vollkommensten Form des Staatslebens, oder wenn man will, die billigen Friedensbedingungen zwischen dem vernünftigen und dem historischen Recht aufstellen, und, ohne Rückhalt oder geheimen Vorbehalt, aussprechen was die mit dem Namen der liberalen oder konstitutionellen bezeichnete Partei eigentlich will, wünscht, ausspricht und fordert."[140]

Das erste Heft der Subskriptionslieferung des Staatslexikons erschien im September 1834, im Jahre 1843 schließlich lag die erste Auflage in 15 dickleibigen Bänden vor. Von den ersten Bänden wurden 3000 Exemplare verkauft, allerdings war das Werk in Preußen zu jener Zeit verboten. Obwohl die Gestaltung des Staatslexikons sehr zu wünschen übrig ließ, die meisten Artikel auf keinem hohen Niveau standen und die Struktur des Gesamtwerkes uneinheitlich war, erfüllte es seinen politischen Zweck und auch ein dringendes Bildungsbedürfnis, war es doch die einzige nach Stichworten bequem geordnete staatswissenschaftliche Bildungsquelle. Da auch im Jahre 1843 in Preußen das Zensurverbot für das Werk auf-

138 Vgl. Hans Zehnter, Das Staatslexikon von Rotteck und Welcker. Eine Studie zur Geschichte des deutschen Frühliberalismus, Jena 1929.

139 Vgl. Biographisches Lexikon zur deutschen Geschichte. Von den Anfängen bis 1945, Berlin 1971, S. 585.

140 Staats-Lexikon oder Encyclopädie der Staatswissenschaften, in Verbindung mit vielen der angesehensten Publicisten Deutschlands herausgegeben, von Carl von Rotteck und Carl Welcker, 1. Aufl., Altona 1834–1843, Bd. 1, S. XXIIIf.

gehoben wurde, stiegen die Absatzchancen wieder an, so daß sich Lesser und Welcker 1845 zu einer Neuauflage entschlossen.[141]

Die Verfasser bekannten sich mit Ausnahme der Schweizer zur konstitutionellen Monarchie. Von den 69 Autoren des Staatslexikons stammte die Mehrzahl, 35 Autoren, aus dem Süden und Südwesten Deutschlands. Baden, das im Rahmen des Deutschen Bundes besonders günstige Bedingungen für liberale Kräfte hatte und in dem besonders heftige Oppositionskämpfe im Gange waren, hielt die Spitze in der Autorenschaft. Aus Sachsen stammten nur die Autoren W. Binzer und Friedrich Bülau, der mehr als fünfzig Artikel, darunter den Artikel „Politische Ökonomie", verfaßte. Aus der Feder von Friedrich List stammen dreizehn Beiträge, darunter die Artikel „Arbeiter" und „Arbeitslohn". Als die zweite Auflage des Staatslexikons vorbereitet wurde, kam ein Großteil der ökonomischen Artikel von Carl Mathy, einem liberalen badischen Abgeordneten, einem engen Freund von Welcker und Schüler von Rau, unter anderem auch der Artikel „Nationalökonomie".[142]

Schließlich sind ökonomische Beiträge, so eine Anzahl finanz- und handelspolitischer Artikel, von Rotteck selbst angefertigt worden. Er vertritt noch das „Laisser-faire"-Prinzip: Der Staat solle sich im allgemeinen nicht in die Wirtschaft einmischen und nur die Hindernisse für die wirtschaftliche Entwicklung beseitigen. Er verneint ausdrücklich, daß der Staat verpflichtet sei, den wirtschaftlich Schwachen zu helfen und hält dies sogar für schädlich.[143] Rotteck geht sogar so weit, dem Staat jedes Recht abzusprechen, selbst Unternehmen zu betreiben oder Gelder in Form von Regalien aufzutreiben. Alle Staatsausgaben sollen durch Vermögens- und Einkommenssteuern abgedeckt werden.[144] In seinen handelspolitischen Artikeln verteidigte er das Prinzip der absoluten Handelsfreiheit. Alle „Handels-Bedrückungen" seien widerrechtlich, schreibt er im Artikel „Handelspolitik".[145] Nur dann sei eine Beschränkung der Handelsfreiheit gerechtfertigt, wenn der „wahre, vernünftige Gesamtwille seine Zustimmung erteilt"[146]. Die möglichst vorteilhafte Befriedigung der Bedürfnisse und der Absatz der Erzeugnisse seien aber ein anderes rechtmäßiges Anliegen der Menschen. Daher gelte das Prinzip der inneren und äußeren Handelsfreiheit. „Wer die den edelsten Humanitätszwecken dienenden, durch gegenseitiges Bedürfnis natürlich sich bildenden Handelsverbindungen aus engherzig egoistischen Gründen stört, hemmt oder trennt, der sündigt gegen die Natur und die Menschheit und ladet

141 Die zweite Auflage erschien 1845 bis 1848 in zwölf Bänden. Die dritte und letzte Auflage begann 1856 zu erscheinen und wurde 1866 vollendet.

142 Ebenda, 2. Aufl., Bd. 9, Altona 1847.

143 Ebenda, Artikel „Armenwesen", Bd. 2, S. 6ff.

144 Vgl. die Artikel „Abgaben", „Capitalsteuer", „Erbschaftssteuer", „Finanzgesetz", „Grundsteuer", „Indirekte und direkte Steuern", „Kopfsteuer".

145 Ebenda, Bd. 7, S. 355.

146 Ebenda, S. 357.

das gerecht verdammende Urteil aller Freunde der Zivilisation und Humanität auf sich."[147]

Andere ökonomische Autoren des „Staatslexikons" gehen nicht wie ROTTECK von naturrechtlichen Erwägungen aus, sondern argumentieren mit volkswirtschaftlichen Gesichtspunkten. ROBERT VON MOHL und WOLFGANG SCHÜZ kommen den Auffassungen von LIST über die staatliche Unterstützung der Industrialisierung sehr nahe. MOHL betrachtet häufig den Einfluß der Wirtschaft auf die Kultur der Nation.[148] Er analysiert die Vor- und Nachteile, die aus den verschiedenen wirtschaftlichen Betätigungen der Menschen für Staat und Gesellschaft entstehen. Bei seinem Lob des Ackerbaus zählt MOHL neben anderen Vorzügen wie die Umstände, daß die Landwirtschaft die wichtigsten Nahrungsmittel im eigenen Land liefere, Rohstoffproduzent und ein stetiger, verläßlicher Produktionszweig sei, auch den Vorteil auf, daß der Ackerbau eine unverdorbene, sittliche Atmosphäre erzeuge. Gewerbe und Handel hätten dagegen diese Vorzüge nicht aufzuweisen, jedoch würden diese den Volksreichtum vermehren, die Grundlagen der Macht des Staates stärken und einen positiven geistigen Einfluß ausüben.[149] Der Staat habe die Pflicht zur Hilfeleistung, wenn die drei Hauptquellen des Volksreichtums in eine Zwangslage geraten, denn „nur wo Ackerbau, Gewerbe und Handel nebeneinander in Blüte stehen, ist der Volkswohlstand gut beraten und die Kraft des Staates möglichst gesichert und gesteigert"[150].

Freihandel und Schutzzoll

Keine ökonomische Frage hat die Gemüter der deutschen Liberalen in den dreißiger und vierziger Jahren stärker bewegt als die des Protektionismus. Die Zollschranken widersprachen der Forderung der klassischen politischen Ökonomie nach absoluter Handelsfreiheit; sie wurden aber nun von der Industriebourgeoisie als ein staatliches Instrument zur Unterstützung der nationalen Industrialisierung aufgefaßt. So kam es, daß die Liberalen mehr „unliberal" nach Schutzzöllen riefen, wenn es darum ging, die Interessen der deutschen Produzenten und Händler vor der ausländischen Konkurrenz zu schützen.

Bei ROTTECK spiegelt sich noch das Unverständnis für die Problematik wider. MOHL dagegen sieht die Notwendigkeit, die inländische Landwirtschaft mit Hilfe von Ausgleichszöllen vor der ausländischen Konkurrenz zu schützen. Staatshilfe sei notwendig, „wenn nämlich die Überfüllung des Marktes nicht von der allzu großen Produktion des eigenen Landes herrührt, sondern von der Einfuhr aus einem fremden Lande, dessen Produkte, sei es wegen größerer Begünstigung der

147 Ebenda, Artikel „Handelspolitik", S. 363.

148 In den Artikeln „Ackerbau", Bd. 1, S. 210f. und „Gewerbe- und Fabrikwesen", Bd. 6, S. 776ff.

149 Im Artikel „Gewerbe- und Fabrikwesen", Bd. 6, S. 779.

150 Im Artikel „Ackerbau", Bd. 1, S. 212.

Natur, sei es wegen günstiger künstlicher Verhältnisse, selbst trotz der höheren Fracht unbedingt wohlfeiler geliefert werden können".[151]

Noch weiter geht SCHÜZ, der von einem ganzen Schutzsystem spricht, das auch den Schutz der einheimischen Industrie durch „Erziehungszoll" einschließt: „Ein mäßiges Schutzsystem, das die in einem Lande schlummernden produktiven Kräfte weckt, die Gewerbe bis zu ihrem Erstarken gegen übermächtige fremde Konkurrenz schützt, die inländischen Konsumenten durch einige Verteuerung der fremden Produkte auf den Verbrauch inländischer Waren hinlenkt, keinen starken Reiz zum Schleichhandel gibt, und keine Monopolgewinste bei den inländischen Gewerben zuläßt, ist, verbunden mit anderen die Gewerbsbindung fördernden, den Verkehr erleichternden Anstalten usw., in einem größeren Staate, oder in einem Staatenvereine rätlich, in welchem die Bedingungen einer regeren Gewerbetätigkeit unverkennbar vorliegen, fremde Prohibitivmaßregeln und übermächtige Konkurrenz aber die Entwicklung dieser Elemente nicht zulassen. Dieses Schutzsystem darf sich aber nur auf solche Produktionszweige beziehen, welche in der Natur des Bodens und Klimas, in den Anlagen und Bedürfnissen der Bewohner des Landes eine sichere Basis haben, und muß darauf berechnet sein, einem Systeme immer größerer Freiheit weichen zu können."[152]

Die deutsche Bourgeoisie brauchte Schutzzölle, um sich vor ausländischer Konkurrenz, vor allem vor der starken englischen, zu sichern. FRIEDRICH ENGELS schreibt im Jahre 1847 dazu: „Unter dem Bürgertume selbst herrschen zwar in betreff der Industrie und des Handels zwei verschiedene Ansichten. Es unterliegt indes keinem Zweifel, daß die Partei für die Schutz-, respektive Differentialzölle weitaus die mächtigste, zahlreichste und überwiegendste ist. Das Bürgertum kann sich auch in der Tat nicht halten, nicht befestigen, nicht zu unumschränkter Macht gelangen, wenn es nicht seine Industrie und seinen Handel durch künstliche Mittel schirmt und pflegt. Ohne Schutz gegen die ausländische Industrie wäre es in einem Jahrzehnt zerquetscht und niedergestampft."[153]

ENGELS weist auch darauf hin, daß dieser Schutzzoll im objektiven Interesse des Proletariats liegt, obwohl sich seine Lage entgegen den Verheißungen der bourgeoisen Ideologen durch den Schutzzoll nicht verbessert. „Die Herren von der Bourgeoisie, welche das Schutzsystem befürworten, verfehlen nie, das Wohl der arbeitenden Klasse in den Vordergrund zu schieben. Ihren Worten nach zu urteilen, beginne zugleich mit der Beschützung der Industrie ein wahrhaft paradiesisches Leben für die Arbeiter, ja Deutschland wird dadurch zu einem Kanaan, wo für den Proletarier 'Milch und Honig innen fließt'. Hört man andererseits die Freihandelsmänner sprechen, so würden erst bei Anwendung *ihres* Systems die Besitzlosen 'wie Gott in Frankreich', das heißt: höchst fidel und lustig leben können.

151 Im Artikel „Ackerbau", S. 219.

152 Artikel „Mercantilsystem", 10. Bd., S. 539.

153 Friedrich Engels, Schutzzoll oder Freihandels-System, in: MEW, Bd. 4, Berlin 1959, S. 59.

Unter beiden Parteien gibt es noch beschränkte Köpfe genug, die so ziemlich an die Wahrheit ihrer eigenen Worte glauben. Die Klugen darunter wissen sehr wohl, daß dies alles eitle Täuschung und auch lediglich auf Irreleitung und Gewinnung der Masse berechnet ist.

Den klugen Bourgeois braucht es niemand zu sagen, daß der Arbeiter, herrsche nun das Schutzzoll- oder das Freihandels- oder ein aus beiden gemischtes System, keinen höheren Arbeitslohn erhält, als gerade zu seiner notdürftigsten Unterhaltung hinreicht. Der Arbeiter bekommt auf der einen wie auf der andern Seite netto das, was er braucht, um als Arbeitsmaschine im Gange zu bleiben.

Dem Proletarier, dem Besitzlosen, könnte es also dem Anschein nach sehr gleichgültig sein, ob die Schutz- oder Freihandelsmänner das entscheidende Wort führen.

Da aber, wie oben gesagt, die Bourgeoisie in Deutschland des Schutzes gegen das Ausland bedarf, um mit den mittelalterlichen Überresten einer Feudal-Aristokratie und dem modernen Ungeziefer von 'Gottes Gnaden' aufzuräumen, und ihr eigenstes, innerstes Wesen rein und lauter zur Entfaltung zu bringen! so hat auch die arbeitende Klasse ein Interesse an dem, was der Bourgeoisie zur ungeschmälerten Herrschaft verhilft.

Erst wenn nur noch *eine* Klasse – die Bourgeoisie – ausbeutend und unterdrückend dasteht, wenn Not und Elend nicht mehr bald dem, bald jenem Stande, oder bloß dem unbeschränkten Königtume nebst seinen Bürokraten in das Schuldbuch geschrieben werden können: erst dann entspinnt sich der letzte entscheidende Kampf, der Kampf zwischen den Besitzenden und Besitzlosen, zwischen der Bourgeoisie und dem Proletariat."[154]

Der wichtigste Agitator der Freihandelsbewegung in Deutschland war JOHN PRINCE-SMITH (1809–1874), ein epigonenhafter Nachbeter der englischen Freihandelsdoktrin und ihrer Interpretation durch JEAN BAPTISTE SAY. PRINCE-SMITH galt als der Führer der deutschen Manchester-Schule, die lebhaft gegen Getreidezölle opponierte. Er organisierte den „Volkswirtschaftlichen Kongreß" und beeinflußte mit seiner Hilfe jahrzehntelang die deutsche Öffentlichkeit im Sinne der Freihandelslehre, wobei er mit sozialen Versprechungen nicht geizte. Nach seiner Meinung würde der Marktautomatismus soziale Gebrechen der modernen Gesellschaft heilen können. Der Freihandel würde eine überstaatliche, von staatlichen Grenzen freie wirtschaftliche Weltgemeinde hervorbringen. Die überstaatliche Menschheitsvereinigung baue die ökonomischen und politischen Machtinteressen der Nationen ab; die Universalunion löse die Epoche der Nationalstaaten mit ihren Kriegen und dem Antagonismus der Nationen ab. Der Freihandel verwirkliche letzten Endes den Menschheitsfrieden und die allgemeine Wohlhabenheit, er behebe die „Mißverständnisse der Interessen des Verkehrs" und beseitige den „letzten Rest des internationalen Antagonismus". Die Harmonie werde dadurch ermöglicht, daß jedes Volk das produziert, wofür es die günstigsten

[154] Ebenda, S. 60.

natürlichen Voraussetzungen hat und womit es dazu beiträgt, daß die ganze Welt reichhaltig und billig mit allen Gütern versorgt wird.

Friedrich List übernahm dagegen die Aufgabe, die praktischen Schutzzollinteressen der deutschen Bourgeoisie im Kampf gegen die Freihandelslehren der englischen Bourgeoisie und ihrer deutschen Epigonen theoretisch zu verteidigen. Er griff die These an, daß nur England zur industriellen Produktion fähig sei: Die klassische politische Ökonomie wolle „als ein Naturvorzug geltend machen, was einzig und allein Vorteil der Erziehung ist . . . Allerdings gibt es in der Natur gegründete Produktionsverschiedenheiten zwischen England und Frankreich, wie zwischen England und Deutschland. So ist England von der Natur in der Wolle- und Fleischproduktion, Frankreich in der Weinproduktion bevorzugt. Aber die natürliche Zone der Manufakturproduktion ist nicht durch den Kanal begrenzt, wie uns die Engländer glauben machen wollen." Offenbar habe die klassische politische Ökonomie „Erziehungsverhältnisse mit Naturverhältnissen verwechselt. Offenbar haben die Engländer diese Konfusion der Schule schlau benutzt, um ein Welt-Manufaktur-, Schiffahrts- und Handelsmonopol als ihr natürliches Erbteil in Anspruch zu nehmen."[155]

Der Schutzzoll, meint List, erziehe die Nation zur industriellen Selbständigkeit, so daß der Freihandel erst im nationalen, dann im internationalen Rahmen erreicht werde: „Auch wir sind Kosmopoliten, doch unser Kosmopolitismus ruht auf einer soliden Grundlage: auf der Nationalität. Auch wir erreichen einen Punkt, wo das System der Handelsfreiheit vorteilhafter ist als das System der Handelsbeschränkungen. Doch wir gelangen auf einem ganz anderen Weg dorthin als Smith und Say. Wir sind Staatsbürger, bevor wir Weltbürger sind."[156]

List sucht in seinen Schriften „Das natürliche System der politischen Ökonomie" (1837) und „Das nationale System der politischen Ökonomie" (1841) nachzuweisen, daß der industrielle „Erziehungszoll" zeitweilig notwendig sei, um den Vorsprung der ökonomisch entwickelteren Länder einzuholen. Mit Hilfe einer Theorie einzelner Stufen in der wirtschaftlichen Entwicklung und seiner „Lehre von den produktiven Kräften" sucht er den Schutzzoll als Mittel zu dieser Industrialisierung theoretisch zu rechtfertigen. Die Schutzzölle, schreibt er, würden die Industriewaren verteuern, aber man müsse von der Nation erwarten, daß sie Opfer bringe, um sich zukünftige Vorteile zu sichern. Letzten Endes würde die inländische Industrie so gestärkt werden, daß die Waren billiger im Inland hergestellt werden als vom Ausland eingeführt werden können. Das Opfer an Werten würde also durch die Erwerbung einer Produktivkraft vergütet, die der Nation für die Zukunft eine viel größere Summe von Gütern und die Unabhängig-

155 Friedrich List, Die nationalen Handelssysteme von England, Holland und Deutschland, in: Allgemeine Zeitung, Augsburg, 8. 4. 1841. Zitiert bei Günter Fabiunke, Friedrich List (1789–1846), in: Friedrich List, Das natürliche System der politischen Ökonomie, Berlin 1961.

156 Friedrich List, Das Natürliche System der Politischen Ökonomie, Berlin 1961, S. 158.

keit im Kriegsfall sichert. Der durch die Schutzzölle verursachte Verlust der Nation sei als Preis der industriellen Erziehung der Nation zu betrachten.[157]

Ein kleinbürgerlicher Vertreter der deutschen Schutzzollanhänger war GUSTAV VON GÜLICH, der unter anderem durch sein wirtschaftsgeschichtliches Werk „Geschichtliche Darstellung des Handels, der Gewerbe und des Ackerbaus der bedeutendsten handeltreibenden Staaten unserer Zeit"[158] bekannt geworden ist. GÜLICH polemisierte gegen LIST als den Vertreter der Industriebourgeoisie; er meinte, daß dessen Konzeption nicht wirklich das Wohl der arbeitenden Klasse berücksichtige und schlug statt dessen vor, den Import von Industrieprodukten ganz zu verbieten, Rohstoffe und Kolonialwaren mit hohen Einfuhrzöllen zu belegen sowie die Maschinen hoch zu besteuern, um die heimische Handarbeit vor der Industrie zu schützen. Damit vertrat GÜLICH das Prohibitivsystem, eine starke Einengung des Außenhandels, dessen konsequente Anwendung die Entwicklung der deutschen Industrie stark behindert hätte.

LIST und GÜLICH, schreibt MARX, „bilden die Grenzen, zwischen denen sich das System bewegt. Will es den Fortschritt der Industrie schützen, so opfert es geradezu die Handarbeit, die Arbeit; will es die Arbeit schützen, ist der industrielle Fortschritt das Opfer."[159]

Industrielle Revolution und Fabrikproletariat

Die Diskussion um die Zollfrage brachte sowohl die Spannungen zwischen dem am Getreideexport interessierten Junkertum und der Industriebourgeoisie als auch die Interessenunterschiede innerhalb der Bourgeoisie zum Ausdruck. Insgesamt konnte die Bourgeoisie jedoch die Gründung des deutschen Zollvereins als ihren Sieg betrachten. Danach veränderte sich der Charakter des deutschen Liberalismus. Waren die führenden Köpfe der Bewegung in den dreißiger Jahren vorrangig an den Hochschulen Süd- und Südwestdeutschlands beheimatet, so verlagerte sich das Schwergewicht der bürgerlichen Opposition, die unter der Fahne des Liberalismus auftrat, in den vierziger Jahren allmählich sowohl in ihrer Struktur als auch in geographischer Hinsicht. Es war die rheinische Großbourgeoisie, aus der sich jetzt die tatkräftigsten Liberalen rekrutierten: DAVID JUSTUS LUDWIG HANSEMANN, der Aachener Präsident der Handelskammer und Abgeordnete des Rheinischen Landtages, GOTTFRIED LUDOLF CAMPHAUSEN, ein rheinischer Industrieller und Handelskammerpräsident in Köln, sowie

157 Über diesen Kongreß, an dem auch Karl Marx, Friedrich Engels und Georg Weerth teilnahmen, vgl. die Berichte von Friedrich Engels, Der ökonomische Kongreß, in: MEW, Bd. 4, Berlin 1959, S. 291–295; ders., Der Freihandelskongreß in Brüssel, in: ebenda, S. 299–308.

158 Bd. 1 bis 5, Jena 1830–1845.

159 Karl Marx, Die Schutzzöllner, die Freihandelsmänner und die arbeitende Klasse, in: MEW, Bd. 4, Berlin 1959, S. 297.

Gustav Mevissen, gleichfalls rheinischer Industrieller und Präsident der Rheinischen Eisenbahngesellschaft. Das waren Männer der politischen Praxis, die dem Liberalismus ein anderes Gepräge gaben. Engels schreibt bereits 1842 in der „Rheinischen Zeitung", „daß der norddeutsche Liberalismus unbestreitbar einen höheren Grad von Durchbildung und Allseitigkeit, eine festere historische wie nationale Basis besitzt, als der Freisinn des Südens jemals sich erringen konnte"[160].

Mit der wirtschaftlichen Erstarkung der Bourgeoisie wuchs auch deren Bewußtsein. Wie David Hansemann bereits 1830 in einer Denkschrift gefordert hatte, sollte der Staat nicht mehr einseitig die feudalen Kräfte stützen, sondern „befähigten Staatsbürgern" die Macht übertragen. Unter der Forderung nach Verknüpfung persönlicher und staatlicher Interessen, unter dem Ruf nach Reformen, die angeblich „nationalen Interessen" entsprachen, verbarg sich der Machtanspruch der deutschen Bourgeoisie, der schließlich auch durch die politischen Erfolge der Bourgeoisie in Nachbarländern gefördert wurde. Engels schreibt: „Die politische Bewegung der Mittelklasse oder Bourgeoisie in Deutschland kann vom Jahre 1840 datiert werden. Ihr gingen Anzeichen voraus, die zeigten, daß die kapitalbesitzende und industrielle Klasse dieses Landes zu einem Zustand heranreifte, der ihr nicht länger gestattete, den Druck eines halbfeudalen, halbbürokratischen monarchischen Regimes apathisch und passiv hinzunehmen."[161]

In den vierziger Jahren tragen Junkertum und Industriebourgeoisie ihren Kampf unter anderem mit dem Hinweis auf die Sorge um den Bestand der Gesellschaft aus. Die Liberalen stoßen dabei genauso kräftig ins Horn wie ihre feudalen Gegner und verkünden lauthals, daß ihnen das Schicksal des Fabrikproletariats am Herzen läge. Zu jener Zeit war der geschichtlich-ökonomische Gegensatz zwischen Arbeitern und Kapitalisten „erst im Entstehen begriffen"[162]. Daher konnte die Bourgeoisie, die das Industrieproletariat schuf und ausbeutete, seine Verelendung in einem Junkerstaat in zahlreichen Veröffentlichungen feststellen, und ebenso konnten die Junker, die durch den Staat die Industriearbeiter beherrschten und unterdrückten, von der Verelendung der Industriearbeiter infolge des Wachstums des Industriekapitals schreiben. Beide bleiben jedoch bei der oberflächlichen Beschreibung der Zustände stehen.

Friedrich Schmidt sieht im Jahre 1838 noch keine Bedrohung der Gesellschaft durch schädliche Wirkungen des Fabrik- und Maschinenwesens.[163] Er zieht

160 Friedrich Engels, Nord- und süddeutscher Liberalismus, in: MEW, Ergänzungsband, Zweiter Teil, Berlin 1967, S. 247.

161 Friedrich Engels, Revolution und Konterrevolution in Deutschland, in: MEW, Bd. 8, Berlin 1960, S. 14.

162 Vgl. Friedrich Engels, Zur Geschichte des Bundes der Kommunisten, in: MEW, Bd. 21, Berlin 1962, S. 223.

163 Vgl. Friedrich Schmidt, Über die Lage der Gewerbe des Deutschland und über den Einfluß des Fabrik- und Maschinenwesens auf den wirtschaftlichen, politischen, physischen und sittlichen Zustand der gewerbetreibenden Klassen. Berlin 1838.

den Vergleich zu anderen Ländern und stellt fest, daß es in Deutschland noch keine ebenbürtige Konzentration des Proletariats gebe. Die Argumente, die von anderen Autoren angeführt werden, um zu beweisen, daß die Menschen mit der Verbreitung des Fabrikwesens Schaden an Leib und Seele nähmen, versucht FRIEDRICH SCHMIDT mit der Behauptung zu entkräften, daß die konstatierten Übel nicht ausschließlich dem Fabrikwesen zuzuschreiben seien und daß man ihrer Verbreitung wirksam entgegentreten könne, wenn man das Verhältnis zwischen Unternehmer und Arbeiter besser gestalten würde und die physische und geistige Verfassung der Arbeiter verbessere. Dieser Ansicht hat sich auch im wesentlichen SCHMIDTs Rezensent, FRIEDRICH BENEDIKT WILHELM HERMANN, angeschlossen, wenn dieser auch die Problematik für die Zukunft als dringender ansah. HERMANN betont, daß es Aufgabe der Regierung sei, für eine Verminderung der Nöte des Proletariats Sorge zu tragen.[164]

Ausführlich hat sich CARL WOLFGANG CHRISTOPH SCHÜZ mit den Fragen der industriellen Entwicklung auseinandergesetzt. Er wägt das Für und Wider der fabrikmäßigen Produktion ab und verschließt dabei nicht die Augen vor dem Elend des Fabrikproletariats.[165] Zwar meint er, daß sich auf lange Sicht der Einsatz von Maschinen durch das vermehrte Warenangebot, die Steigerung der Nachfrage nach Arbeitskräften und die Verringerung des Arbeitsaufwands auszahlen werde, doch macht er sich Sorgen um die Expansion sozialer Konflikte zwischen Unternehmern und Fabrikproletariat. Er erkennt, daß letztere auf Gedeih und Verderb vom Fabrikherren abhängig sind und keine Chance haben, ihrem Los der Unselbständigkeit zu entgehen.

Wie SCHÜZ, so hat auch JOHANN GOTTFRIED HOFFMANN, Statistiker und Nachfolger von KRAUS auf dem Lehrstuhl für Kameralwissenschaften, 1810 Professor für Staatswissenschaften an der Berliner Universität und Direktor des Statistischen Büros in Preußen, vor den Folgen der Industrialisierung gewarnt.[166] Er verlangt, daß der Unternehmer Einsicht zeige, daß eine Verbesserung der Lage der Arbeiter auch die Position des Unternehmers günstiger gestalte. Ein guter Arbeitslohn würde auch zu zuverlässigen Arbeitsleistungen führen, während Lohneinsparungen und billigere Kinder- und Frauenarbeit vermieden werden, da sonst ein wachsender Teil der Bevölkerung dem Pauperismus verfallen würde. Kinderbewahranstalten, Sonntagsschulen, Vereine für Krankenpflege und Sparkassen seien zwar höchst achtenswerte Einrichtungen, sie vermögen aber das Übel nur zu lindern, nicht zu heilen, meint HOFFMANN.

Die Lösung des sozialen Problems sieht SCHÜZ in der staatlichen Sozialpolitik und in der Propagierung der These, daß das Schicksal von Arbeitern und Unter-

[164] Vgl. die entsprechende Rezension von F. B. W. Hermann, in: Münchner Gelehrte Anzeigen, Bd. 7, München 1838.

[165] Vgl. Carl Wolfgang Christoph Schüz, Grundsätze der National-Oeconomie, Tübingen 1843.

[166] Vgl. Johann Gottfried Hoffmann, Nachlaß kleiner Schriften staatswirtschaftlichen Inhalts, Berlin 1847.

nehmern eng miteinander verbunden ist. Moralisierend spricht er sich gegen die unbegrenzte Ausbeutung aus, weil er in ihrer maßlosen Steigerung eine Gefahr für den „Arbeitsfrieden" sieht. So heißt es zum Beispiel in einem Aufsatz aus dem Jahre 1844: „Mag ... das ökonomische Interesse einzelner Stände die Herabdrückung des Lohnes der Arbeiter auf das äußerste Minimum anraten, mag es ökonomisch noch so rätlich scheinen, zu Vervollkommnung und Vermehrung der Produktenmasse das Maß der Kräfte aufs äußerste anzuspannen, mit der Zeit zur Arbeit aufs höchste zu geizen, selbst die Stunden der Nacht, die zur physischen Erholung, zur Sammlung und Erbauung des Geistes bestimmten Tage zur Arbeit zu nutzen, mag es für Unternehmer und Eltern noch so einträglich sein, schon im zartesten Alter die Kräfte der Kinder auf Kosten ihrer physischen und geistigen Ausbildung auszubeuten; das höhere Gesetz der Sittlichkeit stellt an die einzelnen, wie an die Gesellschaft die gebieterische Forderung, die Lage der armen arbeitenden Klassen, der schwachen, hilflosen Kinder nicht auf eine Weise zu mißbrauchen, die ihrem menschlichen Dasein allen Wert raubt, die sie zu tierischen Wesen erniedrigt."[167]

Was hier noch mit „höherem Gesetz der Sittlichkeit" umschrieben wird, spricht Schüz wenig später offen als Kalkül des Klassenkampfes aus: Wenn der Unternehmer seine Arbeiter nur als Werkzeuge betrachtet, „welche er wie die Spulen und Kardätschen an seinen Maschinen für seinen Gewinn benutzt, die er wegwirft, wenn sie ihm weniger brauchbar sind, deren biblisches und geistiges Wohl ihm eine völlig fremde Rücksicht ist, ... so kann es nicht fehlen, daß dieser Geist des Egoismus auch bei den Arbeitern seine Früchte trägt, daß der Zwiespalt der Interessen, die Rücksichtslosigkeit und Härte der Behandlung Erbitterung erzeugt, daß ein Verhältnis sich ausbildet, das ökonomisch, moralisch und politisch in hohem Maße gefahrdrohend ist"[168].

Bei allen Autoren ist der warnende Unterton unverkennbar. Die Klassenverhältnisse haben sich Mitte der vierziger Jahre in Deutschland bereits so weit zugespitzt, daß sich soziale Konflikte mit der neuen Klasse, dem Industrieproletariat, am Horizont abzuzeichnen beginnen. Die Warnungen werden oftmals undeutlich auf „das Volk" bezogen, doch es ist unübersehbar, wer und was gemeint ist, wenn ein anonym schreibender Autor im Jahre 1844 verkündet: „Fortwährende Täuschung bringt Gefahr! denn die Intelligenz des Volkes kann sich für lange Dauer unmöglich mit den Prinzipien verständigen, unter denen es die Früchte seines Fleißes nicht selbst genießen darf, sondern den ganzen Gewinn der Produktion und merkantilistischen Tätigkeit in die Hände weniger Kapitalisten übergehen sieht."[169]

167 Carl Wolfgang Christoph Schüz, Das sittliche Moment in der Volkswirtschaft, in: Zeitschrift für die gesamte Staatswissenschaft, 1. Bd., 1844, S. 140f.

168 Ebenda, S. 155.

169 Anonymus (Reichard), Das preußische Bürgertum, Charlottenburg 1844; zitiert bei Jürgen Kuczynski, Die Geschichte der Lage der Arbeiter unter dem Kapitalismus, Bd. 9, Berlin 1960, S. 34.

Aus dem Bürgertum selbst gehen schließlich Autoren hervor, denen der Schreck über die aus den Fugen geratene Welt so nachhaltig in die Glieder fährt, daß sie zu viel weitergehenden Erkenntnissen gelangen und sozialistische Schlußfolgerungen ziehen. Auf dem Boden der Vulgärökonomie war es unmöglich geworden, die sozialen Prozesse wissenschaftlich zu analysieren.

9. KAPITEL

Zur sozialistischen ökonomischen Kritik am Kapitalismus in Deutschland

Bisher wurde in diesem Buch dargelegt, wie sich aus den theoretischen Ausgangspunkten der politischen Ökonomie die vorbürgerliche theoretische Ökonomie und schließlich die bürgerliche politische Ökonomie entwickelt und wie sich diese Entwicklung im ökonomischen Denken Deutschlands widergespiegelt hat. Die bürgerliche politische Ökonomie entstand im antifeudalen Kampf; sie erfaßte die unmittelbaren Interessen des Bürgertums und der breiten Volksmassen an der Beseitigung des Feudalismus, der Herstellung politischer und wirtschaftlicher Freiheiten und an einem wirtschaftlichen Aufschwung für alle bisher benachteiligten Klassen. Die darüber hinausgehenden Interessen der Ausgebeuteten an der Beseitigung jeglicher Ausbeutung des Menschen durch den Menschen wurden von der politischen Ökonomie des Bürgertums nicht vertreten. Daher verstärkten sich mit der Zuspitzung der sozialen Widersprüche die Versuche, die Auffassungen der unmittelbaren Produzenten, die in der frühen klassischen politischen Ökonomie noch eine Rolle gespielt hatten, nicht mehr nur im engeren Rahmen der politischen Ökonomie weiterzuführen.

Im letzten Kapitel werden einige Beispiele sozialistischer Kritik am Kapitalismus in Deutschland genannt, um zu zeigen, wie auch hier der Übergang von der politischen Ökonomie des Bürgertums über die sozialistische Kritik am Kapitalismus zur politischen Ökonomie des Proletariats vorbereitet wurde.

1. Zum Charakter des utopischen Sozialismus

Allein die Existenz von ausgebeuteten Klassen war schon immer eine ausreichende Bedingung für das ständige Entstehen progressiver sozialer Utopien, die bis zur Schaffung des wissenschaftlichen Sozialismus durch MARX und ENGELS ein wichtiger Bestandteil des sozialen und teilweise auch des ökonomischen Denkens sind.

Der utopische Sozialismus, die Bewegungen und die Theorien vorproletarischer Gesellschaftsschichten gegen den Feudalismus und der proletarischen Klasse gegen den Kapitalismus in einer historischen Periode, in der der wissenschaftliche Sozialismus noch nicht entwickelt worden war, hat unmittelbare Berührungspunkte zur politischen Ökonomie. Als unmittelbarer Vorläufer des wissenschaftlichen Sozialismus reflektiert der utopische Sozialismus unter anderem auch das ökonomische Denken verschiedener Klassen, nimmt er bereits entwickelte ökonomische Theorien auf und wendet sie in seinen Konzeptionen zur Errichtung idealer Gesellschaftsordnungen an. Ein enger Bezug zur bürgerlichen Ökonomie ergibt sich auch aus einer gegenläufigen Tendenz: Die utopischen Sozialisten waren den Angriffen der Vulgärökonomie ausgesetzt, die die Absurdität der utopischen Konstruktionen nachzuweisen suchte, um damit die sozialistische Bewegung zu diskreditieren.

Seinen Höhepunkt erlebte der utopische Sozialismus in der ersten Hälfte des 19. Jahrhunderts; hier ist er scharfe und tiefgehende Kritik am Kapitalismus. Außerdem haben die utopischen Sozialisten und Kommunisten mit ihren Zukunftsvisionen ein Bild der klassenlosen Gesellschaft vorgezeichnet, das teilweise recht realistisch war. Bereits im 16. und im 17. Jahrhundert war die Schilderung idealer Gesellschaftszustände weit verbreitet. Diese utopischen Darstellungen waren nicht nur dem Humanismus und dem rationalistischen System, den damaligen progressiven bürgerlichen Ideen verhaftet, sie griffen auch auf die antiken und die mittelalterlichen Soziallehren zurück. Die Utopien des 16. und des 17. Jahrhunderts (besonders von More, Campanella) boten wiederum ihrerseits eine Anknüpfungsmöglichkeit für spätere Projekte idealer Gesellschaften, weil in ihnen bereits das Problem der gerechten Verteilung der Arbeit und der produzierten Güter sowie die Vorstellungen konzipiert waren, daß der angestrebte Idealzustand der Gesellschaft mit menschlicher Hilfe konstruierbar sei.

Wie bereits im zweiten Kapitel dieses Buchs ausgeführt wurde, hatte Thomas More am Anfang des 16. Jahrhunderts mit der Schilderung eines Idealstaates, der „neuen Insel Utopia“, allen späteren literarischen Werken, sozialen Bewegungen und Zeitströmungen, die eine zukünftige, noch zu projektierende „vernünftige“ Gesellschaft zum Gegenstand hatten, den Namen verliehen; als „utopisch“ wurden seitdem jene Dinge bezeichnet, die wünschbar sind, aber deren Verwirklichung einer realen Grundlage entbehrt. Die schwärmerischen Schilderungen eines „Nirgendlandes“ haben jedoch immer einen realen gesellschaftlichen Hintergrund. In den besten utopischen Werken spiegeln sich das Drängen unterdrückter und ausgebeuteter Klassen nach Emanzipation wider sowie die Vorstellungen von einer Gesellschaftsordnung, in der die Fragen des Eigentums an den Produktionsmitteln, der Verteilung der erzeugten Produkte, der Erziehung der Menschen zu fleißigen, gebildeten und moralisch hochstehenden Persönlichkeiten, der Leitung und Planung der Produktion und der staatlichen Verwaltung eine große Rolle spielen.

Utopische Vorstellungen von einer besseren Welt reflektieren meist inmitten einer revolutionären Phase der Geschichte die Suche nach dem Ausweg aus der Krisensituation, einem Ausweg allerdings, der noch nicht realisierbar ist, weil die historischen Voraussetzungen für eine Idealgesellschaft nicht gegeben sind. Trotz ihres utopischen Charakters erfüllen die Denkansätze für eine Umgestaltung der Welt eine wichtige Funktion, sie geben der revolutionären Bewegung eine Orientierung auf die Zerstörung überlebter Zustände und lenken die Massen auf ein revolutionäres Ziel. Als Thomas Müntzer beispielsweise in der ersten Hälfte des 16. Jahrhunderts den rebellierenden Bauernmassen seine Visionen von der Umgestaltung der irdischen Verhältnisse vor Augen führte, ist er der Zukunft weit vorausgeeilt, doch trug der Ideologe der Volksreformation entscheidend zur Formierung des revolutionären Flügels im deutschen Bauernkrieg bei.

Im 18. Jahrhundert entstand in Frankreich im Zusammenhang mit der ideologischen Vorbereitung der Revolution von 1789 eine ganze Reihe utopisch kommunistischer Ideen (Meslier, Morelly, Deschamps, Boissel). Als die Monarchie in Frankreich beseitigt war, machte Babeuf einen wichtigen Schritt, der über die bisherigen Vorstellungen der Utopisten hinausging; er erkannte, daß die revolutionäre Gewalt Geburtshelfer einer kommunistischen Ordnung sein muß, und versuchte, diese Erkenntnis in die Tat umsusetzen.

Als der französische utopische Kommunist François Noël Babeuf mit seinen Kampfgenossen im Jahr 1796 eine „Verschwörung“ in Gang setzte, um unter anderem die soziale Gleichheit der arbeitenden Klassen durchzusetzen, war der theoretische Kommunismus trotz Gewinnung einer Reihe wertvoller Erkenntnisse allerdings „noch sehr grobschlächtig und oberflächlich“.[1]

Demgegenüber waren die auf Babeufs vergeblichen Versuch, die sozialen und politischen Gegensätze durch eine Volksrevolution unter Führung seiner Anhänger zu beseitigen, folgenden kritisch-utopischen Projekte in ihrer theoretischen Gestaltung ein gewisser Fortschritt, doch entbehrten sie andererseits der Verbindung zu den Volksmassen.

François-Marie-Charles Fourier, Claude-Henri de Saint-Simon in Frankreich und Robert Owen in England stellten zwar scharfsinnig einige Tatsachen fest, die ihre Vorgänger nicht erkannt hatten, doch im Unterschied zu Babeuf glaubten sie, daß man die neue, gerechte Ordnung durch Erziehung und Überzeugung sowie durch das Argument gelungener Experimente erreichen könne. Aber ihr Einfluß auf spätere Generationen von Sozialisten war auch nach dem Abklingen der unmittelbaren sozialen Bewegung, die sie mit ihren Ideen entfachten, und als der Kreis ihrer Anhänger auf ein Häuflein von Sektierern zusammengeschrumpft war, noch außerordentlich. Diese dauerhafte Wirksamkeit, dieser Nachhall, der über die relativ kurzlebige Begeisterung über die phantastische Schilderung von Ideallösungen gesellschaftlicher Grundkonflikte wesentlich hinausgeht, erklärt sich aus der Tatsache, daß sie bei der Kritik der bestehenden Ordnung einen realistischen Blick haben. Marx und Engels schreiben:

„Alle kommunistischen und sozialistischen Schriftsteller gingen von der Beobachtung aus, einerseits, daß selbst die günstigsten Glanztaten ohne glänzende Resultate zu bleiben und in Trivialitäten auszulaufen scheinen, andrerseits, daß *alle Fortschritte des Geistes* bisher *Fortschritte gegen* die *Masse der Menschheit* waren, die in eine immer *entmenschtere* Situation hineingetrieben wurde. Sie erklärten daher (siehe Fourier) ‘den *Fortschritt*’ für eine ungenügende, abstrakte

[1] Friedrich Engels, Fortschritte der Sozialreform auf dem Kontinent, in: MEW, Bd. 1, Berlin 1956, S. 482.

Phrase, sie vermuteten (siehe unter andern Owen) ein Grundgebrechen der zivilisierten Welt, sie unterwarfen daher die wirklichen Grundlagen der jetzigen Gesellschaft einer einschneidenden *Kritik*."[2]

Während FOURIER seine Vorstellungen auf einer Stufenlehre aufbaut, wonach die Geschichte der menschlichen Gesellschaft nach Entwicklungsperioden verläuft, die schließlich in einer genossenschaftlichen Organisation und Verteilung kulminiert, schwebt SAINT-SIMON eine gerechte soziale Ordnung als Ideal vor, die er durch Aufklärung und Überzeugung, durch eine neue Auffassung von Moral und Ethik sowie durch gemeinsame Aktion von Philosophen und Bankiers mit friedlichen Mitteln gestalten will.

OWEN leitet seine sozialistischen Schlußfolgerungen direkt aus der Lehre von DAVID RICARDO ab, wonach der Reichtum der Gesellschaft durch die Arbeiter geschaffen wird. Damit hat OWEN die von den Utopisten des 18. Jahrhunderts und von JEAN-JACQUES ROUSSEAU vertretene Ansicht, daß die Armut durch das Schmarotzertum der Ausbeuterklassen hervorgerufen sei, direkt auf das Verhältnis von Lohnarbeitern und Kapitalisten übertragen. Seine äußerst praktische Aktivität, lebhafte Agitation, seine rührige Tätigkeit auf sozialpolitischem Gebiet im nationalen Rahmen und in seinen eigenen Fabriken hat OWEN Bewunderung und Haß eingebracht und ihn für lange Zeit zum Idol energischer Sozialreformer gemacht.

Nach der Revolution von 1830 erfuhr in Frankreich der BABEUFsche Kommunismus eine neue Belebung. Auf der Grundlage von BUONAROTTIs Buch „Verschwörung für die Gleichheit" entstanden in Frankreich Geheimgesellschaften (Gesellschaft der Familien, Gesellschaft der Jahreszeiten und andere), die aus der Welt eine „Arbeitergemeinschaft"[3] machen wollten. Zu diesen, teilweise nur kurzlebigen Gesellschaften gehörte auch der „Geheimbund der Geächteten", der im Jahr 1834 von deutschen Emigranten in Frankreich gegründet worden war und der schließlich die Pflanzstätte des bedeutenderen „Bundes der Gerechten" wurde.

Der „Bund der Geächteten" war eine Geheimorganisation politisch Verfolgter und von Handwerksgesellen, die kleinbürgerlich-demokratische Ziele hatte und von Frankreich aus nach Deutschland hineinwirkte. Kleinbürgerliche Intellektuelle propagierten im Bund die Verwirklichung der Menschenrechte und den Sturz der absolutistischen Monarchie in den deutschen Staaten. Seine progressiven Vertreter entwickelten kleinbürgerlich-sozialistische Vorstellungen, die dazu führten, daß sich ein Teil des Bundes abtrennte und mit dem „Bund der Gerechten" die erste politische Organisation der deutschen Arbeiterklasse schuf. Er nahm vor allem die proletarischen Elemente seines Vorgängers auf, die für die einströmenden utopisch-sozialistischen Ideen besonders empfänglich waren. Hier im „Bund der Gerechten" entstand der deutsche Arbeiterkommunismus,

[2] Friedrich Engels/Karl Marx, Die heilige Familie, in: MEW, Bd. 2, Berlin 1957, S. 88.

[3] Vgl. Friedrich Engels, Fortschritte der Sozialreform auf dem Kontinent, in: MEW, Bd. 1, Berlin 1956, S. 485.

der die Gütergemeinschaft und die Befreiung des Proletariats zum Ziel des Kampfes erklärte. Damit vollzog sich allmählich die Lostrennung der deutschen Arbeiterklasse von der Bourgeoisie und dem Kleinbürgertum, ein historischer Reifeprozeß des proletarischen Bewußtseins.

Auch jene kommunistischen Bewegungen und Theorien sind notwendig utopisch, die mit den Frühformen des Proletariats verbunden sind. Sie bringen entweder das Streben plebejisch-vorproletarischer Schichten in der Periode des Kampfes gegen den Feudalismus zum Ausdruck oder eines noch nicht ausgereiften Proletariats in einer historischen Situation, in der sich die Bourgeoisie anschickt, ihre politischen Machtansprüche durchzusetzen.

Über diese Bewegung schreibt Marx im „Elend der Philosophie“: „Wie die *Ökonomen* die wissenschaftlichen Vertreter der Bourgeoisklasse sind, so sind die *Sozialisten* und *Kommunisten* die Theoretiker der Klasse des Proletariats. Solange das Proletariat noch nicht genügend entwickelt ist, um sich als Klasse zu konstituieren, und daher der Kampf des Proletariats mit der Bourgeoisie noch keinen politischen Charakter trägt; solange die Produktivkräfte noch im Schoße der Bourgeoisie selbst nicht genügend entwickelt sind, um die materiellen Bedingungen durchscheinen zu lassen, die notwendig sind zur Befreiung des Proletariats und zur Bildung einer neuen Gesellschaft – solange sind diese Theoretiker nur Utopisten, die um den Bedürfnissen der unterdrückten Klassen abzuhelfen, Systeme ausdenken und nach einer regenerierenden Wissenschaft suchen.“[4] Der moderne Arbeitersozialismus unterscheidet sich scharf „ebensowohl von allen verschiedenen Schattierungen des feudalen, bürgerlichen, kleinbürgerlichen etc. Sozialismus wie auch von der konfusen Gütergemeinschaft des utopischen wie des naturwüchsigen Arbeiterkommunismus.[5]

Die Bezeichnungen „Sozialismus“ und „Kommunismus“ für die verschiedenen sozialkritischen Strömungen wurden häufig willkürlich und wechselhaft verwendet. Die moderne marxistische Geschichtsschreibung unterscheidet heute den utopischen Sozialismus als sozialkritische Strömung progressiver Vertreter des Bürgertums vom utopischen Arbeiterkommunismus als politische und theoretische Strömung der frühen Arbeiterbewegung, die sich Mitte der dreißiger Jahre des 18. Jahrhunderts vornehmlich in Frankreich und Deutschland ausprägte und eine neue, höhere Stufe in der Entwicklung des sozialistischen Denkens darstellt. Marx und Engels haben bei der Abfassung des ersten, auf dem wissenschaftlichen Sozialismus beruhenden Programms der internationalen und der deutschen Arbeiterbewegung bewußt den Titel „Kommunistisches Manifest“ gewählt, um die in einer neuen Qualität entstehende Arbeiterbewegung von ihren Früh- und Vorformen sowie der nichtsozialistischen Bewegung abzugrenzen.[6]

[4] Karl Marx, Das Elend der Philosophie, in: MEW, Bd. 4, Berlin 1959, S. 143.

[5] Friedrich Engels, Einleitung zu „Die Klassenkämpfe in Frankreich 1848 bis 1850“, in: MEW, Bd. 7, Berlin 1960, S. 513.

[6] Vgl. Friedrich Engels, Vorrede zur englischen Ausgabe des „Kommunistischen Manifests“ von 1888, in: MEW, Bd. 4, Berlin 1959, S. 580.

Sozialismus und Kommunismus wurden in der Mitte des 19. Jahrhunderts schließlich zur wissenschaftlichen Theorie des Befreiungskampfes der Arbeiterklasse und des Übergangs vom Kapitalismus zur klassenlosen Gesellschaft. „Und Kommunismus hieß nun nicht mehr: Aushecken, vermittels der Phantasie, eines möglichst vollkommenen Gesellschaftsideals, sondern: Einsicht in die Natur, die Bedingungen und die daraus sich ergebenden Ziele des vom Proletariat geführten Kampfs."[7]

2. *Von den Idealen der Aufklärung zum utopischen Sozialismus*

Auf dem Weg zur wissenschaftlichen Theorie der Arbeiterklasse, auf den verschiedenen Etappen der Entwicklung bis zu dieser neuen Qualität sozialkritischen Denkens haben die Vertreter des utopischen Sozialismus einen wesentlichen Schritt gemacht. „Die eigentlichen sozialistischen und kommunistischen Systeme St. Simons, Fouriers, Owens usw. tauchen auf in der ersten, unentwickelten Periode des Kampfes zwischen Proletariat und Bourgeoisie . . ."[8]

Engels hat in der Schrift „Die Entwicklung des Sozialismus von der Utopie zur Wissenschaft" gezeigt, wie der moderne Sozialismus seinem Inhalt nach aus den Widersprüchen der bürgerlichen Gesellschaft entsteht, aber seiner theoretischen Form nach zunächst als eine Fortführung der französischen Aufklärung des 18. Jahrhunderts erscheint, die gegen den Feudalismus gerichtet war. Neben dem Gegensatz von Feudaladel und Bürgertum aber bestand der allgemeine Gegensatz von Ausbeutern und Ausgebeuteten, der mit der Entwicklung des Kapitalismus seinen gravierendsten Ausdruck im Klassengegensatz zwischen Bourgeoisie und Proletariat findet. Die hervorragendsten Utopisten zu Beginn des 19. Jahrhunderts wollten jedoch nicht nur eine bestimmte, unterdrückte und ausgebeutete Klasse befreien, sondern die ganze Menschheit vom Übel erlösen. Sie plädierten für eine „vernünftige" Gesellschaft, ohne daß bereits die gesellschaftliche Kraft genügend entwickelt und formiert ist, die dazu in der Lage wäre, die Umwandlung dieser Gesellschaft zu vollziehen. „Dem unreifen Stand der kapitalistischen Produktion, der unreifen Klassenlage, entsprachen unreife Theorien."[9]

Die Unausgereiftheit dieser Verhältnisse war in den deutschen Staaten an der Wende vom 18. zum 19. Jahrhundert noch prägnanter als in England und Frankreich, den Stätten des Wirkens von Owen und Fourier. Deshalb ist die sozialistische Literatur zu jener Zeit in Deutschland vergleichsweise armseliger ge-

[7] Friedrich Engels, Zur Geschichte des Bundes der Kommunisten, in: MEW, Bd. 8, Berlin 1960, S. 582.

[8] Karl Marx/Friedrich Engels, Manifest der Kommunistischen Partei, in: MEW, Bd. 4, Berlin 1959, S. 489/490.

[9] Friedrich Engels, Die Entwicklung des Sozialismus von der Utopie zur Wissenschaft, in: MEW, Bd. 19, Berlin 1962, S. 193/194.

wesen; MARX und ENGELS konstatierten diesen Mangel und wiesen auf ein paar Ausnahmen hin. So heißt es zum Beispiel im „Kommunistischen Manifest" unter der Überschrift „Der deutsche oder der 'wahre' Sozialismus: „Mit sehr wenigen Ausnahmen gehört alles, was in Deutschland von angeblich sozialistischen und kommunistischen Schriften zirkuliert, in den Bereich dieser schmutzigen, entnervenden Literatur", nämlich den zum Scheitern verurteilten Versuchen, die sozialistische Literatur Frankreichs der deutschen Wirklichkeit anzupassen, „die neuen französischen Ideen mit ihrem alten philosophischen Gewissen in Einklang zu setzen".[10] Und im Jahr 1843 schreibt ENGELS in seinem Artikel „Deutschland und die Schweiz": „Sehen wir von einigen vereinzelten Fällen ab, von denen die Öffentlichkeit keine Kenntnis nahm, so hat es vom Bauernkriege an bis in die allerjüngste Zeit in Deutschland keine Partei von Sozialreformern gegeben."[11]

Die historische Entwicklung in Deutschland ist ein Musterbeispiel für die materialistische These, daß ein Konditionalverhältnis zwischen Sein und Bewußtsein besteht, sind doch mit der Reife der ökonomischen Struktur der Gesellschaft auch die Anschauungen über eine Veränderung der bestehenden Ordnung wieder sprunghaft in Erscheinung getreten. Es sei nur daran erinnert, daß deutsche Utopisten anfangs nur Ausnahmeerscheinungen und zum großen Teil Rezeptoren ausländischer Geistesströmungen waren, die sich zudem im Vergleich zu ihren ausländischen Vorbildern recht bescheiden ausnahmen.

Die deutsche Wirklichkeit bot jedoch auch genügend Nährboden für mehr oder weniger realistische Phantasien über eine glückliche Zukunft. Die früheren Sozialutopien verloren sich auch hier nie im Gedächtnis der Menschheit, aber sie änderten hier wie dort mit dem Abklingen der großen Massenbewegungen nach der englischen Revolution zeitweise ihren Charakter. Der Gedanke ihrer revolutionären Verwirklichung wurde immer mehr als unrealistisch empfunden; der Vorstellung, daß eine glückliche, auf sozialer Gleichheit beruhende Gemeinschaft nur in einem engeren Rahmen wie zum Beispiel auf einer Insel oder durch einen aufgeklärten Monarchen geschaffen werden könnte, wurden jetzt viele literarische Werke gewidmet.

So beschreibt JOHANN GOTTFRIED SCHNABEL in seiner „Insel Felsenburg" (1731) eine solche Gemeinschaft mit geringer Arbeitsteilung und vorwiegend agrarischer Produktion auf einer abseits gelegenen Insel. Das Problem der Eigentumsordnung wird von ihm nicht berührt.

Das bekannteste Beispiel in der deutschen Literatur ist CHRISTOPH MARTIN WIELANDs Staatsroman „Der goldene Spiegel oder Die Könige von Scheschian" (1772). Von der aufklärerischen Position ausgehend, schreibt WIELAND: „Der Mensch . . . kommt unvollendet, aber mit einer Anlage zu bewundernswürdigen Vollkommenheiten aus den Händen der Natur. Die nämliche Bildsamkeit macht

10 Karl Marx/Friedrich Engels, Manifest der Kommunistischen Partei, in: MEW, Bd. 4, Berlin 1959, S. 488.

11 Friedrich Engels, Fortschritte der Sozialreform auf dem Kontinent, in: MEW, Bd. 1, Berlin 1956, S. 489.

ihn gleich fähig, sich die Form eines Gottes – oder die Mißgestalt eines Ungeheuers aufdrücken zu lassen. Alles hängt von den Umständen ab, in die er beim Eintritt in die Welt versetzt wurde, und von den Eindrücken, die sein wächsernes Gehirn in der ersten Jugend empfing. . . . Der Mensch wird gut oder schlimm, aufrichtig oder falsch, sanft oder ungestüm, blödsinnig oder witzig, träg oder tätig, je nachdem es diejenigen sind, von denen er sich immer umgeben sieht. Und wiewohl keiner ist, der nicht etwas von der besonderen Anlage zu einem eigentümlichen Charakter, womit ihn die Natur gestempelt hat, beibehielt, so dient noch dies in großen Gesellschaften meistens nur, die Anzahl der übelgebildeten und grotesken sittlichen Formen zu vermehren. Je größer diese Gesellschaften und je größer die Menge der kleinern ist, aus denen sie . . . zusammengesetzt sind, je mehr diese verschiedenen kleinen Kreise einander drücken und pressen, je häufiger die Leidenschaften, Vorteile und Ansprüche in diesem allgemeinen Gewimmel aneinanderstoßen, je mehr geht von der ursprünglichen Gestalt des Menschen verloren. Eine sehr kleine und von der übrigen Welt abgeschnittene Gesellschaft erhält sich ohne Mühe bei der angebornen Einfalt und Güte der Natur. Hingegen ist es eine schlechterdings unmögliche Sache, daß etliche Millionen, die zusammen in einem Staate von mäßiger Größe, oder etliche Hunderttausend, die in einer Stadt zusammengedrängt leben, einander nicht in ziemlich kurzer Zeit verderben sollten, wofern der Gesetzgeber nicht ganz besondere Sorge getragen hat, dem Übel des Zusammenstoßes der Interessen und dem noch größern Übel der sittlichen Ansteckung durch weise Einrichtungen zuvorzukommen."[12]

Aber selbst wenn es einen solchen Herrscher gäbe und wenn es ihm gelänge, dem Volk den Zustand glücklichen Zusammenlebens zu schenken, würde ein solcher Erfolg nach WIELANDS Meinung durch viele Zufälle in Gefahr geraten. Als in WIELANDS Roman der Herrscher stirbt und sein keineswegs böser Nachfolger sich mehr dem Studium der Natur und der Sammlung von Schmetterlingen widmet, stellt sich bald die alte, ungerechte Ordnung wieder her; es kommt zum Aufruhr, zum Verfall des Staates und zur Eroberung durch den äußeren Feind.

In die Diskussion um den sozialen Optimismus und die beste aller Welten schaltete sich auch JOHANN KARL WEZEL ein, dessen Buch „Belphegor oder Die wahrscheinlichste Geschichte unter der Sonne" (1776) sich an VOLTAIRES „Candide" anlehnt. Der Held verflucht die Industrie. „Je mehr sie steigt, je mehr raubt sie der Gesellschaft Annehmlichkeit, Zierde und den einzelnen Mitgliedern die Glückseligkeit. – Was tut sie? Sie schiebt einigen wenigen das Kopfküssen der Bequemlichkeit unter, macht alle, mehr oder weniger, zu habsüchtigen Wölfen und listigen Füchsen und wirft den größten Haufen auf den harten Pfühl der Arbeit, der Beschwerlichkeit, der Kümmernis, des Mangels."[13]

[12] Christoph Martin Wieland, Der goldene Spiegel oder Die Könige von Scheschian. Eine wahre Geschichte, Leipzig o. J., S. 270/271.

[13] Johann Karl Wezel, Belphegor oder Die wahrscheinlichste Geschichte unter der Sonne, Berlin 1966, S. 286.

Wezels Held will der in der Heimat herrschenden Unterdrückung entfliehen und findet auf der Suche nach besseren Zuständen überall nur „die Unterdrückung in roher unbekleisterter Gestalt und in feiner Tünche überzogen, gerade dieselbe Welt wie auf der anderen Halbkugel, an manchen Orten besser, an manchen schlimmer“[14]. Er entwirft Projekte. „Alle Regenten dürften nur mehr für die Glückseligkeit ihrer Staaten als für ihren eignen Glanz sorgen, alle despotische Grundsätze aus sich und ihren Dienern verdrängen, das Leben und Wohlsein des geringsten Untertans höher schätzen als allen Pomp, sich und das Volk nicht als zwo Parteien betrachten, worunter eine die andre immer feiner zu überlisten sucht, eine nicht geben und die andre nicht nehmen will, sondern sich als eine Gesellschaft behandeln, die ein gemeinschaftliches Interesse vereint.“[15] Aber wie, wann und wo ein Volk glücklich werden könne, weiß er nicht zu beantworten.

Die Autoren sozialutopisch-aufklärerischer Literatur vertraten in ihrer Mehrzahl nicht die Auffassung, daß eine gerechte Gesellschaftsordnung nur auf der Grundlage des Gemeineigentums gedeihen könne. Ihr Gedanke der Vervollkommnung erwies sich nach der französischen Revolution als unzulänglich. Als in den neunziger Jahren utopische Denker in Deutschland die französischen Gleichheitsideen aufnahmen, führten sie die allgemeine soziale Utopie der Aufklärung in die Bahn des utopischen Sozialismus. Carl Wilhelm Frölich knüpfte zum Beispiel bewußt sowohl an Wieland als auch an Rousseau an. Im Jahre 1792 erschienen in Deutschland gleich zwei soziale Utopien: Carl Wilhelm Frölichs Schrift „Über den Menschen und seine Verhältnisse“ und Franz Heinrich Ziegenhagens „Lehre vom richtigen Verhältnis zu den Schöpfungswerken und die durch die öffentliche Einführung derselben zu bewürkende allgemeine Menschenbeglückung.“

Die utopische Schrift von Frölich, der Geheimsekretär am Berliner Generalpostamt und seit 1792 Erbpächter des Gutes Scharfenbrück bei Luckenwalde war, ist in die Form eines Dialogs zwischen zwei Landbesitzern gekleidet, bei dem es zunächst um pädagogische Probleme geht.[16] In einer Vorrede bringt Frölich zum Ausdruck, daß er in den zeitgenössischen Verhältnissen „viel Zweckwidriges“ fände, das den „Vorbereitungen zur Glückseligkeit“ entgegenstünde. Auch im anschließenden Dialog über Erziehungsfragen stellt Frölich fest, die Verhältnisse der Menschen seien nicht so, daß sie der Natur des Menschen entsprächen, in Glück und Frieden, in „allgemeiner Glückseligkeit“ zu leben.

Der Kern der Kritik zielt auf die Institution des Privateigentums, die Frölich als die Quelle der Habsucht und Unsicherheit ansieht. Er schreibt: „Die Sicherheit des Besitzes veranlaßte die Vereinigung der Menschen, und seitdem begannen sie einen ununterbrochenen Kampf. Wächter bedurften Wächter, und das Mißtrauen führte die Treue zum Grabe. Wenn dies Ringen unserer Kräfte

14 Ebenda, S. 287.

15 Ebenda, S. 288f.

16 Vgl. Gerhard Steiner, Der Traum vom Menschenglück. Leben und literarische Wirksamkeit von Carl Wilhelm und Henriette Frölich, Berlin 1959.

uns zu einem Grade der Stärke führte, worüber wir so gern erstaunen, so ists auf der andern Seite nicht minder wahr, daß jenem Triebe zum Eigentum eine unzählige Schar von moralischen Unvollkommenheiten zur Seite gehet, welche die Geduld der Fürsten und der Gerichtshöfe ermüden. Sollte die Habsucht einst vom Throne steigen; sollte es möglich sein, daß Privateigentum aufhörte, das einzige allzu verführerische Mittel zu sein, sein Ich auszudehnen, und der Bürger, wie Kinder in des Vaters Hause, sich sättigte an der Tafel des kleineren Staates; welch ungeheure Menge von Verbrechen, mehr noch der lichtscheuen Vergehungen, alle Kinder des Luxus, würden da verschwinden! Der dürftige Sohn unterdrückte dann nicht mehr den Wunsch, daß der reiche Vater sterbe; die Erbteilung entzweite nicht mehr Geschwister; die verlassenen Schuldtürme ständen dann nur noch als Denkmäler unglücklicher Voreltern; der Fanatismus führte keine Schlachtopfer mehr zum Scheiterhaufen, weil Meinungen bloß Meinungen wären, durch kein Vorzugs-Recht zur Ware gemünzt; kein Druck von oben her empörte dann unser Selbstgefühl; kein übermütiger Glanz würde dazu dienen, das Elend der Armut sichtbar zu machen und ihren Neid zu erregen; kein Gefühl der Erhabenheit über unsere Brüder nährte dann die Eitelkeit und verleitete uns, geringschätzig auf unsern Nächsten herabzublicken. Die Wahrheit wäre dann ein allgemeines Gut, und eine falsche Politik verführte nicht mehr die Großen, die Unwissenheit des Volks als ihre Schatzkammer zu betrachten, die für sie Gut und Leben bewahrt."[17] Ausführlich werden die Sünden aufgezählt, mit denen die Liebe zum Golde das menschliche Geschlecht geschändet habe. Den Ausweg sieht FRÖLICH in der Beseitigung des Eigentums, deren Voraussetzung sei eine „Revolution unserer Ideen und Begierden"[18].

Der Gesprächspartner äußert Zweifel an der Realisierbarkeit des Projekts: „Dein Traum – du nennst ihn selbst so – von Menschenglück ist anziehend, aber auch nur ein Traum. Ob er der Menschennatur anpaßt? . . . Für wen soll künftig Industrie sich aufrecht erhalten, wenn das Eigentum, ihrer Hände Werk, ihr genommen ist", fragt er.[19] Darauf wird ihm geantwortet: „. . . wir irren gewiß, wenn wir in unserer von Zeit und Umständen geformten Natur die Natur der Menschen auffinden wollen. Privateigentum ist allerdings eine starke Aufmunterung zum Fleiß, und wenn die Begierde nach demselben sehr lebhaft wird, so opfert der Mensch seiner Werkstätte Schweiß und Leben. . . . Es fragt sich nur: ist Eigentum des einzelnen das einzige Mittel, die Tätigkeit eines Volks zu unterhalten? Die Erfahrung, so weit sie zeugen kann, scheinet dies zu unterschreiben. Aber wenn das *sein* vom *gewesen sein* beschränkt werden sollte, dann wären unsere schönsten Hoffnungen auf einmal entblättert. Daß eine Sache so ist, überall so ist, beweist wenigstens noch nicht, daß sie nicht anders sein kann."[20]

Obwohl FRÖLICH davon überzeugt ist, daß „die Tätigkeit einer Gesellschaft

17 Carl Wilhelm Frölich, Über den Menschen und seine Verhältnisse, Berlin 1960, S. 85.
18 Ebenda, S. 87.
19 Ebenda, S. 87.
20 Ebenda, S. 88.

sehr wohl ohne Privateigentum unterhalten werden kann"[21], legt er dem Leser kein ausgearbeitetes Projekt einer idealen Gesellschaft vor. Er beschränkt sich darauf hinzuweisen, daß die menschliche Natur entwicklungsfähig und eine gerechte Verteilung der Güter durch ungünstige Verhältnisse behindert sei. Er setzt auf die Verkündung der Wahrheit, und ihm schwebt eine Art bäuerlicher Gemeinschaft ohne Privateigentum vor.

Im Jahre 1820, also fast drei Jahrzehnte nach Erscheinen der Schrift von Frölich, geht übrigens seine Frau Henriette in ihrem Roman „Virginia oder die Kolonie von Kentucky" noch einmal auf die aufgeworfenen Probleme ein und schildert die Gründung einer Republik ohne Privateigentum in Nordamerika.[22]

Franz Heinrich Ziegenhagen, der zweite deutsche utopische Sozialist im vorindustriellen Kapitalismus[23], war mit den Verhältnissen in Frankreich sehr vertraut, doch war der begüterte Kaufmann längere Zeit auch Bürger der Stadt Hamburg, und hier in der Hansestadt gab er sein wohl einziges Buch über die Menschenbeglückung heraus.[24] In Steintal bei Straßburg gründete er eine Kolonie, die nach dem Prinzip des Gemeineigentums und des von ihm postulierten „natürlichen Lebens" wirken sollte. In seinem Buch geht er von den bestehenden großen Gegensätzen zwischen Armen und Reichen, zwischen gebildeten Herrschern und rechtlosen Beherrschten aus, wofür ihm die Verhältnisse in der Stadt Hamburg reichliches Anschauungsmaterial boten. Er spricht von den großen Mißverhältnissen, die in der Gesellschaft herrschen: „Hier sind einige im Besitze des übermäßigsten Reichtums, dort erliegen andere unter dem drückenden Joch der Armut! . . . Hier leben einige frei und haben mehr zu gebieten, als sie übersehen können; dort sind andere abhängig und sklavisch, fast Lasttieren gleich. Jene können sich in allen nützlichen Wissenschaften und Künsten Kenntnis verschaffen; diese werden durch frühgegründete falsche Meinungen für Wahrheiten ganz unempfänglich!"[25]

Einen großen Teil seines Buches nimmt die Beschreibung des weitverbreiteten Elends ein, das nach seiner Meinung aus der ungünstigen Struktur der Gesellschaft resultiert. Er kritisiert den Handel, den er als schädlich und unehrenhaft bezeichnet, weil er Luxuswaren ins Land einführt und gleichzeitig Bereicherung der einen und Versklavung der anderen zur Folge hat. Erbittert geißelt Ziegen-

[21] Ebenda, S. 92.

[22] Siehe Henriette Frölich, Virginia oder Die Kolonie von Kentucky. Mehr Wahrheit als Dichtung, Berlin 1963.

[23] Vgl. Gerhard Steiner, Franz Heinrich Ziegenhagen und seine Verhältnislehre. Ein Beitrag zur Geschichte des utopischen Sozialismus in Deutschland, Berlin 1962.

[24] Franz Heinrich Ziegenhagen, Lehre vom richtigen Verhältnis zu den Schöpfungswerken und die durch die öffentliche Einführung derselben allein zu bewürkende allgemeine Menschenbeglückung, 1. Aufl. Hamburg 1792; 2. Aufl. anonym unter dem Titel „Physicicaelogia", Hamburg 1794; 3. Aufl. unter dem Namen des Autors, o. O. 1799.

[25] Ebenda, S. 10.

HAGEN auch den Verfall der Landwirtschaft, die dynastischen Eroberungskriege der Fürsten und die schädlichen Folgen religiöser Kulte.

Den Ausweg sieht auch ZIEGENHAGEN in der Organisierung von Kolonien, die auf der Grundlage des Gemeineigentums wirtschaften. In diesen von ihm konzipierten Kommunen spielt die Landwirtschaft eine dominierende Rolle. Die landwirtschaftliche Produktion würde nützliche Kenntnisse verschaffen und die beste Grundlage für die Physis und Psyche des Menschen darstellen. Besondere Aufmerksamkeit widmet ZIEGENHAGEN auch den Erziehungsproblemen; seine Vorschläge laufen auf eine naturverbundene, dem Aberglauben entgegentretende Unterrichtung der Kinder hinaus.

ZIEGENHAGEN will mit der Errichtung von Kinderkolonien beginnen, die durch einsichtige Eltern finanziert werden soll. Abgehärtete, gesunde und gebildete Kinder, in einer kommunistischen Gemeinschaft aufgewachsen, stellen nach ZIEGENHAGEN die Keimzelle einer „vernünftigen" Gesellschaft dar. Aus den guten Erfahrungen der Kinderkolonien würde nach seiner Meinung eine universale, ideale Organisation der Erwachsenenwelt hervorgehen können, wobei es auf die relevanten politischen Verhältnisse nicht primär ankomme. Zwar müsse die Kolonie die Verfassung eines progressiven demokratischen Staates erhalten, jedoch sei es von untergeordneter Bedeutung, unter welchen politischen Verhältnissen sich die Entwicklung der Kolonie vollzieht. In dieser Kolonie haben die Mitglieder, die Güter als persönliches, erbliches Eigentum eingebracht hatten, im Laufe der Zeit aus Einsicht in die Zweckmäßigkeit auf ihr privates Eigentum verzichtet; es wird in gesellschaftliches Eigentum verwandelt. ZIEGENHAGEN schreibt: „Die gleiche Verteilung des Eigentums und der Freiheit halten wir für die Hauptstütze des gesellschaftlichen Glücks, für die unzertrennlichen Begleiter von echter Aufklärung."[26] Eifer und Anstrengung aller Kräfte der Gesellschaft würden am größten sein, wenn alle an der Erreichung des gleichen Zieles arbeiten würden.

Die Kolonie soll nach ZIEGENHAGENs Vorstellung eine selbstgenügsame Gemeinschaft sein, sich möglichst aus eigener Produktion versorgen und daher recht wenig Handel mit Außenstellen treiben. Die Handwerksproduktion ist einer zentralen Regulierung unterworfen und mit dem Bedarf abgestimmt. Bedürfnisse, Arbeitsleistung, Arbeitsverteilung und der als Naturalaustausch erfolgende, geldlose Handel sind einer gewissenhaften Rechnungslegung unterworfen. Die öffentlichen Bildungseinrichtungen garantieren, daß alle Mitglieder der Gemeinschaft an der Bildung teilhaben.

Das Verdienst des utopischen Sozialismus im entfalteten Manufakturkapitalismus besteht darin, daß er den Entwicklungsgedanken, den ROUSSEAU nur rückblickend für die Erklärung der Wandlung der klassenlosen in die Klassengesellschaft verwendet hatte, in die Zukunft richtete. Er stellte fest, daß sich die Gesellschaft nur auf der Grundlage des Gemeineigentums als sozialer Organismus

[26] Nach der 3. Auflage, o. O. 1799, S. 267.

vervollkommnen könne, und griff damit die Ideen des utopischen Sozialismus aus der Zeit der frühbürgerlichen Revolution wieder auf. Er verurteilte die Widersprüche des Kapitalismus und übertrug die politischen Gleichheitsvorstellungen ins Sozialökonomische. Er hielt damit ein Ideal wach, das schließlich dem sich zur Klasse und politischen Bewegung formierenden Proletariat so lange eine wichtige Zielstellung gab, bis der Marxismus das wissenschaftliche Programm für den proletarischen Klassenkampf ausarbeitete.

Dieser utopische Sozialismus hatte jedoch wegen seiner vorindustriellen Vorstellungswelt bestimmte Grenzen. So konnte er nicht erklären, was die utopische Gesellschaft als Antrieb für die Vervollkommnung an die Stelle des durch den Kapitalismus freigesetzten Profitmotivs treten lassen sollte. Arbeitswille und Entdeckerfreude als ideeller Ansporn hätten auf dem damaligen Produktionsniveau nur eine ganz allmähliche Verbesserung der materiellen Lage herbeizuführen vermocht. Das künftige Ideal war im Grunde statisch und überzeugte daher in einer Zeit wenig, die gerade durch eine bürgerliche Revolution von Weltbedeutung in Bewegung geraten war. Außerdem hatten diese sozialistischen Ideen keinen gesellschaftlichen Träger. Ihre Vertreter galten daher als einflußlose Weltverbesserer, die zum Beispiel für die feudale Reaktion in Deutschland weniger gefährlich waren als die Anhänger einer Jakobinerherrschaft. Bei den Revolutionären stießen sie mit dem sozialistischen Grundgedanken ihrer Utopie auf wenig Sympathie. So schreibt Georg Forster über Frölichs Buch: „Es ist eines der seltenen Produkte unserer Zeit, das Werk eines jungen sehr richtig denkenden und empfindenden Menschen. ... Einiges, wie wir denn unmöglich immer zusammentreffen können, ist meiner Absicht fremd, besonders seine politischen Ideen von Gemeinschaft des Eigentums. Aber sonst treffen wir unzähligemal zusammen ..."[27]

3. Kleinbürgerliche Sozialutopien während des frühen Industriekapitalismus in Deutschland

Im vorigen Abschnitt wurde der Bogen von der Aufklärung zum utopischen Sozialismus gespannt, um zu zeigen, wie sozialistische Gedanken in Deutschland auch während einer Zeit wachgehalten wurden, in der es noch kein Industrieproletariat als Träger für eine sozialistische Bewegung gab. Bevor nun die Aufnahme der sozialistischen Ideen unter veränderten sozialökonomischen Bedingungen besprochen wird, soll die objektiv bedingte Wandlung in der Problemstellung angedeutet werden.

Der alte utopische Sozialismus war von typischen Merkmalen des Manufakturkapitalismus geprägt worden. Während des sich in den dreißiger und vierziger Jahren des 19. Jahrhunderts verstärkt herausbildenden Industriekapitalismus

[27] Georg Forster an Therese Forster, 19. 7. 1793, in: Werke in vier Bänden, Leipzig o. J., Bd. 4, S. 880/881.

wurde nun die Unzulänglichkeit dieses Sozialismus offenbar; die sozialistischen Kritiker sahen sich vor neue Fragen gestellt. So war zum Beispiel zu überlegen, wie die sozialistischen Produktionsverhältnisse gestaltet sein müssen, um den industriellen Produktivkräften Entfaltungsmöglichkeiten zu bieten. Solche Überlegungen führten dazu, den Gedanken der Entwicklung in die Betrachtung der Produktionsverhältnisse einzuführen und die alte Vorstellung des Gemeineigentums zu präzisieren, die während der Zeit der Aufklärung in den Hintergrund geraten war. Die Einführung der historischen Betrachtungsweise in das sozialökonomische Denken ist ein bedeutendes Verdienst des utopischen Sozialismus im frühen Industriekapitalismus.

Weiterhin wurde es erforderlich, die Beziehungen zwischen den Produktionsverhältnissen und den Distributionsverhältnissen genauer zu untersuchen. Die Aufteilung des Mehrprodukts unter sozialistischen Verhältnissen konnte nicht mehr wie früher auf der Grundlage einer einfachen Reproduktion als gleichmäßige Verteilung unter alle Konsumenten bei bestimmten gesellschaftlichen Prioritäten angenommen werden, denn nun mußte das Verhältnis zwischen Akkumulation und Konsumtion berücksichtigt werden. Es wurde die Frage aufgeworfen, ob die Einkommensformen Profit bzw. Unternehmergewinn, Zins und Rente auf der Grundlage sozialistischer Eigentumsverhältnisse einfach fortfallen werden oder ob die industrielle Produktion bestimmte Entsprechungen erfordere.

Solche Überlegungen konnten die sozialistischen Kritiker nur anstellen, wenn sie sich mit der klassischen politischen Ökonomie und vor allem mit der Arbeitswerttheorie bekannt machten. Aber allein die Kenntnis der klassischen Theorie vom Wert und Mehrwert reichte nicht aus. Denn die Problematik sozialistischer Distributionsverhältnisse war nur genauer zu untersuchen, wenn die ahistorische Betrachtungsweise grundsätzlich überwunden werden konnte. Es wurde notwendig, das Mehrprodukt als eine historische Kategorie und die abgeleiteten kapitalistischen Einkommensformen als spezifische Erscheinungen zu verstehen, die durch die kapitalistischen Produktionsverhältnisse bedingt sind. Nur auf diesem Weg war es möglich, die historische Begrenztheit der kapitalistischen Distributionsverhältnisse nachzuweisen und allgemeine Grundzüge der sozialistischen Distributionsverhältnisse herauszuarbeiten. Aber gerade die klassische, politische Ökonomie war am Problem des Mehrwerts gescheitert; sie hatte die theoretische Vermittlung zwischen der allgemeinen Kategorie des Mehrwerts, des Profits, und den besonderen Einkommensformen Unternehmergewinn, Zins und Rente nicht begreifen können. Die besten sozialistischen Theoretiker des frühen Industriekapitalismus bemühten sich um die Lösung dieser Fragen, die erst Marx und Engels schließlich wissenschaftlich beantworteten.

Die Unfähigkeit der klassischen politischen Ökonomie, zwischen der allgemeinen Kategorie des Mehrwerts und den abgeleiteten Einkommensformen zu vermitteln, behinderte die Sozialisten auch in der Erkenntnis wichtiger strategischer Fragen des Klassenkampfs. Sie hatte dazu geführt, daß die bürgerlichen Ökonomen neben dem Gegensatz zwischen variablem Kapital und Mehrwert, also zwischen Proletariat und Bourgeoisie innerhalb des Distributionsbereichs, unmittelbar die Gegensätze zwischen Unternehmergewinn, Zins und Rente sowie deren Beziehern behandelten. Dadurch war es den Vulgärökonomen, die nur die oberflächlichen Beziehungen interpretieren, möglich, den Arbeiter im Gegensatz zum kapitalistischen Unternehmer und diesen im Gegensatz sowohl zum Geldkapitalisten als auch zum Grundeigentümer darzustellen und den grundlegenden Klassengegensatz zwischen dem Arbeiter und dem Gesamtkapitalisten, zwischen Proletariat und Bourgeoisie, zu eliminieren. Die sozialistischen Kritiker untersuchten wieder den grundlegenden Klassengegensatz; aber angesichts der Schranken der klassischen politischen Ökonomie war es ihnen nicht möglich, das Verhältnis zwischen Wesen und Erscheinung und die ganze Kompliziertheit der kapitalistischen Erscheinungswelt zu verstehen. Ihre besten Vertreter gingen schließlich von der Auffassung der arbeitenden Klasse als einer ausgebeuteten, leidenden Masse auf die Position des aktiven, revolutionären Proletariats über. Aber sie verstanden noch nicht, daß das Proletariat zur Erfüllung seiner historischen Mission der revolutionären, wissenschaftlichen Strategie und der politischen Organisierung bedürfte.

Marx und Engels schreiben über die großen utopischen Sozialisten Henri de Saint-Simon, Charles Fourier und Robert Owen im „Manifest der Kommunistischen Partei": „Die Erfinder dieser Systeme sehen zwar den Gegensatz der Klassen wie die Wirksamkeit der auflösenden Elemente in der herrschenden Gesellschaft selbst. Aber sie erblicken auf der Seite des Proletariats keine geschichtliche Selbsttätigkeit, keine ihm eigentümliche politische Bewegung.

Da die Entwicklung des Klassengegensatzes gleichen Schritt hält mit der Entwicklung der Industrie, finden sie ebensowenig die materiellen Bedingungen zur Befreiung des Proletariats vor und suchen nach einer sozialen Wissenschaft, nach sozialen Gesetzen, um diese Bedingungen zu schaffen.

An die Stelle der gesellschaftlichen Tätigkeit muß ihre persönlich erfinderische Tätigkeit treten, an die Stelle der geschichtlichen Bedingungen der Befreiung phantastische, an die Stelle der allmählich vor sich gehenden Organisation des Proletariats zur Klasse eine eigens ausgeheckte Organisation der Gesellschaft. Die kommende Weltgeschichte löst sich für sie auf in die Propaganda und die praktische Ausführung ihrer Gesellschaftspläne."[28]

Seit den dreißiger Jahren des 19. Jahrhunderts begannen einzelne Vertreter des von der zunehmenden Industrialisierung bedrohten Kleinbürgertums zu erkennen, daß die wachsenden Widersprüche der kapitalistischen Produktionsweise der menschlichen Entwicklung Grenzen setzen und schließlich eine gesellschaftliche Organisation der Produktion erfordern. Sie suchten nach Mitteln, das Los der Ärmsten zu verbessern und nahmen sozialistische Ideen auf, die vor allem in den entwickelteren Ländern England und Frankreich verbreitet wurden.

[28] Karl Marx/Friedrich Engels, Manifest der Kommunistischen Partei, in: MEW, Bd. 4, Berlin 1959, S. 490.

Ludwig Galls Reformplan

Die deutsche Rezeption der bedeutendsten westeuropäischen Sozialutopien ist, bei aller Begrenztheit ihres Ausmaßes und ihres theoretischen Gehalts, zunächst einmal eine bemerkenswerte Erscheinung, die um so mehr Beachtung verdient, als sie in Deutschland den Boden für die sozialistische Bewegung, die auf der Emanzipation der Arbeiterklasse beruht, vorbereiten hilft. Zu den Rezeptoren, die sozialistische Ideen aus Westeuropa aufnahmen, gehört Ludwig Gall.

Schon früh hatte Gall sich mit sozialen Problemen befaßt und die Meinung vertreten, daß „die arbeitenden Klassen und Besitzer kleiner Kapitalien der wucherischen Vermittlung der Besitzer großer Kapitalien entbehren können". Er schreibt: „Mit diesen Ansichten und Überzeugungen konnte ich kein gleichgültiger Zuschauer bleiben, als nach den Hungerjahren 1816 und 1817 Tausende, die jenseits des Meeres eine bessere Existenz zu finden gehofft, in den Seehäfen ausgeplündert, den Stachel der Reue im Herzen, bettelnd in die kaum verlassene Heimat zurückkehrten."[29] In dieser Zeit habe er sich entschlossen, zur Minderung und Milderung des Elends der benachteiligten Klassen beizutragen. Da es in seinen Augen keine andere Gelegenheit gab, die „dem Menschenfreund ein so weites Feld zu wohltätiger Wirksamkeit öffnet" wie das Auswandererproblem, so machte er den Versuch, unter dem Namen „Gagernsche Gesellschaft" in Trier einen Verein zu gründen, der die Aufgabe haben sollte, „dem darbenden oder nicht zufriedenen deutschen Manne Arbeit und Verdienst und genügende Wohnung und Besitz auf der Erde und vorzugsweise im Vaterlande zu verschaffen, unabänderlich beschlossene Auswanderungen aber durch Rat und Tat zu erleichtern"[30]. Der Verein sollte verzweifelten Menschen eine sichere Existenz verschaffen, um sie von der Auswanderung abzuhalten. Gall rang sich schließlich zu der Erkenntnis durch, daß die Erleichterung der schon beschlossenen Auswanderungen und die planmäßige Ansiedlung wohl doch das Dringendste sei, was für seine Landsleute geschehen könne. Er gab seine Arbeitsstelle auf, um sich nach Amerika einzuschiffen, sobald sich eine Gelegenheit bot, die er mit „gleichzeitiger gemeinnütziger Wirksamkeit" verbinden konnte.[31]

Gall entschloß sich nach seiner Rückkehr in die Heimat, in seiner Schrift „Was könnte helfen?" (1825) „die Grundursachen der damals so lauten und allgemeinen Klagen aller produzierenden Klassen und namentlich des landwirtschaftlichen Standes zu besprechen"[32]. Diese Schrift enthält eine Kritik der gesellschaftlichen Verhältnisse, verschiedener sozialer Heilslehren und seine utopische Auffassung von einer Reform der Gesellschaft. Gall stellt die Verkehrtheit dieser Welt fest und mahnt die Öffentlichkeit, die unvernünftige Nutzung

[29] Ludwig Gall, Beleuchtung der Försterschen sogenannten Kritik der gerühmtesten Destilliergeräte, Trier 1835, S. 60.

[30] Ebenda, S. 61.

[31] Ebenda.

[32] Ebenda, S. 64.

der natürlichen Reichtümer und ihre ungerechte Verteilung durch eine bessere Organisation der gesellschaftlichen Produktion und durch gerechtere Verteilungsprinzipien zu ersetzen. Er lebte in dem Glauben, daß seine Vorschläge nur in die Öffentlichkeit zu dringen brauchen, um in Kürze verwirklicht zu werden.

Angesichts der natürlichen Reichtümer und der Produktivkräfte der Erde, stellt GALL fest, herrsche doch Not und Elend. „Es ist gewiß eine der auffallendsten Erscheinungen, Klagen über den drückenden Mangel an den Notwendigkeiten des Lebens zu vernehmen, nachdem die Felder eine ganze Reihe von Jahren mit des Segens reichster Fülle prangten und die allen Vorstellungen vorauseilenden Fortschritte der Mechanik und Chemie die hervorbringenden Kräfte so erstaunend vermehrt haben."[33] GALL meint, daß allein Englands Industrie ausreichen würde, die ganze Welt mit den notwendigen Gütern zu versorgen. Wenn die Werktätigen mit „immer steigendem, länger kaum zu ertragendem Elend" zu kämpfen haben, dann liege das an den bestehenden Verhältnissen, die man durch eine vernünftige Politik des Staates zugunsten aller Menschen ändern könne. GALL meint, Gott gab nicht deshalb „den Menschen so wunderbare Naturkräfte, wodurch so viele Menschenhände überflüssig geworden sind, . . . damit die brotlos gewordenen Arbeiter ihr Dasein in Verzweiflung enden und die Günstlinge des Glücks nun neben den Erzeugnissen ihrer Maschinen auch noch diejenigen Geschenke der Natur verprassen mögen, welche jenen zur Nahrung dienen sollten, sondern daß die erübrigte Menschenkraft verwendet werden solle, um nun desto balder diese schöne Erde vollends in ein Paradies umzuwandeln"[34].

GALL weist hier auf einen Widerspruch hin, der in allen seinen ökonomischen Schriften einen bedeutenden Platz einnimmt. Er sieht, daß die Anwendung der Maschinen die „Menschenkräfte erübrigen" und bemüht sich, der herrschenden Klasse zu beweisen, daß es in ihrem eigenen Interesse läge, die Arbeitslosen nützlich zu beschäftigen. Denn diese, meint er, belasten die Staatskasse, und außerdem sei die Arbeitslosigkeit Ursache des herrschenden Mangels, von dem auch die Besitzenden betroffen werden. „Der arbeitslose Arme hat keine Wahl als zu betteln, zu stehlen oder zu verhungern. Es würde aber lange nicht soviel kosten, das Betteln und Stehlen unnötig zu machen, als es kostet, das Betteln und Stehlen zu bestrafen"[35], schreibt GALL.

GALL stellt sich die Aufgabe, die Wurzel des Übels aufzuzeigen, von dem alle Klassen bedroht seien. „Der Jammer des Handarbeiters, der nichts als seine Arbeitsfähigkeit besitzt und nicht soviel zu erwerben vermag, als er zu Brot für sich und die Seinen bedarf, die Bedrängnis des Landwirts und des Gewerbemannes, die, da ihre Erzeugnisse fast wertlos geworden, sich auf die unentbehr-

[33] Ludwig Gall, Was könnte helfen? Immerwährende Getreidelagerung, um jeder Not des Mangels und des Überflusses auf immer zu begegnen, und Kreditscheine, durch die Getreidevorräte verbürgt, um der Alleinherrschaft des Geldes ein Ende zu machen, Trier 1825, S. 1.

[34] Ebenda, S. 4.

[35] Ebenda, S. 13.

lichsten Bedürfnisse beschränken müssen, die Klagen der Großhändler und Gutsherren, welche die Quelle ihres Einkommens versiegen sehen, und alle diese Erscheinungen, wodurch die Not der Zeit sich zu erkennen gibt", schreibt Gall, lassen sich auf eine Grundursache zurückführen.[36] Diese Ursache bestehe darin, daß „die Geldherrschaft" die Menschenkraft wertlos gemacht habe, die Werktätigen also einen immer geringeren Teil der materiellen Güter der Gesellschaft als Äquivalent für ihre Arbeit erhalten.

Gall geht bei der Betrachtung der bürgerlichen Verhältnisse von der Lage der einfachen Warenproduzenten aus. Jeder nützlich beschäftigte Mensch könne mehr produzieren als er selbst bedarf. Da dieser Mensch, bei Gall der Bauer oder Handwerker, nun einen Teil seiner geschaffenen Produkte in Form von Rente, Zinsen, Miete, Steuern und Ausgaben für den Arzt, Advokaten usw. in *Geldform* abgeben und die Verwandlung von Ware in Geld erst selbst vornehmen müsse, so könne es bei der Schwierigkeit der Realisierung leicht geschehen, daß er den „ganzen Überschuß", d. h. das ganze Mehrprodukt, abgeben müsse. Gall sieht das Dilemma ganz und gar in der Schwierigkeit der Realisierung; die Marktfrage ist für ihn das eigentliche Problem, mit dessen Lösung er die Lösung des sozialen Problems zu finden glaubt. Daher enthält sich Gall jeden Angriffs auf das Privateigentum und bewegt sich bei der Behandlung der ökonomischen Fragen im Bereich der Zirkulation. Durch Überproduktion und die Jagd nach Geld, meint Gall, werde ein „Mißverhältnis zwischen dem Wert des Geldes und der Erzeugnisse des Bodens und der Industrie" herbeigeführt, weil „teils mehr Erzeugnisse für Geld angeboten werden als man bedarf, wo dann derjenige, der deren keine nötig hat, weniger dafür bieten mag als verlangt wird, teils dadurch, daß mehr Geld gesucht als angeboten wird, wo es dann wieder in die Hand des Geldbesitzers gegeben ist, sich einen größeren als den wirklichen augenblicklichen Warenwert dafür geben zu lassen"[37]. Da die Überlegenheit auf seiten der „Geldbesitzer", d. h. der ökonomisch Stärkeren sei, bemüht sich Gall, die Position der Kleinbesitzer im Konkurrenzkampf mit den „Geldprivilegierten" zu stärken.

Gall meint, daß „unter der Herrschaft des Geldes die ursprünglichen Bestandteile der Gesellschaft, der Nährstand, der Lehrstand und der Wehrstand, sich in zwei ganz neue Stände aufgelöst haben, nämlich in den der Geldprivilegierten, welche irgendeine feste Einnahme, sei es als Zinsen, Renten, Mieten, Besoldungen, oder Pensionen, in Geld beziehen, und in den der arbeitenden Klassen, welche vom Boden und von ihrer Arbeit leben. Diese beiden Stände, durch einander widersprechende Interessen scharf geschieden, stehen sich feindlich gegenüber; die Lage der ersteren verbessert sich in demselben Verhältnis immer mehr, je mehr jene der letzteren sich immer mehr verschlimmert, immer mißlicher, immer kümmerlicher wird."[38] Gall warnt vor der drohenden Knechtschaft durch

[36] Ebenda, S. 5.
[37] Ebenda, S. 86.
[38] Ebenda, S. 93/94.

das Kapital: „Diese Umwälzung, gefährlicher als je eine, führt zum Verderben, sie führt unausweichlich dahin, allen Besitz in den Händen der Geldprivilegierten zu vereinigen, alle andern Klassen der Staatsbürger dieser einzigen um jeden Preis dienstbar, sie zu ihren Leibeigenen zu machen, alles Höherstreben zu ersticken, alle Kultur zu vernichten, kurz, einen Zustand herbeizuführen, welcher die höchste Weisheit ratlos lassen würde.“[39]

Gall hofft, daß der Staat die Verteilung zugunsten der landwirtschaftlichen Produzenten ändere und den Warenproduzenten einen ausgedehnten inneren Markt verschaffe. Dies sei nach seiner Meinung dadurch zu erreichen, daß die Mehrzahl der Bevölkerung in weitaus größerem Maße als bisher in die Lage versetzt werden müsse, Konsumgüter kaufen zu können. Gall geht bei seinen Überlegungen von der Lage der ländlichen Produzenten aus, wobei er der Getreideproduktion besondere Bedeutung beimißt, die er als Deutschlands wichtigsten Produktionszweig betrachtete. Gehe es dem Landwirt gut, so fänden auch alle anderen Erwerbszweige Beschäftigung. Bei einem Aufleben der Produktionstätigkeit in der Landwirtschaft würden die Landwirte auch mehr von den anderen Produzenten kaufen können. Die Vergrößerung der kaufkräftigen Nachfrage will Gall durch eine Verbesserung der Position der Getreideproduzenten, die nach seiner Meinung die Mehrzahl der Bevölkerung darstellen, erreichen. Deshalb müsse dafür gesorgt werden, daß die Getreideproduzenten einen höheren Preis für ihre Getreide erzielen als bisher. Dazu sei es notwendig, meint Gall, daß diese nicht mehr gezwungen sein dürfen, bei niedriger Preisstellung ihr Getreide aus Not verkaufen zu müssen. Ein höherer Brotpreis infolge eines erhöhten Getreidepreises sei, meint Gall, das kleinere Übel, da er lediglich die Bezieher festen Einkommens, also Grundeigentümer, Leihkapitalisten, Beamte usw. treffe, während die Produzenten von den höheren Getreidepreisen profitieren würden, weil die erhöhte Kaufkraft der Getreideproduzenten den Absatz auch der anderen Waren steigere.

Gall glaubt, daß eine allgemeine Getreidelagerung „schnell die von der Regierung für jede Provinz festzusetzenden höchsten Preise hervorbringen und diese selbst dem, der nur einen Zentner Getreide zu verkaufen hätte, sichern würde . . . und, was vielleicht in seinen Folgen das wichtigste ist, das Getreide als Tauschmittel an die Stelle des Geldes in den Umlauf des Verkehrs ziehen würde“.[40]

Gall hofft, daß die Verwirklichung seines Systems der „Alleinherrschaft des Geldes“ ein Ende bereiten werde. Da das Geld, das von der Gesellschaft anerkannte Tauschmittel, in der Hand der Reichen konzentriert sei und die Mehrheit der Bevölkerung mehr Geldausgaben als Geldeinnahmen habe, so müsse man, schlußfolgert Gall, ein neues Tauschmittel erfinden, das den Getreideproduzenten, und damit der Mehrheit der Bevölkerung, zugänglicher sei als das Geld. Dieses neue Tauschmittel sollen die Empfangsscheine für die in das Getreidedepot eingelagerten Getreidemengen sein.

[39] Ebenda, S. 94.
[40] Ebenda, S. 106.

Die Idee, das Geld durch ein anderes Tauschmittel zu ersetzen, war 1825 keineswegs neu. GALL war weder der erste noch der letzte, der in der Illusion befangen war, daß man das auf Edelmetall basierende Geld durch ein allgemeines Äquivalent ersetzen müsse, das auf einer anderen Grundlage beruht, etwa wie die GALLschen Getreidescheine, um dadurch Ordnung in die aus den Fugen geratende bürgerliche Welt zu bringen.

Wie GALL selbst über das Schicksal seines Reformplanes berichtet, haben die ersten Stellungnahmen in der Presse seine Vorschläge für fromme Wünsche erklärt. Nur in Erfurt sei ein Verein unter dem Namen „Verein gegen jede Not des Mangels und des Überflusses" zur Ausführung eines Teils seiner Vorschläge entstanden. GALL führt seinen Mißerfolg keineswegs darauf zurück, daß seine Vorschläge nicht realisierbar wären, sondern „weil es keinen Gemeinsinn oder, wäre er auch hin und wieder nicht ganz erloschen, doch keinen Enthusiasmus für fremde Ideen gibt"[41]. In seiner autobiographischen Darstellung, die unter dem Titel „Mein Wollen und mein Wirken" als Anhang zu der Streitschrift „Beleuchtung der Försterschen sogenannten Kritik der gerühmtesten Destilliergeräte" 1835 in Trier erschien, schreibt GALL, daß er durch bedeutende Geldopfer den Verdacht entfernen wollte, als ob ihn selbstsüchtiges Streben leite. Um sich die finanziellen Mittel zur Verwirklichung seiner Pläne zu verschaffen, betätigte er sich als erfinderischer Konstrukteur von allerlei Apparaturen, besonders auf dem Gebiete der Herstellung von Weinen und Spirituosen.

Nach dem Studium der Werke der westeuropäischen utopischen Sozialisten habe sich, meint GALL, seine Überzeugung gefestigt, „daß die arbeitenden Klassen mit geringem Eigentum nur durch Vereinigung ihrer Kapitalien und Arbeitskräfte zu gemeinschaftlicher Feld-, Garten- und Fabrikarbeit noch größerem Elend entgehen können"[42]. Er glaubt, daß er den rationellen Kern der Lehren der großen utopischen Sozialisten erfaßt habe, und entwickelt seinen eigenen Plan einer „allgemeinen Vergesellschaftung". Mit Hilfe von 15000 bis 20000 Talern will er in einer Landgemeinde beginnen, sein Vorhaben zu verwirklichen. Er gedenkt zunächst, der Gemeinde einige moderne und in gutem Zustand befindliche Arbeitsmittel wie Pflüge, Wagen usw. zu schenken. Er will ihr dann eine Dreschmaschine unter der Bedingung versprechen, daß sie die Kosten für das notwendige Gebäude trägt. GALL meint, daß in der Gemeinde bald das Verlangen erzeugt sein würde, nun auch die notwendigen Scheunen zu besitzen. „So hätte sich ganz von selbst die Gelegenheit dargeboten, die Vorteile auch anderer gemeinschaftlicher Anstalten, namentlich gemeinschaftlicher Stallungen, zu zeigen, dieselben zugleich aber als von einer gemeinschaftlichen Bewirtschaftung der Felder abhängig und daher so lange als unerreichbar zu schildern, als nicht jeder Einwohner zur wohlverstandenen Förderung der eigenen

41 Gall, Beleuchtung der Försterschen sogenannten Kritik der gerühmtesten Destilliergeräte, Trier 1835, S. 65.

42 Ebenda, S. 67.

Wohlfahrt auch bereit sei, die Wohlfahrt aller Übrigen vermehren zu helfen", schreibt Gall.[43] Während die Feldarbeiten noch getrennt vorgenommen werden, soll fortgefahren werden, die gemeinschaftlichen Anstalten zu vermehren. Die dadurch eingesparten Arbeitskräfte und Ausgaben dienen zur Ausführung gemeinnütziger Arbeiten. „Endlich würde ich, und wenn Jahre dazu nötig gewesen wären, mit jedem einzelnen eine genaue Ertragsberechnung seiner Wirtschaft vorgenommen und auch die Wohlhabendsten überzeugt haben, daß sie durch eine allgemeine Vergesellschaftung nur gewinnen könnten."[44] Die Einkünfte dieser „Assoziation der Kapitalien zu einem gemeinschaftlichen Betriebsfonds zum Besten aller und jedes einzelnen"[45], die, wie man sieht, sich Gall in Form einer landwirtschaftlichen Produktionsgenossenschaft vorgestellt hat, sollen unter Berücksichtigung der eingebrachten Einlagen an Geld und Produktionsmitteln an die Mitglieder verteilt werden.

Gall hat nie ein Experiment durchgeführt. Später wendet er sich vom Sozialismus ab und predigt offen die Versöhnung der Klassen. Von dieser Zeit an unterscheidet er sich kaum noch von den Bourgeoissozialisten, die die sozialen Mißstände beseitigen wollen, um die in ihrer Existenz bedrohte bürgerliche Gesellschaft zu retten.

Winkelblechs Organisation der Arbeit

Kleinbürgerliche sozialutopische Auffassungen vertrat zur Zeit der Revolution von 1848 auch der Chemiker Karl Georg Winkelblech, die er unter dem Pseudonym Karl Marlo in dem etwas später veröffentlichten Buch „Untersuchungen über die Organisation der Arbeit oder System der Weltökonomie" (Kassel 1850/51) niederschrieb. Winkelblech lernte Saint-Simon, Owen und Fourier kennen, setzte sich mit Proudhon auseinander, bezog sich gelegentlich auf Weitling und mehrfach zustimmend auf Friedrich Engels' „Lage der arbeitenden Klassen in England". Besonderen Eindruck scheinen ihm jedoch Sismondi und Louis Blanc gemacht zu haben, dessen „Organisation der Arbeit" 1839 erschienen war. Zustimmende Erwähnung finden auch der Sismondi-Schüler Villeneuve und der von der katholischen Kirche wegen seiner radikalen christlich-sozialistischen Ansichten gemaßregelte Lamennais. Von den älteren Autoren der sozialistischen Tradition erfährt sehr große Wertschätzung „der edle Schwärmer Thomas Müntzer"[46]. Hervorgehoben wird auch Jean-Jacques Rousseau.

Winkelblech setzt sich mit dem frühen Industriekapitalismus auseinander.

[43] Ebenda, S. 68.
[44] Ebenda.
[45] Ebenda, S. 60.
[46] Karl Marlo, Untersuchungen über die Organisation der Arbeit oder System der Weltökonomie, Bd. 1, S. 399.

Er schreibt: „Unterwerfen wir die Folgen der industriellen Revolution ... einer genaueren Prüfung, so finden wir, daß sie durchaus anderer Art sind, als sie von den Begründern des Erwerbssystems erwartet wurden. Diese wollten die frühere Organisation der Arbeit nur aufheben, weil sie die Freiheit der Arbeit beschränkt; leider hat jedoch die Anwendung ihrer Lehre nicht zu einer größeren Freiheit, sondern zu einer fast gänzlichen Unfreiheit der Arbeit geführt. Sie wollten ferner sämtliche Monopole zerstören, und haben das größte und verderblichste von allen, nämlich das des Kapitals, gegründet."[47] Die Stabilität aller sozialen Verhältnisse sei zerstört und die Gesellschaft in zwei feindliche Haufen geteilt worden, die in der Bourgeoisie und dem Proletariat ihren Schwerpunkt finden. Der Reiche werde immer reicher und der Arme immer ärmer. Die Liberalen, meint WINKELBLECH, „wollten die Arbeit frei machen, und haben sie unter das Joch des Kapitals gebeugt; sie wollten die Entfesselung aller Kräfte, und haben sie in die Fesseln des Elends geschlagen; sie wollten den hörigen Arbeiter von der Scholle entbinden, und beraubten ihn des Bodens, auf dem er stand; sie wollten den Wohlstand der Gesellschaft, und schufen nur Mangel und Überfluß; sie wollten das Verdienst zu Ehren bringen, und haben es zum Sklaven des Besitzes gemacht; sie wollten Vernichtung sämtlicher Monopole, und haben sie alle durch das Riesenmonopol des Kapitals ersetzt; sie wollten die Aufhebung der Völkerkriege, und haben den Bürgerkrieg entzündet; sie wollten sich des Staates entschlagen, und haben seine Lasten vervielfacht; sie wollten die Bildung zum Gemeingut aller machen, und haben sie zum Vorrecht des Reichtums gemacht; sie wollten die höchste Sittlichung der Gesellschaft, und haben sie in sittliche Fäulnis versetzt; sie wollten, um alles mit einem Worte zu sagen, schrankenlose Freiheit, und haben die schmählichste Knechtschaft erzeugt; sie wollten das Gegenteil von allem was sie wirklich erlangten, und haben damit den Beweis geliefert, daß der Liberalismus in seinem ganzen Umfange nichts anderes ist als eine vollkommene Utopie"[48].

Die Lage des Proletariats sei gänzlich hoffnungslos, stellt WINKELBLECH fest und beklagt den „Umstand, daß er nicht einmal Garantien für die Fortdauer eines so kümmerlichen Daseins besitzt. Durch nichts wird ihm seine Beschäftigung gesichert. Jede Laune des Unternehmers, jeder Wechsel in der Nachfrage ... kann ihm seine Beschäftigung rauben ... Wer leistet ihm Gewähr für die Erhaltung seines Lebens, wenn die Nachfrage nach seiner Arbeit aufgehört hat?"[49] Selbst der Vergleich mit der Lage des direkten Sklaven falle zuungunsten der Lage des Proletariers aus.

WINKELBLECHs Kritik des Industriekapitalismus mündet in eine kleinbürgerlich-reaktionäre Zukunftsvorstellung. Die von ihm empfohlenen „föderalen Zünfte" sollen im Unterschied zum mittelalterlichen Zunftwesen „keine städtischen, sondern *nationale* Vereine, welche Glieder eines Hauptzunftvereins bilden,

[47] Ebenda, S. 79.
[48] Ebenda, S. 263/264.
[49] Ebenda, S. 92.

sein"[50]. Anknüpfend an anachronistisch gewordene Handwerkervorstellungen, die in den Kämpfen der Revolution von 1848 jedoch noch einmal zu kurzem Leben aufflackerten, propagierte er eine „von allen Schlacken der Vergangenheit befreite, durch das Licht der Ökonomie aufgeklärte, mit dem christlichen Rechtsbewußtsein versöhnte ... wahrhaft christlich-germanische Zunftverfassung"[51]. Winkelblech spricht von der „sozietären Geschäftsform", einer Vergenossenschaftlichung der Produktionsmittel vor allem in der Landwirtschaft, denn „die Organisation der Landwirtschaft bildet die Grundlage aller übrigen Produktionszweige"[52]. Die Grundfrage, „ob das Gemein- oder das Alleineigentum die vorzüglichere Form des Eigentums sei", meint Winkelblech, sei „dahin zu beantworten, daß der Regel nach das Alleineigentum für die Genußmittel und die Werkmittel der kleinen Geschäfte, das Gemeineigentum hingegen, wie bei der Lehre von den Assoziationen nachgewiesen wurde, für die Werkmittel der großen Geschäfte den Vorzug verdient"[53]. Auf der Basis der „sozietären Geschäftsform" solle es zur Verschmelzung von Landwirtschaft und ländlicher Industrie kommen. Mit Vorschlägen zu einer Vergenossenschaftlichung der Industrie hält Winkelblech vorsichtig zurück, während er den Handel durch den föderalen zünftlerischen Staat der Zukunft zu verstaatlichen empfiehlt.

Die „Organisation der Arbeit", meint Winkelblech, solle die freie Konkurrenz als angebliche Hauptursache der sozialen Übel aufheben. „Eine gründliche Heilung der sozialen Übel ist nur durch Entfernung der Ursache möglich, aus der sie fließen. Diese Ursache ist die freie Konkurrenz, und das einzige wirkliche Heilmittel, welches mehr als eine vorübergehende Linderung gewährt, die Organisation der Arbeit."[54] Der soziale Inhalt dieser „Organisation der Arbeit" bestehe darin, das Recht auf Arbeit und auf die eigenen Arbeitsfrüchte real zu verbürgen: „Die Organisation der Arbeit hat die Aufgabe in Wirklichkeit zu lösen, die das Erwerbssystem nach der fast unglaublichen, aller Erfahrungen widersprechenden Vorstellung seiner Anhänger schon jetzt gelöst haben soll, d. h. sie hat die Freiheit der Arbeit zu begründen. Diese Freiheit kann aber nicht in einer bloßen Erlaubnis zur Arbeit bestehen, sondern es muß einem jeden, soweit es die Naturgesetze erlauben, die wirkliche Macht verliehen werden, seine Kräfte auszubilden, sie anzuwenden und die Früchte seiner Arbeit zu genießen." Aber es gehe „nicht etwa darum, die Privatindustrie aufzuheben oder einem jeden durch Regierungsbefehle seine Rolle bei derselben anzuweisen, vielmehr nur darum, so viele und verschiedene Sphären des Erwerbs 'gesetzlich' zu bestimmen, daß alle Produzenten einen ihren Kräften entsprechenden Wirkungskreis finden".[55]

Gegen diese kleinbürgerlichen Auffassungen von einer Organisation der Arbeit

[50] Ebenda, Bd. 4, S. 304.
[51] Ebenda, Bd. 1, S. 161.
[52] Ebenda, Bd. 2, S. 341.
[53] Ebenda, Bd. 3, S. 720.
[54] Ebenda, Bd. 1, S. 149.
[55] Ebenda, S. 159.

setzten die Vertreter des Proletariats die Forderung nach einer politischen Organisation der Arbeiter. „Winkelblech", schreibt STEFAN BORN in seinen „Erinnerungen", „war ein Meteor, das im Bewegungsjahre am dunklen Nachthimmel des deutschen Zunftwesens plötzlich erschien, um im raschen Niederfall zu versinken und zu verlöschen. Nur in einem Lande wie Deutschland, das in seiner ökonomischen Entwicklung neben der gesetzlich eingeführten, den Ideen der Neuzeit zugestandenen Gewerbefreiheit die mannigfaltigsten Gestaltungen des mittelalterlichen Zunftwesens fortleben ließ, konnte eine Prophetennatur wie Winkelblech, wenn auch nur für einige Wochen, Gehör finden und eine Rolle spielen ..." „Professor Winkelblech", heißt es weiter, „war ein Prophet und ein Romantiker auf einem Gebiet, das alle Romantik und alles Prophetentum ausschließt. Als Prophet wollte er natürlich alles Elend auf Erden ausrotten, alle Menschen glücklich machen, als Romantiker glaubte er, alles Heil auf dem Wege zu finden, der zurückführt in die dichterisch verklärten Hallen des erneuerten mittelalterlichen Zunftwesens."[56]

4. Sozialistische Kritik unter dem Einfluß der klassischen politischen Ökonomie

Vor allem in England erkannten die Sozialisten, daß allein Klagen über die zunehmende Verelendung des Proletariats infolge der kapitalistischen Industrialisierung und die Propagierung allgemeiner Pläne zur Umgestaltung der Gesellschaft nicht mehr ausreichten. Sie knüpften an RICARDOS Arbeitswerttheorie an und stellten fest, daß die Arbeiter, wenn sie alle Werte schaffen, auch das Recht haben, über die Verwendung des Mehrwerts zu verfügen. Ihr hervorragender Vertreter war ROBERT OWEN. Auch in Deutschland gab es Versuche, die sozialistische Kritik am frühen Industriekapitalismus durch die Aufnahme der klassischen Erkenntnisse über den Wert und Mehrwert zu vertiefen.

CARL RODBERTUS, Enkel des Physiokraten AUGUST SCHLETTWEIN, in der Revolution von 1848 als Mitglied des Paulskirchenparlaments Vertreter bürgerlich-demokratischer Positionen, insgesamt ideologischer Repräsentant eines von linksricardianischen und saint-simonistischen Gedankengängen beeinflußten kleinbürgerlichen utopisch-reformistischen Sozialismus, unternahm längere Reisen durch die Schweiz, Frankreich (wo er mit den Lehren von SAINT-SIMON bekannt wurde) und Holland, kaufte sich, heimgekehrt, das bei Demmin gelegene Gut Jagetzow, wohin er 1836 übersiedelte, um sich neben der Bewirtschaftung dieses Gutes in unabhängiger Muße und zum gelinden Spott seiner junkerlichen Nachbarn, denen er als Sonderling galt, mit historischen, soziologischen und ökonomischen Studien zu beschäftigen. Eine Frucht dieser Studien war der 1839 an die „Augsburger Allgemeine Zeitung" eingesandte, aber entsetzt zurück-

[56] Stefan Born, Erinnerungen, S. 191 ff., zitiert bei W. Ed. Biermann, Karl Georg Winkelblech (Karl Marlo). Sein Leben und Werk, Bd. 2, Leipzig 1909, S. 288/289.

gewiesene Aufsatz „Die Forderungen der arbeitenden Klassen", der keimhaft fast alle die später ausgeführten sozialökonomischen Anschauungen enthält und in unmittelbarer Bezugnahme auf SAINT-SIMON utopisch-sozialistische Positionen vertritt.[57] 1842 erschien seine Schrift „Zur Erkenntnis unserer staatswirtschaftlichen Zustände" (Neubrandenburg und Friedland 1842), in der sich RODBERTUS zur klassischen Arbeitswerttheorie bekennt.

Da RODBERTUS später MARX vorwarf, dieser habe die genannte Schrift im „Kapital" ganz hübsch benutzt, ohne sie zu zitieren, und da bürgerliche Theoriehistoriker noch heute RODBERTUS auf die Höhe von MARX zu heben bemüht sind, ist hier zunächst ENGELS' Bemerkung zu RODBERTUS' Prioritätsanspruch anzuführen. ENGELS schreibt: „Soweit der moderne Sozialismus, einerlei welcher Richtung, von der bürgerlichen politischen Ökonomie ausgeht, knüpft er fast ausnahmslos an die Ricardosche Werttheorie an. Die beiden Sätze, die Ricardo 1817 gleich am Anfang seiner 'Principles' proklamiert: 1. daß der Wert jeder Ware bestimmt wird einzig und allein durch die zu ihrer Produktion erheischte Arbeitsmenge, und 2. daß das Produkt der gesamten gesellschaftlichen Arbeit verteilt wird unter die drei Klassen der Grundbesitzer (Rente), Kapitalisten (Profit) und Arbeiter (Arbeitslohn), diese beiden Sätze wurden schon seit 1821 in England zu sozialistischen Konsequenzen verwertet, und zwar teilweise mit solcher Schärfe und Entschiedenheit, daß diese jetzt fast verschollene, von Marx großenteils erst wieder entdeckte Literatur bis zum Erscheinen des 'Kapital' unübertroffen blieb. Darüber ein andermal. Wenn also Rodbertus 1842 seinerseits sozialistische Konsequenzen aus obigen Sätzen zog, so war das für einen Deutschen damals sicherlich ein sehr bedeutender Schritt vorwärts, konnte aber höchstens für Deutschland als neue Entdeckung gelten. Wie wenig neu solche Anwendung der Ricardoschen Theorie war, beweist Marx gegen Proudhon, der an ähnlicher Einbildung litt.

'Wer nur einigermaßen mit der Entwicklung der politischen Ökonomie in England vertraut ist, weiß jedenfalls, daß fast alle Sozialisten dieses Landes, zu verschiedenen Zeiten, die *egalitäre* (d. h. sozialistische) Anwendung der Ricardoschen Theorie vorgeschlagen haben. Wir können dem Herrn Proudhon anführen: 'Die politische Ökonomie' von Hopkins, 1822; William Thompson, 'An Inquiry into the Principles of the Distribution of Wealth, most conductive to Human Happiness', 1824; T. R. Edmonds, 'Practical, Moral and Political Economy', 1828, etc. etc. und noch vier Seiten Etceteras. Wir lassen nur einen englischen Kommunisten sprechen: Bray, in seiner bemerkenswerten Schrift 'Labour's Wrongs and Labour's Remedy', Leeds 1839.' Und allein die hier gegebenen Zitate aus Bray beseitigen ein gutes Stück der von Rodbertus beanspruchten Priorität."[58]

57 Vgl. Karl Rodbertus-Jagetzow, Die Forderungen der arbeitenden Klassen, hg. A. Skalweit, Frankfurt/M. 1946, S. 17.

58 Friedrich Engels, Vorwort (zur ersten deutschen Ausgabe von Karl Marx' Schrift „Das Elend der Philosophie"), in: MEW, Bd. 21, Berlin 1962, S. 176/177.

Begünstigt durch seine materiell unabhängige Lage, schrieb und veröffentlichte RODBERTUS nach der gescheiterten bürgerlichen Revolution seine „Socialen Briefe", in denen, wie ENGELS schreibt, RODBERTUS nahe daran war, „dem Mehrwert auf die Spur zu kommen".[59]

Ausgehend von der Erkenntnis der klassischen politischen Ökonomie, daß nur die Arbeit die Werte schafft, fragt RODBERTUS nach der Berechtigung der nicht auf persönliche Arbeit beruhenden Einkommen. „Welche Gründe, frage ich, bewirken, daß, da jedes Einkommen nur Arbeitsprodukt ist, Personen in der Gesellschaft Einkommen beziehen, die keinen Finger zur Herstellung desselben rühren? Dergleichen Personen gibt es freilich unzählige, und ganze Klassen. ... Welche Gründe bewirken also, daß diese an der 'ursprünglichen Güterverteilung' partizipierenden Personen, ohne darin mit zu arbeiten oder andere Dienste dafür zu gewähren, Einkommen beziehen, das doch nur Arbeitsprodukt ist, das also Arbeitsprodukt anderer ist, wenn sie es auch Grundrente, Kapitalgewinn oder Zinsen nennen? ... Die Antwort auf diese Frage ist die Theorie der Rente überhaupt, der Grundrente und des Kapitalgewinnes im allgemeinen."[60]

Allen Nachdruck legt RODBERTUS auf die Feststellung, daß Rente überhaupt und ihre Spezifikationen Grundrente und Kapitalrente (Profit) nicht nur Arbeitsprodukte schlechthin, sondern auch „Arbeitsprodukte anderer sind als derer, die sie beziehen".[61] „Rente", schreibt er, „ist nach dieser Theorie alles Einkommen, was ohne eigene Arbeit, lediglich auf Grund eines Besitzes, bezogen wird."[62]

Diese anscheinend abstrakten Erörterungen über arbeitsloses Einkommen verdichten sich an anderer Stelle zu einer scharfen Anklage der Ausbeutung. RODBERTUS betont hierbei die über mehrere Gesellschaftsformationen sich hinziehende Kontinuität der Ausbeutung, die zwar mehrfach einen Formwechsel, bisher aber niemals ihre Aufhebung erfuhr, denn nach RODBERTUS ist der Status des Lohnarbeiters trotz aller sogenannten „freien Lohnkontrakte" in wesentlichen Bestandteilen noch immer mit den Statusmerkmalen des seinerzeitigen Sklaven bzw. Leibeigenen behaftet. Dergestalt sei zwar an die Stelle der Anordnung des Sklavenbesitzers der Vertrag des Arbeiters mit dem Lohnherrn getreten, aber dieser Vertrag sei nur formell, nicht materiell frei, und der Hunger ersetze fast völlig die Peitsche, was früher Futter hieß, heiße jetzt nur Lohn.

RODBERTUS bleibt jedoch noch, wie ENGELS schreibt, „befangen in den ökonomischen Kategorien, wie er sie vorfindet. Auch er tauft den Mehrwert mit dem Namen einer seiner verwandelten Unterformen, den er noch dazu ganz unbestimmt macht: Rente."[63] „Rente überhaupt" ist ungeachtet ihres verallgemeinernden Zusatzes „überhaupt" einfach die Summe von Bodenrente und Profit.

[59] Friedrich Engels, Brief an August Bebel vom 22. 12. 1881, in: MEW, Bd. 35, Berlin 1967, S. 416.

[60] Carl Rodbertus-Jagetzow, Zur Beleuchtung der socialen Frage, Berlin 1899, S. 114/115.

[61] Ebenda, S. 115. [62] Ebenda, S. 50.

[63] Friedrich Engels, Vorwort zum Zweiten Bande des „Kapital", in: MEW, Bd. 24, Berlin 1963, S. 20.

Über den künftigen Gesellschaftszustand schreibt Rodbertus: „In jenem Zustande mit Kommunismus an Boden und Kapital ist nicht bloß das Eigentum gesicherter, die Freiheit größer, die Gleichberechtigung allgemeiner, als in dem heutigen oder selbst denkbar freiestem Zustande mit Privateigentum an Boden und Kapital, sondern sind Eigentum, Freiheit und Gleichberechtigung überhaupt und allein erst rein und vollständig zu verwirklichen."[64] Rodbertus' Gesellschaftsprognose fließt hierbei aus seiner Geschichtskonzeption der drei Zeitalter, denen drei verschiedene „Eigentumsstufen" entsprechen sollten: erstens das Zeitalter der Antike; ihm liege als erste „Eigentumsstufe" das „Menscheneigentum" zugrunde. Als zweites Zeitalter galt die nach dem Untergang der Antike beginnende und bis in die Gegenwart reichende Epoche (als Feudalismus und Kapitalismus zusammengenommen); ihr liege als zweite Eigentumsstufe das „Grund- und Kapitaleigentum" zugrunde. Das dritte Zeitalter jedoch, das noch ausstehe, sei die Epoche des „Arbeits- und Verdiensteigentums". An dieses dritte Zeitalter knüpften sich Rodbertus' utopisch-kommunistische Hoffnungen. Er verschmilzt die linksricardianische Theorie des Arbeitseigentums mit saint-simonistischen und noch weiter zurückreichenden Geschichtskonzeptionen.

Rodbertus kontrastiert die illusionäre Freiheit innerhalb der bürgerlichen Gesellschaft mit der realen Freiheit in einer künftigen kommunistischen Gesellschaft. „Solange es Grund- und Kapitaleigentum gibt, solange wird es auch 'Herren' geben. Die Rente ist nichts als das letzte geschichtliche Kriterium des 'Herrn'. Erhöhen Sie die bürgerliche und politische Freiheit wie Sie wollen, bis zum allgemeinen Stimmrecht in Staat und Gemeinde, selbst bis zur 'Anarchie', behalten sie aber das Grund- und Kapitaleigentum daneben, wie es doch die heutigen Anarchisten wollen, und Sie haben damit auch die *Rente* und die *Herrschaft*, den Lohn und den Dienst wieder; wollen sie aber wahrhaft 'Anarchie', so müssen sie das Grund- und Kapitaleigentum daran geben. Dann freilich haben sie noch die Wahl, die Wahl zwischen dem Rousseauischen Vierfüßler und der Zivilisation mit *einem* gesellschaftlichen Willen, d. h. mit Staat, Zentralisation und Kommunismus."[65] Im selben Text etwas weiter heißt es gleichermaßen bemerkenswert: „In der Tat, die Verehrer der heutigen Zustände täuschen sich nur allzu sehr, wenn sie gegen die Sozialisten Eigentum, Freiheit und Gleichberechtigung zu verteidigen wähnen. Wenn, bei Grund- und Kapitaleigentum, der Verkehr, auch in bezug auf die Verteilung, auf den Lohn, der freien Konkurrenz überlassen ist, sind gerade diese Güter bis zur Unkenntlichkeit verunstaltet. Nur die Aufhebung des Grund- und Kapitaleigentums, nur Kommunismus an Boden und Kapital, bei einer nationalökonomischen Organisation, wie ich oben geschildert habe, vermag die Schmälerungen jener Güter gründlich zu beseitigen, diese selbst vollständig dem einzelnen zu sichern."[66]

[64] Carl Rodbertus-Jagetzow, Das Capital, Berlin 1884, S. 217.
[65] Ebenda, S. 217.
[66] Ebenda, S. 219.

Die innere Struktur dieser zukünftigen „nationalökonomischen Organisation" sei streng zentralistisch und basiere auf einem umfassenden, generellen Gesellschaftseigentum. Gruppeneigentum im Sinne des MARLOschen Förderalismus oder der LASSALLEschen Produktivassoziation galten RODBERTUS als Ab- und Irrweg. Niemand, heißt es zum Beispiel in Polemik gegen FERDINAND LASSALLE, könne ihn davon überzeugen, „daß die Produktivassoziation auf dem Wege der nationalökonomischen Entwicklung der Zukunft liegt".[67] RODBERTUS setzt in seinem Bemühen, „Grundzüge einer Nationalökonomie ohne Privateigentum an Boden und Kapital zu geben, das Gesellschaftseigentum in dem ausgedehnten Sinne voraus, daß Boden und Nationalkapital gänzlich vom Privateigentum, auch von Privateigentum einer Gemeinde, befreit gedacht werden, und also der ganzen Nation als solcher gehören"[68].

Aus dieser Befreiung vom Privateigentum durch Schaffung eines umfassenden gesellschaftlichen Gesamteigentums an Produktionsmitteln resultiert auch für RODBERTUS gesamtgesellschaftliche wie individuelle Freiheit: „Also erst mit diesem Zustande, erst bei Kommunismus an Boden und Kapital, ist die Gesellschaft vollständig befreit, sowohl von individuellem wie von gesellschaftlichem Despotismus, von der Herrschaft einzelner, wie von dem, was die Alltagsmeinung im Kommunismus fürchtet. Denn erst dann ist die allgemeine Gesellschaft 'Freier und Gleicher' begründet, die in keiner Beziehung jemanden über sich, als den gesellschaftlichen Willen, an dem sie selbst Teil haben."[69] Bekenntnishaft fährt er fort: „Ich gestehe offen, ich meinerseits glaube an die dereinstige Aufhebung des Grund- und Kapitaleigentums. Geschichte, Gegenwart und Wissenschaft haben diesen Glauben gleich sehr in mir begründet."[70]

RODBERTUS hält jedoch an seiner evolutionistisch-reformistischen Grundanschauung fest, in der bei programmatischer Betonung der „Loyalität des Übergangs" der pommersche Grundbesitzer und ideelle Kleinbürger RODBERTUS über den Rezipienten frühsozialistischer Gedankengänge zwar nicht völlig obsiegt, ihm aber doch den überwiegenden Teil seiner gesellschaftskritischen Wirkung und theoretischen Bedeutung wieder zunichte macht. Durch klug und weitsichtig eingesetzte „radikale Sozialreform", hofft er, lasse sich das soziale Spannungsfeld zwecks Vermeidung revolutionärer Eruptionen in gewisser Weise abbauen und regulieren, ohne zugleich das sozialistische Endziel aus dem Auge zu lassen: „Säumen wir nicht", heißt es dergestalt im illusionistischen Appell an die vermeintlich über den Klassen stehende und saint-simonistischen Parolen gehorchende Staatsgewalt, „das Reformmesser zu schärfen und schneiden wir, damit uns nicht die sonst noch tiefer fressende Petroleumflamme zuvorkommt"[71].

67 Carl Rodbertus-Jagetzow, Briefwechsel mit Rudolf Meyer, in: ders. Briefe und sozialpolitische Aufsätze, hg. von Rudolf Meyer, Berlin 1887, S. 227.

68 Carl Rodbertus-Jagetzow, Das Capital, Berlin 1884, S. 114f.

69 Ebenda, S. 220.

70 Ebenda, S. 221.

71 Carl Rodbertus-Jagetzow, Zur Beleuchtung der socialen Frage, Berlin 1885, S. 55.

RODBERTUS vertritt auch eine Lohnregulierungsutopie. Er sieht eine Steigerung des Arbeitslohns proportional zur Steigerung der gesellschaftlichen Arbeitsproduktivität vor und erhofft die Realisierung dieses Konzepts auf illusionäre Weise durch Staatsintervention. „Das Hauptziel meiner Untersuchungen", heißt es schon 1842, „wird sein, den Anteil der arbeitenden Klassen am Nationaleinkommen zu erhöhen, und zwar auf einer soliden, den Einwirkungen der Wechselfälle des Verkehrs entzogenen Grundlage. Ich will diese Klasse ebenfalls an dem Fortschritt der Produktivität teilnehmen lassen und jenes Gesetz aufheben, das sonst einst für unsere Zustände tödlich werden dürfte; das Gesetz nämlich, daß die Arbeiter, die Produktivität mag noch so sehr zunehmen, immer wieder durch die Gewalt des Verkehrs auf einen Lohnsatz zurückgeworfen werden, der nicht den notwendigen Unterhalt übersteigt; einen Lohnsatz, der sie von der Bildung des Zeitalters ausschließt, . . . einen Lohnsatz, der den schreiendsten Widerspruch zu ihrer heutigen rechtlichen Stellung bildet, jener formalen Gleichheit mit den übrigen Ständen . . ." [72]

FRANZ MEHRING urteilt über RODBERTUS: „In seiner Art war er ein ehrlicher Mann und meinte es ehrlich mit der Arbeiterklasse, eben in seiner Art. Er hätte wohl ein besseres Schicksal verdient, als so gänzlich vergessen und verschollen zu sein, wie er heute ist. Er hat es bitter, allzu bitter gebüßt, daß sich die herrschenden Klassen, die, solange er lebte, nicht viel von ihm wissen wollten, ihn als toten Cid auf ihren lahmen Gaul erhoben. Aber im Kampf um der Menschheit große Gegenstände gilt keine sorgsam abwägende Gerechtigkeit, und wer nur immer über das Recht grübelt, das der Gegner haben mag oder auch wirklich hat, bringt die Sache, die er verficht, nicht um einen Strohhalm weiter." [73]

5. *Der Übergang auf die Positionen des Proletariats*

In bezug auf den weltanschaulichen und politischen Standpunkt, den die utopischen Sozialisten in Worten und Taten vertreten, ist Vielfalt charakteristisch. BABEUF und BUONAROTTI waren echte Revolutionäre; die meisten Utopisten aber fürchteten die Revolution und suchten sie durch eine reformistische Lösung zu umgehen. Was letztere allerdings von den bürgerlichen Sozialreformatoren der nachmarxschen Periode unterscheidet, ist das echte Anliegen, den Ausgebeuteten und Unterdrückten zu helfen. MARX bezeichnet daher SAINT-SIMON als Wortführer der arbeitenden Klasse, der deren Emanzipation als Endzweck seines Strebens ansieht[74] und die schonungslose Verurteilung des Kapitalismus sowie den Traum von einer grundlegenden Umgestaltung der Gesellschaft als einen wichtigen Schritt zur Vorbereitung des wissenschaftlichen Sozialismus.

72 Carl Rodbertus-Jagetzow, Zur Erkenntnis unserer staatswissenschaftlichen Zustände, Neubrandenburg/Friedland 1842, S. 28/29.

73 Franz Mehring, Ein Vierteljahrhundert. Oktober 1907, in: Gesammelte Schriften, Bd. 4, Berlin 1961, S. 407.

74 Vgl. Karl Marx, Das Kapital, Dritter Band, in: MEW, Bd. 25, Berlin 1964, S. 618.

Die Klassiker des Marxismus-Leninismus haben als die Schöpfer des wissenschaftlichen Sozialismus nicht nur die Entstehung, die Entwicklung und den notwendigen Untergang der kapitalistischen Produktionsweise wissenschaftlich analysiert, sondern auch programmatische Leitsätze für die Schaffung der sozialistischen Produktionsweise entwickelt. Mit der Erforschung allgemeingültiger ökonomischer Gesetze und der spezifisch für eine Produktionsweise zutreffenden Gesetzmäßigkeiten wurde gleichzeitig eine Methodologie ausgearbeitet, die sowohl die materialistische Deutung der vergangenen und der gegenwärtigen Entwicklung der ökonomischen (und gesellschaftlichen) Prozesse ermöglicht als auch eine Prognose über die zukünftige Gestaltung gesellschaftlicher Erscheinungen zuläßt.

Was den wissenschaftlichen Sozialismus vom vormarxschen Sozialismus vor allem unterscheidet, ist die Erkenntnis von der historischen Mission der Arbeiterklasse, die darin besteht, die kapitalistische Gesellschaft zu beseitigen und die führende Kraft bei der Errichtung des Sozialismus-Kommunismus zu sein. Die utopischen Sozialisten haben zwar wesentliche Erkenntnisse in dieser Richtung gewonnen – so bei der Würdigung der Bedeutung der Arbeit für den Reproduktionsprozeß, des Entfremdungsprozesses und des Proletariats als leidender Klasse –, aber sie sahen die Arbeiterklasse nicht als diejenige revolutionäre Kraft an, die die alte Gesellschaft zertrümmern und eine neue errichten wird. NIKOLAJ GAVRILOVIČ ČERNYŠEVSKIJ beispielsweise, der bedeutende russische Sozialist, blieb in utopischen Vorstellungen befangen, obwohl er eine revolutionäre Lösung der Überwindung der alten Gesellschaft in Betracht zog. ČERNYŠEVSKIJ, von hoher Bildung und mit den zeitgenössischen ökonomischen Lehren wohl vertraut, betrachtete die bäuerliche Dorfgemeinschaft als Ausgangspunkt auf dem Weg zum Sozialismus. Er hielt es zwar für möglich, daß eine Volksrevolution die Eigentumsverhältnisse entscheidend verändern kann, erkannte aber nicht, daß das Proletariat auch in Rußland dazu berufen ist, Totengräber der alten Gesellschaft zu sein und die Voraussetzungen zu einer proletarischen Revolution zu schaffen.

Ein besonderes Verhältnis zur Frage der Revolution hatte auch der deutsche Utopist WILHELM WEITLING. Er spielt unter den hier erwähnten Sozialisten eine besondere Rolle. Durch seine soziale Herkunft und sein Wirken als Theoretiker des deutschen utopischen Arbeiterkommunismus bildet er gewissermaßen die Scheidegrenze zum wissenschaftlichen Kommunismus. So wird der „Bund der Gerechten“, in dessen Auftrag WEITLING sein Programm ausarbeitete, zum Vorläufer des „Bundes der Kommunisten“, der ersten revolutionären Arbeiterpartei. WEITLING war ein Theoretiker, der sich in gewisser Hinsicht über die Beschränktheit des utopischen Sozialismus hinwegzusetzen vermochte und den wissenschaftlichen Sozialismus unmittelbar vorbereiten half.

Die revolutionäre Position des MOSES HESS

Von zwei Seiten her wurde im Deutschland der dreißiger und vierziger Jahre der Emanzipation des Proletariats unmittelbar theoretisch vorgearbeitet; einerseits durch die Entwicklung des sogenannten Handwerkerkommunismus, der in WEITLING seine bedeutendste Ausprägung fand, und anderseits durch die Entwicklung sozialistischer und kommunistischer Theorien von seiten dem Bürgertum entstammender Intellektueller.

Zu dieser letzteren Gruppe gehörte MOSES HESS. Erstes literarisches Produkt seiner autodidaktischen Studien und praktischen Reisebegegnungen war die 1836 verfaßte und 1837 anonym in Stuttgart veröffentlichte „Heilige Geschichte der Menschheit, von einem Jünger Spinozas". Sein noch unzulänglicher Versuch, die Notwendigkeit einer sozialistischen Gesellschaft aus der bisherigen Geschichte abzuleiten, mißglückte zwar; dennoch ist zum Beispiel die prononcierte Betonung der sich verschärfenden Gegensätze zwischen „Geldaristokratie" und pauperisiertem Volk bemerkenswert, woraus mit Notwendigkeit eine soziale Revolution resultiere, die zu einer „Gütergemeinschaft" führen müsse. Dieses erste Werk von HESS, in dem sich Religion, aufklärerische Philosophie und utopischer Kommunismus unklar vermengen, brachte sozialistische, auf die Befreiung des arbeitenden Volkes gerichtete Bestrebungen zum Ausdruck, und zwar durch einen dem Proletariat noch relativ fernstehenden Ideologen, bei dem sich durch seine messianischen Befreiungsgedanken und seine Rebellion gegen die Unterdrückung der Juden die Tendenz zum Anschluß an die radikale Bewegung der vormärzlichen dreißiger Jahre entwickelt hatte.

Mit seinem zweiten großen Werk, „Die europäische Triarchie", griff HESS in die politische Agitation der Junghegelianer ein. Das eigentliche Anliegen seiner weitgespannten politischen und geschichtsphilosophischen Darlegung bestand jedoch darin, die „Philosophie der Tat" zu vertiefen und aus ihr die historische Notwendigkeit einer sozialen Umwälzung der Gesellschaft abzuleiten. Er akzentuiert SAINT-SIMON als einen Denker und Täter der „Zukunft" im Unterschied zu HEGEL, der nur die Vergangenheit begriffen habe[75], hegt „den unerhörten Gedanken . . ., eine Brücke von der Idee zur Tat zu schlagen"[76], und betont „den Gegensatz von Pauperismus und Geldaristokratie", der zunächst in England „Revolutionshöhe" erreichen werde[77].

Die „Europäische Triarchie" bezeichnet einen entschiedenen Fortschritt im Verhältnis zur „Heiligen Geschichte". HESS überwindet darin den religiös-sozialistischen Standpunkt, von dem aus er zuvor den Sozialismus als Verwirklichung des göttlichen Willens aufgefaßt hatte, und macht den Versuch, aus der politischen und sozialen Geschichte Europas die wesentlichen Züge der Ent-

[75] Moses Heß, Philosophische und sozialistische Schriften 1837–1850. Eine Auswahl. Herausgegeben von Auguste Cornu und Wolfgang Mönke, Berlin 1961, S. 148.

[76] Ebenda, S. 153.

[77] Ebenda, S. 160.

wicklung festzulegen. Die Schrift zeigt das Bemühen von HESS, aus der deutschen idealistischen Philosophie jene Elemente herauszulösen, die seiner sozialistischen Zukunftsforderung den Charakter der Notwendigkeit geben konnten. Obwohl hierbei HESS die HEGELsche Philosophie wegen ihrer Idealisierung und die junghegelianische wegen ihrer Subjektivierung der Wirklichkeit kritisch zu überwinden trachtet, bleibt er selbst noch im Idealismus befangen.

Mit dem Bestreben, die künftige sozialistische Gesellschaft als eine historische Notwendigkeit nachzuweisen, stellt sich HESS in die erste Reihe der theoretisch-sozialistischen Bewegung im Deutschland der dreißiger und vierziger Jahre des 19. Jahrhunderts. Auf Grund der vorwiegend philosophischen Untersuchung und Begründung, die sich auf keine umfassende Analyse der Gesellschaft und der kapitalistischen Wirtschaft stützen konnte, vermochte er indessen nicht, die Grenzen des utopischen Sozialismus zu überschreiten. Auch hinderte ihn daran, von der ökonomischen Rückständigkeit Deutschlands ganz abgesehen, seine kleinbürgerliche Einstellung als isolierter Intellektueller. Nichtsdestoweniger zeigte das Werk allenthalben richtige Ansätze zur Lösung von Fragen, denen jedoch die wissenschaftliche Ausführung fehlte.

Im Unterschied zur „Heiligen Geschichte“ hatte die „Europäische Triarchie“ einen beachtlichen Erfolg. Kurz nach ihrem Erscheinen kam es zu einer ersten Begegnung zwischen HESS und MARX, der nach Abschluß seiner Berliner Universitätsstudien nach Trier und dann nach Bonn gegangen war, um die Vorbereitungen zur Gründung der „Rheinischen Zeitung“ zu verfolgen.

Zunächst stand HESS jedoch noch unter dem Einfluß LUDWIG FEUERBACHs, dessen Hauptwerk „Das Wesen des Christentums“ ebenfalls im Jahre 1841 erschienen war. In dem anthropologisch begründeten Humanismus FEUERBACHs fand HESS die philosophische Bestätigung seiner sozialistischen Ansichten. Wenn es eine Tatsache sei, so folgert er auf Grund dieser Prämissen, daß dem „Wesen des Menschen“ ein harmonievolles Gattungsleben entspreche, dann sei der Sozialismus, der dieses verwirkliche, keine zufällige Erfindung, sondern die notwendige Konsequenz dieses Tatbestandes. Die Tatsache, daß die Philosophie FEUERBACHs bis an die äußersten Grenzen der bürgerlichen Klasseninteressen und der bürgerlichen Ideologie stieß, macht den tiefen Einfluß FEUERBACHs auf all jene Denker verständlich, die zu jener Zeit versuchten, den bürgerlichen Klassenstandpunkt zugunsten des proletarischen zu verlassen. Unter diesen ist HESS der erste, der den FEUERBACHschen Humanismus mit sozialistischen Vorstellungen verbindet.

Nach dem Verbot der „Rheinischen Zeitung“, die sowohl MARX wie auch HESS zu ihren Mitarbeitern zählte, widmete sich HESS ausschließlich der philosophischen Entwicklung des Kommunismus und fand hierbei in Zürich bei JULIUS FRÖBEL einen bereitwilligen Verleger für seine sozialistischen Aufsätze. Im „Schweizerischen Republikaner“, einer von FRÖBEL herausgegebenen Zeitschrift, die unter dem Einfluß von ENGELS, HESS und BAKUNIN eine kommunistische Tendenz angenommen hatte, beschäftigte sich HESS unter anderem mit den französischen sozialistischen Theorien und betrachtete sie in ihren Beziehungen zur praktischen Arbeiterbewegung. Dem Fourierismus warf er Abstraktheit vor und lehnte dessen Appell an die Einsicht und den Edelmut der Herrschenden ab. Dagegen lobte er CABETs Lehre, die sich direkt an die Arbeiter wende. Während er die ihm bekannten kritisch-utopischen Sozialisten und Kommunisten in Paris von der Notwendigkeit einer Verbindung von Philosophie und Kommunismus zu überzeugen suchte, unternahm er schriftstellerische Arbeiten, deren Ziel die Darstellung des wissenschaftlich begründeten Sozialismus war.

Das Ergebnis dieser Bemühungen war vor allem der programmatische Artikel „Philosophie der Tat", der eine grundsätzliche Darlegung des Kommunismus als eines notwendigen Ergebnisses der geschichtlichen Entwicklung gab, und zwar in Anlehnung sowohl an FICHTE wie auch an FEUERBACH. HESS ging hierbei wieder von einer allgemeinen, objektive Gültigkeit beanspruchenden Wesensbestimmung des Menschen aus, von der er den Kommunismus als die dem Wesen des Menschen notwendig entsprechende Gesellschaftsordnung ableitete, die der Mensch verwirklichen werde, nachdem er zu Bewußtsein seines Wesens gelangt sei. In Anknüpfung an FEUERBACH forderte er die Aufhebung der Entfremdung, jedoch nicht mehr nur auf religiösem Gebiet, sondern auch und vor allem auf sozialem Gebiet. Auf sozialem Gebiet aber sei vor allem das Privateigentum Ausdruck menschlicher Selbstentfremdung und daher umzustoßen. Dieser Artikel gehört zu den ersten Versuchen, dem Sozialismus eine wissenschaftliche Grundlage zu geben und eine Verbindung zwischen dem deutschen philosophischen Radikalismus und dem französischen Sozialismus herzustellen. Diese Quintessenz der Beschäftigung mit der klassischen deutschen Philosophie blieb von MARX nicht unbemerkt. Lobend erwähnt er in seinen „Ökonomisch-philosophischen Manuskripten" die Aufsätze von HESS.[78]

Größere Bedeutung hatte auch der Aufsatz „Über das Geldwesen", in dem ökonomische Gesichtspunkte wieder aufgenommen wurden. HESS ersetzte die abgenutzten Begriffe „Arm" und „Reich", „Pauperismus" und „Geldaristokratie" endgültig durch die Begriffe „Proletarier" und „Kapitalisten". Er benutzte auch den Begriff „Produktionskraft", wenngleich er den damit bezeichneten Sachverhalt nur erst an der Oberfläche erfaßte; er hatte wohl eine wie auch immer verschwommene Erkenntnis von der Abhängigkeit der Gesellschaftsordnung vom Stand der Produktivkräfte, jedoch blieb diese Einsicht noch sekundär gegenüber der Klassifizierung der Gesellschaftsordnungen nach moralisch-philosophischen Gesichtspunkten.

Immer noch ganz feuerbachianisch schreibt HESS: „Was der Gott für's theoretische Leben, das ist das Geld für's praktische Leben der verkehrten Welt: das entäußerte Vermögen der Menschen, ihre verschacherte Lebenstätigkeit. Das Geld ist der in Zahlen ausgedrückte menschliche Wert – es ist der Stempel unsrer

[78] Vgl. Karl Marx, Ökonomisch-philosophische Manuskripte (1844), in: MEW, Ergänzungsband, Erster Teil, Berlin 1968, S. 468.

Sklaverei, das unauslöschliche Brandmal unsrer Knechtschaft – Menschen, die sich kaufen und verkaufen können, sind eben Sklaven. Das Geld ist der geronnene Blutschweiß der Elenden, die ihr unveräußerliches Eigentum, ihr eigenstes Vermögen, ihre Lebenstätigkeit selbst zu Markte tragen, um dafür das caput mortuum derselben, ein sogenanntes Kapital einzutauschen und kannibalisch von ihrem eignen Fette zu zehren."[79] Geld sei das verdinglichte Symbol für eine verkehrte Krämerwelt, die in Wirklichkeit einer potenzierten romantischen Leibeigenschaft gleichkomme. Keiner, heißt es an einer Stelle sarkastisch, sei in dieser Krämerwelt gezwungen, „seine natürliche Freiheit zu veräußern, sich zu verkaufen, zu vermieten, zu verdingen – wenn er es vorzieht, zu verhungern"[80].

Mit einem Beitrag war HESS im Dezember 1844 im Pariser „Vorwärts" vertreten. In Form von Fragen und Antworten wiederholte er darin seine Kritik an der bürgerlichen Gesellschaft und seine kommunistischen Auffassungen. Klarer als zuvor hob er den Gedanken hervor, daß der Mensch das Erzeugnis der Natur und der menschlichen Gesellschaft ist und daß sich sein Leben nur in Natur und Gesellschaft abwickeln könne. Dieser Lebensprozeß vollziehe sich in der gegenwärtigen Gesellschaft, die durch die Herrschaft des Geldes charakterisiert sei, im Rahmen einer „nichtorganisierten", „gezwungenen" Arbeit, die den Menschen zur Maschine und zu einem kauf- und verkaufbaren Objekt herabwürdige. Im Namen der Freiheit und Vernunft forderte HESS nunmehr eine harmonische Gesellschaft, die „organische Gemeinschaft", in der dank des Gemeineigentums und der „organisierten Arbeit" Produktion und Verteilung nach den menschlichen Bedürfnissen geregelt würden. Anschließend gab er in einer Synthese saintsimonistischer und fourieristischer Gedanken eine klare Formulierung des kommunistischen Prinzips: „Daher Arbeit nach der Fähigkeit und Genuß nach dem Bedürfnis, die Formel des vernünftigen Vereines ist."[81] HESS blieb jedoch bei einer mehr oder weniger unvermittelten Gegenüberstellung von bürgerlicher Gesellschaft und kommunistischem Ideal stehen.

Nach der Abrechnung mit den Junghegelianern und der Trennung von den radikalen Demokraten wie RUGE und FRÖBEL hatte jedoch inzwischen der Scheidungsprozeß zwischen MARX und ENGELS einerseits und den Vertretern des Handwerkerkommunismus sowie des von HESS unfreiwillig, aber objektiv begründeten „wahren" Sozialismus anderseits eingesetzt. Die Verbreitung des „wahren" Sozialismus, der in den Jahren 1844–47 eine umfangreiche Literatur hervorgebracht hatte und der auf die Kampfkraft der jungen deutschen Arbeiterklasse von Anfang an zersetzend wirkte, verlangte von MARX und ENGELS die schärfste Gegenaktion, damit dem Proletariat seine Aufgabe bewußt gemacht wurde. Diese Auseinandersetzung führte zu den ersten offenen Gegensätzen zwischen MARX und ENGELS auf der einen und HESS auf der anderen Seite.

[79] Moses Heß, Philosophische und sozialistische Schriften 1837–1850. Eine Auswahl. Herausgegeben von Auguste Cornu und Wolfgang Mönke, Berlin 1961, S. 334/335.
[80] Ebenda, S. 341.
[81] Ebenda, S. L.

Wiewohl HESS seit dem Winter 1844/45 versucht hatte, sich dem Standpunkt von MARX und ENGELS anzunähern und anzugleichen, war ihm doch die von ihnen entwickelte materialistische Geschichtsauffassung ihrem Wesen nach unverständlich geblieben.

Ein bedeutsamer Ausdruck dessen, wie weit sich HESS jedoch Mitte der vierziger Jahre den wirklichen Interessen des Proletariats näherte, findet sich in einer Arbeit, die 1847 in der „Deutschen Brüsseler-Zeitung" unter dem Titel „Die Folgen einer Revolution des Proletariats" erschien und die zweifellos zu den reifsten Arbeiten von HESS gehört. Dieser inhaltsschwere Aufsatz lehnt sich stark an Auffassungen von MARX und ENGELS an. Er zeigt, daß HESS jetzt einen konsequent revolutionären Standpunkt einnahm. HESS stellt die revolutionäre Übernahme der politischen Macht durch das Proletariat allen „transitorischen" Maßnahmen (Besteuerung, allmähliche Überführung in gesellschaftliches Eigentum) voran. Die Revolution, hervorgerufen durch die Zuspitzung der inneren Widersprüche der kapitalistischen Gesellschaft, werde das Werk der proletarischen Klasse sein, die durch die moderne Großindustrie erzeugt wurde.

„Die große Industrie ist es", schreibt HESS, „welche in letzter Instanz alle Mittel bietet zur Umwälzung der bisherigen, auf der Privatindustrie, dem Privathandel und dem Privateigentume beruhenden gesellschaftlichen Organisation. Sie ist es, welche die revolutionäre Klasse schafft und gegen die herrschende Bourgeois-Klasse vereinigt. Sie ist es, welche das Proletariat in subjektiver Hinsicht befähigt, sein Joch abzuschütteln, indem sie ihm das Bewußtsein seiner Stellung gibt."[82]

In einer proletarischen Revolution, heißt es an anderer Stelle, gehe es nicht bloß um abstrakte Prinzipien. „Eine Revolution des Proletariats setzt vor allen Dingen ein Proletariat – ein[en] Kampf, bei dem es sich nicht bloß um abstrakte Prinzipien, sondern um fühlbare und greifbare Interessen, um die bedrohte Existenz der ganzen arbeitenden Klasse handelt, setzt voraus, daß die große Mehrzahl der Arbeiter schon gleichmäßig in ihrer Existenz bedroht ist, daß diese Arbeiter wissen, welchen Feind sie zu bekämpfen haben, und daß sie endlich die Mittel in Händen haben, ihn zu besiegen."[83] Noch seien die Bedingungen einer solchen Revolution des Proletariats nicht überall vorhanden, aber der Mechanismus der kapitalistischen Konkurrenz schaffe unvermeidlich diese Bedingungen; und „erst dann stehen die Arbeiter unter dem einen und gleichen Gesetze des Minimums der Löhne; erst dann werden sie massenweise auf's Pflaster geworfen unter der Wucht von regelmäßig wiederkehrenden Krisen. Dann aber haben die Arbeiter, um das Joch ihrer Unterdrücker ein für allemal abzuschütteln, nichts weiter zu tun, als sich der bereits im Übermaße vorhandenen Produktionsinstrumente zu bemächtigen und für ihre eigene Rechnung zu produzieren." Es sei „augenfällig, daß mit einer solchen Revolution, welche die Produktions-

[82] Ebenda, S. 433.
[83] Ebenda, S. 430.

instrumente der großen Industrie den Privathänden entzieht, um sie dem Volke zur eignen Benutzung zu überliefern – daß unmittelbar mit einer solchen Revolution ein großer Teil der Privatindustrie und des Privateigentums aufgehoben ist, ohne jemals wieder als solche hergestellt werden zu können. Die Produktionsinstrumente der großen Industrie: Maschinen, Fabriken, Eisenbahnen usw., diese Kapitalien, in deren Besitz nun das Volk gelangt, können nicht geteilt, müssen gemeinschaftlich verwaltet werden, wenn sie benutzt werden sollen."[84]

Immer wieder argumentiert HESS für die Gemeinschaftlichkeit des Eigentums an den Produktionsmitteln der großen Industrie; er spricht in polemischer Entgegensetzung zur Privatindustrie von „Nationalindustrie" und „neuer großartiger Weltindustrie", „welche nicht für Rechnung einzelner Privateigentümer zum größten Unglücke der arbeitenden Klasse, sondern im Interesse des ganzen Volkes gemeinschaftlich betrieben würde"[85]. Mit wechselnden Argumenten schärft HESS als unerläßliche Voraussetzung für solche „im Interesse des ganzen Volkes gemeinschaftlich" betriebene Produktion die Notwendigkeit einer proletarischen Revolution ein: „Ja, das ist eben der gordische Knoten, der nur mit dem Schwerte gelöst werden kann! – Gutwillig werden die Herren Bourgeois ihre Kapitalien nicht aus Händen geben zum Besten der Arbeiter. Wie oft sie auch das Gemeinwohl, das Wohl der arbeitenden Klassen und andre ähnliche philanthropische Redensarten im Munde führen, so werden doch die philanthropischsten Bourgeois ihre Philanthropie schwerlich bis zu diesem bittern Ernste treiben! Eine Revolution, das ist stillschweigende Bedingung, die muß vorhergehen. Mit schlagenden Gründen muß den Herren bewiesen werden – denn wenn die Gründe nicht schlagend sind, beweisen sie nichts – es muß ihnen also mit schlagenden Gründen bewiesen werden, daß sie sich den revolutionären Maßregeln zu unterwerfen haben, welche eine von den Arbeitern eingesetzte Zentralverwaltung ergreifen werde."[86]

Die revolutionäre Position zeigt sich auch in der Polemik gegen jene apologetischen Zerrbilder vom Kommunismus, wie sie von der bürgerlichen Ideologie aus gutem Grund so zahlreich produziert und zwecks Volksverdummung propagiert werden: „Diese Gespensterfurcht bekundet sich in einer Reihe von Schattenbildern, welche man vom Kommunismus entwirft, die aber bei Lichte besehen eben nur die idealistischen, die geistigen und geisterhaften Schatten der allerdings sehr kern- und körperhaften Gründe sind, die den Bourgeois veranlassen, sein Privateigentum, seine Privatindustrie und seinen Privatschacher als ein 'Heiligtum' seiner 'Persönlichkeit' gegen jede gemeinschaftliche Verwaltung der Produktionsinstrumente zu verteidigen. . . . In der Wirklichkeit", heißt es weiter, „muß eine ganze industrielle Entwickelung, die ganze Geschichte der Zivilisation jener Revolution vorhergehen, die den Kommunismus zur Folge hat. In der Ein-

[84] Ebenda, S. 431.
[85] Ebenda, S. 433.
[86] Ebenda, S. 436.

bildung der Geisterseher ist der Kommunismus ein auf gewisse 'Prinzipien' begründetes 'System', welches zu allen Zeiten und allen Orten . . . 'eingeführt' werden könnte, wenn es nicht den 'ewigen Wahrheiten' des 'gesunden Menschenverstandes', den Ideen des 'Rechts', der 'Freiheit' usw. schnurstracks zuwiderliefe. – In der Wirklichkeit sind es die Interessen der unterdrückten Arbeiterklasse, der Proletarier, welche im Kampfe mit den Interessen der herrschenden Klasse, der Bourgeoisie, die kommunistische Bewegung bilden. In der Einbildung der Ideologen sind es neue Prinzipien im Kampfe mit den anerkannten, herrschenden – eine Geisterschlacht, in welcher die herrschenden, guten Geister über die bösen, die unterdrückt sind, den Sieg davon tragen. – In der Wirklichkeit sind beim Ausbruch einer Revolution des Proletariats . . . Produktionsinstrumente im Überfluß vorhanden, welche mit Hülfe der Wissenschaft und einer von Sachverständigen angeordneten Arbeit ohne viel Mühe noch vermehrt werden können, so daß nichts leichter ist, als die Mittel zu Befriedigung der Bedürfnisse aller, welche arbeiten wollen, zu schaffen, nachdem eine Zentralverwaltung, von Arbeitern eingesetzt, die Produktion und den Austausch der Produkte den Privathänden entzogen und selbst in Hand genommen haben wird. In der Einbildung der Geisterseher geht eine Gesellschaft, welche das Privateigentum aufhebt, aus Mangel am Notwendigsten zugrunde."[87]

Hess versuchte vor Marx, die entwicklungsfähigen Keime des französischen Sozialismus und der klassischen deutschen Philosophie, besonders der von Ludwig Feuerbach, für die sozialistische Theorie fruchtbar zu machen. Auch wenn er hierbei insgesamt die Grenzen des utopischen Sozialismus nicht zu überschreiten vermochte, gingen von ihm doch gewisse Anregungen aus, die für die erste Etappe der Herausbildung des wissenschaftlichen Sozialismus von Bedeutung waren. Eine Zeitlang war Hess enger Kampfgenosse von Marx und Engels, und als diese den Kampf gegen den „wahren Sozialismus" eröffneten, dessen theoretische Grundlage er mitgeschaffen hatte, versuchte er sich auf die Seite des von ihnen begründeten wissenschaftlichen Sozialismus zu schlagen, was ihm jedoch nur teilweise und kurzfristig gelang. Einem ständigen Bündnis mit Marx und Engels standen seine idealistischen und utopischen Tendenzen im Wege. Als direkter Übergang zu Marx jedoch bleibt seine Rolle bedeutsam und wichtig.

Weitlings Handwerkerkommunismus

Der zweite bedeutende deutsche Denker, der einen wesentlichen Anteil am Übergang der sozialistisch-kommunistischen Theorie auf die Positionen des Proletariats hatte, war Wilhelm Weitling. Als Siebenundzwanzigjähriger war er nach Paris gekommen und dort Mitglied des „Bundes der Geächteten", einer

[87] Ebenda, S. 439.

kleinbürgerlich-demokratischen deutschen Geheimorganisation von politischen Emigranten und Handwerksgesellen geworden. Als sich im Jahre 1836 die proletarischen Handwerksgesellen von dem kleinbürgerlich-demokratischen Bund trennten und die erste politische Organisation der deutschen Arbeiter gründeten, den „Bund der Gerechten", wurde WEITLING Mitglied des Vorstandes im neugegründeten Bund. Die Auseinandersetzungen um die Trennung vom „Bund der Geächteten" rief das Bedürfnis nach theoretischer Klarheit und zielbewußter Aktion hervor und stellte die Aufgabe, das Programm des Bundes, den sogenannten Gleichheitskommunismus, der aus der Theorie der natürlichen Gleichheit aller Menschen abgeleiteten Forderung nach Gütergemeinschaft, auch schriftlich zu fixieren.[88]

WEITLING wurde vom „Bund der Gerechten" beauftragt, theoretisch nachzuweisen, ob die Gütergemeinschaft möglich sei, und ein klares Programm zu entwickeln. Er legte im Jahre 1838 in Paris die Schrift „Die Menschheit, wie sie ist und sein sollte" vor, in der bereits die Grundgedanken seines späteren Hauptwerkes enthalten waren. WEITLING knüpfte dabei an die von dem französischen Revolutionär und utopischen Kommunisten LOUIS AUGUSTE BLANQUI verkündete Idee der gewaltsamen Aktion der Unterdrückten an. Jedoch im Unterschied zu BLANQUI, der davon ausging, daß die revolutionäre Aktion von einer kleinen Gruppe von Verschwörern durchzuführen sei, forderte WEITLING bereits die Aktion der ganzen Klasse, d. h. damals der verproletarisierenden Handwerker. Die Schrift sollte die Massen aufklären, damit diese sich nach dem Sturz der alten Gesellschaft in der neuen zurechtfinden und nicht in eine neue Anarchie zurückfallen.

Das Elend der arbeitenden Klassen, meinte WEITLING, erwachse aus der „ungleichen Verteilung der Arbeit und der durch sie hervorgebrachten Güter"[89], es würde vor allem durch das Geld, die Ursache aller Laster und Fehler der Menschheit, aufrechterhalten. Darum sei in der zukünftigen Gesellschaft vor allem das Geld abzuschaffen. Nicht die Maschinen seien, wie viele damals behaupteten, am Elend der Arbeiterklasse schuld, stellte WEITLING fest, sondern das bestehende System verwandle die Maschinen aus einem Mittel zur Erleichterung der Arbeit und zur Beschleunigung des Fortschritts in ein Mittel zur Verschärfung der Ausbeutung und Vergrößerung des Elends. Reformen von seiten der herrschenden Klasse oder ihres Staates könnten die Lage der Arbeiter nicht grundsätzlich verbessern, betonte WEITLING.

Obwohl WEITLING der Gesellschaft zeigen will, „was sie ist in einer schlechten Organisation und was sie in einer bessern sein könnte", konstruiert er keine für immer gültige Idealgemeinschaft. „Nie wird eine Organisation der Gesellschaft gefunden werden, welche für alle Zeiten die unabänderliche, die beste sein wird,

88 Vgl. zum folgenden Bernhard Kaufhold, Einleitung zu: Wilhelm Weitling, Garantien der Harmonie und Freiheit, Berlin 1955, S. Xf.

89 Wilhelm Weitling, Die Menschheit, wie sie ist und sein sollte, München, Wien/Zürich 1919, S. 9.

weil dieses einen Stillstand der geistigen Fähigkeiten des Menschen, einen Stillstand des Fortschritts voraussetzte, welcher nicht denkbar ist." Wenn die Gesellschaft begriffen hat, daß eine bessere Organisation der Gesellschaft möglich sei, „dann kümmern wir uns nicht im geringsten um den Aufbau, und legen wir nicht viel Wert auf unsere Lieblingspläne zum neuen Bau, sondern reißen wir nieder, immer wieder nieder mit dem alten Trödel . . ."[90]

Mit seinem Buch hat WEITLING sich bereits in einen scharfen Unterschied zu den utopischen Systemen von FOURIER und SAINT-SIMON gesetzt. Er sah die Gütergemeinschaft als Ziel an, aber dieses Ziel sollte nicht mit Hilfe von Appellen an die Vernunft von Regierenden und Begüterten erreicht werden, sondern durch die revolutionäre, gewaltsame Überwindung der bestehenden Ordnung. So schreibt er: „Glaubet nicht, daß ihr durch Vermittlung mit euren Feinden etwas ausrichten werdet. Eure Hoffnung liegt nur in eurem Schwerte. Jede Vermittlung zwischen euch und ihnen ist zu eurem Nachteile berechnet."[91] WEITLING zeichnete sich durch sein kompromißloses Eintreten für die Revolution und seine Parteinahme für die proletarische Klasse als hervorragender „kommunistischer Theoretiker"[92] aus.

Anlaß zur Herausgabe des Hauptwerks von WEITLING war die Niederlage des Aufstands von 1839 unter der Führung von BLANQUI, an dem der „Bund der Gerechten" beteiligt war. Der Bund sah sich nunmehr veranlaßt, der Propaganda stärkere Aufmerksamkeit zu widmen. So erschien 1842 WEITLINGs Schrift „Garantien der Harmonie und Freiheit", das KARL MARX als brillantes literarisches Debut der deutschen Arbeiter[93] bezeichnet. WEITLING hat das historische Verdienst, den damals progressivsten Teil des deutschen Proletariats vom primitiven Gleichheitskommunismus ein Stück weggeführt zu haben. Durch ein System der „Fähigkeitswahlen" will er erreichen, daß es einer privilegierten Minderheit verwehrt wird, die Herrschaft an sich zu reißen, gleichzeitig will er mit ihrer Hilfe aber die Möglichkeit schaffen, daß die Tüchtigen eine angesehene Stellung in Wirtschaft und Staat erhalten.

Als „Kommerzstunden"-System will WEITLING das Leistungsprinzip im Kommunismus verwirklicht sehen. Kommerzstunden sind Arbeitsleistungen, die zusätzlich über das normale Maß geleistet werden und für die eine Reihe besonderer Vergünstigungen gewährt werden sollen. So heißt es bei WEITLING: „Alle außerhalb der bestimmten Arbeitszeit vollbrachten Arbeitsstunden nenne ich Kommerzstunden.

Mittels derselben wird es möglich, jedem Individuum die Befriedigung seiner

90 Ebenda, S. 3/4.

91 Ebenda, S. 10.

92 Vgl. Friedrich Engels, Zur Geschichte des Bundes der Kommunisten, in: MEW, Bd. 21, Berlin 1962, S. 210.

93 Vgl. Karl Marx, Kritische Randglossen zu dem Artikel eines Preußen, in: MEW, Bd. 1, Berlin 1956, S. 405.

besondern Begierden zu gewähren, ohne dadurch die Harmonie der Begierden und Fähigkeiten aller zu stören . . ."[94]

Für die Berechnung der Arbeitsleistung und ihrer Vergütung hat WEITLING ausführliche Bestimmungen erdacht. Grundlage dieser Berechnung sollen die Arbeitsstunden sein. Die Wertbestimmung der zur Produktion notwendigen Arbeitsmaterialien seien „Gewerbsvorständen" vorbehalten, über den Wert der Produkte entscheiden Verwaltungsinstitutionen. WEITLING spricht davon, daß „die Zeit der einzig mögliche und einzig richtige Maßstab des Arbeitswertes ist. Die einer Mehrheit von fähigen Arbeitern zur Produktion irgendwelcher Gegenstände nötige Arbeitszeit liefert also den genauesten Maßstab des Wertes dieser Arbeiten. Aber man vergesse die Hauptsache nicht. Der Maßstab des Wertes jeder einzelnen Arbeit kann nur in der Gesamtberechnung aller sozialen Arbeiten durch die Zeit und so bestimmt werden, daß dabei niemand übervorteilt wird. Denn die Gesellschaft bedarf einer Verwaltung, bedarf Dienstleistungen, die nicht anders im Austausche verkörpert werden können, als indem man einen entsprechenden Teil derselben jeder käuflichen Ware berechnet. Der einzelne kann also nie einer Arbeit sozialen Wert genau bestimmen, weil jede einzelne Arbeit durch die Arbeiten anderer, weil jedes Recht und jede Pflicht durch die Rechte und Pflichten anderer bestimmt wird."[95]

Nach WEITLING gab es einmal den „Urzustand der Gesellschaft", in der die reiche Natur dem Menschen tausendfachen Überfluß darbot; dem Menschen waren damals die Begriffe „Arbeit" und „Müßiggang", „Sklaverei" und „Herrschsucht", „Eigentum" und „Diebstahl" unbekannt.[96] Erst allmählich habe man sich an das Mein und Dein, an das Recht des Eigentums und das Prinzip der Trennung gewöhnt.[97] Das Eigentum und die Erbschaft wurden nach der Meinung von WEITLING erfunden, und es habe „der Begriff des Eigentums das scheußlichste, den Menschen unter das Tier herabsetzende Ungetüm, den Krieg, in die Welt gerufen"[98].

Für die klassische politische Ökonomie bringt WEITLING kein Verständnis auf; er hat auch keine Ambitionen, dieser Problematik auf den Grund zu gehen, sondern sieht seine Mission darin, die ungerechte Gestaltung des sozialen Systems zu geißeln und einen Weg zur Befreiung der Menschen von ihren Fesseln zu weisen.

Dabei kommt er allerdings nicht umhin, auf gegenwärtige und zukünftige Verteilungsprinzipien einzugehen. So heißt es in der dritten Auflage der „Garantien" (1849): „In der Auffindung eines vollkommenen Tauschsystems liegt die Auffindung einer vollkommenen Organisation der Arbeit, der Freiheit, der Demokratie und der Gesellschaft überhaupt. Ein Tauschmittel, welches die Verwirklichung aller moralischen oder religiösen Grundsätze, die weiseste Verwendung

[94] Wilhelm Weitling, Garantien der Harmonie und Freiheit, Berlin 1955, S. 167.
[95] Ebenda, S. 334.
[96] Ebenda, S. 8.
[97] Ebenda, S. 13.
[98] Ebenda, S. 36.

der menschlichen Kräfte, die größtmöglichste Entwickelung des Fortschrittes und der persönlichen Freiheit garantiert, ist das vollkommenste Tauschmittel für alle Menschen, welche liebevoll gegen ihre Mitmenschen, welche moralisch, christlich, human und kommunistisch denken und fühlen, welche andere nicht unterjochen und übervorteilen und nicht von ihnen unterjocht und übervorteilt werden wollen."[99]

Wie andere Utopisten bemüht sich WEITLING darum, das Geld durch Zertifikate zu ersetzen, die im direkten Bezug zur Arbeitsleistung stehen. In dieser Frage ist er keineswegs originell, ja er steht in der Ausführung seines Projekts und in der Denkschärfe gewiß hinter anderen Denkern zurück. Doch wäre es verfehlt, hieran seine historische Bedeutung zu messen, die in der Überwindung der reformistischen Variante des Utopismus liegt, in dem engen Bezug zum Proletariat, das sich anschickt, seine historische Mission zu erkennen.

WEITLING hat bei bewußter Parteinahme für das Proletariat einige Ideen der ausländischen Sozialisten übernommen. Er knüpft in seinen Schriften an die von dem französischen Revolutionär und utopischen Kommunisten LOUIS AUGUSTE BLANQUI verkündete Idee von der gewaltsamen Aktion der Unterdrückten an. Jedoch im Unterschied zu BLANQUI, der davon ausging, daß die revolutionäre Aktion von einer kleinen Gruppe von Verschwörern durchzuführen sei, forderte er die Aktion einer ganzen Klasse, das heißt der damals verproletarisierenden Handwerker.

Einige Passagen des Weitlingschen Werkes erinnern an den Gedanken von SAINT-SIMON, der Wissenschaft, den fähigsten Leuten eine vorrangige Stellung im Staat zuzubilligen; man wird an FOURIER in der Frage der Auseinandersetzung mit dem Handel, an OWEN in der Frage des Geldes und an PROUDHON in der Eigentumskonzeption erinnert, wenn man WEITLINGs Kritik an der bestehenden Gesellschaft vor Augen hat.

Diese Reproduktion ausländischer Ideen war eine natürliche Sache und angesichts der damals noch nicht voll ausgebildeten Klassenverhältnisse in Deutschland eine fortschrittliche Tat. Mit der Entstehung des wissenschaftlichen Sozialismus und der Beharrung WEITLINGs auf seiner utopischen Konzeption mußte es jedoch schließlich mit MARX und ENGELS, die WEITLINGs Verdienste um die Arbeiterbewegung sehr hoch einschätzten, zu Differenzen kommen, die schließlich zum Bruch mit den Schöpfern des wissenschaftlichen Sozialismus führten.

Im Jahr 1846 kam es in Brüssel auf den Sitzungen des Kommunistischen Korrespondenz-Komitees zu ernsthaften Auseinandersetzungen. WEITLING erklärte dort, daß es nicht seine Aufgabe sei, neue ökonomische Theorien zu schaffen, sondern diejenigen anzunehmen, die, wie es sich in Frankreich gezeigt hatte, am meisten geeignet seien, den Arbeitern die Augen zu öffnen über ihre entsetzliche Lage, über alle Ungerechtigkeiten gegen sie, die sie lehren, keinen Versprechungen Glauben zu schenken und ihre Hoffnung nur auf sich selbst zu

[99] Ebenda, S. 328.

setzen, auf die Errichtung der demokratisch-kommunistischen Gesellschaft.[100] Das war angesichts der historischen Situation eine überholte Konzeption.

Abgesehen davon, daß nicht die Verwirklichung des Kommunismus auf der Tagesordnung stand, sondern die Beseitigung der halbfeudalen Zustände in Deutschland durch die bürgerlich-demokratische Revolution, war es auch unumgänglich geworden, den revolutionären Massen eine theoretische Untermauerung der politischen Grundfragen zu vermitteln.

Mit dem Zeitpunkt um die Mitte des 19. Jahrhunderts schließt diese Untersuchung über die Grundlinien des ökonomischen Denkens in Deutschland ab. Im Industriekapitalismus hat sich das moderne Proletariat als jene Klasse herausgebildet, die zu der historischen Mission berufen ist, den Kapitalismus durch eine Revolution zu beseitigen und den Sozialismus und Kommunismus aufzubauen. Für diese neuen Aufgaben bot weder die klassische Philosophie noch die klassische politische Ökonomie oder der utopische Sozialismus die revolutionäre Theorie. Aber die philosophischen, ökonomischen und sozialistischen Erkenntnisse waren um die Jahrhundertmitte so weit entwickelt worden, daß Marx und Engels deren bisherige Schranken überwinden und eine einheitliche Wissenschaft von der Gesellschaft schaffen konnten. Der Marxismus, schreibt Lenin, ist „*die höchste Entfaltung* der gesamten historischen, ökonomischen und philosophischen Wissenschaft Europas“[101]. Solange der Kapitalismus noch einen Teil der Erde beherrscht, werden sich Ideologen dazu hergeben, ihn zu verteidigen und den Marxismus anzugreifen und zu verleumden. Solange wird es eine wichtige Aufgabe der Marxisten in der ideologischen Klassenauseinandersetzung sein, diese Anwürfe zurückzuweisen und auch an der historischen Entwicklung unter anderem des ökonomischen Denkens darzutun, daß der Marxismus und seine politische Ökonomie das kritische Endergebnis einer langen Wissenschaftsgeschichte und die höchste Entfaltung des menschlichen Wissens darstellen.

100 Vgl. Die Klassiker des wissenschaftlichen Kommunismus zur deutschen Arbeiterbewegung, Berlin 1953, S. 39/40.

101 W. I. Lenin, Noch eine Vernichtung des Marxismus, in: Werke, Bd. 20, Berlin 1962, S. 200.

Bio-Bibliographie

der wichtigsten behandelten deutschen ökonomischen Schriftsteller

ALBERTUS MAGNUS (Albert v. Bollstädt, Albert der Große)
* 1193 Lauingen † 1280 Köln

Führender dominikanischer Theologe, vorwiegend aristotelischer Philosoph und Naturwissenschaftler, Lehrer des Thomas von Aquino
Werkausgaben:
Opera ed. Jammy, Lyon 1651
Opera ed A. Borgnet, 38 Bde., Paris 1890–1899

BECHER Johann Joachim
* 1635 Speyer † 1682 London

Arzt, Naturwissenschaftler, politischer Publizist, merkantilistisch beeinflußter Theoretiker des Manufaktursystems in Deutschland und Österreich
- Politischer Discurs von den eigentlichen Ursachen des Auff- und Abnehmens der Städt, Länder und Republicken, Frankfurt a. M. 1668 (ab. 2. Aufl. 1673: Politische Discurs), 61759
- Moral Discurs von den eigentlichen Ursachen des Glücks und Unglücks, Frankfurt a. M. 1669
- Psychosophia oder Seelenweisheit, Güstrow 1678
- Närrische Weisheit und weise Narrheit oder: ein hundert, so politische als physicalische und mercantilische Concepten und Propositionen, Frankfurt a. M. 1682

BESOLD Christoph
* 1577 Tübingen † 1638 Ingolstadt

Jurist, Professor in Tübingen und Ingolstadt, Freund Keplers, Kameralist
- Politicorum libri duo (zwei Bücher Politik), Frankfurt a. M. 1618
- Synopsis doctrinae politicae (Überblick über die Lehre von der Politik), Tübingen 1623, 61659
- Discursus politicus de incremento imperiorum (Politische Abhandlung über die Machtzunahme von Großmächten), Straßburg 1623
- Principium et finis politicae doctrinae (Anfang und Ende der Lehre von der Politik), Straßburg 1625
- Discursus de aerario politico (Abhandlung über den Staatsschatz), Tübingen 1615, 21620, 31639
- De aerario publico discursus (Abhandlung über den öffentlichen Schatz), Frankfurt a. M. 1626
- Vitae et mortis consideratio (Betrachtung über Leben und Tod), Straßburg 1623

Biel Gabriel
* um 1418 Speyer † 1495 Tübingen
Spätscholastischer Theologe (Nominalist) mit gemäßigt landesfürstlicher Ausrichtung; berücksichtigt als Ökonom bürgerliche Interessen
- Collectorium sive epitoma super IV libros sententiarum (Zusammenfassende Darstellung der 4 Bücher des Petrus Lombardus), Tübingen 1501 (und später)
- (daraus:) De potestate et utilitate monetarum (Über Bedeutung und Nutzen des Münzgeldes), Oppenheim 1516

Bollstädt Albert v. – siehe Albertus Magnus

Bornitz Jakob
* um 1560 Torgau † 1625 Schweidnitz
Jurist ,kaiserlicher Rat in Schlesien, kameralistischer Systematiker der Ökonomie im weitesten Sinne
- Discursus politicus (Politischer Discurs), Erfurt 1602 und Wittenberg 1604
- De nummis in re publica percutiendis (Was für Münzen man im Lande schlagen soll), Hanau 1608
- Aerarium sive tractatus de aerario usw. (Abhandlung über die Finanzquellen des Staates), Frankfurt a. M. 1612
- Tractatus politicus de rerum sufficientia in re publica et civitate procuranda (Politische Abhandlung über die Versorgung des Staates und der Stadt mit materiellen Gütern), Frankfurt a. M. 1625

Carl Ernst Ludwig
* 1682 Öhringen (Württemberg) † 1743 Wien
Sekretär und Minister der Fürstenhäuser Brandenburg-Ansbach und Bayreuth, von Boisguillebert und Montchrétien abhängiger Ökonom
- Traité de la richesse des princes et de leurs états et de moyens simples et naturels pour y parvenir (Abhandlung über den Reichtum der Fürsten und ihrer Staaten und über einfache und natürliche Mittel, diesen zu erlangen), 2 Bde. Paris 1723

Copernicus Nicolaus
* 1473 Thorn † 1543 Frauenburg
Domherr, Jurist (Kirchenrecht), Arzt, Astronom; bedeutendster Münz- und Währungstheoretiker der vorklassischen Ökonomie
- Meditata (Betrachtungen [über das Geld]), 1517
- De estimatione monete (Über den Geldwert), lateinisch 1519 und deutsch 1519/22
- Monete cudende ratio (Theoretische Grundlagen der Münzprägung), etwa 1526/27
- Ratio panaria Allensteinensis (Kostengrundlagen für die Brotpreisbildung in Allenstein), 1531

Dithmar Justus Christoph
* 1678 Rothenburg (Fulda) † 1737 Frankfurt/Oder
Prof. für Kameral-, Ökonomie- und Polizeiwissenschaften in Frankfurt/Oder (seit 1727), Kameralist
- (Hrsg.:) Öconomische Fama von allerhand zu den oeconomischen, Policey- und

Cameralwissenschaften gehörigen Büchern, 10 Hefte, Frankfurt/Oder u. Leipzig 1729–1744
– Einleitung in die oeconomischen, Policey- und Cameral-Wissenschafften, Frankfurt/Oder 1731, [6]1768
– Entwurf der preußischen und brandenburgischen Staatswissenschaft, Frankfurt/Oder 1734, [2]1750

ERASMUS VON ROTTERDAM Desiderius (eigtl.: Gerard Gerards)
* 1466 Rotterdam † 1536 Basel
Humanistischer Philologe, anfänglich an Kirchen- und Sozialreform interessiert, ökonomisch gemäßigter Vertreter des Bürgertums
– Adagiorum collectaneae (Sprichwortsammlung), 1500, [2]1515
– Enchiridion militis christiani („Handbüchlein des christlichen Streiters"), 1502
– Encomion morias seu laus stultitiae („Lob der Torheit"), Basel 1509
– Institutio principis christiani (Unterweisung eines christlichen Fürsten), Basel 1516
– Querela pacis (Klage des Friedens), 1517
– Colloquia familiaria (Vertrauliche Gespräche), 1519
– De libero arbitrio diatribe (Abhandlung über die Freiheit des Willens), 1524

FICHTE Johann Gottlieb
*1762 Rammenau (Oberlausitz) † 1814 Berlin
Vertreter der Klassischen deutschen Philosophie (subjektiver Idealist); Verfechter eines autark-nationalen, auf Erhaltung der Stände gerichteten Sozialstaates; Smith-Gegner
– Der geschloßne Handelsstaat. Ein philosophischer Entwurf als Anhang zur Rechtslehre und Probe einer künftig zu liefernden Politik, Tübingen 1800

FRÖLICH Carl Wilhelm
* 1759 Landsberg/Warthe † 1828 Berlin
Geheimsekretär am Generalpostamt Berlin, später Gutspächter, dann Inhaber eines „Lesekabinetts" in Berlin; erhob sich mit seinen auf die Abschaffung des Privateigentums abzielenden Ideen über die deutsche Aufklärung
– Über den Menschen und seine Verhältnisse, Berlin 1792 u. 1960
– Gemälde nach der Natur, Berlin 1802

FULDA Friedrich Karl v.
* 1774 Mühlhausen/Enz (Württemberg) † 1847 Tübingen
Professor für Kameralwissenschaften in Tübingen
– Systematischer Abriß der Cameralwissenschaften, Tübingen 1802
– Grundsätze der ökonomisch-politischen oder Kameralwissenschaften, Tübingen 1816, [2]1820
– Über Nationaleinkommen. Ein Beitrag zu den neuesten Untersuchungen über die Staatswirtschaft, Stuttgart 1805
– Über Production und Consumption der materiellen Güter, die gegenseitige Wirkung von beiden und ihren Einfluß auf Volksvermögen und die Finanzen, Tübingen 1820
– Handbuch der Finanzwissenschaft, Tübingen 1827

Gall Heinrich Ludwig Lambert
* 1794 Aldenhoven (bei Jülich) † 1863 Trier
Rheinischer Beamter, erst in französischen, dann preußischen Diensten; später Gutsinspektor, Erfinder und landwirtschaftlich-technischer Schriftsteller; frühester utopisch-sozialistischer Schriftsteller in Deutschland, von Fourier und Owen beeinflußt; später für Klassenharmonie eintretend
– Was könnte helfen? – Immerwährende Getreidelagerungen, um jeder Noth des Mangels und des Überflusses auf immer zu begegnen, und Credit-Scheine, durch die Getreide-Vorräthe verbürgt, um der Alleinherrschaft des Geldes ein Ende zu machen (Umschlagtitel:) Papiergeld, durch Getreidevorräthe verbürgt), Trier 1825
– Beleuchtung der Försterschen sogenannten Kritik der gerühmtesten Destilliergeräte (darin: Mein Wollen und Wirken), Trier 1835
– (Hrsg.) Menschenfreundliche Blätter oder praktische Beiträge zur Volksbeglückungslehre, gesammelt von Ludwig Gall, Heft 1: Kirckhoffs Denkschrift über die niederländischen Wohltätigkeits-Colonien, Trier 1828

Gasser Simon Peter
* 1676 Kolberg (Pommern) † 1745 Halle
Professor der Rechte und seit 1727 der Ökonomie in Halle, Kameralist
– Programma Publicum oder Nöthiger Vorbericht von der von Ihro Königlichen Majestät in Preussen auf der Universität zu Halle allergnädigst neu fundirten Profession über die Oeconomischen, Cameral- und Polizei-Wissenschaften, Halle 1728
– Einleitung zu den oeconomischen, politischen und Cameralwissenschaften nebst einem Vorbericht von der Fundation der neuen oeconomischen Profession und des Allerdurchlauchtigsten Stifters Absicht, Halle 1729

Gülich Gustav v.
* 1791 Osnabrück † 1847 Levern
Kaufmann, Gutspächter, Industrieller; liberaler Ökonom
– Geschichtliche Darstellung des Handels, der Gewerbe und des Ackerbaus der bedeutendsten handeltreibenden Staaten unserer Zeit, 5 Bde., Jena 1830–1845
– Kleine Schriften staatswirthschaftlichen und verwandten Inhalts, Heft 1, Hameln 1833

Haller Karl Ludwig v.
* 1768 Bern † 1854 Solothurn
Reaktionärer Staatsrechtslehrer der Restaurationszeit, Vertreter einer politisch-ökonomischen Romantik
– Restauration der Staatswissenschaft, 3 Bde., Winterthur 1816–1818; 2. Aufl., 6 Bde., Winterthur 1820–1834

Heinrich Heimbuche von Langenstein (Henricus de Hassia, Heinrich von Hessen)
* 1325 Langenstein (Hessen) † 1397 Wien
Theologe, Kirchenpolitiker (Konziliartheorie), Universitätslehrer und -kanzler in Paris und seit 1384 in Wien; Verteidiger der kirchlichen Renteneinkommen und Gegner eines bürgerlichen Kreditmarkts

— Tractatus (bipartitus) de contractibus (Zweiteiliger Traktat über wirtschaftsrechtliche Verträge), Wien 1392 (Ms., ca. 50 Abschriften), gedruckt in: Johannes Gerson, Opera, Köln 1484, Bd. 4, fol. 185–223

Heinrich Totting von Oyta
* um 1330 Friesoythe (Ost-Friesland) † 1397 Wien
Theologe, Universitätsprofessor und -politiker in Prag und Wien, Freund Heinrichs von Langenstein, wie dieser Vertreter einer (abgemilderten) klerikal-feudalen Rententheorie
— Tractatus de contractibus sc. redditibus (Traktat über wirtschaftsrechtliche Verträge, d. h. über Renten), Wien, um 1395 (Ms.), gedruckt in: Johannes Gerson, a. a. O., fol. 224–254; ferner: Paris 1506

Hergot Hans
† 1527 Leipzig (hingerichtet)
Buchdrucker und fahrender Buchhändler („Buchführer") aus Nürnberg. Autor der ältesten in deutscher Sprache verfaßten christlich-kommunistischen Utopie
— Von der neuen Wandlung eines christlichen Lebens, Nürnberg 1526/27

Hermann Friedrich Benedict Wilhelm v.
* 1795 Dinkelsbühl † 1868 München
Professor der Staatswissenschaften (Technik, Statistik, Mathematik, Preistheorie, Grenzanalyse), Hauptvertreter der deutschen Vulgärökonomie
— Staatswirthschaftliche Untersuchungen, München 1832, ²1870

Hess Moses
* 1812 Bonn † 1875 Paris
Philosophischer Sozialist/Kommunist, späterhin Vertreter des national-jüdischen Gedankens; Redakteur der „Rheinischen Zeitung" (Köln 1842/43), Mitarbeiter von Arnold Ruge und Karl Marx an den „Deutsch-Französischen Jahrbüchern" (Paris 1844), Herausgeber der ersten bedeutenden proletarisch-sozialistischen Zeitschrift in Deutschland („Gesellschaftsspiegel", Elberfeld 1845/46), einer der bekanntesten sozialistischen Theoretiker und Agitatoren des Vormärz; sein Versuch einer Synthese aus klassischer deutscher Philosophie und sozialistischer Theorie wurde zur Grundlage des „wahren" — kleinbürgerlichen — Sozialismus; Freund Lassalles
— Die heilige Geschichte der Menschheit, von einem Jünger Spinozas, (anonym) Stuttgart 1837
— Die europäische Triarchie, Leipzig 1841
— Die letzten Philosophen, Darmstadt 1845
— Jugement dernier du vieux monde social (letztes Urteil über die alte soziale Welt), 1851
— Rom und Jerusalem, Leipzig 1862
— Rechte der Arbeit, 1863
— (zahlreiche Arbeiten in Zeitschriften und Sammelwerken, z. B.:) Socialismus und Communismus (1843); Über die socialistische Bewegung in Deutschland (1845); Über die Not in unserer Gesellschaft und deren Abhilfe (1845); Über das Geldwesen (1845 bis 1846); Kommunistisches Bekenntnis in Fragen und Antworten (1846); Die Folgen einer Revolution des Proletariats (1847); Rother Katechismus für das deutsche Volk (1849/50)

Hörnigk Philipp Wilhelm v.

* 1640 Frankfurt a. M. † 1714 Passau

Jurist, Schwager J. J. Bechers; bischöflicher Beamter und Gesandter; präzisiert die manufakturkapitalistischen Auffassungen Bechers

– Oesterreich über alles, wann es nur will, Dresden 1684 (13. Aufl. 1784)

Hoffmann Johann Gottfried

* 1765 Breslau † 1874 Berlin

Professor der Staatswissenschaft; Statistiker, Verwaltungsfachmann, Mitglied der Preußischen Akademie der Wissenschaften, liberaler Reformer, Vulgärökonom, Gegner der klassischen politischen Ökonomie

– Das Interesse des Menschen und Bürgers bei den bestehenden Zunftverfassungen, Königsberg 1803
– Über die wahre Natur und Bestimmung der Renten aus Boden- und Kapitaleigentum, Berlin 1837
– Die Lehre vom Gelde als Anleitung zu gründlichen Urtheilen über das Geldwesen; mit besonderer Beziehung auf den preußischen Staat, Berlin 1838
– Die Lehre von den Steuern, Berlin 1840
– Nachlaß kleiner Schriften staatswirtschaftlichen Inhalts, Berlin 1847

Hufeland Gottlieb

* 1760 Danzig † 1817 Halle

Professor der Rechtswissenschaft

– Neue Grundlegung der Staatswirtschaftskunst durch Prüfung und Berichtigung ihrer Hauptbegriffe von Gut, Werth, Preis, Geld und Volksvermögen; mit ununterbrochner Rücksicht auf die bisherigen Systeme, 2 Bde., Gießen und Wetzlar 1807–1813
– Die Lehre vom Gelde und Geldumlaufe, Gießen 1819

Hutten Ulrich v.

* 1488 Burg Steckelberg (bei Schlüchtern/Hessen) † 1523 Insel Ufenau im Zürichsee

Humanist, politischer Publizist, als Reichsritter sprachgewaltiger Verfechter eines vom Rittertum getragenen antipäpstlichen national-deutschen Königtums; obwohl feudal-konservativer Vertreter des Monetarsystems, fördert Hutten das bürgerliche ökonomische Denken durch seine nationale Betrachtungsweise, durch die Polemik gegen Geldausfuhr und finanzielle Ausbeutung durch Rom, gegen Luxus und Müßiggang; von seinen Dialogen hier zu nennen:

– Aula (etwa: Das Hofleben), Augsburg usw. 1518
– De Guaiaci medicina et morbo Gallico liber unus, Mainz usw. 1519 (deutsch: Von der wunderbarlichen artzney . . ., Straßburg 1519)
– Fortuna, 1519
– Inspicientes („Die Anschauenden"), 1520
– De guajaci medicina et morbo gallico (Über die Guajak-Medizin und die gallische Seuche)
– Misaulus
– Klag und vormanung gegen den übermäßigen unchristlichen gewalt des Papstes zu Rom, Straßburg 1520

– Dialogi, Mainz 1520 (deutsch: Gespräch-Büchlin Herr Ulrichs von Hutten, Straßburg 1521)
– Dialogi novi Straßburg 1521
– Monitor (Der Mahner), 1520–1521
– Vadiscus sive Trias Romana, 1520 („Wadiscus oder die Römische Dreifaltigkeit", 1521)
– Praedones (Die Räuber)
– Gesprächsbüchlein Herr Ulrichs von Hutten, 1521

JAKOB Ludwig Heinrich v.
* 1759 Wettin † 1827 Halle
Professor der Philosophie in Halle und Charkow; vertritt ökonomische Auffassungen von Smith und Say
– Grundsätze der Polizeigesetzgebung und der Polizeianstalten, 2 Bde., Charkow und Halle 1809
– Rußlands Papiergeld, Halle 1817
– Einleitung in die Studien der Staatswissenschaften, Halle 1819
– Grundsätze der Nationalökonomie oder Nationalwirtschaftslehre, Halle 1805, ³1825
– Die Staatsfinanzwissenschaft, 3 Bde., Halle 1821

JUSTI Johann Heinrich Gottlob v.
* 1720 Brücken (bei Sangerhausen) † 1771 Küstrin
Später Systematiker der (anti-)kameralistischen Ökonomie der Manufakturbourgeoisie im Rahmen der Staatswissenschaften; hauptsächlich in österreichischen und preußischen Diensten
– Staatswirtschaft oder systematische Abhandlung aller Oeconomischen und Cameralwissenschaften, die zur Regierung eines Landes erfordert werden, Leipzig 1755, ²1758
– Vollständige Abhandlung von denen Manufacturen und Fabriken, 2 Bde., Kopenhagen 1758–1761
– Die Natur und das Wesen der Staaten als die Grundwissenschaft der Staatskunst, der Polizei und aller Regierungswissenschaften, desgleichen als die Quelle aller Gesetze abgehandelt, Berlin und Stettin, 1760, ²1771
– Grundsätze der Policey-Wissenschaft, Göttingen 1756, ³1782
– Grundfeste zu der Macht und Glückseligkeit der Staaten, 2 Bde., Königsberg u. Leipzig 1760–1761
– System des Finanzwesens, Halle 1766

KLOCK Kaspar
* 1583 Soest † 1655 Braunschweig
Jurist und hoher Staatsbeamter mitteldeutscher Kleinstaaten; späterer Verfechter von Absolutismus und Kameralismus
– Tractatus nomico-politicus de contributionibus (Rechtlich-politische Abhandlung über die Steuern), Bremen 1634
– Tractatus juridico-politico-historicus de aerario sive censu per honesta media absque divexatione populi licite conficiendo (Rechtlich-politisch-polemisch-historische Abhandlung, wie ein Schatz oder Abgabenfonds auf ehrenhafte Weise und ohne Bedrückung des Volkes rechtens anzulegen ist), Nürnberg 1651, ³1699

Kraus Christian Jakob
* 1753 Osterode † 1807 Königsberg
Liberaler Professor der Philosophie und Kameralwissenschaften in Königsberg; Kantianer, Verfechter der Lehre von Smith
– Staatswirthschaft, 5 Bde., Königsberg 1808–1811
– Vermischte Schriften über staatswirthschaftliche, politische und andere wissenschaftliche Gegenstände, 8 Bde., Königsberg 1808–1819

List Friedrich
* 1789 Reutlingen † 1846 Tirol (Selbstmord)
Professor der Staatswirtschaft in Tübingen; Liberaler; vorübergehend Unternehmer in den USA; Förderer des deutschen Eisenbahnwesens und der Bewegung zur Gründung des deutschen Zollvereins
– Das nationale System der politischen Ökonomie, Stuttgart und Tübingen 1841, [7]1883, [8]1925

Lotz Johann Friedrich Eusebius
* 1771 Sonnenfeld † 1838 Koburg
Höherer Verwaltungsbeamter in Hildburghausen und Koburg; Smith-Gegner
– Über den Begriff der Polizei und den Umfang der Staatspolizeigewalt, Hildburghausen 1807
– Revision der Grundbegriffe der Nationalwirthschaftslehre in Beziehung auf Theuerung und Wohlfeilheit, und angemessene Preise und ihre Bedingungen, 4 Bde., Koburg u. Leipzig
– Handbuch der Staatswirthschaftslehre, 3 Bde., Erlangen 1821 bis 1823

Luden Heinrich
* 1780 Loxstedt bei Bremen † 1847 Jena
Professor der Geschichte in Jena
– Handbuch der Staatsweisheitslehre oder der Politik. Ein wissenschaftlicher Versuch, Bd. 1, Jena 1811
– Geschichte des deutschen Volkes, 12 Bde., Gotha 1825–1837

Lueder August Ferdinand
* 1760 Bielefeld † 1819 Jena
Professor der Geschichte und Philosophie in Braunschweig, Göttingen und Jena; Anhänger, später Gegner der Lehre von Smith
– Über National-Industrie und Staatswirthschaft, 3 Bde., Berlin 1800–1804
– Die National-Industrie und ihre Wirkungen. Ein Grundriß zu Vorlesungen, Braunschweig 1808
– Kritik der Statistik und Politik, Göttingen 1812
– National-Oekonomie oder Volkswirthschaftslehre. Ein Handbuch zur Beförderung des Selbststudiums dieser Wissenschaft, Jena 1820

Luther Martin
* 1483 Eisleben † 1546 Eisleben
Kirchenreformer, Vertreter des Landesfürstentums; als „ältester deutscher Nationalökonom" (Marx) anfänglich Wortführer bürgerlicher Freiheiten; im engeren ökonomischen Sinne Vertreter eines konservativen Monetarismus

– Kleiner Sermon vom Wucher, 1519
– Großer Sermon vom Wucher, 1520
– Von Kaufshandlung und Wucher, 1524
– Vermahnung an die Pfarrherr, wider den Wucher zu predigen, 1540

MARLO Karl – s. WINKELBLECH Karl Georg

MAUVILLON Jakob v.
* 1743 Leipzig † 1794 Braunschweig
Jurist, hoher Offizier, Fachmann für Ingenieurtechnik, Taktik und Politik; deutscher Vertreter des Physiokratismus
– Sammlung von Aufsätzen über Gegenstände aus der Staatskunst, Staatswirtschaft und neuesten Staatengeschichte, 2 Bde., Leipzig 1776–1777
– Physiokratische Briefe an den Herrn Prof. Dohm, oder Vertheidigung und Erläuterung der wahren staatswirthschaftlichen Gesetze, die unter dem Namen des physiokratischen Systems bekannt sind, Braunschweig 1780

MÖSER Justus
* 1720 Osnabrück † 1794 Osnabrück
Jurist, Staatsbeamter, Schriftsteller; früher Vertreter des Historismus, Verklärer der mittelalterlichen Lebensweise, zwischen feudalabsolutistischer Apologetik und bürgerlicher Aufklärung schwankend
– Osnabrückische Geschichte, 2 Bde., Osnabrück 1768–1780
– Patriotische Phantasien (Aufsatzsammlung), 4 Bde., Berlin 1774–1778

MÜLLER Adam Heinrich v.
* 1779 Berlin † 1829 Wien
Philosoph und Ökonom, Vertreter der romantischen, am Feudalsystem orientierten Schule der Staats- und Wirtschaftslehre, Gegner der klassischen politischen Ökonomie
– Die Elemente der Staatskunst in Vorlesungen, 3 Bde., Berlin 1809, [3]1926
– Die Theorie der Staatshaushaltung und ihre Fortschritte in Deutschland und England seit Adam Smith, 2 Bde., Wien 1812
– Versuche einer Theorie des Geldes, mit besonderer Rücksicht auf Großbritannien, Leipzig 1816, [2]1922
– (Hrsg.) Die Fortschritte der nationalökonomischen Wissenschaft in England, Leipzig 1817
– Von der Notwendigkeit einer theologischen Grundlage der gesamten Staatswissenschaften und der Staatswirtschaft insbesondere, Leipzig 1819

MÜNTZER Thomas
* um 1490 Stolberg/Harz † 1525 bei Mühlhausen (hingerichtet)
Revolutionärer, dem Atheismus sich nähernder Theologe; Führer der plebejischen Fraktion im Bauernkrieg 1525; trat für Gleichheit aller und Gemeineigentum ein
– Hochverursachte Schutzrede, Nürnberg 1524
– Ausgedrückte Entblößung des falschen Glaubens, Nürnberg 1524

NIDER Johannes
* um 1380 Isny † 1438 Nürnberg
Prominenter süddeutscher dominikanischer Theologe; Verteidiger des Handelsbürgertums
– Tractatus de contractibus mercatorum (Abhandlung über kaufmännische Verträge), um 1430; gedruckt: Köln 1468 (und öfter)

OBRECHT Georg
* 1547 Straßburg † 1612 Straßburg
Professor der Rechte in Straßburg, kaiserlicher Rat; an Bodin geschulter Vertreter eines rigorosen Kameralismus zur finanziellen Stärkung der absolutistischen Staatsgewalt
– Fünff unterschiedliche Secreta publica von Anstellung, Erhaltung und Vermehrung guter Policey und von billicher, rechtmäßiger und nothwendiger Erhöhung eines jeden Regenten jährlichen Gefällen und Einkommen. Allen hohen und niederen Obrigkeiten, besonders deß Heiligen Römischen Reichs Ständen in diesen letzten und hochbetrengten Zeiten zum besten gestellt, Straßburg 1617 (postum)

OSSE Melchior v.
* 1494 Ossa (bei Geithain) † 1557 Frauenfels (Altenburg)
Feudaler Jurist und hoher Beamter sächsischer Fürstenhäuser; erster bedeutender nichtbürgerlicher Verwaltungsfachmann des sich abzeichnenden deutschen absolutistischen Partikularismus; schafft Grundlagen des späteren Kameralismus
– Politisches Testament. An herzogk Augustum churfursten zu Sachssen, Altenburg 1556 (nicht veröffentlicht); Halle 1717 (von Christian Thomasius kommentiert herausgegeben)

PEUTINGER Konrad
* 1465 Augsburg † 1547 Augsburg
Reichsstädtisch-handelsbürgerlicher Politiker („Stadtschreiber") und Humanist; als Patrizier ideologisch-politischer Vertreter der großen Reichsstädte und ihrer handelskapitalistischen Firmen. Tritt in seiner juristisch-theoretischen Abwehr der Antimonopolbewegung (1520–1530) für freie Konkurrenz als Garantie der Wohlfahrt aller ein. Seine zwischen 1522/23 und 1530 meist lateinisch verfaßten fünf Gutachten und Denkschriften abgedruckt in:
– Clemens Bauer, Conrad Peutingers Gutachten zur Monopolfrage, in: Archiv für Reformationsgeschichte, Gütersloh 45 (1954) N. R. 1/2, S. 1–43 u. 145–196

PRINCE-SMITH John
* 1809 London † 1874 Berlin
Gründer der deutschen Freihandelsschule („Volkswirtschaftliche Gesellschaft"), Haupt des deutschen Liberalismus
– Über die weltpolitische Bedeutung der Handelsfreiheit, Leipzig 1861
– Denkschrift gegen gesetzliche Beschränkung des Zinsfußes, Berlin 1859
– Über die Quellen der Massenarmuth, Leipzig 1861
– Währung und Münze, Berlin 1869
– Der Staat und der Volkshaushalt, Berlin 1874
– Gesammelte Schriften, 3 Bde., Berlin 1877–1880

RAU Karl David Heinrich
* 1792 Erlangen † 1870 Heidelberg
Professor der Staatswissenschaft in Heidelberg; stand als Systematiker der ökonomischen Theorie unter dem Einfluß von Smith und Say
– Ansichten der Volkswirtschaft, mit besonderer Beziehung auf Deutschland, Leipzig 1821
– Grundriß der Kameralwissenschaft und Wirtschaftslehre, Heidelberg 1823
– Über die Kameralwissenschaft. Entwicklung ihres Wesens und ihrer Teile, Heidelberg 1825
– Lehrbuch der politischen Ökonomie – Grundsätze der Volkswirtschaftslehre, 3 Bde., Heidelberg 1826–1828 (oft aufgelegt)

RODBERTUS (-JAGETZOW) Karl Johann v.
* 1805 Greifswald † 1875 Jagetzow (bei Demmin)
Enkel des Physiokraten August Schlettwein, Jurist, Justizbeamter, später Gutsbesitzer; Saint-Simonist, Links-Ricardianer und Staatssozialist; freischaffender sozialökonomischer Wissenschaftler
– Die Forderungen der arbeitenden Klassen, (verfaßt 1839; mit Auslassungen gedruckt in: Berliner Revue, Bd. 69, 1872)
– Zur Erkenntnis unserer staatswirtschaftlichen Zustände, Neubrandenburg/Friedland 1842
– Die preußische Geldkrisis, Anklam/Swinemünde 1845
– Mein Verhalten in dem Conflict zwischen Crone und Volk. An meine Wähler, Berlin 1849
– Erster [bis vierter] socialer Brief an v. Kirchmann: (1) Die sociale Bedeutung der Staatswirtschaft (Berlin 1850); (2) Kirchmanns sociale Theorie und die meinige (Berlin 1850); (3) Widerlegung der Ricardoschen Lehre von der Grundrente und Begründung einer neuen Rententheorie (Berlin 1851); (4) Das Capital (aus dem Nachlaß hrsg., Berlin 1884)
– Die Handelskrisen und die Hypothekennot der Grundbesitzer, Berlin 1858
– Offener Brief an das Comité des deutschen Arbeitervereins zu Leipzig, Leipzig 1863
– Der Normal-Arbeitstag, in: Berliner Revue 1871
– Briefe und socialpolitische Aufsätze, hrsg. v. R. Meyer, 2 Bde., Berlin 1882

ROTTECK Karl Wenzeslaus Rodecker v.
* 1775 Freiburg i. Br. † 1840 Freiburg i. Br.
Professor für Geschichte, Naturrecht und Staatswissenschaften; konstitutionell-liberaler badischer Politiker
– Allgemeine Geschichte vom Anfang der historischen Kenntnis bis auf unsere Zeiten, 6 Bde., Freiburg im Breisgau 1812–1818, 25. Aufl., 11 Bde., 1866
– (zusammen mit Karl Theodor Welcker Herausgeber von:) Staatslexikon. Enzyklopädie der Staatswissenschaften, 15 Bde., Altona 1834–1843, und 3 Supplementbände, 1846–1848

RÜDIGER Johann Christian Christoph
* 1751 Burg † 1822 Halle
Professor für Kameralwissenschaften und Sprachwissenschaft an der Universität Halle
– Über die systematische Theorie der Cameralwissenschaften, Halle 1778

– Die akademische Laufbahn für Oekonomen und Cameralisten, Halle 1784
– Grundriß des wahren Physiokratismus und preußischen Cameralwesens, Halle 1781

SARTORIUS Georg Friedrich Christoph, Frhr. v. Waltershausen
* 1766 Kassel † 1828 Göttingen
Professor für Geschichte und Politik in Göttingen; Smith-Anhänger und kritischer Interpret der klassischen bürgerlichen politischen Ökonomie
– Handbuch der Staatswirtschaft, zum Gebrauche bei akademischen Vorlesungen nach Adam Smiths Grundsätzen ausgearbeitet, Berlin 1796
– Abhandlungen, die Elemente des Nationalreichthums und die Staatswirthschaft betreffend, Göttingen 1806

SCHLETTWEIN Johann August
* 1731 Weimar † 1802 Dahlen (Mecklenburg)
Beamter im Großherzogtum Baden und Professor für Politik, Kameral- und Finanzwissenschaften in Gießen; führender deutscher Physiokrat
– Die wichtigste Angelegenheit für das ganze Publikum oder die natürliche Ordnung in der Politik überhaupt, besonders aber die allgemeine Freiheit im Handel und Wandel, die ungestörte Ein- und Ausfuhr des Getreides, die Ordnung der Vollkommenheit in der Kultur der Ländereien und im Verbrauch der Waren, die zur Wohlfahrt der Staaten einzuführende einzige Auflage auf den reinen Ertrag der Grundstücke und die damit zu verbindende Einrichtung der Frondienste auseinander gesetzt, 2 Bde., Karlsruhe 1772–1773, ²1776
– Grundfeste der Staaten oder die politische Ökonomie, Gießen 1778

SCHLÖZER Christian v.
* 1774 Göttingen † 1831 Lübeck
Professor für politische Wissenschaften in Moskau und Bonn; Vulgärökonom
– Anfangsgründe der Staatswirtschaft oder die Lehre vom Nationalreichtum, 2 Bde., Riga 1805–1807
– Versuch einer nähern Bestimmung der allgemeinen Grundsätze, auf welchen der natürliche Preis der Güter überhaupt und insonderheit der der edlen Metalle beruht, Berlin 1829

SCHLOSSER Johann Georg
* 1739 Frankfurt a. M. † 1799 Frankfurt a. M.
Konservativer Rechtshistoriker und Politiker
Feudalsystems
– Politische Fragmente, Leipzig 1777
– Aufsätze (in Isaak Iselins Zeitschrift „Ephemeriden der Menschheit“)

SCHMALZ Theodor Anton Heinrich
* 1760 Hannover † 1831 Berlin
Feudal orientierter Staatsrechtslehrer in Rinteln, Königsberg, Halle und Berlin (hier erster Rektor der Universität)
– Enzyklopädie der Kameralwissenschaften, Königsberg 1796, ²1819
– Handbuch der Staatswirtschaft, Berlin 1808
– Staatswirtschaftslehre in Briefen an einen deutschen Erbprinzen, 2 Bde., Berlin 1818

Schröder Wilhelm v.
* 1640 Königsberg (bei Koburg) † 1688 Prešov (Slowakei)
Als Bechers Nachfolger in Wien vom englischen Merkantilismus beeinflußter Vertreter des Manufaktursystems. Seine auf Förderung des bürgerlichen Elements gerichteten Aussagen stehen im politischen Widerspruch zu seinen oft extrem absolutistischen Auffassungen
– Fürstliche Schatz- und Rentkammer, Leipzig 1686, [8]1752

Schüz Carl Wolfgang Christoph v.
* 1811 Lauterberg (bei Aalen) † 1875 Tübingen
Professor für Staatswissenschaften in Tübingen; Mitbegründer der historischen Schule der Nationalökonomie
– Über den Einfluß der Verteilung des Grundeigentums auf das Volks- und Staatsleben, Stuttgart u. Tübingen 1836
– Grundsätze der Nationalökonomie, Tübingen 1843

Seckendorff Veit Ludwig v.
* 1626 Herzogenaurach (Franken) † 1692 Halle
Hoher sächsischer Staatsbeamter (Gotha); führender Vertreter eines gemäßigten Absolutismus und Kameralismus
– Teutscher Fürsten-Stat, Hanau 1656, [8]1754
– Christen-Stat, Leipzig 1685 (und öfter)

Soden Friedrich Julius Heinrich, Graf v.
* 1754 Ansbach † 1831 Nürnberg
Hoher preußischer Feudalbeamter, vielschreibender Dilettant, Vulgärökonom
– Die Nazional-Oekonomie, ein philosophischer Versuch über den Nazionalreichthum und die Mittel, ihn zu befördern, 9 Bde., Leipzig, Aarau, Nürnberg 1805–1824
– Das agrarische Gesetz. Beweis der Nothwendigkeit eines Ackergesetzes zur Verhütung von Staatsumwälzungen, Augsburg 1797
– Die Staatshaushaltung, Erlangen 1812
– Die annonarische Gesetzgebung, Nürnberg 1828

Sonnenfels Joseph v.
* 1732 Nikolsburg (Mähren) † 1817 Wien
Professor für Polizei- und Finanzwissenschaft in Wien; letzter bedeutender Theoretiker eines gemäßigten Kameralismus im aufgeklärten Absolutismus („Josephinismus")
– Grundsätze der Polizei, Handlung und Finanzwissenschaft, 2 Bde., Wien 1765–1776, [8]1819–1822
– Abhandlung von der Theurung in Hauptstädten und dem Mittel derselben abzuhelfen, Wien 1769
– Zwei Abhandlungen über Wucher und Wuchergesetze, Wien 1789
– Politische Abhandlungen, Wien 1777

Thünen Johann Heinrich v.
* 1783 bei Jever † 1850 Tellow (Mecklenburg)
Gutsbesitzer (in Tellow seit 1810); bedeutendster Wortführer einer mit exakten Methoden zu betreibenden junkerlich-kapitalistischen Landwirtschaft; stellte unabhängig von

Ricardo dessen Grundrententheorie noch einmal auf und verwendete die Grenzkostenanalyse (Grenzproduktivitätstheorie); verwischte den Klassengegensatz zwischen Kapitalist und Proletarier

– Der isolirte Staat in Beziehung auf Landwirtschaft und Nationalökonomie (oder: Untersuchungen über den Einfluß, den die Getreidepreise, der Reichtum des Bodens und die Abgaben auf den Ackerbau ausüben), 3 Bde., Hamburg (später Rostock) 1826 bis 1863

WEITLING Wilhelm Christian
* 1808 Magdeburg † 1871 New York
Von Beruf Schneider; utopischer Kommunist, führender Theoretiker des „Bundes der Gerechten, entwarf ein (schwärmerisches) Idealbild einer Gesellschaft ohne Ausbeutung und Unterdrückung

– Die Menschheit, wie sie ist und wie sie sein sollte, Paris 1838, [3]1895
– Garantien der Harmonie und Freiheit, Vivis 1842, Berlin 1955
– Das Evangelium des armen Sünders, Zürich 1843, [3]1846, Berlin 1967

WILL Georg Andreas
* 1727 Obermichelsbach (Franken) † 1798 Nürnberg
Professor für Geschichte und Poetik an der Universität Altdorf bei Nürnberg; Gegner der Physiokratie

– Versuch über die Physiokratie, deren Geschichte, Literatur, Inhalt und Werth, Nürnberg 1782

WINKELBLECH Karl Georg (Pseud.: Karl MARLO)
* 1810 Ensheim (bei Mainz) † 1865 Kassel
Professor für Chemie in Marburg und Kassel; kleinbürgerlich-sozialistischer Ökonom

– Untersuchungen über die Organisation der Arbeit oder: System der Weltökonomie, 3 Bde., Tübingen 1848–1859, [2]1884–1886

ZIEGENHAGEN Franz Heinrich
* 1753 Straßburg † 1806 Steinthal (bei Straßburg)
Kaufmann in Hamburg; utopischer Sozialist

– Lehre vom richtigen Verhältnisse zu den Schöpfungswerken und die durch öffentliche Einführung derselben allein zu bewürkende allgemeine Menschenbeglükkung, Hamburg 1792, [3]1799

ZINCKE Georg Heinrich
*1692 Altenroda (bei Naumburg) † 1768 Braunschweig
Professor für Kameral- und Rechtswissenschaft in Leipzig und Helmstedt; publikationsfreudiger Eklektiker und Epigone der antikameralistischen Richtung Johann Joachim Bechers

– Grundriß einer Einleitung zu denen Cameralwissenschafften, Leipzig 1742, ab. 2. Aufl. (2 Bde., Leipzig 1755): Anfangsgründe der Cameralwissenschaft
– Cameralisten-Bibliothek, 4 Bde., Leipzig 1751–1752
– Allgemeines ökonomisches Lexikon, 2 Bde., Leipzig 1744, [7]1820
– Deutsches Real-, Manufactur- und Handwercks-Lexicon, Bd. 1, Leipzig 1745
– Leipziger Sammlungen von wirthschaftlichen, Policey-, Cammer- und Finanzsachen, 16 Bde., Leipzig 1742–1767

Anhang: Andere deutsche sozialutopische Schriftsteller

FRÖLICH Henriette
* 1768 † 1833
Frau von Carl Wilhelm Frölich (siehe dort); plädierte in ihrem Roman für eine Gesellschaft ohne Privateigentum
– Virginia oder: Die Kolonie von Kentucky, Berlin 1820

SCHNABEL Johann Gottfried
* 1692 Sandersdorf (bei Bitterfeld) † nach 1750
Barbier und Chirurg (Feldscher), Beamter des Grafen zu Stollberg; Verfasser der berühmtesten deutschen Robinsonade
– Die Insel Felsenburg. Wunderliche Fata einiger See-Fahrer, absonderlich Alberti Julii, eines gebohrenen Sachsens, 4 Bde., Nordhausen 1731–1743

WEZEL Johann Karl
* 1747 Sondershausen † 1819 Sondershausen
Hofmeister; Romanschriftsteller des Sturm und Drang (Vorbilder: Sterne und Fielding); seine sozialutopische Schrift verarbeitet Gedanken von Rousseau und Voltaire
– Belphegor oder: Die wahrscheinlichste Geschichte unter der Sonne, Leipzig 1776, Berlin 1966

WIELAND Christoph Martin
* 1733 Oberholzheim (Schwaben) † 1813 Weimar
Prosadichter und Verserzähler der deutschen Aufklärung, mit Klopstock und Lessing Wegbereiter der deutschen Klassik; sein Staatsroman weist über den späten Feudalismus und teilweise auch über die bürgerliche Gesellschaft hinaus
– Drei goldene Spiegel oder: Die Könige von Scheschian, Leipzig 1772

Personenregister

Bei Fragen zur Produktsicherheit wenden Sie sich bitte an:
If you have any questions regarding product safety,
please contact:

Walter de Gruyter GmbH
Genthiner Straße 13
10785 Berlin
productsafety@degruyterbrill.com